厦门大学
哲学社会科学
繁荣计划特别资助项目

明清之际经史学研究

吴海兰 著

厦门大学出版社

图书在版编目(CIP)数据

明清之际经史学研究/吴海兰著. —厦门:厦门大学出版社,2019.12
ISBN 978-7-5615-7663-2

Ⅰ.①明… Ⅱ.①吴… Ⅲ.①经学—研究—中国—明清时代②史学—研究—中国—明清时代　Ⅳ.①Z126.274②K092.4

中国版本图书馆 CIP 数据核字(2019)第 284307 号

出 版 人	郑文礼
责任编辑	韩轲轲
封面设计	李夏凌
技术编辑	朱　楷

出版发行　厦门大学出版社

社　　址	厦门市软件园二期望海路 39 号
邮政编码	361008
总　　机	0592-2181111　0592-2181406(传真)
营销中心	0592-2184458　0592-2181365
网　　址	http://www.xmupress.com
邮　　箱	xmup@xmupress.com
印　　刷	厦门集大印刷厂

开本	720 mm×1 000 mm　1/16
印张	26.25
插页	2
字数	450 千字
版次	2019 年 12 月第 1 版
印次	2019 年 12 月第 1 次印刷
定价	98.00 元

本书如有印装质量问题请直接寄承印厂调换

厦门大学出版社
微信二维码

厦门大学出版社
微博二维码

目　录

绪　论 ……………………………………………………………… 1

第一章　钱谦益的经史之学 ………………………………… 9
第一节　钱谦益的经学 ……………………………………… 10
第二节　钱谦益的史学 ……………………………………… 41
第三节　"经经而纬史"——钱谦益的经史观 …………… 69

第二章　黄宗羲的经史之学 ………………………………… 74
第一节　黄宗羲的经学 ……………………………………… 74
第二节　黄宗羲的史学 ……………………………………… 97
第三节　黄宗羲经学对史学的影响 ………………………… 121

第三章　顾炎武的经史之学 ………………………………… 141
第一节　"明先王之道"——顾炎武的经学 ……………… 142
第二节　"通当世之务"——顾炎武的史学 ……………… 177
第三节　顾炎武经学对史学的影响 ………………………… 215

第四章　王夫之的经史之学 ………………………………… 226
第一节　王夫之的经学 ……………………………………… 226
第二节　王夫之的史学 ……………………………………… 271
第三节　王夫之经学对史学的影响 ………………………… 308

第五章　万斯同的经史之学 ………………………………… 327
　　第一节　万斯同的经学 ……………………………………… 327
　　第二节　万斯同的史学 ……………………………………… 369
　　第三节　万斯同对经史关系的认识 ………………………… 400

结　　语 ……………………………………………………… 402

参考文献 ……………………………………………………… 410

绪　论

明清之际经史学的兴起，大致可追溯至嘉靖时期(1522—1566)，这是明王朝由盛而衰的转折点，"其时纷纭多故，将疲于边，贼讧于内，而崇尚道教，享祀弗经，营建繁兴，府藏告匮，百余年富庶治平之业，因以渐替"。[1] "北虏南倭"问题成为心腹大患，朝廷内部辅臣互相倾轧，宦官专权，政治腐败，财政赤字严重，整个社会已是积弊丛生，危机四伏。

出于缓和潜滋暗长的社会矛盾、化解明王朝世运潜移危机的需要，学术领域的经世意识开始凸显，其中一个重要的表现就是经史之学重新受到重视，这在很大程度上是对阳明心学的纠偏。王阳明学说此时得到广泛传播，尤以泰州学派影响最大，"阳明先生之学，有泰州、龙溪而风行天下，亦因泰州、龙溪而渐失其传。泰州、龙溪时时不满其师说，益启瞿昙之秘而归之师，盖跻阳明而为禅矣"。[2] 该学派在对儒家经典平民化方式的诠释中借鉴了很多禅宗的思想，[3] 发展至末流，竟形成束书不观、游谈无根的风气，遭到一些学者的指责。如杨慎(1488—1559)抨击"今之浅学，舍经史子集而剿小说，以为无根之游谈"。[4] 于慎行(1545—1607)批评"近年以来，厌常喜新，慕奇好异，《六经》之训目为陈言，刊落芟夷，惟恐不力。陈言既不可用，势必归极于清空，清空既不可常，势必求助于子史，子史又厌，则宕而之佛经，佛经又同，则旁而及小说，拾

---

[1] 张廷玉等：《明史》卷十八《世宗纪二》，北京：中华书局，1974年，第250～251页。
[2] 黄宗羲：《明儒学案》卷三十二《泰州学案叙录》，《黄宗羲全集》第7册，杭州：浙江古籍出版社，2005年，第820页。
[3] 康宇：《儒家诠释学研究》，哈尔滨：黑龙江大学出版社，2015年，第269页。
[4] 杨慎：《升庵集》卷四十八，《景印文渊阁四库全书》第1270册，台北：台湾商务印书馆，1986年，第394页。

残掇剩,转相效尤,以至踵谬承讹,茫无考据"。[1]陈第(1541—1617)也说:"文成之教主于易简,故未及百年,弊已若斯。"[2]礼部尚书冯琦(1558—1604)斥阳明后学"背弃孔、孟,非毁程、朱,惟《南华》、西竺之语是宗是竞。……取佛书言心言性略相近者窜入圣言,取圣经有'空'字'无'字者强同于禅教,语道既为踳驳,论文又不成章。世道溃于狂澜,经学几为榛莽"。[3]总之,学者轻视经史、漠视世务的风气十分盛行:"大都士大夫之病,在亲利名,远经史,故跻通臝有术而决帷幄无术,摧异己有据而权古今无据,或骄语迈稽而当代瞢如,或哆口寅恭而救时束手。"[4]"俗儒是古而非今,文士撷华而舍实。夫保残守缺,则训诂之文充栋不厌;寻声设色,则雕绘之作永日以思。至于时王所尚,世务所急,是非得失之际,未之用心。苟能访求其书者盖寡,宜天下才智日以绌,故曰士无实学。"[5]这引起了部分有识之士的强烈反感与警醒,于是奋起提倡士大夫应重视经史之学,以便能匡时济世、扶危定倾。如何良俊(1506—1573)说:"先儒言经术所以经世务,则今之学士大夫有斯世之责者,安可不留意于经术乎?"[6]焦竑(1540—1620)提出经筵、日讲"非徒辩析经史为观美也,谓当旁及时务,以匡不逮"。[7]

王门后学中薛应旂(1500—1576?)与唐顺之(1507—1560)比较重视经史之学。薛应旂说:"世儒相沿动谓经以载道,史以载事。不知道见于事,事寓乎道,经亦载事,史亦载道,要之不可以殊观也。"[8]这种对经史的看法固然有其渊源,王阳明说:"以事言谓之史,以道言谓之经。事即道,道即事,《春秋》亦经,五经亦史。《易》是包牺氏之史,《书》是尧舜以下史,《礼》《乐》是三代史。

---

[1] 于慎行:《谷山笔麈》,北京:中华书局,1984年,第86页。
[2] 陈第:《书札烬存·答许抚台》,《一斋集》,《四库禁毁书丛刊》第57册,北京:北京出版社,1998年,第296页。
[3] 顾炎武著,严文儒、戴扬本校点:《日知录》卷十八《科场禁约》,上海:上海古籍出版社,2012年,第724页。
[4] 王邵沐:《序》,《名山藏》第1册,扬州:江苏广陵古籍刻印社,1993年,第12页。
[5] 陈子龙:《安雅堂稿》卷五《皇明经世编序》,台北:伟文图书出版社,1977年,第298~299页。
[6] 何良俊:《四友斋丛说》卷一《经一》,北京:中华书局,1959年,第1页。
[7] 焦竑:《焦氏笔乘》卷三《经筵面奏》,上海:上海古籍出版社,1986年,第81页。
[8] 薛应旂:《宋元通鉴序》,《四库全书存目丛书》史部第9册,济南:齐鲁书社,1996年,第686页。

其事同,其道同,安有所谓异?"[1]但薛应旂在王阳明的基础上有进一步的发展,他不仅反对朱熹经精史粗的观点,也驳斥陆九渊"六经为我注脚"、完全排斥研读经史的思想:

> 天下之道,固一而无二,而粗精本末则不可偏废。自夫朱、陆之辨兴,而左朱右陆者,但知"六经为我注脚",而不究其义,刬于史学,又何庸心?其或折衷于二者之间,则亦谓读经足矣,史固在所后也,明道程先生亦以谢上蔡为玩物丧志。此其言盖为博而寡要者发也,未必谓屏经史而不读也。迩者乃或妄意神化,束书不观,事至于前,不学无术,多至谬误,而君子之经纶隳矣!君子之经世,譬诸医者之治病,经则其《素》《难》也,史则其方书也,虽轩、歧、和、扁,亦不能外是理以生人。而业其术者,顾弃置之,纵自谓妙悟神解,其有不至于误剂杀人者几希。[2]

王阳明虽承认经史之间的联系,但并不认为熟练掌握六经就能体认到良知;其本人虽事功卓著,但他更为注重的还是"良知"说。后学受其影响,多注重究心论道,而未将治世作为首务。薛应旂不满于王门后学的空谈心性,其注重提高史学的地位,已突破了王阳明原有经史观的框架,这与其力矫狂禅空谈、倡导经世的思想是紧密相连的,他认为经史之学犹如治病的药典和处方,是挽救社会危机的利器,一旦治世者将二者弃之不顾,势必难以避免"误剂杀人"。《宋元通鉴》一书鲜明体现了他的经世旨趣:"欲后人监前人之辙迹以为法戒,而不至于失身败事,要亦陆宣公(陆贽)集古方书之意也。"[3]

唐顺之是薛应旂的好友,大概两人经常一起交流思想,因此在倡导经世及重视经史方面唱为同调。唐顺之的经史观也是对王阳明的继承和发展:

> 经以载道,史以纪事,经与史一也。羲皇之世,事尚无为,尧舜之时人文始著。三代之隆,治化熙洽,列国之统,名分垂漓。自汉以下纯驳虽异

---

[1] 王守仁:《王阳明全集》卷一《传习录上》,上海:上海古籍出版社,1992年,第10页。
[2] 薛应旂:《宋元通鉴·义例》,《四库全书存目丛书》史部第9册,第689~690页。
[3] 薛应旂:《宋元通鉴·义例》,《四库全书存目丛书》史部第9册,第690页。

而道未尝亡。故《易》即羲皇之史,《诗》《书》《礼》《乐》即唐虞三代之史,《春秋》即列国之史,而后世之史,亦即汉唐宋之经也。儒者之学根于心,率而由之之谓道,举而措之之为事,道与事一也。[1]

唐顺之认为"后世之史,亦即汉唐宋之经",虽然没有被尊为经,但性质与经相同,"时有古今而治垂之,治有因革而法纪之。道则贯乎治,法变通以趋乎时者也。夏商周之法,备于六经,汉唐宋之法,备于诸史"。[2] 六经仅是三代治法的记录,不能囊括后世,汉唐宋的治法,只能从史书中寻求,因此后世史书与六经地位并无差异。史的地位在唐顺之这里得到进一步的提高,这是为经世目的服务,因为经世的关键在于懂得"考古以合变",欲了解古今历史的演变,必须仰仗于史学。唐顺之《历代史纂左编》的经世致用宗旨也十分明确:"《左编》者,为治法而纂也,非关于治者勿录也"。[3] 其友人胡松称:"盖宇宙上下数千百年成败利钝、治乱兴衰、是非得失之迹烂然目捷,无烦泛览。"[4]对该书予以高度评价。唐顺之另著有《荆川先生右编》一书,该书的经世思想引起了焦竑的共鸣,并被进一步发挥:

> 夫学不知经世,非学也;经世而不知考古以合变,非经世也。……是编自周秦以迨胜国,任士之所劳,谋臣之所画,凡为匡国计者,班班在焉。中间矫拂嗜欲,指陈利病,与辨别忠衰,而处其进退,人主虚心采纳,而言者亦精意体国,不啻烛照数计然,何其盛也。即有言未忠,忠而未尽用者,其回隐盅坏之状,亦因可考见,而无所从遁。盖非特得进言之法,实善败得失之林也,其可忽诸?[5]

---

[1] 王畿:《历代史纂左编凡例并引》,《四库全书存目丛书》史部第133册,济南:齐鲁书社,1996年,第9页。
[2] 王畿:《历代史纂左编凡例并引》,《四库全书存目丛书》史部第133册,第2页。
[3] 唐顺之:《荆川先生自序》,载《历代史纂左编》,《四库全书存目丛书》史部第133册,第1页。
[4] 胡松:《〈史纂左编〉后序》,载《历代史纂左编》,《四库全书存目丛书》史部第133册,第36页。
[5] 焦竑:《澹园集》卷十四《荆川先生右编序》,北京:中华书局,1999年,第141~142页。

焦竑提出"夫学不知经世，非学也；经世而不知考古以合变，非经世也"的观点，指出《右编》一书体现了唐顺之的治学宗旨，是历代成败得失的记录，也是医治国病的良方。

焦竑本人既重视心性之学，又博闻众家，反对"饱食安坐，典籍满前，乃束书不观，游谈无根"[1]的学风，提出"若游意经史，当更为有本之学"。[2] 他倡导"通经学古以绍明先圣之道"："夫道非一圣人所能究，前者开之，后者推之，略者广之，微者阐之，而其理始著，故经累而为六也。乃谈经者欲暧暧妹妹于一先生之言，而以为经尽在是也，岂不谬哉！"[3]另外，他也十分爱好史学，"自束发，好观览国朝名公卿事迹。迨滥竽词林，尤欲综核其行事，以待异日之参考"。[4] 渊源于王学的邓元锡（1529—1593）也"喜观经史"，对王门左派蹈虚空谈之弊不满："近世学者牵滞闻见，迷离于原本。其师心自用，竟口实于六经注脚之语，蔑问学而不事，吾深病之。"[5]他认为"陈天道、人事之纪，世为仪表，莫大于六经"[6]，因此倡导"以反经为本，以天命为则，以礼教为防，以乾惕为行"，著《五经绎》。他还从"事心穷经，致用穷史"的角度出发，从事史学研究："时神庙之季，心学盛行，徒事证觉。元锡曰：'九容不修，是无身也。九思不慎，是无心也。何以事心？其本在穷经。何以致用？其支在穷史。'"[7]

何良俊批评当时风行于天下的王阳明学说"托之空言，遂鲜实用"，[8]将王门弟子聚众讲学比拟为西晋、北宋的游谈误国之举，主张取缔："岂有当此盛朝，土地之广，生聚之众。政事之繁多，既委身于国，受民社之寄，日勤职业犹惧不逮，而乃坐縻廪禄，虚冒宠荣，终日空谈，全废政务，岂非圣世之所必诛者哉？"他批评王门会讲是"竞事空谈"，"全废政务"，他认为经世离不开经史之学：

---

[1] 焦竑：《焦氏笔乘续集》卷四《韩忠献》，北京：中华书局，1985年，第224页。

[2] 焦竑：《澹园集》卷十三《答乐礼部》，第123页。

[3] 焦竑：《澹园续集》卷一《刻两苏经解序》，第751页。

[4] 焦竑：《玉堂丛语》卷首《自序》，北京：中华书局，1981年，第5页。

[5] 许孚远：《翰林院待诏邓汝极墓志铭》，黄宗羲编《明文海》卷445，北京：中华书局，1987年，第4764页。

[6] 邓元锡：《函史》上编序，《四库全书存目丛书》史部第25册，济南：齐鲁书社，1996年，第1页。

[7] 查继佐：《罪惟录》列传卷十《理学诸臣列传·邓元锡》，杭州：浙江古籍出版社，1986年，第1617页。

[8] 何良俊：《四友斋丛说》卷三《经三》，第28页。

> 盖经术所以经世务,而诸史以载历代行事之迹,故六经如医家《素》《难》,而诸史则其药案也。夫自三代而下以至于今,越历既久,凡古人已行之事何所不有?若遇事变,取古人成迹斟酌损益,庶有依据。苟师心自用,纵养得虚静,何能事事曲当哉?寻常应务犹可,至于典章仪式名物度数,其亦可以意见处之哉?故一经变故夤集,则茫无所措,遂至于率意定方,误投药剂,非但无救于病,其人遂成沉痼矣。可无惧哉![1]

经术对于经世只能提供指导,在不同的状况下如何解决具体问题,需要参考史书所记载的历代行事,进行取舍。

此外,郑晓(约1499—1566)、归有光(1507—1571)也都十分重视经史之学。郑晓"年甫十岁,父吾核公授之经传,即能通经传,复授之以经史,即能读子史"。[2] 因此其学问淹博,通晓经术,长于史学;又历经国家要职,谙悉本朝掌故,所以著作多涉国政朝章,兵戎邦计。其《吾学编》记载明洪武至正德年间的史事,鲜明体现出通今的治学特征。其《端简郑公文集》卷一《说经》体现了其对经学的重视。人称"晓为学虽主用世,而于性命之说、义利之辩咸能剖析精微,直窥堂奥"。[3]

归有光自少年时代便立志经世:"余少不自量,有用世之志";[4] "余少时有狂简之志,思得遭明时,兴尧、舜、周、孔之道,尝鄙管、晏不足为";[5] "学圣人之道,通于《六经》之大指。虽居穷守约,不录于有司,而窃观天下之治乱,生民之利病,每有隐忧于心"。[6] 但他的仕途屡屡受挫,六十岁后才中进士,深受科考之苦,因此他对经史之学的宣扬,常常与批判科举制的流弊结合在一起的。"今科举之学,日趋简便。当世相嗤笑以通经学古为时文之蠹,而史学益废不讲矣。"[7] "近来一种俗学,习为记诵套子,往往能取高第。浅中之徒,转

---

[1] 何良俊:《四友斋丛说》卷五《史一》,第43页。
[2] 过庭训:《本(明)朝分省人物考》卷四十五,台北:成文出版社,1971年,第3697页。
[3] 过庭训:《本(明)朝分省人物考》卷四十五,第3702页。
[4] 归有光:《震川先生集》卷二《沈次谷先生诗序》,上海:上海古籍出版社,2007年,第30页。
[5] 归有光:《震川先生集》卷十七《梦鼎堂记》,第433页。
[6] 归有光:《震川先生集》卷十七《家谱记》,第437页。
[7] 归有光:《震川先生集》卷二《史论序》,第34页。

相放(仿)效,更以通经学古为拙。则区区与诸君论此于荒山寂寞之滨,其不为所嗤笑者几希。然惟此学流传,败坏人材,其于世道,为害不浅。"[1]通经学古无助于科举仕途,急功近利者自然不会重视,殊不知丧失经学根基的时文,只会败坏人才,危害世道。归有光揭露士子们"内以侵渔其乡里,外以芟夷其人民。一为官守,日夜孜孜,惟恐囊橐之不厚,迁转之不亟,交结奉承之不至。书问繁于吏牒,馈送急于官赋,拜谒勤于职守"。[2]读书人腐化堕落至如此地步,必然加速官场的糜烂、政治的腐败,最终危害社稷民生。因此归有光建议"使学校之官,修明经史,而略其末流,使士不求准式于《五经》《四书》《史》《汉》之外,天下士风庶几少变,而人才可观矣"。[3]

张溥倡导恢复通经复古的学风,他认为科举时文与空谈心性都对经学造成了不利影响:

> 经学之不言久矣。……习一经而舍其四经,忘远图而守近意,亦云已矣。即一经之说多有未举,将若之何? 予尝恻然于斯,求其变之所始。圣贤之路绝而不通,皆由时文之道壅之也。乐于为时者,禁其聪明之于便近,毕其生平之能以应有司,经文之效不显于世,则相与苟为利而已。[4]
>
> 经学之不明,讲说害之也。予心恻焉,意欲废讲说而专存经解。……成(化)弘(治)以来,学者尊尚《大全》,兼通注疏,等为闲书。久而讲说滋烦,人便剽记,沦弃《大全》亦复不论。是故道隆而隆,道污而污。[5]

科举应试不需攻读经典,造就的多是追名逐利的贪鄙之徒;讲说崇尚高谈阔论,不追究学术功底,自然剽窃盛行。有鉴于此,张溥创建复社,试图补偏救弊,为国家培养有用之才:"自世教衰,士子不通经术,但剽耳绘目,几幸弋获于有司,登明堂不能致君,长郡邑不知泽民,人材日下,吏治日偷,皆由于此。溥

---

[1] 归有光:《震川先生集》卷七《山舍示学者》,第151页。
[2] 归有光:《震川先生集》卷九《送吴纯甫先生会试序》,第188页。
[3] 归有光:《震川先生集》卷十一《送国子助教徐先生序》,第264页。
[4] 张溥:《古文存稿》卷五《易文观序》,载《七录斋诗文合集》下,台北:伟文图书出版社,1977年,第1001~1002页。
[5] 张溥:《古文近稿》卷二《五经注疏大全合纂序》,载《七录斋诗文合集》上,第173~176页。

不度德,不量力,期与四方多士,共兴复古学,将使异日者务为有用。"[1]古学不仅有经学,还包括史学。张溥对史学也是颇为重视的,他曾表示:"愿以暇日汇五经之源流,辨百氏之同异,发金匮之藏,为国家成正史,然后约于性命之旨,以上继邹鲁之传。"[2]复社规模大、地域广、影响大,当时不少有才学、有抱负的青年参与其中,如黄宗羲、方以智、陈子龙、顾炎武等,因而极大地推动了明清之际尊经重史学术思潮的发展。

本书选取钱谦益、黄宗羲、顾炎武、王夫之、万斯同等五位学者作为代表,来探讨明清之际经史学的概貌,试图窥一斑而见全豹,了解明末清初的学术概貌与学风演变的特点。

---

[1] 蒋平阶:《复社纪略》卷一,载《东林始末》,上海:上海书店,1951年,第181页。
[2] 陈子龙:《安雅堂稿》卷二《张天如先生文集序》,台北:伟文图书出版社,1977年,第108页。

第一章　钱谦益的经史之学

钱谦益(1582—1664)学兼众长,在经、史、文、释、道方面都有广泛涉猎,并取得突出的成绩。但无论其生前死后,学术界对其成就的关注、称赞与研究,基本集中于文学领域。陈子龙表彰其"汉苑文章首"[1],黄宗羲称许其"四海宗盟五十年"[2],"主文章之坛坫者五十年,几与弇洲相上下"[3],顾炎武承认其乃文章"宗主","牧(斋)死而江南无人胜此矣"。[4]清初汪琬也说:"自我世祖定鼎以来,文治聿兴,于是声教所被,时则常熟钱尚书谦益……以文学倡导于前,然后鸿儒硕士望风起。"[5]康熙时期凌凤翔序《初学集》,提出钱诗"开熙朝风气之先","诗家翕然宗之,天下靡然从风,一归于正"[6];晚清徐世昌则言"牧斋才大学博,主持东南坛坫,为明清两代诗派一大关键"。[7]以上论断都清晰地体现了学界中人对钱谦益文学成就的肯定,但也说明钱谦益其他成就为文学所掩盖的事实。时至今日,钱氏的经学、史学也逐渐引起关注,但与文

---

[1] 陈子龙:《湘真阁稿》卷四《赠钱牧斋少宗伯》,《续修四库全书》集部第1388册,上海:上海古籍出版社,1995年,第248页。

[2] 黄宗羲:《南雷诗历》卷二《钱宗伯牧斋》,《黄宗羲全集》第11册,杭州:浙江古籍出版社,2005年,第256页。

[3] 黄宗羲:《思旧录·钱谦益》,《黄宗羲全集》第1册,第377页。

[4] 傅山:《霜红龛集》卷九《为李天生作十首》之八自注,太原:山西人民出版社,1985年,第236页。

[5] 汪琬:《尧峰文钞别录》卷三《苑西集序》,《汪琬全集笺校》第4册,北京:人民文学出版社,2010年,第2147页。

[6] 凌凤翔:《凌序》,《牧斋初学集》附录,上海:上海古籍出版社,2009年,第2229~2230页。

[7] 徐世昌:《晚晴簃诗汇》卷一九,民国退耕堂刻本。

学方面的研究[1]相比,仍较为薄弱,需要进一步深入探究。

第一节 钱谦益的经学

一、钱谦益重经思想溯源

　　钱谦益的家族世授《春秋》,祖父钱顺时在嘉靖己未(1559),"会试举《春秋》第一",[2]父亲钱世扬(1554—1610)中万历十九年(1591)副榜,于是"世授胡氏《春秋》,收拾旁魄,搜逖疑互,既成以授学者。学者咸师尊之,从而执经考疑者继于门"。[3]钱谦益幼时也习读胡安国《春秋传》,主要是为了应对科举考试,而非学术研究,他自称"余少以《春秋》射策",[4]"以举业为主,经义为客",[5]这正是明代科举考试引领下的时代风气。

　　明初科考,《四书》主朱子《集注》,《易》主程传、朱子《本义》,《书》主蔡氏传及古注疏,《诗》主朱子《集传》,《春秋》主《左氏》《公羊》《穀梁》三传及胡安国、张洽传,《礼记》主古注疏。[6]永乐十二年(1414)敕命胡广等四十二人编纂《春秋大全》七十卷,基本上照搬汪克宽《春秋胡传附录纂疏》以应命,从此士子只知有《春秋大全》,而舍弃《春秋》本经及三传。士子研习《春秋》,主要为利禄考虑,如钱谦益本人对《春秋传》仅"粗通句读则已,多所拟议,而未敢明言"。[7]他还提到父亲钱世扬给自己教授万历十一年(1583)进士、邹守益之

---

[1] 近年出版的专著,如裴世俊《钱谦益诗歌研究》、孙之梅《钱谦益与明末清初文学》、丁功谊《钱谦益文学思想研究》、杨连民《钱谦益诗学研究》及多篇硕士论文,都集中阐释其文学或目录学。目前仅见华中师范大学刘琴琴硕士论文《构建网络与寻求认同:钱谦益的交游与史学》(2016)对钱谦益的史学有所讨论。

[2] 钱谦益:《牧斋初学集》卷七四《请诰命事略》,《钱牧斋全集》第3册,第1634页。据朱保炯、谢沛霖《明清进士题名碑录索引》(上海:上海古籍出版社,1980年,第2543页)可查钱顺时中嘉靖三十八年己未科第二甲。

[3] 钱谦益:《牧斋初学集》卷七四《请诰命事略》,《钱牧斋全集》第3册,第1634、1635页。

[4] 钱谦益:《牧斋外集》卷三《礼记会通序》,《钱牧斋全集》第8册,第626页。

[5] 钱谦益:《牧斋有学集》卷三八《与严开正书》,《钱牧斋全集》第6册,第1318页。

[6] 张廷玉:《明史》卷七〇《选举志二》,北京:中华书局,1974年,第1694页。

[7] 钱谦益:《牧斋有学集》卷三八《与严开正书》,《钱牧斋全集》第6册,第1316页。

孙邹德溥的《春秋匡解》,[1]"因为言邹氏家学渊源,与先生之文章行履,冠冕词垣,期它日得出其门墙"。[2]后来钱谦益参加乡试与会试,均受益于该书。

钱谦益早年接触经学本"以举业为主","粗通句读",谈不上深入了解,在忙于举业之余,他的精力主要集中于文学方面,仿效李梦阳(号空同)、王世贞(号弇州山人)等前后七子派古文,"仆年十六七时,已好陵猎为古文。空同、弇山二集,澜翻背诵,暗中摸索,能了知某行某纸。摇笔自喜,欲与驱驾,以为莫己若也"。[3]直至万历三十五年(1607),受嘉定四先生之一的李流芳(字长蘅)启发,钱谦益对七子古文的崇拜开始产生动摇:"长蘅同举乡榜,镞砺文行,以古人相期许"。[4]"为举子,偕李长蘅上公车,长蘅见其所作,辄笑曰:'子他日当为李、王辈流'。仆骇曰:'李、王而外,尚有文章乎?'长蘅为言唐、宋大家,与俗学迥别,而略指其所以然。仆为之心动,语未竟而散去。浮湛里居又数年,与练川诸宿素游,得闻归熙甫之绪言,与近代剽贼雇赁之病。"[5]李流芳对钱谦益突破复古派古文的藩篱起了最初的指引作用,其贬斥七子,追随唐宋大家的文学主张令钱谦益有所触动,但是钱氏最初并未尽信其说:"忆往年与长蘅同上公车,时时谈古今文字。长蘅亟称归太仆,以为比肩曾、王,空同辈所不逮也。予心志其言而未敢信。"直至数年后,读归氏文集,"识近代文章之谬,益服膺长蘅,以为知言"。[6]也正是通过李流芳的引荐,钱氏得以结识唐时升(1551—1636)、娄坚(1554—1631)、程嘉燧(1565—1643)等练川三老,"因长蘅得交娄丈子柔、唐丈叔达、程兄孟阳,帅资学问,俨然典型",[7]从而"得闻归熙甫之绪言,与近代剽贼雇赁之病",[8]进一步加深了对归氏之学的了解。钱氏学术观念的转变有一个过程,据其自己说"泛滥俗学,侵寻四十,赁耳佣目,乃

---

[1] 永瑢:《四库全书总目》卷三〇《经部·春秋类存目一》(北京:中华书局,1965年,第248页)称"是书专拟《春秋》合题,每题拟一破题,下引胡《传》作注,又讲究作文之法。盖乡塾揣摩科举之本。德溥陋必不至是,疑或坊刻伪托耶?"
[2] 钱谦益:《牧斋初学集》卷二九《春秋匡解序》,《钱牧斋全集》第2册,第876页。
[3] 钱谦益:《牧斋有学集》卷三九《答山阴徐伯调书》,《钱牧斋全集》第6册,第1347页。
[4] 钱谦益:《牧斋有学集》卷二三《张子石六十寿序》,《钱牧斋全集》第5册,第929页。
[5] 钱谦益:《牧斋有学集》卷三九《答山阴徐伯调书》,《钱牧斋全集》第6册,第1347页。
[6] 钱谦益:《牧斋外集》卷三《四书传火集序》,《钱牧斋全集》第7册,第629页。
[7] 钱谦益:《牧斋有学集》卷二三《张子石六十寿序》,《钱牧斋全集》第5册,第929页。
[8] 钱谦益:《牧斋有学集》卷三九《答山阴徐伯调书》,《钱牧斋全集》第6册,第1347页。

稍知古学之由来。而慨然有改辙之志"。[1] 他自称四十岁左右(万历末、天启初)才稍知古学,距离其初识李流芳,已过去十余年了。

后来钱氏曾多次提及嘉定诸儒对自己改为服膺归有光、从事古学所产生的重要影响:

> 余未弱冠,学为古文辞,好空同、弇州之集。朱黄成诵,能暗记其行墨。每有撰述,刻意模仿,以为古文之道,如是而已。长而从嘉定诸君子游,皆及见震川先生之门人,传习其风流遗书。久而翻然大悔,屏去所读之书,尽焚其所为诗文,一意从事于古学。[2]

> 仆狂易愚鲁,少而失学,一因于程文帖括之拘牵,一误于王、李俗学之沿袭。寻行数墨,伥伥如瞽人拍肩。年近四十,始得从二三遗民老学,得闻先辈之绪论,与夫古人诗文之指意、学问之原本,乃始豁然悔悟,如推䁔睡于梦呓之中,不觉流汗浃背。[3]

"嘉定二三宿儒""二三遗民老学"等都是指嘉定四先生,"先生""先辈"则是归有光,嘉定四先生作为归氏弟子,张扬师说,鼓吹通经学古,从而促使钱谦益与七子派决裂,"翻然大悔,屏去所读之书,尽焚其所为诗文",走上"訾毁太仓,诵法昆山"[4]的学术道路。

归有光是明后期"通经学古"的重要倡导者。他自幼即对朱子之书有所接触,稍长后"颇能精诵之",但"时虚心反覆于圣人之本旨,则于当时之论,亦未必一一符合,而或时有过于离析附会者"。[5] 虽然朱子的传注之学,颇有功于遗经,但归有光也意识到朱子学说并未完全符合孔子思想,时有牵强附会之处;到明代因其成为官方钦定的独尊学说,发展到极端,致使读书人"宁屈经以从传,而不肯背传以从经",有些学者敢于突破这一困境,却又陷入"汪洋恣肆"的"讲道"境地:

---

[1] 钱谦益:《牧斋有学集》卷三八《复徐巨源书》,《钱牧斋全集》第6册,第1325页。
[2] 钱谦益:《牧斋外集》卷六《陈百史集序》,《钱牧斋全集》第7册,第676页。
[3] 钱谦益:《牧斋有学集》卷三八《答杜苍略论文书》,《钱牧斋全集》第6册,第1306页。
[4] 黄宗羲:《钱屺轩先生七十寿序》,《黄宗羲全集》第10册,第673页。
[5] 归有光:《震川先生集》卷一〇《送王子敬之任建宁序》,第222页。

然在千载之下,以一人一时之见,岂必其皆不诡于孔氏之旧,而无一言之悖者?世儒果于信传,而不深惟经之本意,至于其不能必合者,则宁屈经以从传,而不肯背传以从经。规规焉守其一说,白首而不得其要者众矣。间有不安于是,则又敢为异论,务胜于前人,其言汪洋恣肆,亦或足以震动一世之人。盖汉儒谓之讲经,而今世谓之讲道。夫能明于圣人之经,斯道明矣,道亦何容讲哉?凡今世之人,多纷纷然异说者,皆起于讲道也。[1]

归有光反对屈经从传,也反对离经而讲道,以为通经即可明道,呼吁士人"通经学古",因为"天下学者,欲明道德性命之精微,亦未有舍六艺而可以空言讲论者也"。[2]

归有光虽然在嘉定地区培养了一些弟子,但影响非常有限,直至天启、崇祯之际,他才声名渐起,那是因为钱谦益成了其薪火传人。钱氏受嘉定诸君影响,"笃好震川先生之文","服膺先生之书",[3]"以一生师承在兹",[4]大力宣扬归有光的诗文与学术思想:

(归氏)原本六经,而好太史公书,能得其风神脉理。其于六大家,自谓可肩随欧、曾,临川则不难抗行。其于诗,似无意求工,滔滔自运,要非流俗可及也。[5]

先生钻研六经,含茹雒、闽之学,而追溯其元本,谓秦火已后,儒者专门名家,确有指授。古圣贤之蕴奥,未必久晦于汉、唐,而乍辟于有宋。儒林、道学,分为两科,儒林未可以盖道学,新安未可以盖金溪、永嘉,而姚江

---

[1] 归有光:《震川先生集》卷九《送何氏二子序》,第195页。
[2] 归有光:《震川先生集》卷九《送计博士序》,第213页。
[3] 钱谦益:《牧斋有学集》卷一六《新刻震川先生文集序》,《钱牧斋全集》第5册,第729页。
[4] 钱谦益:《牧斋有学集》卷三八《与归进士论校震川集书》,《钱牧斋全集》第6册,第1335页。
[5] 钱谦益:《列朝诗集小传》丁集中《震川先生归有光》,上海:上海古籍出版社,2008年,第559~560页。

亦未可以盖新安。真知独信,侧出于千载之下,而未尝标榜为名高也。[1]

钱谦益还极力称道归有光及其弟子在对抗"俗学"、转变学风方面的功绩:

> 当嘉靖之季,天下之词章,浮华剽贼,互相夸诩。昆山归熙甫以通经师古之学,起而正之。晼晚不遇,声华寂寞,独与二三学者,微言高论于荒江老屋之间。其为制义之文,根极理要,与王济之、瞿师道驰骋上下,他未尝过而问焉。熙甫既没,其门人之在嘉定者,能守其师说,流传而不变。故嘉定虽小邑,其人士多能通经学古,不汩没于俗学,则得之熙甫之门墙者为多。[2]

嘉定四先生在归有光去世后,犹能守其师说,虽然他们的诗文"各自己出,不必尽规摹熙甫。然其师承议论,以经经纬史为根柢,以文从字顺为体要,出车合辙,则固相与共之"[3]。嘉定诸君虽能坚守师说,却无力发扬,直至钱谦益出现,对归有光眼追手摹,言必称师,以其"自余通籍,以至于归田,海内之文人墨卿,高冠长剑,连袂而游于虞山者,指不可胜屈也"[4]的号召力迅速扩大了归氏的影响。钱谦益就曾不无自得地说:"启、祯之交,海内望祀先生,如五纬在天,芒寒色正,其端亦自余发之。"[5]

除了归有光,钱氏还提到宋濂(1310—1381)对自己改变学术道路的影响:"余为书生时,好为古文词。渔猎近代诸家气矜途泽之文,刻画自喜。中年读潜溪(宋濂号)、震川集,少知持择,始改辕易辙,思自拔于流俗,望古人之质的而趋之。"[6]他诵读宋濂之书,源于汤显祖(1550—1616)的引导:

---

[1] 钱谦益:《牧斋有学集》卷一六《新刻震川先生文集序》,《钱牧斋全集》第5册,第729页。
[2] 钱谦益:《牧斋有学集文钞补遗·黄蕴生制义序》,《钱牧斋全集》第7册,第439页。
[3] 钱谦益:《牧斋初学集》卷三二《嘉定四君集序》,《钱牧斋全集》第2册,第922页。
[4] 钱谦益:《牧斋初学集》卷三三《林六长虞山诗序》,《钱牧斋全集》第2册,第961页。
[5] 钱谦益:《牧斋有学集》卷一六《新刻震川先生文集序》,《钱牧斋全集》第5册,第729页。
[6] 钱谦益:《牧斋外集》卷二《读芑凡先生息斋集质言》,《钱牧斋全集》第7册,第600~601页。

午、未(丙午、丁未,即万历三十四、五年)间,客从临川来,汤若士(汤显祖晚年号若士)寄声相勉,曰:"本朝文,自空同以降,皆文之舆台也。古文自有真,且从宋金华着眼。"自是而指归大定。[1]

临川汤若士寄语相商曰:"本朝勿漫视宋景濂。"于是始覃精研思,刻意学唐宋古文,因以及金、元元裕之、虞伯生诸家,少得知古学所从来,与为文之阡陌次第。[2]

宋濂以继承儒家道统为己任,为文主张"宗经""师古",提出"文者道之所寓也。……天地未判,道在天地;天地既分,道在圣贤;圣贤之殁,道在六经。……后之立言者必期无背于经,始可以言文"。[3]他主张为文须以六经为本,六经之外,除取法孟子及唐宋诸家,别无他途:"六籍之外,当以孟子为宗,韩子次之,欧阳子又次之,此则国之通衢,无荆榛之塞,无蛇虎之祸,可以直趋圣贤之大道。去此则曲狭僻径耳,荦确邪蹊耳,胡可行哉!"[4]

在唐宋古文的发展轨迹上,宋濂昭示于前,归有光发扬于后,二人前呼后应,虽然思想主张、文章风格并不尽然一致,但在宗经师古、文道合一上确有诸多相似之处,因此,汤显祖的劝勉很快得到钱谦益的认同。钱于万历四十六年(1618)写诗:"黄帘绿幕漏徐徐,短檠频挑夜勘书。艺苑丛残稂莠在,文人凋谢槿花如。金华绝学吴、黄后,太仆遗编欧、柳余。寄语吾徒须努力,张罗休效一囊渔。"诗"金华"句自注:"金华谓宋文宪公,吴渊颖、黄文献,文宪之师也。""太仆"句则自注"谓昆山归熙甫"。[5]该诗被学者称为"钱谦益思想、学术和文学观念转折的一个重要标志"。[6]钱谦益对宋濂颇为景仰,称"国初金华宋文宪

---

[1] 钱谦益:《牧斋有学集》卷四九《读宋玉叔文集题辞》,《钱牧斋全集》第6册,第1558页。
[2] 钱谦益:《牧斋有学集》卷三九《答山阴徐伯调书》,《钱牧斋全集》第6册,第1347页。
[3] 宋濂:《宋学士全集》卷七《徐教授文集序》,北京:中华书局,1985年,第216~217页。
[4] 宋濂:《宋学士全集》卷二五《文原》,第933~934页。
[5] 钱谦益:《牧斋初学集》卷一《除夕再叠前韵和季穆寄黄二子羽之作兼示子羽》,《钱牧斋全集》第1册,第44页。
[6] 裴世俊:《四海宗盟五十年钱谦益传》,北京:东方出版社,2001年,第52页。

公,承黄晋卿、吴立夫之绪学,蔚为大儒",[1]并多次宣扬宋濂的读书方法:

> 宋、元以来,学者穷经读书,确有师承,幼而学,壮而成,老而传端序。经纬精详,次第具在。宋学士之志曾鲁者,如金科玉条,不可更易。[2]
>
> 宋景濂为《曾侍郎志》,叙古人读书为学之次第,此唐、宋以来高曾之规矩也。宋人传考亭、西山读书分年之法,盖自八岁入小学,迄于二十四五,经经纬史,首尾钩贯,有失时失序者,更展二三年,则三十前已办也。自时厥后,储峙完具,逢源肆应,富有日新,举而措之而已耳。[3]

宋濂所总结的读书治学法,乃是唐宋以来的传统做法,即"经经纬史,首尾钩贯",在钱谦益看来"如金科玉条,不可更易"。

汤显祖本人也是钱谦益所敬重与仿效的对象。钱氏曾为汤显祖文集作序,指出在王世贞独霸文坛近二十年,一时士大夫及山人、词客、僧道莫不奔走其门下,排斥攻击唐宋古文的情况下,汤显祖仍然坚守唐宋古学的独特价值:

> 嘉、隆之文,称秦汉古文词者争謷謷曾、王,以为名高。二十年来日以颓敝,说者群起而击排之。排诚是也,而不思所以返于古。败者东走,逐者亦东走,古文之复,岂可几也。义仍(汤显祖字)有忧之,是故深思易气,去耆割爱,而归其指要于曾、王。夫曾、王者,岂足以尽古文哉。其指意犹多原本六经,其议论风旨去汉、唐诸君子犹未远也。以义仍之才之情,由前而与言秦汉者争为捃扯割剥,我知其无前人;由后而与言排秦、汉者争为叫嚣骞突,我知其无巨子。而回翔弭节,退而自处于曾、王,世之知曾、王者鲜,则知夫义仍者洵寡矣![4]

---

[1] 钱谦益:《牧斋有学集》卷一六《李香岩蕊香幢阁稿序》,《钱牧斋全集》第5册,第752页。

[2] 钱谦益:《牧斋有学集》卷一八《李贯之先生存余稿序》,《钱牧斋全集》第5册,第784页。

[3] 钱谦益:《牧斋有学集》卷三八《复徐巨源书》,《钱牧斋全集》第6册,第1323~1324页。

[4] 汤显祖:《汤显祖诗文集》附录,上海:上海古籍出版社,1982年,第1532~1533页。

汤显祖坚持鼓吹唐宋古文,"指意犹多原本六经",虽然他与归有光一样,只是一介寒儒,声名寂寞,以一人之力并不能力挽狂澜,但是钱谦益正是沿着汤显祖与归有光的道路继续前行,凭借其文坛宗主的身份,试图带动时代风气的转变:"自嘉靖末年,王、李盛行,熙甫遂为所掩没。万历中,临川(汤显祖)能讼言之,而穷老不能大振。仆以孤生谀闻,建立通经汲古之说,以排击俗学,海内惊噪,以为希有,而不知其邮传古昔,非敢创获以哗世也。"[1]

钱谦益同归有光一样,经学方面没有什么专著,但通过分析其相关经解文、序跋及论学书信,我们就会发现他中年以后对经学非常关注,其经学思想有一个逐步形成与演变的过程。

二、钱谦益的经学思想概述

如前文所述,钱谦益早年对经学仅"粗通句读",精力集中于仿效前后七子派古文,直至万历三十五年(1607)接触归有光弟子,才逐渐转而从事古学。关于钱氏真正开始重视经学的具体时间,学界大致判定在天启二年(1622)。[2] 实际上,钱谦益早在万历三十九年(1611),为同族钱时俊的《春秋胡传翼》作序,就对明代不良学风有所抨击:"国家以经术取士,奉康侯(笔者注:胡安国字)如功令,句栉字梳,几无逗漏。第是经旨微而约,绪博而该。经生家童习白纷,涉其涯略,甚有不知《大全》为何种书者。……后世学者,株守臆说,窃窃然得一先生之言,曰《春秋》。《春秋》在是,政如管窥蠡测,奚当于大方者哉?"[3] 后来随着进一步结识练川三老,钱谦益逐步接受归有光对抗俗学、倡导通经师古的学说,并在其基础上提出更为深入的见解。归有光所攻击的"俗学",主要体现在徒以记诵谋求功名,"以通经学古为拙",[4] 败坏人才,危害世道;而钱谦益的"俗学"范围则有所扩大,他分别于天启二年(1622)、四年(1624)对"俗学"有详细的分析与批评:

---

[1] 钱谦益:《牧斋有学集》卷三九《答山阴徐伯调书》,《钱牧斋全集》第6册,第1347页。
[2] 孙之梅:《钱谦益与明末清初文学》(增订版),济南:山东大学出版社,2010年,第125页;丁功谊:《钱谦益文学思想研究》,上海:上海古籍出版社,2006年,第73~74页。
[3] 钱谦益:《牧斋集补·春秋胡传翼序》,《钱牧斋全集》第8册,第859~860页。
[4] 归有光:《震川先生集》卷七《山舍示学者》,第151页。

> 夫今世学者,师法之不古,盖已久矣。经义之敝,流而为帖括;道学之弊,流而为语录。是二者,源流不同,皆所谓俗学也。俗学之弊,能使人穷经而不知经,学古而不知古,穷老尽气,盘旋于章句占毕之中,此南宋以来之通弊也。弘治中学者,以司马、杜氏为宗,以不读唐后书相夸诩为能事。夫司马、杜氏之学,固有从来。不溯其所从来,而骄语司马、杜氏,唐以后岂遂无司马、杜氏哉?务华绝根,数典而忘其祖,彼之所谓复古者,盖亦与俗学相下上而已。驯至于今,人自为学,家自为师,以鄙俚为平易,以杜撰为新奇,如见鬼物,如听鸟语,无论古学不可得见,且并其俗学而失之矣。六经子史,譬如药物之有参苓也。参苓之剂,足以生人。假令投之毒药之中,则亦化而为毒药而已矣。今之学者,缪种已成,六经子史,一入其中,皆化为异物,又况司马、杜氏哉?[1]
>
> 古之学者,九经以为经,注疏以为纬,专门名家,各彻师说,必求其淹通服习而后已焉。经术既熟,然后从事于子史典志之学,泛览博采,皆还而中其章程,隐其绳墨。于是儒者之道大备,而后胥出而为名卿材大夫,以效国家之用。……自儒林道学之歧分,而经义帖括之业盛,经术之传,漫非古昔。然而胜国国初之儒者,其旧学犹在,而先民之流风余韵犹未泯也。正、嘉以还,以剽袭传讹相师,而士以通经为迂。万历之季,以缪妄无稽相夸,而士以读书为讳。驯至于今,俗学晦蒙,缪种胶结,胥天下为夷言鬼语,而不知其所从来。国俗巫,士志淫,民风厉。生心而发政,作政而害事,皆此焉出。[2]

钱谦益眼中的"俗学",囊括经义与道学二者的末流,前者为"帖括",即科举应试类"俗学",归有光已有批判,而道学类"俗学"则是归氏所未曾触及的。这与钱、归二人对宋学的认识不同相关。归有光虽然在经学方面"不傍宋人门

---

[1] 钱谦益:《牧斋初学集》卷三五《赠别方子玄进士序》,《钱牧斋全集》第2册,第992~993页。据丁功谊《钱谦益文学思想研究》(第73~74页)考证,该文作于天启二年(1622)。

[2] 钱谦益:《牧斋初学集》卷二八《苏州府重修学志序》,《钱牧斋全集》第2册,第853页。按:该文文首提及"今上甲子",为天启四年(1624)。

户",[1]但他对宋学基本肯定,如他称"窃谓经学至宋而大明"[2],"宋之大儒,始著书明孔、孟之绝学,以辅翼遗经。至于今,颁之学官,定为取士之格,可谓道德一而风俗同矣"。[3]具体到朱熹学说,虽不无微词,但总体还是正面评价:"余始五六岁,即知有紫阳先生,而能读其书。迨长,习进士业,于朱氏之书,颇能精诵之。然时虚心反覆于圣人之本旨,则于当时之论,亦未必一一符合,而或时有过于离析附会者。然其大义,固不谬于圣人矣。"[4]而钱谦益对宋学则少有肯定,如他称"俗学""使人穷经而不知经,学古而不知古,穷老尽气,盘旋于章句占毕之中,此南宋以来之通弊也",而且宋代儒林与道学分途,直接导致"经义帖括之业盛,经术之传,漫非古昔"。

十余年后,钱谦益在作于崇祯十二年(1639)的《新刻十三经注疏序》中,仍然坚持当初的观点,并有进一步的深入阐释。他对经学在宋代的演变有一个较为清晰的认识,他称十三经的传注、笺解、义疏之学"肇于汉、晋,粹于唐,而是正于宋"。熙宁中,王安石凭借一家之学,"创为新义,而经学一变"。[5]王安石主持对儒家经典《诗》《书》《周官》经义的重新训释,即《三经新义》,颁行天下,开宋代义理之学代替汉唐传注经学之风,"自汉儒至于庆历间,谈经者守训故而不凿,《七经小传》出,而稍尚新奇矣。至《三经义》行,视汉儒之学若土埂"。[6]"一时学者无不传习,有司纯用以取士。……自是先儒之传注悉废矣。"[7]因此钱谦益说王安石新学导致"经学一变",确为事实。此后,"朱元晦折衷诸儒之学,集为传注,而经学再变","再变之后,汉、唐章句之学,或几乎灭熄矣"。汉唐经学虽不无言及天道性命,但基本以章句训诂为主;而宋代理学"自谓得不传之学于遗经,扫除章句,而胥归之于身心性命"。后来的理学家,则更进而以讲道为能事,"其言学愈精,其言知性知天愈眇,而穷究其指归,则或未必如章句之学,有表可循,而有坊可止也"。可见宋明理学虽然后出转精,

---

[1] 钱谦益:《新刊震川先生文集序》,《震川先生集》卷首,第10页。
[2] 钱谦益:《震川先生集》卷七《与潘子实书》,第150页。
[3] 钱谦益:《震川先生集》卷九《送计博士序》,第213页。
[4] 归有光:《震川先生集》卷一〇《送王子敬之任建宁序》,第222~223页。
[5] 钱谦益:《牧斋初学集》卷二八《新刻十三经注疏序》,《钱牧斋全集》第2册,第850页。
[6] 王应麟:《困学纪闻》卷八《经说》,沈阳:辽宁教育出版社,1998年,第190页。
[7] 陈邦瞻:《宋史纪事本末》卷三八,北京:中华书局,1977年,第374~375页。

在天道性命方面颇有创获,但并不意味着它在旨趣方面超越了汉唐的章句之学。理学以讲道为宗,却离经而讲道,不知经道合一,"圣人之经,即圣人之道也",抛弃以章句治经的方式,势必陷入"贤者高自标目,务胜于前人;而不肖者汪洋自恣,莫可穷诘"的境地,这正是"宋之诸儒扫除章句者,导其先路也"。

自司马迁首次在《史记》中创立《儒林列传》,按五经的次序为授经诸师立传,班固《汉书》以下,多承袭其例设儒林列传,通常称《儒林传》或《儒学传》。宋代开始出现儒林、道学分途,道学由于适应了社会政治需要和时代发展,南宋理宗以后成为统治思想和官方学术的主流。到元代,朱子学说更成为立国之本,《宋史》的修撰者大都是理学家或理学信奉者,于是《宋史》特设《道学传》,记载周敦颐、二程、张载、邵雍、朱熹、张栻及程朱门人,以体现对继承孔孟道统的理学大儒的推崇和彰显。虽然《宋史》也设有《儒林传》,以经学家为立传对象,但地位与程朱理学家无法相提并论。钱谦益指出这是经学发展史上的一次重大转折:"儒林与道学分,而古人传注、笺解、义疏之学转相讲述者,无复遗种。此亦古今经术升降绝续之大端也。"[1]不仅如此,钱谦益还指出明代《五经四书大全》被颁之于学宫,直接导致注疏被废,程朱之学成为不二标准,"再变之后,汉、唐章句之学,或几乎灭熄矣"。[2] 明代陈献章、王阳明等人鼓吹心学,导致"举世胥变为俗学":"自儒林道学之术分歧于儒家,而古学一变,自江门(笔者注:陈献章别号江门渔父)、姚江之学侧出于经术,而古学再变。于是乎封蔀之以制科之帖括,瀹乱之以剽贼之词章,举世胥变为俗学,而江河之流不可复返矣。"[3]

钱谦益对"俗学"予以猛烈批判,是因其认为学术与政治关联密切。早在天启四年他已抨击嘉靖、万历以来"俗学晦蒙,缪种胶结,胥天下为夷言鬼语,而不知其所从来。国俗巫,士志淫,民风厉。生心而发政,作政而害事,皆此焉出"。他认为"俗学"的盛行导致士风淫僻、耻尚失所,民风世态江河日下,纲纪凌夷,进而影响政局的稳定。崇祯六年(1633),钱谦益重申经学与国政之间休戚相关。他以《春秋》学为例,比较了汉、宋时期的学术与政治,说三代以后,享

---

[1] 钱谦益:《牧斋初学集》卷二八《新刻十三经注疏序》,《钱牧斋全集》第 2 册,第 850~851 页。
[2] 钱谦益:《牧斋初学集》卷二八《新刻十三经注疏序》,《钱牧斋全集》第 2 册,第 850 页。
[3] 钱谦益:《牧斋有学集》卷二〇《从游集序》,《钱牧斋全集》第 5 册,第 850~851 页。

国长久者莫如汉,"当其盛时,政令画一,经术修明"。《春秋》学虽分为数家,但"递相传授,各仍其师说,至数百年不相改易"。尤其董仲舒、萧望之等定大议,断大疑,均援引《春秋》为据,"何其盛哉!"宋代自王安石推行新学,《春秋》不列于学官,科举考试不以《春秋》取士,"遂驯致戎狄乱华之祸,没世而不复振"。[1]将《春秋》被废于学官与北宋亡于异族联系起来,这种观点自然失于偏颇,但类似的思维在中国古代社会中却颇为盛行,并有悠久的历史。汉武帝时期确立经学官方统治地位的根本原因是以六经来统一社会的思想,用思想统一来维护政治统一。[2]董仲舒曾说:"今师异道,人异论,百家殊方,指意不同,是以上亡以持一统,法制数变,下不知所守。"[3]因此他倡导以《春秋》大一统的观念来统一思想,维护政治的稳定。汉代以经学统一思想的做法,后来得到历代封建王朝的效仿。王安石主持编纂《三经新义》,其实也是试图以新经学来统一全社会的思想,只可惜很快因变法失败而无法推行,其新学与变法都遭人诟病,甚至演变到将北宋灭亡之责归咎其身的地步。钱谦益正是从这个角度对新学做出负面评价。他在汉宋两朝经学、政治对比的基础上,提出:

> 经学与国政,咸出于一,而天下大治。及其衰也,人异学,国异政。公卿大夫,竞出其聪明才智以变乱旧章。晋之刑鼎,鲁之丘甲田赋,郑之竹刑,纷更多制,并受其敝。又其甚也,获雁之鄙人,假田弋之说以干政事;而振铎之后,不祀忽诸。繇此言之,经学之不明,国论之不一,其关于存亡治乱之故,犹病之著乎肌表,诊视者可举目而得之,不待医和及缓而后知其不可为也。是可视为细故哉?[4]

经学统一,思想也就统一,政治上的统一也就轻而易举,社会稳定,天下太平;反之,如果没有统一的学说作为政治上的指导,那么,法令、政策、制度就不能保持一贯性,朝令夕改只会危害国家的统一与社会的稳定。

到崇祯十二年(1639),钱谦益的看法进一步具体化,将"俗学"盛行与"夷

---

[1] 钱谦益:《牧斋初学集》卷二九《春秋匡解序》,《钱牧斋全集》第2册,第876页。
[2] 周桂钿:《中国传统政治哲学》,石家庄:河北人民出版社,2001年,第78~79页。
[3] 班固:《汉书》卷五六《董仲舒传》,北京:中华书局,1962年,第2523页。
[4] 钱谦益:《牧斋初学集》卷二九《春秋匡解序》,《钱牧斋全集》第2册,第877页。

狄寇盗之祸"联系：

> 经学之熄也，降而为经义；道学之偷也，流而为俗学。胥天下不知穷经学古，而冥行擿埴，以狂瞽相师。驯至于今，轻材小儒，敢于嗤点六经，呰毁三传，非圣无法，先王所必诛不以听者，而流俗以为固然。生心而害政，作政而害事，学术蛊坏，世道偏颇，而夷狄寇盗之祸，亦相挺而起。[1]

钱谦益所说的"夷狄寇盗之祸"，指明末农民起义与后金对明王朝的多次入侵。崇祯元年至三年（1628—1630）间，高迎祥、张献忠、李自成等先后起义，陕西境内义军达百余部，后走向联合，势力强盛，成为明王朝挥之不去的噩梦。尤其在崇祯十二年（1639）李自成闯入河南，因当地大旱，斛谷万钱，饥民争相参加义军，人数达五十万。关外的后金也日益强盛，皇太极于崇祯九年称帝，改国号金为"大清"，改族名为"满洲"，定都沈阳，从此开始大举率兵攻打明朝。崇祯十一年至十二年间，清军入关达半年，深入二千里，攻占一府、三州、五十五县、二关；杀明总督二、守备以上将吏百余，俘获人口四十六万余。

面临这种内忧外患的局面，钱谦益自然免不了忧心如焚，他总结危机出现的原因，认为就在于经学衰落致使无知小儒"敢于嗤点六经，呰毁三传，非圣无法"；"俗学"流行，导致社会中人"生心而害政，作政而害事，学术蛊坏，世道偏颇"，"夷狄寇盗"就乘机兴起。既然政治危机的源头在于学术败坏，那么要救世，必须回归学术，因此他说：

> 孟子曰：我亦欲正人心。君子反经而已矣。诚欲正人心，必自反经始；诚欲反经，必自正经学始。圣天子广厦细旃，穆然深思，特诏儒臣，是正遗经进御，诚以反经正学为救世之先务，亦犹二祖之志也。不然，夫岂其王师在野，方隅未静，汲汲然横经籍传，如石渠、开阳故事，润色太平也哉？[2]

---

[1] 钱谦益：《牧斋初学集》卷二八《新刻十三经注疏序》，《钱牧斋全集》第 2 册，第 851 页。

[2] 钱谦益：《牧斋初学集》卷二八《新刻十三经注疏序》，《钱牧斋全集》第 2 册，第 851～852 页。

"反经正学"为"救世之先务",在明末岌岌可危的政局下,显然是书生的迂阔之论,毫无补益。四年后,明王朝就无可挽回地灭亡了。

但钱谦益"反经"的主张并未因明王朝的崩溃而放弃,如其顺治初年[1]所撰的《李贯之先生存余稿序》中就曾从明末经学衰落的角度总结亡国原因:

> 宋、元以来,学者穷经读书,确有师承,幼而学,壮而成,老而传端序。经纬精详,次第具在。宋学士之志曾鲁者,如金科玉条,不可更易。世降道衰,教学偏背,烦芜之章句,熟烂之时文,剽贼佣赁之俗学,耳食目论,浸淫熏习,而先民辨志敬业之遗法,不可以复考矣。迨其末也,世益下,学益驳,謏闻曲见,横鹜侧出,聋瞽狂易,人自为师。世所号为魁士硕儒,敢于嗤点谟诰,镌夷经传,大书浓抹,以典训为戏剧。驯至于黄头邪师、弥戾魔属,充塞抗行,交相枭乱,而斯世遂有陆沉板荡之祸。[2]

到顺治十二年(1655)[3]他在《答徐巨源书》中仍然坚持"反经"的论调,虽然不再将"反经"与世务联系,而集中从学术的角度谈论。他的"反经"主张是针对"末学"之弊而提出的:

> 窃尝谓末学之失,其病有二。一则蔽于俗学,一则误于自是。九经六艺,炳若丹青。律数小学,具有谱牒。今不为爬搔搜剔,溯本穷源,经学乱于蛙紫,史家杂于秕稗,众表竞指,百喙争鸣。苍耳蒹葭,胃之皆能刺足;鹿床鸟喙,食之便可腐肠。至今为梗,实繁有徒。故曰蔽于俗学。以挽近为准的,以讹缪为种性。胸中先有宿物,眼下自生光景。于是逞臆无稽,师心自用。章句联尔,先已订其雌黄;旨趣茫然,便欲褰其疵类。斯则病

---

[1] 钱谦益:《牧斋有学集》卷一八《李贯之先生存余稿序》中提道:"贯之没二十有余年,其孙成之,刻其遗文,请序于余。"李贯之,字如一,《牧斋有学集》卷三二《李贯之先生墓志铭》记载其卒后"越十一年乙酉,国有大故",那么可知其卒于崇祯三年(1630),据此推测,《存余稿序》一文最迟撰写于顺治七年(1650)之后。

[2] 钱谦益:《牧斋有学集》卷一八《李贯之先生存余稿序》,《钱牧斋全集》第5册,第784页。

[3] 《答徐巨源书》文中提及"去年为周元亮作《赖古堂文选序》",而《赖序》成于顺治十一年(1654)。

在膏肓,魔入肺腑。牛羊之眼,但向一隅;蟪蛄之声,终违九里。孟子曰:"自以为是,而不可与入尧舜之道。"良可愍也。故曰误于自是。此二者,流俗之人,项背相望。而世之君子,以斯文为己任者,殆亦未能免也。

今诚欲回挽风气,甄别流品,孤撑独树,定千秋不朽之业,则惟有反经而已矣。何谓反经?自反而已矣。吾之于经学,果能穷理析义、疏通证明,如郑、孔否?吾之于史学,果能发凡起例、文直事核如迁、固否?吾之为文,果能文从字顺,规摹韩、柳,不僩规矩,不流剽贼否?吾之为诗,果能缘情绮靡,轩翥风雅,不沿浮声,不堕鬼窟否?[1]

"蔽于俗学"是指学术研究中不知"爬搔搜剔,溯本穷源",而惑于历代传注之学;"误于自是"则是"逞臆无稽,师心自用",预存先入之见,自以为是。要克服二者的弊端,钱氏认为只有"反经"一条道路,那就是无论从事何种学术研究,都要以汉唐经典为楷模。具体到经学,"必以汉人为宗主",因为"六经之学,渊源于两汉,大备于唐、宋之初,其固而失通,繁而寡要,诚亦有之,然其训故皆原本先民,而微言大义,去圣贤之门犹未远也"。当然,汉代经学并非尽善尽美,唐宋及近代也有其可取之处,"汉不足求之于唐,唐不足求之于宋,唐、宋皆不足,然后求之近代。庶几圣贤之门仞可窥,儒先之钤键可得也"。[2]顺治十八年(1661)钱谦益八十岁时,他还坚持"余每劝学者通经,先汉而后唐、宋。识者当不河汉其言"。[3]这可视为其晚年定论。

三、《春秋》学

钱谦益的经学思想以明亡为界,呈现出阶段性的变化:前期以通经致用为主,关注社会现实问题,后期强调回归学术研究本身,这在他的《春秋》学研究中有突出体现。

---

[1] 钱谦益:《牧斋有学集》卷三十八《答徐巨源书》,《钱牧斋全集》第6册,第1313~1314页。

[2] 钱谦益:《牧斋初学集》卷七九《与卓去病论经学书》,《钱牧斋全集》第3册,第1706页。

[3] 钱谦益:《牧斋初学集》卷四六《跋春秋繁露》,《钱牧斋全集》第2册,第1516~1517页。

钱谦益没有经学专著,因为家学及科举应试的缘故,对五经中的《春秋》较为关注,"不佞少治《易》,于《春秋》家言,独有深嗜"。任职于楚、闽之际,他时时"与诸名家商榷疑义,辄津津有合也"。万历三十八年(1610)因丁父忧离职归里,也"夙好不忘,遂以是经课孙儿辈"。[1] 前文已提及,钱谦益自幼时便习读胡安国《春秋传》,该书在元明两代被钦定为科举取士的定本,明初本是《公》《穀》《左》、张洽《春秋集传》、胡《传》并行,后来竟发展到诸传皆废、唯以《春秋传》为准的地步,因而该书也就成为研治《春秋》者必读的范本。明代士子研究《春秋》,主要为利禄计,《春秋》学几乎没有什么发展;明晚期,又受王阳明心学的冲击,《春秋》学进一步走向空疏浮泛,在其发展轨迹中处于最低谷。[2] 身处其中的钱谦益,其《春秋》学难说有多大的突破,鉴于学术界尚无系统梳理,仍有系统总结的必要。

1."谋王体而断国论"

钱谦益对《春秋》的认识是:"六经,圣人治世之书也。《春秋》独佐以刑赏,二百四十二年行事,凛然万世兖钺焉。"[3] 该书"万世兖钺"的功能,被汉代董仲舒与宋代胡安国予以充分发扬,两人因此成为钱谦益的榜样。他说:

> 昔者汉世治《春秋》,用以折大狱,断国论。董仲舒作《春秋决事》,比朝廷有大议,使使者就其家问之,其对皆有法。何休以《春秋》驳汉事,服虔又以《左传》驳何休,所驳汉事六十条。……胡文定生当南渡之后,惩荆舒之新学,闵靖康之遗祸,敷陈进御,拳拳以君臣夷夏之大义摩切人主。[4]

董仲舒通过发挥《公羊传》的微言大义,引经论事,以《春秋》说灾异、议政、断狱,将经书与现实政治紧密结合起来。胡安国的《春秋传》作于宋室南渡之后,感怀时事,欲以《春秋》救世,其自谓著书目的在于"尊君父,讨乱贼,辟邪

---

[1] 钱谦益:《牧斋集补·春秋胡传翼序》,《钱牧斋全集》第8册,第859页。
[2] 戴维:《春秋学史》,第404页。明代春秋学是一向不受人重视的,如戴维与赵伯雄同名曰《春秋学史》的两部专著中,明代部分仅有简略介绍,几乎没有展开。
[3] 钱谦益:《牧斋集补·春秋胡传翼序》,《钱牧斋全集》第8册,第859页。
[4] 钱谦益:《牧斋初学集》卷二九《麟旨明微序》,《钱牧斋全集》第2册,第889~890页。

说,正人心,用夏变夷"。[1] 他们的《春秋》学都是通经致用的典范。

钱谦益早年借为同代人吴希哲的《麟旨明微》及李永年的《左汇》作序,抒发以《春秋》"谋王体而断国论"的政治理想。他说吴希哲"诚欲使天下学者通经学古,谋王体而断国论,以董子、胡氏为仪的也。故曰:给谏之意远矣"。[2] 崇祯十一年(1638),他称赞李永年以《左传》为经,以《公》《穀》二传、《国语》《周礼》《史记》《管子》《檀弓》《说苑》诸书为纬,本经析传,首尾备具,"使后之从事者,由胡以溯左,由经以溯传。由是以穷经术焉,断国论焉,或源或委,先河而后海,斯侍御取以嘉惠学者之意而已矣"。其实,吴、李二人未必有如此深意,倒是钱氏本人试图恢复通经致用、解决现实问题的期望值得肯定:"自荆舒之新学行,以《春秋》为腐烂朝报,横肆其三不足之说,而神州陆沉之祸,有甚于典午。流祸浸淫,迄于今未艾。居今之世,明《春秋》之大义,阐定、哀之微词,上医医国,此亦对症之良剂也。"[3] 王安石晚年获封荆国公,身后又被宋徽宗封为舒王,"荆舒"即其代指。"断烂朝报"一说,首见于苏辙的《春秋集解》后跋:"近岁王介甫以宰相解经,行之于世。至《春秋》,漫不能通,则诋以为断烂朝报,使天下士不得复学。"[4] 后经孙觉、胡安国等继续采信,被元人纳入《宋史》王安石本传:"黜《春秋》之书,不使列于学官,至戏目为'断烂朝报'。"[5] 虽自南宋后不断有人为王安石辩诬,但钱谦益仍然坚持传统的说法,尤其是将"神州陆沉之祸"即北宋灭亡之责归咎于王安石,这可能直接受到胡安国思想的影响。胡安国之子胡寅在其所作的《先公行状》中写道:

> 初王荆公以《字说》训释经义,自谓千圣一致之妙,而于《春秋》不可以偏傍点画通也,则诋为断烂朝报,废之不列于学官。下逮崇宁,防禁益甚。公自少留心此经,每曰:"先圣亲手笔削之书,乃使人主不得闻讲说,学士

---

[1] 胡安国著,钱伟强点校:《春秋传序》,《春秋胡氏传》,杭州:浙江古籍出版社,2010年,第1页。
[2] 钱谦益:《牧斋初学集》卷二九《麟旨明微序》,《钱牧斋全集》第2册,第890页。
[3] 钱谦益:《牧斋初学集》卷二九《左汇序》,《钱牧斋全集》第2册,第878页。
[4] 苏辙:《颖滨先生春秋经解引》,《春秋集解》,北京:中华书局,1985年,第1页。
[5] 脱脱等:《宋史》卷三二七《王安石传》,北京:中华书局,1977年,第10550页。

不得相传习,乱伦灭理,用夷变夏。殆由此乎!"[1]

胡安国本人也有类似的表述:

> 近世推隆王氏新说,按为国是,独于《春秋》,贡举不以取士,庠序不以设官,经筵不以进读,断国论者无所折衷,天下不知所适,人欲日长,天理日消。其效使夷狄乱华,莫之遏也。[2]

胡安国认为王安石将《春秋》从科举考试中废除,使"断国论者无所折衷,天下不知所适",严夷夏之防的《春秋》大义遭废弃,从而最终导致北宋灭亡,"用夷变夏"。钱谦益由此提出王安石废立《春秋》于学官,影响不仅恶劣,超过西晋末年的永嘉之乱;而且深远,"流祸浸淫,迄于今未艾"。崇祯初年在东北日渐强盛的后金,已越来越成为明王朝的威胁,钱谦益倡导在此形势下,"明《春秋》之大义,阐定、哀之微词",重视《春秋》学以便医国救世。

钱谦益"谋王体而断国论"的《春秋》学,集中体现于崇祯元年所撰写的《春秋论》五篇,内容是借《春秋》谈论明末三案。

"《春秋》之义,原情定过,赦事诛意。故许止虽弑君而不罪,赵盾以纵贼而见书。此仲尼所以垂王法,汉世所宜遵前修也。"[3]钱氏《春秋论》分析的两个历史问题正是赵盾弑君与许止弑父。

(1)"赵盾弑其君"辨析

《春秋》载宣公二年秋九月乙丑,"晋赵盾弑其君夷皋"。[4]对此事,《穀梁传》的解释是弑君者实乃赵穿,而非赵盾本人,赵盾背上弑君的恶名,是因其未讨伐反贼——其堂弟赵穿:

> 穿弑也,盾不弑而曰盾弑何也?以罪盾也。其以罪盾何也?曰:灵公朝诸大夫,而暴弹之,观其避丸也。赵盾入谏,不听,出亡,至于郊。赵穿

---

[1] 胡寅:《斐然集》卷二五,《崇正辨》,北京:中华书局,1993年,第552页。
[2] 胡安国著,钱伟强点校:《春秋传序》,《春秋胡氏传》,第2页。
[3] 范晔:《后汉书》卷四十八《霍谞传》,第1615页。
[4] 杨伯峻编注:《春秋左传注》宣公二年,北京:中华书局,第2009年,第650页。

弑公而后反赵盾,史狐书贼,曰:"赵盾弑公。"盾曰:"天乎天乎!予无罪。孰为盾而忍弑其君者乎?"史狐曰:"子为正卿,入谏不听,出亡不远,君弑,反不讨贼,则志同,志同则书重,非子而谁?故书之。"曰:"晋赵盾弑其君夷皋"者,过在下也。曰:于盾也,见忠臣之至,于许世子止,见孝子之至。[1]

《公羊传》也持类似看法:

亲弑君者,赵穿也。亲弑君者赵穿,则曷为加之赵盾?不讨贼也。何以谓之不讨贼?晋史书贼曰:"晋赵盾弑其君夷皋。"赵盾曰:"天乎!无辜!吾不弑君,谁谓吾弑君者乎?"史曰:"尔为仁为义,人弑尔君,而复国不讨贼,此非弑君如何?"赵盾之复国奈何?……赵穿缘民众不说,起弑灵公,然后迎赵盾而入,与之立于朝,而立成公黑臀。[2]

宋代欧阳修(1007—1072)所作的《春秋论》中对此事曾有如下评论:"其于晋灵公之事,孔子书曰'赵盾弑其君夷皋'。三子者曰:'非赵盾也,是赵穿也。'学者不从孔子信为赵盾,而从三子信为赵穿。"[3]钱谦益称:"欧阳子之意,主于掊击三子,而未尝于左氏之传易其心而求之也。"他认为《左传》中有三点可以证明赵盾乃弑君者:一、灵公在时赵盾出奔逃亡,灵公被弑后竟未出国境而返回;二、弑君者与迎接新君者都是赵穿,赵盾为主使;三、太史以"赵盾弑其君"宣示于朝,遭赵盾否认后责备道"子为正卿,亡不越竟,反不讨贼,非子而谁",盾则以《诗经》"我之怀矣,自诒伊戚"自我开脱,不久就令赵穿从洛邑接回公子黑臀继位,根本没有惩治弑君者赵穿。[4]钱谦益通过以上三点,认为"左

---

[1] 范宁注,杨士勋疏:《春秋穀梁传注疏》宣公二年,《十三经注疏》,北京:中华书局,1980年,第5236页。

[2] 何休注,徐彦疏:《春秋公羊传注疏》宣公六年,《十三经注疏》,第4949~4950页。

[3] 欧阳修著,洪本健校笺:《居士集》卷十八《春秋论上》,《欧阳修诗文集校笺》,上海:上海古籍出版社,2009年,第546页。

[4] 杨伯峻编注:《春秋左传注》宣公二年,第663页。补注:《诗经·小雅·小明》原文作"心之忧矣,自诒伊戚"。《诗经·邶风·雄雉》作"我之怀矣,自诒伊阻。"王肃认为赵盾所引当是《雄雉》。

氏证盾之弑君,可谓深切著明矣"。

那么学者们为何纷纷相信弑君者为赵穿呢?钱谦益认为原因在于他们未能进一步分析表象背后的事实:

> 盾而不与闻乎弑也,则亡必越竟。不越竟,则必与闻也。盾而不与闻乎弑也,则反必讨贼。不讨贼,则又必与闻也。反而讨贼,则贼之主名穿也。反不讨贼,则贼之主名盾也。譬之律家,杀人,穿,下手之人也;盾,造意者为首也。故曰:非子而谁?此董狐之狱辞也。[1]

赵穿虽是杀害灵公的凶手,但赵盾才是幕后的真正主使。孔子曾评论道:"赵宣子,古之良大夫也,为法受恶。惜也,越竟乃免。"[2] "越竟乃免",后世学者多疑非孔子之言,钱谦益则提出"越竟乃免,犹云讨贼乃免也"。"讨贼"与"越竟"是一致的行动,"与闻乎弑,而必不可越竟,则反不讨贼,又不待言也"。[3]他认为孔子以此表达了诛盾之心。

钱谦益还进一步以曹魏末年高贵乡公曹髦被杀的史实来论证赵盾的罪行。曹髦不甘做傀儡皇帝,不满于司马昭的专权,试图讨伐司马昭,遭到尚书王经等人的反对,他坚决表示:"行之决矣。正使死,何所惧?"[4]钱谦益认为其心境与晋灵公类似。因为赵盾自帅中军,废置生杀,盟会侵伐,皆出其手,可谓权倾朝野,被狐射姑(贾季)称作"夏日之日"。[5]举国之人对他的畏惧,由来已久。晋灵公欲杀之,"非独患其骤谏也,愤其专也"。[6]而刺死曹髦的凶手成济,正是受到司马昭心腹贾充的指使,"中护军贾充又逆帝战于南阙下,帝自用剑。众欲退,太子舍人成济问充曰:'事急矣。当云何?'充曰:'畜养汝等,正谓今日。今日之事,无所问也。'济即前刺帝,刃出于背。文王闻,大惊,自投

---

[1] 钱谦益:《牧斋初学集》卷二一《春秋论一》,《钱牧斋全集》第2册,第746页。
[2] 杨伯峻编注:《春秋左传注》宣公二年,第663页。
[3] 钱谦益:《牧斋初学集》卷二一《春秋论一》,《钱牧斋全集》第2册,第746页。
[4] 陈寿:《三国志》卷四《魏书四·高贵乡公传》,裴松之注引习凿齿《汉晋春秋》,北京:中华书局,1959年,第144页。
[5] 杨伯峻编注:《春秋左传注》文公七年,第562页。
[6] 钱谦益:《牧斋初学集》卷二一《春秋论二》,《钱牧斋全集》第2册,第746页。

于地曰:'天下其谓我何!'"[1]在钱谦益看来,成济的身份如同赵穿,建议司马昭杀成济以谢天下的陈泰则类似董狐,高贵乡公被杀后,司马昭"召百僚谋其故,仆射陈泰不至。帝遣其舅荀顗舆致之,延于曲室,谓曰:'玄伯,天下其如我何?'泰曰:'惟腰斩贾充,微以谢天下。'帝曰:'卿更思其次。'泰曰:'但见其上,不见其次。'于是归罪成济而斩之"。[2]司马昭与赵盾的表现也极其相似。但二人处置凶手的态度有别,司马昭虽然有些不情愿,还是杀了僚属成济作为替罪羊;而赵盾则竭力保全其同族兄弟赵穿,"弑君之后,使将而迎新君,不解其兵柄,以自固也"。

钱谦益还将赵盾与崔杼进行了比较。崔杼因齐庄公与其妻棠姜私通,联合棠无咎杀庄公,太史如实记载道:"崔杼弑其君。"为避免留下千秋骂名,崔杼连杀了太史三兄弟,仍未能阻止记载,只得作罢。[3]可见,崔杼对史官的记载心怀畏惧,才有杀人的举动;而赵盾竟然安然接受弑君的罪名,钱谦益分析原因道:"彼以为执国之命,负仁俭恭敬之伪名,为国人之所与,虽弑其君,而可以不惭也。"[4]所以赵盾并未推卸弑君的罪名,而《左传》著者也相信赵盾就是凶手,后世儒家学者为赵盾辩护多是曲解之辞。苏辙(1039—1112)曾猜测说赵盾亡不越境,反不讨贼,"孰知非盾之伪亡而使穿弑君者"?[5]钱谦益驳斥了其说法,认为赵盾逃亡是担心被晋灵公挟为人质,从而免除赵穿的后顾之忧。《公羊传》对此的记载是:"赵穿缘民不说,起弑灵公,然后迎赵盾而入,与之主于朝,而立成公黑臀。"[6]所以,钱谦益的结论就是赵盾弑君,毫无疑问。

(2)"许止弑君"案

《春秋》载昭公十九年(前523)夏五月"许世子止弑其君买"。许悼公患了疟疾,在饮下太子止献的药后死去,止畏罪逃往晋国。许国国史记载为:"止弑其君。"唐代孔颖达对此解读为:

---

[1] 陈寿:《三国志》卷四《魏书四·高贵乡公传》,裴松之注引习凿齿《汉晋春秋》,第144页。
[2] 房玄龄等:《晋书》卷二《文帝纪》,北京:中华书局,1974年,第36页。
[3] 杨伯峻编注:《春秋左传注》襄公二十五年,第1099页。
[4] 钱谦益:《牧斋初学集》卷二一《春秋论二》,《钱牧斋全集》第2册,第747页。
[5] 苏辙:《春秋集解》卷七《宣公》,第80页。
[6] 何休注,徐彦疏:《春秋公羊传注疏》宣公六年,《十三经注疏》,第4950页。

案传许君饮止之药而卒耳,实非止弑也。言"书曰'弑其君'",则仲尼新意书弑也。实非弑而加弑者,责止事父不舍其药物。言药当信医,不须己自为也。《释例》曰:"医非三世,不服其药,古之慎戒也。人子之孝,当尽心尝祷而已,药物之齐,非所习也。许止身为国嗣,国非无医,而轻果进药,故罪同于弑。虽原其本心,而《春秋》不赦其罪,盖为教之远防也。"[1]

孔颖达提出太子止并非故意杀人,孔子所以在《春秋》中记载其弑君,是责备其未请医生,私自进药,超越本分。这种看法很可能受到《公羊传》《穀梁传》的影响。《穀梁传》提出《春秋》中记载了许悼公死亡的具体日期,属正常死亡,所以许止并未弑君。《穀梁传》还根据《春秋》中记载悼公死的当年冬天便被埋葬,提出许止并未弑父,"许世子不知尝药,累及许君也"。[2]《公羊传》也依据凶手尚未惩处,悼公按时被葬,提出"贼未讨,何以书葬? 不成于弑也。曷为不成于弑? 止进药而药杀也。止进药而药杀,则曷为加弑焉尔,讥子道之不尽也"。[3] 可见《公》《穀》二传都认为许止并非故意毒杀悼公,只是所进之药不相宜,故这种"弑君"还是可赦的。

但钱谦益并不认同此说,他提出许止"药弑"其父,与刀杀并无区别。而且《左传》还记载许止在父死后,逃往晋国,这是因为其弑君的恶行遭到国人的谴责,"《传》书奔晋,所以成乎其弑也"。[4] 蔡国世子般曾因妻子与公公蔡景侯通奸而弑父,被《春秋》如实记载曰"蔡世子般弑其君固"。[5] 如果许止仅仅因为没有尝药而被冠上"弑君"的罪名,那么不是太小题大做了吗?"孔子之制法,若是酷乎?"显然有些不合情理。钱氏还批评了《穀梁传》中关于许止自责与那些弑君的世子同罪,因此才被记载为弑君,是"君子即止自责而责之"的说法太过牵强,不符合《春秋》决狱的原则:"《春秋》之立法,犹律令也。律令之议罪也,必传其所当比。以其人之自责而入之也,亦将以其人之不自责而贳之

---

[1] 杜预注,孔颖达正义:《春秋左传正义》卷四十八昭公十九年,北京:北京大学出版社,1999年,第1379页。
[2] 范宁注,杨士勋疏:《春秋穀梁传注疏》昭公十九年,《十三经注疏》,第5297页。
[3] 何休注,徐彦疏:《春秋公羊传注疏》昭公十九年,《十三经注疏》,第5049页。
[4] 钱谦益:《牧斋初学集》卷二一《春秋论三》,《钱牧斋全集》第2册,第747页。
[5] 杨伯峻编注:《春秋左传注》襄公三十年,第1169页。

乎？如是而何以为刑书？"[1]

许止故意弑君的看法并非始于钱谦益,此前欧阳修已有论述：

> "……许世子止实不尝药,则孔子决不书曰'弑君',孔子书为'弑君',则止决非不尝药。"难者曰："圣人借止以垂教尔。"对曰："不然,夫所谓借止以垂教者,不过欲人之知尝药耳。圣人一言明以告人,则万世法也,何必加孝子以大恶之名,而尝药之事卒不见于文,使后世但知止为弑君,而莫知药之当尝也。教未可垂而已陷人于大恶矣,圣人垂教,不如是之迂也。果曰责止,不如是之刻也。"[2]

两相对照,我们可以发现钱氏新意并不多,但钱谦益对赵盾、许止弑君案的辨析,并不是为了案件本身,而是借此考察晚明"红丸"案。

(3)《春秋》与明末大案分析

万历四十八年神宗卒,光宗即位,郑贵妃献美女四人,光宗过度纵欲而患病,内医进泻药,李可灼连进二红丸诊治,光宗随之死去。当时朝廷内外议论纷纷,咸以为中有情弊；但首辅方从哲却拟旨赏赐可灼银五十两,于是非论蜂起。最先参论方从哲的是给事中惠世扬,他以赵盾不讨贼、许世子止不尝药为例,认为方从哲对光宗服红丸致死有不可推卸的责任。礼部尚书孙慎行责备方从哲非用药之官,也不知晓红丸为何药,贸然上呈,害死光宗后竟然还赏赐进药者李可灼,激烈弹劾其道：

> 先帝骤崩,虽云凤疾,实缘医人用药不审。阅邸报,知李可灼红丸乃首辅方从哲所进。夫可灼官非太医,红丸不知何药,乃敢突然以进。昔许悼公饮世子药而卒,世子即自杀,《春秋》犹书之为弑。然则从哲宜何居？速引剑自裁以谢先帝,义之上也；合门席稿以待司寇,义之次也；乃悍然不顾,至举朝共攻可灼,仅令回籍调理,岂不以己实荐之,恐与同罪与？臣以

---

[1] 钱谦益：《牧斋初学集》卷二一《春秋论三》,《钱牧斋全集》第2册,第748页。
[2] 欧阳修著,洪本健校笺：《居士集》卷十八《春秋论上》,《欧阳修诗文集校笺》,第553~554页。

为从哲纵无弑之心,却有弑之事;欲辞弑之名,难免弑之实。实录中即欲为君父讳,不敢不直书方从哲连进药二九,须臾帝崩,恐百口无能为天下后世解也。[1]

孙氏以《春秋》载许止弑君案为例,援引大义对方从哲进行申讨,认为其应引剑自裁以告慰先帝,或至少也要主动自首接受制裁。邹元标支持孙氏道:"元辅方从哲不伸讨贼之义,反行赏奸之典,即谓无其心,何以自解于世?"[2]高攀龙也参与其中,"引《春秋》首恶之诛,归狱从哲"。[3]高攀龙在其《春秋孔义》卷十中,据《左传》叙事始末,推断许止故意药杀其君;并引朱子、欧阳修、季氏《私考》《西亭辨疑》等,进一步确定许止"用毒药弑"。考证不厌其烦,此与明季李可灼进"红丸"药弑光宗近似,故华允成《年谱》述先生称此案,谓"此一部《春秋》也"。[4]诸人都申明红丸案乃"许世子止弑其君买"的历史重演,力持正论,无所顾忌,议方从哲无君之罪。

钱谦益对"红丸案"有不同看法。首先,他并不赞成以《春秋》断狱。西汉公孙弘、董仲舒等提倡公羊学,武帝尊公羊家,因此公羊学大兴,多引《春秋》决狱,具体做法即将《春秋》中的褒贬予夺原则应于实际案件的审判,钱谦益对此评论道:"朝廷有大议,儒者往往引经谊裁断,一言而决。至使人主宰相,相顾叹息。于经术则善矣,以此为折狱之准,则非也。"[5]《春秋》如何决狱断罪呢?董仲舒指出:"《春秋》之听狱也,必本其事而原其志。志邪者不待成,首恶者罪特重,本直者其论轻。"[6]《春秋》决狱提倡在司法领域实行主观归罪原则,鼓励司法者抛开法律条文,以《春秋》等儒家经典的"微言大义"来衡量人的主观心态的善恶。儒家经典不是法律条文,只能撷其片言只语来作为依据,这就导致了"片言折狱"现象的产生。所以,《春秋》决狱与按当时法律条文决狱存在极大距离,甚至形成完全相反的结果。[7]钱谦益还特别指出在唐宋法律日渐

---

[1] 张廷玉:《明史》卷二四三《孙慎行传》,第6308页。
[2] 张廷玉:《明史》卷二四三《邹元标传》,第6305页。
[3] 张廷玉:《明史》卷二四三《高攀龙传》,第6313页。
[4] 张高评:《春秋书法与左传学史》,上海:上海古籍出版社,2005年,第247页。
[5] 钱谦益:《牧斋初学集》卷二一《春秋论四》,《钱牧斋全集》第2册,第749页。
[6] 董仲舒:《春秋繁露》卷三《精华》,北京:中华书局,1975年,第148页。
[7] 马作武:《中国法律思想史纲(修订)》,广州:中山大学出版社,2007年,第147页。

完备的条件下,如仍引《春秋》断狱,更是荒谬:"汉律不可见矣,唐、宋以后,各有律法,前主所是著为律,后主所是著为令。顾欲引《春秋》之义,断后世之狱,是犹禁奸盗以结绳,理文书以科斗,岂不缪哉!"[1]事实上,《春秋》断狱在汉代鼎盛一时,魏晋时遗风犹存,但到唐代《唐律》产生之后,儒家经义全面完成了对成文法的改造,法律成为经义的载体,《春秋》决狱遂失去其功效而消亡。[2]因此钱谦益批判唐宋后仍以《春秋》决狱实乃谬误的看法,值得肯定。

不过,钱谦益认为在汉代引《春秋》断狱有一定的合理性,因为"汉世去春秋未远",而明代距春秋时期已达一千多年,如果还试图以赵盾、许世子止之狱辞,传本朝之律令,显然是迂腐的做法。他认为如果要借鉴前朝审判类似案件的做法,那么参考唐代宪宗案即可。

> (明)世宗之升遐也,与唐宪宗相似,柳泌、僧大通付京兆府决杖处死,方士王金等之议辟,宜也。李可灼之事,与柳泌少异,以和御药不如法之律当之可也,当国大臣,则有穆宗贬皇甫镈之法在。[3]

唐宪宗晚年,贪图享乐,妄求不老,下诏搜求方士,炼制长生药。宰相皇甫镈与金吾将军李道古,推荐山人柳泌及僧大通等为宪宗配长生药,宪宗服药后日增躁渴,性情变得暴躁多怒。宦官陈弘志等人害怕无罪被杀,以致弑杀宪宗。唐穆宗继位,立即将柳泌及僧大通处死,并将推荐者李道古贬职外调。钱谦益认为"红丸案"可以参考唐代的处置办法,如李可灼处以"和御药不如法"之罪,"当国大臣"方从哲则应被贬。此外,钱谦益还进一步在《春秋论》五篇的结论中提出对"红丸案"的看法:

> 天启进药之狱,蒙有猜焉。进药决之禁中,阁臣不为药主,一也。光宗寝疾弥留,非以红丸故,奄弃万国,二也。舍崔文昇而问李可灼,三也。穀梁子曰:于赵盾见忠臣之至,于许世子止见孝子之至。儒者相沿服习,

---

[1] 钱谦益:《牧斋初学集》卷二一《春秋论四》,《钱牧斋全集》第2册,第749页。
[2] 涂世虹:《中国法制通史》第二卷《战国秦汉》,北京:法律出版社,1999年,第224页。
[3] 钱谦益:《牧斋初学集》卷二一《春秋论四》,《钱牧斋全集》第2册,第749页。

以为精义。执此以断斯狱,则过也。

他认为进药方案出自内宫,方从哲并不知情;光宗死亡原因在于病重,并非死于红丸;追究罪魁祸首不应舍崔文昇而问李可灼。钱谦益的看法并不完全合理。崔文昇确实罪不容诛,其原是郑贵妃宫中的亲信太监,光宗即位,擢其为司礼监秉笔太监兼掌御药房太监。光宗患病,郑贵妃指使崔文昇进通利药——大黄。光宗服药后,一昼夜连泻三四十次,顿时趋于衰竭状态。因此,崔文昇的大黄药已经种下了光宗致死的祸根。但李可灼也并非无罪,其两粒红丸加速了光宗死期的到来。因为大黄性寒,红铅性热,两者同时用于光宗虚脱的身体,岂有不一命呜呼之理![1]

钱谦益还对明代其他类似的通过"援引经谊","唱邪说以摇国论"的事件进行了批判。如明嘉靖时期高拱(1513—1578)"假经义以讼王金"事。王金本为国子监监生,杀人当死,逃入京城,匿于奸臣赵文华处。后结交太监,进灵芝、五色龟而得宠于世宗,任太医院御医。王金与医士申世文、太常丞陶世思等伪造《诸品仙方》《养老新书》《七元天禽护国兵策》等书与所制金石药一同进献。世宗服之,不久身体大坏,遗命追治王金等。嘉靖四十五年(1566年),帝死,王金等均入狱。首辅徐阶遵世宗遗命,与法司按"子弑父律"将王金等论死。隆庆三年(1569)冬,高拱任首辅,竟尽反前狱,以为若按"子弑父律"处决王金等,是承认世宗不得寿终,据《明史》载:

> 法司坐方士王金等子弑父律。拱复上疏曰:"人君陨于非命,不得正终,其名至不美。先帝临御四十五载,得岁六十有余。末年抱病,经岁上宾,寿考令终,曾无暴遽。今谓先帝为王金所害,诬以不得正终,天下后世视先帝为何如主?乞下法司改议。"帝复然拱言,命减成。[2]

穆宗对其说法深以为然,命法司再议。刑部尚书葛守礼支持高拱,以为王

---

[1] 樊树志:《晚明史(1573—1644年)》(下卷),上海:复旦大学出版社,2003年,第644～650页。
[2] 张廷玉:《明史》卷二一三《高拱传》,第5640页。

金等妄进药一事缺乏证据,子弑父的罪名不能成立,主张按"左道惑众"律判处,但王金等均习道士陶仲文之术,陶当为主犯,王金等为从犯,当处以编成之刑。[1]次年,王金等均编外为民。高拱表面上是为维护世宗形象而给王金翻案,真实目的则是为了打击政敌徐阶,即"拱之再出,专与阶修郄,所论皆欲以中阶重其罪"。[2]对于高拱的翻案,钱谦益评论道:"此亦佞人之言,似是而非者也。""高新郑,非小人也,假经义以讼王金,比于佞矣。异议者奉其言为圣书,则舜也。"[3]

此外,钱谦益对《三朝要典》颠倒是非黑白的记载也进行了激烈抨击。《三朝要典》由"移宫案"时李选侍的心腹太监魏忠贤(又名李进忠)指使顾秉谦等人纂修,歪曲史实,充满了对东林党的诋毁,全盘推翻此前"梃击""红丸""移宫"三案的结论:指张差确系疯癫,争"梃击"是陷万历帝于不慈,陷光宗于不孝;光宗因哀慕神宗而致疾,移宫为东林党人贪图"定策之功",逼迫凌辱先帝之爱妃(李选侍),离间皇家之骨肉,使得皇帝不能为纯孝。《三朝要典》替光宗、神宗作了一番洗刷,粉饰了皇室的亲爱,光宗、熹宗的孝思,从而争取到了熹宗皇帝的支持。该书撰写神速,四月即成,熹宗亲自制序,并颁行天下。[4]《三朝要典》修成后,又启动了对《光宗实录》的修改,刊削与《三朝要典》抵牾的内容,于崇祯元年三月完成。

钱谦益追溯了阉党分子给三案翻案的理论源头,即西汉的耿育。汉成帝暴毙后,司隶校尉解光上奏太后,称成帝与许美人、中宫史曹宫曾育有子嗣,但均因赵氏撒野使泼而死于非命,且证据确凿,事实清楚。这份上奏一公开,立即在朝廷引起轩然大波。太后有意依法严办,但她也担心深究会使成帝的私生活暴露于天下,有碍其形象。郎官耿育在这种情况下上书,旁征博引,引经据典,把荒淫无耻、谋杀亲生儿子的成帝,装扮成了具有远见卓识、深谋远虑的大贤大德的圣贤君主,还把不能生育说成是故意断绝子孙来杜绝女主专权,并反对追究赵氏,避免"暴露私燕""污蔑先帝":

---

[1] 张廷玉:《明史》卷二一四《葛守礼传》,第5668页。
[2] 张廷玉:《明史》卷二一三《高拱传》,第5640页。
[3] 钱谦益:《牧斋初学集》卷二一《春秋论四》,《钱牧斋全集》第2册,第749、750页。
[4] 杨艳秋:《〈明光宗实录〉、〈三朝要典〉的编修》,《史学史研究》1998年第4期。

> 愚臣既不能深援安危,定金匮之计,又不知推演圣德,述先帝之志,乃反覆校省内,暴露私燕,诬污先帝倾惑之过,成结宠妾妒媚之诛,甚失贤圣远见之明,逆负先帝忧国之意!夫论大德不拘俗,立大功不合众,此乃孝成皇帝至思所以万万于众臣,陛下圣德盛茂所以符合于皇天也,岂当世庸庸斗筲之臣所能及哉!且褒广将顺君父之美,匡救销灭既往之过,古今通义也。事不当时固争,防祸于未然,各随指阿从以求容媚;晏驾之后,尊号已定,万事已讫,乃探追不及之事,讦扬幽昧之过,此臣所深痛也!愿下有司议,即如臣言,宜宣布天下,使咸晓知先帝圣意所起。不然,空使谤议上及山陵,下流后世,远闻百蛮,近布海内,甚非先帝托后之意也。盖孝子善述父之志,善成人之事,唯陛下省察![1]

钱谦益称耿育之言虽然"皆应经谊",但可谓"佞人之尤"及始作俑者:"近代小人;訾梃击、移宫之事者,曰慈曰孝,上痛山陵,下惜宫禁,皆耿育之议为之祖也。"当然,钱氏抨击的重点乃在当朝"援据经谊""倡邪说以摇国论"的种种恶行:"既而曰:《三朝要典》,允称信史。光庙《实录》,亟须刊定。阐累朝之慈孝,洗君父之恶名,莫不援据经谊,依附忠厚。庄生有言:儒以诗礼发冢,其是之谓乎?"[2]他表示《春秋论》五篇正是为此而作。

2.对胡《传》与《春秋》诸传认识的转变

随着明王朝的覆灭,钱谦益"谋王体而断国论"的思想自然只得放弃,其《春秋》学的研究不得不回归学术研究的本身。通过比较早晚期其对胡《传》与《春秋》三传认识的不同,可以加深我们对这一变化的了解。

万历三十九年(1611),他为钱时俊的《春秋胡传翼》作序,对比胡《传》与《春秋》三传:

> 六经,圣人治世之书也。《春秋》独佐以刑赏,二百四十二年行事,凛然万世兖钺焉。汉兴,治《春秋》者,自江都、瑕丘刘公子而下,亡虑数十家。《左氏》《公》《穀》并先后行世。大要业擅专门,训诂成癖,大义盖阙如

---

[1] 班固:《汉书》卷九七下《外戚传》,第3998页。
[2] 钱谦益:《牧斋初学集》卷二一《春秋论五》,《钱牧斋全集》第2册,第750页。

也。嗣后王安石乱以新说,《春秋》至不得列学官,三传亦稍稍废格。康侯氏于经术摈弃之余,潜心阐绎,会宣尼之微旨,捃三传之绪言,折衷康成、元凯、伊川诸家之渺说,汇辑成传。其议论比勘,即不无太过,总之褒贬予夺,不离笔削宗旨,所谓史外传心者非耶?[1]

他提出《春秋》三传"业擅专门,训诂成癖,大义盖阙如也",存有明显的不足,直至胡安国著《春秋传》,不仅领会了孔子的微言大义,还吸收了三传及唐宋以来诸名家的成就,因此,虽不尽合经义,"总之褒贬予夺,不离笔削宗旨,所谓史外传心者非耶"。"史外传心"一词出自胡安国的《春秋传》自序:"古者列国各有史官,掌记时事。《春秋》鲁史尔,仲尼就加笔削,乃史外传心之要典也。"该语本是胡安国用来指代《春秋》"遏人欲于横流,存天理于既灭"[2]的宗旨,如今钱谦益用来称《春秋传》,显然认为它就是《春秋》的继承者。

崇祯年间,钱谦益为吴希哲的《麟旨明微》[3]作序,对胡《传》严夷夏大防的旨趣特别关注:

> 胡文定生当南渡之后,惩荆舒之新学,闵靖康之遗祸,敷陈进御,拳拳以君臣夷夏之大义摩切人主。祖宗驱斥胡元,复函夏之旧。《春秋》传解,断以文定为准。盖三百年持世之书,非寻行数墨,以解诂为能事者而已也。

他认为胡《传》能被立为科举文本,与明统治者驱逐蒙古人、恢复华夏政权有关。该书是"三百年持世之书",对于维持世道人心颇有裨益,不可以等闲的解诂类书籍视之。

顺治十三年,钱谦益在《与严开正书》中言及《春秋传》时,态度已悄然发生变化:

---

[1] 钱谦益:《春秋胡传翼序》,收入《牧斋集补》,《钱牧斋全集》第8册,第859页。
[2] 胡安国著,钱伟强点校:《春秋传序》,《春秋胡氏传》,第1页。
[3] 该书较早的版本是崇祯十四年刻本。

> 仆家世授《春秋》,儿时习胡《传》,粗通句读则已,多所拟议,而未敢明言。长而深究源委,知其为经筵进讲,箴砭国论之书。国初与张洽传并行,已而独行胡氏者,则以其尊周攘夷,发抒华夏之气,用以幹持世运,铺张金、元已来驱除扫犁之局,而非以为经义当如是也。

胡《传》本为经筵进讲、针砭国论而作,因此胡安国解说《春秋》时紧密结合时政,抒发尊王攘夷、捍卫华夏的精神,但此时的钱氏已并不认可这种解经方式,"非以为经义当如是也"。称许弟子严开正所撰写的《春秋》方面的著作对胡《传》"发凡起例,条析理解,如秦越人之诊病,洞见其脏腑症结,攻伐疗治,了如指掌","胡氏弃灰之琐法,一切平亭"。[1]可见,此时,钱谦益对胡氏《春秋传》中的不足已有了较多的认识。

钱谦益对胡氏《春秋传》由全盘肯定到有所批评的转变,致使他对《春秋》三传的认识也随之改变。作于万历三十九年(1611)的《春秋胡传翼序》中,他还称三传"训诂成癖,大义盖阙如也",这自然是偏颇之论。到崇祯时期,钱氏对《左传》已多肯定之辞,如崇祯十一年的《左汇序》中,他说:"文定之书,取于左氏者十八,取于《公》《穀》者十二。盖左丘明亲见圣人,高与赤则子夏之及门,其发凡取例,区以别矣。不独昔人所谓左氏大官,公羊卖饼家也。"[2]胡安国虽然对三传并不满意,但其《春秋传》本身却吸收了《春秋》三传的内容,这是不容否认的事实。钱氏指出《春秋传》百分八十采纳自《左传》,百分二十采纳自《公》《穀》,原因在于左丘明亲见圣人,相比公、谷为子夏门人,内容更为可信。这个观点虽然尚需斟酌,但钱氏对三传的态度已比较客观。顺治十三年的《与严开正书》中,他继续表示:"窃谓左丘明亲授经于仲尼,公、谷皆子夏之门人。以宗法言之,左氏则宗子也,公、谷则别子之子也。"并简述了自汉以来的《春秋》学史,立于刘歆,释于杜预,至孔颖达而始备。可惜唐代学者凿空好新,欲舍传以求经,于是"入主出奴,三传皆茫无质的,而《春秋》之大义益

---

[1] 钱谦益:《牧斋有学集》卷三八《与严开正书》,《钱牧斋全集》第6册,第1316~1317页。
[2] 钱谦益:《牧斋初学集》卷二九《左汇序》,《钱牧斋全集》第2册,第878页。

晦"。[1] 元代黄泽(1260—1346)、赵汸(1319—1369)师徒,主张回到三传,特别是回到《左传》中寻求对经义的理解:"学《春秋》只当以三传为主,而于三传之中,又当据《左传》事实,以求圣人旨意之所归"。[2] 钱谦益称许黄泽"独知宗《左氏》以通经",而赵汸的《师说》《左氏补注》《春秋集传属辞》诸书,"殆高出宋、元诸儒之上",可惜多为未成之书,且择焉不详。明人熊过撰《春秋明志录》,专门纠《春秋》诸传之失,颇多平允之论,资料翔实,但也有凿空不根之说。

诸传都有不足之处,那么该如何继续推进《春秋》的研究呢?钱氏提出:"当以圣经为经,《左氏》为纬,采集服、杜已后讫于黄、赵之疏解,疏通画一,订为一书,而尽扫施丐卢仝,高阁三传之臆说。庶几《春秋》一书,不至为郢书燕说,疑误千载。"[3] 钱氏在稍后的《华仲通诗文集序》[4]中说左丘明本受经于孔子,而孔子竟表示"左丘明耻之,丘亦耻之"。原因何在呢?他认为:

> 盖吾夫子以匹夫庶士,考正国史,刊正君臣华夏之大经大法,其文微、其义隐、其词危,言高旨远,至于游、夏不能赞一词,丘明独奋笔而为之传,广记而备言之,示劝戒,正褒贬,发凡起例,具文特书。使《春秋》大义,炳日星而沛江河者,丘明之力也。子言之,志在《春秋》,行在《孝经》。曾子、丘明,岂非仲尼之二辅乎?[5]

《左传》通过其发凡其例、褒贬劝戒,"使《春秋》大义,炳日星而沛江河",其功甚伟,因此,左丘明可谓《春秋》的功臣。此时,钱谦益已几乎不再提及胡安国的《春秋传》了。

---

[1] 钱谦益:《牧斋有学集》卷三八《与严开正书》,《钱牧斋全集》第6册,第1316~1317页。

[2] 赵汸:《春秋师说》卷下《论学〈春秋〉之要》,清经解本。

[3] 钱谦益:《牧斋有学集》卷三八《与严开正书》,《钱牧斋全集》第6册,第1316~1317页。

[4] 钱谦益:《牧斋有学集》卷一九,《钱牧斋全集》第5册,第817页。该文具体著写时间不详。文中提及华时亨(1598—1659,字仲通)"仲通丧明,斯文继作"。据《有学集》卷三一《华征君仲通墓志铭》提及顺治丁酉(即十四年,1657)时目盲。那么,可以得知《华仲通诗文集序》作于顺治十四年之后。

[5] 钱谦益:《牧斋有学集》卷一九《华仲通诗文集序》,《钱牧斋全集》第5册,第817页。

第一章　钱谦益的经史之学

钱谦益前期《春秋》学关注的重点主要是强调恢复通经致用的传统,"谋王体而断国论",但随着明王朝的灭亡及其学术思想的日益成熟,我们可以发现其对经学的关注点已由最初的通经致用转为偏向经义本身的探讨,这种转变与其晚年"反经"思想中倡导"穷理析义、疏通证明,如郑、孔"[1]的主张是一致的。

第二节　钱谦益的史学

史学是钱谦益学术研究中的一个重要组成部分,虽然他自认为并没有取得什么成绩:"一官史局,半世编摩,头白汗青,迄无所就。"[2]主要是因为他平生志在修撰有明一代之史,孰料顺治七年(1650)绛云楼火灾,让其大半生搜集的资料与撰写的文稿被毁,岂能不让其痛心与惋惜!虽然钱谦益未能完成明史的修撰,但他的《国初群雄事略》《太祖实录辨证》及文集中大量的史学文章,足以让我们了解他的历史编纂工作与史学成就。

一、修史相关活动

钱谦益晚年曾数次满怀遗憾地总结其一生的治史经历:

> 仆自通籍,滥尘史局,即有事于国史。晚遭丧乱,偷生视息,犹不自恕,冀以钟漏余年,竟绅书载笔之役。天未悔祸,祝融相与。西京旧记,东观新书,插架盈箱,荡为煨烬。知天之不欲使我与于斯文也。灰心空门,不复理世间文字。[3]

> 天启乙丑,承乏右坊,欲钞《昭示奸党》诸录,而削夺之命骤下,踉跄出都门,属门下中书,代写邮寄。……癸未(崇祯十六年,1643)岁,《国初》及《群雄事略》已削稿,瞿稼轩刻《初学集》,取其文略成章段者,为《太祖实录

---

[1] 钱谦益:《牧斋有学集》卷三八《答徐巨源书》,《钱牧斋全集》第6册,第1314页。
[2] 钱谦益:《牧斋有学集》卷三八《与吴江潘力田书》,《钱牧斋全集》第6册,第1319页。
[3] 钱谦益:《牧斋有学集》卷三九《答吴江吴赤溟书》,《钱牧斋全集》第6册,第1367页。

辨证》一编,以充卷帙。其实则初稿未成之书,阙误弘多。次后洊经丧乱,羁囚南北,而编摹之事,未尝寝阁,增损刊正,遂与初稿顿异。又八年,劫火告灾,遂成煨烬。初后同异,不复记忆。[1]

钱氏自万历年间入朝为官伊始,便开始着手国史的纂修工作,即使后来历经明亡清兴的动荡,也未能改变其修史的初衷,无奈天不遂人愿,一场火灾焚毁了他所有的努力与希望。但是,钱谦益的修史工作并非完全徒劳无功,实际上,他还是留下了一些值得重视的明代历史资料。

明代前期,当代史的纂修工作基本没有展开,直至弘治、正德年间才有所改观,嘉靖时期则开始出现国史撰修勃兴的局面。[2] 万历二十年朝廷曾开史局修国史,至二十五年因三大殿失火而暂停,此后未再继续。官修正史活动的失败,使嘉靖以来的私修国史风气得到进一步刺激,进入繁荣时期。[3] 钱谦益对明代国史的兴趣,正是在这种时代背景下产生。

钱谦益对明代国史的兴趣,从万历三十八年(1610)的会试策问中,就已体现出来。当时谥号混乱,"爵位之崇卑,子孙之贵贱,与公论之轩轾,互相低昂。谥者未必贤,贤者未必谥。人得以觊觎出入,而易名之典稍轻",钱谦益提出"谥之未定,由史之不立也"。特别是开国时期的历史,记载不详,"我二祖列宗之德业,如日中天,而金匮之藏,寥寥未有闻也。《实录》所载,不过删削邸报",真伪莫辨,野史盛行,如乞哀叩头之诬、高皇嗜杀等,影响恶劣,急需尽快予以裁正和澄清。他提出具体做法是:"亟宜网罗放失旧闻,考订得失,以国史为经,以野史家乘为纬,州萃部居,条分缕析,而后使鸿笔之士,润色其辞,国史既定,衮钺随之。"只有弄清了基本史实,谥号才可使人信服:"以史裁谥,以谥实史,庶无虚美隐恶之恨乎哉?"虽然修国史创议易而卒业难,卒业易而尽善难,但不可暂缓,他不惜毛遂自荐:"执事者其亟图之,生愿握管以从焉。"[4] 钱谦益殿试中一甲第三名,被授翰林院编修,但同年父亲钱世扬去世,便因丁父忧离职归乡。当时东林党在与宦官集团的斗争中落败,东林党人纷纷被排挤,钱

---

[1] 钱谦益:《牧斋有学集》卷三八《与吴江潘力田书》,《钱牧斋全集》第 6 册,第 1319 页。
[2] 钱茂伟:《明代史学的历程》,北京:社会科学文献出版社,2003 年,第 217~219 页。
[3] 钱茂伟:《明代史学的历程》,第 270~281 页。
[4] 钱谦益:《牧斋初学集》卷八九《策第四问》,《钱牧斋全集》第 3 册,第 1854~1855 页。

氏也因系东林分子遭冷遇,直至万历四十八年(1620)才还朝,补翰林院编修官职。[1]

自万历三十八年至四十八年这十年间,未见钱氏关于国史撰修方面的相关活动记载。但是天启元年(1621)八月,其担任浙江乡试正考官,提出三道策问,其一便是关于修国史。在该道策问中,钱氏首先提出欲"勒成一代之史"的规划:

> 明兴二百五十余年,文人献老,亦多言史事矣,而迄无成史。万历中尝开局纂修,未几报罢。使名山之藏有闻,石渠之业不辍,则本朝之史,遂可跨唐、宋而上之欤?天子初践阼,既命纂修两朝《实录》,留心史事,甚殷盛也。诚欲网罗十庙之书,勒成一代之史,草创润色,若何而可?

在概论宋、辽、金、元四史的得失后,钱谦益对嘉靖、万历以来的修史活动作了简略的评价。他称:"明兴,至嘉靖、万历之间,谈史者纷如矣。以郑端简(笔者注:郑晓谥号)之博雅,其论赞可比于陈寿,而才识远不逮于欧阳,又况于所谓侈谈古文者,其于史家之法,概未有闻焉者乎?"[2]郑晓谙熟典故,通达国体,其《吾学编》69卷,记述自洪武至嘉靖时期的史事,当时颇称简当,成书后流传颇广,万历四十一年(1613)人称"《吾学编》衣被海内,兰台石室间,多所取衷,以备一代典制"。[3]因此,凡是有志于明代国史者均无法忽略该书,或继承,或批判。钱谦益既肯定郑晓的"博雅",称其史书中的论赞堪比陈寿,但也批判其才识不及欧阳修。至于万历时期开局纂修国史,以未卒业而报罢,论者常常颇为惋惜。但钱氏认为即使史局不罢,撰成国史,也未必可以凌驾于唐宋之上,"以二百五十余年之久,日历起居,因仍往事,轺轩上计,弗询郡国,一旦欲贯串掌故,罗视放失,盖已难矣。"虽然修国史存在重重困难,但仍然可以仿

---

[1] 金鹤冲:《钱牧斋先生年谱》,收入《牧斋杂著》,《钱牧斋全集》第8册,第935页。
[2] 钱谦益:《牧斋初学集》卷九〇《天启元年浙江乡试程录》第三问,《钱牧斋全集》第3册,第1869、1873页。
[3] 彭宗孟:《重刻〈今言〉引》,《郑端简公今言类变》卷首,北京:中华书局,1985年,第1页。

效司马光修《资治通鉴》的做法,从修长编入手:"诚有意于史,则亦先庀其史事而已。"[1]此外,该策问中还详细论述了史法。由该文所涉及的内容来看,可见钱氏十年赋闲在家,并未忘记修国史的初衷,对兴修国史有多方面的思考。

钱氏主持浙江乡试回朝后,补右春坊右中允,知制诰,分撰《神宗实录》,正欲在史学上大展身手,不料陷入"浙围舞弊案",后虽查明遭人诬陷,仍被夺俸三月,次年冬天便又告疾还乡。天启四年(1624),他再度奉诏入京,升詹事府少詹事兼侍读学士,受命分纂《神宗实录》,翻阅文渊阁藏书,"获见高皇帝手诏数千言,及奸党逆臣四录,皆高皇帝申命镂版,垂示后昆者"。[2]这些记载明高祖开国时期功臣事迹的原始资料,十分宝贵;因为郑晓、王世贞[3]诸人的明史,"人自为书,踳驳疑互",不少问题记载矛盾,难以取舍,不得不进一步征实于《实录》,但《实录》"革除以后,再经刊削,忌讳弘多,鲠避错互",仍然难以完全取信。高祖手诏的发现,弥补了史料上的不足,"国史之脱误,野史之舛缪,一一可据以是正"。于是,钱谦益自此正式开始撰写《皇明开国功臣事略》。关于该书撰述的具体情况,钱氏记述道:"是书经始于天启四年癸亥。[4]又明年乙丑,除名为民,赁粮艘南下,船窗据几,摊书命笔。归田屏居,溷厕置笔。越三年始告成事。点勘粗毕,而先帝登遐之诏至矣。……明年戊辰,今上改元崇祯,而书成于丁卯之八月。"[5]天启五年,钱氏被阉党分子指为东林党党魁,遭到弹劾,被削籍为民。他正着手抄写的《昭示奸党》诸录,不得不中止,但他仍然采取种种办法搜集资料,"削夺之命骤下,踉跄出都门,属门下中书,代写邮寄。于时党禁戒严,标题有'奸党'二字,缮写者援手咋指,早晚出入阁门,将钞书夹置袴裆中,仅而得免。又为梁国公胡显错误,取证《楚昭王行实》,属游侍郎肩生从楚府觅得原本,楚藩密嘱勿使人知"。[6]其《天启乙丑五月奉诏削籍

---

[1] 钱谦益:《牧斋初学集》卷九〇《天启元年浙江乡试程录》第三问,《钱牧斋全集》第3册,第1873页。

[2] 钱谦益:《牧斋初学集》卷二八《皇明开国功臣事略序》,《钱牧斋全集》第2册,第844页。

[3] 王世贞的明史未完稿,具体详参钱茂伟:《明代史学的历程》,第243~250页。

[4] "天启四年癸亥"当为钱氏笔误,"癸亥"为天启三年,四年则为"甲子"。

[5] 钱谦益:《牧斋初学集》卷二八《皇明开国功臣事略序》,《钱牧斋全集》第2册,第844~845页。

[6] 钱谦益:《牧斋有学集》卷三八《与吴江潘力田书》,《钱牧斋全集》第6册,第1319页。

南归自潞河登舟两月方达京口途中衔恩感事杂然成咏凡得十首》之四,"数卷丹铅还老子,两朝朱墨付群公"自注:"余摊书舟中,草《开国功臣事略》。时方掊击三案,议改正光庙《实录》。"[1]在其坚持下,《开国功臣事略》至天启七年得以完成。

天启年间,钱谦益还曾与王惟俭(字损仲)商订改写《宋史》。"天启中,损仲起废籍,为寺丞,过余邸舍,移日分夜,必商《宋史》"。[2]当时李九如家藏有《宋宰辅编年录》及王偁《东都事略》三百卷,王损仲怂恿钱氏传写,并约定购求李焘的《续资治通鉴长编》,钱氏从内阁中钞得李焘的《长编》五大本,其余则未能觅得。钱氏自己后来放弃,王惟俭则根据《事略》诸编,撰成《宋史记》250卷。

崇祯初年,钱谦益对修国史仍有很强的使命感,他曾说:"本朝学士大夫,从事于史者众矣。以海盐之志焉而弗史,以太仓之力焉而弗史,以南充之位与局焉而弗克史。国家重熙累洽,度越汉、唐,而史事阙如此,亦士大夫之辱也。"[3]郑晓、王世贞与陈于陛诸人都未能修成一部令人满意的国史,钱氏认为这与明王朝的历史地位很不相符,乃士大夫的耻辱,显然他试图在这方面有一番大的作为。但是,他很快卷入与周延儒、温体仁争夺相位的斗争中,并遭到严重挫败,被革职回籍。温体仁等仍恐其东山再起,还唆使钱氏同乡张汉儒对钱及其门生瞿式耜百般讦告,崇祯十年,钱谦益被押解至京,入刑部大牢,后经疏通才被释放回乡,直至明朝灭亡,未被起用。在这十余年的时间中,钱谦益的修史活动基本陷入停顿状态。从其文集中的记载来看,仅提及:"癸未(崇祯十六年)岁,《国初》及《群雄事略》已削稿,瞿稼轩刻《初学集》,取其文略成章段者,为《太祖实录辨证》一编,以充卷帙。"《国初事略》与《群雄事略》后被合为一书,即《开国群雄事略》,或题作《国初群雄事略》。二书中的部分内容,被瞿式耜摘入《牧斋初学集》中,题名曰《太祖实录辨证》,刊刻面世。但该书并非定

---

[1] 钱谦益:《牧斋初学集》卷三,《钱牧斋全集》第2册,第97页。
[2] 钱谦益:《牧斋有学集》卷四六《跋东都事略》,《钱牧斋全集》第5册,第1514页。
[3] 钱谦益:《牧斋初学集》卷二八《少司空晋江何公国史名山藏序》,《钱牧斋全集》第2册,第849页。该文未注著写时间,《名山藏》作者何乔远,死于崇祯四年(1631)。钱氏所著的序文中提及"公既殁,其书始大行于世。仲子南户部郎九说诒书谦益,使为其序"。那么该序当作于崇祯四年后。

稿,钱氏表示"此后洊经丧乱,羁囚南北,而编摹之事,未尝寝阁,增损刊正,遂与初稿顿异"。[1]

弘光元年(1645)二月,钱谦益向福王上疏,提出修国史的请求:"臣壮岁登朝,留心史事,二十余年,扬扢讨论,差有端绪。昔宋臣司马光编修历代《通鉴》,乞就冗官,以书局自随。臣愿以先例,即家开局。"[2]在当时动荡的时局下,钱谦益竟然有如此设想,显然太不切实际,而且福王政权很快瓦解,修史自然也无从谈起。

清军攻陷南京后,钱谦益未能殉国,反以南明礼部尚书的身份屈节投降,他随例北迁到达北京后曾短暂担任《明史》副总裁,不久即引疾南归。回乡后,钱谦益将精力集中于整理文史资料:一是他继续撰写天启年间就已开始动笔的《列朝诗集小传》,"山居多暇,撰次国朝诗集,几三十家,未几罢去。此天启初年事也。越二十余年,而丁开、宝之难,海宇版荡,载籍放失,濒死颂系,复有事于斯集,托始于丙戌(顺治三年,1646),彻简于己丑(顺治六年,1649)。乃以其间论次昭代之文章,搜讨朝家之史乘。州次部居,发凡起例,头白汗青,庶几有日"。[3]该书对《太祖实录辨证》有所补正,他自称"今《列朝诗集》载刘鹰、刘三吾及朝鲜陪臣诸事,皆出于《辨证》初稿之后"。[4]二是顺治六年南京通海案了结,被释放归里后,他继续进行明代国史的整理与编纂。他屡屡宣称"丧乱余生,讨论旧学,搜集本朝文史,州次部居,取次命笔";[5]"仆自通籍,滥尘史局,即有事于国史。晚遭丧乱,偷生视息,犹不自恕,冀以钟漏余年,竟纟由书载笔之役";[6]"己丑(顺治六年,1649)之春,余释南囚归里,尽发本朝藏书,哀集史乘,得数百帙"。[7]孰料次年即遭遇一场无情的火灾,钱谦益修史的积极性被彻底摧毁,"灰心空门,不复理世间文字"。[8]

---

[1] 钱谦益:《牧斋有学集》卷三八《与吴江潘力田书》,《钱牧斋全集》第6册,第1319页。
[2] 顾苓:《钱牧斋先生年谱附东涧遗老钱公别传》,《牧斋杂著》附录,《钱牧斋全集》第8册,第960页。
[3] 钱谦益:《牧斋有学集》卷一四《列朝诗集序》,《钱牧斋全集》第5册,第678页。
[4] 钱谦益:《牧斋有学集》卷三八《与吴江潘力田书》,《钱牧斋全集》第6册,第1319页。
[5] 钱谦益:《牧斋有学集》卷三八《复徐巨源书》,《钱牧斋全集》第6册,第1324页。
[6] 钱谦益:《牧斋有学集》卷三九《答吴江吴赤溟书》,《钱牧斋全集》第6册,第1367页。
[7] 钱谦益:《牧斋有学集》卷一七《赖古堂文选序》,《钱牧斋全集》第5册,第768页。
[8] 钱谦益:《牧斋有学集》卷三九《答吴江吴赤溟书》,《钱牧斋全集》第6册,第1367页。

不过，钱谦益自己虽然放弃了明代国史的修撰工作，但他仍然希望后学中人能继承这一事业：

> 仆自通籍，滥尘史局，即有事于国史。晚遭丧乱，偷生视息，犹不自恕，冀以钟漏余年，竟纫书载笔之役。天未悔祸，祝融相与。西京旧记，东观新书，插架盈箱，荡为煨烬。知天之不欲使我与于斯文也。灰心空门，不复理世间文字，六年于此矣。私心结轖，回环忖度，海内如此其大也，本朝养士三百年如此其久也。鸿朗庄严，含章挺生，当有左、马、班、范之俦，征石室之遗文，访端门之逸典，勒成一书，用以上答九庙而下诏来兹者，倘不即死，于吾身亲见之，朝睹杀青，夕归黄壤，不致魂魄私恨无穷也。[1]

如黄道周弟子邹漪（字流绮），"耻国史之沦坠，慨然引为己任"，向钱谦益问道，著《启祯野乘》，令钱氏追忆当年在史馆时，黄道周时常与己商讨国史，"辄移日分夜"；就义之日，还表示"虞山尚在，国史犹未死也"。可惜劫火之后，自己归老空门，无所作为，怎不令人既惭且愧！如今邹漪继承乃师之志，自然值得大力嘉奖，因此钱谦益说："驰骋上下于迁、固、晔、寿之间，实斯言也，吾有望矣。"[2]

如李清（1602—1683，字心水，一字映碧），钱谦益直接鼓励其应肩负起修明史的重任：

> 三百年信史，非老亲翁其谁任之？百年鼎鼎，世路悠悠。汗青头白，古人所叹。唯鸿笔大匠，早肩迁、固之任，无使文、武谟烈，远指隐、桓；开、宝见闻，近同沧海。则九庙之所邀福假灵，而旧史遗民，为之翘首企望者也。[3]

> 当今欲以史事相推，殊非缪为引重。盖劫火之后，颇知天意。而精神才力，俱不能斩新整顿。在弟则三鼓之余，而老亲翁正一鼓朝气。舍老亲

---

[1] 钱谦益：《牧斋有学集》卷三九《答吴江吴赤溟书》，《钱牧斋全集》第 6 册，第 1367 页。
[2] 钱谦益：《牧斋有学集》卷一四《启祯野乘序》，《钱牧斋全集》第 5 册，第 686、687 页。
[3] 钱谦益：《与李映碧论史书》，《牧斋有学集文集补遗》，《钱牧斋全集》第 7 册，第 490～491 页。

翁似更无可肩此者矣。[1]

李清在史学方面确实颇有造诣，著有《南北史合注》《诸史同异录》《历代不知姓名录》《南唐书合订》《甲乙编年录》《三垣笔记》《南渡录》《甲申日记》《袁督师计斩毛文龙始末》《南渡纪事》等，但未能修成一部贯通的明史。

钱谦益对当时正着手撰写《明史记》的吴炎（字赤溟）与潘柽章（字力田）二人寄予厚望。潘柽章综贯百家，天文地理皇极太乙之学靡不通晓，后专精史事，试图仿效司马迁作《明史记》，友人吴炎与其志同道合，因而相约共纂《明史记》。潘柽章撰本纪及诸志，吴炎分任世家、列传，年表历法则属诸王锡阐，流寇与夫殉节诸臣则属诸戴笠。[2] 二人多次向钱谦益借书，并咨询前代见闻。钱氏高度评价二人："所为本纪、书、表、世家、列传，一仿龙门。取材甚富，论断甚核。史家三长，二子盖不多让。"[3] 而且二人修史不邀名嗜利，不慕势附党，不求速成，自愿终身从事，因此钱谦益称他俩是修明史的不二人选，不仅热情借书相助，如他表示"残编啮翰，间出于蕉烂之余，他日当悉索以佐网罗，不敢爱也"。[4] "《东事记略》，东征信史也。人间无别本，幸慎重之。俞本《纪录》，作绛云灰烬。诸候陆续寄上，不能多奉。"[5] 而且还号召各藏书家"使各出所撰著及家藏本授之二子"，以成此"千秋不朽"[6]的大业。可惜，后来受庄氏明史案牵连，吴、潘二子罹难，《明史记》未能完稿，已撰写的内容也未见流传于世。

二、明史研究的成就

钱谦益有志于修撰国史，因此较早地形成了注重"史法"的观念，他说："史

---

[1] 钱谦益：《与李映碧论史书》之《又》，《牧斋有学集文集补遗》，《钱牧斋全集》第7册，第491页。

[2] 陈康祺：《郎潜纪闻四笔》卷六《潘柽章修辑〈明史记〉》，北京：中华书局，1990年，第93～94页。

[3] 钱谦益：《为吴潘二子征书引》，《牧斋有学集文集补遗》，《钱牧斋全集》第7册，第500页。

[4] 钱谦益：《牧斋有学集》卷三九《答吴江吴赤溟书》，《钱牧斋全集》第6册，第1369页。

[5] 钱谦益：《牧斋有学集》卷三九《复吴江潘力田书》，《钱牧斋全集》第6册，第1353页。

[6] 钱谦益：《为吴潘二子征书引》，《牧斋有学集文集补遗》，《钱牧斋全集》第7册，第501页。

以事辞胜,亦兼道与法而有之。夫断木为棋,挽革为鞠,亦皆有法焉,而史其可以无法欤?""史法"包括多方面的内容,其中他反复强调的一项便是资料的搜集与整理:"诚有意于史,则亦先庀其史事而已。司马光修《资治通鉴》,先使其僚采摭异闻,以年月日为丛目。丛目既成,乃修《长编》。汉则刘攽,三国至南北朝则刘恕,唐则范祖禹,《通鉴》之有《长编》,所谓先庀其史者也。"[1]从天启元年提出这一认识,直至清初,虽然史学思想日益丰富,钱谦益仍始终坚持这一主张。如崇祯时期,他说:"古之史家,必先网罗放失旧闻,摭经采传,孔子行求七十二国宝书,太史公采《世本》《国语》、司马光修《通鉴》,先令其属官草《长编》。"[2]"龙门之采《世本》也,涑水之修《长编》也,述作之源流,笔削之先资也。"[3]清初,如顺治七年后,他说:"史事之难,不在旦夕成书,而在讨论贯穿,先理长编事略之属。今之君子,每一操觚,辄以迁、固自任。纪、传、书、志,信手告成。如南浔(朱国祯)、晋江(何乔远)诸公,徒为后人笑端耳。"[4]顺治十一二年左右,他表示:"仆尝谓古人成书,必有因借龙门、旁取《世本》,涑水先纂《长编》,此作史之家之高曾规矩也。"[5]他批评当时作史之谬在于"不立长编,不起凡例,不谙典要",多仓促成书,"腐于南城(即邓元锡)《皇明书》,芜于南浔《大政记》,踳驳于晋江《名山藏》,以至于盲瞽僭乱,蟋声而蚋鸣者皆是也"。[6]本来,他对朱国祯、何乔远诸书就不甚满意,等而下之者,就更不用提了。

1. 历史撰述

(1)《国初群雄事略》

钱谦益曾自诩"三十余年,留心史事,于古人之记事记言、发凡起例者,或可少窥其涯略。近代专门名家,如海盐、太仓者,亦既能拾遗纠缪,而指陈其得

---

[1] 钱谦益:《牧斋初学集》卷九〇《天启元年浙江乡试程录》第三问,《钱牧斋全集》第3册,第1869、1874页。
[2] 钱谦益:《牧斋初学集》卷二八《皇明开国功臣事略序》,《钱牧斋全集》第2册,第845页。
[3] 钱谦益:《牧斋初学集》卷二八《少司空晋江何公国史名山藏序》,《钱牧斋全集》第2册,第850页。
[4] 钱谦益:《与李映碧论史书》之《又》,《钱牧斋全集》第7册,第491页。
[5] 钱谦益:《牧斋有学集》卷三九《答吴江吴赤溟书》,《钱牧斋全集》第6册,第1368页。
[6] 钱谦益:《牧斋有学集》卷一七《赖古堂文选序》,《钱牧斋全集》第5册,第768页。

失矣"。[1]前辈及同时代史家史书的不足,钱氏确实看得很清楚,但由于种种原因,他自己也未能写出一部明代通史,只是留下了一部《国初群雄事略》。

《国初群雄事略》的体例,从《皇明开国功臣事略序》中可以了解:"元人苏天爵撰《名臣事略》,疏其人若干,而系之以事,不用史传之体。而宋李焘《长编》,商订异同,举正得失,最为详慎。谦益窃于二家取法焉。"[2]后来他还在给吴炎的信中说道:"往所采辑,名曰《事略》,盖用宋人李焘、元人苏天爵之体例,草创编摹,以俟后之作者。"[3]显然这里的"《事略》"并不仅指《功臣事略》,而是包含《群雄事略》在内,所以《群雄事略》的体例与《皇明开国功臣事略》应该是一样的。

"苏天爵之体例",是指苏天爵所编的元朝人物传记《元朝名臣事略》的体例。该书仿南宋杜大珪《名臣碑传琬琰集》及朱熹《名臣言行录》的体例,略有变通。书中直接利用诸公文集、日钞、墓表、行状、家传等原始资料成篇,但并未全文照录,而是按年按事选辑有关记载,分段注明出处。每传前有提要,概述传主的氏族、籍贯、简历、年岁等。传主祖先功业卓著者,在正文下用小字摘注其事迹;文中涉及的事件、人物有他书可补充的,也用小字注出。全书共引文一百三十余篇,其中选自元初著名文人王鹗、王磐、徐世隆、李谦、阎复、元明善等十余人的作品占一半以上,他们的文集今已不存,若干名篇赖该书得以保存,因此具有很高的史料价值。明初修《元史》,也多取材此书。李焘的《续资治通鉴长编》采用编年体,于正史、实录、政书之外,凡家录、野记,广征博采,校其同异,订其疑误,考证详慎,多有依据。作者本着宁失于繁,无失于略的原则,凡记载不同者,则两存其说,时附己见,以注文标出。

钱谦益自称兼采二体之长,体例上也是每传都有简单的提要,概述传主生平主要事迹;之后便是按年代顺序编排各类资料,每条均注明来源。其取材有官方资料,如《元史》《太祖实录》《秘阁元龟政要》《高皇帝御制文集》、洪武十五年《钦定滁阳王庙岁祀册》《天潢玉牒》《逆臣录》等。

有私家记载,如胡粹中《元史续编》、权衡《庚申外史》、俞本《皇明纪事录》、

---

[1] 钱谦益:《牧斋有学集》卷三九《答吴江吴赤溟书》,《钱牧斋全集》第6册,第1368页。
[2] 钱谦益:《牧斋初学集》卷二八《皇明开国功臣事略序》,《钱牧斋全集》第2册,第844页。
[3] 钱谦益:《牧斋有学集》卷三九《答吴江吴赤溟书》,《钱牧斋全集》第3册,第1368页。

吴朴《龙飞纪略》、高岱《鸿猷录》《续通鉴》、陆深《平胡录》《龙凤事迹》、刘辰《国初事迹》、祝允明《九朝野记》、朱权《通鉴博论》《皇明本纪》、童承叙《平汉录》、黄金《开国功臣录》、杨学可《明氏实录》、邓士龙辑《平夏录》、杨慎《滇载记》《平蜀记》《平吴录》、祝枝山《九朝野记》、刘文进《方氏事迹》《九朝谈纂》、王世贞《史乘考误》等。

有人物传记，如《诚意伯刘基本传》《翁显传》、苏伯衡《谭镇抚传》、李贝阙《杨铁崖传》、尤义《陈基传》、赵汸《汪左丞传》《诚意伯刘基行状》、黄佐《何真传》、郭造卿《陈友定传》等。

有诗文集，如王逢《梧溪集》、杨维祯《咏史乐府》及《上张太尉诗》、杨基《送张府判诗序》、陈基《丙申六月中书左丞潘公射吴江佛寺浮图诗序》《西湖书院自叙》《送周信夫序》及《张士德祭文》、释克新《苏侯招降诗序》、瞿祐《归田诗话》、叶子奇《静斋文集》《蜕庵集》、延贤《金台集》、宋濂《平江汉颂序》《古虞文录》《冶城客论》《东游集》《陶学士文集》、文徵明《跋》等；有笔记，如叶子奇《草木子》、陶宗仪《辍耕录》及《月山丛谈》《乐郊私语》《农田余话》等。

有碑铭，如《滁阳王庙碑》、宋濂《星吉公神道碑》与《梁国公赵德胜神道碑》《章溢神道碑》《岐阳神道碑》、宋濂《惠州何氏先祠碑》、太祖制《中山武宁王徐达神道碑》、陈基《精忠庙碑》、刘基《天妃庙碑》《章溢神道碑》《岐阳神道碑》、宋濂《惠州何氏先祠碑》、张羽《七姬权厝志》等。

有地方志，如《卢熊志》《虎邱志》《嘉定县志》、黄仲昭《八闽通志》等，还有其他，如《三吴水利集》、吴源《至正近说》等。

除了在资料上广征博采外，钱谦益对李焘"商订异同，举正得失"的做法也多有借鉴。

如《元史》载顺帝至正十四年（1354）五月"己酉，盱眙县陷。庚戌，陷泗州，官军溃"。是谁攻陷盱眙与泗州，没有明确记载，该条记载系于六月"高邮张士诚寇扬州"之下。[1]《平吴录》诸书都认为是张士诚攻陷扬州后不久，即陷盱眙及泗州。钱谦益对此有如下疑问："是时，士诚方起高邮，攻扬州，其兵岂能遽及盱、泗？"依据俞本的《纪事录》，钱氏认为应是濠州兵，具体则是彭早住、赵

---

[1] 宋濂等：《元史》卷四三《顺帝六》，北京：中华书局，1976年，第915页。钱谦益文中误引《元史》"庚戌，陷泗州"为"庚戌，陷徐州"。

君用的人马,因为《洪武实录》与《滁阳王庙碑》都有关于彭、赵屯兵盱、泗的记载。[1] 通过考辨,钱谦益不仅补充了《元史》记载的不足,而且证实了《洪武实录》中关于本条的记载。

关于朱元璋不奉小明王韩林儿号令的具体时间,按《诚意伯行状》的记载是在龙凤六年,即元至正二十年(1360),钱谦益认为从时势来看不太可能。小明王政权因遭元军反攻,逃奔至安丰,龙凤九年,再次遭到张士诚部将吕珍的攻打,安丰被围日久,竟然出现人相食乃至掘尸而食的局面,刘福通遣人求救于朱元璋。据刘辰《国初事迹》载,刘基提出:"不宜轻出,假使救出来,当发付何处",朱元璋未听,安丰解围。高岱《鸿猷录》载朱元璋将韩林儿送还金陵,诸将议于中书省设御座侍奉林儿,刘基再次反对:"彼牧竖耳,奉之何为!"[2] 密陈天命所在,朱元璋有所领悟。钱谦益认为《国初事迹》与《鸿猷录》中刘基对韩林儿的态度一致,二书记载比较吻合,所以朱元璋不奉小明王的时间应是龙凤九年(1363)。这自然是比较中肯的分析,得出的结论也比较令人信服。

对于相关史事的不同记载,钱谦益大多保持较为谨慎的态度,不轻易下结论。如《太祖实录》中记载至正二十三年(1363),吕珍杀刘福通而据其城。而刘辰《国初事迹》《庚申外史》各有不同说法,前者云刘福通奉小明王韩林儿之命遁于滁州,后者云刘福通与韩林儿一起被沉于瓜洲中。对于刘福通的最终结局,钱谦益因三种记载的分歧,不敢妄下断语,只说:"二说未知孰信。《史乘考误》以刘辰所记为非,然《洪武实录》多舛误,又讳言龙凤事,吾亦未敢以为信也。"[3] 如九月张士诚称吴王的时间,《太祖实录》说是至正二十三年(1363),而《本传》却说是次年,钱谦益表示"未知孰是,俟更考之"。[4] 另如明玉珍攻陷嘉定的时间,《太祖实录》记为至正十八年,而《元史》书于二十一年,因无其他资料进一步佐证,钱谦益无奈表示"未详孰是"。[5]

(2)《列朝诗集》

《列朝诗集》的编纂缘起于程嘉燧的倡议:

---

[1] 钱谦益:《国初群雄事略》卷二《滁阳王》,北京:中华书局,1982年,第53~54页。
[2] 钱谦益:《国初群雄事略》卷一《宋小明王》引,第37~38页。
[3] 钱谦益:《国初群雄事略》卷一《宋小明王》,第38~39页。
[4] 钱谦益:《国初群雄事略》卷七《周张士诚》,第182页。
[5] 钱谦益:《国初群雄事略》卷一〇《汝南李思齐》,第232页。

毛子子晋刻《列朝诗集》成,予抚之,忾然而叹。毛子问曰:"夫子何叹?"予曰:"有叹乎!予之叹,盖叹孟阳也。"曰:"夫子何叹乎孟阳也?"曰:"录诗何始乎?自孟阳之读《中州集》始也。孟阳之言曰:'元氏之集诗也,以诗系人,以人系传,《中州》之诗,亦金源之史也。吾将仿而为之,吾以采诗,子以庀史,不亦可乎?'"山居多暇,撰次国朝诗集,几三十家,未几罢去。此天启初年事也。[1]

程嘉燧与钱谦益的密切交往,始于万历四十五年(1617),[2]泰昌元年(1620)至天启元年(1621)间,程曾前往北京投奔钱谦益:"万历戊午(四十六年,1618),故人方方叔令长治,要之(程嘉燧)入潞,居三年,从方叔入燕。"[3]但天启元年八月,钱谦益担任浙江乡试正考官遭到政敌陷害,被夺俸三个月,天启二年冬告疾还乡。程嘉燧也失去依靠,不得不离去。

但很可能就是在此期间,钱谦益受到程氏的启发与鼓动,次年二月抵乡后,因"山居多暇"开始编纂《列朝诗集》。但仅选录了三十余家诗集,便中途停止了。具体原因钱谦益自己并未言明。钱氏于天启四年(1624)冬赴召京师,任太子谕德兼翰林院编修,纂修《神宗实录》。钱谦益赋闲在家这一年多的时间,程嘉燧仍在四处游历,"辛酉(天启元年)冬过易水,有怀古诗,至癸亥(天启三年)十二月,出居庸,入雁门,复经上党,甲子(天启四年)元日由高平登太行,谒孔子,回车庙,渡河至汴,登顿不能为诗"。[4]显然,二人当初相约的分工合作,"吾以采诗,子以庀史"无法继续进行下去。虽然天启五年(1625)钱谦益再次遭削籍南归,但他关注的重点已有所转移,那就是开始编纂《开国功臣事略》。

程嘉燧对《中州集》的推崇,还体现在其选评《中州集》:"手钞其尤隽者若干篇,因为抉摘其篇章句法,指陈其所由来。"钱谦益充分肯定其对《中州集》的

---

[1] 钱谦益:《牧斋有学集》卷一四《列朝诗集序》,《钱牧斋全集》第5册,第678页。
[2] 孙之梅:《钱谦益与明末清初文学》(增订版),济南:山东大学出版社,2010年,第66页。
[3] 钱谦益:《列朝诗集小传》丁集下《松圆诗老程嘉燧》,第577页。
[4] 程嘉燧:《松圆浪淘集》总目《易水十七》自注,《续修四库全书》集部第1385册,上海:上海古籍出版社,1995年,第593页。

评价,为其《中州集钞》作序,称程嘉燧"老眼无花,能昭见古人心髓,于汗青漫漶、丹粉凋残之后,不独于中州诸老为千载之知己,而后生之有志于斯者,亦可以得师矣"。钱氏之序撰写于"癸未(崇祯十六年,1643)夏日"[1],程嘉燧于当年十二月去世,次年明王朝就灭亡了。"越二十余年,而丁开、宝之难,海宇板荡,载籍放失,濒死讼系,复有事于斯集,托始于丙戌(1646,顺治三年),撤简于己丑(1649,顺治六年)。乃以其间论次昭代之文章,搜讨朝家之史集,州次部居,发凡起例,头白汗青,庶几有日"。[2]钱谦益经历明清易代,虽投降清朝,后悔悟,秘密支持抗清事业,以明遗民自居,在这种情形下重新审视金遗民元好问的著作,极易以己度人,体会到元好问的良苦用心,认识到《中州集》以诗存史的特殊意义。[3]正如他自己所宣扬的"漳海毕命日,犹语所知:'虞山不死。国史未死也'。嗟乎!吾党心期蕴藉,良有托寄"。[4]

《列朝诗集》的体例仿《中州集》。钱谦益自称"欲仿元遗山《中州集》之例,选定为一集,使一代诗人精魂留得纸上。"[5]关于《中州集》的体例,元好问本人并未直接说明,《四库全书总目》总结道:"是集录金一代之诗,首录显宗二首,章宗一首,不入卷数。其余分为十集,以十干纪之。辛集目录旁注'别起'二字,其人亦复始于金初。似乎七卷以前为正集,七卷以后为续集也。……其例每人各为小传,详具始末,兼评其诗。或一传而附见数人……或附载他文……或兼及他事……大致主于借诗以存史,故旁见侧出,不主一格。"[6]

《列朝诗集》对《中州集》的体例确实有非常明显的模仿。如主体采用十干中的甲乙丙丁分集,绝大部分的诗人都有小传,附见法也被沿用,间有辩证事实、批评得失之语;《中州集》体例上的不一致,也被《列朝诗集》继承,如《中州集》前八卷以时间顺序排列诗人和诗歌,但从第九卷到第十卷出现"诸相""状元""异人""隐德""三知己""南冠""中州乐府"等类别。《列朝诗集》也是从甲集至丁集都以时间顺序排列诗人和诗歌,闰集则有了非常具体的划分,分为高

---

[1] 钱谦益:《牧斋初学集》卷八三《题中州集钞》,《钱牧斋全集》第3册,第1757页。
[2] 钱谦益:《牧斋有学集》卷一四《列朝诗集序》,《钱牧斋全集》第5册,第678页。
[3] 胡传志:《金代文学研究》,合肥:安徽大学出版社,2000年,第156页。
[4] 钱谦益:《牧斋有学集》卷四七《题程穆倩卷》,《钱牧斋全集》第6册,第1549页。
[5] 钱谦益:《钱牧斋先生尺牍》卷二《与周安期》,《钱牧斋全集》第7册,第236页。
[6] 永瑢等:《四库全书总目》卷一八八《总集类三·中州集》,第1706页。

僧、道士、名僧、异人、香奁、宗室、内侍、青衣、佣书、无名氏、碑刻、集句、神鬼、滇南、朝鲜、日本、交趾、安南、占城等。

但《列朝诗集》在体例上也并非完全对《中州集》亦步亦趋，而有一些改造。最明显的，则是《列朝诗集》通过具体分卷的变化所体现的特别用意。关于这一点，《列朝诗集序》中有明确说明：

> 曰："元氏之集，自甲迄癸。今止于丁者，何居？"曰："癸，归也。于卦为《归藏》，时为冬令。月在癸曰极丁，丁壮成实也。岁曰强圉。万物盛于丙，成于丁，茂于戊。于时为朱明，四十强盛之时也。金镜未坠，珠囊重理，鸿朗庄严，富有日新天地之心，声文之运也。"[1]

此外，《江田陈氏家集序》中也有类似的说明：

> 余近辑《列朝诗集》，厘为甲乙丙丁四部，而为之序曰："遗山《中州集》止于癸，癸者，归也。余辑列朝诗止于丁，丁者，万物皆丁壮成实，大盛于丁也。"盖余窃取删《诗》之义，顾异于遗山者如此。……万物盛于丙，成于丁，茂于戊。丁于时为夏，夏，大也。[2]

钱谦益在《江田陈氏家集序》中略有补充，说明其体例异于元好问《中州集》的原因在于"窃取删《诗》之义"，所谓的"删《诗》之义"，后来被李慈铭释为期望明室中兴之意："（钱）自秘书院学士罢归之后，既自惭堕节，又愤不得修史，故借此以自托。其编次皆有寓意，而列明诸帝王后妃于乾集，列元季遗老于甲前集，自嘉靖至明末皆列丁集，分上、中、下，以见明运中否，方有兴者。"[3]陈寅恪也有类似看法，"牧斋编《列朝诗集》，其主旨在修史，并暗寓复

---

[1] 钱谦益：《牧斋有学集》卷一四《列朝诗集序》，《钱牧斋全集》第5册，第679页。
[2] 钱谦益：《牧斋有学集》卷一七《江田陈氏家集序》，《钱牧斋全集》第5册，第771～772页。
[3] 李慈铭：《越缦堂读书记》集部总集类《列朝诗集小传》，北京：中华书局，1963年，第1193～1194页。

明之意,而论诗乃属次要者",[1]并成为大家广泛接受的观点。[2]

学术界也有反对意见。如严迪昌驳斥此乃"望文生义"。他认为钱氏所提出的"万物盛于丙,成于丁",以程嘉燧冠于《列朝诗集》丁集下,即示一代之诗大成于此。既然"成于丁,茂于戊",《列朝诗集》却止于"丁",那么,"茂于戊"则何属?其实就是钱谦益本人,其目的在于构架以一己为诗界宗主的新格局。[3]严迪昌另辟蹊径,特别强调"茂于戊"的深意。《江田陈氏家集序》中的陈昌箕一门历三百年,簪缨不绝,又能以诗世其家,钱谦益认为其家祖先可分别列入《列朝诗集》中的甲乙丙丁集中,而"自丁以下,岂非昌箕之责乎?"[4]陈昌箕"自丁以下"责无旁贷,那么,《列朝诗集》之"自丁以下",续诗史一派正脉者岂非牧斋之责乎?[5]其实,钱谦益自视为文坛盟主的心态早已于崇祯十五年(1642)有所体现,[6]而《列朝诗集序》撰写于"玄黓执徐之岁",即顺治九年(1652)壬辰。自顺治三年钱谦益以降臣引疾南归,开始编写诗集,顺治四五年间因山东卢氏私藏兵器案、江阴黄毓祺起义案牵连,两次被逮入狱,尤其第二次获刑释,但在仍受管制、不得擅离南京期间,仍托人四处搜访遗漏的诗集。在这种"海宇板荡,载籍放失,濒死讼系"的情形下,我们很难想象钱谦益仍热衷于诗界宗主的虚名。

无论如何,钱谦益以诗存史的旨趣毋庸置疑。他称:"余撰此集,仿元好问《中州》故事,用为正史发端,搜摅考订,颇有次第。"[7]"余录皇朝诗集,吴中名卿硕辅、高文大册、勒金石而征琬琰者,往往多有阙遗。而老师宿儒,小生妇孺,《兔园》之残册,腊车之故纸,搜罗访求,不遗余力。"[8]《列朝诗集》及其附

---

[1] 陈寅恪:《柳如是别传》第五章《复明运动》,北京:三联书店,2009年,第1008页。
[2] 裴世俊:《四海宗盟五十年——钱谦益传》,第215页。孙之梅:《钱谦益与明末清初文学》,第318页。孔爱峰:《钱谦益〈列朝诗集〉的编纂学研究》,苏州大学硕士学位论文,2005年,第37~38页。
[3] 具体参见严迪昌《蒙叟心志与〈列朝诗集〉之编纂旨意》,《语文知识》2007年第4期。
[4] 钱谦益:《牧斋有学集》卷一七《江田陈氏家集序》,《钱牧斋全集》第5册,第771~772页。
[5] 严迪昌:《蒙叟心志与〈列朝诗集〉之编纂旨意》,《语文知识》2007年第4期。
[6] 丁功谊:《钱谦益文学思想研究》,第142页。
[7] 钱谦益:《列朝诗集小传》甲集《补遗书徐布政贡诗后》,上海:上海古籍出版社,2008年,第158页。
[8] 钱谦益:《牧斋外集》卷二五《袁泰征遗稿小引》,《钱牧斋全集》第8册,第855页。

录的小传,融诗人生平、交游、师承、逸事等史料及品评于一炉,具有极高的史料价值与理论价值。清代仿《中州集》的著作,除《列朝诗集》而外,大抵偏重选诗,鲜有如元好问与钱谦益二人对诗与史之两相并重的。[1]

虽然钱谦益花费很大力气编撰《列朝诗集》一书,且不断增补遗漏,如"甲集前编方参政行小传后,又考得数行,即附入之,庶见入此人于此卷,非臆见耳"。[2] 但他本人后来都发现了不少的缺漏或错误。如洪武、永乐间名臣金贞寿的五言诗《示侄》,"孝友至性,奕奕纸上。惜乎见之晚,不及编入《列朝诗选》中。"[3] 如闽中江田陈昌箕家,"余采闽诗,未获斯集,多所阙遗",[4] 还有"如丘长孺等流,欲存其人,卒未可得,姑置之可耳"。[5] 另如《假髻词》一诗的作者是否为张东海,虽然钱谦益心疑颇久,仍采入《列朝诗集》中,后来才知是宋人曾忠愍作,因而意识到"是集讹谬不少"。[6] 对于这些问题,只要可能,钱谦益尽量予以补救。有些遗漏的内容,他鼓励作诗者的后人好好保存,如金贞寿的诗,"容作数语跋其后,今姑归上,俾其后裔,速为整顿装演成帙,藏弄为拱璧可也"。[7] 至于错误的内容,他请求知晓者出面纠正,如他称施伟长"雅熟国朝文献者,暇日能再为点定,过我商榷"。[8]

《列朝诗集》的编撰,让钱谦益深刻体会了诗史的价值与意义。虽然崇祯年间他已有诗史之说,如四年称宋末汪云:"《湖州歌》九十八首,《越州歌》二十首,《醉歌》十首,记国亡北徙之事,周详恻怆,可谓诗史。"[9] 六年笺注杜诗,称"二诗记汧公、施州事,皆诗史也"。[10] 其系统阐发诗史理论的《胡致果诗序》

---

[1] 陈学霖:《元好问与〈中州集〉》,《香港中国古典文学研究论文选粹 1950—2000 诗词曲篇》,南京:江苏古籍出版社,2002 年,第 131 页。
[2] 钱谦益:《钱牧斋先生尺牍》卷二《与陈金如》,《钱牧斋全集》第 7 册,第 304 页。
[3] 钱谦益:《钱牧斋先生尺牍》卷二《与王兆吉》,《钱牧斋全集》第 7 册,第 286 页。
[4] 钱谦益:《牧斋有学集》卷一七《江田陈氏家集序》,《钱牧斋全集》第 5 册,第 771~772 页。
[5] 钱谦益:《钱牧斋先生尺牍》卷二《与陈金如》,《钱牧斋全集》第 7 册,第 301 页。
[6] 钱谦益:《钱牧斋先生尺牍》卷一《与施伟长》,《牧斋杂著》,《钱牧斋全集》第 7 册,第 261 页。
[7] 钱谦益:《钱牧斋先生尺牍》卷二《与王兆吉》,《钱牧斋全集》第 7 册,第 286 页。
[8] 钱谦益:《钱牧斋先生尺牍》卷一《与施伟长》,《钱牧斋全集》第 7 册,第 262 页。
[9] 钱谦益:《牧斋初学集》卷八四《跋汪水云诗》,《钱牧斋全集》第 3 册,第 1764 页。
[10] 钱谦益:《牧斋初学集》卷一〇八《读杜小笺》,《钱牧斋全集》第 3 册,第 2181 页。

一文,具体撰写时间不详,但提及"余自劫灰之后,不复作诗",可见是顺治七年之后,也就是撰写完《列朝诗集》之后。宋亡,"空坑、厓山之故事,与遗民旧老,灰飞烟灭",但是"考诸当日之诗,则其人犹存,其事犹在,残篇啮翰,与金匮石室之书,并悬日月"。因此,诗可以弥补历史记录的不足,"谓诗之不足以续史也,不亦诬乎"?[1] 顺治十四年(1657),其阅读王天佐文集中《赠孙子序》,中有"'诗亡然后《春秋》作'。《诗》《春秋》之大指,明王道、扶世运。《春秋》未作,则《诗》其《春秋》乎",产生了强烈的共鸣,不仅"深惟其指意,抚卷太息者久之"。[2]

《列朝诗集》行世后,受到学界广泛好评,如钱谦益自称"不自意颇得当于法眼,杂然叹赏,称为艺苑之金鈚",[3]"鸿儒巨公,交口传诵",[4]"才人志士,爱慕良多,长州叶圣野、吴江戚右朱,手自缮写,勒成一集"。[5] 但也不乏批评,钱氏对此早已有所准备,意识到"一二询厉者,又将吹毛刻肤,以为大谬";[6]"其尤且谤之者则间作",但是他采取淡然处之的态度:"爱我者未必果我之得,而尤且谤者亦未必果我之失,信彼是非,两行而已。"[7]

2.历史考证

明代中叶以后,随着杨慎等人所开创的考据学崛起,史学考信之风也逐渐受重视,而王世贞是其中一个十分关键的人物。[8] 钱谦益与王世贞渊源颇深,青少年时期以其为模仿对象,他多次宣称"余未弱冠,学为古文辞,好空同、弇州之集。朱黄成诵,能暗记其行墨。每有撰述,刻意模仿,以为古文之道,如是而已"。[9] 虽然后来走上"訾毁太仓,诵法昆山"[10]的学术道路,但王世贞

---

[1] 钱谦益:《牧斋有学集》卷一八《胡致果诗序》,《钱牧斋全集》第5册,第801页。
[2] 钱谦益:《牧斋有学集》卷二二《赠王平格序》,《钱牧斋全集》第5册,第914页。
[3] 钱谦益:《牧斋有学集》卷四七《题徐季白诗卷后》,《钱牧斋全集》第6册,第1562页。
[4] 钱谦益:《牧斋有学集》卷五〇《丁萬生藏余尺牍小册》,《钱牧斋全集》第6册,第1638页。
[5] 钱谦益:《牧斋有学集》卷一五《爱琴馆评选诗慰序》,《钱牧斋全集》第5册,第713~714页。
[6] 钱谦益:《牧斋有学集》卷四七《题徐季白诗卷后》,《钱牧斋全集》第6册,第1562页。
[7] 钱谦益:《牧斋有学集》卷一五《爱琴馆评选诗慰序》,《钱牧斋全集》第5册,第713~714页。
[8] 钱茂伟:《明代史学的历程》,第138页。
[9] 钱谦益:《牧斋外集》卷六《陈百史集序》,《钱牧斋全集》第8册,第676页。
[10] 黄宗羲:《钱屺轩先生七十寿序》,《黄宗羲全集》第10册,第673页。

的影响不可能完全消除。[1] 钱谦益所从事的历史考证工作,正是在继承与批判王世贞的基础上展开的。

天启元年,钱谦益已开始表现出对国初的历史记载矛盾不一、谬误百出,亟待刊正的兴趣:

> 龙凤之于我明也,高皇帝未尝讳也,而载笔之臣讳之。今其事若存若亡矣,即不必列之世家,亦当存以月表之法,而谁与征之? 伪周之事,一时遗臣故老,如陈基、王逢所纪载,皆凿凿可据,而考之《元史》、国史,无论事实牴牾,即岁月亦且互异。基与修《元史》,非见闻异辞者也,而又使谁正之? 至于鄱阳代溺之事,青田牧竖之言,传讹增益,其诬较然,而至今未有是正者也。[2]

具体的考辨工作,本分散在《国初事略》《群雄事略》诸书中,崇祯十六年,瞿式耜节选这部分内容,名曰《太祖实录辨证》,收入《牧斋初学集》中予以刊刻。除去与《国初群雄事略》中征引重复的史料,《太祖实录辨证》中还引用了如下新的资料:

官方资料,如《封诚意伯诰》《封弘文馆学士诰》《祭忠襄文》《大明会典》《兼太子谕德诰》《公侯铁券式》《昭示奸党录》《功臣铁券式》《洪武京城官署图》《公侯伯袭封底簿》等。

私家记载,如郑晓《名臣记》《今言》与《大事记》、唐龙《群忠录》、王士骐《皇明驭倭录》、王世贞《高帝功臣表》《旧丞相府志》与《开平世家》、梅纯《备忘录》、无名氏《史翼》、无名氏《宁河事略》等。

传记,如《英烈传》、王世贞《冯胜传》、郑晓《异姓诸侯传》、苏伯衡《缪美列传》、方孝孺《孙炎传》、徐纮《集传》、谢理《太平人物志》、黄伯生《诚意伯行状》、无名氏《楚昭王行实》、无名氏《陶学士事迹》等。

诗文,如朱同《覆瓿集》、陶安《陶学士诗集》与《陶学士文集》、张元祯《重修

---

[1] 孙卫国:《王世贞史学研究》,北京:人民文学出版社,2006年,第254~246页。
[2] 钱谦益:《牧斋初学集》卷九〇《天启元年浙江乡试程录》第三问,《钱牧斋全集》第3册,第1873页。

康山庙记》、方孝孺《逊志斋文集》等。

碑铭，如《皇陵碑》、镏三吾《宋国公追封三代碑》《宁河神道碑》、方孝孺《东瓯神道碑》、胡越国《新庙碑》、朱善《安定伯程国胜神道碑》、宋濂《方国珍神道碑》、朱善《安定侯神道碑》、杨文敏《郭英神道碑》、高皇帝《圹志》等。

地方志，如《洪武京城图志》《街市图》《一统志》等。

钱谦益所说的"国史"，基本就是指的《明实录》，但是明朝撰修实录的制度存在不少缺陷，使《明实录》有先天性的不足；加上总裁之党同伐异，编修官之肆意诬罔，导致《明实录》阙失颇多。王世贞是明代第一位系统考辨《明实录》的史家，其《史乘考误》对从《明太祖实录》到《隆庆实录》的十部实录，进行了较系统的辨证，澄清了许多事实；同时开启了后代对《明实录》的考辨之风，钱谦益正是在其基础上，进一步深化对《明实录》的考订与研究的。[1]

钱谦益对《明实录》的考辨，仅限于《太祖实录》，因此比王世贞的工作更为细化具体，但其主要的考证方法基本沿袭王世贞，即国史、野史、家史三者互证。钱谦益曾说："史家之取征者有三：国史也，家史也，野史也。于斯三者，考核真伪，凿凿如金石，然后可以据事迹，定褒贬。"[2]"夫史家异同，必取衷于国史，而国史多不足信。至如开国元勋之碑，出自御笔，传诸琬琰，非他金石之文所可伦儗，而犹或未免于传疑。"[3]可见钱谦益本以为在三者中国史最为重要，"史家异同，必取衷于国史"，可惜的是明代《实录》并不可尽信，因此他对《太祖实录》中存在的问题就特别关注，勘误尤多。

虽然《太祖实录》中的错误、忌讳、脱略颇多，但钱谦益通过许多具体的考辨，指出《实录》仍有其不可埋没的价值。如彭早住称鲁淮王、赵均用称永义王的时间，《滁阳王庙碑》及《皇明本记》认为是在壬辰（元顺帝至正十二年，1352）奔濠之时，而《实录》记载是在癸巳（至正十三年，1353）冬，《高帝纪梦》亦云在元将贾鲁死，城围解后的当年冬天，彭、赵僭称，"所谓当年冬者，亦癸巳之冬也。以时势言之，二姓虽草草僭称，亦当在元兵解围之后，而不在自徐奔濠之

---

[1] 孙卫国：《王世贞〈史乘考误〉对〈明实录〉之辨证及其影响》，《成大历史学报》第29期（2005年6月）。

[2] 钱谦益：《牧斋有学集》卷一四《启祯野乘序》，《钱牧斋全集》第5册，第686页。

[3] 钱谦益：《牧斋初学集》卷一〇一《太祖实录辨证一》，《钱牧斋全集》第3册，第2106页。

日,当以《实录》为正"。[1] 另如明玉珍攻陷嘉定,《元史·顺帝纪》称时间是辛丑(顺帝至正二十一年,1361)五月,而《明实录》本传载在戊戌岁(顺帝至正十八年,1358),相差四年;明玉珍称陇蜀王,在庚子岁(至正二十年,1360),而《元史》记于壬寅(至正二十二年,1362)五月;称帝改元在壬寅岁,而《元史》记于癸卯正月(至正二十三年,1363);攻陷云南,在癸卯十二月,而《元史》记于壬寅之三月。对于《元史》与《明实录》的歧异,钱谦益认为"《元史》修于洪武元、二陇蜀未入职方之时,而《实录》则平夏之后本其《载记》而存之也。断以《实录》为正"。[2] 钱谦益在此以逻辑和常理来进行史实推断,称得上是考证与诠释的结合。这样的论证,并不鲜见。如汤和击败张士诚麾下杨山水军一战,战争的时间、战果与汤和获胜后升迁的职位,汤和《碑》、本传与《实录》的记载矛盾不一。《碑》与本传称时间是癸卯(顺帝至正二十三年,1363),战果为汤和逐张士诚大将莫将军,获甲首五百级,拜官中书左丞;而《实录》记载的时间是甲辰(至正二十四年,1364)三月,战果为擒刘文学等四十九人,缴风船六艘,升平章政事。二者的分歧,无法断定。钱谦益就进一步根据洪武元年《兼太子谕德诰》中的记载,"出迎敌阵,夺姑苏之卒千艘;保障东郊,靖阳羡之区十载。任于左辖,升以辨章",提出"辨章之升,以杨山之胜明矣",而《碑》、本传提出甲辰年,"会开平(笔者注:常遇春死后被追封开平王)救长兴,超迁辨章"。实际上,常遇春救长兴是在辛丑(至正二十一年,1361)十一月;甲辰(至正二十四,1364)年常遇春征武昌,下庐州即会宁河讨江西。因此,"长兴之役,岂有分身在行间,和与会师合战耶?"时间上难以衔接,逻辑也难以讲得通。钱谦益的结论是"断以《实录》所载,会长兴侯夹击为正,而中山辨章之命,亦当在杨山之役,不在长兴。一从《实录》,而碑与本传削之可也"。[3] 此外,钱谦益还认为:"国史多忌讳,皆没而不书。然亦往往有可考见。"[4]"国史虽多微词,亦不尽没其

---

[1] 钱谦益:《牧斋初学集》卷一〇一《太祖实录辨证一》,《钱牧斋全集》第3册,第2099页。

[2] 钱谦益:《牧斋初学集》卷一〇二《太祖实录辨证二》,《钱牧斋全集》第3册,第2113页。

[3] 钱谦益:《牧斋初学集》卷一〇二《太祖实录辨证二》,《钱牧斋全集》第3册,第2118页。

[4] 钱谦益:《牧斋初学集》卷一〇一《太祖实录辨证一》,《钱牧斋全集》第3册,第2102页。

实。参互之可以考见。"[1]国史问题虽多,仍有一定的参考价值。

因此,虽然《太祖实录》存在很多问题,尤其是"以昭代之人作昭代之史,忌讳弘多,是非错互"[2];"革除以后,再经刊削,忌讳弘多,鲠避错互",但毕竟其是明初最为重要的史料,钱谦益撰写《功臣事略》等书,仍然是"先之以国史,证之以谱谍,参之以别录",[3]这种主次分明的态度,是值得肯定的。

"家史",主要有家传、行状、碑铭等,钱谦益对这类史料的基本态度是不予轻信。如他曾说:"开国元勋之碑,出自御笔,传诸瑰琰,非他金石之文所可伦儗,而犹或未免于传疑。"[4]御笔的碑铭都不可尽信,何况其他? 如镏三吾《宋国公追封三代碑》"最多讹缪,未可枚举"。[5]另如方孝孺撰东瓯(汤和死后追封东瓯王)《神道碑》,记洪武元年五月,汤和师攻克延平事为"师至延平,主帅陈友定怙险横甚,令其副出城降,观望持两端。王虏之以归,东南海上晏然"。以为投降者为其下属,而《实录》称陈友定见形势危急,饮药自尽,其下属赖正孙等投降。陈友定寻死未成,被解押至京师,不屈而被斩。钱谦益认为"碑乃云令其副出降,观望持两端,诬矣。赖正孙之降,在友定仰药之后,安得谓友定使之?《实录》、汤和本传,削去此数语,亦以其非信史也"。[6]另如杨文敏所撰的郭英《神道碑》中对郭英射死陈友谅的说法含糊其辞:"友谅中流矢死,有言公之功者,上问之。公曰:'天威神算,臣何有焉?'上益重之。"而此碑"据其家传次第之",但家传最初也不过为疑似之词。嘉靖十六年,郭英的后裔郭勋竟然据此记载,仿《三国演义》《水浒传》作《国朝英烈传》,将生擒张士诚、射死陈友谅之功,均归入郭英名下,试图让郭英配祀太庙。钱谦益提出质疑:"英既

---

[1] 钱谦益:《牧斋初学集》卷一〇二《太祖实录辨证二》,《钱牧斋全集》第3册,第2113页。

[2] 钱谦益:《牧斋初学集》卷二八《少司空晋江何公国史名山藏序》,《钱牧斋全集》第2册,第849页。

[3] 钱谦益:《牧斋初学集》卷二八《皇明开国功臣事略序》,《钱牧斋全集》第3册,第844页。

[4] 钱谦益:《牧斋初学集》卷一〇一《太祖实录辨证一》,《钱牧斋全集》第3册,第2106页。

[5] 钱谦益:《牧斋初学集》卷一〇一《太祖实录辨证一》,《钱牧斋全集》第3册,第2102页。

[6] 钱谦益:《牧斋初学集》卷一〇二《太祖实录辨证二》,《钱牧斋全集》第3册,第2119页。

有此大勋,圣祖又亲问之,乃三年论功,不得封侯,而待十七年平云南之役,有是理耶?"他进一步依据其他记载,如镏三吾所撰《陕国公(郭兴死后的封号)神道碑》及俞本《记事录》,二书都是记载陈友谅中流矢而死,特别俞本"以骑士从征,其记录最确",因此"益知文敏丰碑之文,出于傅会,不足信也"。[1]另有胡大海死后,甲辰(至正二十四年,1364)被追封为越国公,方孝孺替其撰写庙碑,以龙凤纪年,钱谦益据此判断"盖甲辰岁太祖为吴王时作也"。但是也有"皇帝手秉黄钺,屯兵和阳"之辞,可见是"洪武改元,革除龙凤之后,史家追改之,断非旧文,无可疑者"。钱氏藏有旧版方孝孺的《逊志斋文集》,关于这一段文字,"楮墨模糊,剖劂之痕迹宛然,二百年来改窜之遗迹,犹可想见"。[2]可见碑文也可随意篡改,可信度大打折扣。

但碑铭仍有其不可忽视的价值。如同是东瓯《神道碑》,虽有不可信之处,也仍有可以纠正《实录》错误的地方。如乙未(至正十五年,1355)七月的太平城下之战,《实录》云:"上遣徐达、邓愈、汤和引兵出姑孰东迎战,后命别将绕出其后。"宁河(笔者注:邓愈死后被追封宁河王)《神道碑》云:"上亲督兵御之,调王与魏国(笔者注:徐达洪武初被封魏国公)以奇兵出其后。"东瓯《神道碑》云:"王击其水军,中山(笔者注:徐达死后被追封中山王)、宁河二王由东门转战城北,破其步军,遂擒埜先以献。"宁河《神道碑》与东瓯《神道碑》的记载比较接近,钱谦益由此认为"以二碑参考之,则从上督兵御之者,东瓯也;以奇兵绕出其后者,中山,宁河也。《实录》所载殊脱略,当以二碑正之"。[3]另如癸卯(至正二十三年,1363)四月,陈友谅攻洪都。元帅牛海龙、万户程国胜等皆战死。关于这场战争,《实录》与朱善《安定侯神道碑》的记载大致相同。但《实录》中说韩成等先战死,张定边才攻击御舟;而《安定侯神道碑》中说张定边进攻御舟,韩成等奋力阻挡,御舟脱险后,韩成等人因援绝而死。钱谦益认为"《碑》所

---

[1] 钱谦益:《牧斋初学集》卷一〇二《太祖实录辨证二》,《钱牧斋全集》第3册,第2117页。
[2] 钱谦益:《牧斋初学集》卷一〇二《太祖实录辨证二》,《钱牧斋全集》第3册,第2119页。
[3] 钱谦益:《牧斋初学集》卷一〇一《太祖实录辨证一》,《钱牧斋全集》第3册,第2103页。

记比《实录》为核"。[1]

"野史",从钱谦益所征引的史料来源看,主要是指私家记载,以定远黄金、海盐郑晓、太仓王世贞三大学者所作的史书为代表,钱氏于各家私史中征引次数最多的就是这三人的著作。对于三大名家的史书,钱谦益多有纠谬,他自诩对"近代专门名家,如海盐、太仓者,亦既能拾遗纠缪,而指陈其得失矣"。[2]

钱谦益对撰写《开国功臣录》的黄金,批评甚多。该书中称李善长在元朝末年隐居东山,思佐明主以安天下;实际上是李善长自己主动去滁州投奔朱元璋,并非"隐居高尚者";而且明太祖对其一向呼之为"吏",而黄金竟然"讳胥吏之名,标隐遁之目",钱谦益说"俗儒肤陋,往往如此,宜痛削之"。[3] 另如顺帝至正二十二年,即龙凤八年,朱元璋驻扎金陵,曹良臣携所部归附。《庚午诏书》中曾说:"持兵负固于两间,可观望而不观望,乃来归者,良臣居其次。"对此,黄金《开国功臣录》中以为曹良臣是在朱元璋与小明王间摇摆不定,钱谦益反驳道:"太祖方以龙凤记年,开国承制,安得自命两主,如黄金所云耶?"小明王在汴梁被围后逃至安丰,"其势日蹙,依吾太祖以仅免耳,岂有方张之势,可与金陵称两大者,而嘉其择主自拔耶?"当时,张士诚已降元,龙凤九年即与察汗围困安丰,"良臣聚兵立堡,不走张氏而走金陵,此所谓持兵两间,可观望而不观望者也"。所以,钱谦益说黄金"俗儒不达时务,误解诏书,不足采也"。[4]

郑晓"谙悉掌故,博洽多闻,兼资文武,所在著效,亦不愧名臣云"。[5] 钱谦益对其较为尊重,称其为"通儒"[6],但对其书中的问题同样多所指摘,涉及的郑晓著作有《名臣记》《异姓诸侯传》《今言》《大事记》等,尤以《异姓诸侯传》被引用与批评次数最多。钱谦益认为郑晓史书中存在如下问题:

---

[1] 钱谦益:《牧斋初学集》卷一〇二《太祖实录辨证二》,《钱牧斋全集》第3册,第2114页。

[2] 钱谦益:《牧斋有学集》卷三九《答吴江吴赤溟书》,《钱牧斋全集》第5册,第1368页。

[3] 钱谦益:《牧斋初学集》卷一〇一《太祖实录辨证一》,《钱牧斋全集》第3册,第2101页。

[4] 钱谦益:《牧斋初学集》卷一〇二《太祖实录辨证二》,《钱牧斋全集》第3册,第2112页。

[5] 张廷玉:《明史》卷一九九《郑晓传·赞》,第5274页。

[6] 钱谦益:《牧斋初学集》卷一〇一《太祖实录辨证一》,《钱牧斋全集》第3册,第2101页。

(1) 附会、误解。如庚子(至正二十年,1360)六月,陈友谅攻陷太平后,谋取应天,康茂才奉朱元璋之命诈降,约为内应,诱陈友谅轻进。郑晓《异姓诸侯传》中竟载有康茂才与陈友谅的书信。钱谦益以为"当时仓卒致书,战后于敌舟卧席下得之,安得雕刻书尺,流传人间?此郑氏傅会之陋也,今削去"。[1] 另如宜春侯黄彬的结局,郑晓《异姓诸侯传》云:"练兵临清,后坐胡党,上念其未尝失朝廷礼,宥之,数年卒。"实际上,考庚午诏书及《奸党录》,可知在洪武二十三年其被胡惟庸案牵连而死。郑晓未见庚午诏书全文,误以黄彬卷入洪武十三年的胡案,因而附会明太祖赦免了他。"不知彬等党事,皆发于二十三年,诏书所谓朝廷于礼无欠者,谓朝廷待彬未尝失礼,岂谓彬未尝失朝廷礼哉?郑氏之误解,近于郢书燕说,而大书特书,标于史传,疑误后人,岂非大缪哉!"[2]

(2) 史料选择不够审慎。如《名臣记》中记载朱元璋与李善长谈论天下事,李善长称朱元璋豁达大度,类汉高祖,统一天下指日可待。朱元璋因此问李善长:"'卿可方萧何,徐达可方韩信,谁可方张良者?'善长称金华宋濂。上曰:'孤所闻青田有刘基。'"钱谦益指出当时朱元璋名位在诸将之后,不可能称孤,以汉高祖君臣自命;而且戊戌(至正十八年,1358)岁攻克金华后,才召见宋濂,庚子(至正二十年,1360)岁才有人推荐刘基,甲午(至正十四年,1354)岁未必有人知道此二人的存在。社会上流传的小说《英烈传》,称太祖三顾徐达,徐达谈经世大略,仿佛如韩侯、葛生,颇遭有识之士的嗤笑。钱谦益认为郑晓正是取材于此,不禁批评道:"不谓郑氏通儒,亦剽取俗说如此。"[3] 另如洪武二十六年(1393)凉国公蓝玉谋反事,《异姓诸侯传》云:"蓝玉反,狱上,集群臣廷议。玉强辩,转展扳染不肯服。詹徽叱玉吐实,无徒株连人。玉大呼曰:'徽即吾党。'遂并执徽。"钱谦益参照《逆臣录》中詹徽与史敬德的供词:"近日上位好生疑我,必是连我也拿下","二月初九日,詹尚书对敬德说:'凉国公见拿在卫,你可

---

[1] 钱谦益:《牧斋初学集》卷一〇二《太祖实录辨证二》,《钱牧斋全集》第 3 册,第 2110 页。

[2] 钱谦益:《牧斋初学集》卷一〇三《太祖实录辨证三》,《钱牧斋全集》第 3 册,第 2126 页。

[3] 钱谦益:《牧斋初学集》卷一〇一《太祖实录辨证一》,《钱牧斋全集》第 3 册,第 2101 页。

打听,如招我,便来报我知道'",认为"郑晓所记,盖出稗史,近于戏矣"。[1]

王世贞史书中的问题主要有二:一是凿空杜撰。如其所撰《冯胜传》,竟捏造史实,称冯胜、冯国用兄弟俱授万户,俱进大元帅,冯国用不久还被提拔为亲兵都指挥。钱谦益批评其"以己意杜撰傅合,何所据依?失之远矣"。[2]永城侯薛显在洪武十三年坐胡党狱,庚午诏书及《实录》本传中都有记载,而王世贞《功臣表》竟然称其迟至洪武二十六年追论蓝党才国除,钱谦益惊奇道:"世贞以熟习典故自负,往往无所援据,凿空杜撰,謦謦后世,以为无从驳正,而姑妄为之说也,岂不异哉!"[3]二是因袭黄金《开国功臣录》中的错误。

延安侯唐胜宗、吉安侯陆仲亨、平凉侯费聚、南雄侯赵庸被杀的时间,王世贞《高帝功臣表》袭用黄金《开国功臣录》中洪武二十六年的说法,实际上《实录》自二十三年五月后,延安四侯皆不见记载,钱谦益由此推断四人于当年五月被诛。"世贞曾见国史,多所援据,而于延安诸侯,悉因黄金旧文,不可晓也。"[4]

国史、家史、野史都有其不足,钱谦益就进一步结合原始档案,如庚午诏书、《昭示奸党》三录、《逆臣录》《公侯铁券式》《功臣铁券式》等文献相互参证,互相弥补,尽量恢复历史的原貌,即"国史多忌讳,皆没而不书。然亦往往有可考见。以太史公《秦楚月表》之意求之,不没其实可也"。[5]但是,钱谦益仍然时有"纪载阙如,无从援据"[6]"史家阙如,无可征考,吾不得而知之矣"[7]的

---

[1] 钱谦益:《牧斋初学集》卷一〇五《太祖实录辨证五》,《钱牧斋全集》第3册,第2150页。

[2] 钱谦益:《牧斋初学集》卷一〇一《太祖实录辨证一》,《钱牧斋全集》第3册,第2103页。

[3] 钱谦益:《牧斋初学集》卷一〇三《太祖实录辨证三》,《钱牧斋全集》第3册,第2125页。

[4] 钱谦益:《牧斋初学集》卷一〇五《太祖实录辨证五》,《钱牧斋全集》第3册,第2149页。

[5] 钱谦益:《牧斋初学集》卷一〇一《太祖实录辨证一》,《钱牧斋全集》第3册,第2102页。

[6] 钱谦益:《牧斋初学集》卷一〇一《太祖实录辨证一》,《钱牧斋全集》第3册,第2100页。

[7] 钱谦益:《牧斋初学集》卷一〇五《太祖实录辨证五》,《钱牧斋全集》第3册,第2145页。

烦恼。

钱谦益晚年自称其《太祖实录辨证》乃"初稿未成之书,阙误弘多",而且在刊印后仍然多有增损刊正,"与初稿顿异",[1]只是后来也毁于火灾,甚为可惜。此外,早期的考证类文章还有《鸡鸣山功臣庙考》《致身录考》《书致身录考后》,钱氏自称"少有关于国故。则菲之采,或亦大君子所不遗也"。[2]《鸡鸣山功臣庙考》是钱谦益对王世贞考证工作的补充,钱氏称"王氏之考核矣,而未及详也",纠正了王世贞鸡鸣山功臣庙中虚位塑像的观点。文中也是广泛参证不同史料,如《太祖实录》《一统志》《会典》、洪武《图志》、王景《黔宁王神道碑》等,指出"同是祀典,同是《国史》,而前后舛错如此。此所谓以子之矛,陷子之楯者也"。关于二十一位功臣享祀的时间与具体位次,钱谦益不敢轻易下结论,因为"《实录》《会典》,彼此错互,已不可考正。《一统志》之所载,未知何所援据,又岂可遽信哉?"[3]《致身录考》与《书考致身录后》,是钱谦益辨析建文帝出亡始末的两部伪书《致身录》与《从亡日记》,他认为二书之间有密切的联系,因为"作《致身录》者,涉猎革除野史,借从亡脱险之程济,傅合时事,伪造彬与济往还之迹,以欺天下。而又伪造济此书,若将疏通证明之者,此其本怀也"。《致身录》刚流传于世,就有一位已氏提出程济也有私记,记载建文君出亡始末,不久《从亡日记》即出现,钱谦益以为"济之从亡,仅见于野史,其曾有私记,出何典故?夫已氏何从而前知之?此二书者,不先不后,若期会而出,汲冢之古文,不闻发冢,江左之异书,谁秘帐中?《日记》出而《致身录》之伪愈不可掩矣。甚矣作伪者之愚而可笑也"。建文帝的史事,因《实录》缺乏记载,野史真伪错出,不可辨证,钱谦益希望"后之君子,有志于史事者,信以传信,疑以传疑,无好奇窜异而遗误万世之信史,则可也"。[4]

钱谦益晚年,主要是针砭当时伪史横行的学术现状,指出国史、家史、野史都无一例外地作伪:

---

[1] 钱谦益:《牧斋有学集》卷三八《与吴江潘力田书》,《钱牧斋全集》第6册,第1319页。
[2] 钱谦益:《与李映碧论史书》,《牧斋有学集文集补遗》,《钱牧斋全集》第7册,第492页。
[3] 钱谦益:《牧斋初学集》卷二二《鸡鸣山功臣庙考》,《钱牧斋全集》第2册,第755页。
[4] 钱谦益:《牧斋初学集》卷二二《书致身录考后》,《钱牧斋全集》第2册,第760页。

自丝纶之簿，左右史之记，起居召对之籍，化为煨烬，学士大夫各以己意为记注，凭几之言可以增损，造膝之语可以窜易，死君亡父，瞒天谰人，而国史伪。自史馆之实录，太常之谥议，琬琰献征之记载，委诸草莽，世臣子弟各以私家为掌故，执简之辞不必登汗青，裂麻之奏不必闻朝著，飞头借面，欺生诬死，而家史伪。自贞元之朝士，天宝之父老，桑海之遗民，一一皆沉沦窜伏，委巷道路各以胸臆为信史，于是国故乱于朱紫，俗语流为丹青，循蟋蚌以寻声，佣水母以寄目，党枯仇朽，杂出于市朝，求金索米，公行其剽劫。才华之士，不自贵重，高文大篇，可以数缣邀取，鸿名伟伐，可以一醉博易，而野史伪。[1]

他由此总结道："近世著书，多目学耳食之流，蹎驳杂出，是其通病。"[2]"史学之失，未有如今日者也。"[3]尤其是明末的史书，尤以野史最为盛行，但多不可信，"彼援据者，即一时私家撰录，起居召对之文，阴推阳附，巧借山斗巨公以张皇耳目。竖儒小生，不能通晓国家大计与大臣元老建置兴复之本谋，以目借目，以耳食耳，目萧兰为同心，混薰莸于一器"。[4]

他以为原因在于无人有意识地搜集朝堂资料，缺乏较为权威的记载，自然伪史盛行："昔者刘子骏就上林令虞渊，得群臣所上草木二千余种，为邻人求借遗弃，深以为恨。今朝家十七年掌故，非如上林草木之琐屑也，而世之就上林令访问，忆列其遗弃如子骏者，罕有闻焉。伪史安得不公行，而野史安得不滋误乎？"[5]他提出史家应严格要求自己，"窃谓士君子凡有撰述，当为千秋万古计，不当为一时计；当为海内万口万目计，不当为一人计"，[6]不可不慎重。

---

[1] 钱谦益：《牧斋有学集》卷一四《启祯野乘序》，《钱牧斋全集》第 5 册，第 686 页。
[2] 钱谦益：《牧斋有学集》卷四九《书广宋遗民录后》，《钱牧斋全集》第 6 册，第 1607 页。
[3] 钱谦益：《牧斋有学集》卷一四《玉剑尊闻序》，《钱牧斋全集》第 5 册，第 688 页。
[4] 钱谦益：《牧斋有学集》卷三八《与吉水李文孙书》，《钱牧斋全集》第 6 册，第 1330 页。
[5] 钱谦益：《牧斋有学集》卷一四《内阁小识序》，《钱牧斋全集》第 5 册，第 694 页。
[6] 钱谦益：《牧斋有学集》卷三九《复吴江潘力田书》，《钱牧斋全集》第 6 册，第 1350 页。

第三节 "经经而纬史"——钱谦益的经史观

钱谦益的经学研究起步较晚,早年对经学类书籍仅因科举考试需要而有粗略涉猎,兴趣与精力基本集中在仿效前后七子的古文,直至从万历三十五年(1607)接触归有光弟子,才逐渐转而从事古学;真正有所系统地阐发经学见解,则迟至天启二年(1622)之后。而他对史学的重视,则早在万历三十八年(1610)就已有了较为深入的思考,对经学与史学二者关系的认识,则迟至崇祯年间。

大约崇祯六年(1633),钱谦益提出读书方法应当遵循如下顺序:

> 先经而后史,先史而后子集。其读经,先笺疏而后辨论;读史,先证据而后发明;读子,则谓唐以后无子,当取说家之有裨经史者以补子之不足;读集,则删定秦、汉以后古文为五编,尤用意于唐、宋诸家碑志,援据史传,摭采小说,以参核其事之同异,文之纯驳。

他认为这种方式的读书"最为有法",[1]是对嘉、隆以来俗学之弊的纠偏。崇祯九年(1636),他从针砭俗学的角度继续鼓吹以上读书法:

> 读书之法无他,要以考信古人,针砭俗学而已。《进学解》,韩退之所读之书也。《答韦中立书》,柳子厚所读之书也。古之学者,自童丱之始,《十三经》之文,画以岁月,期于默记。又推之于迁、固、范晔之书,基本既立,而后遍观历代之史,参于秦汉以来之子书,古今撰定之集录,犹舟之有柂,而后可以涉川也,犹称之有衡,而后可以辨物也。[2]
>
> 余闻古之学者,九经以为经,三史以为纬。降而游于艺,则秦、汉以

---

[1] 钱谦益:《牧斋初学集》卷五四《王淑士墓志铭》,《钱牧斋全集》第2册,第1352页。
[2] 钱谦益:《牧斋初学集》卷四三《颐志堂记》,《钱牧斋全集》第2册,第1115页。

下,迄于唐、宋诸家,其规矩绳墨也。[1]

经为根本,史则其次,子、集居后,只有严格遵循这种顺序求学,才犹舟之有舵,称之有衡,不会迷失方向。而明代后期的学者,则完全失去方向,或沉迷于理学,或忙碌于应举,或汩没于近代之汉文唐诗,"茫然不知经经纬史之学,何处下手"。因此,钱谦益提出"俗学之敝,莫甚于今日",他以为表现如下:一是古书大量遭到点定、删减,失去本来面貌,"须溪之点定,卓吾之删割,使人偏耳瞥目,不见古书之大全"。[2]"须溪"为宋末元初刘辰翁(1232—1297),其评点著作甚多,明人汇刻《刘须溪批评九种》,包括《班马异同评》三十五卷、《老子》《庄子》《列子》上下卷、《世说新语》三卷等。刘辰翁的评点突出主体意识,往往采用"断章取义"的阐释原则与批评方法,使诗文评点表现出较大的主观随意性。[3]他的诗文评点在明代颇有影响,尤其是《世说新语》评点开明清小说评点之先风,对李贽等人的评点产生很大的影响。二是霸儒"诋呵圣贤,击排经传,俨然以通经学古自命。学者如中风狂走,靡然而从之"。[4]钱谦益指出明代"诋呵圣贤,击排经传"的代表人物有孙矿与钟惺。

> 评骘之滋多也,论议之繁兴也,自近代始也。而尤莫甚于越之孙氏,楚之钟氏。孙之评《书》也,于《大禹谟》则讥其渐排矣;其评《诗》也,于《车攻》则讥其选徒嚻嚻,背于有闻无声矣。尼父之删述,彼将操金椎以谷之。又何怪乎孟坚之史、昭明之《选》,诋呵如蒙僮而挥斥如徒隶乎?[5]

"越之孙氏"即孙矿,其评点《史记》《汉书》《韩非子》《荀子》《公羊传》《左传》《诗经》《书》《礼记》等,盛行一时,"诃《虞书》为俳偶,摘《雅》《颂》为重复,非

---

[1] 钱谦益:《牧斋初学集》卷二九《葛端调编次诸家文集序》,《钱牧斋全集》第2册,第872页。
[2] 钱谦益:《牧斋初学集》卷四三《颐志堂记》,《钱牧斋全集》第2册,第1116页。
[3] 蔡镇楚:《中国文学批评史》,北京:中华书局,2005年,第215页。
[4] 钱谦益:《牧斋初学集》卷四三《颐志堂记》,《钱牧斋全集》第2册,第1116页。
[5] 钱谦益:《牧斋初学集》卷二九《葛端调编次诸家文集序》,《钱牧斋全集》第2册,第872页。

第一章　钱谦益的经史之学

圣无法,则余姚孙氏矿为之魁"。[1]"楚之钟氏"即钟惺,其评点的著作也颇多,经学类有《诗归》《钟评左传》,《钟评左传》由毛晋汲古阁刊印,崇祯年间行世,甚为流行。钱谦益读后称其"不详句读","学问粗浅":[2]

> 钟之评《左传》也,它不具论,以克段一传言之,公入而赋,姜出而赋,句也,大隧之中凡四言,其所赋之诗也。钟误以大隧之中为句断,而以融融泄泄两句为叙事之语,遂抹之曰:俗笔。句读之不析,文理之不通,而俨然丹黄甲乙,衡加于经传,不已慎乎?[3]

后来《四库全书总目》也称钟惺"至于诂经,则非其所长也"。[4]

在孙氏、钟氏之学"方鼓舞一世"的情况下,钱谦益起而振臂呼喊,激烈批评二人自命通经学古,败坏学术人心,为祸不浅:"嗟乎!胥天下而不通经不学古,病虽剧,犹可以药石攻也。胥天下而自命通经学故,如今人之为,其病为狂易丧心,和、扁望而却走矣。"[5]不析句读,不通文理,竟然妄评经传,"是之谓非圣无法,是之谓侮圣人之言。而世方奉为金科玉条,递相师述。学术日颓,而人心日坏,其祸有不可胜言者,是可视为细故乎?"[6]钱谦益所提出的"经经而纬史",正是试图纠正这种不良的学风:"经经而纬史,繇韩、柳所读之书以进于古人,俾后之学者,涉焉而以为舵,称焉而以为衡。"[7]"世之君子,得吾言而存之,九经三史之学,未坠于地,吾犹有望焉。"[8]

崇祯十六年(1643),钱谦益从医国论的角度谈论经史关系:

---

[1] 钱谦益:《牧斋有学集》卷一七《赖古堂文选序》,《钱牧斋全集》第 5 册,第 768 页。
[2] 钱谦益:《牧斋初学集》卷八三《读左传随笔》,《钱牧斋全集》第 3 册,第 1747 页。
[3] 钱谦益:《牧斋初学集》卷二九《葛端调编次诸家文集序》,《钱牧斋全集》第 5 册,第 872 页。
[4] 永瑢:《四库全书总目》卷三〇《钟评〈左传〉》,第 250 页。
[5] 钱谦益:《牧斋初学集》卷四三《颐志堂记》,《钱牧斋全集》第 5 册,第 1116 页。
[6] 钱谦益:《牧斋初学集》卷二九《葛端调编次诸家文集序》,《钱牧斋全集》第 2 册,第 872~873 页。
[7] 钱谦益:《牧斋初学集》卷四三《颐志堂记》,《钱牧斋全集》第 2 册,第 1115 页。
[8] 钱谦益:《牧斋初学集》卷二九《葛端调编次诸家文集序》,《钱牧斋全集》第 2 册,第 873 页。

  相天下者犹医师也，上医医国，以康济一世为能事，而自顾一身，阴淫蛊惑，狂易丧志，我躬之不阅，而何以理天下？六经、《语》《孟》之书，犹医经之《灵枢》《本草》也；史传之所纪载是非失得淑慝善败，犹秦越人之《难经》、和叔之《脉经》、忠州之《集验方》也。有一病，必有一方。人之新病日增，而古方固已犁然具备，在善取之而已矣。[1]

  他提出"相天下"者应借助经史之学来辅佐君王治理天下，因为六经犹如中医的《灵枢》《本草》，属于经典理论，具有指导意义；史书则犹如《难经》《脉经》《集验方》等治疗具体病症的验方，可以解决具体问题，二者缺一不可。顺治十三年（1656），钱谦益弟子毛晋汲古阁新刻的十七史完成，相比此前刊印的十三经，时间上晚了十七年。对于"汲古之刻，先经而后史"做法的原因，钱谦益解释如下：

  经犹权也，史则衡之有轻重也。经犹度也，史则尺之有长短也。古者《六经》之学，专门名家，各守师说。圣贤之微言大义，纲举目张，肌劈理解，权衡尺度，凿凿乎指定于胸中，然后出而从事于史，三才之高下，百世之往复，分齐其轻重长短，取裁于吾之权度，累黍秒忽，罄无不宜，而后可以明体达用，为通天地人之大儒。

  他提出经与史的关系犹如秤锤与秤杆、尺度与长短，这与他所比喻的经如《灵枢》《本草》，史如《难经》《脉经》《集验方》等一样，都说明了经作为根本的地位不可动摇，只有对圣贤的微言大义烂熟于心中，然后才可从事史学，但仍需"取裁于吾之权度"，即以经学作为衡量的标准，如此才可以做到明体达用，成为通天地人的大儒。经虽然是根本，史居次要，但史仍然具有十分重要的地位，其包罗万象，涵盖丰富，对于治国安民、兴亡治乱有特殊的价值：

  史者，天地之渊府，运数之勾股，君臣之元龟，内外之疆索，道理之窟

---

[1] 钱谦益：《牧斋初学集》卷四〇《昨非庵日纂三集序》，《钱牧斋全集》第 2 册，第 1073 页。

宅,智谋之伏藏,人才之薮泽,文章之苑囿。以神州函夏为棋局,史其为谱。以兴亡治乱为药病,史其为方。

因此,经史二者关系密切,不可分离:

> 有人曰:我知轻重,我明长短。问之以权度,茫如也,此无目而诤目,不通经而学史之过也。有人曰:我知权,我知度。问之以轻重长短,亦茫如也,此执籥而为日,不通史而执经之过也。经不通史,史不通经,误用其偏诐蒐琐之学术,足以杀天下,是以古人慎之。经经纬史,州次部居。如农有畔,如布有幅,此治世之菽粟,亦救世之药石也。[1]

钱谦益认为只通经不通史,或只通史不通经,都会导致学术的偏颇与畸形发展,最后危害的还是国家社会,因此只有坚持"经经纬史"的治学方向,才有利于治世与救世。钱谦益对经史联系的认识,与明后期以来尊经重史的观念一脉相承,有利于推动明清之际经史学的进一步发展。

---

[1] 钱谦益:《牧斋有学集》卷一四《汲古阁毛氏新刻十七史序》,《钱牧斋全集》第5册,第679~682页。

第二章　黄宗羲的经史之学

黄宗羲(1610—1695)著述甚富,有 111 种,1300 多卷,但多有散佚,尚存者 54 种,1170 卷,属于其本人撰著的有 44 种。[1] 其学术研究以经史之学为主,从整体上看,由经而史,发而为文,将经、史、文融贯在一起,突出以史学为中心,形成独特的学风。

第一节　黄宗羲的经学

黄宗羲的经学没有得到世人的充分重视,成就被其理学与史学所掩盖。他曾总结五经研究中一些尚未解决的问题,并要求士当穷经:

> 《五经》之学,以余之固陋,所见传、注,《诗》《书》《春秋》皆数十家,三《礼》颇少,《仪礼》《周礼》十余家,《礼记》自卫湜以外亦十余家,《周易》百余家,可谓多矣!其闻而未见者尚千家有余。如是则后儒于经学可无容复议矣,然《诗》之《小序》,《书》之今、古文,《三传》之义例,至今尚无定说。《易》以象数、谶纬晦之于后汉;至王弼而稍霁,又以老氏之浮诞,魏伯阳、陈抟之卦气晦之;至伊川而欲明,又复以康节之图书、先后天晦之。《礼经》之大者,为郊社、禘祫、丧服、宗法、官制,言人人殊,莫知适从。士生千

---

[1] 吴光:《梨洲遗著总数考》,《黄宗羲全集》第 12 册,第 264～265 页。

载之下,不能会众以合一,山谷而之川,川以达于海,犹可谓之穷经乎?[1]

《诗》的小序、《尚书》的今古文之争、《春秋》三传的义例、《易》学中的象数、谶纬问题、礼经中的郊社、禘祫、丧服、宗法、官制,都悬而未决,是治经学者所当重点攻克的课题。黄宗羲的经学研究,正是主要围绕以上部分内容展开的。清初的遗民经学中,"《礼》学与《易》学尤称'显学'"。[2]这两大显学,在黄宗羲的经学中都占有十分重要的地位。因此,本书选取黄宗羲重点关注的《易》学、《礼》学与《春秋》学进行讨论。

一、《易》学

黄宗羲的《易》学专著有《易学象数论》,相关言论还散见于其文集中,将二者综合起来,才能窥其《易》学思想的全貌。

1.象数与义理

历代学者对《周易》的研究,或专注于象数,或偏重于义理,在发展过程中逐渐分流,汇聚成两大派别。黄宗羲在其早年(1663)的《易学象数论》中,曾从批判象数学流弊的角度总结了易学史上象数、义理两派的形成及得失。

> 《汉书·儒林传》:"孔子六传至菑川田何,《易》道大兴。"吾不知田何之说何如也。降而焦、京,世应、飞伏、动爻、互体、五行、纳甲之变无不具者。吾读李鼎祚《易解》,一时诸儒之说,芜秽康庄,使观象玩占之理,尽入于淫瞽方技之流,可不悲夫!有魏王辅嗣,出而注《易》,得意忘象,得象忘旨;日时岁月,五气相推,悉皆摈落,多所不关,庶几潦水尽而寒潭清矣,顾论者谓其以《老》《庄》解《易》,试读其注,简当而无浮义,何曾笼落元旨。故能远历于唐,发为《正义》,其廓清之功不可泯也。然而魏伯阳之《参同契》,陈希夷之《图》《书》,远有端绪,世之好奇者,卑王注之淡薄,未尝不以别传私之。逮伊川作《易传》,收其昆仑旁薄者,散之于六十四卦中,理到

---

[1] 黄宗羲:《万充宗墓志铭》,《黄宗羲全集》(增订本)第10册,浙江:浙江古籍出版社,2005年,第416~417页。

[2] 赵园:《明清之际士大夫研究》,北京:北京大学出版社,1999年,第431页。

语精,《易》道于是而大定矣。其时,康节上接种放、穆修、李之才之传而创为《河图》先天之说,是亦不过一家之学耳。晦庵作《本义》,加之于开卷,读《易》者从之。后世颁之学官,初犹兼《易传》并行,久而止行《本义》,于是经生学士信以为羲、文、周、孔其道不同。所谓象数者,又语焉而不详,将夫子之"韦编三绝"者,须求之卖酱箍桶之徒,而《易》学之榛芜,盖仍如京、焦之时矣![1]

据《汉书·儒林传》,田何传授《周易》于王同、周王孙、丁宽、服生,四人各著《易》传数篇。后来王同与丁宽又各有弟子,王同传授杨何,杨何又传授京房,京房传梁丘贺,贺传其子梁丘临、临传王骏。丁宽原从田何学《易》,与周王孙同门,后又从周王孙学古义,号周氏传,将《周易》传给田王孙,田王孙传给施雠、孟喜以及先学于京房的梁丘贺,在西汉称为施孟梁丘之学。其中孟喜的《易》学杂有阴阳灾异之说。除孟喜外,由丁宽与王同所传的门徒,讲授《易》学皆本于田何。另有京房,从焦延寿学《易》,对《周易》象数多有发明,言纳甲、八宫、世应、飞伏、五星四气等。而且能够运用象数理论进行占验。据其弟子说:"房言灾异,未尝不中。"[2]京房在汉元帝时屡言灾异,皆能应验,因而得幸。京房之《易》传给殷嘉、姚平、乘弘等人,由是有京氏之学。施孟梁丘与京氏四家皆列于学官。

此外,尚有未立于学官的费直与高相两家。费直治《易》长于卦筮,无章句;高相治《易》,亦无章句,专说阴阳灾异。东汉时期只盛行费直一家。据《隋书·经籍志》记载:东汉陈元、郑众、马融、郑玄、荀爽,以及魏代王肃、王弼,皆传费氏《易》,自是费氏大兴,其他各家渐衰。后世能够了解两汉《易》学,主要依靠唐代李鼎祚《周易集解》一书。该书采集孟喜、京房、马融、荀爽、郑玄、虞翻、陆绩、干宝、王肃等四十二家[3]之说而成书,郑学以及其他各家汉学得以保存梗概。黄宗羲也是阅读该书才了解两汉的象数《易》学,他称读李鼎祚《周易集解》,发觉诸儒"使观象玩占之理,尽入于淫瞽方技之流",对于两汉《易》学

---

[1] 黄宗羲:《易学象数论·自序》,《黄宗羲全集》第9册,第1~2页。
[2] 班固:《汉书》卷七十五《京房传》,第3164页。
[3] 金生杨:《论李鼎祚及其〈周易集解〉》,《巴蜀文化研究》第1期。

偏向象数一途颇为感叹。

此后,三国魏王弼《易》学虽说出于费直,但其《易》注摒弃汉儒以互体、卦变、五行等方法解释《周易》的象数学思维模式,强烈批评了汉儒"存象忘意",扫除象数,独宗义理,倡导"得意忘象",创建了《易》学的义理学派。黄宗羲对其大加褒扬,称其注摈弃象数之说,犹如"潦水尽而寒潭清矣"。即使存在以《老》《庄》解《易》的不足,也不能泯灭其功绩:"简当而无浮义,何曾笼落元旨","廓清之功不可泯也"。唐代孔颖达依王弼注作疏,撰《周易正义》,舍弃两汉象数《易》学,得到官方的支持,一时义理《易》学独揽天下,研究象数《易》学者寥寥无几。虽有李鼎祚的《周易集解》出现,但在当时影响十分有限。

陈抟在象数《易》学式微的情况下,从道家入手,参证《易》学,发明图说,彰显象数,一改象数学原有的烦琐、乏味的注经方式,使象数《易》学绝处逢生,再度向前发展。此外,尚有东汉魏伯阳的《周易参同契》,因唐代炼丹术盛行,因此地位日高,进入宋代更被称为"万古丹经王""丹法之祖"。该书主要采取了汉代象数《易》学中的纳甲说、卦气说、十二消息说,用以说明内外丹之鼎器、药物、火候、变化即成丹过程、阴阳变易原理。二人的学说在宋代有较大影响,黄宗羲认为属于"世之好奇者,卑王注之淡薄,未尝不以别传私之"。此外,与程颐同里巷居多年的邵雍,则在继承种放、穆修、李之才的基础上,著《皇极经世》,讲先天象数学,以先天学来源于先天图,为心法,认为"心为太极"万化万事生于心,把宇宙万物的生成过程归结为象数的演化过程。黄宗羲对其评价不高:"不过一家之学耳"。

后来程颐作《周易程氏传》(又称《伊川易传》),对王弼《易》学加以扬弃,既吸取其以义理解《易》的观点,又批评其以老庄思想说《易》的倾向,力图清除老庄道家及道教对易学的影响,从而把《易》学的发展纳入以儒学义理解《易》的轨道。[1]黄宗羲十分欣赏该书,称其"理到语精,《易》道于是而大定矣"。朱熹作《周易本义》,表面是调和程颐义理派《易》学与邵雍象数派《易》学的矛盾,实质上是从后者的角度出发批判前者,因为他认为卜筮之书才是《周易》的本来面目。

象数与义理两种不同的治学风格与由此形成的流派,在《易》学发展史上

---

[1] 蔡方鹿:《程颐易学的特点及其在中国易学史上的地位》,《周易研究》1994年第1期。

曾经历互绌,黄宗羲的倾向是肯定义理派《易》学,提倡扫除象数学的末流,从而"反求之程《传》"。他对程颐《易传》的推崇在当时并不缺乏同调,如顾炎武便称《易》说数十家,未见有过于程传者,"以其说理为最精也"。[1] 后世经学家皮锡瑞也十分欣赏黄宗羲的主张:"黄氏此说,但取王弼注与程传之说理者,而尤推重程传,汉之焦、京,宋之陈、邵,皆所不取,说甚平允。"[2] 不过,黄宗羲对朱熹《周易本义》的认识有偏颇之处。他不仅批评该书对于象数"语焉而不详",造成"《易》学之榛芜,盖仍如京、焦之时矣",还说:

> 《河图》《洛书》,欧阳子言其"怪妄之尤甚者",且与汉儒异趣,不特不见于经,亦是不见于传;先天之方位,明与"出震""齐巽"之文相背,而晦翁反致疑于经文之卦位,生十六,生三十二,卦不成卦,爻不成爻,一切非经文所有。顾可谓之不穿凿乎?晦翁曰:"谈《易》者譬之烛笼,添得一条骨子,则障了一路光明,若能尽去其障,使之统体光明,岂不更好。"斯言是也!奈何添入康节之学,使之统体皆障乎?
>
> 世儒过视象数,以为绝学,故为所欺。余一一疏通之,知其于《易》本了无干涉,而后反求之《程传》,或亦廓清之一端也。[3]

《河图》《洛书》、先天方位等都不见于经传,实乃穿凿附会之说;他批评朱熹"添入康节之学,使之(《易》学)统体皆障",其撰写《易学象数论》的目的就是要疏通历代象数论,"知其于《易》本了无干涉,而后反求之《程传》",以廓清迷雾。可见,黄宗羲此时对象数持完全排斥的态度。实际上,朱熹从经文本义出发,主张以象数求《易》理,并集理、占、象数为一体,在克服程颐义理《易》学与邵雍象数《易》学之不足的基础上,对双方都有吸取和发展,最终是为阐发义理作论证。他将《周易》的原理高度哲理化,发展了宋代《易》学,在中国《易》学史上占有重要的地位。[4] 黄宗羲显然没有意识到朱熹《易》学的这一价值。

---

[1] 皮锡瑞:《经学通论》一《易经》,北京:中华书局,1954年,第27页。
[2] 皮锡瑞:《经学通论》一《易经》,第32页。
[3] 黄宗羲:《易学象数论·自序》,《黄宗羲全集》第9册,第2页。
[4] 蔡方鹿:《朱熹对宋代易学的发展——兼论朱熹、程颐易学思想之异同》,《周易研究》2001年第4期。

三十年后，在《画川先生〈易俟〉序》(1693年)一文中，黄宗羲表达了他对象数与义理新的看法：

> 五经传注，唯《易》为最多。然自秦、汉以来，分为二途，有义理之学，有象数之学。主变占而不言义理，田何九师之徒是也；尚玄虚而不言象数，王辅嗣、韩康伯之流是也。唐、宋以后，或言理，或言象数。象数则搀入老氏之图书，非复田，何之象数矣；理则本之天地万物，非复玄虚之理矣：互相出入，义理与象数终不能归一。

他提出了将义理与象数会归于一的思想。他认为二者与人事的关系是"象数之变迁为经，人事之从违为纬，义理即在其中"。[1]诚然，此说并非新创，在其之前有欧阳修、王应麟等表达过类似看法，[2]但仍然具有积极意义。因为《周易》是以象数的形式，展示丰富的义理内容，离开卦象讲义理，义理就成为无源之水，无本之末了。象数与义理的结合，才是治《易》的正确方法。黄宗羲不再盲目反对象数，他还依据六十四卦象逐一阐述了自己的理解。他批驳的只是如纳甲、动爻、卦变、先天等伪象，及在治《易》过程中详分象、略总象的不当方法。当然，黄宗羲虽主张将象数与义理统一，但侧重点仍在于后者，即因象明义，借数明理："古人借数以明理，违理之数，将焉用之？"[3]

2.对象数学末流的批判

《四库全书总目》卷一《易类》总序称："《易》道广大，无所不包，旁及天文、地理、乐律、兵法、韵学、算术，以逮方外之炉火，皆可援《易》以为说。"黄宗羲也表达了类似的看法，但角度不同："夫《易》者，范围天地之书也。广大无所不备，故九流百家之学皆可窜入焉。自九流百家借之以行其说，而于《易》之本意反晦矣。"[4]九流百家之学援《易》为说，渐渐掩盖了《易》的本来面目。因此，逐一批驳与《易》毫无干涉的神秘术数，廓清《易》学之榛芜，恢复其原貌，正是黄宗羲作《易学象数论》的动机。

---

[1] 黄宗羲：《画川先生〈易俟〉序》，《黄宗羲全集》第10册，第102页。
[2] 张善文：《象数与义理》，沈阳：辽宁教育出版社，1993年，第311～312页。
[3] 黄宗羲：《答忍庵宗兄书》，《黄宗羲全集》第10册，第227页。
[4] 黄宗羲：《易学象数论·自序》，《黄宗羲全集》第9册，第1页。

《易学象数论》共六卷,"论其倚附于《易》似是而非者,析其离合,为《内编》三卷;论其显背于《易》而自拟为《易》者,决其底蕴,为《外编》三卷"。[1] 前三卷都是论"象",后三卷都是讲"数"。书中颇多律历、图表的内容,受学识所限,本文只选取部分重要内容,如河图洛书、先天图、《皇极经世书》作探讨,希冀能反映其精华。

河图洛书在先秦古籍中有零星记载,存在较大的想象空间,后世好事者便任意编造。邵雍称河图、洛书为先天《易》,是黑白点子组成的数字方阵,认为其体现了天地自然之理,故称先天。伏羲受到启示而画出了八卦,这被朱熹纳入其《周易本义》,列于卷首,并称其为《易》学纲领,开卷第一义。黄宗羲以原始的儒家经典作为武器,指出先天方位与圣经不合,公开责问朱熹的理论"一切非经文所有。顾可谓之不穿凿乎?"[2] 他还批评有人因河图、洛书在经书中有记载,便曲意逢迎,不加辨析,"徒见《图》《书》之说载在圣经,虽明知其穿凿傅会,终不敢犯古今之不韪而黜其非"。更有甚者,张栻、魏了翁、宋濂等人还对河图、洛书做出种种解说,"皆碍经文而为之变说也"。黄宗羲认为欲明河图、洛书的真正含义,"亦唯求之经文而已"。如他以《易》本身证明"天垂象,见吉凶,圣人象之",即为"仰观于天","河出《图》,洛出《书》,圣人则之",即为俯察于地。因此,《图》指"山川险易,南北高深",《书》指"风土刚柔,户口扼塞",[3] 河、洛是居天下之中,凡是四方所献的图书,都以河、洛命名。这种观点实发端于薛季宣,[4] 黄宗羲自认为有新的突破。他称其"平生心得,为先儒所未发者"的内容之一,便是对河图洛书的认识:"《河图》《洛书》,先儒多有辨其非者,余以为即今之图经地理志也。其言河、洛者,周公定鼎于洛,四方之人户盛衰,道里之厄塞险易,诸侯贡于天王,故谓之《河图》《洛书》。"在当时这种

---

[1] 汪瑞龄:《易学象数论序》,《黄宗羲全集》第9册附录,第278~279页。
[2] 黄宗羲:《易学象数论·自序》,《黄宗羲全集》第9册,第2页。
[3] 黄宗羲:《易学象数论》卷一《图书一》,《黄宗羲全集》第9册,第3~4页。
[4] 黄宗羲在《易学象数论》卷一《图书一》中说:"某之为此言者,发端于永嘉薛士隆(薛季宣字士隆)。士隆曰:'《河图》之数四十有五,乾元用九之数也;《洛书》之数五十有五,大衍五十之数也。究其终始之数,九实尸之。故地有九州,天有九野,《传》称河、洛皆九曲,岂取数于是乎!'士隆既不安后儒之说,超然远览,而又胶滞于数,始信众言之难破也。"

见解已招致非议,"见者訾为郛书燕说,一二知己劝余藏其狂言,以俟后之君子。"[1]唯独万斯选予以支持。尽管如此,黄宗羲并不为所动。事实上,黄宗羲一方面认为河洛乃上古时代的地图和地志,不承认与《周易》有关,但他又承认圣人因河图洛书而作《易》,[2]可见,有些自我矛盾,不能自圆其说。黄宗羲还追本溯源地批判了宋人的附会之论:在唐代以前都是以八卦为《河图》《洪范》本文为《洛书》,虽为不经之谈,但尚未将它们与天地之数、九宫之数勉强扭合到一起,因此宋人的河图说失去了依据。至于朱熹、刘牧在《河图》《洛书》之数观点上的分歧,虽有优劣之分,但在《周易》中找不到根据则是一致的。

先后天图与河图洛书、太极图是宋《易》象数学的主要表现形式。先天图指以伏羲作《易》八卦、六十四卦之始;后天图指文王演《易》于八卦、六十四卦既创之后,即流传于世的《周易》。黄宗羲揭露道:"夫先后天之说,出于道家。邵子缘之入《易》,《易》之先天而天勿违,后天而奉天时。以人事言之,未尝分伏羲为先天,文王为后天。"[3]可见,他反对邵雍援道入《易》,牵强附会。他对邵雍先天图的批驳,集中于其《先天横图》的次序与先天方位。

邵雍的《先天横图》依据"《易》有太极,是生两仪,两仪生四象,四象生八卦",认为伏羲时只有三画,故称"先天",加倍计算,由八生十六,生三十二,生六十四,补伏羲之阙,称"后天"。黄宗羲依据经文,认为:

> 太极、两仪、四象、八卦,因全体而见。盖细推八卦(原注:即六十四卦)之中,皆有两仪、四象之理,而两仪、四象初不画于卦之外也。其言"生"者,即"生生谓《易》"之"生",非次第而生之谓。[4]
>
> 言太极也,统三百八十四爻之阴阳,即为两仪;统六十四卦之纯阳纯阴,阳卦多阴,阴卦多阳,即为四象;四象之分布,即为八卦;故两仪、四象、八卦,生则俱生,无有次第。

黄宗羲认为"夫《先后天图说》,固康节一家之学也,朱子置之别传,亦无不

---

[1] 黄宗羲:《万公择墓志铭》,《黄宗羲全集》第10册,第517、518页。
[2] 朱伯崑:《易学哲学史》第4卷,北京:昆仑出版社,2005年,第264页。
[3] 黄宗羲:《再答忍庵宗兄书》,《黄宗羲全集》第10册,第228页。
[4] 黄宗羲:《易学象数论》卷一《先天图一》,《黄宗羲全集》第9册,第18页。

可"。黄绾称先天诸图为伏羲手笔,黄氏责其"无乃以草窃者为正统乎?"[1]

黄宗羲对邵雍的辩驳,自称完全依据经文,"质之经文而无疑者也",指责邵雍"明背经文",表明信经而不信传的态度。他还十分郑重地申辩其师刘宗周治《易》,"唯恐其不合于先圣,故信经而不信传",只有邵雍之《易》学,"皆《易》中所无,方可谓之另出头地也"。[2] 邵雍认为先天方位图是:乾南、坤北、离东、坎西、震东北、兑东南、巽西南、艮西北。顺天而行,是左旋,为已生之卦;逆天而行,是右行,为未生之卦,由此推演六十四卦的方位。黄宗羲认为八卦方位,见于"帝出乎震",指责邵雍"舍其明明可据者,而于未尝言方位者重出之,以为《先天》,是谓非所据而据焉"。[3] 刘宗周称其为"死法",[4] 黄宗羲并无异议。至于邵雍以《先天图》为基础创立的天根月窟,"以八卦言者,指坤、震二卦之间为天根,以其为一阳所生之处也;指乾、巽二卦之间为月窟,以其为一阴所生之处也"。黄宗羲揭露其不过是道家的性命双修之学,与《周易》无关。[5]

邵雍的《皇极经世书》囊括尧至后周显德末年治乱兴亡的历史,用卦象推算古往今来治乱盛衰的演变。黄宗羲认为"皇极包罗甚富,百家之学无不可资以为用,而其要领在推数之无穷",[6] 但他指出邵雍的毛病正在于"反为数学所掩"。[7] 首先,邵雍的元、会、运、世(一元十二会,一会三十运,一运十二世,一世三十年)之说"多有可疑"。按邵雍的算法,实不过是十二与三十"反覆相承而已",必然得不出整齐划一的结果,"其奇零岂可抹杀乎?"因此邵雍企图总括古今历学尽归于《易》,实为枉然:"奈《易》之于历本不相通,硬相牵合,所以其说愈烦,其法愈巧,终成一部鹘突历书而不可用也。"[8]"《皇极经世》,成得一部兀突历书,不可施行,宜乎程子所不欲学也。"[9] 黄宗羲否认《周易》与历

---

[1] 黄宗羲:《明儒学案》卷十三《尚书黄久庵先生绾》,《黄宗羲全集》第7册,第319页。
[2] 黄宗羲:《答忍庵宗兄书》,《黄宗羲全集》第10册,第227页。
[3] 黄宗羲:《易学象数论》卷一《先天图一》,《黄宗羲全集》第9册,第19页。
[4] 黄宗羲:《答忍庵宗兄书》,《黄宗羲全集》第10册,第227页。
[5] 黄宗羲:《易学象数论》卷一《天根月窟》,《黄宗羲全集》第9册,第20~21页。
[6] 黄宗羲:《易学象数论》卷五《皇极五》,《黄宗羲全集》第9册,第180页。
[7] 黄宗羲:《宋元学案》卷十《百源学案下》,《黄宗羲全集》第3册,第576页。
[8] 黄宗羲:《易学象数论》卷五《皇极一》,《黄宗羲全集》第9册,第173页。
[9] 黄宗羲:《再答忍庵宗兄书》,《黄宗羲全集》第10册,第228页。

法有必然的联系,"可谓发前人之所未发"。[1] 黄宗羲还考定了皇极起运、卦气、蓍法、致用等"或脱或讹,遂至无条可理"的内容,自称"为之理其头绪,抉其根柢"。[2] 不厌其烦地考订其脱讹,理顺其头绪。

黄宗羲对河图洛书及《皇极经世书》等宋《易》象数学的代表,都进行了猛烈批判,但其锋芒所及,远不止此,他实际上对历代象数学的代表性学说做了一次较为系统的清算。他对汉代象数《易》学的重要内容如卦气、卦变、占筮等都有辩难,对历代《易》象数学的重要著作,如扬雄的《太玄经》《乾坤凿度》《元包》《潜虚》《洞极》逐一进行了批驳与订正。黄宗羲对图书和先天之学的批评,立足于尊重《周易》经传文句的本意,注重考证史实,对明后期的空疏学风有所矫正,但他只看到图书先天之学有悖于经传本义,不肯承认其在理论思维方面的成果。

二、《礼》学

黄宗羲的《礼》学研究十分丰富,大致包括以下内容:

1. 概论

黄宗羲说:"《六经》皆载道之书,而《礼》其节目也。当时举一礼必有一仪,要皆官司所传,历世所行,人人得而知之,非圣人所独行者。大而类禋巡狩,皆为实治;小而进退揖让,皆为实行也。"[3] 黄宗羲认为"道"是天地正常运转、人类纲纪发挥作用的根本,礼作为"道"的体现方式之一,其产生与制订正是为了安上治民,上则约束君王的治国模式,以礼为治;下则规范民众的行为方式,以礼化俗。黄宗羲曾粗略谈及其对礼起源的认识:"民非水火不生活。饮食之事,与生俱生,养生送死,郊天祭地,皆取办于饮食。《礼运》曰:'夫礼之初,始诸饮食'。"[4] 百姓的生活需要是礼产生的现实基础:"当其事亲从兄之际,自有条理,委曲见之行事之实,于是而始有礼之名。"[5] "吾心之化裁,其曲折处谓之礼,其妥帖处谓之义,原无成迹。今以为理在事物,依仿成迹而为之,便是

---

[1] 朱伯崑:《易学哲学史》第4卷,第241页。
[2] 黄宗羲:《宋元学案》卷十《百源学案下》,《黄宗羲全集》第3册,第577页。
[3] 黄宗羲:《〈学礼质疑〉序》,《黄宗羲全集》第10册,第24页。
[4] 黄宗羲:《孟子师说》卷六"人之于身"章,《黄宗羲全集》第1册,第142页。
[5] 黄宗羲:《孟子师说》卷四"仁之实"章,《黄宗羲全集》第1册,第101页。

非礼之礼,非义之义。"[1]黄宗羲认为礼在人际关系中自然产生,是个人的自觉意识与自然行为,如果模仿现成的模式,就丧失了礼的本来面目,是"非礼之礼"。

黄宗羲的《礼》学观念呈现出十分浓厚的心学色彩,他说"夫礼以义起,从吾心之安不安者权衡而出之"。[2]他强调行礼应重视"心"之安否、"心"之化裁,随时变通,不可过分拘泥。与王阳明的《礼》学对照,可知黄宗羲明显受其影响。王阳明说:

> 天下古今之人,其情一而已矣。先王制礼,皆因人情而为之节文,是以行之万世而皆准。其或反之吾心而有所未安者,非其传记之讹缺,则必古今风气习俗之异宜者矣。此虽先王未之有,亦可以义起,三王之所以不相袭礼也。若徒拘泥于古,不得于心而冥行焉,是乃非礼之礼,行不著而习不察者矣。

刘宗周对此批注道:"一部礼经皆如此看。"[3]黄宗羲特意保留老师的这一评语,可见并无异议,而这与上文的思想倾向是基本一致的。

古今风俗不同,礼也应因时制宜,因而三王之礼不相沿袭。按说礼的发展应随时代的发展变化愈来愈精良,但黄宗羲认为事实并非如此。

> 人徒见宫室棺椁舆服俎豆之制,吉凶相见馈食之礼,殷之时备于夏,周之时备于殷,遂以为自忠而入质,自质而入文,由人之喜恶而然也。人诚喜文而恶质与忠,则宫室棺椁舆服俎豆之制宜日趋于烦,吉凶相见馈食之礼宜有加而无已,何以皮弁废为巾帻,鼎彝废为陶瓬,易车以乘马,易赞为门状?

> 古者天子之棺四重,诸公三重,诸侯再重,大夫一重,士不重。今天子之棺不重,则是古者士之制矣。古者设折俎,荐脯醢,酒清肴干,宾主百

---

[1] 黄宗羲:《孟子师说》卷四"非礼之礼"章,《黄宗羲全集》第1册,第106页。
[2] 黄宗羲:《孟子师说》卷六"任人有问"章,《黄宗羲全集》第1册,第144页。
[3] 黄宗羲:《明儒学案》卷十《姚江学案·语录》,《黄宗羲全集》第7册,第216页。

拜，而后脱屦升堂乃羞。今宾至而羞，则是古者燕饮之事矣。古者设奠于奥，迎尸于前，谓之阴厌；尸谡之后，改馔于西北隅，谓之阳厌；殇则不备。今无尸而厌，则是古者祭殇之礼也。唐有孙昌胤者独行冠礼，明日造朝至外廷，荐笏言于卿士曰："某子冠毕。"京兆尹郑叔则怫然曳笏却立曰："何预我耶？"廷中皆大笑。岂惟冠礼乎哉？凡礼之存于今者，皆苟然而已。[1]

黄宗羲对礼制演变的趋势感到不满，认为越到后世，礼应该越细致复杂，但事实是越来越简化，越来越因循苟且。这一看法有失偏颇，因为礼是因人而设，自然应该适应人们的需要，随时变革，而不可一味求烦求杂。

黄宗羲不仅认为礼制本身越来越因循苟且，而且秦汉以后的《礼》学也愈来愈失圣人宗旨：

> 战国、秦、汉以来，相寻于干戈智术之中，佥以为（礼）不急而去之，数百年之耆旧既尽，后生耳目不接久矣。汉儒煨烬之余，掇拾成编，错陈午割，得此失彼，又何怪其然乎？郑康成最号通博，而不知帝王大意，随文附会，辄形笺传。有宋儒者继起，欲以精微之理，该其粗末。三代之弥文缛典，皆以为有司之事矣。朱子亦常（笔者按：应为尝）修《仪礼经传》，不过章句是正，于其异同淆乱，固未弹驳而使之归于一也。[2]

三代以后，原来有助于"实治""实行"的礼，被视为不急之事而遭到废弃。先秦时期的学术到秦汉之际已是后继乏人，汉代儒生从秦焚书的劫余中掇拾残编，自然难以恢复全貌。东汉经学家郑玄治经主张博洽，会通今古文，遍注《五经》，深受时人称颂，但黄宗羲对其也不满意，指出其在注解礼经时未能完全领会先王本意，而有附会之嫌。朱熹的《礼》学颇有成就，但也未解决先前存在的异同淆乱等问题。

2.《深衣考》

---

[1] 黄宗羲：《留书·文质》，《黄宗羲全集》第11册，第2～3页。
[2] 黄宗羲：《〈学礼质疑〉序》，《黄宗羲全集》第10册，第24～25页。

《礼记·深衣》曰:"古者深衣,盖有制度,以应规矩,绳权衡。"深衣,郑玄作注:"名曰深衣者,谓连衣裳而纯之以采者。"孔颖达疏曰:"所以称此深衣者,以余服则上衣下裳不相连,此深衣衣裳相连,被体深邃,故谓之深衣。"[1]深衣的特点是上衣和下裳相连,衣襟右掩,下摆不开衩,将衣襟接长,向后拥掩,垂及踝部。因其前后深长,故称深衣。这种样式对后代的服饰产生极大的影响。

黄宗羲的《深衣考》分三个部分:深衣形制、深衣经解与诸家图说。

深衣形制主要讲了深衣具体制作的长短、尺寸大小,并批驳了前人的某些相关见解。深衣经解附录《礼记·深衣》的经文,并逐句进行注解,还总结了经文的内容,分深衣的尺度、法象、优点等。诸家图说列举了朱熹、吴澄、朱右、黄润玉、王廷相等五家的深衣图说,并逐一批其谬误。黄宗羲指出朱熹的图说,"有因孔氏而失之者,有不因孔氏而失之者"。如曲裾因袭了孔颖达的见解,造成错解钩边。朱熹所提出的"衣二幅","不裁破袷下",是沿用孔颖达疏"袂二尺二寸,肘尺二寸,是容运肘"的解释,忽视了《礼记·深衣》经文中有"袼之高下,可以运肘"的说法。孔颖达的一些正确见解,朱熹反而没有采纳。黄润玉所提出的深衣样式,正是"今世所常服之衣也"。其虽源于深衣,但日趋简便,致使衣裳下分,合并而裁其腰下的四周部位,另设裾衽,因上下宽窄相同,难以举步,又不得不适当加宽下部的尺寸。这已与深衣古制相去甚远。黄宗羲还驳斥了王廷相的深衣论:其一是《续衽钩边论》,大略本自朱右。黄宗羲对朱右的深衣论评价较高:"深衣之制,至宋儒而始复之,至朱氏而始正之",但在两个方面仍不够完善:一是深衣的厚薄不均,不宜穿着,二是尺寸大小与规格不相符合。朱右深衣论的缺陷之一,正是以贴边为续衽,而王廷相却对此没有觉察,仍予以采纳。王廷相的深衣论,第二是《要缝半下论》,认为腰之半于下者,是从纵向而言,非横向。而《礼记·玉藻》中说"深衣三袪",黄宗羲认为王廷相违背了经文,"此七尺二寸者,亦可以纵言乎?是背经文矣"。[2] 第三论是《裳削幅论》,称裳幅辟积(折叠)而不交解。黄宗羲指出这实际上难以行得通。因为裳与衣不相连才可辟积(折叠),如衣裳相连,一个辟积,一个不辟积(折叠),

---

[1] 郑玄注,孔颖达疏:《礼记正义》卷五十八,《十三经注疏》,第1664页。
[2] 黄宗羲:《深衣考》,《黄宗羲全集》第1册,第167~187页。

那么其相连属的地方，必然龃龉不合。王廷相竟然还说每幅三辟积（折叠），衣五幅，余裳七幅，多寡不相符，勉强为之，岂可通行？

早在华夏童年时代，先民就以衣冠匡正自己，"黄帝尧舜垂衣裳而天下治，盖取诸乾坤"。[1]"垂衣裳"而教化世人，衣冠整而礼仪齐，从蛮洪荒原一步步走入郁郁人文的世界；"取诸乾坤"，先民对天地的理解行之于衣冠，人为天地所化育，衣冠亦取法于天地，这是华夏衣冠数千年的演变要义。"冕服采章曰华，大国曰夏。"[2]"中国有礼仪之大，故称夏；有服章之美，谓之华。"[3]对华夏的解释或有不同，然而礼仪之大和服章之美，与华夏民族的特性密不可分，它们构成了汉民族的基本特点，使中国古来就有"衣冠之国""礼仪之邦"的美誉。从周秦汉魏到隋唐宋明，汉服款式虽蔚为大观，基本结构却万变不离其宗，衣冠服制的一脉相承正是华夏文明绵延不绝的明证。自汉朝开始把深衣作为礼服，一直延续到明朝，入清后才被迫中断。因此，结合明清之际的社会变革，我们才能够透过字面，看到《深衣考》深层的意义。清推行不同于中原的衣冠发型制度，尤其剃发令的强制执行，给汉族士大夫带来了强烈的冲击。"当此之际'古衣冠'也提供了拒绝'时式'的一种选择。"黄宗羲的《深衣考》"所关怀也应在儒家文化的保存"。[4]《四库全书总目提要》对《深衣考》批评甚多，称"（黄氏）其说大抵排斥前人，务生新义"。具体如"深衣之裳十二幅，前后各六，自汉唐诸儒沿为定说。宗羲忽改创四幅之图，殊为臆撰"。另如对"衽""续衽""袂圆以应规"的解释等，都一一予以批驳，并表示"宗羲经学淹贯，著述多有可传。而此书则变乱旧诂，多所乖谬"。[5]《深衣考》字里行间找不出与现实关联的字眼，而且文风以考证为主，四库纂修官对此书的挑剔与指责，多少令人有些惊讶。

如果我们承认黄宗羲借此著述保存儒家的礼仪文明，那么与王夫之相比，黄宗羲的态度应该算是极为平和的。王夫之关于衣冠的相关论述如下：

---

[1] 王弼、韩康伯注，孔颖达等正义：《周易正义》卷八《系辞下》，《十三经注疏》，第86页。
[2] 王弼、韩康伯注，孔颖达等正义：《尚书正义》卷十一《武成》，《十三经注疏》，第185页。
[3] 杜预注，孔颖达等正义：《春秋左传正义》卷五十六，定公十年，《十三经注疏》，第2148页。
[4] 赵园：《明清之际士大夫研究》，第314页。
[5] 永瑢：《四库全书总目》卷二十一《礼类三·深衣考》，第172～173页。

> 世降礼坏,夷狄之习日移,而三代之法服几无可传焉。有王者起,修明章服以为典礼之本。亦尚于此考而知之,非小补也。《易》曰:"黄帝、尧、舜垂衣裳而天下治,盖取诸乾坤。"衣裳之义,系于三极之道,亦甚重矣。人之所以为人而别于禽兽者,上下之等,君臣之分,男女之嫌,君子野人之辨,章服焉而已矣;否则,君臣混处,男女杂秽,而君子之治野人也,抑无以建威而生其恭,故曰:"天尊地卑,乾坤定矣;方以类聚,物以群分,吉凶生矣;在天成象,在地成形,变化见矣。"衣裳者,乾坤之法象,人道之纪纲。寒而毛,暑而裸,于人亦便安矣,而君子甚恶其便安者,唯其裂法象而乾坤且以毁也。习于禽狄,便而安焉,乃以疑先王之法服繁重侈博,寒不足温而暑不足清,则人道之仅存者渐灭濒尽,而不亦悲乎![1]

> 夫一衣之制,又非朝祭之盛服,疑若琐细而不足纪,乃其以饰威仪而应法象者,其用如此之大,不得而稍逾越也。故《易》曰:"〔黄帝、尧、舜〕垂衣裳而天下治,〔盖〕取诸乾坤",是天之经,地之义,人之所以异于禽,中国之所以异于夷狄,君子之所以异于野人,而养其气体,使椎鄙淫冶驵戾之气潜移默化而不自知,诚人道之切要也。自晋以后,五胡入中夏,袴带袍靴于朝祭之服,唐宋之主,因陋涂饰而无能涤正。而深衣一制独赖此篇之存,故司马、程、张诸大儒得以祖述而制之为服,至于朱子,详考郑氏古注之文,折衷至当,复古而为之式,俾学者得以躬被先王之法服,是知此篇之得不佚亡者,诚学者之大幸也。[2]

王夫之将深衣作为"人之所以异于禽,中国之所以异于夷狄,君子之所以异于野人"的重要标志,在清朝廷舍弃中原汉服的背景下,显然是极为大胆甚至可能由此引来杀头之祸的言论。因避世隐居,其著述并未流传于当世,这与黄宗羲的著述四处传播有很大的不同,大概正是不同的著述环境,造就了二者在同一个问题上态度的差别。

3.凶礼

---

[1] 王夫之:《礼记章句》卷十三《玉藻》,《船山全书》第4册,长沙:岳麓书社,2011年,第723页。

[2] 王夫之:《礼记章句》卷三十九《深衣》,《船山全书》第4册,第1437~1438页。

在中国古代五礼中,丧葬为凶礼,最初因其寄寓慎终追远之意而备受重视,自唐代之后遭到冷遇。清初,伴随三礼学的兴起,凶礼再次引起重视,"清初,丧礼之废被学人作为《礼》学之荒的突出例证。……其时儒者着眼于丧葬之为'礼'的恢复,与其所推进的'宗法重建'正在同一方向上;而对于丧葬之为'制度'的思考,又以三礼之学的复兴为动力:学术趣味正在其中"。[1] "遗民《礼》学中尤具实践品性的,是'凶礼'之学。"[2]

在清初凶礼之学的恢复与建构中,黄宗羲有不可忽视的成就。关于凶礼,他撰有《答万季野丧礼杂问》《再答万季野丧礼杂问》《葬制或问》《梨洲末命》与《读〈葬书问对〉》的专文,另有《黄氏丧服制》,可惜已佚,在其他诗文中也有一些相关阐述。

黄宗羲对凶礼的重视基于以下认识:

> 圣人制礼,于凶礼特详,以送死之为大事也。荀子曰:"厚其生而薄其死,是敬其有知而慢其无知也,是奸人之道而倍叛之心也。君子以倍叛之心接臧穀,犹且羞之,而况以事其所隆亲乎!故死之为道也,一而不可得再复也。臣之所以致重其君,子之所以致重其亲,于是尽矣。"人子之事亲,承欢膝下,事更无大于此者,顾不即以当大事许之,至于送死之时,则养生自此而尽,人子之大事始毕,始可谓之当大事。[3]

因人死不可复活,所以生者对于过世的君亲的礼敬尊重,就寄托在丧礼的举办上,丝毫不可马虎。

黄宗羲对凶礼的研究,大致可分以下个部分:其一,理论阐述,以祭礼为主。万斯同向黄宗羲咨询的丧礼问题主要涉及卒哭、祔礼与禫礼等,黄宗羲给予了相应的解答。

卒哭,是指百日祭后,停止无时之哭为朝夕一哭,属于节哀之祭。元代敖继认为卒哭就是"三虞之祭",万斯同表示赞同:"《仪礼》言'三虞卒哭',盖于三

---

[1] 赵园:《明清之际士大夫研究》,第346页。
[2] 赵园:《明清之际士大夫研究》,第431页。
[3] 黄宗羲:《孟子师说》卷四"养生"章,《黄宗羲全集》第1册,第109页。

虞之日即卒无时之哭,故谓三虞为卒哭,非别有祭。"黄宗羲持不同看法,认为敖氏之说是错误的。他指出将三虞与卒哭混同,并不始于敖继,乃先儒之旧说。郑玄最早辨明卒哭与虞礼(葬后拜祭)的不同。《礼记·杂记》曰:"士三月而葬,是月也卒哭;大夫三月而葬,五月而卒哭;诸侯五月而葬,七月而卒哭。"[1]黄宗羲认为此即二者不同的证据。《礼记·杂记》还说:"上大夫之虞也少牢(祭祀燕享单用羊与猪),卒哭成事,附(祔礼)皆大牢(祭祀燕享并用猪、牛、羊);下大夫之虞也犆牲(牲畜祭祀),卒哭成事,附皆少牢(祭祀燕享单用羊与猪)。"[2]黄宗羲认为这是"卒哭之祭重于虞祭之证"。《礼记·檀弓》也说:"葬日虞,弗忍一日离也。是月也,以虞易奠。卒哭曰成事,是日也,以吉祭易丧祭,明日祔于祖父",[3]与《礼记·杂记》相合,因此,黄宗羲认为郑玄的见解更有根据。

祔,郑玄注为"既祔,主复返于寝",后代学者多因袭之,朱熹尤其力主其说。但陈祥道、吴澄不同意,认为"无复返寝之理"。万斯同倾向于支持后者,就此向黄宗羲咨询。黄宗羲解答如下:在安葬拜祭以后,将"重"(暂代神主牌者)安放在祖庙的门外,从而成为新主(新的牌位)。按照昭穆的辈分排列,在皇祖庙中合祭新亡者与祖先。庙中原有的各主位置不变,此时只祭拜皇祖与新主。此后的小祥(死后一周年的祭礼)、大祥(死后二周年的祭礼)及禫祭(丧家除服的祭礼),都在祖庙中祭祀新死者,皇祖则在排除之列。[4] 简单地说,祔礼,是指止哭的次日,奉死者的神主祭于祖庙,谓之祔祭。祭祀完毕后,仍奉神主还家,至大祥后,才迁入庙中。黄宗羲的解答是合理的,因为三年之丧尚未结束,新死者还没有自己的庙可居,只能附在与自己昭穆之班相同的祖庙受祭,所以称为"祔祭"。[5]

禫,儒家一般都认为是祭祀,方以智提出是除丧服。黄宗羲根据《礼记·丧服小记》如下的记载:"期而祭,礼也。期而除服,道也。祭不为除丧也",认

---

[1] 郑玄注,孔颖达等疏:《礼记正义》卷四十三《杂记》,《十三经注疏》,第1566页。笔者按:黄宗羲引用该段文字,有些出入:"士三月而葬,是月而卒哭;大夫三月而葬,五月而卒哭;诸侯五月而葬,九月而卒哭。"

[2] 郑玄注,孔颖达等疏:《礼记正义》卷四十二《杂记》,《十三经注疏》,第1562页。

[3] 郑玄注,孔颖达等疏:《礼记正义》卷九《檀弓》,《十三经注疏》,第1302页。

[4] 黄宗羲:《答万季野丧礼杂问》,《黄宗羲全集》第10册,第198~199页。

[5] 彭林:《中国古代礼仪文明》,北京:中华书局,2004年,第246页。

为祭而除丧,在举行练(小祥为周年之祭,孝子的哀痛又有所减少,开始用练冠,即到功布加灰练之而成的布做的冠,代替原来的衰冠)礼时已是如此,不需要另立名目。古礼从祥至吉,衣服更换达六次:

> 祥祭朝服缟冠,一也;祥讫素缟麻衣,二也;禫祭玄冠黄裳,三也;禫讫朝服缫冠,四也;逾月吉祭,玄冠朝服,五也;既祭玄端而居,六也。不比今人从丧至吉一服而已,除则竟除,无渐次也。

方以智忽视古今礼制的差异与变化,以当今的礼制解释古礼,实为迂阔之论。黄宗羲认为禫祭是在亲人故世,举办完丧事后,生者的哀悼之情仍未完全淡忘而采取的一种祭祀方式,而不是除丧。"人之哀乐,原非截然。丧既毕而余哀未忘,有禫祭以表之,此居丧之余也。若谓禫是除丧之名,则祥祭已除丧矣,何以复曰'中目而禫'哉?中月而禫,自是与相间隔一月,此二十七月也。"[1] "祥祭已除丧",是指练冠的性质介于凶服与丧服之间,标志着丧服由凶转吉的变化。他对"中月而禫"的解释,显然沿用了郑玄注的观点:"中,犹间也。禫,祭名也。与大祥间一月。自丧至此凡二十七月。"[2]

黄宗羲以上关于凶礼的见解,都只是解答万斯同的相关问题,并不能反映其礼学研究的全貌。万斯同对其解答十分重视,据阎若璩说:"季野称其师余姚黄氏经学为致(至)精,示余《答万季野丧礼杂问》。"[3]

其二,实践活动,体现为黄宗羲对自己身后事的安排。

他要求亲人在自己过世的次日早晨,用棕棚抬遗体到墓穴中,安放在石床上,棕棚抽出。随葬物品只要一被一褥,不得另增他物;墓穴中须充满香气,不可放置纸块钱串。送葬者随掩墓门,以免香气外溢。墓前可建台阶、拜坛,墓地下的小田分作三个水池种植荷花。他要求后人春秋时节祭扫,要特别注意

---

[1] 黄宗羲:《再答万季野丧礼杂问》,《黄宗羲全集》第10册,第207~209页。笔者注:《仪礼·士虞礼》与《礼记·间传》均作"中月而禫",疑此处"中目而禫"之"目"为"月"之误。

[2] 郑玄注,孔颖达等疏:《仪礼正义》卷四十三《士虞礼》郑玄注,《十三经注疏》,第1176页。

[3] 阎若璩:《尚书古文疏证》卷八第一百二十,上海:上海古籍出版社,1987年,第1199页。

培土;上坟要挑选晴朗的天气,不可杀羊,祭品还做了具体要求:干肉一盘、干鱼一盘、果子两种、麻糍一盘、馒头一盘。他特别反对流俗所行的诸如雨天进行堂祭、折斋、做七等陈规陋俗,主张一概免掉。凭吊者所带来的纸烛,也一律谢绝。如能在坟头种植五株梅花,他表示感谢。他要求将附近的两根石条移到墓前作为望柱,刻字如下:"不事王侯,持子陵之风节;诏钞著述,同虞喜之传文。"[1]汉代严光抗命王莽新朝,不事故人刘秀,洁身全行,高风亮节,被范仲淹赞美为"先生之心,出乎日月之上","使贪夫廉,懦夫立,是大有功于名教也"。[2]东晋虞喜在明帝和成帝时屡被征博士、举贤良,皆不就,一生"钻坚研微""皓首不倦","专心经传,兼览谶纬,著《安天论》以难浑、盖,又释《毛诗略》,注《孝经》,为《志林》三十篇。凡所注述数十万言,行于世"。[3]黄宗羲以这两位余姚先贤作为自己的榜样,这是他的自我评价。

不以棺椁安葬,这种做法违背习俗,很可能招人疑虑与非议。黄宗羲考虑到这一层,便预先作《葬制或问》予以说明。他举例说明自己的做法并非前无古人,如赵岐、陈抟等。他还写有《刻中筑墓杂言》诗,表达对以上两人超凡脱俗举动的景仰之情:"残骸桎梏向黄泉,习惯滔滔成自然。东汉赵岐真足法,沙床散发得安眠。岐敕其子曰:'吾死之日,墓中聚沙为床,布簟白衣,散发其上,覆以单被,即日便下,下讫便掩。'""不信残骸不化尘,应同过眼一烟云。张超谷里枯骸骨,却有幽香出见闻。华山张超谷,陈希夷露骨尚有异香。"另有赵履光,"闻说始宁有赵君,不将棺木自缠身。人间亦有奇于我,比例无烦及古人。赵履光字奎先,上虞人,孝廉,官太守。"[4]

子孙是否应遵行此类别出心裁的遗嘱,黄宗羲认为毫无疑问,因为杨王孙裸葬的心愿都被其儿子满足,而古今并没有人责备其儿子不孝;而且"圣人之为棺椁,以概天下之人。其有不欲概者,自创为法,亦圣人之所不禁也"。如果将不用棺椁视为非礼,那么赵岐的《孟子章句》,就不当列于诸经,陈抟的先天图,也不当传之于后世。"使为子者而欲诤之,则是自贤以盖父也。"倘若在父

---

[1] 黄宗羲:《梨洲末命》,《黄宗羲全集》第1册,第191页。
[2] 范仲淹:《范文正公文集》卷八《桐庐严先生祠堂记》,《续修四库全书》第1313册,上海:上海古籍出版社,1995年,第299页。
[3] 房玄龄等:《晋书》卷九十一《儒林传·虞喜》,北京:中华书局,1974年,第2349页。
[4] 黄宗羲:《南雷诗历》卷四《刻中筑墓杂言》,《黄宗羲全集》第11册,第311、312页。

死之后,违背其遗嘱,以棺椁安葬遗其体,则是不孝之至。因为孝子居丧,必遵守诚信,倘"欺伪杂于其间,精诚隔绝,宗庙之馈食,松楸之霜露,其为无祀之鬼矣。孟子之礼匡章,以其不欺死父也。父之不善,尚不敢欺,父之不循流俗,何不善之有?顾使其形骸不能自主,则棺椁同于敝盖,人亦何乐乎有子也!"[1]

其三,对丧葬迷信思想的批判。明代赵汸的《葬书问对》信形气而斥方位,虽受到黄宗羲的肯定,可惜"不能自持其说":"夫山川之起止合散,观其大略,亦不难辨,固人人可以显而得之。东山(即赵汸)精微其说,以为吉士之遇,由于天畀。葬师言天命可改,东山言人事难致,其害理同也。"那么根源在哪里呢?黄宗羲认为是"鬼荫之说惑之也"。鬼荫说凭空捏造出死者的骨骼可以影响子孙后代祸福穷通的荒诞之言,黄宗羲称其为"形不灭"论:"是以古之先王,悬棺之后,迎主于庙,聚其魂魄,以墓中枯骸无所凭依也","今富贵利达之私,充满方寸,叩无知之骸骨,欲其流通润泽。是神不如形,孝子不如俗子也"。黄宗羲揭露了在该观念的影响下,一些所谓的孝子以种种斋戒的方式叩拜无知的骸骨,实际只不过为了满足自己企求富贵通达的私欲。鬼荫说还影响人们挑选葬地,浪费金钱与精力,危害匪浅:"鬼荫之说不破,则算计卜度之心起,受荫之迟速,房分之偏枯,富贵贫贱,各有附会,形气之下,势不得不杂以五行衰旺生克,心愈贪而愈昏,说愈多而愈乱,于是可葬之地少矣。"倘能识破鬼荫说的荒谬,那么处处皆可安葬:"大山长谷回溪伏岭之中,其高平深厚之地,何在无之,便是第一等吉壤。"[2]黄宗羲在《七怪》的文中,还将葬地说作为一怪,指出其经历了三次变化,由《周官》之法变为方位再变为三元白法,每况愈下。三元白法,随时改换,"年白改换,则吉凶亦改换,充彼之说以求吉地,必一年一改葬而后可。"方位本是地理中之邪说,而三元白法则是"邪说中之邪说矣"。[3]黄宗羲对鬼荫说的批判,不仅在当时具有移风易俗的作用,即使在今天也仍然具有教育意义。

此外,黄宗羲还倡议改革当时社会上的不良习俗:"民间之习俗未去,蛊惑不除,奢侈不革,则民仍不可使富也。何谓习俗?吉凶之礼既亡,则以其相沿

---

[1] 黄宗羲:《葬制或问》,《黄宗羲全集》第1册,第189~190页。
[2] 黄宗羲:《读〈葬书问对〉》,《黄宗羲全集》第10册,第659~661页。
[3] 黄宗羲:《七怪》,《黄宗羲全集》第10册,第651~652页。

者为礼。婚之筐篚也,装资也,宴会也;丧之含殓也,设祭也,佛事也,宴会也,刍灵也。富者以之相高,贫者以之相勉矣。"改革的关键在于遵循礼制,特别是以《朱子家礼》为主:"治之以本,使小民吉凶一循于礼,投巫驱佛,吾所谓学校之教明而后可也。"[1]"民间吉凶,一依朱子《家礼》行事。庶民未必通谙其丧服制度,木主之尺寸,衣冠之式,宫室之制,在市肆工艺者,学官定而付之;离城聚落,蒙师相其礼以革习俗。"[2]黄宗羲寄望于学校教育实现这一计划。

三、《春秋》学

《春秋》文简义丰,三传对其的阐释存在较大差异,后世儒家学者在其基础上多有发挥,由最初的固守门户到后来的兼通三传,终是意见纷纭,难以统一。黄宗羲对此感慨地说:"《春秋》之不明久矣。先儒亦多有辩说,而终无至当归一之论,则以不得夫子作之之法也。"

1.对《春秋》的认识

黄宗羲提出《春秋》虽取材于鲁史,但孔子在编《春秋》时应该会有抉择,不会全盘照搬,"夫子取其非常者而书之,其常者听其自为鲁史,鲁史初不因夫子而废也。"至于《春秋》是否因笔削而贯穿着微言大义、一字褒贬呢?他否定了这一流行的见解:"夫子之《春秋》,亦如后世大事记之类。所谓笔则笔、削则削者,其笔者即今之《春秋》是;其削者鲁史不为夫子所取者是。其于鲁史旧文,未尝有所损益。"[3]《春秋》与大事记类似,这便还原《春秋》以史的性质。所谓"笔则笔,削则削",不过是孔子在修《春秋》时对鲁史的取舍,鲁史旧文本身并未尝有所损益。黄宗羲批评先儒不知《春秋》这一做法,臆测孔子在名称、详略的问题上寄寓褒贬大义,但又不能完全自圆其说,因而不得不附会穿凿,歪曲事实以迁就己说。

《春秋》虽主要取材于鲁史,但也有来源于"列国之史"的史料。因为鲁史重点记载本国史事,外国的情况至多涉及朝聘盟会,不可能详尽。尽管晋之《乘》、楚之《梼杌》已失传,但晋赵盾、楚崔杼弑君,分别是《乘》与《梼杌》中的记

---

[1] 黄宗羲:《明夷待访录·财计三》,《黄宗羲全集》第1册,第41页。
[2] 黄宗羲:《明夷待访录·学校》,《黄宗羲全集》第1册,第13～14页。
[3] 黄宗羲:《陈同亮刻胡传序》,《黄宗羲全集》第10册,第83页。

载,因此,"《春秋》之名,虽因于鲁,而晋、楚之史,采入者必多,'窃取之'者,窃取此三史也。"[1]至于《春秋》所载别国史事是由于"赴告"的说法,黄宗羲认为难以成立:此时弑君者正大权在握,太史因直书乱臣贼子弑君的事实被杀,谁还敢将此事张扬于邻国?他提出凡是与鲁史无关的列国之事,未必来源于鲁史,而是取材于列国史书。因此,先儒提出的《春秋》中的别国史事来源于赴告,是"不知当日之作法者二也"。[2]

凡是先秦古籍,在流传的过程中,多不可避免地会有脱简的情况出现。黄宗羲由此类推道,如隐、庄、闵、僖诸公不书即位,桓公十八年中,书正月不书王者有十次,书二月不书王者有三次等等,又焉知不是脱简所致呢?黄宗羲通过他的怀疑,表明了对《春秋》微言大义的否定。黄宗羲还宣称《春秋》存在错误。他以日食为例,如襄公二十一年九月十月、二十四年七月八月竟然出现两次日食,都是明显的错,"以为历官失闰可也"。至于襄公二十一年九月、十月,二十四年七月、八月竟都有两次日食。他又类推道,朝聘、会同、崩薨、卒葬、雩社、禘尝、搜守、城筑也可能有误,而前代学者千方百计为之开脱,甚至由此挖掘其中蕴含的深义,"此不知后来传写之失者三也"。[3]

总之,黄宗羲认为《春秋》是史书,取材于各国史料,并有所取舍;在流传过程中出现了一些脱漏错误,并不存在所谓的微言大义。

2. 对《春秋胡氏传》的批判

宋代《春秋》学勃兴,经传著作达到四百多种。胡安国的《春秋胡氏传》(又名《春秋传》)影响较大,宋高宗时被列为经筵读本;后来元仁宗时实行科举新制,以此书定经文,与《春秋》三传并行;明代此书在科举考试中是重要的范本:

> 明初定科举之制,大略承元旧氏,宗法程朱,而程子《春秋传》仅成二卷,阙略太甚,朱子亦无成书。以安国之学出程氏,张洽之学出朱氏,故《春秋》定用二家。盖重其渊源,不必定以其书也。后洽《传》渐不行用,遂独用安国书,渐乃弃经不读,惟以安国之传为主。当时所谓经义者,实安

---

[1] 黄宗羲:《孟子师说》卷四"王者之迹熄"章,《黄宗羲全集》第1册,第115页。
[2] 黄宗羲:《陈同亮刻胡传序》,《黄宗羲全集》第10册,第83页。
[3] 黄宗羲:《陈同亮刻胡传序》,《黄宗羲全集》第10册,第83页。

国之《传》义而已。[1]

黄宗羲对《春秋传》十分不满,并做了很多具体的批驳。如《春秋》记载僖公二十一年十二月,公与诸侯在薄会盟,宋公被释放。《公羊传》对此阐释道:"执未有言释之者,此其言释之何?公与为尔也。公与为尔奈何?公与议尔也。"[2]黄宗羲指出《公羊传》"'善僖公能释贤者之厄',是也。"胡传却认为鲁国不能伸张大义,抑制强暴,使宋公被释放,"出自天王与中国,顾与歃血要言,求楚子以释之",失去了操纵的大权,未免有些颠倒是非了。黄宗羲认为如果按照胡传所言,以鲁国的弱小,欲使强大的楚国听命于己,是"责婴儿以举鼎也,宋公终不能释矣"。[3]又如宣公八年冬十月己丑,宣公之妻敬嬴死,安葬时下雨,被迫暂停,推迟至次日中午。《穀梁传》提出"'葬既有日,不为雨止,礼也'。雨不克葬,丧不以制也"。[4]胡传沿袭了《穀梁传》的说法。黄宗羲指出孔子曾帮助老聃安葬邻居,因发生日食,为遵守礼节,便更改下葬时间。日食都停止办丧,何况下雨呢?他斥责胡传不辨是非,盲目依从,"背孔子之明训,从《穀梁》之曲说,可乎?"以上批评虽是比较细小的问题,但贯穿了黄宗羲反对"背经"的主导思想:

> 此皆背经之大者也。其间陈言腐语,不胜指摘。成败利钝,盖以理欲措之实用,茫无头绪。经书元年,数之始也。体元调元,非附会乎?秋七月无事而书,简册之体也。引《易》之乾元亨利贞以备四德,非腐语乎?故康侯(胡安国字)之传,大概经生老儒之学,于《春秋》无当也。盖以是为经筵启沃之资,不得不出于是,犹如误书举烛,读者未必无所补也。[5]

他指出该书本欲通经致用,却茫无头绪,而且多有牵强附会之处,对于《春秋》本身的研究没有多少价值。需要指出的是,《春秋传》本身并非完全为解经

---

[1] 永瑢:《四库全书总目》卷二十七《春秋类二·春秋传》,第219页。
[2] 《新刊四书五经·春秋三传》上,僖公二十一年,北京:中国书店,1994年,第17页。
[3] 黄宗羲:《陈同亮刻胡传序》,《黄宗羲全集》第10册,第83页。
[4] 《新刊四书五经·春秋三传》上,宣公八年,第335页。
[5] 黄宗羲:《陈同亮刻胡传序》,《黄宗羲全集》第10册,第84~85页。

而作,"其书作于南渡之后,故感激时事,往往借《春秋》以寓意,不必一一悉合于经旨。《朱子语录》曰:《春秋胡氏传》有牵强处,然议论有开合精神,亦千古之定评也"。[1]因此黄宗羲对该书的批评,未能做到知人而论世。

综合分析黄宗羲对《易》《礼》《春秋》的研究,可知他仍保留了一定的通经致用特点,他对凶礼与相关实践活动的关注,就是体现,但他的致用也仅限于社会生活层面;胡安国《春秋传》那种感怀时事、以《春秋》救世式的致用,却不再可能成为其关注的方向,因此他的《易》学与《春秋》学,都是纯学术范围内的探讨,这或许也是改朝换代背景下的不得不然。

第二节 黄宗羲的史学

黄宗羲的史学著作,有政治史《留书》《明夷待访录》《破邪论》《汰存录》,有南明史《弘光实录钞》《行朝录》《海外恸哭记》,还有学术史《明儒学案》《宋元学案》,以及《今水经》《思旧录》《子刘子行状》《黄氏家录》等。

一、黄宗羲的史学概述

黄宗羲的政治史著作以《留书》《明夷待访录》为代表,两书的诞生与明亡清兴的历史巨变有很大的关系。《留书》成书于顺治十年(1653),内容主要包括两部分:一是从明朝本身总结其灭亡的教训。他在《卫所》《朋党》中对明代兵制与统治阶级的内部斗争提出尖锐批评,说"天下之害,未有盛于卫所者也"[2];统治阶级内部的朋党之争,在明亡后仍未停止,"一胜一负,浸淫而不已,直可为一笑者也"。"宗庙亡矣,亡日尚矣,归于何党矣?"[3]二是探讨了"夷狄"危害中原的原因。《封建》《史》诸文充满激烈的民族仇恨情绪,黄宗羲说"自三代以后,乱天下者无如夷狄矣",他指出"夷狄"祸害中原的原因主要是"封建"制被废,否则即使天子失国,天下落入诸侯之手,"是犹以中国之人治中

---

[1] 永瑢:《四库全书总目》卷二十七《春秋类二·春秋传提要》,第219页。
[2] 黄宗羲:《留书·卫所》,《黄宗羲全集》第11册,第8页。
[3] 黄宗羲:《留书·朋党》,《黄宗羲全集》第11册,第9、10页。

国之地,亦何至率禽兽而食人,为夷狄所寝覆乎!"[1]因此,他主张严分华夷之辨,"中国之与夷狄,内外之辨也。以中国治中国,以夷狄治夷狄,犹人不可杂之于兽,兽之不可杂之于人也"。[2]

《明夷待访录》完成于康熙二年(1663),距离《留书》已有十年之久,黄宗羲此时的政治思想已有了很大的改变:首先,《留书》中激烈的民族主义情绪趋于缓和;其次,他对明朝政治的批判有了一个较为系统全面的总结。不过《留书》中的部分内容仍被保留下来,如《兵制》三篇,就是在《留书·卫所》基础上,进一步探究了明代兵制由卫所向招募、由招募向大将屯兵的前后变化,指出三者各有弊病,并逐步推动明朝走向灭亡之路。至于先前在《留书》中被视为至关重要的"封建",黄宗羲已意识到不太可能施行,而且也有其弊端,他提出以有较大自治权力的方镇来替代,以分散过分集中的中央权力。此外,统治集团内部胥吏、宦官的危害,人才选拔制度的缺漏,关乎民生日用的田制、财计的流弊等,黄宗羲都一一做了详细剖析,并提出了相应的改革措施。尤其为后人所重视的是,他对明代君臣职责荒废与君臣之间尊卑分明的批判,实已触及对中国封建君主专制体制的否定。

黄宗羲的明史研究,是从南明史开始的,随后上溯万历以后的晚明史,最终包括整个明代的历史。晚明史《续时略》,是黄宗羲对父亲黄尊素《时略》的续编。《时略》专门载录嘉靖、隆庆时事以及诸臣的奏疏;《续时略》续纂万历、泰昌、天启、崇祯时期的奏疏。但今已失传。黄宗羲关于明代历史的著作是《明三史钞》,但也失传。[3]南明史基本包括弘光帝、隆武帝、绍武帝、永历帝、鲁王等各政权的兴亡始末及相关的历史事件。黄宗羲在诸书中重点揭露了南明政权短命的根本原因:统治者的昏庸腐朽与内部的争权夺利斗争。如他痛骂弘光君臣道:

> 帝之不道,虽竖子小夫,亦计日而知其亡也。然诸坏政,皆起于利天下之一念。归功定策,怀仇异议。马、阮挟之以翻逆案,四镇挟之以领朝

---

[1] 黄宗羲:《留书·封建》,《黄宗羲全集》第11册,第5~6页。
[2] 黄宗羲:《留书·史》,《黄宗羲全集》第11册,第12页。
[3] 钱茂伟:《梨洲史学新探》,《宁波师院学报》1989年第4期。

权,而诸君子亦遂有所顾忌而不敢为,于是北伐之事荒矣。迨至追理三案,其利灾乐祸之心,不感恩于闯贼者仅耳。《传》曰:"临祸忘忧,忧必及之。"此之谓也! 呜呼! 南都之建,帝之酒色几何,而东南之金帛聚于士英;士英之金帛几何,而半世之恩仇快于大铖。曾不一年,而酒色、金帛、恩仇不知何在? 论世者徒伤夫帝之父死于路而不知也。[1]

《永历纪年》中记述了绍武与永历争夺帝位的经过,并评论道:"越、闽之事,方国安以累败之余,郑芝龙以鼋鼍鱼鳖之众,而欲使新造之唐、鲁以力征经营天下,此必不得之数也。"他认为如果两个政权能联合力量,"则江左偏安之业成矣",但窝内斗最终只会加速灭亡,"功垂成而物败之"。[2] 绍武帝本"英才大略,不能郁郁安于无事。在藩服之时,已思拨乱而反之正。及其遭遇患难,磨砺愈坚。两京既覆,枕戈泣血,敕断荤酒,后宫不满三十人,半系老妪,于世之嗜好淡如也","不可谓非天生之令主也",但他受到权臣郑芝龙的挟持,郑氏"以盗贼之智,习海岛无君之俗","既无鞠躬尽瘁之忠,难责以席卷天下之志,谋身谋国,两者俱乖,不亦宜乎。帝之托于郑氏,所谓'祭则寡人'而已"。尽管有黄道周、苏观生等图谋恢复者辅佐,也都受郑芝龙的束缚,无从施展其才能。"蛟龙受制于蝼蚁,可责其雷雨之功哉!"[3] 南明政权的迅速崩溃,岂非早已注定? 此外,黄宗羲的南明史中还详细记载了各地尤其浙东军民的抗清历程,"海外一二遗老孤臣,心悬落日,血溅鲸波,其魂魄不肯荡为冷风野马者"[4],即为这些忠臣义士的写照。

黄宗羲的明史研究还体现在对清修《明史》的指导。虽然他拒绝了清廷明史馆的聘请,但其弟子万斯同与万言都参加了《明史》的修纂,尤其他的很多著作还被作为史料带入史馆;"奉特旨凡黄某所有著述有资《明史》者,着该地方官抄录来京,宣付史馆"。[5] 如《明儒学案》《明文案》《汰存录》等书,都被送往

---

[1] 黄宗羲:《弘光实录钞・序》,《黄宗羲全集》第 2 册,第 1~2 页。
[2] 黄宗羲:《行朝录》卷五《永历纪年》,《黄宗羲全集》第 2 册,第 168 页。
[3] 黄宗羲:《行朝录》卷一《隆武纪年》,《黄宗羲全集》第 2 册,第 120~121 页。
[4] 黄宗羲:《行朝录・序》,《黄宗羲全集》第 2 册,第 111 页。
[5] 黄百家:《明文授读序》,《明文授读》卷首,《四库全书存目丛书》集部第 400 册,第 210 页。

史馆。"（黄俞邰）言今史馆论三案者，大抵黄太冲《汰存录》之言为主。"[1]可见，他的著作在明史馆中还是颇有影响力的。其子黄百家后也北上修史，修史过程中遇到重大的疑难问题，很多都是向其咨询请教。"公虽不赴征书，而史局大案必咨于公。如《历志》出于吴检讨仁臣之手，乞公审正，而后定其论。宋史别立《道学传》，为元儒之陋，公谓明史不当仍其例。时朱检讨彝尊方有此议，汤公斌出公书示众，遂去之。至于死忠之籍，犹多确核。地志亦多取公《今水经》为考证。"[2]《历志》虽出自吴任臣之手，但初稿完成后，史馆总裁千里贻书请其审订后才定稿。[3] 黄宗羲还反对徐乾学、徐元文兄弟提出的《明史》设立《理学传》的建议，称元人修《宋史》设立《道学传》，不可因袭，其主张得到朱彝尊、汤斌、毛奇龄等史官及陆陇其、张烈的声援后被采纳。[4]

　　黄宗羲的学术史研究成果集中体现于《明儒学案》，该书被称作"有明三百年儒林之薮也"。另有在黄宗羲生前尚处于草创阶段、未竟其业的《宋儒学案》与《元儒学案》，"志七百年来儒苑门户"[5]，后汇聚数代学者的心血而得以完成，合并为《宋元学案》，基本保持了黄宗羲的学术宗旨，也采纳了其编纂体例与方法。《明儒学案》全书共62卷，分立19个学案，纵向以时间顺序叙述了明代儒学的产生、发展、变化的历程，横向则展开论述了明代儒学的各具特色的丰富内涵。如明初程朱学派的继续发展与心学的开端，在崇仁、白沙、河东、三原4个学案中予以了简要介绍；王阳明心学的勃兴及其分裂流变，在姚江、浙中王门、江右王门、南中王门、楚中王门、北方王门、粤闽王门、止修学案、泰州

---

[1] 陆陇其：《三鱼堂日记》，北京：中华书局，1985年，第87页。
[2] 全祖望著，朱铸禹汇校集注：《鲒埼亭集》卷十一《梨洲先生神道碑文》，《全祖望集汇校集注》，上海：上海古籍出版社，2000年，第223页。
[3] 梅文鼎：《勿庵历算书记》（《景印文渊阁四库全书》第795册，第966页）载："《明史·历志》属稿者简讨钱塘吴志伊任臣，总裁者中丞汤潜庵先生斌也。潜庵殁后，史事总属昆山，《志》稿经嘉禾徐敬可善、北平刘继庄献廷、毗陵杨道声文言诸君子，各有增定。最后以属山阴黄梨洲先生宗羲。岁己巳，鼎在都门，昆山以《志》稿见属，谨摘讹舛五十余处，粘签俟酌，欲候黄处稿本到齐属笔，而昆山谢事矣。无何，梨洲季子主一百家从余问历法，乃知鼎前所摘商者即黄稿也。"可见黄宗羲所负责的《历志》错误甚多。
[4] 吴海兰：《试析清初〈明史·理学传〉的论争》，《南开学报》2011年第4期。
[5] 全祖望著，朱铸禹汇校集注：《鲒埼亭集内编》卷十一《梨洲先生神道碑文》，《全祖望集汇校集注》第222页。

学案、甘泉学案十个学案中得到了充分反映。此后便是"或无所师承,得之于遗经者;或朋友夹持之力,不令放倒,而又不可系之朋友之下者;或当时有所兴起,而后之学者无传者"[1]的《诸儒学案》,共十五卷;最后以东林学案与蕺山学案作为殿后,显示心学在明末的修正性变化。尽管《明儒学案》有遗漏,没能全面地反映明代儒学的面貌,但基本囊括了明代学术发展最为重要的内容,探讨明代学术思想史,其是必不可少的重要参考资料。

黄宗羲的史学还体现在诗文、野史、碑传铭文都被纳入史学的范畴,以之来记述史实,保存史料。他曾提出"但见以史证诗,未闻以诗补史之阙,虽曰诗史,固无借乎诗也。逮夫流极之运,东观兰台但记事功,而天地之所以不毁、名教之所以仅存者,多在亡国之人物。血心流注,朝露同晞,史于是而亡矣。犹幸野制遥传,苦语难销,此耿耿者明灭于烂纸昏墨之余,九原可作,地起泥香,庸讵知史亡而后诗作乎?"[2]他指出南宋与元朝末年的诸多史事大多借助诗文得以保存,因此,诗可补史之阙。此外,黄宗羲实际上还有以文补史的思想,其《南雷文案》《南雷文定》《南雷文约》《南雷余集》中有不少记传文"凝聚家国之恨,寄托着民族愤慨",各篇分开看只反映了个别人物的面目和事件进程,倘若联合起来,则"显示着明清之际一部社会历史的面貌"。[3]他还提倡在史书中恢复表志,弥补纪传的不足等等。

南宋以来的浙东先哲,言性命者多攻史学,历有师承,这种"言性命者必究于史"[4]——义理不在人事之外的卓越学风,对黄宗羲有深刻影响。经学要避免成为迂儒之学,必须经世,就得通过史学来实现应务的目标,所以黄宗羲才会有"必证明于史籍而后足以应务"[5]的思想。可见,在黄宗羲看来,史学是经学实现经世应务的重要凭借,因为"《二十一史》所载,凡经世之业亦无不备矣"。[6]二十一史所记载的经世经验,应该是最为完备的,为后人经世应务

---

[1] 黄宗羲:《明儒学案》卷四十三《诸儒学案上》,《黄宗羲全集》第8册,第331页。
[2] 黄宗羲:《万履安先生诗序》,《黄宗羲全集》第10册,第49页。
[3] 朱承挥:《梨洲记传文初探》,《宁波师院学报(社科版)》1985年第2期。
[4] 章学诚著,叶瑛校注:《文史通义》卷五《浙东学术》,北京:中华书局,1985年,第523页。
[5] 全祖望著,朱铸禹汇校集注:《鲒埼亭集外编》卷十六《甬上证人书院记》,《全祖望集汇校集注》第1059页。
[6] 黄宗羲:《补历代史表序》,《黄宗羲全集》第10册,第81页。

提供了重要的借鉴。以此为认识前提,黄宗羲才会在国破家亡、抗清运动日益消沉、复明希望逐渐渺茫的情况下,转而从事史学的研究。他的史学成就不仅体现在撰写了一系列史学著作,更重要的是饱含历史批判精神的史论。批判史学是黄宗羲学术的精髓之一,其对制度改革的倡导正是建立在批判旧的、不合理制度的基础上。黄宗羲的《明夷待访录》通过批判明代政治制度的腐败,进而站在更高的角度,批判了整个封建体制,并提出了针对性的拯救措施。

针对君主危害天下,黄宗羲认为要避免这种沿袭千余年的流毒,关键是明确君主的职分:为天下兴公利,除公害,造福于百姓,服务于民众。"明乎为君之职分,则唐、虞之世,人人能让,许由、务光非绝尘也;不明乎为君之职分,则市井之间,人人可欲,许由、务光所以旷后世而不闻也"。但是他也知道这很难办到,因为"俄顷淫乐不易无穷之悲"[1],无奈啊! 针对大臣的愚忠行为,他认为士大夫出仕应为万民而非为君效劳,职责是充当君主治理天下的助手,因为"天下之大,非一人之所能治,而分治之以群工。故我之出而仕也,为天下,非为君也;为万民,非为一姓也"。否则,即使君主以权势威逼强迫,甚至以杀头作威胁,也决不可低头。黄宗羲认为合理的君臣关系应是如此:"夫治天下犹曳大木然,前者唱邪,后者唱许。君与臣,共曳木之人也,若手不执绋,足不履地,曳木者唯娱笑于曳木者之前,从曳木者以为良,而曳木之职荒矣。"君臣是合作者,只要其中一方不尽职尽责,治理天下的任务也就不可能很好地完成,所以臣与君,"名异而实同"[2],都是为天下万民服务,不应有严格的等级尊卑之分。

明代废除丞相,带来一系列恶果。有鉴于此,黄宗羲提出恢复宰相制,设立宰相一人,参知政事无常员,每日与天子一起议政。执事大臣一律采用士人,章奏的进呈由六科给事中主管,给事中告知宰相,宰相再上告天子,共同讨论可否,最后由天子定夺。"天子不能尽,则宰相批之,下六部施行。"[3]黄宗羲还主张由宰相设立政事堂,让新选拔的进士主持,掌管四方上书进言利弊者,以通达下情。针对取士制度的诸多弊端,他提出拓宽选拔人才的途径,除

---

[1] 黄宗羲:《明夷待访录·原君》,《黄宗羲全集》第 1 册,第 3 页。
[2] 黄宗羲:《明夷待访录·原臣》,《黄宗羲全集》第 1 册,第 4~5 页。
[3] 黄宗羲:《明夷待访录·置相》,《黄宗羲全集》第 1 册,第 9 页。

了科举外,还需推行荐举、太学、任子、郡县佐、辟召及绝学等不同方式。即使是科举,也不应仅局限于四书五经作考题范围,而应扩展到经、子、史,他还建议考察应试者的个人见解,"以'愚按'结之"。精通历算、乐律、测望、占候、火器、水利者,"考其果有发明,使之待诏。否则便罢"。他还认为可通过上书选拔人才:当国家有大事或大奸,朝廷上下不敢言而草野言之者,可授予谏官之职;如果所献的著述足以传世,可"与登第者一体出身"。[1] 这样一来,科举成为人才选拔的方式之一,不再占据主导地位,对于朝廷招揽更多类型的人才是有利的。针对胥吏的危害,黄宗羲建议以士人来取而代之。六部院寺的官员,由熟悉吏治的进士、任子、国学应仕者担任,满调后出任州县,或到部院任属官,不能胜任者罢免。郡县的官员设立六曹,以弟子"当廪食者"充之,满调后升至国学,或补六部院寺的空缺,无能者终身不能出仕。郡县原有的胥吏一律淘汰,行省也仿照郡县施行同样的办法。如此一来,士人就有了广阔的用武之地。至于宦官的危害,他提出天子应减少后宫嫔妃,这样的话,宦官的人数自然减少,干预政治的机会也就随之降低。

针对后世制度屡屡变更,黄宗羲主张恢复井田、封建、学校等"三代"的制度,以拯生民于水火。他认为:"有治法而后有治人。自非法之法桎梏天下人之手足,即有能治之人,终不胜其牵挽嫌疑之顾盼,有所设施,亦就其分之所得,安于苟简,而不能有度外之功名。使先王之法而在,莫不有法外之意存乎其间。其人是也,则可以无不行之意;其人非也,亦不至深刻罗网,反害天下。"[2] 他主张法治,反对人治,这在当时不能不说是一种先进的思想。他还说学校不仅要恢复培养人才的本职功能,还应担负评判政治是非、制约君主的作用:"天子之所是未必是,天子之所非未必非,天子亦遂不敢自为非是,而公其非是于学校。"[3]

黄宗羲还认为定都北京是导致明朝灭亡的重要原因,"亡之道不一,而建都失算,所以不可救也"。因为明自定都北京后,历朝都花费大量人力武力来对抗外侵,"上下精神弊于寇至,日以失天下为事";由江南输送物资前往北京,

---

[1] 黄宗羲:《明夷待访录·取士下》,《黄宗羲全集》第1册,第17、19页。
[2] 黄宗羲:《明夷待访录·原法》,《黄宗羲全集》第1册,第7页。
[3] 黄宗羲:《明夷待访录·学校》,《黄宗羲全集》第1册,第10页。

导致"江南之民命竭于输挽,大府之金钱靡于河道"。他提出后世王者应定都金陵。尽管从"形胜"上说,金陵不如关中,但到明代南方经济更为发达,"东南粟帛,灌输天下,天下之有吴、会,犹富室之有仓库匦箧也"。[1] 这个建议具有广泛的意义,那就是都城应选择在地域安全、经济文化发达的富庶地区。[2] 关于"封建",黄宗羲最初在《留书》中强调其对维护天下安宁的意义,后来在《明夷待访录》中改变看法,认为封建与郡县各有利弊,"封建之弊,强弱吞并,天子之政教有所不加;郡县之弊,疆场之害苦无已时"。诸侯割据一方,不利于国家的统一与政策的下达执行,诸侯之间也必然存在互相吞并的威胁。郡县制使地方无权,事事受制于中央,边疆有急,必然牵动全国为此疲于奔命。他主张恢复方镇,将辽东、蓟州、宣府、大同、榆林、宁夏、甘肃、固原、延绥及云贵等地设为方镇,"务令其钱粮兵马,内足自立,外足捍患;田赋商税,听其征收,以充战守之用;一切政教张弛,不从中制;属下官员亦听其自行辟召,然后名闻"。[3] 每年一贡,三年一朝。他认为采用此法有五个好处:将帅专任,不受牵制,便于随机应变;国家有警,一方财力可以自足;兵力可以自卫;各地兵食自供,不会惊动他方;外有强敌的威胁,朝廷自然不会对方镇虎视眈眈。这不仅是为了加强边防力量,也是为了适当调整中央与地方的关系,让地方有政治经济军事的自决权力,中央不过多干涉。军制上他提出"天下之兵当取之于口,而天下为兵之养当取之于户"。即按照人口数量来确定军队数量,军队的供给根据平时与调发两种情况,由各户负担,军队施行退伍制,这样"国家无养兵之费则国富,队伍无老弱之卒则兵强"。[4] 他还提出大臣应文武兼备,"为儒生者知兵书战策非我分外,习之而知其无过高之论,为武夫者知亲上爱民为用武之本,不以粗暴为能"。[5] 此外,黄宗羲对田制、赋税、货币都提出了具体方案,试图改革乱世的苟且之术,以减轻民众的负担。

黄宗羲在《明夷待访录》中的许多见解都是针对明代而发,但意义不限于

---

[1] 黄宗羲:《明夷待访录·建都》,《黄宗羲全集》第1册,第21页。
[2] 何隽:《论〈明夷待访录〉的经世观念》,吴光主编《黄梨洲三百年祭》,北京:当代中国出版社,1997年,第40~41页。
[3] 黄宗羲:《明夷待访录·方镇》,《黄宗羲全集》第1册,第20~21页。
[4] 黄宗羲:《明夷待访录·兵制一》,《黄宗羲全集》第1册,第31~32页。
[5] 黄宗羲:《明夷待访录·兵制三》,《黄宗羲全集》第1册,第35页。

此。因为中国社会从秦代发展到明代,传统郡县制形式下的政治经济体制已经过历史的无情鉴定,总结了正反面的各种经验与教训,不断修正自身而发展得非常完备;代明而起的清,"'除武力别有根柢外,所必与明立异者,不过章服小节,其余国计民生,官方吏治,不过能师其万历以前之规模',因此黄宗羲讨论的问题断非限于明季,实可理解成为整个中国传统政治经济体制的检讨"。[1]这充分体现了黄宗羲的理论水平与卓越见识。

二、黄宗羲的批判史学及其特点

黄宗羲的史学呈现出鲜明的批判特色,它是明末清初批判思潮中的一个组成部分,但其全面性、深刻性与时代性达到了同时代大部分学者难以企及的高度,成为时代的最强音之一。

(一)批判的全面性

黄宗羲对明代历史曾毫不讳言地指出其弊病:"其不及三代之英者,君亢臣卑,动以法制束缚其手足,盖有才而不能尽也。"[2]浏览其文集、史著,可以发现类似批判言论随处可见,对明代政治、经济、军事、文化等都有涉及。

1.政治批判

黄宗羲的政治批判集中在明太祖罢相、宦官专权以及吏治的败坏等几个方面。

自秦汉开始推行的宰相制度,在明朝被废除。罢相虽解除了相权对君权的威胁,但黄宗羲却认为:"有明之无善治,自高皇帝罢丞相始也。"首先,丞相被废除,所有的臣僚都被视为皇家的奴仆,"能事我者我贤之,不能事我者我否之"。本来"天子之子不皆贤,尚赖宰相传贤足相补救,则天子亦不失传贤之意"。现在连宰相都废除了,天子传贤之意也就丧失了。朱元璋最初颇得意于独断,但不久就难以应付烦琐的朝政,不得不设立殿阁大学士作为顾问。内阁权力逐步提高,到张居正任首辅发展至顶峰。尽管明代有人认为内阁首辅实为宰相,黄宗羲却不认同:"入阁办事者,职在批答,犹开府之书记也。其事既

---

[1] 何隽:《论〈明夷待访录〉的经世观念》,吴光主编《黄梨洲三百年祭》,第51页。
[2] 黄宗羲:《〈明名臣言行录〉序》,《黄宗羲全集》第10册,第53页。

轻,而批答之意,又必自内授之而后拟之,可谓有其实乎?"[1]内阁握有票拟权,具有一定的决策权力,但阁臣基本是文学侍从出身,权力的大小只决定于票拟被采用的情况,没有保障,没有连续性,大学士的生杀予夺,为民为相,只系于皇帝一句话。即使有严嵩、张居正的显赫一时,也是特殊机遇下的产物,二人还不得善终。[2] 由此可见,黄宗羲并没有被表面现象蒙蔽,而看到问题的实质。他还指出内阁受司礼监的压制,甚至仰宦官鼻息:"有明之阁下,贤者贷其残膏剩馥,不贤者假其喜笑怒骂。"如张居正就是以结交司礼秉笔太监冯保而自固,最终仍栽在司礼监的手里。因此,黄宗羲说"有宰相之实者,今之宫奴也"。可见,"有明之无善治,自高皇帝罢丞相始也"这一论断的落脚点在这里。

父亲黄尊素死于宦官集团之手,因此黄宗羲对明代宦官的罪恶更有深切体会:

> 奄宦之祸,历汉、唐、宋而相寻无已,然未有若有明之为烈也。汉、唐、宋有干与朝政之奄宦,无奉行奄宦之朝政。今夫宰相六部,朝政所自出也。而本章之批答,先有口传,后有票拟。天下之财赋,先内库而后太仓。天下之刑狱,先东厂而后法司。其它无不皆然。[3]

汉唐宋的宦官至多是干预朝政,"乘人主之昏而后可以得志",而明代宦官掌握了朝政大权。这一毒瘤在明代得到空前膨胀,根源就在于"罢丞相之过也"。[4] 宦官专权局面的出现,不能不说是对朱元璋极度君主专制恶果的嘲讽。黄宗羲揭露宦官制度危害甚大,沿袭千余年却不能废除就是因为"人主之多欲也"。君主"视天下为娱乐之具。崇其宫室,不得不以女谒充之;盛其女谒,不得不以奄寺守之。此相因之势也"。[5] 黄宗羲揭示出罢相与宦官专权

---

[1] 黄宗羲:《明夷待访录·置相》,《黄宗羲全集》第1册,第8、9页。
[2] 白纲主编,杜婉言、方志远著:《中国政治制度通史》第九卷,北京:人民出版社,1996年,第84、89页。
[3] 黄宗羲:《明夷待访录·奄宦上》,《黄宗羲全集》第1册,第44页。
[4] 黄宗羲:《明夷待访录·置相》,《黄宗羲全集》第1册,第9页。
[5] 黄宗羲:《明夷待访录·奄宦上》,《黄宗羲全集》第1册,第45页。

之间存在的紧密关联,联系后者对明代政治带来的巨大负面影响,我们很自然地想到与其说是宦官制度腐蚀了大明政权,不如说是明太祖自己埋下了祸根。

吏治腐败是明代突出的政治问题,集中表现为官僚机构下层胥吏的危害。自宋代以后官与吏分途,胥吏熟悉成规旧例,官僚对他们不能不有所依赖;久而久之,地方行政事务便为他们所掌握,且常常与地方势力勾结,狼狈为奸。这种现象在宋代就已十分突出。明代胥吏之害比宋有过之而无不及,因为"古之胥吏者一,今之胥吏者二"。宋以前用乡户充当奔走服役者,王安石变法改差役为雇役,雇役者也成为胥吏。明代胥吏的来源有佥充、罚充、求充。佥充是以佥发农民为吏,罚充是有过失的学生、犯罪的官员被贬为胥吏,求充是纳银充吏。后两种方式为明代所特有。罚充者功名受剥夺,遭人轻视,便以牟利作为弥补;求充者以高额白银买得职位,上任后便千方百计捞回本息。这不能不加速了吏治的腐败与民生的困苦。黄宗羲指出胥吏之害不胜枚举,主要有四:一、充当胥吏者多为刑徒奴隶,"所谓皇皇求利者,而当可以为利之处,则亦何所不至,创为文网以济其私"。为了牟利而制定诸多科条,"是以天下有吏之法,无朝廷之法"。二、胥吏多为无赖子弟,士人羞与为伍。三、胥吏缺乏学识,贤不肖一律充任。四、京师权要之吏,多父子兄弟数代把持权力,犹如衣钵传承,"是以今天下无封建之国,有封建之吏"。[1] 世代垄断下的胥吏制之危害更是不难想象。

2.经济批判

黄宗羲的经济批判集中在明代的赋税与财计。明代的田税制因袭前代流弊,导致危害甚多:"有积累莫返之害,有所税非所出之害,有田土无等第之害。"以前二者最为突出。唐代杨炎的两税法表面取消了租庸调及一切杂税,实际是将庸、调并入了租内。宋朝在其基础上征收丁身钱米,不知其实为重出的赋税,一直沿用至明朝,"杨炎之利于一时者少,而害于后世者大矣"。明代除人丁税外,还有力差、银差,嘉靖末年实行一条鞭法,又将力差、银差并入两税,并且添加杂役,这无疑再次重复加税,所以"条鞭之利于一时者少,而害于后世者大矣"。万历年间旧饷五百万,末年加新饷九百万,崇祯时期又增练饷七百三十万,后又合并为一,并入了两税中。可见到明朝末年,税额不仅累累

---

[1] 黄宗羲:《明夷待访录·胥吏》,《黄宗羲全集》第1册,第41、43页。

叠加,"民之得有其生也亦无几矣";而且"至今日以为两税固然,岂知其所以亡天下者之在斯乎"? 田赋在杨炎改革以前,一直是任土作贡,货币不过偶尔用来与布帛通融而已;但杨炎改革将户税归入田土税中,从此"布帛之折于钱者与谷米相乱,亦遂不知钱之非田赋矣"。沿袭至明代,除漕粮外,一律折银,由此导致的危害是极为可怕的:

> 夫以钱为赋,陆贽尚曰"所供非所业,所业非所供",以为不可,而况以银为赋乎! 天下之银既竭,凶年田之所出不足以上供,丰年田之所出足以上供,折而为银,则仍不足以上供也,无乃使民岁岁皆凶年乎? 天与民以丰年而上复夺之,是有天下者之以斯民为仇也。[1]

一条鞭法统一赋税,减轻了贫民小农的法外剥削,但将嘉靖以来的各种加派固定并合法化,农民负担仍很沉重;田赋折银征收,逼迫农民将布帛菽粟拿到市场上出售,商人乘机压价盘剥,这使农民身受几重剥削,难以有出头之日。在《明夷待访录·财计一》中,黄宗羲再次重申以金银作为交易手段的危害:"今钞既不行,钱仅为小市之用,不入贡赋,使百务并于一途,则银力竭。"金银已枯竭,而朝廷竟然还赋税如故,市易如故,这不是逼人走上绝路吗? 黄宗羲揭露这是"有天下者之以斯民为仇也"。明末农民起义的爆发正是由于统治者屡加摊派,横征暴敛,加上天灾严重,无以为生,才铤而走险,揭竿起义。

3.军事批判

黄宗羲在《留书》与《明夷待访录》中,都分析过明代兵制的弊端。《留书·卫所》中他指出卫所的屯兵制衰落后,屯田军不仅不能自食其力,还依靠官府供养,于是不得不加赋,"是以一天下养二天下之兵也。兵分于农,天下之势尚且困绌,乃又使军分于兵,为农者一,为兵者二,所谓国非其国矣。是故天下之害,未有盛于卫所者也。"卫所如此依赖供养,一旦灾荒发生,势必难以维持。崇祯十四年,南京发生大灾,孝陵卫军死者过半即为教训。黄宗羲曾向当政者建议让卫军自行消耗,不必补充以免冗食之害,但未被采纳。不足一月卫军名额如故,而当时东南米价暴贵,由此导致的后果自在意料中。黄宗羲沉痛万分

---

[1] 黄宗羲:《明夷待访录·田制三》,《黄宗羲全集》第1册,第27~28页。

道:"呜呼！欲国之不亡得耶！"[1]后来在《明夷待访录》中,黄宗羲更加详细地剖析了明代兵制的问题:兵制由卫所变为招募,后变为大将屯兵,三者各有其弊,他仍保留《留书》中关于卫所的看法。招募花销既大,士兵的战斗力也不强,"得兵十余万而不当三万之选,天下已骚动矣"。大将屯兵,易拥兵自重,不听朝廷号令,甚至与外敌勾结,"率我所养之兵反而攻我者,即其人也"。所以,"有明之所以亡,其不在斯三者乎"？有人说以上情况都是兵制末流之弊,黄宗羲认为即使如此,也是"由其制之不善所致也,制之不善,则军民之太分也"。[2]

不仅兵制本身弊端丛生,在具体的操作中也存在很多问题。国家承平时,武将受制于文臣;战事起后崇祯帝针对需要采取重武政策,大将不再受文臣节制,却造成"不二三年,武臣拥众,与贼相望,同事虏略",当李自成农民起义军进攻北京时,"终莫肯以一矢入援"。黄宗羲认为崇祯帝的用意本来符合形势的需要,实际的效果却是"轻武而不重武者",因为他将"天下之大托之于小人"。[3]"小人"是指总兵,监督者督抚与经略已形同虚设。因任人不当,国家危难时,与君从死者、建义起兵者大多是文臣。黄宗羲对明朝专任武力进行了指责:"北都失守,悠悠之口,皆谓不任武力所致,余独谓不然。尚古兵柄,本出儒术。思陵矫枉重武,其所重者皆粗暴之徒,君死社稷,免胄入贼师者无一人焉,荷戈衷甲,反为贼用,此专任武力之过也。"他认为大臣应文武兼备,"有卿相之才而为武,亦犹威宁、新建有将帅之才而为文也。以武夫而谓之武,无乃以场屋鬼琐之士而谓之文乎"？[4]但可惜明朝的大臣们文武截然分离:"自儒生久不为将,其视用兵也,一以为尚力之事,当属之豪健之流;一以为阴谋之事,当属之倾危之士。"[5]文人不习兵法,国难当头只能望洋兴叹,甚至无力自保。如钱肃乐、熊汝霖等都死于鲁王政权专政者郑彩之手,黄宗羲痛惜万分道:

---

[1] 黄宗羲:《留书·卫所》,《黄宗羲全集》第11册,第8页。
[2] 黄宗羲:《明夷待访录·兵制一》,《黄宗羲全集》第1册,第30～31页。
[3] 黄宗羲:《明夷待访录·兵制二》,《黄宗羲全集》第1册,第32～33页。
[4] 黄宗羲:《明骠骑将军镇守福建总兵官左军都督府都督金事瑞岩万公神道碑》,《黄宗羲全集》第10册,第232页。
[5] 黄宗羲:《明夷待访录·兵制三》,《黄宗羲全集》第1册,第35页。

> 未有一切大臣，听命于武夫之恣睢排挤，同此呼吸之死生，而蠢然不得一置可否如幕客、如旅人。……忠臣之热血，不洒于疆场之钟鼓，日染夫睚眦之干戈。虽由遇此厄会，然推原其故，有明文武过分，书生视戎事如鬼神，将谓别有授受，前此姑置。当其建义之始，兵权在握，诸公皆惶恐推去，不敢自任，武人大君而悔已无及矣。[1]

有志于报国的都是文弱书生，不懂兵法，掌握实权的却是一帮投机分子，这样的南明政权又焉能持久呢？

综合以上明代制度的问题，我们发现黄宗羲已认识到明代灭亡的某些根本原因。罢相的后果是宦官势力逐步扩张，最后几乎一手遮天，导致统治阶级上层的糜烂深入骨髓；地方吏治的腐败又从下层进一步推波助澜，动摇了整个统治秩序。在这种风雨飘摇之时，倘若再横征暴敛，农民难以生存，必然举起反抗大旗；朝廷的军队却又不堪一击，明政权的灭亡已是无可挽回的了。

4.文化批判

一个拥有近三百年历史的政权的崩溃，固然是由一系列极具破坏性的政治、经济、军事因素，经过长期积累、滋浸所致，"但作为由理学的道德观念和实践所形成的伦理秩序和社会秩序的瓦解，则确如清儒所论，既是在王学剥蚀下理学道德功能衰蜕带来的结果，也是这种道德功能丧失的表现"。[2] 黄宗羲的文化批判便集中在儒学道德劝诫功能与社会治理功能的丧失。

黄宗羲从社会风气与人心的角度论述了儒学道德功能的沦丧：

> 数十年来，人心以机械变诈为事。士农工商，为业不同，而其主于赚人则一也。赚人之法，刚柔险易不同，而其主于取非其有则一也。故镆铘之藏于中者，今而流血千里矣。饕餮之火，炎而焚舍；逾墙之秒，幻而穿掌；川渎并决而莫之塞，游貘蹂稼而莫之禁也。是岂一朝一夕之故哉！盖人心如镜，今日之祸，影现于镜中者已数十年矣，又何怪其然乎？[3]

---

[1] 黄宗羲：《钱忠介公传》，《黄宗羲全集》第10册，第574页。
[2] 崔大华：《儒学引论》，北京：人民出版社，2001年，第664页。
[3] 黄宗羲：《诸敬槐先生八十寿序》，《黄宗羲全集》第11册，第66页。

> 观近日当天下之任者,其所为皆欺人之事也,悬牛头,卖马脯,彼进而欺君,此退而信友……[1]

整个社会的风气已是江河日下,人人只知捞取利益,又有谁肯为拯救社会危机出力呢？连素以治国平天下为己任的儒家士大夫,都"局促自营,一遇利害如毛发,则振动悼慄,推之惟恐不远。其视穷间厄巷宛转之死亡,未尝肯效一蚊一虻之劳也"。[2]可见,明朝灭亡的种子早已于数几十年前埋下了,说明儒学发展到明代后期,已是面目全非。这就涉及儒学社会功能的衰退问题了。黄宗羲对此有十分深刻的反思:"夫儒者,类以钱谷非所当知,徒以文字华藻,给口耳之求,顾郡邑之大利大害,一听胥吏之为区画。胥吏惯于古今,既不能知变通之道,即知之,而又利其上下迷谬,可以施乾没之智。猛虎在山,藜藿为之不采。使得如君者落落相望,则天下无不穷之弊矣。"[3]儒学本是关心世务、经纬天地的学问,儒家学者也本应以治国安民为己任,却不料后来精通语录便能跻身于儒林,儒学成为欺世盗名、掩人耳目的工具;不仅如此,这些儒生还鄙薄经世应务的实事,对于关系国计民生尤重的钱谷等实务置之不理,为天地立心、为生民立命、为往圣继绝学、为万世开太平的宏论讲得头头是道,面临实际问题时却如坠迷雾,茫然不知所措。更有甚者,明末的学术界还流行意气之争,彼此谩骂,相互攻击,这无疑更加削弱了儒学本应承担的道德与社会功能。

> 昔之学者,学道者也;今之学者,学骂者也。矜气节者则骂为标榜,志经世者则骂为功利,读书作文者则骂为玩物丧志,留心政事者则骂为俗吏,接庸僧数辈则骂考亭为不足学矣,读艾千子定待之尾则骂象山、阳明为禅学矣。濂溪之主静,则曰盘桓于腔子中者也;洛下之持敬,则曰是有方所之学也。逊志骂其学误主,东林骂其党亡国。相讼不决,以后息者为胜,东坡所谓墙外悍妇,声飞灰火如猪嘶狗嗥者也。[4]

---

[1] 黄宗羲:《郁山戴君传》,《黄宗羲全集》第10册,第604页。
[2] 黄宗羲:《吴处士墓碣铭》,《黄宗羲全集》第10册,第407页。
[3] 黄宗羲:《瘦庵徐君墓志铭》,《黄宗羲全集》第10册,第459页。
[4] 黄宗羲:《七怪》,《黄宗羲全集》第10册,第650页。

明清之际的学者纷纷将亡国之责归咎于王阳明心学。黄宗羲作为王学传人,不可能全盘否定王学,虽然他不乏对王学末流的批判,但着眼点在于整个儒学。他提出"学问之事,析之者愈精,而逃之者愈巧"。儒学分裂为文苑,为儒林,为理学,为心学,言心学者,"无事乎读书穷理";言理学者,所读之书,不过经生之章句,所穷之理,不过字义之从违。"薄文苑为词章,惜儒林于皓首,封己守残,摘索不出一卷之内。其规为措注,与纤儿细士不见长短!天崩地解,落然无与吾事,犹且说同道异,自附于所谓道学者,岂非逃之者之愈巧乎"?[1]心学与理学共同改变了儒学的本来面目,瓦解了儒学的经世精神,那么空谈心性又岂会仅仅是心学的过错呢?黄宗羲正是基于这样的立场,在学术界一哄而起,攻击王学不遗余力的情况下,不惜奋力为阳明心学作辩护:

> 有明学术,白沙开其端,至姚江而始大明。盖从前习熟先儒之成说,未尝反身理会,推见至隐,此亦一述朱,彼亦一述朱。高景逸云:薛文清、吕泾野语录中皆无甚透悟,亦为是也。逮及先师蕺山,学术流弊,救正殆尽。向无姚江,则学脉中绝;向无蕺山,则流弊充塞。凡海内之知学者,要皆东浙之所衣被也。今忘其衣被之功,徒訾其流弊之失,无乃刻乎?[2]

黄宗羲强调王阳明心学在程朱理学走入绝境的情况下兴起,反对沿袭成说,主张人人有自得之见,功不可没。尤其是其倡导人人可以为尧舜,延续了孔孟学脉,功绩甚伟。尽管王门后学渐失宗旨,流弊日甚,但也有刘宗周奋起挽救,因此"向无姚江,则学脉中绝;向无蕺山,则流弊充塞。凡海内之知学者,要皆东浙之所衣被也"。黄宗羲在学术界对王学犹如狂打落水狗的狂轰滥炸中,提醒人们要记住心学的功绩,不要因其后来的流弊而对其全盘抹杀,这是对清初学术界矫枉过正的善意提醒。

黄宗羲还对科举制度做了深入的批判,提出"举业盛而圣学亡",[3]"科举

---

[1] 黄宗羲:《留别海昌同学序》,《黄宗羲全集》第10册,第645~646页。
[2] 黄宗羲:《移史馆论不宜立理学传书》,《黄宗羲全集》第10册,第221页。
[3] 黄宗羲:《恽仲昇文集序》,《黄宗羲全集》第10册,第4页。

盛而学术衰",[1]"科举既盛,大雅不作。天地英华,归之糟粕"。[2] 明代以八股文为考试格式,士人纷纷习八股,因而被称作时文。从《四书》中选材,不允许考生抒发个人见解,考题常有重复。士子们纷纷以琢磨考题、获取功名为目标,只走捷径,需要花费大量时日与功夫的经史之学自然遭到冷落。

> 举业盛而圣学亡。举业之士,亦知其非圣学也,第以仕宦之途寄迹焉尔,而世之庸妄者,遂执其成说,以裁量古今之学术,有一语不与之相合者,愕眙而视曰:"此离经也,此背训也。"于是六经之传注,历代之治乱,人物之臧否,莫不各有一定之说。此一定之说者,皆肤论瞽言,未尝深求其故,取证于心,其书数卷可尽也,其学终朝可毕也。虽然,其所假托者朱子也。盍将朱子之书一一读之乎?夫朱子之教,欲人深思而自得之也。故曰:"若能读书,就中却有商量。"又曰:"且教学者看文字撞来撞去,将来自有撞着处。"亦思其所谓商量者何物也?撞着者何物也?要知非肤论瞽言可以当之矣。数百年来,儒者各以所长,暴于当世,奈何假托朱子者,取其得朱子之商量撞着者,概指之为异学而抹杀之乎?[3]

科举的恶劣影响在于其以成说来衡量古今的学术,凡是与其不相符合者就加以排斥,这不仅阻挠了学术的多元发展,更令人气愤的是那些人自称评价标准是朱子之论,但他们连最基本的原始著作都未必看过,所谓的定论不过是人云亦云的盲从罢了。这恰好违反了朱子提倡深思治学,强调自得之学的精神,假借朱子不过是某些人欺世盗名的手段而已。况且,朱子之学也不过是一家之言,有其偏颇、不完善的地方,八股时文却以一废百,桎梏了学子们的思想,阻碍了学术的深入拓展:"自科举之学兴,以一先生之言为标准,毫秒摘抉,于其所不必疑者而疑之;而大经大法,反置之而不道。童习自守,等于面墙。圣经兴废,上关天运,然由今之道,不可不谓之废也"。[4] 黄宗羲指出八股取士是步步走入绝境,不可自拔。

---

[1] 黄宗羲:《李杲堂文钞序》,《黄宗羲全集》第 10 册,第 27 页。
[2] 黄宗羲:《外舅广西按察使六桐叶公改葬墓志铭》,《黄宗羲全集》第 10 册,第 391 页。
[3] 黄宗羲:《恽仲昇文集序》,《黄宗羲全集》第 10 册,第 4 页。
[4] 黄宗羲:《万充宗墓志铭》,《黄宗羲全集》第 10 册,第 417 页。

（二）批判的深刻性

黄宗羲批判思想的深刻性，体现在他以深入反思明代政治、经济、文化的弊端作为前提，对明代个案研究进行提炼升华，归纳出了对君权、制度及儒学的本质认识。

黄宗羲对朱元璋与后来的南明统治者都以负面评价为主。他将朱元璋称为"嗜杀人"者，显然是针对其在明王朝建立后屡兴大狱，大杀臣僚近四万人而言。不仅如此，他还公开指斥"有明之无善治，自高皇帝罢丞相始也"。黄宗羲对南明福王政权有更为大胆的揭露与批判：

> 今古为君者，昏至弘光而极，为相者，奸至马士英而极，不待明者而知之也。[1]

> （弘光）帝之不道，虽竖子小夫，亦计日而知其亡也。然诸坏政，皆起于利天下之一念。归功定策，怀仇异议。马、阮挟之以翻逆案，四镇挟之以领朝权，而诸君子亦遂有所顾忌而不敢为，于是北伐之事荒矣。迨至追理三案，其利灾乐祸之心，不感恩于闯贼者仅耳。《传》曰："临祸忘忧，忧必及之。"此之谓也！呜呼！南都之建，帝之酒色几何，而东南之金帛聚于士英；士英之金帛几何，而半世之恩仇快于大铖。曾不一年，而酒色、金帛、恩仇不知何在？论世者徒伤夫帝之父死于路而不知也。尚亦有利哉！[2]

他还从人性自私的角度揭示了各个政权最后都会走向灭亡的必然。"后世之视天下，以为利之所在，故窜夺之心生焉"。[3] 以天下为利之所在，看作私产，"既以产业视之，人之欲得产业，谁不如我？摄缄縢，固扃鐍，一人之智力不能胜天下欲得之者之众，远者数世，近者及身，其血肉之崩溃在其子孙矣。昔人愿世世无生帝王家，而毅宗之语公主，亦曰：'若何为生我家！'痛哉斯言！"人人都将天下视为最大的私产，争夺自然产生，这样一家一姓的政权最多可以维持数世，及身而亡者也不在少数，崇祯皇帝在亡国前夕对女儿长平公主所说

---

[1] 黄宗羲：《汰存录》，《黄宗羲全集》第 1 册，第 339 页。
[2] 黄宗羲：《弘光实录钞·序》，《黄宗羲全集》第 2 册，第 1~2 页。
[3] 黄宗羲：《孟子师说》卷七"伊尹曰"章，《黄宗羲全集》第 1 册，第 156 页。

的话,该是多么沉痛!

黄宗羲在总结明代历史经验教训的基础上,深化了对君主专制制度的认识。他指责三代后的君主只为私利:

> 以为天下之利害之权皆出于我,我以天下之利尽归于己,以天下之害尽归于人,亦无不可。使天下之人不敢自私,不敢自利,以我之大私为天下之大公。始而惭焉,久而安焉,视天下为莫大之产业,传之子孙,受享无穷,汉高帝所谓"某业所就,孰与仲多"者,其逐利之情不觉溢之于辞矣。此无他,古者以天下为主,君为客,凡君之所毕世而经营者,为天下也;今也以君为主,天下为客,凡天下之无地而得安宁者,为君也。是以其未得之也,屠毒天下之肝脑,离散天下之子女,以博我一人之产业,曾不惨然,曰"我固为子孙创业也";其既得之也,敲剥天下之骨髓,离散天下之子女,以奉我一人之淫乐,视为当然,曰"此我产业之花息也"。然则为天下之大害者,君而已矣。[1]

后世的君主将天下视为利之所在,千方百计予以保持,不惜荼毒残害天下百姓。岂知古代君主的产生本是为了天下百姓谋公利、除公害,而不是为了牟取一家一姓的私利,因此,君主的身份本为天下服务的公仆,如今却变为荼毒天下的大害。

黄宗羲还针对明朝君臣之间等级过分森严,大臣或谄媚逢迎,或明哲保身,提出了尖锐批评:"有明奏疏,吾见其是非甚明也,而不敢明言其是非,或举其小过而遗其大恶,或勉以近事而阙于古则,以为事君之道当然",他认为这是"舍其师友之道而相趋于奴颜婢膝之一途"。[2] 万历年间,张居正为首辅兼帝师,受到优待,黄宗羲认为比起古代帝王师傅所受的礼遇来仍百不及一,但是当时人居然惊奇于张居正无人臣之礼。黄宗羲指出"居正之罪,正坐不能以师傅自待,听指使于仆妾",至于那些指责他的人,是"耳目浸淫于流俗之所谓臣

---

[1] 黄宗羲:《明夷待访录·原君》,《黄宗羲全集》第1册,第23页。
[2] 黄宗羲:《明夷待访录·奄宦上》,《黄宗羲全集》第1册,第45页。

者以为鹄矣"![1]大臣习惯了君主的呼来喝去、颐指气使,反而不习惯礼遇了,真是奴性十足!这些人以为臣专为君而设立,"君分吾以天下而后治之,君授吾以人民而后牧之,视天下人民为人君囊中之私物。今以四方之劳扰,民生之憔悴,足以危吾君也,不得不讲治之牧之之术。苟无系于社稷之存亡,则四方之劳扰,民生之憔悴,虽有诚臣,亦以为纤芥之疾也"。后世的大臣多无担当天下责任的意识,一切以君主的利益、社稷的存亡为转移;即使四方骚动,民生困苦,只要没有危及君主的统治地位,他们都不会放在心上。可见,古今大臣的职责发生了质的变化。君臣之间的名分"从天下而有之者也。吾无天下之责,则吾在君为路人。出而仕于君也,不以天下为事,则君之仆妾也;以天下为事,则君之师友也"。[2]臣是君的师友抑或仆妾,取决于臣是否以"天下为事",以此为标准,黄宗羲认为后世的臣子无疑都是仆妾:"古之君臣,亦惟师友;后之人臣,仆妾奔走。师友之言,春温秋肃;仆妾之言,屈曲从俗。"[3]

黄宗羲揭示了明代某些制度中的弊病,如田制为"因循乱世苟且之术"[4];"封建"废除导致兵民相分,以民养兵,天下困绌,"精神日用之疆场,故其为治出于苟且";[5]学校丧失培养人才的基本功能,成为"科举嚣争、利欲熏心"[6]的营地,以此为前提,他提出:

> 三代以上有法,三代以下无法。何以言之?二帝、三王知天下之不可无养也,为之授田以耕之;知天下之不可无衣也,为之授地以桑麻之;知天下之不可无教也,为之学校以兴之,为之婚姻之礼以防其淫,为之卒乘之赋以防其乱。此三代以上之法也,固未尝为一己而立也。后之人主,既得天下,唯恐其祚命之不长也,子孙之不能保有也。思患于未然以为之法。然则其所谓法者,一家之法,而非天下之法也。……

---

[1] 黄宗羲:《明夷待访录·原臣》,《黄宗羲全集》第1册,第5页。
[2] 黄宗羲:《明夷待访录·原臣》,《黄宗羲全集》第1册,第4~5页。
[3] 黄宗羲:《皇明中宪大夫太仆寺少卿赠太常寺卿松槃姜公墓志铭》,《黄宗羲全集》第11册,第44页。
[4] 黄宗羲:《明夷待访录·田制一》,《黄宗羲全集》第1册,第24页。
[5] 黄宗羲:《留书·封建》,《黄宗羲全集》第11册,第6页。
[6] 黄宗羲:《明夷待访录·学校》,《黄宗羲全集》第1册,第10页。

> 三代之法,藏天下于天下者也。山泽之利不必其尽取,刑赏之权不疑其旁落,贵不在朝廷也,贱不在草莽也。在后世方议其法之疏,而天下之人不见上之可欲,不见下之可恶,法愈疏而乱愈不作,所谓无法之法也。后世之法,藏天下于筐箧者也。利不欲其遗于下,福必欲其敛于上;用一人焉则疑其自私,而又用一人以制其私;行一事焉则虑其可欺,而又设一事以防其欺。天下之人共知其筐箧之所在,吾亦鳃鳃然日唯筐箧之是虞,故其法不得不密。法愈密而天下之乱即生于法之中,所谓非法之法也。

三代的田制、赋税、礼教、刑赏都是适应民生需要而产生,不是任何个人借以谋取私利的工具。朝廷不垄断田园山泽的使用,让天下人共享;刑赏并非用来识别身份的高低贵贱,而是更好地协调君民关系。后世的制度却违背了这些初衷,因此黄宗羲说"此其法何曾有一毫为天下之心哉!而亦可谓之法乎?"不仅如此,后世的政权都为一家所私有,为了杜绝其他人的觊觎之心,不得不逐层设防,规章制度越来越多,越来越复杂,殊不知"法愈密而天下之乱即生于法之中",这属于"非法之法"。

黄宗羲反对频繁变革制度:"论者谓一代有一代之法,子孙以法祖为孝。夫非法之法,前王不胜其利欲之私以创之,后王或不胜其利欲之私以坏之。坏之者固足以害天下,其创之者亦未始非害天下者也。"[1]制度都是适应需要而产生,尽管人们常常指责统治者为满足私欲而破坏了祖制,黄宗羲却认为一些制度或许在制定之初就有弊端。"所谓先王之法,皆废而不用,人徒见其享国苟安,遂谓无所事此,幸而保守一家之富贵,其四海之困穷,虽当极盛之世,未之能免也。岂不忍人之政者?"[2]黄宗羲主张以"万民之忧乐"代替"一姓之兴亡"[3]评价历史治乱,那些不能避免四海穷困的所谓盛世,显然达不到治世的资格。不过黄宗羲说三代后历史的巨变主要发生于秦、元两朝,"夫古今之变,至秦而一尽,至元而又一尽。经此二尽之后,古圣王之所恻隐爱人而经营者荡然无具",所以需要恢复井田、封建、学校、卒乘等,不然"虽小小更革,生民之戚

---

[1] 黄宗羲:《明夷待访录·原法》,《黄宗羲全集》第1册,第6~7页。
[2] 黄宗羲:《孟子师说》卷四"离娄"章,《黄宗羲全集》第1册,第87页。
[3] 黄宗羲:《明夷待访录·原臣》,《黄宗羲全集》第1册,第5页。

戚终无已时也"。[1]"不以三代之治为治者,皆苟焉而已。"[2]这当然是不切实际的空想。

黄宗羲在批判明代文化的基础上,重点反思了影响最为广泛的儒学:

> 世道交丧,圣王不作,天下之人,兆民之众,要不能空然无所挟以行世,则遂以举世之习尚,成为学术。但论其可以通行,不必原其心术,揣摩世态,陪奉人情,在世路则为好人,在朝廷则为鄙夫。凡朝廷之资格,官府之旧规,往来之情面,胥吏之成例,弥缝周至,无有罅漏。千百年来,糜烂于文网世法之中,皆乡愿之薪传也。即有贤者,头出头没,不能决其范围,苟欲有所振动,则举世目为怪魁矣。以是诗文有诗文之乡愿,汉笔唐诗,袭其肤廓;读书有读书之乡愿,成败是非,讲贯纪闻,皆有成说;道学有道学之乡愿,所读者止于《四书》《通书》《太极图说》《近思录》《东西铭》《语类》,建立书院,刊注《四书》,衍辑语录,天崩地坼,无落吾事。夫子之恶之,亦逆料其祸必至于是也。"狂狷"是不安于流俗者,免为乡人,方有作圣之路。[3]

他说儒学后来只知迎合世俗需要,成为孔子最憎恨的乡愿之学。很多儒家学者不再关心世事,天崩地裂也完全无动于衷;即使有些人在变乱之际挺身而出,但因他们的学问脱离实际,往往对扶危救难心有余而力不足,最后只好"听其陆沉鱼烂,全身远害"。[4]黄宗羲说儒家老祖宗孔子"如化工,其救在万世",[5]后世的儒学显然极大地背离了其宗旨。

(三)批判的时代性

黄宗羲的批判史学还具有鲜明的时代性。明清之际的学者如顾炎武、吕留良、唐甄等都有关于批判君主制度的见解,与黄宗羲的《明夷待访录》有许多

---

[1] 黄宗羲:《明夷待访录·原法》,《黄宗羲全集》第1册,第7页。
[2] 黄宗羲:《孟子师说》卷四"离娄"章,《黄宗羲全集》第1册,第87页。
[3] 黄宗羲:《孟子师说》卷七"孔子在陈"章,《黄宗羲全集》第1册,第165页。
[4] 黄宗羲:《孟子师说》卷一"孟子见梁惠王"章,《黄宗羲全集》第1册,第49页。
[5] 黄宗羲:《孟子师说》卷五"伯夷目不视恶色"章,《黄宗羲全集》第1册,第127页。

相似处。尤其顾炎武认为《日知录》"中所论,同于(黄)先生(《明夷待访录》)者十之六七"。[1] 二人的共同性确实非常多:都批判明代吏治,攻击宦官制度,强烈抨击科举制度,反对君主独断,提倡清议,指责赋税的沉重,表达对民生的深深关切,抨击明末理学的流弊等等。但二人也有相当大的区别。顾炎武的代表作《日知录》,是一部笔记性的著作,"稽古有得,随时札记,久而类次成书"。[2] 其思想是零散的、不成体系的。黄宗羲的批判思想虽然分散于文集、专著中,但《留书》及《明夷待访录》可以作为代表,他的思想虽然在前后期有所变化,但很多内容基本保持一致。最关键的一点是黄宗羲的批判有其侧重点,这也集中体现在《明夷待访录》中。

黄宗羲的批判史学在当时具有代表性,首先,其批判不仅激烈,更具有一定的理性。黄宗羲与顾炎武相比,批判的锋芒显然远胜后者。但在当时,与其类似的批判性见解并不少见。如吕留良指责君主将天下作为牟利的武器,"自秦并天下以后,以自私自利之心,行自私自利之政,历代因之。后儒商商量量只从他私利心上要装折出不忍人之政来,如何装折得好?"[3]这种揭露感情成分较多,理性不足。因为在明朝末年,以李贽为首已有倡导私利的主张:"夫私者,人之心也。人必有私而后其心乃见;若无私则无心矣。"[4]吕留良反对私利,显然与当时的启蒙思潮背离。黄宗羲批判君主,正是承认人自私自利的合理性:"有生之初,人各自私也,人各自利也,天下有公利而莫或兴之,有公害而莫或除之。"君主的出现就是为了兴公利、除公害,所以比普通人勤劳千万倍,因而大部分人并不愿居充当。"好逸恶劳,亦犹夫人之情也。"后世的君主却认为天下的利害大权掌握在自己手里,于是将天下之利尽归于己,天下之害尽归于人,"使天下之人不敢自私,不敢自利,以我之大私为天下之大公"。[5] 他在逐步分析的基础上,得出君为天下大害的论断,具有一定的理性色彩。唐甄

---

[1] 顾炎武:《亭林佚文辑补·与黄太冲书》,《顾亭林诗文集》,北京:中华书局,1983年,第238页。
[2] 潘耒:《原序》,《日知录》,《顾炎武全集》,上海:上海古籍出版社,2012年,第2页。
[3] 吕留良:《四书讲义》卷三十四《孟子五·滕文公上》,《续修四库全书》第165册,第482页。
[4] 李贽:《藏书》卷三十二《德业儒臣后论》,《李贽文集》第3卷,北京:社会科学文献出版社,2000年,第626页。
[5] 黄宗羲:《明夷待访录·原君》,《黄宗羲全集》第1册,第2页。

"自秦以来,凡为帝王者皆贼"[1]的呐喊,充分发泄了其作为潦倒丐儒的怒火,也喊出了几千年专制政治下少有人敢于表达的心声。但他多为现象的指责,道德的批判,而这也与其人生际遇有较大的关系,使其批判充满着穷书生的满腔怨气与无穷愤慨。在中国历史上,不乏以天道、礼制、道德来限制君权的主张,但最终都要求通过皇帝的自律得以实现,这无疑具有很大的不确定性。黄宗羲突破了这一陈旧的框架,力图从权力结构的本身,分解出制约君主的力量,从对君主的他律中实现抑君的主张,这在一定程度上接近孟德斯鸠"以权力制约权力"的思想。[2]

其次,是黄宗羲的批判不仅有破坏性,更具建设性。他是在打倒旧有的体制与文化的前提下,提出了针对性的革新措施。针对君主危害天下,他提出君主应明确自己的职责;针对大臣的愚忠行为,他认为读书人出仕应为万民而非为君效劳。明代废除丞相,带来一系列恶劣后果,黄宗羲提出应恢复汉唐的宰相制,宰相与参知政事每日与天子一起议政。针对后世制度代代变更,生民陷于水火,他主张恢复井田、封建、学校等"三代"的制度。学校不仅要发挥培养人才的本职功能,还要担负评判政治是非、制约君主的作用:"天子之所是未必是,天子之所非未必非,天子亦遂不敢自为非是,而公其非是于学校。"[3]针对取士制度的诸多弊端,他提出除了科举外,还需推行荐举、太学、任子、郡县佐、辟召及绝学等众多选拔人才的方式。此外,田制、赋税、货币制方面,他都提出了自己的具体方案,目的都是为了改革乱世的苟且之术,减轻民众负担。胥吏对吏治的危害,他建议以士人代替革除其弊病。宦官干预朝政,他认为可以通过君主节欲少妻、减少宦官人数来尽力避免。

黄宗羲所提出的革新主张价值参差不齐,有的具有启蒙性和民主性,有的陈旧浅薄,有的具有实践性,有的迂阔不可行,不可一概而论。尽管如此,仍体现了他探索新社会的可贵精神。

---

[1] 唐甄:《潜书》下篇《室语》,《四库全书存目丛书》子部第 95 册,第 506 页。
[2] 刘志琴:《晚明社会与中国文化近代化》,《河北学刊》2008 年第 1 期。
[3] 黄宗羲:《明夷待访录·学校》,《黄宗羲全集》第 1 册,第 10 页。

第三节　黄宗羲经学对史学的影响

黄宗羲对《周易》《春秋》《孟子》的认识或研究都深刻地影响了其史学。在中国思想史、史学史上，凡是杰出的思想家对《周易》都有比较深入的研究，易学成就的高低，与其史学所能达到的层次之间，常常存在十分密切的关系。黄宗羲的易学以批驳象数学末流为主，而相对缺乏义理的阐释，因此与其他史学家比较起来，其易学与史学的关系就相对显得隐晦，这也是学术界在探讨其史学时，几乎很少提及其易学这一哲理基础的重要原因。《春秋》的研究，在黄宗羲的经学中并不占有太重的分量，但以公羊学为渊源的正统论，在明清之际民族矛盾空前激烈、夷夏之辨受到普遍关注的背景下，显然对其产生了较大的吸引力，并反映到其史学思想中。黄宗羲著有《孟子师说》，对孟子学说有比较深入的研究，从而接受了其历史观、仁政学说与批判精神。

需要指出的是，黄宗羲的经学对其史学产生的影响常常不是孤立的，各经之间并非截然脱离，而是彼此交错地对其史学产生影响。另外，一种经典包含的思想往往是丰富的，多层面的，其对史学也就可能产生不同角度的影响。此外，经学对史学产生的影响并不都是积极的，也有消极的。本节围绕历史运动观、历史盛衰论、社会史观、学术史思想等方面，来探究黄宗羲经学对其史学产生的影响。

一、经学与历史运动观

易学与孟子学说共同影响了黄宗羲的历史运动观，这一点在作于康熙二年（1663）的《明夷待访录·题辞》中交代得十分清楚：

> 余尝疑孟子一治一乱之言，何三代而下之有乱无治也？乃观胡翰所谓十二运者，起周敬王甲子以至于今，皆在一乱之运。向后二十年交入"大壮"，始得一治，则三代之盛犹未绝望也。前年壬寅夏，条具为治大法，未卒数章，遇火而止。今年自蓝水返于故居，整理残帙，此卷犹未失落于担头舱底，儿子某某请完之。……然乱运未终，亦何能为"大壮"之交！吾

虽老矣,如箕子之见访,或庶几焉。岂因"夷之初旦,明而未融",遂秘其言也![1]

孟子提出"天下之生久矣,一治一乱"[2]的观点,在中国古代历史上曾产生久远的影响。黄宗羲对此见解有些疑惑,他认为三代以后有乱无治,而不是治乱交替。从胡翰的十二运中可以得到解释:从周敬王到黄宗羲所处时代都是"乱运"。十二运出自胡翰的《衡运论》,胡翰称所说闻之于广陵秦晓山。[3]《衡运论》的基本观点如下:"皇降而帝,帝降而王,王降而霸,犹春之有夏,秋之有冬也。由皇等而上,始乎有物之始;由霸等而下,终乎闭物之终。消长得失,治乱存亡,生乎天下之动,极乎天下之变。纪之以十二运,统之以六十四卦。"十二运大致上仿照《周易·序卦》而来:"有天地然后有万物,有万物然后有男女,有男女然后有夫妇,有夫妇然后有父子,有父子然后有君臣,有君臣然后有上下,有上下然后礼义有所错。"《周易·序卦》是对人类产生、发展与变化的说明,胡翰则是以十二运来推明历史上皇、帝、王、霸四个不同阶段的升降演变。黄宗羲说胡翰的理论"较之扬子云之卦序,差为整齐,非唐宋以后人所能作也"。[4]

据目前掌握的资料来看,黄宗羲初次提到胡翰及十二运,是顺治十八年(1661)的《次韵答旦中》一诗:"一生甜苦历中边,治乱循环岂偶然?曾向晓山推卦运,时从拾得哭苍天。摩娑黄独长镵手,抖擞花牛落日肩。人物中原憔悴尽,岂容吾辈只安眠。"诗还有小注:"胡翰言十二运得之秦晓山。"[5]黄宗羲于1649年因家事离开鲁王政权,作此诗时虽已脱离南明政权有十二年之久,但

---

[1] 黄宗羲:《明夷待访录·题辞》,《黄宗羲全集》第1册,第1页。
[2] 赵岐注,孙奭疏:《孟子注疏》卷六《滕文公下》,《十三经注疏》,北京:中华书局,1980年,第2714页。
[3] 秦晓山,生平不详。胡翰,黄宗羲在《明文海》中有介绍,但不全面。后来全祖望在《宋元学案·北山四先生学案》中进行了补作。据此,我们可知胡翰乃元末明初人,字仲申,金华人。从吴师道学经,从吴莱学古文词,又登许谦之门,尝至京师遍交名士,入明为儒学教授,聘修《元史》。居长山之阳,称长山先生。当时其与宋景濂并称为金华两先生。黄宗羲称其《衡运》诸文为"天地间之元气也"。(《明文海评语汇辑》,《黄宗羲全集》第11册,第104页。)
[4] 黄宗羲:《易学象数论》卷六《衡运》,《黄宗羲全集》第9册,第270页。
[5] 黄宗羲:《南雷诗历》卷一《次韵答旦中》,《黄宗羲全集》第11册,241~242页。

仍关心时局的发展。当年十二月永历帝被缅人执送与清军,南明最后一个政权覆灭。黄宗羲的悲愤之情难以自抑,不禁号哭苍天,他依据十二运推算当时仍处于乱世,而治乱是循环交替的,因此他仍满怀希望。两年后,黄宗羲完成《明夷待访录》,在题辞中他明确提到胡翰及十二运对自己的影响。他依据十二运与孟子的一治一乱说,认为二十年后有望恢复三代之盛,因而在《明夷待访录》中梳理"为治大法"。两种学说在他的思想中被糅合了起来,十二运是为论证一治一乱服务的,因此黄宗羲平静地接受"夫以时而论,天下之治日少而乱日多",[1]"古今来治日少而乱日多"[2]的事实。

十余年后,在康熙十一年(1672)[3]成书的《易学象数论》中,黄宗羲对十二运的看法发生改变。他将胡翰的理论与历史发展的阶段对照,发现二者并不完全符合。前四运为皇、帝、王、霸,既然其犹如春夏秋冬般循环交替,那么为什么"今四运之后,两运过中,非惟不能复皇帝,即所谓霸者,亦不可得。将秋冬之后,更有别运,天人之际,一往不返者,何耶?"[4]胡翰对此也有领悟,曾解释说长达11520年的十二运是"不浸则不极,不极则不复。复而与天下更始,非圣人不能也"。孔子也未能恢复王道,他说是"时未臻乎革",直至宋朝,"犹未臻乎革也"。[5]黄宗羲对此半信半疑:

> 革在十二运之终,十二运告终,始复其常。前为四运,后为八运,参差多寡,无乃悬绝?以仲子之言为是耶?孟子所谓一治一乱者正相反;以仲子之言为非耶?前之二千余年者既如斯,后之四千八百年宁可必乎?倘若以汉唐宋之小治,衡之三代而上,是谓褒天,此又某之所不敢也。

---

[1] 黄宗羲:《陈苇庵年伯诗序》,《黄宗羲全集》第10册,第48页。
[2] 黄宗羲:《千秋王府君墓志铭》,《黄宗羲全集》第10册,第472页。
[3] 吴光在《易学象数论考》(《黄宗羲全集》第9册附)中考证黄宗羲始作此书于顺治十八年(1661),至康熙十一年(1672)成书。证据是《易学象数论》卷四《乾坤凿度一》"今定天元至壬子"句中的夹注,称壬子为作《易学象数论》之年。另外,本人发现《易学象数论》卷六《推法》"积年上元甲子至今壬子"句也有"作《象数论》之年"的夹注,因此采用康熙十一年成书说。
[4] 黄宗羲:《易学象数论》卷六《衡运》,《黄宗羲全集》第9册,第270页。
[5] 黄宗羲:《易学象数论》卷六《胡仲子(翰)衡运论》,《黄宗羲全集》第9册,第273页。

十二运仅前四运为治世,后八运尽为乱世,二者相差太远,与孟子一治一乱的说法相反。但黄宗羲还是不愿完全否定胡翰的学说,表示"留其不然以观人事,留其然以观天运,此天人之际也"。[1] 黄宗羲没有完全迷信十二运之说,强调十二运的变数可以从人事中寻找原因。

但此后二十多年的等待,终于让其希望彻底破灭:"余尝为《待访录》,思复三代之治。昆山顾宁人见之,不以为迂。今计作此时,已三十余年矣。秦晓山十二运之言,无乃欺人。"[2] 该文约作于康熙三十一年(1692,即黄宗羲逝世前三年),此时期清朝统治蒸蒸日上,历史的进程并没有按照十二运的运动模式演进,黄宗羲明白反清复明已成为不可能实现的梦想,因而才发出这种愤激之言。黄宗羲舍弃了十二运学说,作于一年后的《画川先生〈易俟〉序》表明他对孟子的一治一乱说更加坚定了:

> 盖《易》非空言也,圣人以之救天下万世者也。大化流行,有一定之运,如黄河之水,自昆仑而积石而底柱而九河而入海,盈科而进,脉络井然,三百八十四爻皆一治一乱之脉络,阴阳倚伏,可以摹捉,而后圣人得施其苞桑拔茅之术以差等百王,故象数之变迁为经,人事之从违为纬,义理即在其中。一部二十一史,是三百八十四爻流行之迹也。[3]

《周易》是圣人"救天下万世"的通则,而非不切实用的空言,其三百八十四爻都是对人类历史进程中一治一乱脉络的形象体现。历史在象数的变迁中,三百八十四爻的周流变动中,人类活动的干预中逐步向前演变,这种总的历史趋势则是一治一乱。

经学对黄宗羲历史运动观的影响并非全是积极的。如十二运本身就谈不上什么高明的理论,甚至被人称为神秘学说,但因最初满足了黄宗羲渴望复兴三代之治的需要,因而被他接纳,后来该学说没有应验,黄宗羲就毫不留情地指斥其为骗人的把戏。这鲜明地体现了其近于功利的心态,从这个角度我们

---

[1] 黄宗羲:《易学象数论》卷六《衡运》,《黄宗羲全集》第9册,第270页。
[2] 黄宗羲:《破邪论·题辞》,《黄宗羲全集》第1册,第192页。
[3] 黄宗羲:《画川先生〈易俟〉序》,《黄宗羲全集》第10册,第102~103页。

也可以发现通经致用的负面性:为了致用不管什么理论,只要符合需要就行,而不能达到目标则又将其全盘抛弃,这不是严谨的学术态度。此外,黄宗羲最初在《明夷待访录》中依据十二运对历史进程的认识,阐述了他的历史批判思想,表达了对治世的向往与期待;大约十年后,其思想有所变化,在《易学象数论》中开始对十二运有所怀疑,但因其恢复明政权的愿望过分强烈,不肯完全放弃这种理论,从而削弱了其历史认识的理性色彩;二十年后其理想最终幻灭后,其对十二运的指斥,进一步表明黄宗羲在运用十二运理解历史时,犯了机械主义的错误,这与其当初所说的"留其不然以观人事"的通变理论是相矛盾的,因而也就降低了其通变思想的高度。同样孟子一治一乱的历史运动学说,也不是先进的思想,黄宗羲仍然如此信奉,尽管他承认"古今之事,后起之胜于前者多矣"。[1]但这种承认历史向前发展的言论毕竟太少了,相反一治一乱的思想在其文集中泛滥,掩盖了难得一见的进化思想的火花。

二、经学与历史盛衰论

以《周易》的通变思想论历史的盛衰变动,是中国传统史学家的治学风格。黄宗羲也不例外。他说变易贯彻于《周易》各卦之中:"《易》中何卦不言变?辞有隐显,而理无不寓。"[2]变革是历史的必然:"器敝改铸之为革,天下亦大器也。礼乐制度,人心风俗,一切变衰,圣人起而革之,使就我范围以成器。后世以力取天下,仍袭亡国之政,恶乎革?"[3]他也曾就"恒"卦阐发对变与恒的认识:

> 苏子瞻曰:"自其变者而观之,则天地曾不能以一瞬;自其不变者而观之,则物与我皆无尽也。"人但知男女饮食之为恒事,尽力与造化相搏。造化以至变者为恒,人以其求恒者受变。苟知乾坤成毁,不离俄倾,则恒久之道得矣。[4]

从不同的角度来看,变与恒并不是绝对的,天下之至变对造化而言竟为恒

---

[1] 黄宗羲:《张南垣传》,《黄宗羲全集》第10册,第585页。
[2] 黄宗羲:《易学象数论》卷二《卦变一》,《黄宗羲全集》第9册,第55页。
[3] 黄宗羲:《易学象数论》卷三《原象》,《黄宗羲全集》第9册,第119页。
[4] 黄宗羲:《易学象数论》卷三《原象》,《黄宗羲全集》第9册,第114页。

久,这体现出黄宗羲的辩证眼光。

易学的通变观念,被黄宗羲深入地运用于历史盛衰的探讨中。《明夷待访录》为主要代表,展现了其变革社会的理想。"夫古今之变,至秦而一尽,至元而又一尽。经此二尽之后,古圣王之所恻隐爱人而经营者荡然无具,苟非为之远思深览,一一通变,以复井田、封建、学校、卒乘之旧,虽小小更革,生民之戚戚终无已时也。"[1]他认为秦、元是中国历史上的两大变局,经此变动之后,"生民之戚戚终无已时",这与其以万民之忧乐来划分历史治乱是一致的:"盖天下之治乱,不在一姓之兴亡,而在万民之忧乐。是故桀、纣之亡,乃所以为治也;秦政、蒙古之兴,乃所以为乱也;晋、宋、齐、梁之兴亡,无与于治乱者也。"[2]黄宗羲将天下与一朝一姓区分了开来,评价尺度就是民生之苦乐。当然二者也有辩证统一的时候:民生得到维护,二者就是统一的,为治世;民生受到损害,即使新的朝代建立,也是乱世。

黄宗羲还将通变思想应用于具体历史事件的评价中。如明朝末年的南迁之议。崇祯十七年李自成遣军北上,崇祯帝多次下令诸臣商议战守、南迁之事,以内阁首辅陈演为代表的臣僚极力反对,兵科给事中光时亨将南迁之议斥为邪说,在重重阻力下,本欲南迁的崇祯帝放弃了南迁方案,提出与国共存亡。黄宗羲的友人,时任天津巡抚的冯元飏早在南迁之议初起时就向崇祯帝提出宜疏通海道,防患于未然,因此帝命其以三百艘漕船在直沽口待命。南迁之议搁浅后,冯元飏心急如焚,派其子冯恺章入京敦促崇祯帝南迁,因帝震怒而未果。[3]黄宗羲曾撰文详记此事,并表示赞同南迁:

> 思陵身死社稷,一洗怀、愍、徽、钦之耻,古今亡国而不失其正者,此仅见也。然余以为使思陵避之南都,天下事尚未去也。何至令荒君逆臣载胥及溺,遂不能保有江左乎?故唐玄宗幸蜀以避禄山之祸,代宗幸陕以避吐蕃之难,德宗幸奉天以避朱泚之乱,皆再造唐祚。史表曰:"诸侯王始封者,必受土于天子之社,归立之为国社,以岁时祠之。死社稷者,诸侯守土

---

[1] 黄宗羲:《明夷待访录·原法》,《黄宗羲全集》第1册,第7页。
[2] 黄宗羲:《明夷待访录·原臣》,《黄宗羲全集》第1册,第5页。
[3] 参考樊树志:《晚明史》下卷,上海:复旦大学出版社,2003年,第1109~1107页。

之职,非天子事也。"恨其时小儒不能通知大道,执李纲之一言,不敢力争,乃使其出于此也。

当国危言,曰守曰避,择斯一者,视其形势。唐避再兴,宋守不坠。未尝执一,以为正义。奈何小儒,今古不备。伯纪一言,遂同成议。南迁之论,其时有二,在外惟公,在内惟李(邦华)。举朝不然,至委神器。当日陪京,原有深意。[1]

唐玄宗、代宗、德宗都曾离京避乱,而"再造唐祚",这个观点可能受到李明睿的影响。李明睿曾提出:"就使皇上发策南迁,此亦救时急着。唐时再迁再复,宋室一迁南渡,传国百五十年。若唐宋不迁,又何有灵武、武林之恢复?又何有百五十年之历数哉?"[2]尽管明朝末年已是内忧外患,狼烟四起,政局不同于唐代仅是内忧,崇祯帝即使南迁也未必能力挽狂澜,但黄宗羲强调"唐避再兴,宋守不坠。未尝执一,以为正义"。他认为在危难关头,朝廷是守是避应根据客观形势,灵活变通,不可固执守一。这种变通的观念是值得肯定的。

黄宗羲还主张将通变思想推行于立身处世中:

余尝谓吾人之应世,种种不齐,时有常变,势有顺逆,德有刚柔,类有邪正,然此中各有自然之天则。惟气质未融,私意未化,不能虚以适变,不免参以己意,故有形迹可指,不能合乎天德。乾则是纯阳,谓之龙德。盖浑然太虚之体,故能随时变易,与世推移。

他认为友人郑兰皋一生做到了"随时变易,与世推移","所得于《易》者深矣"。[3] 由此我们很自然地想到学术界对黄宗羲晚节的讨论,或许可以从其对《易》学变通精神的体悟中得到一种解释。

与其他思想家相比,黄宗羲特别重视历史盛衰变动中人事的作用。他提出:

---

[1] 黄宗羲:《巡抚天津右佥都御史留仙冯公神道碑铭》,《黄宗羲全集》第10册,第233、238页。
[2] 彭孙贻:《流寇志》卷九,杭州:浙江人民出版社,1983年,第141页。
[3] 黄宗羲:《郑兰皋先生八十寿序》,《黄宗羲全集》第10册,第697页。

> 天以日月星辰为言语文字，诏告天下万世。圣人写天象以为象数，不过人事之张本，其为象数也，尽之于三百八十四爻。今舍三百八十四爻之人事，而别为图书卦变于外，若圣人有所未尽者，是作《易》者，犹之为鬘悦刀笔之务也。而盛衰之理，反求之鸟鸣风角矣。

黄宗羲认为象数虽是天象的体现，但从根本上讲则是人事的张本，所以要探求历史的盛衰之理，必须于人事中总结。他评论乔石林的《易俟》，便首肯其"会通古今，凡天地之极则，事机之变化，人情物理之纠错，烂然皆聚于目，而于君子小人之消长，尤为亲切。盖先生在讲筵，奏对以救维桑，遂不为小人所容，所谓谈虎色变也"。[1] 在《易》学著作中关注君子、小人的话题，乃是《易》学时代性之体现："有明一代的党争，亡国之际的政治经历，与易代后的处境，构成了遗民读《易》的基本经验根据。论《易》而关注于所谓'君子小人消长之际'，正有明人趣味"，"突出地呈示了遗民经学的现实品性。"[2] 君子小人之辨，是黄宗羲十分关注的话题，故其对乔氏之论深有感触，他认为其对君子小人势力消长变化的突出重视，正是从人事的角度去探讨明代的历史盛衰之理。

黄宗羲对人事的重视，在其对宋、明历史兴亡问题的探讨上有十分突出的体现。

> 余于李庭芝守扬之事，盖未尝不为之流涕也。宋已亡矣，犹能死守半载，庭芝一日在扬，则扬一日不速飞，元不能乘其席卷之势以下扬，而必待之易守之后。然则兴亡之故，虽曰天运，固未常不由于人矣。世徒曰：宋之亡也，兵力人心一无可恃。夫扬之兵力非有加于天下也，朱焕之代庭芝，所用者亦即扬之民也。观庭芝能用扬于亡国之余，知古今无不可为之时耳。有明之亡，高公守郧之事，何其与之相类也。

李庭芝在南宋灭亡后仍坚守扬州半年，元军久攻不下。后来由朱焕之替代，扬州才被攻克。明末高玄若守孤城郧阳，以疲老之卒四千人抵抗并多次击

---
[1] 黄宗羲：《画川先生〈易俟〉序》，《黄宗羲全集》第10册，第103页。
[2] 赵园：《明清之际士大夫研究》，第434页。

退李自成农民起义军三万人。尽管李、高二人的坚守并不能不扭转乾坤,连高公自己也恸哭说:"老臣以一隅为挈瓶之守,岂知其无益于天下之大数也",但与其他军队相比,高玄若率领的扬州军民的斗志弥足可贵。

> 自流寇起,讨贼之师,一盛于杨嗣昌,再盛于孙传庭,皆竭天下之力以奉之,剑客奇才,辐辏戏下,而襄、洛之陷,潼关之败,中原由此陆沉。左良玉之兵号数十万,自开封溃后,翱翔樊城,避贼于荆州,再避武昌,三避九江,其视一战,如以肉委饿虎。区区郧阳,饥卒不满半万,重围援阙,两京陷没,魁然而峙,必待公解任而后速飞。然后知兵不在强弱,城不在坚脆,顾用之之人何如耳。[1]

黄宗羲提出"古今无不可为之时",关键在于朝廷所任用的人才如何,也就是人事实际上决定国家的兴亡,天运不过是人事作用下的结果,"兴亡之故,虽曰天运,固未尝不由于人矣"。

南明小朝廷内部的腐朽加速了自身的崩溃,这在黄宗羲的《行朝录》《海外恸哭记》《弘光实录钞》中都有详细的记述与揭露。其中永历政权内部的纷争与混乱便是其集中体现:

> 粤稽永历立国,筚路蓝缕,自救无暇,与宋之二王无异。惟肇庆之时两三年间,可以进取有为,而又为五虎所把持。薄文细故,事事争执,以法祖制,慎名器,依傍为题目,庙堂之上,流矢影风,救过不遑,而于兵食战守绸缪呼吸之大计,一切置之不讲。夫未进呈曰票拟,既落红即圣旨,圣旨一不当意,即追究票拟之人而欲殴之,此与狗脚朕之詈何殊?

朋党纷起,权臣把持朝政,以名器礼制这样的细枝末节作为朝廷政务,俨然太平治世,不仅北上收复河山的大计完全抛于脑后,自身也难以苟全。因而

---

[1] 黄宗羲:《陕西巡抚右副都御史玄若高公墓志铭》,《黄宗羲全集》第10册,第327、329页。

黄宗羲才会认识到"国之兴亡,虽曰天数,天之所废,由人摧仆"。[1]

三、经学与社会史观

在儒家经典中,以被朱熹确立为经的《孟子》的批判思想最为突出。黄宗羲著有《孟子师说》一书,他通过解说《孟子》,阐发哲学思想,也吸收了孟子的批判精神,对三代而后的社会提出了自己的认识。

《孟子》开篇便提出"王何必曰利? 亦有仁义而已矣。……未有仁而遗其亲者也,未有义而后其君者也"。[2] 朱熹认为三代是天理流行,三代以后的社会是人欲横流。黄宗羲论说三代以后的社会,通过《孟子》一书,做出解释,他说:"七篇以此(仁义)为头脑",他指出孟子强调仁义的时代背景在于"三代以下,至于春秋,其间非无乱臣贼子,然其行事议论,大抵以仁义为骨子,而吉凶亦昭然不爽。及至战国,人心机智横生,人主之所讲求,策士之所揣摩,只在'利害'二字,而仁义反为客矣。举世尽在利欲胶漆之中",春秋时代虽时有乱臣贼子出现,但当时人的言行处事仍以仁义作为标榜,违背仁义者必将受到社会谴责;战国时代,各国统治者都不惜抛弃仁义的面纱,赤裸裸地追逐自身的利益。黄宗羲极不赞成这种轻视仁义的急功近利行为,他提出:

> 天地以生物为心,仁也。其流行次序万变而不紊者,义也。仁是乾元,义是坤元,乾坤毁则无以为天地矣。故国之所以治,天下之所以平,舍仁义更无他道。

他将仁义抬至与天地乾坤并列的高度,指出要治国平天下,舍弃仁义别无他法。孟子说"未有仁而遗其亲者也,未有义而后其君者也",黄宗羲认为这就是仁义的功用,"天地赖以常运而不息,人纪赖以接续而不坠"。[3] 这是对朱

---

[1] 黄宗羲:《文渊阁大学士吏兵二部尚书谥文靖朱公墓志铭》,《黄宗羲全集》第10册,第510、511页。
[2] 赵岐注,孙奭疏:《孟子疏证》卷一《梁惠王章句上》,《十三经注疏》,第2665页。
[3] 黄宗羲:《孟子师说》卷一"孟子见梁惠王"章,《黄宗羲全集》第1册,第49页。

熹"惟仁义则不求利而未尝不利也"[1]的进一步发挥。

黄宗羲以统治者推行仁义与否,作为评判历史社会的重要依据:

> 天地之生万物,仁也。帝王之养万民,仁也。宇宙一团生气,聚于一人,故天下归之,此是常理。自三代以后,往往有以不仁得天下者,乃是气化运行,当其过不及处,如日食地震,而不仁者应之,久之而天运复常,不仁者自遭陨灭。"愿世世无生帝王家",酷痛如此。[2]

黄宗羲认为帝王如同天地生育万物一样,推行仁义养育万民,那么宇宙的生气,自然聚集在其身上,天下百姓归依,是很自然的事情。如汉高祖、光武帝、唐太宗及宋太祖等人,通过不嗜杀人而实现了统一天下的局面。元、明两朝大开杀戒,与历史上著名的残暴王朝秦、隋无异,却"延世久长",[3]黄宗羲感到痛心疾首。不过,他认为这是气化运行中的反常现象,一旦天运恢复正常,"不仁者自遭陨灭"。他以崇祯帝在亡国之际,对女儿说"愿世世无生帝王家"这种惨痛教训作为告诫。可见黄宗羲虽然眷恋故国,但他也认识到明的灭亡乃是违背仁义的结果。

在社会治理中,应该如何推行仁义之道呢？黄宗羲提出"志仁者从民生起见"的主张:

> 孟子不以利害言,而以志仁为主,此根本之学也。是时列国求富强者,皆从一己起见,志仁者从民生起见。从民生起见,即涖中国朝秦楚,而无不可从一己起见,即固有之地,亦在所当损。[4]

仁义是根本之学,要推行仁义之道,必须摒弃个人私心,一切从民众的实际需要出发。六经所记载的先王之法度、设施,正是在民众需要的基础上产生

---

[1] 朱熹:《孟子集注》卷一《梁惠王章句上》,《四书章句集注》,北京:中华书局,1983年,第219页。
[2] 黄宗羲:《孟子师说》卷四"三代之得天下"章,《黄宗羲全集》第1册,第90页。
[3] 黄宗羲:《孟子师说》卷一"晋国天下莫强"章,《黄宗羲全集》第1册,第50～51页。
[4] 黄宗羲:《孟子师说》卷六"鲁欲使慎子"章,《黄宗羲全集》第1册,第146页。

的。黄宗羲提出先王的制度能够流传下来，并不是某个人的意愿决定的，而具有坚实的民生基础，因此后代帝王在制定法度时，只需根据社会形势变化与现实需要稍作修改便可，而不是完全推翻。每一个新朝代的建立，所推行的新制度最终还是为了保全统治阶层的最大利益，即"一家之富贵"[1]与一时之苟安，即使在号称最为强盛的统治时期，处于社会底层的广大民众中，仍不免有很多人辗转于沟壑之间。从根本上说，三代以后的制度多与仁政背道而驰。

黄宗羲着重从社会根本问题，即密切关系民生的田制与赋税制度两个方面，比较了三代与后世的变化，得出结论："不以三代之治为治者，皆苟焉而已。"三代的田制是井田，"盖井田非一代之制，自唐虞以来，圣帝明王，世世经理，不开阡陌，都仍旧贯，苟有变更，朱子所以疑其劳民动众也"。井田虽有夏贡、殷助、周彻之分，经历了由公私不分到公私分开的演变，但基本上赋税很轻，只助耕公田或征收什一之税，而且"增减随于丰歉，民无所事事，贡则当其盛时，丰年如额，凶年递减，上虽劳而民不困"。[2] "三代盛时，井田之制，民但助耕公田，未尝征其粟米也。"[3]后来田制与赋税制度一再演变，黄宗羲归纳为三次大的变化：秦开阡陌，井田尽废，这是第一次；自秦至唐，只对民众征收粟帛，杨炎两税法实行后，改为征钱，这是第二次；自明以来，废钱而征银，这是第三次。本来井田被废后，赋税就一步步加重，唐代开始的两税法一直被沿用，至明代已是弊端丛生：

> 今之两税，皆贡法也。其病民不待言，然民亦无暇以此为病矣。苟还什一之税，民亦解倒悬也。我东浙之田，斥卤下下，一亩所收，上者不过米八斗，米价八钱，其征银米火耗二钱有奇，则十而取三矣。三吴之田稍优，其漕粮银米，大略十取五六，而力役不与焉。古之田自上授之，而税止什一，今之田民所自有，而税且至半，何不幸而为今之民也。[4]

黄宗羲指出两税法实际征税达到十取三，甚至十取五六，远远超出了三代

---

[1] 黄宗羲：《孟子师说》卷四"离娄"章，《黄宗羲全集》第1册，第87页。
[2] 黄宗羲：《孟子师说》卷二"滕文公问为国"章，《黄宗羲全集》第1册，第80～81页。
[3] 黄宗羲：《孟子师说》卷七"有布缕之征"章，《黄宗羲全集》第1册，第162页。
[4] 黄宗羲：《孟子师说》卷二"滕文公问为国"章，《黄宗羲全集》第1册，第80～81页。

什一税的标准。总之,"经此三变,民生无几矣"。[1]因此,他说"何不幸而为今之民也"。黄宗羲通过古今的对比,揭露了封建剥削层层加深的事实,体现了他对民生的深切关注。

黄宗羲还通过古今君臣关系的变化,批判了后世君尊臣卑这种等级悬殊的不合理关系。"'君使臣以礼,臣事君以忠',为君之正道,初非有心于报施也。"君臣本来是彼此平等的关系,但后来,"君骄臣谄,习而成故,大略视臣如犬马,视君如国人者,居其七八"。[2]"天子而豢畜其臣下,人臣而自治以佣隶,其所行者皆宦官宫妾之事,君臣之礼,几于绝矣。"[3]孟子曾阐释君臣关系道:"君之视臣如手足,则臣视君如腹心;君之视臣如犬马,则臣视君如国人;君之视臣如土芥,则臣视君如寇仇。"[4]孟子认为君臣的关系是互动的,黄宗羲赞成这种见解,但他指出后世的君臣关系变了质:君不懂得尊重大臣,视臣如犬马;大臣也不懂得自重,一味逢迎讨好,君臣礼仪完全废弃。黄宗羲批判的对象虽然波及整个中国封建制度下的君臣关系,但其批判思想产生的现实基础,却是君主专制皇权空前强化的明王朝。他曾就张居正与明神宗的关系说道:

> 嗟乎!后世骄君自恣,不以天下万民为事。其所求乎草野者,不过欲得奔走服役之人,乃使草野之应于上者,亦不出夫奔走服役,一时免于寒饿,遂感在上之知遇,不复计其礼之备与不备,跻之仆妾之间而以为当然。万历初,神宗之待张居正,其礼稍优,此于古之师傅未能百一。当时论者骇然居正之受无人臣礼。夫居正之罪,正坐不能以师傅自待,听指使于仆妾,而责之者反是,何也?是则耳目浸淫于流俗之所谓臣者以为鹄矣![5]

黄宗羲深刻地揭露了封建统治下大臣对自身尊严的忽视,挖苦他们一旦获取功名便感觉皇恩浩荡,对统治者感恩涕零,跻身于奴仆的行列而认为理所当然。因此张居正稍受礼遇,便引来一片责怪之声,正是大臣自甘下贱的体

---

[1] 黄宗羲:《孟子师说》卷二"滕文公问为国"章,《黄宗羲全集》第1册,第81页。
[2] 黄宗羲:《孟子师说》卷四"君之视力臣"章,《黄宗羲全集》第1册,第105页。
[3] 黄宗羲:《孟子师说》卷二"孟子将朝王"章,《黄宗羲全集》第1册,第72页。
[4] 赵岐注,孙奭疏:《孟子注疏》卷八《离娄下》,《十三经注疏》,第2726页。
[5] 黄宗羲:《明夷待访录·原臣》,《黄宗羲全集》第1册,第5页。

现。所以他提醒说:"孟子之意,以为凡为臣者皆当自重,不趋于诡随一途。"[1]

黄宗羲结合阐发《孟子》思想,对不合理的社会问题进行了抨击,从中我们可以发现不少带有时代特征的闪光点。不过,其以孟子作为认识社会历史的重要理论依据与武器,也有局限,就是他根本没有跳出儒家思想的窠臼。他在《明夷待访录》中虽然激烈批判君主,也多限于道德上的谴责,在他的思想中,理想的君主只是个体行仁修德的境界,他并未能从政治结构上真正解决君害。他也根本没有主张废除君主制度,《宦官》一文中提出只减少宦官人数而不根除制度,其他如《置相》提倡恢复宰相制度,明显都是以君主制度的存在为前提。他的文集中毫不惜墨地对捍卫朱明王朝的人物及大批盲目殉国殉君者予以颂扬,诗歌中更是直抒对家国故主的眷恋,这说明黄宗羲"没有超越传统中国的政治制度模式"。[2]

四、经学与学术思想

易学、春秋学与孟子学说还共同影响了黄宗羲的学术思想。易学造就了黄宗羲在学术上提倡"殊途百虑之学"的开阔胸怀与博大气派。他说:

> 昔明道泛滥诸家,出入老、释者几十年,而后返求诸六经。考亭于释、老之学,亦必究其归趣,订其是非。自来求道之士,未有不然者。盖道非一家之私,圣贤之血路,散殊于百家,求之愈艰,则得之愈真。虽其得之有至有不至,要不可谓无与于道者也。[3]

> 夫苟工夫著到,不离此心,则万殊总为一致。学术之不同,正以见道体之无尽也。奈何今之君子,必欲出于一途,剿其成说,以衡量古今,稍有异同,即诋之为离经畔道,时风众势,不免为黄茅白苇之归耳。夫道犹海也,江、淮、河、汉以至泾、渭蹄涔,莫不昼夜曲折以趋之,其各自为水者,至

---

[1] 黄宗羲:《孟子师说》卷二"孟子将朝王"章,《黄宗羲全集》第1册,第72页。
[2] 何隽:《论〈明夷待访录〉的政治思想》,《清史研究》1994年第2期。
[3] 黄宗羲:《朝议大夫奉敕提督山东学政布政司右参议兼按察司佥事清溪钱先生墓志铭》,《黄宗羲全集》第10册,第351页。

于海而为一水矣。[1]

"道"犹如大海容纳百川般宽广,是各种学术流派的汇合,因此它可通过不同的途径来获求,而这种求"道"过程中的分歧,正充分体现了"道体之无尽",所以倘若将学术追求的标准整齐划一,搞独断专制,党同伐异,势必扼杀了学术的创新与活力。因此,黄宗羲主张学术上应提倡"殊途百虑之学"。这在《明儒学案》中有比较充分的体现,黄宗羲申明:

> 学问之道,以各人自用得著者为真。凡倚门傍户,依样葫芦者,非流俗之士,则经生之业也。此编所列,有一偏之见,有相反之论,学者于其不同处,正宜著眼理会,所谓一本而万殊也。以水济水,岂是学问![2]

这种"殊途百虑"的概念,正来自于《周易·系辞下》:"天下何思何虑,同归而殊涂(途),一致而百虑。"这是说人们可以通过不同的途径达到共同的目标,可以在意见纷纭的争论中达成一致。允许有一偏之见、相反之论的存在,而这些分歧,实际上能开阔视野,只要最终能够统一,便有利于解决问题。黄宗羲将《周易》的这种精神应用、推广于学术研究中,才有了《明儒学案》这部中国古代"完善的学术史"[3]著作。

其次,《周易》的元、亨、利、贞观念被黄宗羲应用于学术的传承中。元、亨、利、贞,是《周易·乾卦》的卦辞,原无哲学含义。孔颖达《周易正义》提出乾卦"四德"是阳气生化万物的四个阶段,后来程颐、朱熹沿用孔说,将"四德"解为万物从生长到成熟四个阶段,周而复始,被称为"贞了又元",后被称为"贞下起元",遂成为哲学家用来表述事物从始到终发展阶段的术语。[4]黄宗羲将元、亨、利、贞应用于学术道统的传承中:

---

[1] 黄宗羲著,沈芝盈点校:《明儒学案序》,《明儒学案》(修订本),北京:中华书局,2008年,第4页。
[2] 黄宗羲:《明儒学案发凡》,《黄宗羲全集》第7册,第6页。
[3] 梁启超:《中国近三百年学术史》,北京:东方出版社,2012年,第58页。
[4] 具体参见郑万耕:《易学中的元亨利贞说》,《首都师范大学学报(社会科学版)》2004年第3期。

> 道之在天地间，人人同具，于穆不已，不以一人之存亡为增损。故象山云："且道天地间有个朱元晦、陆子静，便添得些子，无了后便灭得些子。"然无添减而却有明晦，贞元之会，必有出而主张斯道者以大明于天下，……吴草庐曰："尧舜而上，道之元也，尧舜而下其亨也，洙泗鲁邹其利也，濂洛关闽其贞也。"余以为不然。尧舜其元也，汤其亨也，文王其利也，孔孟其贞也。若以后贤论，周程其元也，朱陆其亨也，姚江其利也，蕺山其贞也，孰为贞下之元乎？[1]

儒家的道统论，主要讲后人对前人学术思想的传承，其核心在于讨论道之渊源统绪、如何传道并由何人来承担。黄宗羲认为道是客观存在的，不以人的存亡而增减，人却可左右道的昌明与晦暗，这些人物就是道统得以延续的关键。其对道统传承模式的认识，明显受到元代学者吴澄的影响。吴澄是朱熹的四传弟子，[2] 有很强的道统意识和自觉，十九岁时便作《道统图》。他在《道统图并叙》中用《周易》元、亨、利、贞的模式阐述道统的发展历程，将道统的发展历程分为上古、中古、近古三个时期，每一时期又具体划分为元、亨、利、贞四个阶段，两宋理学被排在儒学发展的近古阶段，从周敦颐、程颐、张载到朱熹，按序排列为元、亨、利，朱熹被置于"利"而不是终结的"贞"，这一处理并不那么符合朱熹作为理学集大成者的历史事实。吴澄之所以如此排列的用意，有学者分析指出："显然是他自己隐隐然的想以'贞'为己任，以跻身于宋儒诸子的地位。"[3]

黄宗羲虽然批评吴澄不配成为道统继承人："澄之言曰：'近古之统，周子其元，程张其亨也，朱子其利也，孰为今日之贞乎？'澄尝举进士于中国，变而为

---

[1] 黄宗羲：《孟子师说》卷七"由尧舜至于汤"章，《黄宗羲全集》第1册，第165～166页。
[2] 这是学术界对于吴澄师承最为流行的说法，语出黄百家："幼清（吴澄字）从学于程若庸，为朱子之四传。"见于《宋元学案》卷九十二《草庐学案》，《黄宗羲全集》第6册，第573页。但方旭东提出了不同看法：吴澄于程若庸虽称门人，其学却是"私淑于经"；且吴澄对于饶鲁乃至整个晚宋朱门后学不无微词。因此"澄之学为朱学自无疑，然非沿袭晚宋朱门后学，亦明矣"。（《吴澄评传》附录《吴澄传记资料蒐证》，第293页）其论点固然新颖，但也并非毫无漏洞。
[3] 唐宇元：《吴澄的理学思想》，载于《中国哲学》第八辑，北京：三联书店，1982年，第155页。

夷,贞者固如是乎?"有一定的独到性。但他对道统传承模式的认识,明显受到吴澄的影响。他提出先秦时期儒家的道统是"尧舜其元也,汤其亨也,文王其利也,孔孟其贞也"。宋以后则是"周程其元也,朱陆其亨也,姚江其利也,蕺山其贞也"。他改动了吴澄道统图中的人物谱系,特别是宋明时期,增加了陆九渊、王阳明(姚江)与刘宗周(蕺山)。黄宗羲"思想无疑是心学的一支,梁任公说他是'王学的修正者',庶几得之"。[1] 但他将心学的创始者陆九渊与朱熹并列,这是被学术界目为"和会朱陆"的吴澄所没有做到的。因为无论是早期的《道统图并叙》,还是中年的《尊德性道问学斋记》,吴澄的道统谱系中孟子之后就是周程张邵朱,陆九渊是没有被包括在内的。王阳明作为理学史上取代朱熹的学术人物,对明中后期的学术影响,自不待言。在黄宗羲看来,其最大功绩在于延续了学脉:"贞元之运,融结于姚江之学校,于是阳明先生者出,以心学教天下,示之作圣之路。……今之学脉不绝,衣被天下者,皆吾姚江学校之功也。"[2] 因此他在道统谱系中自然不能缺席。刘宗周被列于"贞"位,是因为其对王门后学流弊的矫正之功:"逮及先师蕺山,学术流弊,救正殆尽。向无姚江,则学脉中绝;向无蕺山,则流弊充塞。"[3] 蕺山之后,"孰为贞下之元乎?"这是颇为意味深长的发问,同样是继承了吴澄的思路。结合黄宗羲多次申明其生辰与孔子、朱子相同的相关言论,大致可以推断出黄宗羲是以"贞下之元"自期并自许的。也就是说,黄宗羲将蕺山排列"贞"位固然有尊师之意,但更是为自己成为"贞下之元"的道统继承人做铺垫。[4]

黄宗羲虽然有传承道统的自觉意识,但其反对儒学内部党同伐异,积极提倡"一本万殊"之学。[5] "一本万殊"之学要求对于各种"一偏之见""相反之论"都兼收并蓄,这固然具有学术民主精神,但我们并不据此认为黄宗羲反对

---

[1] 刘述先:《重访黄宗羲——新版自序》,《黄宗羲心学的定位》,杭州:浙江古籍出版社,2006年,第1页。
[2] 黄宗羲:《余姚县重修儒学记》,《黄宗羲全集》第10册,第133页。
[3] 黄宗羲:《移史馆论不宜立理学传书》,《黄宗羲全集》第10册,第221页。
[4] 详见吴海兰:《黄宗羲与蕺山学的塑造》,《汉籍与汉学》2018年第1期。
[5] 黄氏的"一本万殊"之学早已受到国内外学术界的重视,如冯契《中国古代哲学的逻辑发展》下册(上海:上海人民出版社,1985年,第314页)中称其为黄氏的学术史观和历史主义的方法论;李明友(《一本万殊——黄宗羲的哲学与哲学史观》,北京:人民出版社,1994年)则称"一本万殊"为黄氏的哲学史观。

道统论。[1]

> 盖道非一家之私,圣贤之血路,散殊于百家,求之愈艰,则得之愈真。虽其得之有至有不至,要不可谓无与于道者也。[2]
>
> 盈天地皆心也。人与天地万物为一体,故穷天地万物之理,即在吾心之中。后之学者错会前贤之意,以为此理悬空于天地万物之间,吾从而穷之,不几于义外乎?此处一差,则万殊不能归一,夫苟工夫著到,不离此心,则万殊总为一致。学术之不同,正以见道体之无尽……[3]

"一本"即"道","万殊"即"殊途百虑之学"[4],"一本"之所以"万殊",是因为道"非一家之私",可以体现为气、理、心、性等不同的范畴,因此,不同的学派会选择不同的理论模式;而"万殊"又"一本"则是因为无论哪个派别,都是为了求道,都不会自认为超越于孔门与儒家道统之外。[5] 以上述认识为前提,黄宗羲在吸收前人和会朱陆的思想基础上,得出朱陆"终归一致"的结论。虽然他也承认朱陆学术各有侧重点,陆"以尊德性为宗",朱"以道问学为主",但他也强调"非尊德性则不成问学,非道问学则不成德性,故朱子以复性言学,陆子戒学者束书不观,周程以后,两者固未尝分也"。[6] "二先生同植纲常,同扶名教,同宗孔孟。即使意见终于不合,亦不过仁者见仁,知者见知,所谓'学焉而得其性之所近',原无有背于圣人,矧夫晚年又志同道合乎!"[7]

如果说易学的"殊途百虑"观念开阔了黄宗羲的学术胸襟,那么春秋学的

---

[1] 冯契《中国古代哲学的逻辑发展》下册(第318页)提出黄宗羲反对儒家道统说;其弟子杨国荣继承并发扬其说(《王学通论——从王阳明到熊十力》,上海:华东师范大学出版社,2003年,第203~204页)提出黄宗羲反对以道统来编排学术思想史,其反对把古今学术纳入一定之成说,是对独断论色彩的道统说的否定。
[2] 黄宗羲:《南雷诗文集上·朝议大夫奉敕提督山东学政布政司右参议兼按察司佥事清溪钱先生墓志铭》,《黄宗羲全集》第10册,第351页。
[3] 黄宗羲:《明儒学案序》(改本),《黄宗羲全集》第10册,第79页。
[4] 黄宗羲:《明儒学案》上,《黄宗羲全集》第7册,第3页。
[5] 向世陵:《理气心性之间——宋明理学的分系与四系》,长沙:湖南大学出版社,2006年,第184页。
[6] 黄宗羲:《复秦灯岩书》,《黄宗羲全集》第10册,第210页。
[7] 黄宗羲:《宋元学案》卷五十八《象山学案》,《黄宗羲全集》第5册,第280页。

正统观念则又从另一个侧面削弱了其开放的程度。正统论在学术领域颇有影响。"宋儒喜为道统之说,李元纲著《圣门事业图》,第一图即云'传道正统',拈出:'正'字。""王洙《宋史质》特立道统传。影响所及,清人即有《学统》一类之著述,……凡此皆以正统观念,灌输入于学术史而成书者也。"[1]正统观念在黄宗羲的学术思想中有十分鲜明的体现。他在对待佛老、杨墨的态度上,表现出了排斥异端、维护正统儒学的坚定立场。黄宗羲将佛教视为洪水猛兽之害,因为其由有体无用变为有用无体,从事机械变诈的丑行,由无助于治理天下国家变为危乱天下国家。黄宗羲不仅揭露佛教在当时的危害,还指出了其实质不过是杨、墨之学的翻版:

> 愚以为佛氏从生死起念,只是一个自为,其发愿度众生,亦只是一个为人。恁他说玄说妙,究竟不出此二途。其所谓如来禅者,单守一点精魂,岂不是自为?其所谓祖师禅者,纯任作用,岂不是为人?故佛氏者,杨、墨而深焉者也,何曾离得杨、墨窠臼?岂惟佛氏?自科举之学兴,儒门那一件不是自为为人?自古至今,只有杨、墨之害,更无他害。今人不识佛氏底蕴,将杨、墨置之不道,故其辟佛氏,亦无关治乱之数,但从门面起见耳。彼单守精魂者,不过深山之木石,大泽之蛇龙,无庸辟之,其纯任作用一切流为机械变诈者,方今弥天漫地,杨、墨之道,方张未艾。[2]

此段文字先见于《孟子师说》中,后来也出现于《明儒学案》中,[3]只是语句顺序稍有不同。可见,黄宗羲对以上见解是十分坚持的。佛、道二教与杨、墨之道相通,这是大部分儒家学者的共识。[4]它们的共同特点都在于只为一己之私利,而不顾天下之大利。黄宗羲认为这种功利之学,仍在社会上流行,只不过变为佛老之学。无论佛教的生死起念还是普度众生,最终都是为了自己,辟佛者因认识不清佛教的底蕴,往往只抓住了皮毛,而没有揭示出其与社

---

[1] 饶宗颐:《中国史学上之正统论》通论(十),上海:上海远东出版社,1996年,第59页。
[2] 黄宗羲:《孟子师说》卷三"好辨"章,《黄宗羲全集》第1册,第85~86页。
[3] 黄宗羲:《明儒学案》卷五十五《给事中郝楚望先生敬》,第1314~1315页。
[4] 李明友:《一本万殊——黄宗羲的哲学与哲学史观》,北京:人民出版社,1994年,第119页。

会治乱之间的关系。从关心社会治乱的角度来辟佛,这正是黄宗羲作为一个具有强烈社会责任感的儒家学者的治学风格。

学术上的正统与异端之争,一般是在儒家内部多个学派或学术分支并立的情况下,具有道统意识的儒家学者往往把自己或自己一派视为儒家正统,而把儒学内部的异己、特别是学术观点与自己有较大分歧者,视为异端或非正统。黄宗羲突破了这个框架,他对儒学的维护与佛、老、杨、墨的批判,都与其经世致用的追求相统一,他正是以儒学的积极入世精神来反对佛、老之学的消极避世态度,在当时的历史背景下具有积极的现实意义。但从另一个角度来说,这实际上与其所鼓吹的"殊途百虑"之学的开阔胸襟是相矛盾的。说明所谓的"殊途百虑"之学,不过是儒学内部的不同见解、学说的求同存异而已,即使出入释老,终归要返求六经,才是正确的选择。他甚至还提出:"古今诸子百家,言人人殊,亦必依傍圣门之一支半解,而后得成其说,何曾出此范围! 譬之于水,则断潢绝港,无波涛汹涌之观;譬之于明,则爝火阳焰,所照无几,能如圣门之观澜必照乎!"[1]将儒学视作诸子百家思想的源泉,这显然是儒学中心论下所得出的片面之词。黄宗羲虽然有别于那些固守门户之见,排斥程朱学说以外一切异论的狭隘者,但正统论局限了其思想的开放程度。

---

[1] 黄宗羲:《孟子师说》卷七"孔子登东山"章,《黄宗羲全集》第 1 册,第 154 页。

第三章　顾炎武的经史之学

顾炎武(1613—1682)一生博览群书,对经学、史学、音韵、小学、金石、舆地等各领域都有涉猎,弟子潘耒称"凡经义、史学、官方、吏治、财赋、典礼、舆地、艺文之属,一一疏通其源流,考正其谬误",[1]且做出了不同程度的开创性研究,因其承前启后之功,被视为清学的开山。其代表性著作《日知录》《音学五书》《天下郡国利病书》《肇域志》都基本集中于探讨经史方面之学。

顾炎武多次明确宣扬治学当以明道救世为宗旨:"君子之为学,以明道也,以救世也。徒以诗文而已,所谓'雕虫篆刻',亦何益哉!"[2]"孔子之删述六经,即伊尹太公救民于水火之心,而今之注虫鱼,命草木者,皆不足以语此也。……愚不揣,有见于此,故凡文之不关于六经之指、当世之务者,一切不为。而既以明道救人,则于当今之所通患,而未尝专指其人者,亦遂不敢以辟也。"[3]他认为朝廷录取生员的目的,也是"使之成德达材,明先王之道,通当世之务,出为公卿大夫,与天子分猷共治者也"。[4]"明先王之道"与"通当世之务"可谓顾炎武学术研究的两翼,一为经学,一为史学,二者交相为用,互有影响,共同造就其通儒之学:"综贯百家,上下千载,详考其得失之故,而断之于心,笔之于书,朝章国典、民风土俗,元元本本,无不洞悉,其术足以匡时,其言足以救世。"[5]

---

[1] 潘耒:《日知录序》,顾炎武著,严文儒、戴扬本校点:《日知录》,《顾炎武全集》第18册,上海:上海古籍出版社,2012年,第12页。
[2] 顾炎武:《亭林文集》卷四《与人书二十五》,《顾亭林诗文集》,北京:中华书局,1983年,第98页。
[3] 顾炎武:《亭林文集》卷四《与人书三》,《顾亭林诗文集》,第91页。
[4] 顾炎武:《亭林文集》卷一《生员论上》,《顾亭林诗文集》,第21页。
[5] 潘耒:《日知录序》,《日知录》,《顾炎武全集》第18册,第11页。

第一节 "明先王之道"[1]——顾炎武的经学

一、对明代经学衰落原因的总结

在中国经学史上,明代被看作是经学积衰的时代。晚清学者皮锡瑞提出这一看法,其实在一定程度上受到顾炎武的影响:

> 顾炎武谓:《春秋大全》全袭元人汪克宽《胡传纂疏》,《诗经大全》全袭元人刘瑾《诗传通释》。其三经,后任皆不见旧书,亦未必不因前人也。取已成之书,抄誊一过,上欺朝廷,下诳士子,唐宋之时,有是事乎!经学之废,实自此始。[2]

除了上述引文外,顾炎武还有类似看法。洪武时期诏令重定宋儒蔡沈的《书传》为《书传会选》,该书"凡蔡氏《传》得者存之,失者正之,又采诸家之说足其未备",如每传之下,系以经文及传、音释,对字音、字体、字义,辨析都甚为详细;古人姓字、古书名目,也都标明出处,并考证典故。顾炎武评价该书道:"盖宋元以来,诸儒之规模犹在,而其为此书者,皆自幼为本之学,非由八股发身之人,故所著之书,虽不及先儒,而尚有功于后学。"但是,到永乐年间修《尚书大全》,不仅删去异说,连音释都没了,对于这一变化,他总结原因道:"愚尝谓自宋之末造以至有明之初年,经术人材于斯为盛,自八股行而古学弃,《大全》出而经说亡,十族诛而臣节变。洪武、永乐之间,亦世道升降之一会矣。"[3]他认为八股取士、《四书大全》《五经大全》及靖难之役是造成洪武、永乐年间世道变化的三个因素。将靖难之役与此联系,初看似乎让人难以理解,顾炎武对此另有说明:儒臣奉旨修《四书大全》《五经大全》,花费巨大,本来以为可以"章一

---

[1] 顾炎武:《亭林文集》卷一《生员论上》,《顾亭林诗文集》,第21页。
[2] 皮锡瑞著,周予同注释:《经学历史》,北京:中华书局,2004年,第209页。笔者按:以上资料出自《日知录》卷十八《四书五经大全》,但并非全引。
[3] 顾炎武著,严文儒、戴扬本校点:《日知录》卷十八《书传会选》,第715页。

代教学之功,启百世儒林之绪",谁知最后仅是抄袭前人,瞒上欺下,"岂非骨鲠之臣已空于建文之代,而制义初行,一时人士尽弃宋元以来所传之实学,上下相蒙,以饕禄利而莫之问也"?[1] "骨鲠之臣已空于建文之代",这是指明成祖朱棣诛杀方孝孺等建文诸臣事件。方孝孺是明初的著名学者,曾师从宋濂,建文帝即位后被召为翰林侍讲,诏敕多出其手。"靖难"之役发动后,姚广孝曾向成祖请求:"城下之日,彼必不降,幸勿杀之。杀孝孺,天下读书种子绝矣。"[2]建文帝自焚死,方孝孺拒绝为朱棣草拟登基诏书,竟被诛十族,死者达八百余人。此外,凡忠于建文帝而又不肯同他合作的文臣皆被指为"奸臣",惨遭杀戮。顾炎武从这个角度来探明代学风的转变,可谓卓识,发人深省。当代有学者提出明成祖朱棣对方孝孺的屠戮,是对明代士风最大的破坏,是造成明代中后期士风崇尚清谈最主要的原因之一,[3]正可与其遥相呼应。

"八股行而古学弃",这是指明代科举制度对经学造成的负面影响。顾炎武虽然讨论了科考中三场、拟题、十八房等不同的方面,但都集中分析了八股取士对明代经学的破坏。如三场,顾炎武指出古今有别:

> 明初三场之制,虽有先后而无重轻。乃士子之精力多专于一经,略于考古。主司阅卷,复护初场所中之卷,而不深求其二三场。夫昔之所谓三场,非下帷十年,读书千卷,不能有此三场也。今则务于捷得,不过于《四书》一经之中拟题一二百道,窃取他人之文记之,入场之日,抄誊一过,便可侥幸中式,而本经之全文,有不读者矣。率天下而为欲速成之童子,学问由此而衰,心术由此而坏。[4]

明代科举实行三年一试,每次考试分为三场:初场经义,范围限于程朱注释的《四书》与《五经》;第二场考论、判、诏、诰、表等;第三场考经史时务策论。

---

[1] 顾炎武著,严文儒、戴扬本校点:《日知录》卷十八《四书五经大全》,第714页。按:《顾炎武全集》本为"启不世儒林之绪",据《日知录校注》本(第1008页)与《日知录集释》(全校本,第1043页)改。
[2] 张廷玉:《明史》卷一四一,第4019页。
[3] 张树旺:《论方孝孺之死对明代士风的影响》,《广东社会科学》2006年第1期。
[4] 顾炎武著,严文儒、戴扬本校点:《日知录》卷十六《三场》,第647~648页。

三场之中,最重要的是初场,具体说来,即四书义三道(篇)和经义四道(篇)。四书的篇幅较短,五经虽长,但应试者只需掌握其中的一经即可。这一经被称为"本经"。明代正德、嘉靖以后,科考弊端日生,有人把前人中式的许多范文汇集起来,提供给初习举业的童子背诵;更有从四书五经中拣歌功颂德的语句出题,便于士子易揣摩,即"于《四书》一经之中拟题一二百道,窃取他人之文记之","侥幸中式"。这样带来的直接后果便是士子们不需要再费时费力地攻读本经全文,只求速成即可,学问的衰落与心术的败坏也就不可避免。

如十八房,"今制:会试用考试官二员总裁,同考试官十八员分阅《五经》,谓之十八房"。十八房之刻,始于万历年间,闽、浙等地民间书坊刊刻科考程文越来越多,贩运流布全国。"天下之人惟知此物可以取科名,享富贵,此之谓学问,此之谓士人,而他书一切不观。"[1]具体以经文而言,"初场试所习本经义四道,而本经之中,场屋可出之题不过数十。富家巨族延请名士馆于家塾,将此数十题,各撰一篇,计篇酬价,令其子弟及僮奴之俊慧者记诵熟习。入场命题,十符八九",因为科考规则没有明文规定这类"剿袭"属违法,于是拟题背范文之风便愈演愈烈,天下之士靡然从风,本经几乎完全不读,"成于剿袭,得于假倩",士子们若被问起所未读之经,则茫茫然不知为何书,但这样的人却往往能中举人、进士,因此顾炎武愤激道:"愚以为八股之害,等于焚书,而败坏人材,有甚于咸阳之郊,所坑者但四百六十余人也。"[2]

"《大全》出而经说亡",是指明朝廷推行文化一统对经学造成的伤害。永乐十二年(1414),明成祖朱棣命胡广等人以程朱理学为标准,汇辑经传与集注编为《五经大全》《四书大全》,"并本义于程传,去《春秋》之张传及四经之古注疏,前人小注之文稍异于大注者不录",顾炎武提出这种文化上的专制直接导致"通经之路愈狭矣"。而且《五经大全》虽在万历中期刻印,并颁行于天下,朝廷却未曾立法劝人诵习,"试问百年以来,其能通十三经注疏者几人哉?"[3]以一家之学,有限之书,尚且苦其难读,何况这种所谓大全式的大部头著作呢?

---

[1] 顾炎武著,严文儒、戴扬本校点:《日知录》卷十六《十八房》,第642～643页。
[2] 顾炎武著,严文儒、戴扬本校点:《日知录》卷十六《拟题》,第648～649页。
[3] 顾炎武:《亭林文集》卷三《与友人论易书》,《顾亭林诗文集》,第41～42页。

《五经大全》均以程朱理学为标准,于是程朱理学成为"一道德而同风俗"的理论依据,无论是八股取士,还是代圣立言,都必须以《大全》为标准。士子们的头脑完全受禁锢,凡是在朱学以外的探讨与涉猎,都会被斥作非"正学"。[1]这种垄断,自然不利于学术的繁荣,因为任何东西一经垄断,便同扼杀,生机无从谈起。

在整个社会的思想日趋僵化,陷入一潭死水似的境地后,王阳明心学应运而起,却不料这对经学带来的也并非积极影响,顾炎武说"新学之兴,人皆土苴六经,因而不读传注",[2]出现这种情况,与王阳明对经学的认识有很大关系:

> 《六经》者非他,吾心之常道也。故《易》也者,志吾心之阴阳消息者也;《书》也者,志吾心之纪纲政事者也;《诗》也者,志吾心之歌咏性情者也;《礼》也者,志吾心之条理节文者也;《乐》也者,志吾心之欣喜和平者也;《春秋》也者,志吾心之诚伪邪正者也。……故《六经》者,吾心之记籍也,而《六经》之实则具于吾心。

由于将六经视为"心之常道",侧重于个人体验,主张治六经在于治心,王阳明批评传统儒家学者的经学研究不得其门,其实是乱经、侮经与贼经,而非通经,经学由此不明于世:

> 世之学者,不知求《六经》之实于吾心,而徒考索于影响之间,牵制于文义之末,硁硁然以为是《六经》矣。……呜呼!《六经》之学,其不明于世,非一朝一夕之故矣。尚功利,崇邪说,是谓乱经;习训诂,传记诵,没溺于浅闻小见以涂天下之耳目,是谓侮经;侈淫辞,竞诡辩,饰奸心,盗行逐世,垄断而自以为通经,是谓贼经。[3]

---

[1] 侯外庐、邱汉生、张岂之主编:《宋明理学史》下,北京:人民出版社,1997年,第53页。
[2] 顾炎武著,严文儒、戴扬本校点:《日知录》卷十八《科场禁约》,第725页。
[3] 王守仁著,吴光、钱明等编校:《王阳明全集》卷七《稽山书院尊经阁记》,第254~255页。

王阳明这是从根本上否定了章句训诂这种传统的侧重于文本考证的研究方法,而强调"求《六经》之实于吾心",以主观臆断的方法来治五经,其《五经臆说》即是代表:"默记旧所读书而录之。意有所得,辄为之训释。期有七月而《五经》之旨略遍,名之曰《臆说》。盖不必尽合于先贤,聊写其胸臆之见,而因以娱情养性焉耳。"[1]这种指导思想下的经学研究,自然导致不读传注,甚至后来演变为轻视经典本身,出现"粪土六经"的现象,至其末流发展为"束书不观"而流为"狂禅"者更是比比皆是,因此顾炎武才说读书人"语之以五经则不愿学,语之以白沙、阳明之语录则欣然矣,以其袭而取之易也"。[2]空谈性命远比皓首穷经容易得多,心学风行天下,不是没有原因的。

八股取士、《五经大全》与王阳明心学的风行天下,是顾炎武对明代经学衰落原因的探讨,这种反思对后世产生了一定的影响。

二、对宋明理学的认识

关于理学与经学的关系,顾炎武曾有如下看法:

> 愚独以为理学之名,自宋人始有之。古之所谓理学,经学也,非数十年不能通也。故曰:"君子之于《春秋》,没身而已矣。"今之所谓理学,禅学也,不取之五经而但资之语录,校诸帖括之文而尤易也。又曰:"《论语》,圣人之语录也。"舍圣人之语录,而从事于后儒,此之谓不知本矣。[3]

后来全祖望在概括顾炎武的"古之所谓理学,经学也"这句话时,做了一点改动:"古今安得别有所谓理学者,经学即理学也。自有舍经学以言理学者,而邪说以起,不知舍经学则其所谓理学者禅学也。……然其谓经学即理学则名

---

[1] 王守仁著,吴光、钱明等编校:《王阳明全集》卷二十二《五经臆说序》,第876页。
[2] 顾炎武:《亭林文集》卷三《与友人论门人书》,《顾亭林诗文集》,第47页。
[3] 顾炎武:《亭林文集》卷三《与施愚山书》,《顾亭林诗文集》,第58页。

言也。"[1]这一改动,后世议论纷纷,有支持附和者,[2]也有反对批驳者。[3]笔者倾向于赞同第二种看法,即顾炎武并不反对理学本身,也没有把理学直接等同于经学,他试图以宋代那种讲经学的理学来代替明代后期这种不讲经学的心学。因为理学与经学密切关联,阐发义理离不开儒家经典,理由经出,这需要付出长期艰苦的劳动,而明代后期的一些心学家抛弃经典,妄想顿悟,所以,这种理学实际是禅学。顾炎武对理学与心学的区分,正是基于二者与经学的关系,他认为宋代理学仍属于经学范畴,而"今之所谓理学"——心学,已脱离了五经本身,实为禅学,应予以大力批判和改造。

王阳明倡导的心学主张一切从"吾心"出发,以"吾心"判断是非标准的思想,冲击了长期被朱熹思想所控制的垄断局面,该学说提倡独立思考,反对盲从迷信,在社会上引起了强烈反响。王阳明去世后,王学曾遭伪学之禁,但王门弟子四处讲学,传播师说,讲学规模日益扩大,王阳明的学术主张迅速风靡朝野,万历年间达到空前的普及流行。[4]但与此同时,王学也不断遭受抨击,如万历三十年(1602)三月,礼部尚书冯琦提出王门后学李贽被正法、书籍遭焚毁是"盛举",但同时忧心忡忡地指出:

> 自人文向盛,士习浸漓,始而厌薄平常,稍趋纤靡;纤靡不已,渐骛新奇;新奇不已,渐趋诡僻。始犹附诸子以立帜,今且尊二氏以操戈。背弃孔、孟,非毁朱、程,惟南华、西竺之语是宗是竞。以实为空,以空为实。以名教为桎梏,以纪纲为赘疣;以放言高论为神奇,以荡轶规矩、扫灭是非廉

---

[1] 全祖望:《鲒埼亭集》卷十二《亭林先生神道表》,《全祖望集汇校集注》,第227~228页。
[2] 如梁启超《中国近三百年学术史》,第63页。钱穆:《中国近三百年学术史》,北京:商务印书馆,1997年,第152页。余英时:《清代思想史的一个新解释》,《中国思想传统的现代诠释》,南京:江苏人民出版社,1998年,第218页。吴长庚:《试论顾炎武的"经学即理学"思想》,《江西社会科学》2007年第10期。潘富恩、徐洪兴:《中国理学》第4卷,上海:东方出版中心,2002年,第225页。
[3] 张舜徽:《顾亭林学记》,上海:华中师范大学出版社,2005年,第292页。侯外庐:《中国思想通史》第五卷,北京:人民出版社,2011年,第183页。崔海亮:《"经学即理学"命题辨析》,收入蔡方鹿主编《经学与中国哲学》,上海:华东师范大学出版社,2009年,第450页。
[4] 左东岭:《王学与中晚明士人心态》,北京:人民文学出版社,2000年,第523~524页。

耻为广大。取佛书言心言性略相近者窜入圣言,取圣经有"空"字、"无"字者强同于禅教。语道既为踳驳,论文又不成章。世道溃于狂澜,经学几为榛莽。

这其实是对王门后学的批判:背弃孔孟、非毁程朱,冲决名教,皈依禅门,危害世道,败坏经学,因此,冯琦建议采取焚毁、停廪、降职等强硬手段进行阻挠:"臣请坊间一切新说曲议,令地方官杂烧之。生员有引用佛书一句者,廪生停廪一月,增附不许帮补,三句以上,降黜。中式墨卷引用佛书一句者,勒停一科,不许会试,多者黜革。"其主张被明神宗采纳。顾炎武不惜长篇累牍引用冯琦的奏疏,并认为冯琦的主张有助于端正士风,可惜"旧染既深,不能尽涤;又在位之人多以护惜士子科名为阴德,亦不甚摘发也。至于末年,诡僻弥甚"。[1]

顾炎武对王阳明心学的负面评价,是以明朝灭亡这一惨痛现实为认识前提的。他提出:"自古以来,小人之无忌惮而敢于叛圣人者,莫甚于李贽",但"推其作俑之由,所以敢于诋毁圣贤而自标宗旨者,皆出于阳明、龙溪禅悟之学。后之君子悲神州之陆沉,愤五胡之窃据,而不能不追咎于王、何也。"[2]"以一人而易天下,其流风至于百有余年之久者,古有之矣。王夷甫之清谈,王介甫之新说,其在于今,则王伯安之良知是也。"[3]将亡国之责归咎于不良学风,历史上早有先例。如西晋时期清谈领袖王衍(字夷甫)在政局动荡之际,位高权重,却不思治国,在各种政治势力之间周旋,唯知自保,后被石勒活埋,死前自责道:"吾曹虽不如古人,向若不祖尚浮虚,戮力以匡天下,犹可不至今日。"[4]西晋之后,王衍逐渐被看作为"清谈误国"的罪魁祸首。如桓温北伐时曾称"使神州陆沉,百年丘墟,王夷甫诸人不得不任其责"![5] 士人们之间还出现了一种舆论:将对王衍的批判逐渐扩大为整个清谈的否定,何晏、王弼、嵇康、阮籍等人物都逐渐成为批评的靶子。"清谈误国论"就是这样逐渐被构建

---

[1] 顾炎武著,严文儒、戴扬本校点:《日知录》卷十八《科场禁约》,第724~725页。
[2] 顾炎武著,严文儒、戴扬本校点:《日知录》卷十八《李贽》,第731~732页。
[3] 顾炎武著,严文儒、戴扬本校点:《日知录》卷十八《朱子晚年定论》,第730页。
[4] 房玄龄:《晋书》卷四十三《王衍传》,北京:中华书局,1974年,第1238页。
[5] 房玄龄:《晋书》卷九十八《桓温传》,第2572页。

为一种历史的"真实",[1]唐修《晋书》,则将这种认识进一步强化,《儒林传序》称:"有晋始自中朝,迄于江左,莫不崇饰华竞,祖述玄虚……遂使宪章弛废,名教颓毁,五胡乘间而竞逐,二京继踵以沦胥。"[2]顾炎武在总结正始时期的风俗时,便也沿袭此说:"国亡于上,教沦于下,羌戎互僭,君臣屡易,非林下诸贤之咎而谁咎哉!"[3]

王安石变法,推行《三经新义》,以之作为变法的理论依据与指导思想。但变法一直遭到保守派的攻击,加之新法在推行过程中出现了不少弊端,有的甚至加重了百姓负担,于是导致变法的支持者宋神宗动摇不定。宋神宗死后,保守派司马光掌握朝廷大权,将新法逐一废除,史称"元祐更化",王安石的变法以失败告终。但因对变法的态度而形成的新旧两党间的相互攻击,并未停止,且一直贯穿了整个北宋中后期。期间,新法时兴时废,党争愈演愈烈,北宋政权在积贫积弱、贪污腐败、党争与边患的夹击中走向了灭亡。后来的学者往往片面夸大新法的弊端,而忽略其积极的一面和所取得的成就,甚至有人把北宋的灭亡也归咎其身。如《宋史》载林之奇言:"晋人以王、何清谈之罪,深于桀纣。本朝靖康祸乱,考其端倪,王氏实负王、何之责。"[4]这显然与"清谈误国论"一个论调,对王安石及其变法并不是公允的评价。

因亡国之恨,顾炎武痛定思痛,将明朝灭亡的责任归咎于明末空疏无根的心学,虽然有失偏激,但也并非毫无道理,而且也绝非孤立的个案。因为明朝亡国,促使相当多的知识分子进行学术文化上的反省,竟然不约而同地把亡国责任归咎于王阳明心学,他们认为,王阳明心学让读书人空谈心性,不务实事,像魏晋清谈一样,败坏士风,是亡国的根源,顾炎武是其中最为突出的代表之一。他沉痛万分地总结道:

> 刘、石乱华,本于清谈之流祸,人人知之,孰知今日之清谈,有甚于前代者。昔之清谈谈老、庄,今之清谈谈孔、孟,未得其精,而已遗其粗,未究

---

[1] 张齐明:《玄学史话》,北京:社会科学文献出版社,2012年,第97~99页。
[2] 房玄龄:《晋书》卷九十一《儒林传序》,第2346页。
[3] 顾炎武著,严文儒、戴扬本校点:《日知录》卷十三《正始》,第526页。
[4] 脱脱:《宋史》卷四三三《林之奇传》,第12861页。《日知录》卷十八《朱子晚年定论》小注,第725~730页。

其本,而先辞其末。不习六艺之文,不考百王之典,不综当代之务,举夫子论学、论政之大端,一切不问,而曰"一贯",曰"无言",以明心见性之空言,代修己治人之实学。股肱惰而万事荒,爪牙亡而四国乱,神州荡覆,宗社丘墟。昔王衍妙善玄言,自比子贡,及为石勒所杀,将死,顾而言曰:"呜呼,吾曹虽不如古人,向若不祖尚浮虚,戮力以匡天下,犹可不至今日。"今之君子,得不有愧乎其言?[1]

他指出西晋末年的清谈误国现象,作为历史当事人的王衍死前都已做了自我忏悔,因而人人知其危害,且其流于老庄之学,易于识别;而今日的心学则高谈孔孟,迷惑性较高,殊不知"未得其精而已遗其粗,未究其本而先辞其末",本末倒置,不仅未能领悟儒学的精髓,堕入谈心论性的迷雾,而且脱离现实,对国事朝政完全漠不关心,最终酿成"股肱惰而万事荒,爪牙亡而四国乱,神州荡覆,宗社丘墟"的惨祸,岂不令人痛心且深感无地自容?

"今之所谓理学,禅学也",这是顾炎武对心学性质的判定。类似的言论,如"今之君子,学未及乎樊迟、司马牛,而欲其说之高于颜、曾二子,是以终日言性与天道,而不自知其堕于禅学也"。[2] 关于心学的禅学实质,顾炎武本人并没有什么具体分析,而是接受了黄震的观点,《日知录》卷十八《心学》中引用了《黄氏日钞》中关于《尚书·大禹谟》"人心惟危,道心惟微,惟精惟一,允执厥中"章的分析。黄震对十六字进行了追本溯源的研究,指出其本意是舜将尧的训诫与自己实践训诫的心得传授于禹,"使知所以执中而不至于永终耳,岂为言心设哉?"后世却被心学家利用,其实已远远背离尧、舜、禹授受天下的本旨:

近世喜言心学,舍全章本旨而独论人心道心。甚者单撮"道心"二字,而直谓"即心是道"。盖陷于禅学而不自知,其去尧、舜、禹授受天下之本旨远矣。蔡九峰之作《书传》,述朱子[3]之言曰"古之圣人将以天下与人,未尝不以治之之法而并传之",可谓深得此章之本旨。九峰虽亦以是明帝

---

[1] 顾炎武著,严文儒、戴扬本校点:《日知录》卷七《夫子之言性与天道》,第307~308页。
[2] 顾炎武著,严文儒、戴扬本校点:《日知录》卷七《夫子之言性与天道》,第307页。
[3] 《黄氏日钞》卷五《读尚书·舜典》原文作"朱文公"。

王之心,而心者治国平天下之本,其说固理之正也。其后进此《书传》传于朝者,乃因以三圣传心为说,世之学者遂指此书十六字为传心之要,而禅学者借以为据依矣。[1]

这十六字,一般称作"十六字心传",又叫作"虞廷传心"或"二帝传心",陆、王一派最为推崇,明末的心学家尤其喜欢援引。"人心""道心"的分别,朱子有时也引用,但他并不谈"传心",因为这和禅宗的"单传心印"太相似。所以,十六字心传是陆、王心学的重要论据,其价值正相当于《大学》格物致知一节在朱子系统中的位置,但对程、朱的理学而言,却最多只有边缘的价值。[2] 黄震虽学宗朱熹,但对朱熹"道心""人心"的区分并不赞同,并直接反对十六字心传,指出

> 心不待传也,流行天地间贯彻古今而无不同者,理也。理具于吾心而验于事物。心者所以统宗此理而别白其是非,人之贤否,事之得失,天下之治乱,皆于此乎判。此圣人所以致察于"危微精一"之间,而相传以执中之道,使无一事之不合于理,而无有过不及之偏者也。禅学〔源于庄、列滑稽戏剧、肆无忌惮之语,惧理之形彼丑谬,而凡圣贤经传之言理者,皆害己之具也。故〕[3] 以理为障,而独指其心曰"不立文字,单传心印",圣贤之学,自一心而达之天下国家之用,无非至理之流行,明白洞达,人人所同,历千载而无间者,何传之云![4]

黄震认为古往今来贯穿于天地间的不过是理,"圣贤之学,由一心而达之

---

[1] 顾炎武著,严文儒、戴扬本校点:《日知录》卷十八《心学》,第717页。

[2] 余英时:《清代思想史的一个新解释》,《清代学术思想史重要观念通释》,收入《中国思想传统的现代诠释》,第221、237页。

[3] 笔者按:此段文字在《顾炎武全集》所收的《日知录》中缺,据栾保群、吕宗力校点《日知录集释》卷十八《心学》(上海:上海古籍出版社,2006年,第1049页)及《五经同异》上《人心惟危道心惟微惟精惟一允执厥中》(《顾炎武全集》第1册,第163~164页)等补。陈垣校注《日知录校注》卷十八《心学》(安徽大学出版社,2007年,第1014页)中小注说钞本中有这段文字。

[4] 顾炎武著,严文儒、戴扬本校点:《日知录》卷十八《心学》,第717~718页。

天下国家之用,无非至理之流行"。心对理进行统筹管理,以理作为人物贤否、事件得失、天下治乱的评判标准,这才是圣贤相传的执中之道,无有过与不及,而根本没有什么传心之论。所谓的传心,不过是佛教反对理学的遁词。关于心学的性质,顾炎武直接采用了黄震的看法,除了《日知录》外,其《五经同异》中也收录该段文字,[1]说明黄震的看法得到了顾炎武的认同。此外,顾炎武还以孔子"举尧舜相传所谓危微精一之说一切不道,而但曰'允执其中,四海困穷,天禄永终'",说明圣人罕言天道性命,对那些动辄聚宾客门徒数十上百人言心言性,"置四海之困穷不言,而终日讲危微精一之说"的王门中人进行了猛烈抨击,讽刺他们自以为"道之高于夫子,而其门弟子之贤于子贡,挑东鲁而直接二帝之心传者也",[2]是舍本逐末的做法,背弃了圣人之道。

除了揭露心学的禅学实质外,顾炎武还指出阳明后学"明用孟子之良知,暗用庄子之真知"的事实。他通过考察儒家典籍,指出五经中没有"真"字,"真"字最初只见于《老子》《庄子》《列子》等道家典籍中。道家"以生为寄,以死为归,于是有真人、真君、真宰之名"。宋代避讳始祖玄朗,于是"以'真'代之,故庙号曰真宗"。另如玄武七宿改为"真武",玄冥改为"真冥",玄挎改为"真栲",《崇文总目》谓《太玄经》为《太真》等等。[3]隆庆二年(1568),王阳明的追随者李春芳[4]任会试主考官,考题《论语》"子曰由海汝知之乎"一节,其程文破题云:"圣人教贤者以真知,在不昧其心而已。""真知"二字只出现于道家书中,如《庄子·大宗师篇》:"且有真人而后有真知。"《列子·仲尼篇》:"无乐无知,是真乐真知。"现在以代圣人立言为考核方式的科举制义中竟然出现了道家之言,顾炎武认为这是因为主考官李春芳"厌五经而喜《老》《庄》,黜旧闻而崇新学",科举常常是学风的指向标,时文追求猎奇新颖,于是学风为随大变:"五十年间,举业所用,无非释、老之书",虽然崇祯年间曾重申旧日的禁令,但士大夫幼年习读时文,习染已久,不经之字,摇笔辄来,已是难以改变。顾炎武

---

[1] 顾炎武:《五经同异》上《人心惟危道心惟微惟精惟一允执厥中》,《顾炎武全集》第1册,第163~164页。
[2] 顾炎武:《亭林文集》卷三《与友人论学书》,《顾亭林诗文集》,第40~41页。
[3] 其实宋代避讳"玄"字,也有改为"元"字者。参见陈垣:《史讳举例》,上海:上海书店出版社,1997年,第112页。
[4] 陈致:《晚明子学与制义考》,收入《诗书礼乐中的传统——陈致自选集》,上海:上海人民出版社,2012年,第363页。

不禁感慨道:"今之学者明用孟子之良知,暗用庄子之真知。"[1]顾炎武对明代心学中所出现的融合佛道倾向的剖析,表明他对晚明合和三教的了解。

顾炎武对宋明理学的态度不同,从他对"古之所谓理学,经学也"与"今之所谓理学,禅学也"的两种不同评价就可略窥一二。与对心学的猛烈批判态度不同,他极力鼓吹程朱对儒学的继往开来之功:

> 两汉而下,虽多保残守缺之人,六经所传,未有继往开来之哲。惟绝学首明于伊雒,而微言大阐于考亭,不徒羽翼圣功,亦乃发挥王道,启百世之先觉,集诸儒之大成。[2]

王阳明曾辑《朱子晚年定论》一书,依据心学思想对朱子的思想作了新的阐发,并指出朱熹和陆九渊的思想有相通之处,是早异晚同,顾炎武说这一论调直至清初"学者多信之",可见影响颇大。其实,学宗程朱的罗钦顺之《困知录》与陈建的《学蔀通辨》早已对其作过批驳,顾炎武称许二书为"今日之中流砥柱矣"。[3] 此外,他还曾对弟子潘耒表示:"如炎武者,使在宋元之间,盖卑卑不足数,而当今之世,友今之人,则已似我者多,而过我者少。"[4]宋元之间是程朱理学的昌明时代,人才辈出,而他自己所生活的明末清初则是人才凋零,这既透露出他对现实学风的强烈不满,也表达了对程朱理学的推崇。

不过,这并不表明顾炎武对程朱理学持完全认同的态度。如对宋明时期哲学论争的重要焦点之一"格物致知",顾炎武就作出了和程朱截然不同的阐释。《礼记·大学》曰:"致知在格物,物格而后知至。"传文对此没有阐释。程颐在回答"进修之术何先"时说:"莫先于正心诚意。诚意在致知,'致知在格物'。格,至也,如'祖考来格'之格。凡一物上有一理,须是穷致其理。"[5]并说:"格犹穷也;物犹理也,犹曰穷其理而已也。"[6]将"格物"释为"穷理"。程

---

[1] 顾炎武著,严文儒、戴扬本校点:《日知录》卷十八《破题用庄子》,第722~723页。
[2] 顾炎武:《亭林文集》卷五《华阴县朱子祠堂上梁文》,《顾亭林诗文集》,第121页。
[3] 顾炎武著,严文儒、戴扬本校点:《日知录》卷十八《朱子晚年定论》,第729页。
[4] 顾炎武:《亭林余集·与潘次耕札》,《顾亭林诗文集》,第166页。
[5] 程颐、程颢:《二程集》卷十八,北京:中华书局,1981年,第188页。
[6] 程颐、程颢:《二程集》卷二十五,第316页。

颐提出了格物致知说,后来朱熹在其基础上做出了全面系统的论述:"所谓致知在格物者,言欲致吾之知,在即物而穷其理也。盖人心之灵莫不有知,而天下之物莫不有理,惟于理有未穷,故其知有不尽也。是以《大学》始教,必使学者即凡天下之物,莫不因其已知之理而益穷之,以求至乎其极。至于用力之久,而一旦豁然贯通焉,则众物之表里精粗无不到,而吾心之全体大用无不明矣。此谓物格,此谓知之至也。"[1]致知是推极吾心之知而无不尽,格物是穷至事物之理而不到。格物致知说,是朱熹哲学中最有特色的一个部分,因为格物致知说贯穿其整个体系。它既是方法论、认识论,又是朱熹哲学体系中的重要组成部分。[2]后人对格物致知范畴进行广泛的引申和发挥,形成多种分歧和对立的观点,彼此进行长期的论争,成为宋明时期哲学论争的焦点问题。顾炎武对格物致知提出了如下新的认识:

> 致知者,知止也。知止者何?为人君止于仁,为人臣止于敬,为人子止于孝,为人父止于慈,与国人交止于信,是之为谓止,知止然后谓之知至。君臣、父子、国人之交,以至于"礼仪三百,威仪三千",是之谓物。[3]

他不再对"致知""知止"等概念做烦琐的推求,认为人们的行为和伦理关系都是"物",认识并正确处理这些关系,便是"知其所止",也就是"致知"。这突出对社会伦理原则的重视,也强调了个体对儒家伦理的认同。顾炎武仅仅讲人文事为之理,忽略自然万物之理,气魄不如朱熹博大,[4]但顾炎武从"当务之为急"[5]的"拨乱世,反之正"[6]目的出发,显然更具针对性,也更有现实意义。

至于理学核心概念的天道性命问题,顾炎武也基本持否定态度。他说:"窃叹夫百余年以来之为学者,往往言心言性,而茫乎不得其解也。命与仁,夫

---

[1] 朱熹:《四书章句集注》,北京:中华书局,1983年,第8页。
[2] 蒙培元:《理学的演变——从朱熹到王夫之戴震》,福州:福建人民出版社,1998年,第59页。
[3] 顾炎武著,严文儒、戴扬本校点:《日知录》卷六《致知》,第289~290页。
[4] 武才娃:《中国传统思想文化论衡》,北京:社会科学文献出版社,2011年,第369页。
[5] 顾炎武著,严文儒、戴扬本校点:《日知录》卷六《致知》,第290页。
[6] 顾炎武著,严文儒、戴扬本校点:《日知录》卷十八《朱子晚年定论》,第730页。

子之所罕言也;性与天道,子贡之所未得闻也。"[1]虽然他批评的对象是明代后期的学者,但程朱学派未尝不包含在内,因为理学家无不以道德性命之说和心性之说为其学说的核心,程朱都是最明显的代表。[2] 顾炎武认为:"夫子之教人'文、行、忠、信',而性与天道在其中矣。""夫子之文章莫大乎《春秋》,《春秋》之义,尊天王,攘戎翟,诛乱臣贼子,皆性也,皆天道也。"[3]可见天道性命并非虚无的空谈,而体现于具体的实务中,倘若对此没有体悟,必然"堕于禅学"而不自知。实际上,顾炎武也有指出程朱理学存在这个问题。他引《黄氏日钞》曰:"夫子述《六经》,后来者溺于训诂,未害也。濂洛言道学,后来者借以谈禅,则其害深矣。"[4]他另外提到"今之言学者必求诸《语录》,《语录》之书始于二程,前此未有也。今之《语录》几于充栋矣。而淫于禅学者实多,然其说盖出于程门"。[5]

顾炎武指出空谈天道性命违背圣人之道:"性也,命也,天也,夫子之所罕言,而今之君子之所恒言也;出处、去就、辞受、取与之辨,孔子、孟子之所恒言,而今之君子所罕言也。"那么,他又是如何理解圣人之道的呢?我们且看:

> 愚所谓圣人之道者如之何?曰"博学于文",曰"行己有耻"。自一身以至于天下国家,皆学之事也,自子臣弟友以至出入、往来、辞受、取与之间,皆有耻之事也。耻之于人大矣!不耻恶衣恶食,而耻匹夫匹妇之不被其泽,故曰:"万物皆备于我矣,反身而诚。"呜呼!士而不先言耻,则为无本之人;非好古而多闻,则为空虚之学,以无本之人,而讲空虚之学,吾见其日从事于圣人而去之弥远也。虽然,非愚之所敢言也,且以区区之见,私诸同志而求起予。[6]

> 以为圣人之道,下学上达之方,其行在孝弟忠信,其职在洒扫应对进退,其文在《诗》《书》三《礼》《周易》《春秋》,其用之身,在出处、辞受、取与,

---

[1] 顾炎武:《亭林文集》卷三《与友人论学书》,《顾亭林诗文集》,第40~41页。
[2] 蒙培元:《中国哲学主体思维》,人民出版社,1993年,第150页。
[3] 顾炎武著,严文儒、戴扬本校点:《日知录》卷七《夫子之言性与天道》,第306页。
[4] 顾炎武著,严文儒、戴扬本校点:《日知录》卷七《夫子之言性与天道》,第307页。
[5] 顾炎武:《亭林文集》卷六《下学指南序》,《顾亭林诗文集》,第131页。
[6] 顾炎武:《亭林文集》卷三《与友人论学书》,《顾亭林诗文集》,第40~41页。

其施之天下,在政令、教化、刑法,其所著之书,皆以为拨乱反正,移风易俗,以驯致乎治平之用,而无益者不谈。一切诗、赋、铭、颂、赞、诔、序、记之文,皆谓之巧言而不以措笔。其于世儒尽性至命之说,必归之有物有则,五行、五事之常,而不入于空虚之论。[1]

中国传统知识分子自出现在历史舞台开始,便与"道"密不可分,孔子曾毫不迟疑地指出士是"道"的承担者:"士志于道,而耻恶衣恶食者,未足与议也。"[2]在礼崩乐坏之余,"道"以重建政治社会秩序为其最主要的任务,因此顾炎武反对空虚之学,倡导士大夫"博学于文",广泛掌握政令、教化、刑法等各方面的知识,以之拨乱反正,移风易俗,渐臻太平治世。但中国知识分子的外在凭借太薄弱,除了走上仕途外,一般没有机会来施展才能,尤其在这种改朝换代、时局动荡的乱世,于是"道"的存在并不能通过具体的、客观的形式来掌握。它只有靠以"道"自认的知识分子来彰显,这就是孔子所说的"人能弘道"[3],但如此一来,知识分子在"道"的实现过程中所承担的责任便异常沉重。所以曾子说:"士不可以不弘毅,任重而道远。仁以为己任,不亦重乎?死而后已,不亦远乎?"[4]为了确切保证士的个体足以挑此重担,走此远路,精神修养于是成为关键性的活动。[5]顾炎武将"行己有耻"作为圣人之道的体现,正是这样一种形势下得出的认识。

当然,顾炎武也意识到在当时的情况下,弘扬圣人之道并不容易,因为在"世之君子苦博学明善之难,而乐夫一超顿悟之易,'滔滔者天下皆是也'"的情况下,"能弗畔于道者谁乎?"[6]"于此时而将行吾之道,其谁从之!"[7]但是,他仍然保持乐观态度,坚信"圣人之道,不以是而中绝也"[8],"道之在天下,必

---

[1] 顾炎武:《亭林文集》卷六《答友人论学书》,《顾亭林诗文集》,第135～136页。
[2] 何晏注,邢昺疏:《论语注疏》卷四《里仁》,《十三经注疏》,第5367页。
[3] 何晏注,邢昺疏:《论语注疏》卷十五《卫灵公》,《十三经注疏》,第5470页。
[4] 何晏注,邢昺疏:《论语注疏》卷八《泰伯》,《十三经注疏》,第5401页。
[5] 余英时:《士与中国文化》,上海:上海人民出版社,2003年,第110页。
[6] 顾炎武:《亭林文集》卷六《答友人论学书》,《顾亭林诗文集》,第136页。
[7] 顾炎武:《亭林文集》卷三《与友人论门人书》,《顾亭林诗文集》,第47页。
[8] 顾炎武:《亭林文集》卷三《与友人论易书》,《顾亭林诗文集》,第42页。

有时而兴"[1]，他的经学研究，就是这种信念下的产物。

三、对五经的研究

顾炎武说要弘扬圣人之道，需"博学于文"，"文在《诗》《书》《三礼》《周易》《春秋》"，因此，博学的重点对象就是六经，这也不难理解，因为"六经之业，集群圣之大成"，[2]圣人之道自然要从中探求。

顾炎武对《易》《书》《诗》《春秋》《礼》等五经都有不同程度的研究，其中《春秋》学因著有《左传杜解补正》一书，学术界研究成果颇多，[3]故本文存而不论，其余各经也仅选取部分内容略做阐述，未敢言窥其全体。

1.《周易》研究

《周易·系辞上》曰："夫《易》广矣大矣，以言乎远则不御，以言乎迩则静而正，以言乎天地之间则备矣。"[4]《系辞下》曰："《易》之为书也，广大悉备。有天道焉，有人道焉，有地道焉。"[5]《周易》六十四卦、三百八十四爻以时、空为条件，以象与数的变换和流动来展示自然界、社会、人类的各种现象和相互间的联系，从而使六十四卦象的内涵具有无限的包容性，这就是所谓的"易道广大"。顾炎武对此十分赞同，并提出历代注解并不足以完全阐发其义蕴："《易》之为书，广大悉备，一爻之中，具有天下古今之大，而注解之文，岂能该尽。……尽天下之书皆可以注《易》，而尽天下注《易》之书，不能以尽《易》，此圣人所以立象以尽意，而夫子作大象，多于卦爻之辞之外，别起一义以示学者，使之触类而通，此即举隅之说也。"学者治《易》，应懂得举一反三，切不可拘泥于一

---

[1] 顾炎武：《亭林文集》卷三《与友人论门人书》，《顾亭林诗文集》，第47页。
[2] 顾炎武著，严文儒、戴扬本校点：《日知录》卷一《不耕获不菑畬》，第65页。
[3] 如东吴大学2011年张博成博士学位论文《顾炎武〈左传杜解补正〉》；罗军凤《顾炎武与清初〈春秋〉经学》，《清史研究》2011年第1期；金永健《论顾炎武的〈春秋〉经传研究》，《学习与探索》，2009年第2期；文廷海《清代前期春秋学研究》（中国社会科学出版社，2012年）、戴维《春秋学史》（湖南教育出版社，2004年）、赵伯雄《春秋学史》（山东教育出版社，2004年）、许苏民《顾炎武评传》（南京：南京大学出版社，2011年）等专著中也有关于顾炎武春秋学的相关章节。
[4] 王弼、韩康伯注，孔颖达等正义：《周易正义》卷七《系辞上》，《十三经注疏》，第162页。
[5] 王弼、韩康伯注，孔颖达等正义：《周易正义》卷八《系辞下》，《十三经注疏》，第188页。

人一事。至于《周易》与其他经典的关系，通常的说法是《周易》是五经之首，顾炎武则进一步将其看作五经的源头："'子所雅言，《诗》《书》执《礼》。'《诗》《书》执《礼》之文，无一而非《易》也。下而至于《春秋》二百四十二年之行事，秦汉以下史书百代存亡之迹，有一不该于《易》者乎？"[1]"夫子平日不言《易》，而其言《诗》《书》、执礼者，皆言《易》也。"[2]其对《周易》地位的评价，不可谓不高。因为对《周易》作如是观，所以他提出学《易》的方法："必先之以《诗》《书》执《礼》，而《易》之为用存乎其中，然后观其象而玩其辞，则道不虚行，而圣人之意可识矣。"[3]

顾炎武的易学研究，可归入义理派。易学研究主要分为两大学派：象数派和义理派。象数学派着重从阴阳奇偶之数和卦爻象以及八卦所象征的物象，来解说《周易》经传文义；而义理学派主要从卦名的意义和卦的性质解释《周易》经传文，注重阐发卦爻象和卦爻辞义理。[4]顾炎武明确反对以象解《易》，他说文王、周公等圣人"设卦观象而系之辞"，夫子作传，"未尝增设一象"，而东汉的荀爽、三国的虞翻提出卦变说，以一卦之中的阴阳爻象互易成为另一卦象，据清代惠栋统计，虞翻取象达三百二十余种之多。如此解易，虽然对占筮的结果能够作出更加灵活的解释，却将汉易引向了极其繁杂的道路。[5]顾炎武指责其"穿凿附会，象外生象"，《十翼》之中，无语不求其象，结果导致"《易》之大指荒矣"。宋代的易学研究也存在象数与义理两个派别，象数派主要代表人物有陈抟、邵雍等。邵雍易学发展了陈抟数学的方面，并在奇偶之数的基础上讲卦象的变化，主"数生象"，顾炎武对二人学说同样持批判态度，他说："圣人之所以学《易》者，不过'庸言庸行'之间，而不在乎图书象数也。今之穿凿图象以自为能者，畔也。"孔子"未尝专以象数教人为学也"，因此，陈抟、邵雍的易学并非儒家正宗，而是"道家之《易》"，并带来消极影响："自二子之学兴，而空疏之人、迂怪之士举窜迹于其中以为《易》，而其《易》为方术之书，于圣人寡过

---

[1] 顾炎武：《亭林文集》卷三《与友人论易书》，《顾亭林诗文集》，第42～43页。
[2] 顾炎武著，严文儒、戴扬本校点：《日知录》卷一《孔子论〈易〉》，第86页。
[3] 顾炎武：《亭林文集》卷三《与友人论易书》，《顾亭林诗文集》，第41～43页。
[4] 郑万耕：《易学源流》，沈阳：沈阳出版社，1997年，第76页。
[5] 郑万耕：《易学源流》，第77页。

反身之学,去之远矣。"[1]

在批判象数易学的基础上,顾炎武充分肯定义理派的功绩。曹魏时期的王弼作为义理派的创立者,指出象数学派的最大缺陷是"存象忘意",执于象数形式而失却了圣人之意,他强调"忘象以求其意",[2]认为研究《易》学的根本在于"得意",顾炎武高度称许其在《易》学史上的功劳:"一扫《易》学之榛芜,而开之大路矣。"[3]但是,王弼的《易》学研究仍有不足,以老庄玄学解《易》,"涉于玄虚",顾炎武认为"不有程子,大义何由而明乎?"[4]可见,程颐才是易学义理派的完善者。程颐治《易》推崇王弼,《伊川易传》以义理解《易》,不重视卜筮和象数,认为《易》是载道之书,天理、天道都包含在《易》之中。顾炎武重程颐《易传》,而不是此后朱熹的《周易本义》,这正说明他是纯粹的义理派学者。因为朱熹学宗程颐,但易学见解与程颐不同。程颐治易主易理,反对穷极象数;朱熹则继承了陈抟、邵雍的象数之学,相信河图、洛书,他批评程颐的易学,说道:"《易传》言理甚备,象数却欠在",[5]"程先生《易传》义理精,字数足,无一毫欠缺。……只是于本义不相合。《易》本是卜筮之书,……程先生只说得一理"。[6]所以朱熹虽然肯定程颐所阐发的《易》之义理,但是他认为《易》是卜筮之书,作《周易本义》就是要还《周易》作为卜筮之书的本来面目。顾炎武对朱熹的《周易本义》显然有所保留,而明确表示程颐的《易传》无人能出其右:"昔之说《易》者无虑数千百家,如仆之孤陋,而所见及写录唐宋人之书亦有十数家,有明之人之书不与焉。然未见有过于程传者。"[7]

顾炎武还考察了《周易》的文本问题。他指出王弼所用的《周易》不是古本,"自汉以来,为费直、郑玄、王弼所乱,取孔子之言逐条附于卦爻之下。程正叔《传》因之。"程颐治《易》沿用的是王弼的文本,直至朱熹,在吸收晁说之、吕祖谦订正工作的基础上,恢复了《周易》的古貌。洪武初年所颁的五经,《周易》

---

[1] 顾炎武著,严文儒、戴扬本校点:《日知录》卷一《孔子论〈易〉》,第 85~86 页。
[2] 王弼著,楼宇烈校释:《王弼集校释》(下),北京:中华书局,2009 年,第 609 页。
[3] 顾炎武著,严文儒、戴扬本校点:《日知录》卷一《卦爻外无别象》,第 58 页。
[4] 顾炎武著,严文儒、戴扬本校点:《日知录》卷一《卦爻外无别象》,第 58 页。
[5] 黎靖德编:《朱子语类》卷六十七《易三·程子易传》,北京:中华书局,1986 年,第 1652 页。
[6] 黎靖德编:《朱子语类》卷六十七《易三·程子易传》,第 1651 页。
[7] 顾炎武:《亭林文集》卷三《与友人论易书》,《顾亭林诗文集》,第 41~43 页。

兼用程、朱二家,并行于世。永乐时修《五经大全》,"取朱子卷次,割裂附之程《传》之后",这直接导致朱熹所定的古本《周易》再次被打乱。后来士子嫌程《传》内容太多,于是弃而不读,只用《周易本义》。《五经大全》因是朝廷颁布,不敢随意更改,于是删去程《传》,依据国子监版的程《传》和《本义》,将程《传》的次序作为《本义》的次序,相传近二百年。顾炎武惋惜道:"朱子定正之书,竟不得见于世,岂非此经之不幸也夫!"[1]至于《周易》古本被人为混淆的时间,顾炎武也对朱熹"古经始变于费氏,而卒大乱于王弼"的说法进行了驳斥。他指出朱说源自孔颖达的《周易正义》,却不知《三国志·魏志》与《汉书·儒林传》中有更早的记载,以传附经,不仅早于王弼,甚至还早于郑玄。[2]

2.《尚书》研究

说到《尚书》研究,经学史上最为人熟知的是对《古文尚书》的辨伪。西晋末年的永嘉之乱中,今、古文《尚书》散佚,东晋初年,豫章内史梅赜给朝廷上献《尚书》,共58篇,包括今文《尚书》33篇,古文《尚书》25篇。唐代孔颖达的《尚书正义》和陆德明的《经典释文》,都是采用此本,自此该本便占据了学术界的统治地位。北宋末年的吴棫开始怀疑25篇《古文尚书》为伪作,受其启发,朱熹从文体的角度指出了古文《尚书》存在的问题:今文《尚书》艰涩难懂,古文《尚书》反而平易,这很不符合常理。他还怀疑孔安国传、序及《尚书》各小序都有问题。此后,历代学者如赵汝谈、熊与可、赵孟頫、吴澄、梅鷟、胡应麟、归有光等都对古文《尚书》及孔安国传提出了不同的怀疑,从而形成了一股怀疑古文《尚书》的潮流,并以清初阎若璩的《尚书古文疏证》为其集大成者,最终判定《古文尚书》及孔传为伪造。

顾炎武受朱熹、吴澄等人影响,[3]对《尚书》的脱简、作伪问题也略有涉及,但分散、不系统,而且也已经引起了当代一些学者的关注,[4]因此,本文只对其关于明代伪造《尚书》的考辨做分析。

---

[1] 顾炎武著,严文儒、戴扬本校点:《日知录》卷一《朱子周易本义》,第55～56页。
[2] 顾炎武著,严文儒、戴扬本校点:《日知录》卷一《朱子周易本义》,第56页。
[3] 具体参见《五经同异》上《朱文公书临漳所刊书经后》、《五经同异》上《吴澄书经叙录》,《顾炎武全集》第1册,第150、151～153页。
[4] 古国顺:《清代尚书学》,台北:文史哲出版社,1981年,第55～56页。林庆彰:《清初的群经辨伪学》,上海:华东师范大学出版社,2011年,第188～191页。汪学群:《试论顾炎武的经学思想》,《清史论丛》1996年号。

丰坊伪造《尚书》，是宋代以来学术界在海外发现古本《尚书》预期下的产物。学者们希望能发现早期的《尚书》，弥补传世《尚书》的不足。由于在中国一直都没能发现，有人便希望在中国周边发现某些线索。神宗熙宁四年（1071），北宋朝廷致函朝鲜半岛，希望高丽政权能够提供在中国久已失传的典籍，书单中第一部就是"百篇《尚书》"，期望最后自然落空。于是一些人寄希望于在日本能够找到古本《尚书》。秦始皇曾经派徐福去海上寻访长生不老药，后一直未归，有人传说徐福去了日本。徐福出海时尚未推行焚书政策，因此《尚书》等典籍有可能被携带出海，那么古本《尚书》也就可能在日本流传。欧阳修的《日本刀歌》正是这一愿望的体现："传闻其国居大岛，土壤沃饶风俗好。……前朝贡献屡往来，士人往往工词藻。徐福行时书未焚，逸书百篇今尚存。令严不许传中国，举世无人识古文。"[1]连顾炎武自己都说："夫天子失官，学在四夷，使果有残编断简，可以裨经文而助圣道，固君子之所求之而惟恐不得者也。"但是这并不意味着可以允许某些别有用心的人胡编乱造，明代丰坊等人伪造《尚书》就是无法容忍的事情："若乃无益于经，而徒为异以惑人，则其于学也，亦谓之异端而已。"

顾炎武将伪《尚书》归入丰坊之父丰熙名下："近世之说经者，莫病乎好异。以其说之异于人，而不足以取信，于是舍本经之训诂，而求之诸子百家之书。犹未足也，则舍近代之文，而求之远古。又不足，则舍中国之文，而求之四海之外。如丰熙之古《书》《世本》，尤可怪焉。"[2]虽然他在小注中说"鄞人言出其子坊伪撰"，但不知为何没有采信。黄宗羲曾撰《丰南禺别传》，对丰坊（号南禺外史）及《古书世学》评论道：

> 余则以坊之怪诞……其大者在伪造《六经》，或托之石经，或托之别传……其于《书经》，则谓其祖庆正统六年官京师，朝鲜使臣妁文卿、日本使臣徐睿入贡……文卿言其国《商书》有四十一篇，睿言其国《周书》有八

---

[1] 欧阳修著，洪本健校笺：《外集》卷四《日本刀歌》，《欧阳修诗文集校笺》，上海：上海古籍出版社，2009年，第1369～1370。笔者按：王水照在《〈日本刀歌〉与汉籍回流》（载《鳞爪文辑》，西安：陕西人民出版社，2008年，第104～105页）一文中指出此诗又见于司马光的文集，仅个别字句稍有出入，司马光作为该诗的作者可能性更大。

[2] 顾炎武著，严文儒、戴扬本校点：《日知录》卷二《非坊伪尚书》，第126页。

十二篇,而《周书》第七十八为《孔子之命》,敬王命仲尼为大司寇相鲁而作,其八十二方为《秦誓》。书依年而次,《秦誓》之作,在鲁僖公三十三年,孔子生于襄公二十二年,相去七十六年,焉得以《孔子之命》先之乎?其伪不待辨。庆果信之,亦取笑于外国矣。[1]

黄宗羲认为所谓的古《尚书》是日本人伪造,丰坊之祖丰庆受蒙蔽,说明黄宗羲没有意识到该书其实是丰坊自己伪造。关于丰坊,王世贞曾有如下并不算低的评价:"坊高材博学……其于十三经,自为训诂,多所发明,稍诞而僻者,则托名古注疏,或创称外国本。"[2]后来钱谦益沿袭王说,称丰坊"高才博学,下笔数千言立就,于十三经皆别为训诂,钩新索异,每托名古本或外国本",但也指出"今所传《石经大学》、子贡《诗传》,皆其伪撰也"。[3]没有涉及《古书世学》。因此,顾炎武对《古书世学》考辨的意义就显得有些并不平常了。丰坊称该书为《古书世学》,是因为历代相承,"(丰)稷为正音,庆为续音,熙为集说,道生(丰坊晚年改名道生)著考补",[4]因此如《澹生堂藏书目》中便记载曰"丰氏《古书世学》六卷,五册,丰稷等辑"。[5]可见,顾炎武"丰熙伪《尚书》"的说法也并不算错,最多是不够精确,而且小注中也有说明,所以不必深究。

丰坊称该本采自箕子朝鲜本与徐市倭国本,由曾祖父河南布政使丰庆搜得,收藏于家。顾炎武指出这个版本的来源受欧阳修《日本刀歌》此类传说的影响,他认为《日本刀歌》是诗人寄兴之辞,并不可信。而且"日本之职贡于唐久矣,自唐及宋,历代求书之诏不能得,而二千载之后庆乃得之,其得之又不以献之朝廷而藏之家,何也?"宋真宗咸平年间,日本僧人曾进献《孝经》郑玄注,却不曾有《尚书》。如此珍贵的书籍,历代朝廷下诏搜求,倘有人寻得,也绝不应私藏于家而不上献朝廷。

其次,箕子朝鲜本始自《帝典》,终于《微子》,竟然与伏生、孔安国所传的版

---

[1] 黄宗羲:《丰南禺别传》,《黄宗羲全集》第 10 册,第 607~608 页。
[2] 王世贞著,罗仲鼎校注:《艺苑卮言校注》卷六,济南:齐鲁书社,1992 年,第 326 页。
[3] 钱谦益:《列朝诗集小传》丁集上《丰坊主事》,上海:古典文学出版社,1957 年,第 407 页。
[4] 永瑢:《四库全书总目》卷经部十三《书类存目一·古书世学》,第 109 页。
[5] 祁承爜:《澹生堂藏书目》,《续修四库全书》史部第 919 册,第 563 页。

本篇章相同,而没有多余的逸篇,这十分可疑。虽然有附录一篇《洪范》,顾炎武也觉得不过是丰氏自欺欺人。因为《左传》文公五年、成公六年与襄公三年虽曾先后三次引用《洪范》,但文中所记内容其实都是出于周代,而非《商书》。另外如《五子之歌》篇中"为人上者,奈何不敬"不叶韵,"奈何不敬"竟被改为"可不敬乎",丰氏还宣称依据鸿都石经(即熹平石经)而改,却不知《五经正义》中有记载蔡邕所书的石经《尚书》,仅今文三十四篇,没有《五子之歌》,因此,丰氏所谓的《古书世学》漏洞百出,根本就是伪造。

除了丰氏伪《尚书》之外,另有人也称得到朝鲜本《尚书》,该本《洪范》"八政"之末多出五十二字者。顾炎武指出此类公案早在元代就有相关定论,如王恽的《中堂事记》记载中统二年高丽世子前来朝贡,在中书省设宴,有人问是否有古文《尚书》及海外异书,结果得到的回答是"与中国不殊",因此,顾炎武推论道:"此五十二字者,亦伪撰也"。[1]

顾炎武对明代《尚书》伪本的考辨,涉及《尚书》学史上的重要问题,还是值得重视的。

3.《诗经》研究

顾炎武对《诗经》的研究,围绕《诗经》学史上比较具有争议性的问题,如诗乐关系、"孔子删诗"说等展开了讨论。

诗乐关系是指《诗经》所收三百多篇诗与音乐的关系,围绕诗入乐与不入乐,自宋代以来学者们展开了激烈争论。先秦至唐代,学者们都认为诗可入乐,宋代在疑古辨伪风气的影响下,《诗》皆可入乐说遭到怀疑,程大昌是第一个提出"诗有入乐不入乐之分"的学者。[2]

朱熹在《诗序辨说》中提出:"雅者,二《雅》是也。郑者,《缁衣》以下二十一篇是也。卫者,《邶》《鄘》《卫》三十九篇是也。桑间,《卫》之一篇,《桑中》之诗是也。二《南》《雅》《颂》,祭祀朝聘之所用也。郑、卫、桑、濮,里巷狭邪之所歌也。夫子之于郑、卫,盖深绝其声于乐以为法,而严立其词于《诗》以为戒。"[3]顾炎武后来将朱熹的观点进行提炼:"朱子曰:二南正风,房中之乐也,乡乐也。

---

[1] 顾炎武著,严文儒、戴扬本校点:《日知录》卷二《非坊伪尚书》,第128页。
[2] 洪湛侯编著:《诗经学史》上册,北京:中华书局,2002年,第38~39页。
[3] 朱熹:《诗序辨说》,《续修四库全书》经部第56册,第267页。

二雅之正雅,朝廷之乐也。商、周之颂,宗庙之乐也。至变雅则衰,周卿士之作,以言时政之得失。而邶、鄘以下,则太师所陈,以观民风者耳,非宗庙、燕享之所用也。"这是说《风》《雅》正变说是入乐、不入乐的根据,只有西周盛世歌功颂德的"正风""正雅"和商、周之《颂》,才配作为合乐的乐歌;那些产生于衰乱之世的政治讽刺诗和爱情诗是"变风""变雅",不配入乐。顾炎武《日知录》卷三《诗有入乐不入乐之分》中对程大昌、朱熹都有提及,在小注中说程大昌"著《诗论》一十七篇,朱子当日或未见",充分说明二者对他的影响:

> 夫《二南》也,《豳》之《七月》也,《小雅》正十六篇,《大雅》正十八篇,《颂》也,《诗》之入乐者也。《邶》以下十二国之附于《二南》之后,而谓之"变风";《鸱鸮》以下六篇之附于《豳》,而亦谓之《豳》;《六月》以下五十八篇之附于《小雅》,《民劳》以下十三篇之附于《大雅》,而谓之"变雅",《诗》之不入乐者也。[1]

顾炎武支持朱熹"变风""变雅"不配入乐的观点,是以《乐记》中所载子夏对魏文侯所云作为旁证:"郑音好滥淫志,宋音燕女溺志,卫音趋数烦志,齐音敖辟乔志。此四者皆淫于色而害于德,是以祭祀弗用也。"[2]他对诗乐关系的认识,是综合了程大昌与朱熹的看法而成,将入乐之诗的范围进一步缩小了。清至近代以来,诗全入乐的看法逐渐成为不刊之论,顾炎武等人的观点支持者寥寥。

"孔子删诗"说,是诗经学史上争议最大的问题之一。自司马迁在《史记·孔子世家》中提出孔子将诗歌由三千余篇删为三百零五篇后,历代基本沿袭其说法,直至唐代孔颖达的《毛诗正义》才提出怀疑,此后自唐宋至清末,各家见

---

[1] 顾炎武著,严文儒、戴扬本校点:《日知录》卷三《诗有入乐不入乐之分》,第130页。
[2] 郑玄注,孔颖达正义:《礼记正义》卷三十七《乐记》,《十三经注疏》,第3313页。

仁见智,聚讼纷纭。[1]

宋以后,对"孔子删诗"说的两种不同看法,主要受到朱熹的影响。朱熹在《诗集传序》提出"孔子删诗"是为了"去其重复,正其纷乱",并彰善瘅恶、树之风声:

> 昔周盛时,上自郊庙、朝廷,而下达于乡党、闾巷,其言粹然无不出于正者,圣人固已协之声律,而用之乡人,用之邦国,以化天下。至于列国之诗,则天子巡狩,亦必陈而观之,以行黜陟之典。降之昭、穆而后,浸以陵夷。至于东迁,而遂废不讲矣。孔子生于其时,既不得位,无以行劝惩黜陟之政,于是特举其籍而讨论之,去其重复,正其纷乱,而其善之不足以为法,恶之不足以为戒者,则亦刊而去之,以从简约,示久远。使夫学者即是而有以考其得失,善者师之,而恶者改焉。[2]

《朱子语类》中却又不同:"问删诗,曰:那曾见得圣人执笔删那个,存这个,也只得就相传上说去。"[3]元、明两代治《诗经》者,多为朱熹之后续,对"删诗"之见,两存其义。宗《诗集传》者倡言"孔子删诗",本《语类》者则斥责"删诗"。明代多否定"孔子删诗"。[4]

顾炎武关于"孔子删诗"说的看法如下:

---

[1] 洪湛侯编著:《诗经学史》上册,北京:中华书局,2002年,第7~8页。笔者按:现代学者大都否定"孔子删诗"说,但争论仍在继续,支持"孔子删诗"者不乏其人。一些学者依据新出土文献,对"孔子删诗"说做了新的肯定,如杨朝明《上博竹书〈诗论〉与孔子删诗问题》(收入《儒家文献研究》,济南:齐鲁书社,2004年)提出孔子删诗存在很大的可能性;姚小鸥《〈清华大学藏战国竹简〉与〈诗经〉学史的若干问题》(《文艺研究》2013年第8期)提出《清华简》中多数《诗经》类文献属于"逸诗"。另如曹建国《〈诗〉本变迁与"孔子删诗"新论》(《文史哲》2011年第1期)通过考察先秦至两汉《诗》本的变迁,认为不应否定"孔子删诗"说。西北大学2009年朱红的硕士论文《孔子删〈诗〉研究》也持肯定态度。

[2] 朱熹:《诗集传》,上海:上海古籍出版社,1980年,第1页。

[3] 黎靖德编:《朱子语类》卷八十《诗一·纲领》,第2065页。

[4] 周延良:《〈文木山房诗说〉与〈诗经〉学案丛书》,天津:百花文艺出版社,2002年,第1~25页。

> 孔子删《诗》,所以存列国之《风》也。有善有不善,兼而存之。犹古之太师陈《诗》以观民风;而季札听之,以知其国之兴衰。正以二者之并陈,故可以观,可以听。世非二帝,时非上古,固不能使四方之风有贞而无淫,有治而无乱也。文王之化,被于南国,而北鄙杀伐之声,文王不能化也。使其诗尚存,而入夫子之删,必将存南音以系文王之风,存北音以系纣之风,而不容于没,一也。是以《桑中》之篇,《溱洧》之作,夫子不删,志淫风也。《叔于田》为誉段之辞,《扬之水》《椒聊》为从沃之语,夫子不删,著乱本也。淫奔之诗录之不一而止者,所以志其风之甚也。一国皆淫,而中有不变者焉,则亟录之:《将仲子》,畏人言也;《女曰鸡鸣》,相警以勤生也;《出其东门》,不慕乎色也;《衡门》,不愿外也。选其辞,比其音,去其烦且滥者,此夫子之所谓删也。

他说孔子删《诗》善恶并陈,是为了保存四方列国之风,并以之观风俗、知得失,因此如《桑中》《溱洧》这样的男女相会、爱恋的情诗,孔子没有删除,"志淫风也";《叔于田》赞美背叛兄长、发动叛乱的叔段,《扬之水》《椒聊》颂扬企图夺取侄子晋昭侯王位的桓叔,孔子也没有删除,"著乱本也"。另外,"淫奔之诗"选录甚多,是"志其风之甚也";身处"淫"风中能保持本性、不为所动者,也不惮其繁,屡屡收录,如《将仲子》《女曰鸡鸣》《出其东门》《衡门》等等,"选其辞,比其音,去其烦且滥者,此夫子之所谓删也"。可见顾炎武认为"孔子删诗"主要体现在选择文辞、配合音韵,删减烦杂芜滥者等遣词造句方面而已,并没有大规模地删节篇章。他还批评前代的褊狭之儒"不达此旨,乃谓淫奔之作,不当录于圣人之经,是何异唐太子弘谓商臣弑君,不当载于《春秋》之策乎?"[1]顾炎武虽然支持"孔子删诗"说,却又不同于司马迁等人的看法,内容上,他强调孔子善恶并录,是为"不删";形式上,有遣词造句等删减工作,是为"删"。因此,从整体来看,我们认为顾炎武其实是倾向于反对"孔子删诗"说的。

4.礼学研究

自古以来,礼就被历代统治者视为治国安邦的重要手段,"道德仁义,非礼

---

[1] 顾炎武著,严文儒、戴扬本校点:《日知录》卷三《孔子删诗》,第131~132页。

不成。教训正俗,非礼不备。分争辨讼,非礼不决。君臣上下父子兄弟,非礼不定。宦学事师,非礼不亲。班朝治军、莅官行法,非礼威严不行。祷祠祭祀、供给鬼神,非礼不诚不庄。"[1]从君臣、父子、兄弟之间的政治关系、伦理关系,朝廷的政治制度、司法活动、行军打仗,到社会生活中的道德风俗、宗教祭祀都离不开礼,故而有曰:"夫礼,国之干也。"[2]"礼,政之舆也。"[3]"礼之不可以已也,故坏国丧家亡人,必先去其礼。"[4]

因此,在五经研究中,顾炎武最为重视的是礼学。他对礼的价值有如下认识:

> 礼者,本于人心之节文,以为自治治人之具,是以孔子之圣,犹问礼于老聃,而其与弟子答问之言,虽节目之微,无不备悉。语其子伯鱼曰:"不学礼,无以立。"《乡党》一篇,皆动容周旋中礼之效。然则周公之所以为治,孔子之所以为教,舍礼其何以焉。[5]
>
> 夫子尝言:"博学于文,约之以礼。"而刘康公云:"民受天地之中以生,所谓命也。是以有动作礼义威仪之则,以定命也。"然则君子之为学,将以修身,将以立命,舍礼其何由哉?[6]
>
> 今日致太平之道何繇?曰:"君子勤礼,小人尽力。"[7]

顾炎武对礼价值的判断主要集中在两个方面,大者为治国安邦,小者为修身立命,这并没有超出前人,但他突出这两方面的重点,显然是有为而发。从治国安邦的角度来说,他曾反思明代礼崩乐坏的后果道:"今则有说齐衰而入大夫之门,停殡宫而召亲朋之会者,至乃髽踊方闻,衿鞶已饰,败礼伤教,日异

---

[1] 郑玄注,孔颖达等正义:《礼记正义》卷一《曲礼上》,《十三经注疏》,第2663~2664页。
[2] 杜预:《春秋左传集解》第五,僖公十一年,上海:上海人民出版社,1977年,第279页。
[3] 杜预:《春秋左传集解》第十六,襄公二十一年,第977页。
[4] 郑玄注,孔颖达等正义:《礼记正义》卷二十二《礼运》,《十三经注疏》,第3088页。
[5] 顾炎武:《亭林文集》卷二《仪礼郑注句读序》,《顾亭林诗文集》,第32页。
[6] 顾炎武:《亭林文集》卷六《与毛锦衔》,《顾亭林诗文集》,第141页。
[7] 顾炎武著,严文儒、戴扬本校点:《日知录》卷二十八《赌博》,第1098页。

岁深,宜乎板荡之哀,甚于永嘉之世。"[1]"自万历季年,搢绅之士不知以礼饬躬,而声气及于宵人,诗字颁于舆皂,至于公卿上寿,宰执称儿。而神州涂炭,中原涂炭,夫有以致之矣。"[2]也就是说,明朝灭亡与礼教败坏有很大的关系,这正是古训所云"坏国丧家亡人,必先去其礼",因此他提出"致太平之道"在于"君子勤礼"。

至于礼与修身立命的关系,儒家典籍中有很多相关的论述,如《礼记·冠义》云:"凡人之所以为人者,礼义也。"礼是人与禽兽区分的标志,还是人的立身之本,《论语·季氏》曰:"不学礼,无以立。"顾炎武对以上传统观念极为认同,他说:"君子之为学,将以修身,将以立命,舍礼其何由哉?"礼也是个人行为、感情的规范和准绳,《礼记·坊记》说:"礼者,因人之情而为之节文,以为民坊者也";《论语·为政》云:"道之以政,齐之以刑,民免而无耻;道之以德,齐之以礼,有耻且格。"以道德作引导,以礼仪来规范,百姓就有羞耻之心,这比命令与刑法有效得多。顾炎武对此也是同意的,他说:"子曰:'君子之道,辟则坊与? 坊民之所不足者也。大为之坊,民犹逾之。故君子礼以坊德,刑以坊淫,命以坊欲。'古之明王所以禁邪于未形,使民日迁善远罪而不自知者,是必有其道矣。"[3]孔子强调以礼教来防止人们失德,而明代中后期,却是人心不古,礼义廉耻几乎丧失殆尽,尤其万历以后,"士大夫交际多用白金,乃犹封诸书册之间,进自阍人之手。今则亲呈坐上,径出怀中,交收不假他人,茶话无非此物,衣冠而为囊橐之寄,朝列而有市井之容"。[4]官场的贪污腐败更是盛行成风:"无官不赂遗,而人人皆吏士之为矣;无守不盗窃,而人人皆僮竖之为矣。自其束发读书之时,所以劝之者,不过所谓'千钟粟'、'黄金屋',而一旦服官,即求其所大欲。君臣上下怀利以相接,遂成风流,不可复制。"[5]魏忠贤当权时,一些缙绅士大夫为了对其巴结奉承,竟然出现"公卿上寿,宰执称儿"这样令人作呕的现象。官场上追逐名利,不顾礼义廉耻,影响所及,使传统的道德观念受

---

[1] 顾炎武著,严文儒、戴扬本校点:《日知录》卷十五《期功丧去官》,第622页。
[2] 顾炎武著,严文儒、戴扬本校点:《日知录》卷十三顾《流品》,第539页。
[3] 顾炎武著,严文儒、戴扬本校点:《日知录》卷七《未有义而后其君者也》,第320~321页。
[4] 顾炎武著,严文儒、戴扬本校点:《日知录》卷三《承筐是将》,第142页。
[5] 顾炎武著,严文儒、戴扬本校点:《日知录》卷十三《名教》,第533页。

到了猛烈的冲击,清人入关后,"国无守臣,人无植节,反颜事仇,行若狗彘,而不之愧"[1]者更比比皆是。顾炎武对这些现象感到痛心疾首,他大声疾呼重建礼教,倡导士大夫树立廉耻的观念:

  《五代史·冯道传论》曰:"'礼义廉耻,国之四维。四维不张,国乃灭亡。'善乎管生之能言也!礼义,治人之大法;廉耻,立人之大节。盖不廉则无所不取,不耻则无所不为。人而如此,则祸败乱亡,亦无所不至。况为大臣,而无所不取,无所不为,则天下其有不乱,国家其有不亡者乎!"然而四者之中,耻尤为要。故夫子之论士,曰"行己有耻";《孟子》曰:"人不可以无耻,无耻之耻,无耻矣。"又曰:"耻之于人大矣,为机变之巧者,无所用耻焉。"所以然者,人之不廉而至于悖礼犯义,其原皆生于无耻也。故士大夫之无耻,是谓国耻。[2]

"士大夫之无耻,是谓国耻",这是因为礼不仅关乎大臣的修身立命,还进而因大臣的所作所为影响天下治乱、国家兴亡,顾炎武将"知耻"由修身的准则上升到与国家兴亡相连的高度,从而进一步丰富、升华了其内涵,也正基于这个立场,他提出"圣人之道"不仅包括"博学于文",也涵盖"行己有耻":"自子臣弟友以至出入、往来、辞受、取与之间,皆有耻之事也。耻之于人大矣!不耻恶衣恶食,而耻匹夫匹妇之不被其泽"。[3]顾炎武没有意识到明代后期礼坏的根本原因来自于上层统治者,朱明帝系,除惠帝、仁、宣及孝宗几位稍为仁厚之外,自太祖元璋以下,大部分都是礼治败坏、不仁不义的暴君或庸主,士大夫阶层及民众处于水深火热之中,对固有森严的礼法制度产生怀疑和不满,人心思变。[4]因此,他对士大夫寡廉鲜耻的根源缺乏揭示,但是我们仍然充分肯定他呼吁重建礼教的积极作用,后者实际上已经突破了朝代的局限,而具有某种普遍性的意义。

---

[1] 顾炎武著,严文儒、戴扬本校点:《日知录》卷十三《降臣》,第565页。
[2] 顾炎武著,严文儒、戴扬本校点:《日知录》卷十三《廉耻》,第536~537页。
[3] 顾炎武:《亭林文集》卷三《与友人论学书》,《顾亭林诗文集》,第40~41页。
[4] 郭伟川:《礼坏与不仁的朝代——略论朱明王朝之弊政》,收入陈其泰、郭伟川、周少川编:《二十世纪中国礼学研究论集》,北京:学苑出版社,1998年,第550~569页。

顾炎武对礼的重视,不仅表现在对礼价值的阐发,还体现于具体的礼学研究。虽然他没有写成一部礼学专著,这是因为受到种种因素的影响:

> 悯礼教之废坏,而望之斟酌今古,以成一书,返百王之季俗,而跻之三代,此仁人君子之用心也。然斯事之难,朱子尝欲为之而未就矣,况又在四五百年之后乎? 弟少习举业,多用力于四经,而三《礼》未之考究。年过五十,乃知"不学礼无以立"之旨,方欲讨论,而多历忧患,又迫衰晚,兼以北方难购书籍,遂于此经未有所得。[1]

起步较晚、居无定所、年龄渐大、北方难以购买书籍等等因素,都影响到他对礼学的深入研究,但顾炎武在清初礼学史上、特别是《仪礼》学史上却有重要地位。《仪礼》作为三礼之一,在汉代首先取得经的地位,两汉至魏晋南北朝时期,《仪礼》一直是礼学研究的核心。顾炎武曾考察《仪礼》学衰落的历史,引用朱熹的《乞修三礼札子》"王安石变乱旧制,废罢《仪礼》,而独存《礼记》"云云,指出"《仪礼》之废,乃自安石始之。至于明代,此学遂绝"。[2]其实,这个观点并非无懈可击,顾炎武自己也曾引用开元十六年国子祭酒杨玚的奏章:"今之明经,习《左氏》者十无二三。……又《周礼》《仪礼》及《公羊》《穀梁》殆将废绝。"[3]《礼仪》在唐代就已开始衰落,注释者代不数人,诵习者寥若晨星。只是到了宋代,其地位更是进一步下降。顾炎武认为原因除了王安石变法,罢废《礼仪》外,还有陆王心学的负面影响:"南渡已后,二陆起于金谿,其说以德性为宗。学者便其简易,群然趋之,而于制度文为一切鄙为末事。赖有朱子正言力辨,欲修三礼之书,而卒不能胜夫空虚妙悟之学","沿至于今,有坐皋比,称讲师,门徒数百,自拟濂洛,而终身未读此经一遍者"。[4]宋儒治经偏重义理,《仪礼》所载多为先秦的名物度数,非一时好尚所在,遭到学者的抛弃乃势之必然,虽然朱熹本人及其个别弟子重视《礼仪》,也难以改变大势,顾炎武将宋以后《仪礼》学的没落仅归咎于心学,也是有失公允的。但他说《仪礼》学"在宋已

---

[1] 顾炎武:《亭林文集》卷三《答汪苕文书》,《顾亭林诗文集》,第60页。
[2] 顾炎武著,严文儒、戴扬本校点:《日知录》卷七《九经》,第342页。
[3] 刘昫:《旧唐书》卷一八五下《杨玚传》,北京:中华书局,1975年,第4820页。
[4] 顾炎武:《亭林文集》卷二《仪礼郑注句读序》,《顾亭林诗文集》,第32页。

为空谷之足音,今时则绝响"[1]的论断,确也符合事实。元代取士不用《仪礼》,罕有治其学者。明代《仪礼》几成绝学,郝敬竟谓《仪礼》不可为经。[2]《明史·艺文志》中《仪礼》类著作甚少,《四库提要》中明代《仪礼》类也仅存目收录郝敬《仪礼节解》等三种。[3]

《仪礼》作为《三礼》之中难之尤者,顾炎武自己也承认对其展开研究困难重重:"悯礼教之废坏,而望之斟酌今古,以成一书返百王之季俗,而跻之三代,此仁人君子之用心也。然斯事之难,朱子尝欲为之而未就矣,况又在四五百年之后乎?"[4]但是,"三代之礼,其存于后世而无疵者,独有《仪礼》一经"。[5]《仪礼》作为礼之本经,欲倡导礼学,不能不治《仪礼》,所以他也表示责无旁贷:"今之学者生于草野之中,当礼坏乐崩之后,于古人之遗文一切不为之讨究,而曰:'礼吾知其敬而已,丧吾知其哀而已。'以空学而议朝章,以清谈而干王政,是尚不足以窥汉儒之里,而何以升孔子之堂哉!"[6]因此,对于"无当世之名"的友人张尔岐,他由衷佩服,自称"独精三《礼》,卓然经师,吾不如张稷若(张尔岐字)"[7],并对其《仪礼郑注句读》一书不遗余力地称赞道:"根本先儒,立言简当","其书实似可传。使朱子见之,必不仅谢监岳之称许也"。[8]"后之君子,因句读以辨其文,因文以识其义,因其义以通制作之原,则夫子所谓以承天之道而治人之情者,可以追三代之英,而辛有之叹,不发于伊川矣。如稷若者,其不为后世太平之先倡乎?"[9]除了大力鼓吹张尔岐、采纳其观点[10]外,顾炎武还积极吸收同时代其他学者如万斯大、陆世仪等人礼学研究的成果。万斯大的《学礼质疑》一书曾由同门陈锡嘏赠送予顾炎武,顾炎武读后表示该书"疏

---

[1] 顾炎武著,严文儒、戴扬本校点:《日知录》卷七《九经》,第342页。
[2] 杨天宇:《略述中国古代〈仪礼〉学》,《高敏先生七十华诞纪念文集》,郑州:中州古籍出版社,2001年,第91~98页。
[3] 顾炎武:《亭林文集》卷三《答汪苕文书》,《顾亭林诗文集》,第60页。
[4] 顾炎武著,严文儒、戴扬本校点:《日知录》卷六《檀弓》,第269~271页。
[5] 顾炎武:《亭林文集》卷二《仪礼郑注句读序》,《顾亭林诗文集》,第32页。
[6] 顾炎武著,严文儒、戴扬本校点:《日知录》卷七《九经》,第340页。
[7] 顾炎武:《亭林文集》卷六《广师》,《顾亭林诗文集》,第133~134页。
[8] 顾炎武:《亭林文集》卷三《答汪苕文书》,《顾亭林诗文集》,第60页。
[9] 顾炎武:《亭林文集》卷二《仪礼郑注句读序》,《顾亭林诗文集》,第32页。
[10] 如《日知录》卷十四《丧礼主人不得升堂》,第587页。

壅释滞,诚近代所未见,读之神往","二卷宗法、昭穆诸论,真足羽翼经传,垂之千古,已录入《五经绪论》中"。[1]《五经绪论》今未见,但笔者发现《五经同异》下中收录有《万斯大宗法论》[2],大概《五经同异》即是《五经绪论》。此外,《日知录》中也有引用万斯大之说。[3] 至于陆世仪的《君丧五服之图》及其《思辨录》"欲于祭礼之中而寓立宗之意"也,分别被《日知录》引用。[4]

顾炎武的礼学研究,始于文本的校勘,他以唐开成石经校明代监本《仪礼》,正讹补脱,由此开始清人校勘《仪礼》之风;[5]捍卫《仪礼》的经典地位,率先确认了清代礼制建设的纲领;在《仪礼》考释方面归宗郑玄,指明了以朴学为主的经学发展方向;在礼学应用方面弘扬朱学,开辟出融会古今的礼制建设通途,从而成为清代《仪礼》学的主要奠基者。[6]

其实,顾炎武对《礼记》也是下过一番功夫的。笔者以为,丧服制度是顾炎武礼学研究中关注的重点。因为丧服类文献囊括了《仪礼·丧服经传》《礼记》中的《曾子问》《丧服小记》《丧大记》《问丧》《丧服四制》等,因此,对《礼记》不仅不能置之不理,还必须相当重视。顾炎武对服制的关注,是因为"三代圣王教化之事,其仅存于今日者,惟服制而已。丧乱以来,浸已废坠"。[7]因此,急需做正本清源、移风易俗的工作。

《礼记·丧服小记》曰:"亲亲,尊尊,长长,男女之有别,人道之大者也。"《礼记·大传》进一步详细规定道:"服术有六:一曰亲亲,二曰尊尊,三曰名,四曰出入,五曰长幼,六曰从服。"郑注释曰:

> 术犹道也。亲亲,父母为首。尊尊,君为首。名,世母、叔母之属也。出入,女子子嫁者及在室者。长幼,成人及殇也。从服,若夫为妻之父母,

---

[1] 顾炎武:《蒋山佣残稿·与陈介眉》,《顾亭林诗文集》,第211页。
[2] 顾炎武:《五经同异》下,《顾炎武全集》第1册,第273页。
[3] 顾炎武著,严文儒、戴扬本校点:《日知录》卷十四《兄弟不相为后》,第570页。
[4] 顾炎武著,严文儒、戴扬本校点:《日知录》卷十四《君丧》,第586页;《日知录》卷十四《祭礼》,第593页。
[5] 彭林:《论清人〈仪礼〉校勘之特色》,《中国史研究》1998年第1期。
[6] 陈晓东、田汉云:《顾炎武〈仪礼〉学探析》,《南京社会科学》2010年第4期。
[7] 顾炎武著,严文儒、戴扬本校点:《日知录》卷十五《奔丧守制》,第627页。

妻为夫之党服。[1]

亲亲和尊尊是制定丧服的两个原则,分别依据血缘关系的亲疏远近、地位的尊卑高下来确定丧服的轻重。顾炎武引《中庸》哀公问政章曰"亲亲之杀,尊贤之等,礼所生也"[2],以此表示对其的认同。亲亲原则对父系和母系血亲并不一视同仁,而是重父系宗亲,轻外亲,对此,顾炎武自然也不能否认:"丧服之纪,重本属而轻外亲。"[3]《仪礼·丧服》规定,凡父系长辈直系宗亲之服,均在齐衰三月以上,而外亲除了外祖父母与从母加服小功之外,其余均缌麻三月。但对于历代遵循的这一服制,竟然在唐代开始发生一系列的变化:嫂叔本无服,唐太宗令服小功;曾祖父母本服三月,增为五月;嫡子妇大功,增为期;众子妇小功,增为大功;舅服缌,增为小功;父在为母服期,高宗增为三年;妇为夫之姨舅无服,玄宗令从夫服;又增舅母缌麻,堂姨舅袒免。而弘文馆直学士王元感,遂欲增三年之丧为三十六月。顾炎武批评这是"不探其本而妄为之增益,亦未见其名之有过于三王也"。[4]顾炎武还详细罗列了唐玄宗开元二十三年议加服制的反对意见。崔沔说:"礼教之设,本于正家,家正而天下定矣。正家之道,不可以贰,总一定义,理归本宗。所以父以尊崇,母以厌降,内有齐斩,外服皆缌,尊名所加,不过一等,此先王不易之道";韦述表示:"父母之恩不殊,而独杀于外氏者,所以尊祖祢而异于禽兽也。且家无二尊,丧无二斩。持重于大宗者,降其小宗;为人后者,减其父母之服。女子出嫁,杀其本家之丧。盖所存者远,所抑者私也";杨仲昌说:"如以外祖父母加至大功,岂不加报于外孙乎?外孙为报,服大功,则本宗庶孙又用何等服邪?窃恐内外乖序,亲疏夺伦,情之所沿,何所不至。"但唐玄宗不听,坚决对服制予以变革。后来唐宣宗之舅郑光卒,竟下诏罢朝三日,御史大夫李景让上奏异议道:"人情于外族则深,于宗庙则薄。所以先王制礼,割爱厚亲。士庶犹然,况于万乘。亲王、公主,宗属也。舅氏,外族也。今郑光辍朝日数,与亲王公主同,非所以别亲疏,防僭越也。"顾炎武对四人坚决维护丧服制度中的"亲亲""尊尊"原则颇为欣赏,他说:"夫由

---

[1] 郑玄注,孔颖达等正义:《礼记正义》卷三十四《大传》,《十三经注疏》,第3267页。
[2] 顾炎武著,严文儒、戴扬本校点:《日知录》卷七《行吾敬故谓之内也》,第330页。
[3] 顾炎武著,严文儒、戴扬本校点:《日知录》卷二《九族》,第92页。
[4] 顾炎武著,严文儒、戴扬本校点:《日知录》卷五《唐人增改服制》,第262页。

韦述、杨仲昌之言，有以探本而尊经；由崔沔、李景让之言，可以察微而防乱。岂非能言之士，深识先王之礼，而亦目见武、韦之祸，思永监于将来者哉！"[1]

在处理皇族内部关系时，亲亲与尊尊原则可能会发生交叉，此时大多遵循以尊尊为主。但唐代曾有两个例外，一是高宗上元元年(674)十二月壬寅武后上表，请"父在为母服齐衰三年"；二是中宗神龙元年(705)五月丙申，皇后韦氏表请"天下士庶为出母三年服"。顾炎武认为这是武、韦二后"皆以妇乘夫，欲除三纲，变五服，以申尊母之义"，有政治目的，武则天是为了临朝称制，韦氏与其女安乐公主欲仿效武则天，后来竟然鸩杀中宗，这就是前文中所说的"武、韦之祸"萌生的兆头之一："自古以来，奸人欲蔑先王之礼法而自为者，必有其渐。"当然，顾炎武也并没有将丧服制度上的变化视作政治祸乱的唯一表征，他说："彼且欲匹二圣于天皇，陪南郊以亚献，而况区区之服制乎？"但是，就丧服制而言，他所倡导遵循的仍然是传统的礼仪，为父斩衰三年，为母齐衰三年，此为从子；父在，为母齐衰杖期，此乃从夫。"家无二尊，而子不得自专，所谓'夫为妻纲，父为子纲'。审此可以破学者之疑，而息纷纭之说矣。"因此，他批评了当时的三年之丧：一曰三年之丧必达二十七月；二曰子为父母、庶子为所生母，皆斩衰三年；三曰妇为舅姑服斩衰三年。以二十七月而非二十五月作三年之丧的期限，他认为"若乃日月虽多，而衰戚之情不至焉，则不如古人远矣"。至于为父母均斩衰三年，也违背了父在为母齐衰杖期(一年)的原则，由于夫为妻杖期，故在一年后守丧期满，子之服丧期不得超过父，因此子在杖期满后，可不穿丧服而"心丧"三年，这就是"父在为母，虽降为期，而心丧之实未尝不三年也"。"所谓心丧，固百世不可改矣。"[2]

5.文字音韵之学

顾炎武的经学研究，是以文字、音韵等小学功夫作为基础的，他说：

> 古之教人，必先小学。小学之书，声音、文字是也。《颜氏家训》曰："夫文字者，坟籍根本。世之学徒，多不晓字，读《五经》者，是徐邈而非许慎；习赋诵者，信褚诠而忽吕忱；明《史记》者，专皮、邹而废篆籀；学《汉书》

---

[1] 顾炎武著，严文儒、戴扬本校点：《日知录》卷五《外亲之服皆缌》，第259~261页。
[2] 顾炎武著，严文儒、戴扬本校点：《日知录》卷五《三年之丧》，第244~245页。

者,悦应、苏而略《苍》《雅》。不知书音是其枝叶,小学乃其宗系。"吾有取乎其言。[1]

音韵学方面因其著有《音学五书》,影响颇大,学术界研究较多,但对于其文字学则较少有人关注。

《说文》作为中国第一部最具权威性的字典,是研究古代文字形、音、义以及文字发展的基本工具和文献。顾炎武肯定其功绩道:"论字者必本于《说文》,未有据隶楷而论古文者也。"[2]"自隶书以来,其能发明六书之指,使三代之文尚存于今日,而得以识古人制作之本者,许叔重《说文》之功为大",但是,他也强调"后之学者,一点一画,莫不奉之为规矩,而愚以为亦有不尽然者"。因为他认为《说文》存在以下不足:一、左氏、公羊、穀梁等《春秋》三传,毛苌、孔安国、郑众、马融诸儒的训释,未必完全符合《六经》之文,何况许慎生活于东汉,《说文》所本者不过刘歆、贾逵、杜林、徐巡等十余人的说法,"而以为尽得古人之意,然与否与?"二、《五经》在蔡邕等校订之前,传写已是互有歧义,"今其书所收,率多异字,而以今经校之,则《说文》为短。又一书之中,有两引而其文各异者,后之读者,将何所从?"如郑玄就曾驳斥许慎的《五经异义》,《颜氏家训》也指出《说文》中有援引经传与今不同者,表示不敢完全信从。三、流传既久,岂无脱漏?"今谓此书所阙者,必古人所无,别指一字以当之,改经典而就《说文》,支离回互,三也。"可见,《说文》是不可盲从的,否则极易出现"几于剿说而失其本指""几于穿凿而远于理情"的不良后果。顾炎武认为对待《说文》的正确态度是:"今之学者能取其大而弃其小,择其是而违其非,乃可谓善学《说文》者与!"[3]这值得充分肯定。

因为重视文字之学,顾炎武对于五经、九经中的文字也就格外关注,如他在《九经误字》自序中说:"今天下《九经》之本,以国子监所刻者为据,而其中讹脱实多。又《周礼》《仪礼》《公羊》《穀梁》二传既不列于学官,其学殆废;而《仪礼》则更无他本可雠,其讹脱尤甚于诸经。"[4]于是便以金石旧刻作为参证资

---

[1] 顾炎武著,严文儒、戴扬本校点:《日知录》卷四《昌歜》,第207页。
[2] 顾炎武:《亭林文集》卷四《与人书四》,《顾亭林诗文集》,第91页。
[3] 顾炎武著,严文儒、戴扬本校点:《日知录》卷二十一《说文》,第819~821页。
[4] 顾炎武:《九经误字》,《顾炎武全集》第1册,第317页。

料,纠正经典中的谬误。他还依据唐代开成年间唐玄度增补的《九经字样》石刻,指出近人所刻的《九经补字》,实是不学无术之产物:"乃不知此书特《五经》之文,非经所有者不载,而妄添经外之字,并及字书中泛博之训。予至关中,洗刷元石,其有一二可识者,显与所补不同,乃知近日学者之不肯阙疑而妄作如此。"[1]

顾炎武对音韵学的潜心研究,是针对学者不通音韵、随意改经而发:

> 经之与韵,本无二也,病在后之学者执韵而论经;其不能通,则改经而就韵。夫道若大路然,安用此多岐乎?休文之四声,神珙之翻切,三代之所未有也。颜师古、章怀太子始有叶韵之说,而汉以前亦未之有也。乃援今而议古,焉得不圆凿而方枘乎?[2]

> 三代《六经》之音,失其传也久矣。其文之存于世者,多后人所不能通;以其不能通,而辄以今世之音改之,于是乎有改经之病。始自唐明皇改《尚书》,而后人往往效之;然犹曰:"旧为某,今改为某",则其本文犹在也。至于近日锓本盛行,而凡先秦以下之书率臆径改,不复言其旧为某,则古人之音亡而文亦亡,此尤可叹者也。[3]

虽然改经的毛病此前已有出现,但明代尤为严重:"自嘉靖以前,书之锓本虽不精工,而其所不能通之处,注之曰疑;今之锓本加精,而疑者不复注,且径改之矣。"顾炎武认为这是学术穿凿附会的源头:"以甚精之刻,而行其径改之文,无怪乎旧本之日微,而新说之愈凿也。"因此,他倡导"读《九经》自考文始,考文自知音始。以至诸子百家之书,亦莫不然"。[4] 他的《音学五书》就是在这一指导思想下诞生的,该书"据唐人以正宋人之失,据古经以正沈氏、唐人之失,而三代以上之音部分秩如,至赜而不可乱"。列古今音之变,而究其所以不同,包括《音论》三卷,以考正三代以上之音;《诗本音》十卷,注三百零五篇诗经;《易音》三卷,注《易》;《唐韵正》二十卷,辨沈氏分部之误,并以古音订正;

---

[1] 顾炎武著,严文儒、戴扬本校点:《日知录》卷十八《张参五经文字》,第708~709页。
[2] 顾炎武:《亭林文集》卷四《与人书四》,《顾亭林诗文集》,第91页。
[3] 顾炎武:《亭林文集》卷四《答李子德书》,《顾亭林诗文集》,第69页。
[4] 顾炎武:《亭林文集》卷四《答李子德书》,《顾亭林诗文集》,第73页。

《古音表》二卷,综古今音为十部。通过以上音韵方面的注释、考订、辨析工作,顾炎武认为:"自是而《六经》之文乃可读;其他诸子之书,离合有之,而不甚远也。天之未丧斯文,必有圣人复起,举今日之音而还之淳古者。"[1]后来清代的学者,沿着顾炎武等人开辟的道路继续前行,并做出了很多令人瞩目的成绩,从而使得古代流传下来的典籍真正接近于历史原貌。

第二节 "通当世之务"[2]——顾炎武的史学

儒家型的知识分子不仅"坐而言",同时也"起而行",在社会危机的时代总是试图用"道"来"拨乱反正",来"纲纪世界"。[3] 顾炎武是其中突出的代表。他提倡治学以明道救世为宗旨,因此,不仅以经学研究来明先王之道,而且以史学来"通当世之务",试图解决现实问题。他宣扬:"君子之为学也,非利己而已也,有明道淑人之心,有拨乱反正之事,知天下之势之何以流极而至于此,则思起而有以救之",[4]"天生豪杰,必有所任……今日者拯斯人于涂炭,为万世开太平,此吾辈之任也"。[5] "通当世之务",需对国典朝章、民生利病等问题有很深入的了解,因此,顾炎武的史学研究主要集中于社会政治与经济方面。他花费二十多年苦心所编纂的《天下郡国利病书》与《肇域志》,正是"感四国之多虞,耻经生之寡术"[6]的有所为之作,直指天下郡国的利病,为施政者提供参考;其《日知录》囊括经术、治道与博闻,作为中坚部分[7]的"治道",顾炎武自己寄托了厚望:"有王者起,将以见诸行事,以跻斯世于治古之隆",[8]都体

---

[1] 顾炎武:《音学五书叙》,《顾炎武全集》第2册,第7~8页。
[2] 顾炎武:《亭林文集》卷一《生员论上》,《顾亭林诗文集》,第21~22页。
[3] 余英时著,傅杰编:《论士衡史》,上海:上海文艺出版社,1999年,第10页。
[4] 顾炎武:《亭林余集·与潘次耕札》,《顾亭林诗文集》,第166页。
[5] 顾炎武:《亭林文集》卷三《病起与蓟门当事书》,《顾亭林诗文集》,第48页。
[6] 顾炎武著,黄珅等校点:《序》,《天下郡国利病书》,上海:上海古籍出版社,2012年,第1页。
[7] 赵俪生:《论顾炎武两大代表著作中的内部结构》,《史学史研究》1984年第4期。
[8] 顾炎武:《亭林文集》卷四《与人书二十五》,《顾亭林诗文集》,第98页。

现了鲜明的经世特色,这也正是顾炎武所鼓吹的"引古筹今,亦吾儒经世之用"[1]的见证。

一、国典朝章

顾炎武对国典朝章的重视,最初来自其祖父的影响。十余岁时,他偏好五经及宋代学者的性理之书,祖父教诲道:士人当讲求实学,"凡天文、地理、兵农、水土,及一代典章之故不可不熟究"。[2]典章制度涉及面颇广,顾炎武的关注点主要集中在宗室制度、官吏的选拔与任用、郡县制等方面。

1."宗子维城"

"宗子维城"本指王室宗子连城以卫国,语出《诗经·大雅·板》:"大邦维屏,大宗维翰,怀德维宁,宗子维城。"后人对此给予了详细的阐释,如唐代元稹说百王"莫不幼同师,长同术,识君道之素定,知天伦之自然,然后选用贤良,树为藩屏。出则有晋郑鲁卫之盛,入则有东牟、朱虚之强,盖所谓宗子维城,犬牙磐石之势"。[3]宋代苏轼云:"臣闻之《诗》曰'怀德为宁,宗子维城'。宗室之有人,邦家之光,社稷之卫也。"[4]明代刘宗周也说:"《诗》曰:'宗子维城,无俾城坏',言其为王室卫也。……有天下者,鲜不与宗室相为存亡。"[5]以上诸论,都强调了宗室对邦国天下的拱卫之功,突出了宗子对于维持政权稳定的重要性。

顾炎武与以上言论唱为同调,他说:"夏、商之世,天子之子,其封国而为公侯者,不见于经。以太康之尸位,而有厥弟五人,使其并建茅土,为国屏翰,羿何至篡夏哉!富辰言:'周公吊二叔之不咸,故卦建亲戚,以蕃屏周。'"[6]他认为周代分封诸侯,就是鉴于夏代缺乏宗室捍卫而被人篡国的经验教训而来。顾炎武对宗室的重视,理由如下:

---

[1] 顾炎武:《亭林文集》卷四《与人书八》,《顾亭林诗文集》,第93页。
[2] 顾炎武:《亭林余集·三朝纪事阙文序》,《顾亭林诗文集》,第155页。
[3] 元稹:《元稹集》卷二十九《论教本书》,北京:中华书局,1982年,第346页。
[4] 苏轼:《苏轼文集》卷三十四《荐宗室令畤状》,北京:中华书局,1986年,第956页。
[5] 刘宗周著,吴光主编:《敬循使职咨陈王政之要恳祈圣明端本教家推恩起化以禅宗藩以保万世治安疏》,《刘宗周全集》第4册《文编上》,杭州:浙江古籍出版社,2012年,第13页。
[6] 顾炎武著,严文儒、戴扬本校点:《日知录》卷二《厥弟五人》,第98页。

> 呜呼！自天子而下，一等为亲王，又一等为郡王，此皆天子之子若孙，不相悬也。其在于诗曰"本支百世"，故天子本也，亲王枝也，宗室叶也，故福先上，祸先下。萧衍之篡齐也，先杀诸王而后代其主，韩建朱全忠之弱唐也，先戕十六宅而后弑昭宗。祸及亲王，此及天子之渐也。先帝中年，德鲁二王戕于敌，福、唐、襄、郑、崇五王戕于贼，汴水决而周宗鱼，藩封之难无岁不告。先帝赫然震怒，而无所以御之之计，不三四年京师沦覆，天子之祸与亲王同一辙，岂不哀哉！[1]

"天子本也，亲王枝也，宗室叶也"，本根与枝叶同呼吸、共命运，一旦"祸及亲王，此及天子之渐"，宗室被屠杀殆尽，那么王朝的根基也就动摇，离丧亡不远了。事实也是如此。明末农民大起义中明朝宗室成了被重点打击的对象，起义军势力所及，明朝宗室几乎被屠戮殆尽。从崇祯十四年至十七年，短短数年间，仅以宗室中最为显赫高贵的亲王而言，先后被起义军擒获、消灭者即有福王、襄王、唐王、徽王、崇王、岷王、楚王、秦王、韩王、代王、晋王、赵王、瑞王、蜀王等十四人，约占当时全部受封亲王的一半。至于郡王、将军以下更是不胜枚举，无法悉数。[2] 伴随着大量宗室势力被杀，明王朝也走向了崩溃。

出现上述情况，顾炎武认为根源在于明朝的宗室政策有误：

> 国家之所以常治而不乱者，人材也。人材之出于天下者，固将爱之重之。夫苟人材之出于其宗，则尤爱之而尤重之。以文王之明德作人，而其用之也，常先同姓而后庶姓；周公为太宰，康叔为司寇，聃季为司空。成王顾命，而六卿之长，五为同姓。周公、祭公、毛伯、凡伯之属，每见于《春秋》，而与周相终始。汉唐而下，以同宗而为丞相、笃中书者不可胜数。然则自古以来，待宗人之失，未有如有明者也。庸疏而舍戚，内羁而外亲，既不得筮仕为吏，而复限之于国城之中，若无罪而拘之者。故其不肖者怙侈放辟，以为民害，而其贤者亦仅仅守己洁行，学为词赋，以自附于文苑之

---

[1] 顾炎武:《亭林余集·书太虚山人象象谭后》,《顾亭林诗文集》,第154页。
[2] 赵秉忠、白新良:《清兵入关与明朝宗室》,收入《清史新论》,沈阳:辽宁教育出版社,1992年,第1~2页。

徒。于是举天子之宗，无一人焉任国家之事，以生草泽之心，而召蛮裔之侮，宁以其四海之大，宗祧之重，畀之非族者而不恤，呜呼！此亦后世有天下者之大监也已。[1]

顾炎武提出"自古以来待宗人之失，未有如有明者也"。在靖难之役和高煦叛乱之后，朝廷为防止宗藩作乱，在政治上严加管束。《明史·诸王传》卷末赞语云："有明诸藩……然徒拥虚名，坐糜厚禄，贤才不克自见，知勇无所设施。防闲过峻，法制日增；出城省墓，请而后许；二王不得相见。藩禁严密，一至于此。"[2]正与顾炎武所言一致。明朝廷对宗室的限制甚多，如禁止干预地方行政、禁止同勋贵联姻、禁止来京朝觐奏事、禁止二王相见及出城、禁止出仕和参与国事。朱元璋在《皇明祖训》中本不禁宗室子弟出仕，汉王朱高煦叛乱后，朝廷废除宗室子弟出仕令，并拒绝宗室参与国事，违者严惩不贷。如嘉靖年间镇国将军勤熭上书言时事，被废为庶人，并入狱；崇祯九年烽烟四起，京师戒严，唐王上书请奉敕收诸寨义勇靖难，结果以叛乱罪处以监禁。[3]这就是顾炎武所说的"举天子之宗，无一人焉任国家之事"。

明代的宗室政策，并非最初就是如此，"昔太祖高皇帝时，二十四王并皆少壮，分封之国，往往连跨数十城，护卫军至一二万，而又有行边之命，都司卫所并受节制"。[4]立国之初，朱元璋为了避免朝廷孤立，决定分封诸子为王，分镇各地，他提出："先王封建，所以庇民，周行之而久远，秦废之而速亡。汉、晋以来，莫不皆然。……要之，为长久之计，莫过于此。"[5]此时期诸王被授以兵权，朱元璋说："朕封诸子，颇殊古道。内设武臣，盖欲藩屏国家，备侮御边，闲中助王，使知时务。所以出则为将，入则为相。"[6]这有助于防止外姓反叛朝廷。然而，诸王兵权过大，势必对朝廷构成威胁。朱元璋在《皇明祖训》里对诸

---

[1] 顾炎武：《亭林文集》卷二《朱子斗诗序》，《顾亭林诗文集》，第34~35页。
[2] 张廷玉：《明史》卷一二〇《诸王五》，第3659页。
[3] 赵毅：《明代宗室政策初探》，《东北师大学报》1988年第1期。
[4] 顾炎武：《亭林余集·书太虚山人象象谭后》，《顾亭林诗文集》，第154页。
[5] "中央研究院"历史语言研究所校勘：《明太祖实录》卷五一，洪武三年夏四月辛酉条，上海：上海古籍书店，1983年，第999页。
[6] 朱元璋著，胡士萼点校：《朱元璋集》卷七《谕秦王府文武官》，合肥：黄山社，1991年，第101页。

王多有规劝:"凡古王侯,妄窥大位者,无不自取灭亡。或连及朝廷俱废。盖王与天子本是至亲,或因自不守分,或因奸人异谋,自家不和,外人窥觎,英雄乘此得志,所以倾朝廷而累身己也。若朝廷之失,固有此祸;若王之失,亦有此祸。当各守祖宗成法,勿失亲亲之义。凡王所守者祖法。如朝廷之命合于道理,则唯命是听;合道理,见法律篇第十二条。"但说教并不能阻挡诸侯王争夺天下的野心,后来,燕王朱棣发动靖难之役,即以上文法律篇第十二条"如朝无正臣,内有奸恶,则亲王训兵待命,天子密诏诸王统领镇兵讨平之"[1]作为借口。宣德元年,汉王朱高煦叛乱,再次证明了亲王典兵对朝廷的威胁不可忽视。于是宣德年间,朝廷平定高煦叛乱后,迫使绝大部分洪武、永乐两朝所封藩王交出护卫,并从各个方面加强了对宗室的控制,对他们的活动严加防范。[2]顾炎武对明朝廷宗室政策的这一转变,有清晰的认识:"(因诸王握有重兵)以故有北平之事,乐安、南昌缘之以起,异日大臣无不以削弱王府为务。"[3]"自北平、南昌二变(朱棣、宁王兵变)以后,一代规模于'宗子维城'四字,竟不复讲。"[4]

顾炎武认为明代这种对宗室过分防范的制度有违"亲亲用贤"之道,且带来很严重的负面影响,他说:

> 汉唐之制,皆以宗亲与庶姓参用,入为宰辅、出居牧伯者,无代不有。……宋子京以为:"周、唐任人不疑,得亲亲用贤之道"。惟本朝不立此格,于是为宗属者大抵皆溺于富贵,妄自骄矜,不知礼义。至其贫者,则游手逐食,靡事不为。名曰天枝,实为弃物。曹冏所谓"今之州牧、郡守,古之方伯、诸侯,或比国数人,或兄弟并据,而宗室子弟曾无一人间厕其间"。正有明当日之事也。崇祯时,始行换授之法,而教之无素,举之无术,未见有卓然树一官之绩者。三百年来,当国大臣,皆畏避而不敢言,至

---

[1] 张德信、毛佩琦编:《洪武御制全书·皇明祖训》,合肥:黄山书社,1995年,第400~408页。

[2] 顾诚:《明代的宗室》,收入《明清史国际学术讨论会论文集》,天津:天津人民出版社,1982年,第89~94页。

[3] 顾炎武:《亭林余集·书太虚山人象象谭后》,《顾亭林诗文集》,第154页。

[4] 顾炎武:《亭林文集》卷四《与人书十三》,《顾亭林诗文集》,第94页。

天子独断行之,而已晚矣。然则亲贤并用,古人之所以有国长世者,后王其可不鉴乎? 自古帝王为治之道,莫先于亲亲。而有明之待亲王及其宗属也,则位重而愈疏,禄多而愈贫。诚有如汉哀帝时杜业上言:"宗室诸侯微弱,与系囚无异者。"[1]

亲贤并用,才可享国长久,而明代竟然严禁宗室子弟出仕,这样直接导致如下后果:"其不肖者恬侈放辟,以为民害,而其贤者亦仅仅守己洁行,学为词赋,以自附于文苑之徒。于是举天子之宗,无一人焉任国家之事。"顾炎武曾结识宗室中人朱子斗,其子伯常"为人亦温恭恳慎,以求全于世,惟恐人目之为故王孙者,反不若庶姓之人,犹得盱衡扼腕,言天下之事于朋友之前而无所忌"。顾炎武认为:"虽时势则然,亦繇国家向日裁抑太过,无有强宗大豪如南阳诸刘,得以挠新莽之威而保先人之祚者也。"[2]这确有"时势"的原因,即清人入关后,各地曾普遍掀起屠杀明宗室的浪潮,经过数年的集中打击,明宗室数量锐减,除少数人继续坚持抗清斗争之外,其他绝大多数人则窜伏草莽,隐姓埋名,沦为齐民百姓。[3]但顾炎武的关注点显然并不在此,而是侧重于"国家向日裁抑太过",致使明亡后难以如西汉灭亡后涌现刘秀似的人物,"光武中兴,实赖诸刘之力"。此后坚持亲疏并用,因此直至故灵、献之世,"荆表、益焉,各专方镇,而昭烈乘之,以称帝于蜀,若颠木之有由蘖。其与宋之二王航海奔亡,一败而不振者,不可同年而语矣"。[4]

顾炎武认为汉代重视宗室,因此即使东汉灭亡后,仍有刘备再建蜀汉之举。而明代对宗室严加防范,限制过死,导致不肖者"生深宫之中,长妇人之手,无不广置田庄,放情酒色",危害四方;贤者也仅能洁身自好、附庸风雅,庸庸碌碌,"所在有司之兵又皆文具,及贼骑至城,而亲王之势与齐民无异。逆贼见藩封之大,所向辄陷,而国家无如之何也,则以为天子之都,亦将如是而已,是以直犯京师而不之忌,岂非势之相因者哉!"[5]当农民举起反抗的大旗、清

---

[1] 顾炎武著,严文儒、戴扬本校点:《日知录》卷九《宗室》,第405~406页。
[2] 顾炎武:《亭林文集》卷二《朱子斗诗序》,《顾亭林诗文集》,第34~35页。
[3] 赵秉忠、白新良:《清兵入关与明朝宗室》,《清史新论》,第7~8页。
[4] 顾炎武著,严文儒、戴扬本校点:《日知录》卷九《宗室》,第406~407页。
[5] 顾炎武:《亭林余集·书太虚山人象象谭后》,《顾亭林诗文集》,第154页。

军趁机南下之际,宗室中人不仅未能支撑残局,连偏安局面都难以保持。虽然崇祯皇帝曾推行宗室换授(酌其才能调任官职)政策,但未见政绩卓然者。崇祯帝也曾使亲王典兵,"其能者不过如汉之陈王宠,下者则唐之覃王嗣周,延王戒丕而已。积轻之势固不能有所树立,而变故萌生,难可意料"。[1]可见,明中后期的宗室在政治上仅拥虚位,固然不足以对朝廷构成威胁,但同样也丧失了朱元璋最初所寄予的藩屏国家的作用,崇祯帝虽然试图有所恢复,已是积习难返,回天乏力。顾炎武晚年阅读太虚山人的《象象谭》,提出"《诗》曰:'宗子维城。无俾城坏,无独斯畏。'呜呼!先帝畏之矣。使是书之论得行于数十年之前,足以隆藩维而重国势,当不至于今日。逮乎福京即位,而封唐邓诸王,然且无土无民,而当权臣跋扈之际,事已不可为矣。"[2]顾炎武撰写该文的时间是康熙十八年(1679年),六十七岁之时,说明他对"宗子维城"的认识一直坚持到了最后。但是,假设一本提倡重视宗室势力的《象象谭》流行于明亡之前,就能"隆藩维而重国势",保住大明江山,这显然是一种毫无说服力的幻想。不仅如此,试图以重视宗室的方式来加强国家防卫,这已在历史上出现多次反例,地方藩王威胁中央朝廷的动乱并不鲜见,而明代对宗室的严格控制,也正是类似事件数次重演下的举措,不得已而为之。实际上,明宗室在国初的政治问题到中后期日益变成了严重的经济问题。明初所定宗室禄米,因宗室人数不多,不足以影响国家财政负担。进入明中期以后,宗室人数迅速增加,支付庞大的宗室禄米成为国家财政走向绝境的重要原因之一。[3]顾炎武说"本朝之待亲王及其宗属也,则位重而愈疏,禄多而愈贫",[4]这其实不过是品级较低的宗室,宗室本身也存在贫富两极分化,那些亲王们因分封时贵为帝子,禄赐丰厚,又霸占了大批庄田,积累的钱财富堪敌国。当明朝行将灭亡之时,国库空空如也,而诸王的府库却是金帛如山般堆积。[5]"财者,怨之府"。起义农民所到之处,宗室多被屠杀,其实还是宗室多行不义必自毙的结果。也就是说,宗室不仅未成护卫国家的屏障,反而还成了朝廷的蛀虫,加速了朱明王朝

---

[1] 顾炎武:《亭林文集》卷四《与人书十三》,《顾亭林诗文集》,第94页。
[2] 顾炎武:《亭林余集·书太虚山人象象谭后》,《顾亭林诗文集》,第154页。
[3] 顾诚:《明代的宗室》,《明清史国际学术讨论会论文集》,第86~93页。
[4] 顾炎武著,严文儒、戴扬本校点:《日知录》卷九《宗室》,第405~409页。
[5] 顾诚:《明代的宗室》,《明清史国际学术讨论会论文集》,第86~93页。

的毁灭。顾炎武未能认识到这些因果,固然是他的局限,但是我们仍然要承认其可取之处,即仿效汉唐之制,宗亲与庶姓参用,而不能将宗室完全杜绝于仕途之外,这不仅不利于宗室子弟的成长,也直接加重了朝廷的负担。

2."寓封建之意于郡县"

萧公权称秦灭六国为中国历史的"空前之巨变",具体表现为"政制则由分割之封建而归于统一之郡县,政体则由贵族之分权而改为君主之专制"。[1] 秦统一全国为郡县,意味着中国"封建"体制的基本终结。秦始皇的本意在于独制天下,由始皇帝而二世乃至于万世,传之无穷,孰料二世而亡。从此,封建制与郡县制的优劣利弊成为中国政治思想史上持续争论的话题。明清之际,封建与郡县之辨再度成为学者们关注的重点内容,顾炎武、黄宗羲与王夫之等学者都有对其做过探讨,说明它直接成为了学者挽救明朝危亡与清初进行制度反思的极其有力的思想资源。[2] 顾炎武的九篇《郡县论》,是其中最突出的代表。

顾炎武在《郡县论》一开宗明义地提出:"知封建之所以变而为郡县,则知郡县之敝而将复变。然则将复变而为封建乎?曰,不能。有圣人起,寓封建之意于郡县之中,而天下治矣。"[3] 关于"封建之所以变而为郡县",他在《日知录》卷二十二《郡县》中另有考证。《汉书·地理志》记载:"秦遂并兼四海,以为周制微弱,终为诸侯所丧,故不立尺土之封,分天下为郡县,荡灭前圣之苗裔,靡有孑遗者矣。"[4] 后世文人多祖述其说,认为废封建而立郡县,都是秦始皇所为。顾炎武则通过查考《左传》僖公三十三年、宣公十一年、十二年、十五年、成公六年、襄公二十六年、三十年、昭公三年、五年、十年、二十八年、哀公十七年及《晏子春秋》《说苑》《战国策》《史记·秦本纪》《史记·吴世家》等文献记载,指出"当春秋之世,灭人之国者,固已为县矣"。此外,《史记》中也有很多记载说明"当七国之世,而固已有郡矣"。而且,他还指出郡县关系有一个变化:

---

[1] 萧公权:《中国政治思想史》第2册,沈阳:辽宁教育出版社,1998年,第241页。
[2] 鱼宏亮:《知识与救世:明清之际经世之学研究》,北京:北京大学出版社,2008年,第141~142页。
[3] 顾炎武:《亭林文集》卷一《郡县论一》,《顾亭林诗文集》,第12页。
[4] 班固:《汉书》卷二十八上《地理志第八上》,北京:中华书局,1962年,第1542页。顾炎武在《日知录》中所引,"遂并兼四海",无"遂"字;"靡有孑遗者矣",无"者矣"。

最初县大而郡小,后来由郡统县,也在七国之时就已出现。与此对应,七国时期官员的名称也发生了变化,太守、县令代替了原来的侯爵,如吴起为西河守、冯亭为上党守、李伯为代郡守、西门豹为邺令、荀况为兰陵令,"安得谓至始皇而始罢侯置守邪"?文献中说禹会诸侯,执玉帛者万国,至周武王时代仅剩一千八百国,春秋时见于经传者一百四十多国,后来并为十二诸侯,最后减少为七国,顾炎武认为由分裂逐渐走向统一,由"封建"变为郡县,是历史发展的客观进程,"此固其势之所必至"。因此,"秦虽欲复古之制,一一而封之,亦有所不能。而谓罢侯置守之始于秦,则儒生不通古今之见也"。[1]"盖自汉以下之人,莫不谓秦以孤立而亡。不知秦之亡,不封建亡,封建亦亡;而封建之废,固自周衰之日而不自于秦也。封建之废,非一日之故也,虽圣人起,亦将变而为郡县。"[2]秦的灭亡,与是否推行"封建"制度无关,因为"'不仁而得天下,未之有也。'此百世可知者也。"[3]而且即使秦始皇采纳淳于越的建议,实施分封,也于事无补,"所封者不过如穰侯、泾阳、华阳、高陵君之属而已,岂有建国长世之理"。[4]

天下无万世不弊之法,"封建"行之既久,被郡县取代,郡县制推行一千多年,到后来也是弊端日益严重,"此民生之所以日贫,中国之所以日弱而益趋于乱也"。那么又该如何,回到"封建"时代吗?顾炎武对此明确做了否定,提出"寓封建之意于郡县之中",他认为只有如此,才能实现天下大治的目标:

> 何则?封建之失,其专在下;郡县之失,其专在上。古之圣人,以公心待天下之人,胙之土而分之国;今之君人者,尽四海之内为我郡县犹不足也,人人而疑之,事事而制之,科条文簿日多于一日,而又设之监司,设之督抚,以为如此,守令不得以残害其民矣。不知有司之官,凛凛焉救过之不给,以得代为幸,而无肯为其民兴一日之利者,民乌得而不穷,国乌得而不弱?率此不变,虽千百年,而吾知其与乱同事,日甚一日者矣。然则尊令长之秩,而予之以生财治人之权,罢监司之任,设世官之奖,行辟属(征

---

[1] 顾炎武著,严文儒、戴扬本校点:《日知录》卷二十二《郡县》,第842~844页。
[2] 顾炎武:《亭林文集》卷一《郡县论一》,《顾亭林诗文集》,第12页。
[3] 顾炎武著,严文儒、戴扬本校点:《日知录》卷七《子张问十世》,第302页。
[4] 顾炎武著,严文儒、戴扬本校点:《日知录》卷二十二《郡县》,第844页。

聘僚属)之法,所谓寓封建之意于郡县之中,而二千年以来之敝可以复振。后之君苟欲厚民生,强国势,则必用吾言矣。[1]

"封建"是胙土封国,诸侯在封地拥有很大的自主权,周天子名为共主,其实号令不行,徒具虚名;特别是到了春秋后期,诸侯渐渐形成尾大不掉之势,王纲解纽,终于天下大乱,这就是"封建之失,其专在下"。郡县则是中央集权,到明代中央集权更发展至高峰,"人人而疑之,事事而制之,科条文簿日多于一日,而又设之监司,设之督抚,以为如此,守令不得以残害其民矣。不知有司之官,凛凛焉救过之不给,以得代为幸,而无肯为其民兴一日之利者",这就是"郡县之失,其专在上"。可见,顾炎武对郡县制的批判,主要立足于反对君主权力的过分集中。因两种制度都各有利弊,顾炎武试图保留二者各自的长处,同时又能克服各自的缺陷,"寓封建之意于郡县之中",以谋求更好的"治道"。

我们需要指出的是,顾炎武的这种思想并非横空出世,而有其思想上的源头。宋代的过度中央集权曾遭受不少当时学者的批评,如朱熹、陈亮与叶适等人尽管在哲学观点与政治理论方面相当分歧,但是对宋代过度中央集权的不满却是共同的。一些学者力图在日常生活层面恢复宗法、井田、封建等三代之治的具体内容,这在当时有着鲜明的现实意义:井田者欲救贫富不均之失,封建者欲矫中央集权之弊。[2]因此,顾炎武"寓封建于郡县"的设计,事实上是传统中国学者反对过度中央集权的延续。[3]但是,延续并非没有发展,顾炎武首次明确提出"寓封建之意于郡县之中",这表明他认为两种制度之间存在相互补充、互相融合的可能,这是一种全新的认识,"在传统中国学者的心目中,这两种制度是完全对立的,因此他们往往不考虑到任何定义问题而热烈讨

---

[1] 顾炎武:《亭林文集》卷一《郡县论一》,《顾亭林诗文集》,第12页。
[2] 萧公权:《中国政治思想史》第2册,第471页。汪晖《对象的解放与对现代的质询:关于〈现代中国思想的兴起〉的一点再思考》(氏著《亚洲视野:中国历史的叙述》,牛津大学出版社,2010年,第63页)中也提出宋儒力图在日常生活层面恢复宗法、井田、封建等三代之治的具体内容,但这种复归古制的行动不能单纯地被看作是复古,复归古制是为了批评新制,但这个批评不是全盘否定,而是基于对时势的判断,要求在郡县的框架下吸纳"封建"的要素,进而改革当前的政治制度。
[3] 杨联陞:《明代地方行政》,《国史探微》,北京:新星出版社,2005年,第98页。

论他们的利弊。"[1]顾炎武跳出了这一思维定式,从而使其封建郡县之辨呈现出令人耳目一新的面貌。

顾炎武对郡县制的改革设想是以限制过分膨胀的君权为立足点,他提出天子应将权力适当分散、下放:

> 所谓天子者,执天下之大权者也。其执大权奈何?以天下之权,寄之天下之人,而权乃归之天子。自公卿大夫,至于百里之宰,一命之官,莫不分天子之权,以各治其事,而天子之权乃益尊。后世有不善治者出焉,尽天下一切之权而收之在上,而万几之广,固非一人之所能操也。而权乃移于法,于是多为之法以禁防之。虽大奸有所不能逾,而贤智之臣亦无能效尺寸于法之外,相与兢兢奉法,以求无过而已。于是天子之权不寄之人臣,而寄之胥胥。是故天下之尤急者,守令亲民之官,而今日之尤无权者,莫过于守令。守令无权,而民之疾苦不闻于上,安望其致太平而延国命乎!《书》曰:"元首丛脞哉,股肱惰哉,万事堕哉。"盖至于守令日轻,而胥吏日重,则天子之权已夺,而国非其国矣,尚何政令之可言耶!削考功之繁科,循久任之成效,必得其人而与之以权,庶乎守令贤而民事理,此今日之急务也。[2]

将天子之权分发到各级官吏手中,各治其事,人尽其责,才能充分体现皇权的尊严。后世君权过度集中,天下一切权力都收归帝王一人所有,必然力不能胜,于是严刑峻法、科条文簿层出不穷,以此防止官员舞弊。繁密的"文法"严重妨碍了官员的施政主动性,"宋叶适言:'法令日繁,治具日密,禁防束缚至不可动,而人之智虑自不能出于绳约之内,故人材亦以不振'。今与人稍谈及度外之事,辄摇手而不敢为"。[3]各级官吏只是奉行成规,得过且过,治事安民的积极性严重丧失,最终导致胥吏窃取权柄:"今夺百官之权而一切归之吏胥,是所谓百官者虚名,而柄国者吏胥而已。"[4]"守令日轻,而胥吏日重,则天

---

[1] 杨联陞:《明代地方行政》,《国史探微》,第89页。
[2] 顾炎武著,严文儒、戴扬本校点:《日知录》卷九《守令》,第398~399页。
[3] 顾炎武著,严文儒、戴扬本校点:《日知录》卷九《人材》,第383~384页。
[4] 顾炎武著,严文儒、戴扬本校点:《日知录》卷八《吏胥》,第362页。

子之权已夺,而国非其国矣,尚何政令之可言耶。"针对这样的弊政,他提出"削考功之繁科,循久任之成效,必得其人,而与之以权",在《郡县论一》中则进一步具体为"尊令长之秩,而予之以生财治人之权,罢监司之任,设世官之奖,行辟属之法,所谓寓封建之意于郡县之中"。

顾炎武所设计的郡县制改革包括以下内容:一是在保持中央集权的格局下,尽可能地增加地方政府与官员的权力,这是对"封建"制度下诸侯拥有较大自主权的仿效:将知县升为五品官,正名为县令,并赋予郡守、县令以莅政、辟官、理财、治军的自治权,朝廷只管官员的任命、考核及奖惩,对具体事务则不予干涉。如具体到财政方面,他认为"今日所以百事皆废者,正缘国家取州县之财,纤毫尽归之于上,而吏与民交困,遂无以为修举之资"。[1]

"法之敝也,莫甚乎以东州之饷,而给西边之兵,以南郡之粮,而济北方之驿。"改革的具体办法是:"今则一切归于其县,量其冲僻,衡其繁简,使一县之用,常宽然有余。又留一县之官之禄,亦必使之溢于常数,而其余者然后定为解京之类。"[2]他认为郡县财政自理,可以满足当地军需与政府需要,而且还可有结余上交朝廷。

二是"设世官之奖",县令"身与县终,而子孙世世处焉"。县令实行世袭,但有如下前提条件:首先,"必用千里以内习其风土之人",县令最初为试令,必须有良好的治绩表现,官位才能保持下去。其次,经过多次三年一度的考核,如都称职,那么会以"为真""封父母""玺书劳问""进阶益禄",任之终身等方式实行褒奖。其人致仕后,"举子若弟代",[3]所举之人再次为试令,三年称职真为真令,如同上述。或许会有人担心"子弟代,无乃专乎?"顾炎武反驳道:"蕞尔之县,其能称兵以叛乎?上有太守,不能举旁县之兵以讨之乎?太守欲反,其五六县者肯舍其可传子弟之官而从乱乎?"县令为世官,他认为有以下优势:首先"夫使县令得私其百里之地,则县之人民皆其子姓,县之土地皆其田畴,县之城郭皆其藩垣,县之仓廪皆其囷窌。为子姓,则必爱之而勿伤;为田畴,则必治之而勿弃;为藩垣囷窌,则必缮之而勿损。自令言之,私也,自天子言之,所

---

[1] 顾炎武著,严文儒、戴扬本校点:《日知录》卷十二《馆舍》,第503页。
[2] 顾炎武:《亭林文集》卷一《郡县论七》,《顾亭林诗文集》,第16页。
[3] 顾炎武:《亭林文集》卷一《郡县论二》,《顾亭林诗文集》,第13页。

求乎治天下者,如是焉止矣。"[1]县令一旦世袭,那么该县就相当于封地,百姓都是其子弟,土地都是其田产,县令出于私心必然尽心尽力进行治理。这固然有空想[2]的性质,但我们仍然肯定顾炎武的卓识:

> 自天下为家,各亲其亲,各子其子,而人之有私,固情之所不能免矣,故先王弗为之禁。非惟弗禁,且从而恤之。建国亲侯,胙土命氏,画井分田,合天下之私以成天下之公,此所以为王政也。至于当官之训,则曰以公灭私,然而禄足以代其耕,田足以供其祭,使之无将母之嗟,室人之谪,又所以恤其私也。此义不明久矣。世之君子必曰"有公而无私",此后代之美言,非先王之至训也。[3]

他提出天下之人各私其亲,各怀其利,是人之常情,不必禁止,而且先王还曾以分封的方式满足大家的私欲,说明"公"应建立在能满足个人合理私欲的基础上。他指出天子若能顺应和利用这种"人情怀私",那么便可实现"用天下之私,以成一人之公而天下治"。[4]后世泯灭此义,只知倡导"有公而无私",顾炎武抨击其不过是空洞、虚伪的说教而已。

其次,他认为县令可以克服"今天下官无封建而吏有封建"所带来的一些问题:县令为当地人,熟悉民情,并终身任职,"则上下辨而民志定矣,文法除而吏事简矣。官之力足以御吏而有余,吏无所以把持其官而自循其法。昔人所谓养百万虎狼于民间者,将一旦而尽去,治天下之愉快,孰过于此!"[5]

顾炎武改革郡县制还有军事上的目的。他说"明代之患,大略与宋同"。"呜呼!人徒见艺祖罢节度,为宋百年之利,而不知夺州县之兵与财,其害至于数百年而未已也。陆士衡所谓'一夫从横,而城池自夷',岂非崇祯末年之事乎!"[6]他举金朝末年元兵夺取潼关后,分兵攻击州县为例:逾山绝河,深入二

---

[1] 顾炎武:《亭林文集》卷一《郡县论五》,《顾亭林诗文集》,第14～15页。
[2] 冯契:《中国古代哲学的逻辑发展》下册,上海:上海人民出版社,1993年,第1049页。
[3] 顾炎武著,严文儒、戴扬本校点:《日知录》卷三《言私其豵》,第141页。
[4] 顾炎武:《亭林文集》卷一《郡县论五》,《顾亭林诗文集》,第14页。
[5] 顾炎武:《亭林文集》卷一《郡县论八》,《顾亭林诗文集》,第16页。
[6] 顾炎武著,严文儒、戴扬本校点:《日知录》卷九《藩镇》,第409～414页。

三千里，至于淮、岱之间，而金人竟无一策对抗，由此提出"此则郡县之守不足恃，而调援之兵不足用也明矣"。[1] 顾炎武认为这与五代之后氏族衰落有密切的关系：

> 盖近古氏族之盛，莫过于唐，而河中为唐近畿地。其地重而族厚，若解之柳闻喜之裴，皆历任数百年，冠裳不绝。汾阴之薛凭河自保于石虎、苻坚割据之际，而未尝一仕其朝。猗氏之樊、王举义兵以抗高欢之众，此非三代之法犹存，而其人之贤者又率之以保家亢宗之道，胡以能久而不衰若是？自唐之亡，而谱牒与之俱尽。然而裴枢辈六七人犹为全忠所忌，必待杀之白马驿而后篡唐。氏族之有关于人国也如此。至于五代之季，天位几如弈棋，而大族高门，降为皂隶。靖康之变，无一家能相统帅以自保者。夏县之司马氏举宗南渡，而反其里者，未百年也。呜呼！此治道之所以日趋于下，而一旦有变，人主无可仗之大臣，国人无可依之巨室，相率奔窜，以求苟免，是非其必至之势也与？是以唐之天子，贵士族而厚门荫，盖知封建之不可复，而寓其意于士大夫，以自卫于一旦仓黄之际，固非后之人主所能知也。[2]

他认为伴随着氏族的普遍衰落，导致各宗族势力土崩瓦解，当外族或流寇横行时，各郡县会毫无自卫能力，"今之州县，官无定守，民无定奉，是以常有盗贼戎翟之祸，至一州则一州破，至一县则一县残"，[3] 人主没有可以依仗的大臣，国家也失去可以依靠的大族，最后国破家亡自然难以避免，"自治道愈下而国无强宗，无强宗是以无立国，无立国，是以内溃外畔而卒至于亡"。他曾游历山东、河北等地，发现自明末农民战争兴起后，凡是未受摧残的州县，"多得之豪家大姓之力，而不尽恃乎其长吏"，因此，他得出如下结论："贵士族而厚门荫，盖知封建之不可复，而寓其意于士大夫，以自卫于一旦仓黄之际"，"夫不能复封建之治，而欲借士大夫之势以立其国者，其在重氏族哉！其在重氏族

---

[1] 顾炎武著，严文儒、戴扬本校点：《日知录》卷九《辅郡》，第415页。
[2] 顾炎武：《亭林文集》卷五《裴村记》，《顾亭林诗文集》，第100～101页。
[3] 顾炎武：《亭林文集》卷一《郡县论四》，《顾亭林诗文集》，第14页。

哉！"[1]县令世袭，正是重视氏族的体现。世袭县令在乱世出于私心必然奋力自卫，以为私而成其大公：

> 一旦有不虞之变，必不如刘渊、石勒、王仙芝、黄巢之辈，横行千里，如入无人之境也。于是有效死勿去之守，于是有合从缔交之拒，非为天子也，为其私也。为其私，所以为天子也。故天下之私，天子之公也。公则说，信则人任焉。此三代之治可以庶几，而况乎汉唐之盛，不难致也。[2]

面对君主专制制度下郡县制日趋严重的弊病，顾炎武"寓封建于郡县"的改革主张，主要吸收了中国古代"封建"制的历史经验，但这些经验推广于后世却未必行得通。例如，主张废除"文法"、解除对官员施政权的限制，虽然有矫正时弊的意义，却是一种推崇"人治"的主张，破坏法治，很可能会使吏胥的专制变为县令的专制。恢复世官、重氏族，也很可能会导致宗法势力、土豪劣绅横行乡里。但是，他的思想在古代政治理论中确属创举，其意义不在于此一方案是否确实可行，而在于中古时代的政治思维方式有了本质的突破。[3]此外，他对于当时县制弊病的把握，为近代的改革家们提供了思想营养，甚至有学者说顾炎武是中国近代县制改革的思想先驱。[4]

顾炎武《郡县论》最后一篇集中谈论取士之制，[5]可见他将人才选拔作为郡县改革的落脚点。

3.人才选拔

明初选拔人才的制度主要有荐举和科举两种，并行不悖，明太祖曾多次下求贤诏，访求天下贤才。建文、永乐年间，荐举仍继续实行，"荐举起家犹有内授翰林，外授藩司者。而杨士奇以处士，陈济以布衣，遽命为《太祖实录》总裁官，其不拘资格又如此"。但永乐以后，科举日重，荐举日轻，"能文之士率由场

---

[1] 顾炎武：《亭林文集》卷五《裴村记》，《顾亭林诗文集》，第101～102页。
[2] 顾炎武：《亭林文集》卷一《郡县论五》，《顾亭林诗文集》，第14页。
[3] 鱼宏亮：《知识与救世：明清之际经世之学研究》，第145～147页。
[4] 魏光奇：《官治与自治：20世纪上半期的中国县制》，北京：商务印书馆，2004年，第59～60页。
[5] 顾炎武：《亭林文集》卷一《郡县论九》，《顾亭林诗文集》，第17页。

屋进以为荣,有司虽数奉求贤之诏,而人才疏衰,第应故事而已"。[1] 士人纷纷以科举登第为荣,荐举则名存实亡,科举成为明朝最主要的官吏选拔方式。明代科举制度继承了自隋唐以来许多有益的成果,如阅卷、对读、誊录、弥封、监临、提调、搜检、巡绰等科举考试官吏的任命和职能等等,并在相当大程度上完善和改进了科举制度和科举考试在具体实行中的环节和措施,中国古代科举制度也因此而在明代臻于真实意义上的制度化。[2]

明朝科举制度沿袭前代并有所发展,隆庆、万历年间,科举考试独重八股,八股文的具体撰写方式和主题、立论比此前更加严密、苛刻,从而陷入僵化。明朝廷试图以科举选拔道德贤能之士、通儒硕学之人为治国人才的初衷落空了,科场内外弊端丛生,各种矛盾凸显,至明朝末年,整个社会对以八股取士的科举考试已是怨声载道。钱谦益、黄宗羲、顾炎武对科举制的批判正是这一潮流下的产物。顾炎武从总结明朝灭亡的经验教训这一角度出发,比钱、黄更为全面地反思了科举制所存在的问题,并提出了相应的解决办法。本章第一节"对明代经学衰落原因的总结"中有涉及科举制度的弊病,但并不全面,此处将进一步补充。

首先,顾炎武指出明代科举考试的范围狭窄,内容空疏,不利于人才的培养。明代科举考试分为三场:初场考经义,第二场考论、判、诏、诰、表等,第三场考经史时务策论。明初三场虽有先后之分,却无轻重之别,"非下帷十年,读书千卷,不能有此三场也"。但后来慢慢演变为以初场经义为主,范围仅限于程朱注释的《四书》《五经》,因此"士子之精力多专于一经,略于考古"。更有甚者,则是万历至崇祯年间各类模拟科考的时文越来越多,俗称曰十八房。坊刻分为四种:程墨、房稿、行卷与社稿。一科房稿竟达几百部,由苏杭而传播至全国。这类坊间时文既有应试程文,又有点评文字,便于应举者模拟、背诵,顾炎武抨击此类现象道:"窃取他人之文记之,入场之日,抄誊一过,便可侥幸中式,而本经之全文,有不读者矣。率天下而为欲速成之童子"。[3] "天下之人惟知此物可以取科名,享富贵,此之谓学问,此之谓士人,而他书一切不观。""他书

---

[1] 张廷玉:《明史》卷七十一《选举志三》,第1713页。
[2] 王凯旋:《中国科举制度史》,沈阳:万卷出版公司,2012年,第143~144页。
[3] 顾炎武著,严文儒、戴扬本校点:《日知录》卷十六《三场》,第647页。

一切不观"是指场屋经义专主程朱之说,连当时列于官学课程的史书也被弃如敝屣,以至于那些名居榜首者竟不知史册名目、朝代先后、字书偏旁,因此,顾炎武愤激道:"八股盛而六经微,十八房兴而《廿一史》废。"关于八股文的格式,顾炎武有具体的介绍:"发端二句,或三四句,谓之'破题'。大抵对句为多,此宋人相传之格。下申其意,作四五句,谓之'承题'。然后提出夫子为何而发此言,谓之'原起'。至万历中,破止二句,承止三句,不用原起。篇末敷演圣人言毕,自摅所见,或数十字,或百余字,谓之'大结'。"这种文体不允许发挥个人思想、类似文字游戏,在明朝初年还可以提及本朝时事,但到后来竟"但许言前代,不及本朝"[1],一旦完全抽掉现实内容,不仅使内容更为空洞无物,千篇一律,而且诱使士子长年累月诵读这类"既非经传,复非子史,展转相承,皆杜撰无根之语"的文字,也即不利于治国安民人才的培养:"科名所得,十人之中,其八九皆为白徒。而一举于乡,即以营求关说为治生之计。于是在州里,则无人非势豪,适四方则无地非游客,而欲求天下之安宁,斯民之淳厚,岂非却行而求及前人者哉?"[2]他甚至说:"愚以为八股之害,等于焚书,而败坏人材,有甚于咸阳之郊,所坑者,但四百六十余人也。"[3]

顾炎武对科举败坏人才的抨击虽是有为而发,但绝非危言耸听,因为明代科举取士与学校教育紧密结合在一起,朝廷规定中外文臣皆由科举而选拔。非科举者,不得授官,"科举必由学校,而学校起家可不由科举"[4]。学校教育包括中央官学与地方官学两个系统。中央官学为国子监,学生通称监生,正德以后,国子监逐渐衰落,万历时期"南北国学皆空虚",已有名无实。地方官学指府、州、县学,凡入府、州、县学肄业者,通称为生员,是参加科考的主力军。本来国家设立生员的目的是"收天下之才俊子弟,养之于庠序之中,使之成德达材,明先王之道,通当世之务,出为公卿大夫,与天子分猷共治者也",但是,"所以教之者,仅场屋之文。然求其成文者,数十人不得一,通经知古今,可为天子用者,数千人不得一也。而嚚讼逋顽,以病有司者,比比而是。"能够成为人才者,千不得一,原因正在于他们所诵习的不过是百无一用的场屋之文。生

---

[1] 顾炎武著,严文儒、戴扬本校点:《日知录》卷十六《试文格式》,第652~653页。
[2] 顾炎武著,严文儒、戴扬本校点:《日知录》卷十六《经义论策》,第645页。
[3] 顾炎武著,严文儒、戴扬本校点:《日知录》卷十六《拟题》,第649页。
[4] 张廷玉:《明史》卷六九《选举志一》,第1675页。

员的数量,顾炎武估计约有五十万人,[1]为保全个人身家性命者高达三十五万,这类人员的存在,对于朝廷毫无用处:"夫人主与此不通今古之五十万人共此天下,其芘身家而免笞捶者且三十五万焉,而欲求公卿大夫之材于其中,以立国而治民,是缘木而求鱼也,以守则必危,以战则必败矣。"这应该是他出于对明朝灭亡原因的反省吧。

他提出如下变革的办法:"请一切罢之,而别为其制。必选夫五经兼通者而后充之,又课之以二十一史与当世之务而后升之。仍分为秀才、明经二科,而养之于学者,不得过二十人之数,无则阙之。为之师者,州县以礼聘焉,勿令部选,如此而国有实用之人,邑有通经之士,其人材必盛于今日也。"[2]收缩生员的名额,提高生员的入学资格和条件,首先要求兼通五经;其次,考核史学与时务,让通晓古今的士子担任生员,经过层层选拔后,成为各级官吏,或许才能够胜任安邦济民的重任。顾炎武还为此设想了具体的考试方法:

> 凡《四书》《五经》之文,皆问疑义,使之以一经而通之于《五经》。又一经之中亦各有疑义,如《易》之郑、王,《诗》之毛、郑,《春秋》之三传,以及唐宋诸儒不同之说。《四书》《五经》皆依此发问,其对者,必如朱子所云"通贯经文,条举众说,而断以己意"。其所出之题,不限盛衰治乱,使人不得意拟,而其文必出于场中之所作,则士之通经与否可得而知,其能文与否,亦可得而验矣。又不然,则姑用唐宋赋韵之法,犹可以杜节抄剽盗之弊。盖题可拟而韵不可必,文之工拙,犹其所自作,必不至以他人之文抄誊一过而中式者矣。其表题专出唐宋策题,兼问古今,人自不得不读《通鉴》矣。[3]

生员要求必须兼通五经者,是因为他认为"读书不通《五经》者,必不能通一经",所以,他反对分经取士,五经加上三礼、三传,也不过九经而已,"此而不习,何名为士?"实际上,唐宋以来,即使诗赋取士,学者也无不遍读五经,虽然这样增加了科举考试的难度,但可以借此改善士风:"科场之法,欲其难不欲其

---

[1] 陈宝良:《明代地方儒学生员数蠡测》(《顾诚先生纪念暨明清史研究文集》,郑州:中州古籍出版社,2005年,第110页)中估计明末生员达60万以上。
[2] 顾炎武:《亭林文集》卷一《生员论上》,《顾亭林诗文集》,第21~22页。
[3] 顾炎武著,严文儒、戴扬本校点:《日知录》卷十六《拟题》,第648页。

易,使更其法而予之以难,则觊幸之人少。少一觊幸之人,则少一营求患得之人,而士类可渐以清。抑士子之知其难也,而攻苦之日多。多一攻苦之人,则少一群居终日、言不及义之人,而士习可渐以正矣。"[1]

其次,顾炎武剖析了科举生员制度在政治上的负面影响,一是败坏吏治。生员对吏治的不良影响如下:

> 今天下之出入公门以挠官府之政者,生员也;倚势以武断于乡里者,生员也;与胥史为缘,甚有身自为胥史者,生员也;官府一拂其意,则群起而哄者,生员也;把持官府之阴事,而与之为市者,生员也。前者噪,后者和;前者奔,后者随;上之人欲治之而不可治也,欲锄之而不可锄也,小有所加,则曰是杀士也,坑儒也。百年以来,以此为大患,而一二识治体能言之士,又皆身出于生员,而不敢显言其弊,故不能旷然一举而除之也。

或出入公门,阻挠政令,或倚势横行于乡里,或勾结胥吏,把持官府,营私舞弊,成为地方吏治的大患。

二是危害百姓。当然,这并非仅限于生员,而是乡宦、生员与吏胥共同造成,但尤以生员最为病民:

> 天下之病民者有三:曰乡宦,曰生员,曰吏胥。是三者,法皆得以复其户,而无杂泛之差,于是杂泛之差,乃尽归于小民。今之大县至有生员千人以上者,比比也。且如一县之地有十万顷,而生员之地五万,则民以五万而当十万之差矣。一县之地有十万顷,而生员之地九万,则民以一万而当十万之差矣。民地愈少,则诡寄愈多,诡寄愈多,则民地愈少,而生员愈重。富者行关节以求为生员,而贫者相率而逃且死,故生员之于其邑人无秋毫之益,而有丘山之累。然而一切考试科举之费,犹皆派取之民,故病民之尤者,生员也。[2]

---

[1] 顾炎武著,严文儒、戴扬本校点:《日知录》卷十六《拟题》,第648~650页。
[2] 顾炎武:《亭林文集》卷一《生员论中》,《顾亭林诗文集》,第22页。

生员虽不是官吏,却是四民之首,享受准官僚的待遇,拥有种种身份特权。具体到经济特权方面,生员可以享受廪粮、膏火,而且免除徭役,但是廪粮只有廪膳生才可支取,而占明代生员大多数的增广生、附学生只享受徭役优免权,于是学田随之兴起。通过学田所入,生员可以获得膏火,肄业及参加各类考试,还可以得到各类宾兴银。[1] 而这些开销,都是征自民间,徭役也由当地下层百姓承担,因此,顾炎武指责生员加重了当地的负担,"于其邑人无秋毫之益,而有丘山之累"。

三是助长党争。

> 天下之患,莫大乎聚五方不相识之人,而教之使为朋党。生员之在天下,近或数百千里,远或万里,语言不同,姓名不通,而一登科第,则有所谓主考官者,谓之座师;有所谓同考官者,谓之房师;同榜之士,谓之同年;同年之子,谓之年侄;座师、房师之子,谓之世兄;座师、房师之谓我,谓之门生;而门生之所取中者,谓之门孙;门孙之谓其师之师谓之太老师;朋比胶固,牢不可解。书牍交于道路,请托遍于官曹,其小者足以蠹政害民,而其大者,至于立党倾轧,取人主太阿之柄而颠倒之,皆此之繇也。[2]

唐代"贡举之士以有司称座主,而自称门生",考官趁机扶植私人力量;另外,同时中第者称同年,互相交接,形成了一种社会势力,由此酿成中唐以后的党争。宋代创立殿试,凡及第者统称"天子门生",从而有效地防止了考官援引私人这一弊端的产生和蔓延。但明朝却未吸取唐代的教训,"公然谓之座师,谓之门生"。[3] 在官吏的考察、升迁、降黜之时,师生关系常常起决定性的作用。由于升迁之缺有限,生员登第后为求晋升,多主动依附于官高位尊的座主;在位者也需借以扩大势力,于是一拍即合,就出现了"座主复推座主,门生复及门生"的局面。[4] 明末党争激烈,东林与复社都深陷其中,时人目之以朋

---

[1] 陈宝良:《明代生员层的经济特权及其贫困化》,《庆祝北京师范大学一百周年校庆历史系论文集史学论衡(下编)》,北京:北京师范大学出版社,2002年,第438~439页。
[2] 顾炎武:《亭林文集》卷一《生员论中》,《顾亭林诗文集》,第22页。
[3] 顾炎武著,严文儒、戴扬本校点:《日知录》卷十七《座主门生》,第679~680页。
[4] 张德信:《明朝典章制度》,长春:吉林文史出版社,2001年,第252~253页。

党,与这种座主、门生的相互援引,有一定的关系。顾炎武曾参与复社,了解其弊,即"书牍交于道路,请托遍于官曹",指出这种私人势力的勾结对国家毫无益处:"小者足以蠹政害民,而其大者至于立党倾轧,取人主太阿之柄而颠倒之"。

鉴于生员在政治上的种种不良影响,顾炎武直接提出废生员的号召,他说:"废天下之生员而官府之政清,废天下之生员而百姓之困苏,废天下之生员而门户之习除,废天下之生员而用世之材出。"[1]那么该如何选拔人才呢?他提出扩大人才选拔的途径,因为"取士以佐人主理国家,而仅出于一途,未有不弊者也",具体方法是"辟举之法"与"生儒之制"并存。"辟举"类似明初的举荐,举荐对象不限于生员;而"生儒之制"则按照户口多寡、人才高下对廪学者进行限额,小县三人,小郡十人,大县二十人,大郡四十人,废除岁贡与举人。顾炎武试图通过这种方式减少生员的数量,达到如下目的:"少则人重之,而其人亦知自重。为之师者不烦于教,而向所谓聚徒合党,以横行于国中者,将不禁而自止。"礼部对生员中的优秀者进行考察,通过考试成为进士者,"不过授以簿尉亲民之职,而无使之骤进,以平其贪躁之情"。[2]

顾炎武对科举制的改革主张,是以辟举来弥补科举的不足,并对科举的具体考试内容和范围做了调整,但总的来看并没有跳出明初或唐宋以来人才选拔的范围,这固然比纯粹以八股取士要更为合理,但也表明,其批评科举制度虽然激烈,却未能提出新的可资取代科举制的人才选拔方式,属于破多立寡的代表。[3]

二、民生利病

潘耒说顾炎武治学讲求经世要务,"忧天闵人之志,未尝少衰。事关民生国命者,必穷源溯本,讨论其所以然。足迹半天下,所至交其贤豪长者,考其山川风俗、疾苦利病,如指诸掌"。[4]这自然是中肯之论。顾炎武中年以后曾游历四方,历七州,登四岳,对各地的山川地理、民风民俗、百姓疾苦与郡国利病

---

[1] 顾炎武:《亭林文集》卷一《生员论中》,《顾亭林诗文集》,第23、22页。
[2] 顾炎武:《亭林文集》卷一《生员论下》,《顾亭林诗文集》,第24页。
[3] 田建荣:《中国考试思想史》,北京:商务印书馆,2004年,第246页。
[4] 潘耒:《日知录序》,顾炎武著,严文儒、戴扬本校点:《日知录》,第11页。

都进行了大量的实地访问和调查,其中尤以民生利病最为关注。他在书信中多次提及民生问题,如"今将暂别贵地,民生利病望悉以见教";[1]答复外甥徐元文(字公肃)曰"以今所睹国维人表,视昔十不得二三,而民穷财尽,又倍蓰而无算矣。……关辅荒凉,非复十年以前风景,而鸡肋蚕丛,尚烦戎略,飞刍挽粟,岂顾民生",声称"不忘百姓,敢自托于鲁儒"[2];向黄宗羲表示自己对于"生民根本之计"[3]有所了解等等,都显示出顾炎武史学思想中的民本色彩。

顾炎武力倡经世致用、引古筹今的观念,并以之探究天下郡国利病、生民疾苦,在《日知录》《亭林文集》与《天下郡国利病书》中都有体现,尤以《利病书》最为突出。该书历述明代各地的疆域沿革、戍守形势、民情风俗、物产资源及工矿交通、农田水利与户口赋役等,其中尤以与民生关系最大的赋役、水利等项收集的资料最为详细,并一一考究其利弊得失。民国张元济曾给《天下郡国利病书》作跋,提出"亭林身婴亡国之痛,所言万端,而其所再三致意者不过数事,曰兵防,曰赋役,曰水利而已"。[4]此外,还有土地、盐政等。下面将分而述之。

1.赋役

赋役包括田赋与徭役。明代的赋役制度,现代学术界通常的看法是以一条鞭法改革为界,分为前后两个时期:明前期承宋元旧制,但较宋元为轻;明中期实行一条鞭法后,赋役制度发生重大变化,具体体现为赋役合一、按亩征税、以银交纳、官收官解。但顾炎武在《天下郡国利病书》中对明代赋税制度演变的总结,却有所不同。他说:"明兴二百余禩,税法凡三变焉:初一曰额税,次二曰劝征,次三曰丈均,次四曰条编。""额税"法施行近百年,基本没有太大变化,直至成化中,通判陈纪"因官粮多逋,议将六县民田,每亩劝征一升,以苏官田,谓之劝米,嗣是遂为常额",此为赋法之一变。嘉靖三十一年,安徽宁国府知府刘起宗主张诸属邑核实田数及其面积,官民均赋,"俾富而强者田必有赋,贫而

---

[1] 顾炎武:《亭林文集》卷四《与人书七》,《顾亭林诗文集》,第92页。
[2] 顾炎武:《亭林文集》卷六《答徐甥公肃书》,《顾亭林诗文集》,第138、139页。
[3] 顾炎武:《亭林佚文辑补·与黄太冲书》,《顾亭林诗文集》,第238页。
[4] 张元济跋:《天下郡国利病书》第6册,第3940页。

弱者粮无虚赔",此为赋法之二变。[1] 隆庆年间,推官王藻设立一条编法,"惟秋粮仍以粮长另征,夏麦、马草军需、夫马公务而下,凡以银输者,括为一目,革去已前收头名目,悉以里长经收,输县支解。"此为赋法之三变。顾炎武称一条编法具有如下优势:"杜侵盗之奸,免佥点之扰,祛横索之弊,绝科派之私。"[2] 具体言之,有如下几个方面:

> 旧时力役之法,每夫一名,该银若干,即审有力一人,佥充头役,而以花户贴之。代当之人,止向头役打讨。而所谓贴户者,人数众多,住居窵远,所贴银数,又或不满锱铢,头役不能遍讨,甘于包赔者有之。自条编法行,差银上柜,召募代当,按季给银。代当者领银于官,无折准之滥;应差者纳银于官,无包赔之苦,此不坐头役之便也。旧时征派税粮,即选殷实之家,佥充大户,分定厫口,使之坐收;钱银入手,不免妄费,及期亲解,势必赔偿,甚有鬻产质田,尽室流徙者。自条编法行,粮银上柜,但以柜头守之,不得侵牟,亦无赔补之累,此不佥大户之便也。旧时里甲,十年一轮,谓之"见年";一切买办支应,俱出其手,九年之息,不足以当一年之费。今将里甲银数,并入差银,上柜收支,官为代办,而轮当支应之苦,皆得免焉。此不应里甲之便也。旧时门丁均徭,三年一审,鬻产多者,则自下升上;置产多者,则自上擦下。故里书造册,有诡寄之弊;士夫居间,有请托之弊;里老供报,有贿买之弊。自条编法行,均徭不审,产有更易,田无增减而此弊尽除矣,此不审均徭之便也。盖其所谓便者如此。[3]

顾炎武对一条鞭法"不坐头役""不佥大户""不应里甲"与"不审均徭"等便利之处的总结并不全面,一条鞭法对明代社会经济的发展,在客观上起到了较为积极的促进作用。如以银代役,使因徭役制度强加给农民的人身依附关系有所松弛,有利于工商业的发展;差役向田地摊派,大土地所有者需承担更多

---

[1] 据郑学檬主编《中国赋役制度史》(上海:上海人民出版社,2000年,第554页)可知刘起宗并非最早清丈田地者,嘉靖十五年,苏州知府王仪、嘉定知县李资坤在辖境内丈田均粮,此后仿效者甚多。
[2] 顾炎武:《凤宁徽备录·宁国府·宁国府志》,《天下郡国利病书》第2册,第1000页。
[3] 顾炎武:《山东备录》上《户役论》,《天下郡国利病书》第3册,第1648页。

的税银,从而减轻了无地或少地农民的负担;简化了赋役项目,官收官解,在一定程度上遏制了贪官污吏舞弊腐败、中饱私囊。[1]虽然明代财政到后期宣告破产,但这本非一条鞭法造成,实际上万历末年以后因额外增派,一条鞭法已无法推行,所以顾炎武没有否认条鞭的积极作用。

条鞭的"不便",顾炎武也十分关注:

(条鞭)而有不便者,何也?旧法编审均徭,有丁银、门银,而无地银,则以资本产业稳括并论也。今去其门银,而以地银易之,则田家偏累,而贾贩之流,握千金之资,无陇亩之田者,征求不及焉。此农病而逐末者利也。上八则人户,旧有丁、门二银,今去其门银,而易以地银,未有加也。下下丁户,止有丁银,旧无门银,今丁银既无差等,而又益以地银,是下户病而中人以上利也。兖之属城,固有平皋垦壤、地利尽辟者,以地科差,可矣。至如东南沂、费、郯、滕,皆荒弃不耕之地,西南曹、单、金城,皆濒河被水之区,当其受灾,一望无际,颗粒不收,秋夏税粮,犹累里排包纳;若更加地差,则里排亦不能支矣。是成垦之田利,而荒弃之田病也。盖其谓不便者如此。[2]

他认为条编的弊病有两点:一是"利末而病农"。[3]一条鞭法规定计亩征银、以银缴纳,农民必须先将米麦换成铜钱,再折成白银。赋役折银,即赋役的白银化,是明代赋役改革的一个核心问题。[4]顾炎武以其在山东、陕西关中等地的经历,论证赋役折银对农民带来了难以承受的沉重负担。"往在山东。见登、莱并海之人多言谷贱,处山僻不得银以输官。今来关中,自鄠以西至于岐下,则岁甚登,谷甚多,而民且相率卖其妻子。至征粮之日,则村民毕出,谓之人市。问其长吏,则曰一县之鬻于军营而请印者,岁近千人,其逃亡或自尽者,又不知凡几也。"[5]原因何在呢?他提出是因为"有谷而无银也。所获非

---

[1] 黄天华:《中国税收制度史》,上海:华东师范大学出版社,2007年,第525页。
[2] 顾炎武:《山东备录》上《户役论》,《天下郡国利病书》第3册,第1648页。
[3] 顾炎武:《山东备录》下《东昌府志·户役论》,《天下郡国利病书》第3册,第1696页。
[4] 万明:《白银货币化视角下的明代赋役改革》,《学术月刊》2007年第5期。
[5] 顾炎武:《亭林文集》卷一《钱粮论上》,《顾亭林诗文集》,第17页。

所输也,所求非所出也"。白银在民间本日益消耗,加之山野偏僻之地,商贾绝迹,因此,以银纳税势必困难重重,"夫田野之氓,不为商贾,不为官,不为盗贼,银奚自而来哉! 此唐宋诸臣每致叹于钱荒之害,而今又甚焉"。[1] 以至出现丰年卖妻卖子的惨象。三代直至唐代,朝廷所征收的赋税,一直都是粟帛,即"先王之制赋,必取其地之所有"。唐代杨炎的两税法,开始征钱,曾遭人批评"钱非耕桑所得,使民输钱,是教之弃本逐末也"。钱不易得,倘若再以钱折成白银,那对于百姓而言无疑雪上加霜,苦不堪言。即使在经济发达的通都大邑、行商麇集之地,全部以白银征收都比较困难,何况是穷乡僻壤、交通不便之地,恐怕是三成也不可得,顾炎武提出其后果必然是"以此必不可得者病民,而卒至于病国"。[2] 相比而言,商人没有土地,不纳丁银,因此,政策对他们更为有利。

二是"幸富而祸贫"。[3] 具体表现为:"上八则人户,旧有丁、门二银,今去其门银,而易以地银,未有加也。下下丁户,止有丁银,旧无门银,今丁银既无差等,而又益以地银,是下户病而中人以上利也。"[4] 门银与丁银作为明代杂役折银,在华北曾广泛实行。门银以户,丁银是以丁为课税对象,分别按照从上上到下下的九等户则,征收税银。过去按户丁派役,户是按资产定,现在条鞭按地丁派役,并没有增加富户的赋税。对下层贫民而言,既量地又计丁,丁银仍多,负担更重了。

此外,条鞭没有彻底废除丁银,杂役仍然存在,"簧鼓一条鞭法为便者,使徭尽归于地,是专行田租而除庸调也。岁少不登,则中下地尽荒,其徭安从出乎? 初增入地者仅十之二三,今增至十之五,是一条鞭法与徭役并行也"。[5] 还有,因为赋役折银,官府向民间征取的多为碎银,各州县借口上缴税,碎银需熔为整块,熔铸过程中存在自然损耗,所以在里甲输纳田赋时,另加火耗,其实就是附加税。火耗征收的数量往往是实际火耗的数倍,差额就归官员了。因火耗有利于中饱私囊,于是不断加重,一般州县的火耗,每两达二三钱,甚至四

---

[1] 顾炎武著,严文儒、戴扬本校点:《日知录》卷十一《以钱为赋》,第473页。
[2] 顾炎武:《亭林文集》卷一《钱粮论上》,《顾亭林诗文集》,第18页。
[3] 顾炎武:《山东备录》下《东昌府志·户役论》,《天下郡国利病书》第3册,第1697页。
[4] 顾炎武:《山东备录》上《户役论》,《天下郡国利病书》第3册,第1650页。
[5] 顾炎武:《山东备录》上《滕县志·赋役志》,《天下郡国利病书》第3册,第1657页。

五钱。"官取其赢十二三,而民以十三输国之十;里胥之辈又取其赢十一二,而民以十五输国之十。"偏僻的州县赋税少,火耗更是数倍于正赋。"薄于正赋而厚于杂赋。正赋,耳目之所先也,杂赋,其所后也。于是正赋之加焉十二三,而杂赋之加焉或至于十七八矣。"[1]顾炎武曾在山东长期生活,"山东之民,无不疾首蹙额而诉火耗之为虐者",[2]因此,他深切感受到"生民之困,未有甚于此时者矣"。这样蠹国害民的弊政,喂饱的不过是贪官污吏,最终造成民穷而国贫的后果:"此所谓国中饱而奸吏富者与?此国家之所峻防,而污官猾胥之所世守,以为子孙之宝者与?此穷民之根,匮财之源,启盗之门,而庸懦在位之人所目睹而不救者与?"[3]

条编施行中存在不少问题,顾炎武强调这些并不是条编本身的缺陷,而是施行不当:"夫此三者,非条编之害也,不善行条编者也。"条编虽非祖宗之法,却是"救时之法",其出台,本为挽救时弊:"嘉靖间,赋役横出,门户稍上,破产相寻,于是黠者工其术于诡寄析分,饶者恣其费于结纳请托,每至审编,弊端如牛毛茧丝,虽廉令察宰不能根究窟穴,豪吏猾胥,播弄上下,浆酒藿肉,其门如市。……州县皆然。"万历十五年在山东东昌府推行条编后,效果显著:"吏无巧法,民鲜危役,阖境帖然,如就衽席。"[4]但是在山东其他地方推行,却并不顺利,顾炎武认为"法固有便有不便也","而要之所以称便,在四事之得法,不为其照地与否也。诚使府属州邑,皆能仿此四法,而又得良长吏行之,即不必照地科差,而条编之法,亦可通行无弊矣"。倘若能在不坐头役、不佥大户、不应里甲、不审均徭这四件事情上处理得当,那么条编自然可以通行无弊。他还说:"条编者,一切之名,而非一定之名也。粮不分厫口,总收类解,亦谓之条编;差不分上下,以丁地为准,亦谓之条编。粮差合而为一,亦谓之条编,其目伙矣。天下有治人,无治法,顾行之者何如,岂必胶柱而谈哉?"[5]"条编之法,固有不可不一者,亦有必不可一者……虽然天下之法,未有有利而无害者,第

---

[1] 顾炎武:《亭林文集》卷一《钱粮论下》,《顾亭林诗文集》,第19页。
[2] 顾炎武:《亭林文集》卷一《钱粮论下》,《顾亭林诗文集》,第19页。
[3] 顾炎武:《亭林文集》卷一《钱粮论下》,《顾亭林诗文集》,第19页。
[4] 顾炎武:《山东备录》下《东昌府志·户役论》,《天下郡国利病书》第3册,第1696~1697页。
[5] 顾炎武:《山东备录》上《户役论》,《天下郡国利病书》第3册,第1648~1650页。

操其大体而时伸缩之,斯得法外之意而善之善矣,故曰有治人无治法。"[1]"有治人,无治法",语出《荀子·君道》,强调治国的关键是人而非法,法虽重要,但制定与推行还是取决于人。顾炎武在此同意这一论断,突出条编的便与不便,还是决定于推行者,"因时之弊以立法,因法之弊以救时"[2],都是人在起作用,因此,循吏良牧十分重要:"若夫酌量调剂,奉法而不胶于法,因时而不诡于时,不有今之良牧,几何其民之不转徙于沟壑也。"[3]

顾炎武虽然基本肯定条鞭,但他也指出南北有别,不可一概而论:

> 以余观于巩之徭役,而知新法条鞭之为北境累矣。何者?盖南境气候既燠,物产复饶,有木绵粳稻之产,有蚕丝楮绔之业,又地僻力余,营植不碍,民间贫富不甚相悬,一切取齐,条鞭奚不可。北境则不然,地寒凉,产瘠薄,即中路又苦冲烦,贫富相去,何啻倍蓰。然条鞭未行之前,民何以供役不称困?盖富者输资,银差无遗;贫者出身,力役可完。且一身既食于官,八口复帮于户,讵惟存贫,兼复资养,吏习民安,兹其效矣。自条鞭既行,一概征银,富者无论已,贫者有身无银,身又不得以抵银,簿书有约,催科稍迫,有负釜盂走耳。征输不前,申解难缓,那借所不免也。以折墙垒壁之计,见捉襟露肘之形,官民不两病乎?驿所之病亦复类此,前已略言之。盖彼以包赔致流窜,是走递而累户口;此以应急损边廪,又因差而累钱粮。条鞭之于北境,宜耶?不宜耶?名曰均徭,均耶?弗均耶?必百姓日均,斯均矣。

南方物产丰富、经济发达,民间贫富差距不甚大,可以推行条编;北方土地贫瘠,物产不丰,贫富悬殊很大,条编征银只会让下层百姓捉襟见肘,最终官民两病。因此他的看法是:"法不轻变,治惟随俗。故曰随俗而治者,吏习而民安

---

[1] 顾炎武:《江宁庐州安庆备录·安庆府·太湖县志》,《天下郡国利病书》第 2 册,第 935 页。
[2] 顾炎武:《山东备录》下《东昌府志·户役论》,《天下郡国利病书》第 3 册,第 1696 页。
[3] 顾炎武:《山东备录》上《滕县志·赋役志》,《天下郡国利病书》第 3 册,第 1658 页。

之,言弗执也。"[1]针对不便推行条编的地区,顾炎武提出恢复征收钱粮的旧制,"度土地之宜,权岁入之数,酌转般之法,而通融乎其间? 凡州县之不通商者,令尽纳本色,不得已,以其什之三征钱。"[2]他曾于康熙二十年给京中大吏写信,[3]提出"一言而可以活千百万人之命"的建议,即"举秦民之夏麦秋米及豆草一切征其本色",以秦陇一带最为急切,是因为"目见凤翔之民举债于权要,每银一两,偿米四石,此尚能支持岁月乎? ……势穷理极,河决鱼烂之后,虽欲征其本色而有不可得者矣。救民水火,莫先于此"。[4]赋役制度,最终还是得因地制宜。

2.水利

关于水利与民生的关系,近代学者曾提出如下看法:"就我国之地理历史与现在社会之状况而言,与民生有切要之关系者,莫若水利。诚以吾华以农立国,农田水利,息息相关。"[5]在中国古代,更是如此,历朝政府都十分重视水利事业。朱元璋建立大明王朝后,为迅速恢复社会经济,促进农业生产的发展,组织农民大兴水利工程,洪武二十八年(1395),全国共开塘堰40987多处,浚河4162余处,修建坡堤渠岸达5048多处。[6]这在中国水利建设史上是比较罕见的盛举。整个明代共兴修大型水利工程2270项,基本改变了元末水利长期失修、河流泛滥成灾的状况。[7]但到明中后期,水利建设逐渐荒废。万历长达三十多年对朝政不闻不问,致使朝政日益腐败,很多有利于水利的政策、措施不能得到及时有效地实施。水利建设也需要大量的人力、物力与财力支持,但随着国家经济实力的下降,明朝廷已无力大规模兴修水利。[8]即使是江南财赋重地,水利工程也大量失修,"有司者既不以时奏闻,而民间又不肯自出其力,随处修治,遂至于大坏,而潴泄之法,皆失其常。……虽素称沃壤之

---

[1] 顾炎武:《陕西备录》下《阶州志·徭役》,《天下郡国利病书》第4册,第2108～2109页。
[2] 顾炎武:《亭林文集》卷一《钱粮论上》,《顾亭林诗文集》,第18页。
[3] 张兵选注评析:《顾亭林诗文选》,南京:江苏古籍出版社,2002年,第54页。
[4] 顾炎武:《亭林文集》卷三《病起与蓟门当事书》,《顾亭林诗文集》,第48～49页。
[5] 陈泽荣:《水利与民生》,《中国建设》1930年第4期。
[6] 顾炎武著,严文儒、戴扬本校点:《日知录》卷十二《水利》,第51页。
[7] 黄天华:《中国税收制度史》,上海:华东师范大学出版社,2007年,第510页。
[8] 熊慧勇:《明代水利破坏及其治理》,《城市与减灾》2009年第4期。

田,皆荒落不治。而耕稼之民,困饿流离,无以为命"。[1]

水利对于明王朝的重要性,嘉靖时期长于治水的胡应恩在其《淮南水利考》中指出:"我朝漕艘盐策,军屯民田,咸有资于水利。"[2]顾炎武则将水利与"民艰"联系,说:"今日欲济民艰,莫急于防水患;欲防水患,莫急于修决堤,浚淤河,开穴口。"[3]因此在《天下郡国利病书》中,除了赋役外,水利是顾炎武最为重点关注的问题。书中收录的水利资料甚多,除了各级官吏关于水利的建议奏章外,还有专门的水利文献,如徐问《百川考》《元史·河渠志》、袁黄《皇都水利》、王永寿《治河议》、范成大《水利图序》、单锷《吴中水利书》、任仁发《水利集》、金藻《三吴水利》、王在晋《水利说》、张槚《答晓川太史论水利书略》、张应武《水利论》、姚文灏《河防记》《修筑圩坍事宜》、胡应恩《淮南水利考》、冯敏功《开复邳河记》、陈师道《汳水新渠记》、吴敏道《新开弘济河记》、王应麟《汉河渠考》、朱思明《王家口河工说》、刘尧诲《治河议》、何格《治河议》、胡应鸣《小清河议》、陈珪《小清河议》、许成名《小清河记》、李开先《漯议》、王遴《漯河议》、甘一骥《开盐河议》、童承叙《河防志》等等。其中,尤以《湖广备录》下中所收湖广各地的《堤考略》最多,达32篇,并还有《开穴口总考略》《浚淤河总考略》与《总论略》,十分详尽。

中国传统的水利主要包括治理水患与开凿沟渠。水患中,黄河灾患是历朝政府不得不花大力气去解决的重点问题。明代是黄河灾患多发的时期。其中以黄河决溢最为严重,据有关统计,明代277年间,黄河决口和改道就达456次,平均约每七个月一次,其中大改道七次。[4]这是明代最严重的洪水灾害。这是因为黄河流域是明代主要的粮食产区之一,且黄河在下游已经形成地上河,一旦决溢,将会淹没大量田地和城镇,后果异常严重。如顾炎武在《扬州府备录·河渠志》中记载:"隆庆四年,黄河决崔镇,淮大溃高家堰,水泽洞东注,溢山阳、高邮、宝应、兴、盐诸州县,漂室庐人民无数,淮、扬垫焉。淮既东,黄水亦蹑其后,决黄浦八浅沙,随水入射阳湖中,胶泥填阏,入海路大阻。

---

[1] 吕光洵:《修水利以保财赋重地疏》,陈子龙等:《明经世文编》卷二一一,北京:中华书局,1962年,第2206页。
[2] 顾炎武:《淮南备录·淮南水利考》,《天下郡国利病书》第2册,第1048页。
[3] 顾炎武:《湖广备录》下《总论略》,《天下郡国利病书》第5册,第2822页。
[4] 张含英:《明清治河概论》,北京:水利电力出版社,1986年,第11页。

久之,乃东漫盐城之石础口及姜家堰,破范公堤而出,入于海。自邵伯湖南奔瓜、仪入江,又旁夺芒稻、白塔河以去。每岁夏秋之交,诸郡县实土楗城门,城不没者数尺,盖灾甚矣。"[1]

另一方面,黄河决溢会影响漕运的正常进行。明成祖朱棣迁都北京后,"京师百司庶府、卫士编氓,仰东南漕粟为最急"。永乐中用济宁州同知潘叔正言,罢海运,复元会通河故道。又徙黄河故道,自开封北循鱼台塌场口入会通河,南与淮河会合,于是"运河跨江绝淮,经河越济,兼四渎之水为漕用。而邗沟为其员官,视唐宋时益重矣"。[2] 京杭大运河便成为明朝的经济命脉。由于纵贯南北的运河和自西向东的黄河在中国东部平原地区交汇,黄河下游的状况与运河漕运密切相关,于是治理黄河下游以保证运河的安全畅通,就成为明代治河的首要目标。对于漕河治理的重要性,顾炎武曾有如下认识:

> (漕河)至国朝,复大治堤以通转漕,是为咽喉要害,而醛利民生,胥于此焉依,顾不重欤! 夫湖借以资漕,则堤以外不使水得出,而后漕之通利也,无壅遏浅涩之虞。不然,滔滔东注,其有不决堤梗运者乎? 因田以定赋,则堤以内不使水得入,而后田之蓄畜也,无淹没漂溺之患。不然,混混西来,其有不伤禾废耕者乎? 何也? 以五州县之水,溉五州县之田,其潴也有限,其泻也亦有限。一遇霪雨,尚尔泛滥,湖决而下,势若排山,四望汪洋,总成一海。当斯时也,潴不胜潴,泻不及泻,数千里之内,几何其不载胥及溺也,而漕计且坏不可支矣。是缕缕一线之堤者,四百万之军需所借以灌输,而国脉系焉。百亿万之生灵所借以待命,而国本关焉。故堤固,则漕无害,而淮南赖以平成;堤坏,则漕事阻,而淮南胥为鱼鳖。此其利害,不啻烛照数计而龟卜也,所从来矣。[3]

漕河不仅维系国脉,更影响亿万生灵性命,利害攸关,不得忽视。

此外,明朝中期之后,黄河水患多发生在江苏、山东两省,直接威胁到凤阳

---

[1] 顾炎武:《扬州府备录·河渠志》,《天下郡国利病书》第 3 册,第 1220 页。
[2] 顾炎武:《扬州府备录·河渠志》,《天下郡国利病书》第 3 册,第 1218~1219 页。
[3] 顾炎武:《扬州府备录·泰州志·论漕河建置》,《天下郡国利病书》第 3 册,第 1306 页。

皇陵及泗水祖陵的安全,于是治河又受到"护陵"这一因素的影响。治河、治运、治淮与护陵诸因素交织在一起,使明代的治河常常顾此失彼,困难重重。[1] 万历十六年,总河潘季驯在治河中继续执行其"束水攻沙"的理论,提出祖陵当护,但也要考虑"淮民危在旦夕",淮扬运河应采取兴修清江浦草坝、筑宝应、邵泊湖堤及疏导河道等措施,并奏请罢开訾家营分黄河道工程,建成弘济堤。但"其后黄势强,夺淮入海,清口阻,淮水漫泗州城,浸祖陵树木。事闻,上震怒,为遣罢督河大臣"。潘季驯被罢免。此后,分黄导淮成为整治河患的主流。"分黄者,自黄家嘴导河,分为一支,趋五港、灌口,径入海,以杀黄势,毋尽入淮。导淮,则自清口辟积沙数十里,又于堰旁若周家桥、武家墩稍引淮支流入于湖,为预浚入江入海路,以分泻之,而若山阳之泾河、宝应之子婴沟皆可达庙湾。在盐城,则开石䃎口、兴化以东,开丁溪河,为入海路,凿江都淳家湾(即金家湾,二十一年新开,以护湖堤。是年,复加浚深广横)绝运盐河,入芒稻河,径达江。"[2] 万历二十三年(1595年)八月,祖陵受水困的局面暂时得到缓解,万历因此酬劳有功之臣。但分黄导淮并未解决黄、淮淤积问题,不久黄坝新河淤废,黄、淮继续发大水,漕运梗阻,祖陵再次被淹。分黄导淮还打乱了苏北水系,导淮由高家堰东注,淮水东下,江苏南北遭灾严重。顾炎武对此方略给江苏一带造成的危害十分痛心,说:

> 自唐宋通运以来,治河策凡屡变,然蓄水惟恐不足。至国初犹未甚远,故于瓜、仪则复拦潮、通江诸闸,于通、泰、泰兴、海门,则修江海诸堰,于高、宝则仿平津之法,而兴化为粳稻区,乃百余年而独苦水害。环三百余里巨浸,以漫衍于腹心,其受无涯,其归无所。遏上流而无所洄潴,导下流而无所输泻,若病蛊然,失今不治,势将日深。昔害一而利什,今利什而害百,不可同年而语矣。

他曾在淮南游历,对分黄导淮议之议了解得比较详细。河臣与漕臣意见本不统一,总河主分黄议,总漕主导淮议,但"淮实以黄力分,及辟淤沙而出,不

---

[1] 程有为主编:《黄河中下游地区水利史》,郑州:河南人民出版社,2007年,第179页。
[2] 顾炎武:《扬州府备录·河渠志》,《天下郡国利病书》第3册,第1221页。

以周家桥通塞为增减"。由此,顾炎武认为"异时潘中丞季驯所力持毋轻议高堰,意深远矣"。对于治河之策的演变,顾炎武进行了详细记述,希望为后人提供参考:"次昔人治水之变,庶言淮南河者知所折衷,乃今天下所隐忧而不可测,莫大于黄尽徙而南。倘蚀归仁隄,乱淮泗而下,汤汤怀山襄陵,将见于他日,余未敢深言之也。"他总结了治水的几大策略,主要有固高堰、复诸塘、疏海口、捞浅积、修石隄,但这些要么被否决,要么行而未尽,都未能取得理想的效果,他希望"主河渠事者亟留意焉"。[1]

顾炎武还从制度上总结了明代治河效果不佳的根源:

> 今之言治水者,计无出于堤、塞二事。箕子答武王之访,首言"鲧陻洪水,汩陈其五行,帝乃震怒"。后世治河之臣皆鲧也,非其人之愿为鲧,乃国家教之使为鲧也,是以水不治而彝伦斁也。
>
> 因河以为漕者,禹也。壅河以为漕者,明人也。故古曰河渠,今曰河防。
>
> 闻之先达言:天启以前,无人不利于河决者。侵克金钱,则自总河以至于闸官,无所不利;支领工食,则自执事以至于游闲无食之人,无所不利。其不利者,独业主耳。而今年决口,明年退滩,填淤之中,常得倍蓰,而溺死者特百之一二而已。于是频年修治,频年冲决,以驯致今日之害,非一朝一夕之故矣。国家之法使然,彼斗筲之人,焉足责哉![2]

治水本重在疏导,"古云'治河无常策',非谓水性流动变不可以预图哉,要在治之以不治而已。治之以不治者,顺水之性而利导之",[3]而朝廷急功近利,没有长远的眼光,导致治河大臣为追求短期效果而采取壅、堵策略,"使之无以容其流,而不得不发其怒,则其不由地中,而横出于原隰之间,固无怪其然也",[4]这是"国家教之使为鲧";另一方面,因为治河费用庞大,于是治水竟然成为总河、闸官、执事等各级官吏牟利的手段。倘若没有水灾,这批官吏就失

---

[1] 顾炎武:《扬州府备录·河渠志》,《天下郡国利病书》第3册,第1221~1224页。
[2] 顾炎武著,严文儒、戴扬本校点:《日知录》卷十二《河渠》,第519~520页。
[3] 顾炎武:《河南备录·开封府志·河防》,《天下郡国利病书》第3册,第1377页。
[4] 顾炎武著,严文儒、戴扬本校点:《日知录》卷十二《河渠》,第517页。

去了中饱私囊的机会。"于是频年修治,频年冲决,以驯致今日之害,非一朝一夕之故矣",根本原因就在于"国家之法使然":庙堂之议,"视其夺者以为常",最终害民生,妨国计,两无所获。

除了治理水患,水利还包括开凿沟渠、灌溉农田。顾炎武提出:"水利者,信乎其为美利,而积于不涸之源,流于不竭之潴矣。"[1]天启年间,屯田都御史董应举曾说到天津何家圈、白塘口、双港、辛庄等地,发现往日开河旧迹犹存,可作水田者甚多,荒废不久,于是重新开凿,皆得米万石,运饷于边关,顾炎武认为"此亦曩行水利之明效也",[2]可惜后皆荒废。他还指出:"河湖沟涧,天设之水利也。池塘堰坝,人为之水利也。有能兴举而疏浚之,其为田功利孰大焉?"[3]有的河流固然经常泛滥而成灾,但倘能适当加以利用,未必不能带来福利。如黄河,"为中州患,固矣!然而有利存焉,则人自弃之耳。谚有之曰'北人水旱,听命于天'。使近河之民,效南方水车以掣之,而又分区筑港,可通百里之远,则未必不为利也"。虽然黄河水流湍急,并不容易引水,但总有流速缓慢的地段,他建议:"仿古井田之制,每田百亩,四隅及中各穿一井,每井可灌田二十亩。四围筑以长沟,深阔各丈余,旱则掣井之水以灌田,潦则放田之水以入沟,不庶几有备哉?"穿井筑沟的费用并不太高,却可获得一劳永逸的成效,"矧其利更有大焉者乎?"[4]顾炎武的上述设想是否可行,大概还得依据实际情况仔细斟酌与考察,但他提供的思路,是可取的。实际上,甘肃、宁夏这类西北极边之地,尚可引河灌田,稻谷丰美,说明黄河确有水利可以利用,顾炎武并非毫无根据。另如淮河、汴河,人或疑其不可以灌溉田地,顾炎武斥之"但知其为害,而不知其为利者也"。既然黄河之水可以利用,那么淮河、汴河又为何不可呢?至于湖沟可以用来灌溉,更是无人不知,却少有人倡导。"泗田六千四百余顷,而湖沟之水,乃不得升斗之用,至于塘之足以灌田者,仅七十顷,况久堙未经修治者,又居其半,是田之得水利者,未及十分之一也。欲以备旱荒而利收获,盖亦难矣。"[5]现有的水利资源不能得到很好的利用,岂不令人感

---

[1] 顾炎武:《陕西备录》上《汉中府志·水利》,《天下郡国利病书》第4册,第2036页。
[2] 顾炎武:《北直隶备录》上《顺义志》,《天下郡国利病书》第1册,第62页。
[3] 顾炎武:《凤宁徽备录·泗州志·水利》,《天下郡国利病书》第2册,第976~977页。
[4] 顾炎武:《河南备录·开封府志·河防》,《天下郡国利病书》第3册,第1377页。
[5] 顾炎武:《凤宁徽备录·泗州志·水利》,《天下郡国利病书》第2册,第976~977页。

到惋惜?

和河湖沟涧这类天然水利相比,池塘堰坝属于人造水利,以之灌溉田地,获利最大,但其工程也往往比较艰巨,"岁出桩资,随动夫力,苟无法以变通之,则利源反为害丛矣"。因此,修筑工程时需注意筊箇宜置、拍筑宜坚、冲崩宜稽、堰长宜择。具体原因为"夫册宜清,桐口宜石,而灌序之宜定也。盖箇置则桩可省,筑坚则堤无溃,冲崩稽而补修有数,干没者何所作其奸?堰长择而督率得人,规避者何所施其巧?夫册综以清,斯无偏苦之忧,桐口砌以石,斯无盗挖之弊,若上四下六之次序有定,则上坝下坝之分愿各得所称"。[1] 如此才能真正发挥水利设施的功用。

3.其他

(1)屯田

土地与民生紧密相关。顾炎武所关注的土地问题是明代屯田,特别是军屯。明王朝在全国遍设卫所制度,总计329卫,总兵力达170多万。如此庞大的军队,仅仅粮食的供应就是个很大的问题,倘若仅依靠民间,势必令百姓不堪重负。于是统治者吸收前朝经验,设立了卫所士兵屯田制度,规定正军三分守城,七分屯垦,卫所与屯田相结合,以屯垦自给。明代屯田与政治形势关系密切,宣宗以前(1425)的几十年是屯田兴旺发达时期,同时也是国家极盛时期。洪武年间屯田收入是500余万石,基本上保证了军需。成祖年间,军屯进一步扩大,永乐元年(1403)全国军屯地租2345万余石,约占全国税粮总收入的70%以上,使军粮自给有余。但宣德、正统以后,屯田日益被破坏,屯田数量急剧减少,屯田军士纷纷逃亡,明武宗时屯田已由洪武年间的90万顷下降至16万顷。[2] 军屯的废弛,严重影响了明朝国库的收入,也削弱了边防力量。到明朝末年,军食严重不足,于是加派日增,军屯被破坏的后果直接转嫁到了百姓的头上。大概正是基于这一考虑,顾炎武才格外关注屯田制度。如以赣州为例,他说:"赣卫所屯粮,岁计二万有奇,将以充军实,裨国计也。乃今

---

[1] 顾炎武:《陕西备录》上《汉中府志·水利》,《天下郡国利病书》第4册,第2035~2036页。

[2] 乌廷玉:《中国历代土地制度史纲》下,长春:吉林大学出版社,1987年,第151~166页。

岁额不充,一军以上,率仰给于有司,军未赡而民已告病。"[1]

顾炎武对屯田的价值给予了充分肯定,说:"国家设立屯田,有边屯,有营屯。边屯屯于各边空闲之地,且耕且战者也;营屯屯于各卫附近之所,且耕且守者也。即古寓兵于农之意,法莫善于此矣。"[2]但为何后来面目全非呢?他总结原因道:

> 曩谓屯官之倒持其柄也,书识之窃弄其权也,豪强之并兼其利也。岂不诚然乎哉?年来出内属之有司矣,而敲朴未省,逋负犹多,又何也?得无以积弊相沿,久则难变耶。夫屯田一人止许一分,一户止许二分,此成法也。占种屯田,典卖屯田与人,至五十亩以上,军发边卫,民发口外,此明例也。法例昭揭如日星,而军若民公然弁髦之。豪强之有所冯者,占田二三分,甚至五六分,积岁应纳之粮,分毫不输,无敢诘问。其他城社之奸,敢于包侵,巧于影射,晏然坐食,而公家之赋若罔闻焉。所苦者直一二贫军耳,债家既夺其田,复重其息,粮则令之代比,差则令之白当,追呼逼迫,即庐舍妻孥不能保,安问田之有无。加以驾运之赔累,杂役之奔驰,奈之何其不逃且窜也。高皇帝度诸道膏腴田土,分予卫士,使各屯种以自食其力,载之鱼鳞图册,纤悉具备,宁料其法敝坏至此极乎?[3]

屯官与豪强等侵占屯田,且有人罔顾法令,公开买卖;屯田被私人据为己有,却不承担租税,一律仍由屯田军士负担,"债家既夺其田,复重其息,粮则令之代比,差则令之白当,追呼逼迫,即庐舍妻孥不能保,安问田之有无",于是屯田军士不堪重重盘剥、纷纷逃亡也就难以避免了。如正统时期,军士逃亡数目竟高达120多万。[4]是否可以采取挽救措施呢?他说:"兹欲穷源及委,查照鱼鳞老册,根寻原屯坐落,一一踏勘丈量。系原业者,仍归本主,系典佃者,即令退还。其逃绝荒田,另召余丁承种。屯额既清,屯政自举,一切奸弊,将无所

---

[1] 顾炎武:《江西备录·赣州府志·屯田》,《天下郡国利病书》第5册,第2655页。
[2] 顾炎武:《北直隶备录》上《三河县志·屯田》,《天下郡国利病书》第1册,第74~75页。
[3] 顾炎武:《江西备录·赣州府志·屯田》,《天下郡国利病书》第5册,第2655页。
[4] 刘继光:《中国历代屯垦经济研究》,北京:团结出版社,1991年,第272页。

容矣。"但是,这样大的变革,"非饶有才力不能任,非假以事权不可行,非迟以岁月不克就",并不容易。不得已退而求其次,他认为还可以采取如下办法:一、"以一岁官军俸粮尽数扣兑,递年卫官造册送府查核。扣兑屯粮既尽,然后取补于有司";二、"令屯军当秋收时,俱纳本色上仓,即充每年积谷之数,扣银在库给军,盖屯军上纳子粒"。但立法易,行法难;行法于一时易,行法于久远难,关键在于用人得当,因此,他再次重申"有治人,无治法"。[1]

(2) 盐法

盐是生活必需品,对于民生的意义不言而喻,因此盐法也是顾炎武关注的重点。《日知录》卷十《行盐》记载洪武三年山西行省提出:"'大同粮储自陵县、长芦运至太和岭,路远费重。若令商人于大同仓入米一石,太原仓入米一石三斗者,俱准盐一引,引二百斤。商人鬻毕,即以原给引自赴所在官司缴之。如此,则转输之费省,而军储充矣。'从之。此中盐之法所自始。"[2]此即开中法。朝廷为了鼓励商人输送米粮到边远缺粮的地区,给运粮商人发放盐引,准其持盐引至产盐地支盐,并在指定地区贩销。朝廷核定各地岁办盐课的定额,分摊至灶户。灶户交纳的盐课称为"正盐",剩余部分为"余盐"。灶户对余盐亦不能自行处理,所有余盐均须送交政府,以 200 斤为一引,官给工本米一石。洪武二十六年,全国盐课达 131 万,以大引(大引 400 斤,小引 200 斤)计,约超过 5 亿斤。[3]这成为国家财政收入的重要来源,"国朝以盐课给诸边粮饷,而水旱凶荒,亦时借以振民"。不过,顾炎武认为此时期"上所榷利甚微,而商利甚厚,以总利权,抑专擅,赡民食而已"。

但到正统以后,随着盐法政策的一再变化,弊端逐渐出现。顾炎武在《天下郡国利病书》之《扬州府备录·盐法考》中详细记述了这一演变历程与由此造成的问题。正统五年规定将每年的定额盐产量分为常股与存积:"常股者,商人中纳依次守支之盐。存积者,积盐在场,遇边饷急,增价开中,越次而放支之盐也。"常股用以支给守支的商人;存积则用于新的开中。后来,因新的开中需求日大,"存积盐"的比例不断增加,最终导致"存积行而常股益艰滞,商人有

---

[1] 顾炎武:《江西备录·赣州府志·屯田》,《天下郡国利病书》第 5 册,第 2655~2656 页。
[2] 顾炎武著,严文儒、戴扬本校点:《日知录》卷十《行盐》,第 452 页。
[3] 刘淼:《明代盐业经济研究》,汕头:汕头大学出版社,1996 年,第 205 页。

守候数十年老死不得支,而兄弟妻子代之支者矣"。成化中,户部尚书叶淇提出实行折色盐,"课输银于运司,银四钱,支盐一引,可得粟二石","以一引之盐,坐致八倍之利",盐银每年增加百余万两。但这损害了商人的利益,导致此前在边塞募人垦田的商人纷纷撤离,边塞空虚,粮价上涨。弘治、正德以后,"用事者悉托名讨盐,径自奏中,增价发卖,不复遵旧制,而盐法决裂尽矣"。嘉靖五年(1526)采纳御史戴金之言,"每正盐一引,许带余盐一引,正引于各边纳粮草,余盐纳银运司解部,其夹带多余者,割没入官",因为官方严格规定征完余盐后,正引才可下场,迁延日久,竟然出现五六年盐不能行的现象。另外,盐商在运输途中"涉长江,排风浪,时有漂损,而数十万之资本,掷之乌有,又不能尽防揽载户之无盗卖耗窃也。盖商惫至是而甚",于是分化为边商转卖盐引、内商支盐贩卖与水商运输行盐三种,至此明初严禁商人代支的法令被打破,开中法进一步紊乱。嘉靖后,割江西南安、赣州、袁州、临安、吉安五府与湖广永州一带行销广盐,因盐可课日增,行盐地日蹙,难以迅速售完,加之广盐开通后,"越境私贩者不可遏,民间亡虑皆贱买私盐,而淮盐大阻",水商盐课延期,于是预征于内商,万历二十年(1592)以后,预征的商银达一百五十余万。预征后成为常态,"始以盐上堆而征,堆盐征尽,则征在仓盐,久之,将盐未买引而征也"。后来更进而出现增盐、加罚违没引盐等种种名目,让内商、水商交困:"盐政内臣岁欲取赢于商,犹时时羁縻之,而水商行贩楚中者,受权税使祸尤憯急,则鸟举兽散,无复有愿买新盐者矣。"盐法至此已是积弊难返。

顾炎武指出明代盐法不同于前代之处是:"自代有盐法以来,未有若我国家九边军实半仰给于盐课。"因此,到中期以后,盐课日重,两淮盐课每年达百余万,"安所取之?取之商也。商安所出?出于灶也"。盐商"今令破家折产,备受窘辱,富者以贫,贫者以死",普通盐民"所恃供课之外,商收其余盐,得钱易粟以糊其口。若商不得利则徙业海上,饥无所得粟,寒无所得衣,是坐毙耳"。[1] 顾炎武指责此乃倒行逆施,因"盐法之行,固以利国,亦以便民",[2]"夫盐之为利,固王者所与百姓共也",[3]"盐策之利,所从来矣。……然要亦

---

[1] 顾炎武:《扬州府备录·盐法考》,《天下郡国利病书》第3册,第1248～1252页。
[2] 顾炎武:《江西备录·赣州府志·盐税》,《天下郡国利病书》第5册,第2658页。
[3] 顾炎武:《浙江备录》上《浙江通志·盐课》,《天下郡国利病书》第4册,第2406页。

整齐均调,使为国赖而不为民病,则义固所以利。国朝法令数变,浸失其初,然未有天子自以为利者"。[1]朝廷与民争利,最终得不偿失:"其在缘海,盐积而不售,窃贩鬻以自给,则私盐之盗起,夫此岂非与民争毫末之利,遂以失大利哉?是故王者不言利,非恶利也,知害之有重于利也。"[2]

顾炎武还批评了明朝廷严禁私盐的政策。他以亲身经历证明私盐禁而难绝,如其少年时期居于昆山、常熟之间,正是两浙行盐之地,民间多贩卖淮盐,颜色青黑,质量胜于官盐。后来游历大同,吃的蕃盐也是坚致精好,由此认为"此地利之便,非国法之所能禁也"。明知私盐难以禁止,朝廷竟还专设巡捕,"课以私盐之获,每季若干,为一定之额,此掩耳盗钟之政也"。[3]"私盐之捕,不过设为厉禁以通官盐,今遂虚搜名数,抵充捕额,上亦知其伪而视为固然,立法之弊,于是极矣。"[4]严禁私盐,是为了确保官盐的垄断地位,说到底还是利国而病民。顾炎武明确支持明末李雯的盐政观:"松江李雯论盐之产于场,犹五谷之生于地,宜就场定额,一税之后,不问其所之,则国与民两利。又曰:天下皆私盐,则天下皆官盐也。此论凿凿可行。"[5]但这种设想在封建专制时代是难以实现的。

顾炎武的史学无论是对国典朝章的探讨,还是对民生利病的关注,都体现出鲜明的救世风格。当然,正如他所赞同的宋代学者张载的看法,救世有不同的类型,"张子有云:'民吾同胞,今日之民,吾与达而在上位者之所共也。救民以事,此达而在上位者之责也。救民以言,此亦穷而在下位者之责也'"。[6]顾炎武自然属于后者。他说:"昔岁孤生,漂摇风雨,今兹亲串,崛起云霄,思归尼父之辕,恐近伯鸾之灶。且九州历其七,五岳登其四,未见君子,犹吾大夫,道之难行,已可知矣。"[7]"救民以言",很可能难以取得立竿见影的效果,大概正是因为意识到这一点,他的《日知录》卷十九中"立言不为一时"条,提出"天下之事,有言在一时,而其效见于数十百年之后者"。"天下之事,有其识者,不必

---

[1] 顾炎武:《扬州府备录·盐法考》,《天下郡国利病书》第3册,第1254页。
[2] 顾炎武:《浙江备录》上《浙江通志·盐课》,《天下郡国利病书》第4册,第2406页。
[3] 顾炎武著,严文儒、戴扬本校点:《日知录》卷十《行盐》,第453页。
[4] 顾炎武:《山东备录》上《汶上县志·盐法》,《天下郡国利病书》第3册,第1667页。
[5] 顾炎武著,严文儒、戴扬本校点:《日知录》卷十《行盐》,第451页。
[6] 顾炎武著,严文儒、戴扬本校点:《日知录》卷十九《直言》,第742页。
[7] 顾炎武:《亭林文集》卷六《与杨雪臣》,《顾亭林诗文集》,第139页。

遭其时；而当其时者，或无其识，然则开物之功，立言之用，其可少哉。"[1]他在给潘耒的信中说文中子王通"没身之后，唐太宗用其言以成贞观之治"，[2]他自称《日知录》等待"有王者起，将以见诸行事，以跻斯世于治古之隆，而未敢为今人道也"。[3]这说明顾炎武已经意识到自己的思想超越了时代，因此，他并不在乎一时的成败得失。弟子潘耒也说："先生非一世之人，此书非一世之书也。魏司马朗复井田之议，至易代而后行。元虞集京东水利之策，至异世而见用。立言不为一时，录中固已言之矣。异日有整顿民物之责者，读是书而憬然觉悟，采用其说，见诸施行，于世道人心，实非小补。"[4]事实上，正如后来人所论，顾炎武"立说于数百年前，而烛照数计——印证于百年之后，呜呼，何其忧之深而虑之远也！"[5]

第三节　顾炎武经学对史学的影响

一、顾炎武对经史关系的认识

顾炎武对经史关系有如下看法："《孟子》曰'其文则史'，不独《春秋》也，虽《六经》皆然。今人以为圣人作书，必有惊世绝俗之见，此是以私心待圣人。"[6]有些学者认为此说已发章学诚"六经皆史"论的先声。[7]事实上，自王阳明从心学理论出发，明确提出"五经亦史"的观点后，到晚明，所谓"六经皆史""经史一也"的观点已经越来越深入人心，有关这方面的言论在当时俯拾可得。尽管所阐述问题的基点不尽是心学的立场，但"六经皆史""经史一物""经史一也"等"对经史关系的新的看法"，已开始得到学术界的普遍认同。从学术

---

[1] 顾炎武著，严文儒、戴扬本校点：《日知录》卷十九《立言不为一时》，第743页。
[2] 顾炎武：《亭林余集·与潘次耕札》，《顾亭林诗文集》，第166页。
[3] 顾炎武：《亭林文集》卷四《与人书二十五》，《顾亭林诗文集》，第98页。
[4] 潘耒：《原序》，顾炎武著，栾保群、吕宗力校点：《日知录集释》，第2页。
[5] 张元济跋：《天下郡国利病书》第6册，第3940页。
[6] 顾炎武著，严文儒、戴扬本校点：《日知录》卷三《鲁颂商颂》，第158页。
[7] 如赵俪生：《赵俪生史学论著自选集》，济南：山东大学出版社，1996年，第230页。汪荣祖：《史学九章》，北京：生活·读书·新知三联书店，2006年，第214页。

发展的角度讲,这种经史关系观的积极意义之一,便是极大促进了明中叶以后的学者以文献学的眼光看待传统的经书,以史学方法考证经书,促使学术研究由考经向考史的方向展开,而这正是后来清代学术的基本特点。[1] 顾炎武可以说是这一转折过程中最为出色的代表。他否认圣人作书必有惊世绝俗之见,从而降低了六经的神圣地位,摆脱了对六经顶礼膜拜的思想束缚,代替以史学的眼光去看待和研究六经。

他说:"经学自有源流,自汉而六朝而唐而宋,必一一考究,而后及于近儒之所著,然后可以知其异同离合之指。"[2] 这表现出鲜明的历史学研究态度。因此,他的经学研究,轻于义理之谈而注重与史学的紧密结合。如他以史事解《易》,说明《周易》是一部关于周族发源史和殷周之际历史变革的史书。《尚书》是上古史官所记录的历史文献,具有无可争议的史书属性。《周礼》乃成于史官,观史可以见礼,由礼亦可见史。要知道周代朝觐会同征伐的情形,就只有求助于《礼》。《诗经》原本是按照史事发生的年代先后排列的,是中华民族的古代史诗。《春秋》是史书,亦无可争议。因此,六经皆史。他说:"古之所谓理学,经学也",讲道在器中,理在事中,也具有从古代文献记载所展示的历史进程中去探寻规律的意味。[3] 他的经学研究以文字、音韵等小学功夫作为基础,重视文本本身,反对随意篡改经典,也是历史学的研究方式。

六经是史,但顾炎武认为经学与史学毕竟还是有区别的,通经可明道,研史可救世,二者共同构成君子之学:"君子之为学,以明道也,以救世也。"[4] 否则,徒以诗文名世,从事雕虫篆刻之业,则不过是"不识经术,不通古今"的无用文人。[5] 明代经史之学俱衰落不振,经学方面"自八股行而古学弃,《大全》出

---

[1] 向燕南:《从"荣经陋史"到"六经皆史"——宋明经史关系说的演化及意义之探讨》,《史学理论研究》2001年第4期。
[2] 《亭林文集》卷四《与人书四》,《顾亭林诗文集》,第91页。
[3] 许苏民:《顾炎武评传》,南京:南京大学出版社,2006年,第267～274页。另,许苏民解读:《日知录一百句》,上海:复旦大学出版社,2011年,第6～7页有比较集中的说明。
[4] 顾炎武:《亭林文集》卷四《与人书二十五》,《顾亭林诗文集》,第98页。
[5] 顾炎武著,严文儒、戴扬本校点:《日知录》卷十九《文人之多》,第745页。

而经说亡";[1]史学废绝,"又甚唐时",[2]具体表现为:

> 自洪武平元,所收多南宋以来旧本,藏之秘府,垂三百年,无人得见,而昔时取士,一史、三史之科又皆停废,天下之士于是乎不知古。司马迁之《史记》、班固之《汉书》、干宝之《晋书》、柳芳之《唐历》、吴兢之《唐春秋》、李焘之《宋长编》、并以当时流布。至于会要、日历之类,南渡以来,士大夫家亦多有之,未尝禁止。今则实录之进,焚草于太液池,藏真于皇史宬,在朝之臣,非预纂修,皆不得见,而野史、家传遂得以孤行于世,天下之士于是乎不知今。是虽以夫子之圣起于今世,学夏、殷礼而无从,学周礼而又无从也,况其下焉者乎![3]

顾炎武曾从明亡的角度反思读书人不通史学、不知古今的后果:"夫人主与此不通今古之五十万人共此天下,其茍身家而免笞捶者且三十五万焉,而欲求公卿大夫之材于其中,以立国而治民,是缘木而求鱼也,以守则必危,以战则必败矣。"[4]可见,教训不可谓不深刻。因此,从培养合格人才的角度出发,他一再强调科举制度改革需着重培养经史兼通的人才:"今若责士子以兼通《九经》,记《通鉴》历代之史,而曰,'若此者中,不若此者黜。'我以为必好学能文之士喜,而不学无文之士惧也。"[5]"必选夫五经兼通者而后充之,又课之以二十一史与当世之务而后升之。……如此而国有实用之人,邑有通经之士,其人材必盛于今日也。"[6]总之,"人苟遍读五经,略通史鉴,天下之事,自可洞然"。[7]

二、重礼与顾炎武的历史治乱思想

顾炎武经史学之间的关系,不仅是他以史学的眼光看待和研究六经,经学

---

[1] 顾炎武著,严文儒、戴扬本校点:《日知录》卷十八《书传会选》,第714~715页。
[2] 顾炎武著,严文儒、戴扬本校点:《日知录》卷十六《史学》,第657页。
[3] 顾炎武著,黄汝成集释、栾保群、吕宗力校点:《日知录集释》卷十八《秘书国史》,第1025~1026页。
[4] 顾炎武:《亭林文集》卷一《生员论上》,《顾亭林诗文集》,第21~22页。
[5] 顾炎武著,严文儒、戴扬本校点:《日知录》卷十六《三场》,第647页。
[6] 顾炎武:《亭林文集》卷一《生员论上》,《顾亭林诗文集》,第21~22页。
[7] 顾炎武:《亭林文集》卷六《与杨雪臣》,《顾亭林诗文集》,第139页。

也影响了他的史学。他的经学研究以礼为大宗,这对他的历史治乱思想产生了一定的影响。

学术界在探讨顾炎武的历史治乱思想时,大都重视阐发其与风俗的关系,但多未能从礼的角度阐发,其实顾炎武所说的风俗,基本可以纳入礼的范畴。[1]"明学术,正人心,拨乱世,以兴太平之事"[2],也为人所熟知,却少有人注意到他也曾说"值此人心陷溺之秋,苟不以礼,其何以拨乱而反之正乎?"[3]所以,其历史治乱思想与礼之间有密切的关系,值得探讨。

顾炎武早年并没有重视三礼,五十岁以后意欲有所补救,但客观条件已不允许,"遂于此经未有所得"。[4]大概也是因为对三礼的研究不够深入,他没能写出这方面的专著,但《日知录》和文集中有不少相关的篇章,这些内容不可轻视。如其弟子潘耒给《日知录》作序,就特别提到其慨叹礼教的衰落,感伤风俗的颓败,"则古称先,规切时弊,尤为深切著明"。[5]为《日知录》作集释的黄汝成说:"其言经史之微文大义、良法善政,务推礼乐德刑之本。"[6]钱穆也曾指出:"凡亭林论学,举其尤要者,曰人材,曰教化,曰风俗,而尤致谨于《礼》,此皆其论经学之要端深旨所在也。厥后乾嘉汉学家治三《礼》,乃专专于名物考据,而风俗教化作育人材之大,则懵焉无知。"[7]以上诸位都是很有眼光的。在顾炎武的心目中,礼首先是"圣人之道"的体现,因"圣人之道,未有不始于洒扫应对进退者也。故曰'约之以礼'。又曰'知崇礼卑'"。[8]其次,礼更是维系太平治世的重要工具:"礼者,本于人心之节文,以为自治治人之具,是以孔

---

[1] 礼、俗之间本有密切的关系。杨志刚:《中国礼仪制度研究》(上海:华东师大出版社,2001年,第4页)中提到有很多学者认为礼本身就是起源于风俗。杨世文:《论先秦儒家的礼俗观》[《广西师范大学学报(哲社版)》1993年第3期]中提出"礼来源于俗,礼经过推广流传,又成为后代的俗,礼与俗有时就无可分了"。

[2] 《先生初刻日知录自序》,顾炎武著,黄汝成集释、栾保群、吕宗力校点:《日知录集释》第1页。

[3] 顾炎武:《蒋山佣残稿》卷二《答汪苕文》,《顾亭林诗文集》,第195页。

[4] 顾炎武:《亭林文集》卷三《答汪苕文书》,《顾亭林诗文集》,第60页。

[5] 潘耒:《原序》,顾炎武著,黄汝成集释、栾保群、吕宗力校点:《日知录集释》,第2页。

[6] 黄汝成:《叙》,顾炎武著,黄汝成集释、栾保群、吕宗力校点:《日知录集释》,第1页。

[7] 钱穆:《中国学术思想史论丛》卷八《顾亭林学述》,合肥:安徽教育出版社,2004年,第73页。

[8] 顾炎武著,严文儒、戴扬本校点:《日知录》卷七《有始有卒者其惟圣人乎》,第318页。

子之圣,犹问礼于老聃,而其与弟子答问之言,虽节目之微,无不备悉。语其子伯鱼曰:'不学礼,无以立'。《乡党》一篇,皆动容周旋中礼之效。然则周公之所以为治、孔子之所以为教,舍礼其何以焉。"[1]这个说法秉承了儒家对礼的一贯认识:齐家、治国、平天下,所凭借的正是礼。[2]

钱穆对乾嘉学者治礼完全脱离社会现实的批评,反衬出顾炎武重视风俗教化的卓识,而对于风俗教化的突出关注,正是顾氏礼研究的重点。顾炎武重视风俗是因为:

> 有人伦,然后有风俗,有风俗,然后有政事,有政事,然后有国家。先王之于民,其生也,为之九族之纪,大宗小宗之属以联之;其死也,为之疏衰之服,哭泣殡葬虞附之节以送之;其远也,为之庙室之制,禘尝之礼,鼎俎笾豆之物以荐之;其施之朝廷,用之乡党,讲之庠序,无非此之为务也。故民德厚而礼俗成,上下安而暴慝不作。[3]

良好的风俗是维护社会安定、奠定国家典章制度的重要基石。因此,他把风俗与历史经验、社会现实结合起来探讨,寻求社会的安定之方。

顾炎武对风俗的研究分为两个方面:一是将风俗的变迁与历史的治乱联系。关于历代风俗的变迁,他提出:"自汉而后,风俗凡六变:汉与西晋一变也,五胡南北至陈隋一变也,隋唐至安史一变也,五代至宋一变也,金元一变也。《齐乘》云:安史灭君臣之义未尽,至五代则几矣;五胡南北,华统未断,迨金元则绝矣。"直至明兴,"拯民左衽而衣冠之,二百年来,渐渍习尚,可得而言"。[4]另在《日知录》卷十三中,他对清以前的风俗变迁也有一个贯通的考察。他侧重研究了周末、两汉、魏晋、宋,标题上虽然没有明代,但其对历朝风俗考察的最后落脚点就在于明代。他指出明代风俗败坏于嘉靖以后,"搢绅之士不知以礼饬躬,而声气及于宵人,诗字颁于舆皂,至于公卿上寿,宰执称儿。而神州陆

---

[1] 顾炎武:《亭林文集》卷二《仪礼郑注句读序》,《顾亭林诗文集》,第32页。
[2] 陈其泰、周少川编:《二十世纪中国礼学研究论集·序》,北京:学苑出版社,1998年,第1页。
[3] 顾炎武:《亭林文集》卷五《华阴王氏宗祠记》,《顾亭林诗文集》,第108~109页。
[4] 顾炎武:《山东备录》上《滕县志·风俗志》,《天下郡国利病书》第3册,第1654页。

沉,中原涂炭,夫有以致之矣"。[1] 礼的沦丧,集中体现于公卿士大夫寡廉鲜耻、卑躬屈膝。顾炎武从中领悟到明末众多的官员对入关的满人俯首称臣,丧失民族气节,并最终导致国破家亡,此前早已埋下了祸根。这大概就是其"治乱之关必在人心风俗"的认识基础。

二是将教化与风俗结合起来考察,强调教化对于保持风俗淳厚的重要性。顾炎武提出三代之后的统治者只知对民众征收赋敛,百般役使,"凡所以为厚生正德之事,一切置之不理,而听民之所自为。于是乎教化之权常不在上而在下"。影响、支配下层民众教化的是儒家学者及其学说。自两汉以后,大小戴,郑众、郑玄等人"专门之学以礼为宗",奠定了礼学研究的雄厚根基;即使历经三国、两晋、南北朝的干戈分裂局面,在佛教、玄学兴盛之际,三礼学仍异常兴盛。以朱熹为代表的宋代学者继续提倡礼学,产生了深远的影响。后来虽遭受女真、蒙古的异族统治,但并未使礼教完全沦丧,因有不少有志之士纷纷前往南方求学,接受儒学的熏陶教化。实际上,自南北朝以来,凡当中原王朝因战事失利而大举迁徙时,便会有大批的仁人志士"不忘携带'礼俗'而走,所谓'衣冠南渡'是也。在许多人眼里,'礼俗'之不存,'中国'焉附"。[2] 金、元时期的有志者为了抵制北方少数民族落后的风俗,大力宣扬礼教的重要性,与其性质类似。因此虽然经历了元末的动荡,明朝初年的风俗仍然值得称道:

> 有明之初,风俗淳厚,而爱亲敬长之道达诸天下。其能以宗法训其家人,而立庙以祀,或累世同居,称之为义门者,亦往往而有。十室之忠信,比肩而接踵,夫其处乎杂乱偏方闰位之日,而守之不变,孰劝帅之而然哉?国乱于上而教明于下。《易》曰:"改邑不改井。"言经常之道,赖君子而存也。[3]

历朝历代都有众多儒家学者前赴后继地倡导,即使在国家处于分裂、动荡之际,礼也未尝绝迹于人间,就是因为教化之权掌握在广大的下层知识分子手

---

[1] 顾炎武著,严文儒、戴扬本校点:《日知录》卷十三《流品》,第539页。
[2] 杨志刚:《中国礼仪制度研究》,第564页。
[3] 顾炎武:《亭林文集》卷五《华阴王氏宗祠记》,《顾亭林诗文集》,第109页。

中,故而受政局动荡变迁的影响较小。

顾炎武认为明末的风俗却与此前大有不同,"读孔、孟之书,而进管、商之术,此四十年前士大夫所不肯为,而今则滔滔皆是也。……钱谷之任,权课之司,昔人所避而不居,今且攘臂而争之。礼义沦亡,盗窃竞作"。[1]本应教化广大民众的士大夫竟然纷纷践踏礼义,无视廉耻,争相追逐个人私利,风俗又如何能淳朴呢?如下不顾礼义、群起逐利、机诈日深、丧尽廉耻现象的出现也就不足为奇了:

> 呜呼!至于今日而先王之所以为教,贤者之所以为俗,殆渐灭而无余矣!列在搢绅而家无主祏,非寒食野祭则不复荐其先人;期功之惨,遂不制服,而父母之丧,多留任而不去;同姓通宗而不限于奴仆;女嫁,死而无出,则责偿其所遣之财;昏媾异类而胁持其乡里,利之所在,则不爱其亲而爱他人,于是机诈之变日深,而廉耻道尽。[2]

从以上两个方面的论述中,我们可以总结出顾炎武的如下观点:坏的风俗会带来政局的动荡,但如果教化能在下层社会中有所保持,政局动荡并不必然会导致风俗败坏,这说明风俗的好坏与历史的治乱之间并不完全一致,风俗能保持一定的独立性。

顾炎武从意识形态和经济发展两个方面考察了明末风俗败坏的原因。"以一人而易天下,其流风至于百有余年之久者……其在于今,则王伯安之良知是也。"[3]因王阳明倡导其新学说,充分肯定人欲的合理,反对盲从迷信,引起强烈反响。其后学泰州学派"以名教为桎梏,以纪纲为赘疣,以放言高论为神奇,以荡轶规矩、扫灭是非廉耻为广大",[4]海内追随者更是不计其数,礼教的崩溃也就势所难免了。此外,明代中后期商品经济大力发展,使金钱成为重要的价值取向,群起逐利,蔑视礼义,必然极大地冲击原有的淳朴风俗。如万历以后士大夫的交际多是金钱上的往来,但仍顾及颜面,"犹封诸书册之间,进

---

[1] 顾炎武著,严文儒、戴扬本校点:《日知录》卷十二《言利之臣》,第497页。
[2] 顾炎武:《亭林文集》卷五《华阴王氏宗祠记》,《顾亭林诗文集》,第109页。
[3] 顾炎武著,严文儒、戴扬本校点:《日知录》卷十八《朱子晚年定论》,第730页。
[4] 顾炎武著,严文儒、戴扬本校点:《日知录》卷十八《科场禁约》,第724页。

自阉人之手",后来竟"亲呈坐上,径出怀中,交收不假他人,茶话无非此物,衣冠而为囊橐之寄,朝列而有市井之容"。[1] 所以顾炎武说:"自神宗以来,赇货之风,日甚一日,国维不张,而人心大坏,数十年于此矣。"[2] 王学从内部瓦解了士大夫的心理防线,金钱则从外部撕毁了虚伪的道德面纱,二者交相为用,共同推动风俗走向败坏。顾炎武虽然未必明确意识到二者的联合作用,但客观上为我们揭示了这一点。

明末礼教的沦丧导致了"神州陆沉,中原涂炭",清初的风俗又是如何呢?顾炎武认为清入主中原后,推行落后野蛮的政策,进一步加速了礼教的崩溃:

> 其不至于率兽食人而人相食者几希矣!昔春秋之时,弑君三十六,亡国五十二,而秉礼之邦,守道之士不绝于书,未若今之滔滔皆是也。此五帝三王之大去其天下,而乾坤或几乎息之秋也。[3]

这正是"礼俗不存,中国焉附"思想的体现,但其言辞感觉有些夸大。当然,这并非仅仅他一人的观念,而一定程度上反映了明清之际知识分子的普遍心态。因为他们"把自己赖以安身立命的'文明'与自己所属的'民族'联在一起,又把民族与自己所在的'国家'等同,进而又把这个国家和执政的'王朝'看成一回事,而王朝几乎就等于是那个在位的皇帝,于是王朝的覆亡在他们的心中就仿佛是文明的灭绝。在中国历史上,可能没有哪一个王朝的覆灭会出现这么多的'遗民',也没有哪一个王朝的更迭会引起如此激烈的文化震撼"。[4] 不过,顾炎武并非等闲的知识分子,他高人一等的境界就在于没有把国家与天下等同,提出"易姓改号,谓之亡国。仁义充塞,而至于率兽食人,人将相食,谓之亡天下"。[5] 明朝的灭亡不仅是简单的易姓改号,更重要的是清贵族对华夏文明的蔑视和践踏,这才是他真正痛心疾首的关键。明亡之后,他游历营、

---

[1] 顾炎武著,严文儒、戴扬本校点:《日知录》卷三《承筐是将》,第142页。
[2] 顾炎武著,严文儒、戴扬本校点:《日知录》卷十三《贵廉》,第548页。
[3] 顾炎武:《亭林文集》卷五《华阴王氏宗祠记》,《顾亭林诗文集》,第109页。
[4] 葛兆光:《中国思想史》第二卷《七世纪至十九世纪中国的知识、思想与信仰》,上海:复旦大学出版社,2001年,第383~384页。
[5] 顾炎武著,严文儒、戴扬本校点:《日知录》卷十三《正始》,第527页。

平二州,发现"当屠杀圈占之后,人民稀少,物力衰耗,俗与时移,不见文字礼仪之教",[1]关中本乃宋代张载、蓝田吕氏等人提倡礼教的重要阵地,"今之讲学者甚多,而平居雅言无及之者"。[2]可见,顾炎武对礼的密切关注,根源于明亡清兴,满族推行屠杀、圈地等野蛮政策对文化的巨大破坏,毕竟礼是最能代表华夏文明的象征之一。他虽然深感忧虑,但并不相信华夏文明会轻易消失,因此在关中"略仿横渠、蓝田之意,以礼为教"。[3]在落后、野蛮以暴力战胜文明之际,倡言并亲身推行礼教,企图移风易俗,鲜明体现了顾炎武"保存华夏文明于夷狄之世"[4]的强烈愿望,同时也是他试图拨乱反正所做的努力。

虽然中原士人的自甘堕落、践踏礼教与异族的野蛮统治先后对风俗礼仪造成了难以弥补的毁坏,但"天下无不可变之风俗",[5]那么如何实现"转移人心,整顿风俗"呢?顾炎武首先提出"教化纪纲为不可阙矣"。[6]这是针对士大夫廉耻之心的丧失而言,如对钱谷"攘臂而争之",且"曾无愧色";"利之所在,则不爱其亲而爱他人",所以,他提出"后之兴王所宜重为惩创,以变天下之贪邪者",必须特别重视培养士大夫的廉耻之心:

> "礼义,治人之大法;廉耻,立人之大节。盖不廉则无所不取,不耻则无所不为。人而如此,则祸败乱亡,亦无所不至。况为大臣,而无所不取,无所不为,则天下其有不乱,国家其有不亡者乎!"然而四者之中,耻尤为要。……所以然者,人之不廉而至于悖礼犯义,其原皆生于无耻也。故士大夫之无耻,是谓国耻。……
>
> 罗仲素曰:"教化者,朝廷之先务;廉耻者,士人之美节,风俗者,天下之大事。朝廷有教化,则士人有廉耻;士人有廉耻,则天下有风俗。"

朝臣有耻,才能廉洁奉公,勤于政务;士大夫有耻,才不至为了苟全性命、

---

[1] 顾炎武:《亭林文集》卷二《营、平二州史事序》,《顾亭林诗文集》,第28页。
[2] 顾炎武:《蒋山佣残稿》卷二《答汪苕文》,《顾亭林诗文集》,第195页。
[3] 顾炎武:《亭林文集》卷六《与毛锦衔》,《顾亭林诗文集》,第141页。
[4] 赵园:《明清之际士大夫研究》,第125页。
[5] 顾炎武著,严文儒、戴扬本校点:《日知录》卷十三《宋世风俗》,第528页。
[6] 顾炎武:《亭林文集》卷四《与人书九》,《顾亭林诗文集》,第93页。

谋求富贵利禄而卖主求荣。不仅如此,军队也应该提倡廉耻,"古人治军之道,未有不本于廉耻者"。人有耻,才能"在大足以战,在小足以守矣"。这是他有感于明末辽东战事而发,"自古以来,边事之败,有不始于贪求者哉"?[1]

但是耻辱之心并不能凭空产生,反而易受到物欲的蒙蔽。虽然"君子不亲货贿,……非惟尽饰之道,亦所以远财而养耻",[2]理应得到提倡,但毕竟不太现实。于是顾炎武提出以劝学、奖廉的方式来养人之欲,给人之求:"今日所以变化人心,荡涤污俗者,莫急于劝学、奖廉二事"。具体措施是授予那些笃信好学、方正有道者翰林、国子等官职,"则人皆知向学,而不竞于科目矣";赐予廉洁爱民、家境困难者以五顷、十顷的土地,并免除其租赋丁徭,"则人皆知自守,而不贪于货赂矣"。[3]顾炎武提出以赏赐官吏土地来实现廉政,是针对明中后期废除职田、俸禄微薄,滋养官吏贪污之风而提出的挽救措施:"今日贪取之风,所以胶固于人心而不可去者,以俸给之薄而无以赡其家也"。[4]

士大夫对于社会风俗的导向自然起着十分重要的作用,但广大的普通民众的力量更加不能低估。顾炎武显然意识到了后者的分量,因而对其予以较多的关注和探讨。"非任土以成赋,重稯以帅民,而欲望教化之行、风俗之美,无是理矣"。[5]"今将静百姓之心而改其行,必在制民之产,使之甘其食,美其服,而后教化可行,风俗可善乎!"[6]要在民众中广泛推行教化,使风俗臻于淳厚,官府必须减少赋役,"制民之产,使之甘其食,美其服",所谓"仓廪实知礼节,衣食足知荣辱",以丰衣足食作为美化风俗的前提,应该说认识到了问题的实质。只有让民众满足了基本的生活需要,风俗的改造才可能推行下去。

自宋代开始,思想家们对礼的探讨,重点转移到了礼与维系道德秩序、社会政治秩序的关系上。[7]顾炎武对礼的重视和对风俗的详细考察也是从这一层面展开的。风俗是一定社会政治、经济的反映,受到物质生产方式、政治制度、意识形态和历史传统的制约。顾炎武主张以丰衣足食作为改造风俗的

---

[1] 顾炎武著,严文儒、戴扬本校点:《日知录》卷十三《廉耻》,第536~538页。
[2] 顾炎武著,严文儒、戴扬本校点:《日知录》卷三《承筐是将》,第142页。
[3] 顾炎武著,严文儒、戴扬本校点:《日知录集释》卷十三《名教》,第534页。
[4] 顾炎武著,严文儒、戴扬本校点:《日知录集释》卷十二《俸禄》,第497页。
[5] 顾炎武著,严文儒、戴扬本校点:《日知录集释》卷十一《以钱为赋》,第473页。
[6] 顾炎武著,严文儒、戴扬本校点:《日知录集释》卷十二《人聚》,第507页。
[7] 杨志刚:《中国礼学史发凡》,《复旦学报(社会科学版)》1995年第6期。

前提,说明他已认识到经济问题是人心风俗的物质基础,这是值得充分肯定的。此外,顾炎武也没有忽视意识形态的作用,但对其他更重要的内容显然重视不够。政治方面他只是提出了劝学、奖廉的方针,这也只能算是末节。他还称苏轼如下说法是"根本之言":"国家之所以存亡者,在道德之浅深,不在乎强与弱;历数之所以长短者,在风俗之厚薄,不在乎富与贫",希望人主"独观而三复",[1]这说明顾炎武并没有解决风俗与家国之制盛衰利弊二者之间的根本联系,而且夸大了礼教风俗对社会治乱的影响,这使其对历史治乱的探讨缺乏深入。

---

[1] 顾炎武著,严文儒、戴扬本校点:《日知录》卷十三《宋世风俗》,第527～531页。

第四章　王夫之的经史之学

王夫之(1619—1692)一生著述甚丰,广泛涉猎经史子集四部,尤以经学为研究重镇。他对五经四书都有考证与阐释,相关作品近二十种,主要如下:《周易稗疏》《周易外传》《周易内传》《周易大象解》,《尚书稗疏》《尚书引义》,《诗经稗疏》《诗广传》,《礼记章句》,《春秋稗疏》《春秋家说》《春秋世论》《续春秋左氏传博议》,《四书稗疏》《四书考异》《四书笺解》《读四书大全说》《四书训义》《说文广义》等。史学则为其晚年关注的重点,主要有《读通鉴论》与《宋论》。

王夫之通过对《易》《书》《诗》《礼》《春秋》《四书》等经典文本的研究与诠释,融汇数十年的历史实践与心得体会,建构了一套历史性哲学;并通过对历史事件的诠释,观察和解析历史事件所隐含的意义,以论注史,以史明道,从而达到"汇归于道"的境界。[1]

第一节　王夫之的经学

关于王夫之各部经学著作的时间,有学者做过系统考察,大致认定诸经《稗疏》的著作年代,俱早于《考异》及各经《传》《义》这些自得之作。[2] 这说明考据学是其义理学的基础,因此,人称王夫之"以汉儒为门户,以宋五子为堂奥",[3]可谓贴切。

---

[1] 邓辉:《王船山道论研究》,湘潭:湘潭大学出版社,2010年,第21页。
[2] 如张西堂:《明王船山先生夫之年表》,台北:台湾商务印书馆,1978年,第177～203页。邓辉《王船山道论研究》(第51～52页)基本同意张氏看法,并略有推进。
[3] 邓显鹤:《船山著述目录》,《船山全书》第16册,长沙:岳麓书社,2011年,第410页。

在经学发展史上，历代学者的治学方式不外训诂考据与义理阐发两种。今古文之争、尊德性与道问学之争，都同考据与义理之争有着密切的关系，因此，考据与义理可以说是共生并存。汉唐时期的经典研究，以考据为主流，宋明时期则"不治章句，必求其理"[1]成为学术界的共同追求。如果说理学家已不太重视训诂考据的话，那么心学家已是反对用训诂考据的方法来解释经典了。王阳明提出"习训诂，传记诵，没溺于浅闻小见以涂天下之耳目，是谓侮经"。[2]如果解经时过分沉迷于训诂章句，必会导致析理太精，支离破碎。圣人之所以成其为圣人，实是因为他体悟了天理，即"吾心之良知"，人们应该从自己的心中去追寻天理，这就是王阳明所说的"心即道，道即天，知心则知道知天"。[3]这种通过主观内省解经的方法，其主旨已不是解释经典的原意，而是学者对古代圣人之言的个人体悟，解释因此具有极大的随意性。明代后期，学术界逐渐开始了尊汉儒、重考据的倾向，由杨慎、归有光发其端，又有焦竑、梅鷟、胡应麟、陈耀文、方以智等人继之，至明末清初，其学粗成气候。但此时的学者，鉴于王阳明、特别是其后学游谈无根，束书不观，经典阐释因为缺乏训诂考据的支持而穿凿附会，歪曲了经典的本义，于是试图重新恢复以考据解经的模式，但仍然重视义理的发挥，缘考据而求义理是他们的典型特征。王夫之的经学研究就是在这种学术环境下萌生。

王夫之虽不以考据名家，但与顾炎武、黄宗羲相比，其考证类著作最多最全面，对儒家经典《诗》《书》《礼》《易》《春秋》都有专门性的考证，值得充分重视。

一、考据学

王敔曾总结其父王夫之的经学考证类著作道："于《四书》及《易》《诗》《书》《春秋》，各有《稗》《疏》，悉考订草木鱼虫山川器服，以及制度同异、字句参差，为前贤所疏略者。盖亡考自少喜从人间问四方事，至于江山险要，士马食货，

---

[1] 司马光著，李文泽、霞绍晖校点：《司马光集》卷六四《颜太初杂文序》，成都：四川大学出版社，2010年，第1324页。

[2] 王守仁著，吴光、钱明等编校：《王阳明全集》卷七《文录四·稽山书院尊经阁记》，上海：上海古籍出版社，1992年，第255页。

[3] 王守仁著，吴光、钱明等编校：《王阳明全集》卷一《传习录》上，第21页。

典制沿革,皆极意研究。读史读注疏,于书志年表,考驳同异,人之所忽,必详慎搜阅之,而更以闻见证之,以是参驳古今,共成若干卷。"[1]王敔以为父亲的考证主要涉及草木虫鱼、地理、器服、典制等方面,四库馆臣也持类似看法,如称其《诗经稗疏》"皆辨正名物训诂,以补《传》《笺》诸说之遗"。[2]称其《春秋稗疏》"论《春秋》书法及仪象典制之类,仅十之一,而考证地理者十居之九"。[3]可见,王夫之考证的内容基本集中在草木虫鱼、山川地理、器服名物、典制沿革等方面。

1.草木虫鱼

名物,以《诗经》中尤多,在305篇里,蕴含着近千条名物,仅动植物和器用名称就各有300多条,因此名物考证成为《诗经》研究中十分重要的内容,虽然后来《诗经》名物研究扩展到地理、天文、职官、礼制等方面,但动物、植物领域的训诂也仍然占据优势。[4]朱熹就曾表示:"解《诗》,如抱桥柱浴水一般,终是离脱不得鸟兽草木。"[5]王夫之的《诗经稗疏》自然也不例外。《四库全书总目》称其对草木虫鱼的考辨"确有依据,不为臆断"。[6]

如雎鸠。宋代以前,一般认为雎鸠是王雎、鱼鹰、鹗(雕类);到了宋代,郑樵、朱熹等主张雎鸠是水鸟凫(鹥)类,明代李时珍提出雎鸠是雕类鹗。王夫之广泛引用《尔雅》及郭璞注、《说文》、颜师古的《匡谬正俗》、三国陆玑的《毛诗草木鸟兽虫鱼疏》、北宋陆佃的《埤雅》及李时珍《本草纲目》等文献作为论证依据,提出"雎鸠之为鱼鹰,其名曰鹗,明矣"。雎鸠是鱼鹰,属于山禽,朱熹《诗经集传》中释为水鸟凫鹥是错的,而且二者体积大小也有区别,"凫鹥水鸟,雎鸠山禽;凫鹥小鸟,雎鸠鸷鸟,相去远矣"。[7]虽然雎鸠究竟为何种动物,至今仍

---

[1] 王敔:《大行府君行述》,《船山全书》第16册,第73页。
[2] 永瑢:《四库全书总目》卷十六《诗类二·诗经稗疏》,131页。
[3] 永瑢:《四库全书总目》卷二十九《春秋类四·春秋稗疏》,第235页。
[4] 余家冀:《〈诗经〉名物训诂史述略》,《内蒙古师大学报(哲社版)》1992年第4期。
[5] 黎靖德:《朱子语类》卷八十一《诗二·周南关雎》,北京:中华书局,1986年,第2096页。
[6] 永瑢:《四库全书总目》卷十六《诗类二·诗经稗疏》,第131页。
[7] 王夫之:《诗经稗疏》卷一《雎鸠》,《船山全书》第3册,第38~39页。

是众说纷纭，[1]但雎鸠在《诗经》中被作为爱情的象征，王夫之将其释为猛禽，可能并不符合实情，[2]但其考证在尽可能全面搜集资料的前提下客观地分析材料，摒弃主观的偏见和臆断，因而得到四库馆臣的认可。

另如薇。朱熹《集传》作注："薇，似蕨而差大，有芒而味苦，山间人食之。"王夫之指出有芒（细刺）而体积大的蕨，黄色，一般被称作野鸡尾，味辛苦，有毒，无人食之。那么薇是什么植物呢？《说文》称："薇，菜也，似藿。"藿是豆苗。陆玑的《毛诗草木鸟兽虫鱼疏》中说："茎叶皆似小豆，蔓生，其味亦如小豆，藿可作羹。"另有字书中说："薇，野豌豆。"因此，王夫之十分肯定地提出薇并非蕨类。《尔雅》曰："蕨从水生，薇垂水。"有芒的蕨，一般生于山崖而不垂水，唯有野豌豆多生长在溪涧边，此豆俗呼老鼠豆，其结角似鼠尾，陆佃《埤雅》中提出采薇蕨以祭，王夫之以为尤为疏谬，因为从未听闻蕨可登之于俎，何况是豆苗呢？在此，王夫之不仅批驳了朱熹《集传》中将薇与蕨混为一谈的错误，也指出了陆佃《埤雅》的疏漏。[3]

另如《诗·七月》"五月斯螽动股。六月莎鸡振羽。十月蟋蟀入我床下"，朱熹《诗集传》注曰："斯螽、莎鸡、蟋蟀，一物随时变化而异其名。"斯螽、莎鸡、蟋蟀是三种虫子，朱熹混而为一，王夫之对此进行了详细的辨别。斯螽，在各书中名字颇不相同，如毛《传》曰蚣蝑，《尔雅》谓之蜤螽，《方言》及《广雅》谓之舂黍，郭璞曰"江东呼虴蚱蛨蜢"。王夫之则具体指出蚣蝑似螳螂，项稍短而无斧，六七月间好钻入人衣服中，闽粤间有人生吃。莎鸡，即樗鸡也。《尔雅》"翰，天鸡"。郭璞详注曰："小虫，黑身赤头，一名莎鸡，一名樗鸡。"《广雅》曰："樗鸠，樗鸡也。蠜斑螯猫，晏青也。"陆佃《埤雅》曰："黑身赤首，一名天鸡。"与

---

[1] 至今《辞源》等工具书仍沿用朱熹的说法，称其为水鸟，但也有新的解释，如中国科学院动物研究所的时培健在《雎鸠可能是什么鸟》（《辞书研究》2011年第2期）中认为是彩鹬，中国地震局地球物理研究所吴佳翼在《雎鸠是什么鸟》（《辞书研究》2001年第6期）指出是凤头鸊鷉，吴鸿春在《雎鸠考辨》（《学术月刊》1998年第10期）中则认为是天鹅。北大陈连山则认为是水斑鸠，它们比翼而飞，发出清晰的"关关"叫声。（《雎鸠究竟是什么鸟》，《十堰日报》2012年10月29日）

[2] 吴佳翼在《雎鸠是什么鸟》（《辞书研究》2001年第6期）中提出古人视雎鸠为男女相恋的象征，将其归之于鸷、雕、鸨等猛禽实乃大谬，发生这一错误的原因，可能是由于对"挚"字的错误传抄和错误理解。

[3] 王夫之：《诗经稗疏》卷一《薇》，《船山全书》第3册，第43页。

《尔雅》《广雅》的说法吻合。陆玑《毛诗草木鸟兽虫鱼疏》云:"如蝗而斑色,毛翅数重。"王夫之认为其指出莎鸡"毛翅数重"是对的,但若说其类似蝗虫,则有误。蟋蟀,《尔雅》称之蛬,《方言》谓之蜻蛚,《广雅》称作趑促织。而促织很常见,常被用作赌赛,身灰黑色,股肥躯短,善鸣。王夫之依据各文献记载,明确指出"此三虫者各为类而非互变明矣"。不仅如此,他还进一步指出三者之间的具体区别:

> 蚱蜢自五月初生,至八九月尚多有之,未见其变为蟋蟀。若莎鸡,唯在豆叶上者为红娘子,在王不留行者为王不留行虫,[在]葛上者为葛上亭长,在芫花叶上者为芫青,其翅具杂采者为蟹蝥,不闻能化蟋蟀。蚱蜢大而红娘子小,红娘子有翼以飞,而蟋蟀无翼而跃。蚱蜢青长而蟋蟀黑短,红娘子有大毒而蚱蜢可食,促织可畜玩,其相去如秦越。且唯红娘子有翅,故曰"振羽",唯蚱蜢跃而不行,故曰"动股",唯促织入人室中,故自野而至床下。诗人体物之精如此,尤不可浅心读也。[1]

由上文来看,王夫之对这三种虫子十分熟悉,尤其是其对莎鸡停留在不同植物上因而有不同名称的区分,虽然很可能参考了相关本草类文献,[2]但他对三虫大小、有翼无翼、颜色、有无毒等多方面的区分,显然是颇有意义的。[3]

清代学者周中孚论及《诗经稗疏》,认为该书"大旨不从郑氏之笺,亦不信朱子之说,唯以《毛传》《尔雅》为主,以考正名物训诂,虽不及朱长儒《诗经通义》、陈长发《毛诗稽古编》之博考,而引据精确,足以补传笺诸说之遗。间有伤穿凿处,故无害其全书也"。[4] 现代学者也认为王夫之的《诗经稗疏》,是《四

---

[1] 王夫之:《诗经稗疏》卷一《斯螽、莎鸡、蟋蟀》,《船山全书》第 3 册,第 102~103 页。
[2] 慎微著,尚志钧等校点:《证类本草》卷二十二《葛上亭长》(北京:华夏出版社,1993年,第 535 页)中说葛上亭长"此一虫五变,为疗皆相似,二月、三月在芫花上,即呼芫青;四月、五月王不留行上,即呼王不留行虫;六月、七月在葛花上,即呼为葛上亭长;八月在豆花上,即呼斑猫;九月、十月欲还地蛰,即呼为地胆"。
[3] 日本学者冈元凤《毛诗品物图考》一书中区分三种虫子,受到当代人的称赞(参见杜哉:《莎鸡、冈元凤及其他》,《中华读书报》2002 年 11 月 6 日),实不知王夫之早已做了这样的工作。
[4] 周中孚:《郑堂读书记》卷八,北京:中华书局,1993 年,第 44 页。

库全书总目》中著录的清前期训释名物书中的较善之本,大体考证详审,援引有据。[1]

2.山川地理

王夫之对山川地理的考证,以《春秋稗疏》中最多,此外《尚书稗疏》《诗经稗疏》也有相关内容。

四库馆臣虽然称王夫之《春秋稗疏》书中论《春秋》书法失之臆断,但对于其占全书比例最大的地理考证,却比较赞许:

> 如"莒人入向"之向,谓当从杜预在龙亢,而驳《水经注》所引阚骃之说,误以邑名为国名,足以申杜注之义。辨杞之东迁在春秋以前,辨杀州吁于濮非陈地,辨洮为曹地非鲁地,音推小反不音他月反;辨"贯"字非"贳"字之误;辨厉即赖国,非随县之厉乡,辨践土非郑地,辨翟泉周时不在王城之内;辨莒鲁之间有二郓;辨仲遂所卒之垂非齐地;辨"次鄟"之鄟非鄟国,亦非郑地;辨春秋之祝其非汉之祝其:皆足以纠杜注之失。据《后汉·郡国志》,谓郎在高平,据《括地志》,谓胡在堰城;据《汉书·地理志》,谓重丘在平原,据应劭《汉书注》,谓阳在都阳,皆足以补杜注之阙。[2]

杜注,又称杜解,即西晋杜预的《春秋经传集解》,在此之前,东汉贾逵、服虔等曾经注释《左传》,杜注则博取汉魏注家之长,荟萃旧说,成一家之言。唐初孔颖达等作《五经正义》,《左传》取杜注,从此以后,贾、服等人的注逐渐散佚,杜注成为《左传》唯一留存的古注。杜注中对地理的考证比较精审,一直为后人所称道。而四库馆臣在《总目》中突出说明王夫之的《春秋稗疏》在地理方面对杜注做了多方面的补充工作:申杜注之义、纠杜注之失、补杜注之阙,堪称杜注的功臣,下面我们就来看看王氏的具体研究。

(1)申杜注之义

《春秋》隐公二年,"夏,五月,莒人入向。"关于向,杜注云:"小国也。譙国

---

[1] 洪湛侯编:《诗经学史》下册,北京:中华书局,2002年,第531页。
[2] 永瑢:《四库全书总目》卷二十九《春秋类四·春秋稗疏》,第235页。

龙亢县东南有向城。"[1]《汉书》沛郡下辖向县，颜师古注"向"："故国。《春秋》曰：'莒人入向'。姜姓，炎帝后。"[2]仅说明了其来源，而未说明具体地理位置。《后汉书》注引《地道记》，也说向城在龙亢县东南。[3]《地道记》，即西晋王隐的《晋书地道记》，是其所撰《晋史》中的一篇，关于谯郡，其载曰："《左传》隐二年入向城，在龙亢县东南。"[4]可见《后汉书》注采纳了杜注的说法。王夫之则在杜注基础上，作了详细说明，指出龙亢在怀远县，地近萧县；至于说"樵国龙亢"，是因为向在晋代被并入龙亢，属樵王国邑。阚骃《十三州志》中有不同说法："轵县南山西曲有故向城，即周向国也。《传》曰向姜不安于莒而归者也。"[5]王夫之辨析道：轵縣之向，是邑而非国，《左传》所谓"王以苏忿生田向与郑"，杜预《注》云"在轵县西，地名向上"者也。而且该地距离莒达千里之遥，"莒以小国偏师，安能越齐、鲁、宋、郑而入其国都？"[6]显然不太可能。因此阚说错误无疑。

另如《春秋》文公五年，"秋，楚人灭六。"王夫之作注道：

> 杜云"今庐江六县"，而汪氏谓寿州安丰有六国故城。按六故皋陶后，偃姓之国，汉为六安王国，正今庐州之六安州。若安丰故县在今寿州霍邱之境，今芍陂犹名安丰塘是也，乃蓼国故墟，非六也。[7]

杜预的原注是："六，国，今庐江六县。"[8]明代汪克宽《春秋胡传附录纂疏》云："杜氏曰：'六，国，今庐江六县。'任公辅曰：'《地谱》：'寿州安丰县有六

---

[1] 杜预：《春秋经传集解》第一《隐公》，上海：上海古籍出版社，1978年，第14页。
[2] 班固著，颜师古注：《汉书》卷二十八《地理志上》，北京：中华书局，1962年，第1572页。王夫之引用时文字略有出入："《注》云：故姜姓国，炎帝后。"
[3] 范晔著，李贤注、刘昭补注：《后汉书》卷三十《郡国志》，北京：中华书局，1965年，第3428页。
[4] 王隐著，毕沅辑：《晋书地道记》卷二"谯郡"条，北京：中华书局，1985年，第10页。
[5] 郦道元著，陈桥驿校证：《水经注校证》卷七，北京：中华书局，2007年，第188页。
[6] 王夫之：《春秋稗疏》卷上《隐公·向》，《船山全书》第5册，第21~22页。
[7] 王夫之：《春秋稗疏》卷上《文公·六》，《船山全书》第5册，第55页。
[8] 杜预：《春秋经传集解》第八《文公上》，第441页。

国故城。'愚按：今庐州路六安州。"[1]汪克宽显然是支持杜预的看法，而没有采纳宋人任公辅的见解。王夫之却误以为汪氏采信了任氏，这是一个小小的纰漏。王夫之还追溯了六国的起源，这是依据《左传》与杜预注而来。《左传》文公五年载楚成大心、仲归帅师灭六。冬，楚子燮灭蓼。杜预注云："蓼国，今安丰蓼县。""蓼与六皆皋陶后也。"[2]此外，王夫之还广泛参考前人相关著述，[3]指出任公辅所提出的安丰故县在寿州霍邱境内，当地芍陂犹名安丰塘，原因即在于此，该地实为蓼国故墟，并非六国故地。

以上可略窥王夫之《春秋》地理研究中对杜注的肯定，但这类直接支持杜氏见解的内容比较少。显然，王夫之的研究如果仅是申杜注之义，那就没有太多意义，因此他的重点主要在纠杜注之失与补杜注之阙。

(2) 纠杜注之失

《春秋》庄公三十年，"秋，七月，齐人降鄣。"杜预注曰："鄣，纪附庸国，东平无盐县东北有鄣城。"[4]对此注，王夫之从地理方位相隔遥远的角度进行了驳斥："按纪国在齐莒东南，今日照安东之间，无盐在今东平州，相去悬绝，纪安得遥有属邑在东平？即云附庸，亦必相邻附，如鲁之于邾牟，宋之于萧郳，何容远隔齐鲁而附于纪？足知杜说非矣。"[5]可见，杜注的错误在于将鄣视作纪的附庸国，而地理位置本身并没有错误。王夫之的这一研究得到后来学者的承认。[6]

另如《春秋》僖公十五年，"秋，七月，齐师、曹师伐厉"。杜预注云："厉，楚与国，义阳随县北有厉乡。"[7]杜氏提出厉在义阳（今湖北省）随县北，先儒多承其说，但王夫之有不同看法。他说随州之厉，乃神农所生之厉山，也叫烈山，并非国名。齐桓公帅八国之兵以伐楚，并未深入，"安能轻率一曹，越江汉之北而向随乎？"而且随为随侯之国，当时随方率汉东诸侯叛楚，"齐所宜招徕者，何

---

[1] 汪克宽：《春秋胡传附录纂疏》卷一四，《景印文渊阁四库全书》165册，第374页。
[2] 杜预：《春秋经传集解》第八《文公上》，第442页。
[3] 招祥麒：《〈春秋稗疏〉研究》，上海：上海古籍出版社，2010年，第257～259页。
[4] 杜预：《春秋经传集解》第三《庄公》，第204页。
[5] 王夫之：《春秋稗疏》卷上《庄公·鄣》，《船山全书》第5册，第40页。
[6] 竹添光鸿：《左传会笺》上册，第282页，招祥麒：《王夫之〈春秋稗疏〉研究》第166页中有相关说明。
[7] 杜预：《春秋左传集解》第五《僖公上》，第288页。

为远涉以伐之邪？"[1]与历史不符，显然有误。那么齐师、曹师所伐之"厉"，又是什么呢？王夫之依据陆德明《经典释文》之《公羊释文》，指出"厉"音"赖"，二字相通，因此，此处的"厉"，就是昭公四年楚国帅诸侯伐吴时所灭之"赖"。老子在该地出生，即苦县之厉（赖）乡，位于考城鹿邑亳州之间。王夫之关于"厉"的考证，在后世颇有影响。[2]

王夫之对杜注的纠谬颇多，并不仅是以上三例，其中不乏对后世甚有影响的内容；但是，他所纠之谬，也未必没有问题。如哀公十二年鲁哀公会卫侯、宋皇瑗于郧，杜注云："郧，发阳也。广陵海陵县东南有发繇口。"[3]王夫之认为以郧为发阳，以发阳为发繇，牵强而失真。他分析海陵属扬州之通州海门县，僻居江海之隅，交通不便，春秋之际车轮马蹄尚难以到达，因此必非会盟之所。他依据《水经注》所引京相璠"琅邪姑幕县南四十里有员亭"[4]的说法，提出姑幕即是莒州，乃吴鲁必经之地；而且"员"本音"运"，所以"郧"就是姑幕之"员"。[5]虽然有学者采纳其看法，但也有学者指出定、哀之后，政治形势与地理局势改变，江淮海已成为要道，发阳正属其要冲，地理位置优于莒州。[6]这说明王夫之的看法仍有可议之处。

（3）补杜注之阙

杜注中的阙略之处颇多，如"杜《解》详于纪地，唯郎阙焉"，[7]"杜《解》但云鲁地，未得委悉"，[8]"杜但云'阳，国名'，不详其地"，[9]"杜但云'泰之与国'，不记其地"，[10]"杜云'琐泽地阙'"，[11]"杜说固属未详"[12]等等。对于这

---

[1] 王夫之：《春秋稗疏》卷上《僖公·厉》，《船山全书》第5册，第48页。
[2] 招祥麒：《〈春秋稗疏〉研究》，第213页。
[3] 杜预：《春秋左传集解》第二十九《哀公上》，第1782页。
[4] 郦道元著，陈桥驿校证：《水经注校证》卷二十五，第604页。
[5] 王夫之：《春秋稗疏》卷下《哀公·郧》，《船山全书》第5册，第92～93页。
[6] 程发轫：《春秋左氏传地名图考》，第264页，转引自招祥麒《〈春秋稗疏〉研究》，第516～517页。
[7] 王夫之：《春秋稗疏》卷上《隐公·郎》，《船山全书》第5册，第28页。
[8] 王夫之：《春秋稗疏》卷上《庄公·乘邱》，《船山全书》第5册，第36页。
[9] 王夫之：《春秋稗疏》卷上《闵公·阳》，《船山全书》第5册，第43页。
[10] 王夫之：《春秋稗疏》卷上《宣公·崇》，《船山全书》第5册，第59页。
[11] 王夫之：《春秋稗疏》卷下《成公·琐泽》，《船山全书》第5册，第69页。
[12] 王夫之：《春秋稗疏》卷上《隐公·杞》，《船山全书》第5册，第24页。

些缺略，王夫之都进行了补充。

如《春秋》庄公十年载夏六月事云："公败宋师于乘丘。"杜预注云："乘丘，鲁地。"[1]"乘丘"，三传都是书曰"乘丘"，王夫之作"乘邱"，大概是因为所据版本避孔子讳。王夫之指出《明一统志》将济阴郡之乘氏县视为乘邱有误，该地属于曹县，并非鲁地。他依据《左传》庄公十年夏六月公子偃"自雩门窃出"的记载[2]，及张守节《史记正义》的注释："乘邱，故城在兖州瑕邱县西北三十五里"，认为瑕邱滋阳县，为兖州府治，距离曲阜较近，乘邱自当在此。[3] 这一见解后来被学者普遍接受。[4]

如《左传》载《春秋》成公十二年经文曰："夏，公会晋侯、卫侯于琐泽。"杜注云该地阙而不明。王夫之注意到《左传》襄公十一年六月记载"诸侯会于北林，师于向，右还次于琐"。[5] 因此，他认为"泽者以水得名，应即琐也，犹鄢陵之或称鄢也"。[6] 至于其具体地点，依据杜注"北行而西为右还。荥阳苑陵县西有琐候亭"[7]，他认为应在荥阳新郑之间，正处于晋、卫二国盟会的中途。

当然，王夫之对杜注的补充，或有重复前人劳动者，如《春秋》闵公二年"春，王正月，齐人迁阳"之"阳"，前人早已作注。[8] 或有杜预已在别处有注，而王夫之没有注意到，如《春秋》隐公九年载："夏，城郎。"王夫之谓杜《注》对"郎"缺注，实际上有误。《左传》隐公元年载："夏四月，费伯帅师城郎。不书，非公命也。"杜预注云："郎，鲁邑，高平方与县东南有郁郎亭。"[9] 隐公元年及九年所城之"郎"，或谓一地，或谓异地同名。[10] 若为一地，杜氏已注，王夫之引《后汉书·郡国志》高平侯国《注》言"隐元年'费伯城郎'在此"，应该是同意"郎"属同一地，所以，此处实是王夫之自己粗心致误。

---

[1] 杜预:《春秋经传集解》第三《庄公》，第149页。
[2] 杜预:《春秋经传集解》第三《庄公》，第152页。
[3] 王夫之:《春秋稗疏》卷上《庄公·乘邱》，《船山全书》第5册，第36页。
[4] 招祥麒:《〈春秋稗疏〉研究》第134～135页。
[5] 杜预:《春秋经传集解》第十三《成公》，第716页。
[6] 王夫之:《春秋稗疏》卷下《成公·琐泽》，《船山全书》第5册，第69页。
[7] 杜预:《春秋经传集解》第十五《襄公二》，第885页。
[8] 招祥麒:《〈春秋稗疏〉研究》第178～179页。
[9] 杜预:《春秋经传集解》第一《隐公》，第5页。
[10] 招祥麒:《〈春秋稗疏〉研究》，第75页。

除了以上三个方面,王夫之还对杜注中"不能审于折衷"[1]"自相背戾"[2]"不审而无定论"[3]等问题都有所揭示,强调"凡《春秋》书地,有名同而地异者,如郜、防、鄙、鄑之类,必因其事迹,溯其形势,而后可辨"。[4]

《尚书稗疏》中关注地理问题主要是因为《尚书·禹贡》,该文是中国最古老的地理文献,记述了大禹治水及与治水有关的各地山川、地形、土壤、物产、贡赋道路等情况。王夫之替该书作注,自然难以回避这一内容。《四库全书总目》中评王氏之书道:"其于地理,至以昆仑为洮州胭脂岭,尤为武断。然如蔡传引《尔雅》'水北曰汭',实无其文,世皆知之,夫之则推其致误之由,以为讹记孔安国泾属渭汭之传……大抵辞有根据,不同游谈,虽醇疵互见,而可取者较多焉。"[5]可见,既有否定,也有肯定。

3.器服名物

器服即器物和衣服。凡是考证类著作,多少都会涉及此类内容。王夫之的《诗经稗疏》中对器服的考证最多最典型,其中所涉及的器服主要有生活器具、乐器、服饰、车马、玉器、兵器、礼器、钱币等。本节将选取部分内容做介绍。

服饰类在《诗经稗疏》器服的考证中所占比重最大。如《诗经·墉风·君子偕老》曰:"君子偕老,副笄六珈。"关于"副",毛《传》曰:"副者,后夫人之首饰,编发为之。"[6]朱熹《诗集传》沿袭其说法,王夫之则表示异议。《周礼·天官·追师》载:"追师掌王后之首服,为副、编、次、追、衡、笄。"郑《注》云:"副之言覆,所以覆首为之饰。其遗象若今步摇矣。服之以从王祭祀。编,编列发为之,其遗象若今假紒矣,服之以桑也。"[7]可见副与编实有不同,一为头饰,一为假发。汉末刘熙《释名·释首饰》中有详细说明:"王后首饰曰副。副,覆也,以覆首,亦言副贰也,兼用众物成其饰也。步摇上有垂珠,步则摇动也。"[8]王

---

[1] 王夫之:《春秋稗疏》卷上《僖公·败狄于箕》,《船山全书》第5册,第53页。
[2] 王夫之:《春秋稗疏》卷上《隐公·垂》,《船山全书》第5册,第27页。
[3] 王夫之:《春秋稗疏》卷下《襄公·邢丘》,《船山全书》第5册,第74页。
[4] 王夫之:《春秋稗疏》卷上《文公·新城》,《船山全书》第5册,第56页。
[5] 永瑢:《四库全书总目》卷十二《书类二·尚书稗疏》,第101页。
[6] 毛公传、郑玄笺、孔颖达等正义:《毛诗正义》卷三《鄘风·君子偕老》,《十三经注疏》,第660页。
[7] 郑玄注,贾公彦疏:《周礼注疏》卷八《天官·追师》,《十三经注疏》,第1492页。
[8] 刘熙:《释名·释首饰》,北京:中华书局,1985年,第144页。

夫之还引用汉代无名氏的《汉杂事》（笔者注：通称为《汉杂事秘辛》）为证，但该书被学界视为伪书，[1]并不可靠。不过，仅据郑玄《周礼注》及刘熙《释名·释首饰》，亦可知"假髻以当编，步摇以当副"。虽然步摇用珠，副用衡笄珈瑱，饰品的具体材料不同，但都是下垂状，与编发完全不同。此外，王夫之还进一步参考《古玉图考》[2]，书中所绘三代遗物玉瑱与珈的形状各不相同，可以"验副杂珠玉为之而不用发"[3]，则是确定的。

另如王夫之对酒器黄流的考证，十分详细。"黄流"一词出自《诗经·大雅·旱麓》："瑟彼玉瓒，黄流在中。"历代争论不一。如毛《传》曰："黄金所以饰流鬯也。"（有断句为：黄，金所以饰。流，鬯也。）郑玄《笺》云："黄流，秬鬯也。"孔颖达《疏》："酿秬为酒，以郁金之草和之，使之芬香条鬯，故谓之秬鬯。草名郁金，则黄如金色；酒在器流动，故谓之黄流。"[4]朱熹《集传》曰："黄流，郁鬯也。酿秬黍为酒，筑郁金煮而和之。"[5]王夫之称朱熹"尽反毛、郑，不知何据"，其实有些失误，因为朱熹的说法明显还是受到了郑玄与孔颖达的影响，而与毛《传》不同。王夫之则采信毛《传》，广泛引用《仪礼·士丧礼》《礼记·明堂位》《广雅》《考工记注》《白虎通》等文献，并以宋代金石学著作《宣和博古图》中所绘青铜器爵、匜都有流为例，论证黄流就是黄金勺（铜勺）。"毛《传》云：'黄金所以饰流鬯。'鬯犹通也，谓以金饰其流通之际，即所谓黄金为勺也。流者，酒之所从注也。"此外，王夫之还分析了朱熹注错误的原因，他认为可能是因为误读了《白虎通》。《白虎通》云："鬯者，以百草之香郁，金合而酿之。"[6]朱子注曰"黄流，郁鬯也。酿秬黍为酒，筑郁金煮而和之"，王夫之认为其断句有误，由此导致理解出错："易'合酿'为'煮和'，遂谓先以秬黍为酒，捣筑郁金为末，置酒中煮之，以变酒色使黄，而谓之黄流。割裂古文，其误甚矣。"

---

[1] 沈海波、朱碧莲：《汉杂事秘辛》，载氏著《秦汉文学史五十论》，兰州：甘肃人民出版社，2009年，第380～381页。
[2] 笔者注：该书名恐误，清末学者吴大澂著有《古玉图考》，但王夫之不可能提前见到，此前则有元代的《古玉图》，很可能衍一"考"字。
[3] 王夫之：《诗经稗疏》卷一《墉风·副笄六珈》，《船山全书》第3册，第60页。
[4] 毛公传、郑玄笺、孔颖达等正义：《毛诗正义》卷十六《大雅·旱麓》，《十三经注疏》，第1109页。
[5] 朱熹：《诗集传》十六，上海：上海古籍出版社，1980年，第242页。
[6] 班固等：《白虎通》卷三《考黜》，北京：中华书局，1985年，第160页。

玉器类如璋，王夫之也考证颇详。《诗经·大雅·棫朴》："济济辟王，左右奉璋。"毛公将璋释为祼献（笔者注：祭祀宗庙及飨燕宾客时，九献之第一第二献为祼，故谓祼献）之器，天子用圭瓒，诸侯用璋瓒。[1]《周礼·考工记》中说：天子用全，上公用龙，侯用瓒。天子所执圭瓒为纯玉，而诸侯所执璋瓒则为杂玉；柄用大璋，而以黄金即青铜为勺（即上文所述的黄流）。这是身份等级的区分，不可混淆。《诗经·棫朴》中所言"辟王"，王夫之认为是周公对文王的追称，其"奉璋"而不是"奉圭"，说明是以诸侯身份祭祀，并未称王。自汉代公羊学兴起后，学者们纷纷宣扬周称王之后才伐商，但董仲舒认为《棫朴》诗表明姬昌此时已称王，于是在伐崇之前郊祭。但王夫之不同意董仲舒的说法，他认为郊祭不同于宗庙祭祀，无祼鬯之礼，不需璋瓒，璋并非祭天之器，前儒据此"奉璋"之文，提出文王受命而郊，实属诬妄之辞。王夫之还进一步指出《棫朴》诗中并未谈及祭祀之事，"左右奉璋"之后反而是"周王于迈，六师及之"，可见前文中的"璋"是调动军队的牙璋，即兵符，前代学者以牙璋而误为璋瓒，因璋瓒而混为圭瓒，因圭瓒而指为郊祀，展转失真，"遂以诬文王之僭王号而祀南郊，毫厘之差，不但谬以千里矣"。[2] 如果文王用天子才可用的圭瓒行郊祭，那么就是僭越身份，属于乱臣贼子，不可能被人称具有至德。将"璋"释为牙璋，后来嘉庆时期学者马瑞辰也有类似看法："此诗下章言六师及之，则上言奉璋，当是发兵之事。故传惟言半圭曰璋，不以为祭祀所用之璋瓒耳。"[3] 但相比"璋瓒"说，支持者比较少。[4] 此外，"辟王"是否就是文王，现代学术界也是有争论的。有的认为泛指周王，[5] 有的认为就是文王，[6] 也有的说是周穆王，[7]

---

[1] 毛公传、郑玄笺、孔颖达等正义：《毛诗正义》卷十六《大雅·棫朴》，《十三经注疏》，第1106页。
[2] 王夫之：《诗经稗疏》卷三《大雅济济辟王，左右奉璋》，《船山全书》第3册，第165页。
[3] 马瑞辰：《毛诗传笺通释》卷二四《大雅·棫朴》，《续修四库全书》经部第68册，上海：上海古籍出版社，1995年，第700页。
[4] 李山：《诗经的文化精神》（北京：东方出版社，1997年，第189页）及戴维《诗经研究史》（长沙：湖南教育出版社，2001年，第7页）、马银琴：《两周诗史》（北京：社会科学出版社，2006年，第169页。）等极少的书中持牙璋说。
[5] 沈文倬：《宗周礼乐文明考伦》，杭州：杭州大学出版社，1999年，第103页。张建军：《诗经与周文化考论》，济南：齐鲁书社，2004年，第153页。
[6] 王政：《〈诗经〉文化人类学》，合肥：黄山书社，2010年，第462页。
[7] 马银琴：《两周诗史》，北京：社会科学出版社，2006年，第169页。

其中认为是文王的看法占多数。笔者以为,既然至今"辟王"身份未定,那么"璋"到底是圭璋还是牙璋也是还有进一步讨论的空间。王夫之的研究虽然支持者不多,但仍可给我们提供有益的参考。

另如钱币类"布"的论证,他也广泛搜集资料,颇具说服力。《诗经·卫风·氓》:"氓之蚩蚩,抱布贸丝。""布",毛《传》释为"币也"。但《盐铁论》中却说:"古者,市朝而无刀币,各以其所有易其所无,抱布贸丝而已。"[1]后来朱熹《诗集传》继承了毛《传》的说法,但没有进一步的说明,导致后世将"布"直接解为布匹。王夫之认为有误。秦汉时期的典籍多有记载,如《周礼·天官·外府》言:"外府掌邦布之出入。"郑玄《注》对布与泉的用途做了区分:"布,泉也。""其藏曰泉,其行曰布。"[2]《管子》中说钱币是有等级区分的:"以珠玉为上币,以黄金为中币,以刀布为下币。"[3]据《汉书》记载,则知彼时有一品泉布、二品大泉,还有货布,其形状在《汉书·食货志》《钱谱》《宣和博古图》中都有记载,材质都是青铜。但是郑众却认为材质是布:《周礼·地官·载师》:"凡宅不毛者有里布。"郑玄注:"里布者,布参印书,广二寸,长二尺,以为币,贸易物。诗云'抱布贸丝,抱此布也'。"宋代真德秀竟然还采纳其说,王夫之批评郑众以今解古,不顾历史事实,真德秀则是盲从:"古之印玺,唯以印泥封缄,故皆凹文,而不用以印帛。若夫裁帛为币,始于汉世,以愚民而攘其利。且裂有用为无用,非先王之所为。郑众附会当时而诬古以徇之,西山不审而从之,抑惑矣。"[4]王夫之早已做了考证说明,时至今日,仍有人屡屡在做重复性的工作,[5]罔顾前人研究成果,实在令人感叹!

另如王夫之对生活器具纺车之楘的考证,表达了反对拘文臆度的考证态度。《诗·秦风·小戎》:"小戎俴收,五楘梁辀。"毛《传》:"五,五束也。楘,历录也。"历录是什么,毛公没有言明。孔颖达作疏:"'楘,历录'者,谓所束之处

---

[1] 桓宽著,王利器校注:《盐铁论校注》卷一《错币》,天津:天津古籍出版社,1983年,第53页。
[2] 郑玄注,贾公彦疏:《周礼注疏》卷六《天官·外府》,《十三经注疏》,第1461页。
[3] 黎翔凤著,梁运华整理:《管子校注》卷二十二《国蓄》,北京:中华书局,2004年,第1267页。
[4] 王夫之:《诗经稗疏》卷一《卫风·抱布贸丝》,《船山全书》第3册,第65页。
[5] 周永梅:《"抱布贸丝"之"布"释义》,《语文知识》2012年第1期。《对〈诗经·氓〉中"抱布贸丝"的确解》,《文史知识》2008年第3期。此类重复性的文章达数十篇之多。

因以为文章历录然。历录,盖文章之貌。"[1]后来朱熹显然受孔氏影响,释为"历录然文章之貌。"[2]王夫之认为在毛《传》基础上增一"然"字而削一"有"字,文义遂异,历录成为形容词:"束缠陆离之状",而据毛《传》"束有历录",则历录应该是某种物品,名词。《说文》中说:"櫐,车历录束交也。"没有言明什么是历录。《广雅》中有历鹿:"繂素对切车谓之历鹿。"王夫之认为历鹿就是历录,但并没有什么直接根据。繂车即是纺车。"纺车相维之绳,上下转相萦,则是历录者,纺车交萦之名,而借以言车之櫐也。"[3]《四库全书总目》中对王夫之关于历录的考证十分欣赏,称"确有依据,不为臆断"[4]王夫之本人也通过这段考证,宣扬"器服之制,若拘文臆度,浸使为之,必失古人之精意。非形不典雅,则速败而已矣。益以知古注疏之不可意为增减,求俗学之易喻也"。[5]他强调古代注疏不可随意增减,这难以避免盲目尊古的弊端,同时虽然他反对"拘文臆度",但文中直接将历录与历鹿等同,而没有提供任何材料依据,不能不说是言行不一。

另如《尚书稗疏》中对樏的考证,则结合了王夫之的生活经历,可信度比较高。《尚书正义·益稷》注曰:"《尸子》云'山行乘樏,泥行乘毳。'""樏",旧注释为以铁制成,形状似锥形,长约半寸,安置在鞋底,上山时穿上,不易于摔倒。王夫之认为从常理来看,恐怕说不通。因为既说"乘樏",应是坐而乘之,如果在鞋底装上锥铁,就类似于木屐,不得称"乘"。而且依据生活经验,在鞋底装锥铁,如果登石山,那么必然容易摔倒;如果是土山,那锥铁就深陷泥土中难以拔出。而且既然鞋底装上锥铁,鞋子的材料也不能选用皮革,必须是木头,这样也只是徒然增加鞋子的重量,登山也是易于扑倒的。王夫之说自己"久居山中,每雨湿,履行则喘息,奔急屡至蹞躠"。那些"传注家老死堂上,妄意履下施锥可以登陟,固其宜也"。缺乏生活经验,徒然依据书本,出现错误是难以避免的。虽然,"樏"字到底为何物,王夫之也没弄明白,他说:"樏之为字,从木而不

---

[1] 毛公传、郑玄笺、孔颖达等正义:《毛诗正义》卷六《秦风·小戎》,《十三经注疏》,第786页。
[2] 朱熹:《诗集传》卷六《秦风·小戎》,上海:上海古籍出版社,1980年,第75页。
[3] 王夫之:《诗经稗疏》卷一《秦风·五楘》,《船山全书》第3册,第88~89页。
[4] 永瑢:《四库全书总目》卷十六《诗类二·诗经稗疏》,第1310页。
[5] 王夫之:《诗经稗疏》卷一《秦风·五楘》,《船山全书》第3册,第89页。

从金,则必以木为之。今其制不可考,大抵如诸葛木牛流马之类,有机以转运,前后互为首尾,施四轮而高庳各半,登则庳轮前而高轮后,降则庳轮后而高轮前。其上载人者,则亦舆而已。或以人,或以牛马,皆可推挽。"[1]这固然是推测之论,但直至今天《辞源》对该词的解释也仍是比较模糊:"古代走山路乘坐的器具",所以我们不必苛责王夫之。

王夫之的考证,也有不少是存在问题或乃至于错误的。如车马类的軜。该词出自《诗经·秦风·小戎》:"龙盾之合,鋈以觼軜。"关于"軜"的含义,毛《传》释为:"軜,骖内辔也。"即缰绳。郑《笺》指明了其具体位置:"軜系于轼前。"[2]朱熹《诗集传》认为其数量总共为八,但有两辔纳之于觼,仅六辔在手。王夫之对朱熹所说辔的数量提出了质疑。因《大戴礼》曰:"六官以为辔,司会均人以为軜。"[3]以辔比作六官,那么辔的数量只会是六而不是八;軜比作司会之均人,那么六辔都纳于軜中,而不仅仅是两辔。而且注《礼》者也提出:"軜在轼前,敛六辔之余。"这正与郑《笺》相合。此外,古代文献中凡提及辔的数量,都是"六辔",如《诗经·秦风·小戎》:"四牡孔阜,六辔在手。"《诗经·小雅·车舝》:"四牡騑騑,六辔如琴。"古代一车四马,车两边的马称骖马,当中夹辕二马称服马,按理当有八辔,而文献中确实只提六辔,另两辔是怎么回事呢?有没有呢?王夫之认为是"骖马有两辔以左右使,而服马仅一辔当项上,其左右旋也,听命于骖马",总共六辔。并据此认识反驳朱熹的八辔说,认为握在手中的六辔太分散,无法约束马匹,而且另两辔纳之于觼,则车辆转动时,骖马容易受内辔拘束,难以移动脖子。他还提出:"毛、郑、大戴及见古车之制,考古者自当遵之以求通。若拘文而失其音义,因为臆度,则必成乎失,是所贵乎精思而博证也。"[4]王夫之批评了朱熹拘文失义、擅自臆度的毛病,强调要坚持"精思而博证",这无疑是值得肯定的。汉去古未远,毛公、郑玄、戴德诸儒所见车马之制,确实应该比较接近古代,但是毛、郑二人其实并未言明辔的数量。依据现代考古出土的实物证明,确实是有八辔的,除了六辔之外,还有两条内辔,

---

[1] 王夫之:《尚书稗疏》卷一《益稷·四载樏》,《船山全书》第2册,第39~40页。
[2] 毛公传、郑玄笺、孔颖达等正义:《毛诗正义》卷六《秦风·小戎》,《十三经注疏》,第887页。
[3] 戴德:《大戴礼记》卷八《盛德》,北京:中华书局,1985年,第139页。
[4] 王夫之:《诗经稗疏》卷一《秦风·觼軜》,《船山全书》第3册,第89~90页。

至于这两条内辔的位置,则仍有分歧:有认为两匹服马的内辔系于轼前的觼軜上。因两服马借助衡把二马连为一体,其内辔不需牵挽,即可达到驾驭车马左旋、右旋的目的;[1]也有提出骖马的"内辔"却不应系于"觖",即觼爪,而是与相邻之服马外侧的衔环系在一起。并且,两服马的内侧之辔还要在轫前左右交叉一次。辔的这种安排,在战国铜器刻纹上反映得很清楚。也只有这样,才能将各马左、右侧之辔分别集中在御者的左、右手中,通过操纵辔使车中的马一致行动。[2]可见,王夫之对朱熹所作的批驳,反而是错误的。

4.典制沿革

王夫之对典制考证最多的是礼制。明堂制度是中国传统礼制中的重要内容,《汉书·礼乐志》说武帝即位后,"进用英隽,议立明堂,制礼服,以兴太平"。[3]《魏书》中更提出:"明堂,礼乐之本。"[4]"唯明堂、辟雍,国礼之大。"[5]因此现代儒宗马一浮称其是"圣人根本大法,即德教之根本大义,一切礼制,无不统摄于此"。[6]但是,明堂制度却也是礼学研究史上一个长期聚讼的问题。"自汉以来,儒者惟蔡邕、卢植实知异名同地之制,尚昧上古、中古之分。后之儒者,执其一端,以蔽众说,分合无定,制度鲜通,盖未能融洽经传,参验古今。二千年来,遂成绝学。"[7]

王夫之认为造成明堂古今聚讼不已的原因是源头本身有问题。《史记·封禅书》载汉武帝封泰山,欲在山东奉高修建明堂,但不知营造制度,济南人公玉带乘机献出黄帝时明堂图,于是汉武帝命如图督造明堂于汶水之上。王夫之认为公玉带是附会吕不韦的《月令》,并糅合阴阳术数编撰而成,后来竟还得到班固《白虎通》、蔡邕《明堂月令论》的附和,并对规制有所增加,但看法不一,以至北魏拓跋氏"盈廷揣摩,欲构一不方不圆、横斜空窅之屋,而形模乖错,乃

---

[1] 袁仲一:《秦兵马俑坑》,北京:文物出版社,2003年,第37页。
[2] 孙机:《中国古舆服论丛》(增订本),北京:文物出版社,2001年,第15页。
[3] 班固:《汉书》卷二十二《礼乐志》,第1031页。
[4] 魏收:《魏书》卷六十六《李崇列传》,北京:中华书局,1974年,第1471页。
[5] 魏收:《魏书》卷十九《任城王传》,第480页。
[6] 马一浮著,虞万里校点:《复性书院讲录》第三卷《释明堂》,《马一浮集》,杭州:浙江古籍出版社,第250页。
[7] 阮元:《揅经室集》卷三《明堂论》,北京:中华书局,1993年,第58页。

令匠石无所施其绳削"。[1]有据《月令》提出十二室者,有曰十二宫九室者,王夫之认为这种设置难以自圆其说:

> 夫堂之为言非室也,室之基也。室虽九室,堂一而已,何为四方而各异其名耶?孟子曰"王者之堂也",则亦天子巡狩之行宫而已矣,何尝繁曲纤诡,构此支离空洞不可居之室乎?且巡狩方岳而处明堂,为即明堂以居邪?抑别有宫而莅明堂以布政邪?既别有宫,则明堂为赘设。如即明堂以居,则四开八达之室,何以别嫌疑,谨守卫,蔽风雨哉?[2]

首先,一室两向会导致中央太室四向皆为詹壁阻挡,"天子何面以施斧依?诸侯百官,班列何室之阶?出入何室之户?"其次,明堂远设于泰山,天子舍其朝庙,驱驾前往,如同儿戏;天子仅偶尔巡守至此,停留时间短暂,实在不必建造。其三,天子狩于五岳,各以其时,泰山掌春事,建青阳三室就已足够,其余九室有何必要呢?如若泰山之旁仅有三室,则宜名青阳,不名明堂矣。其四,明堂到底是天子巡守时用来居住还是布政?如仅布政,那么明堂是赘设,如果居住,也难以别嫌疑,蔽风雨哉,所以,都有些说不通。

那么明堂到底是怎么回事呢?《礼记·明堂位》曰:"太庙,天子明堂。"王夫之认同此说,"周庙之堂基,较夏之堂一尺、殷之堂三尺而尤高,高则明,故曰明耳。"明堂在应门象魏之内,"系之'市朝一夫'之下,而下即继以庙门、路门、应门之制。又曰'内有九室,九嫔居之。外有九室,九卿朝焉',则明堂在王宫之内而即太庙之堂,审矣。"[3]也就是说,太庙与明堂名异实同,"自室而言,则曰太庙;自堂而言,则曰明堂;其实一也。"[4]王夫之得出这个结论,不仅是依据《礼记·考工记》,还结合了《周礼·司士》《仪礼·觐礼》的相关记录。《周礼·司士》曰:"王入内朝,群臣皆退。"王夫之提出这说明"太庙即出治之所"。《仪礼·觐礼》曰"天子设斧依于户牖之间,衮冕负斧依",王夫之说这与《礼记·明堂位》中所说的"天子负斧依南向而立"一致。《仪礼·觐礼》中还说:"诸侯前

---

[1] 王夫之:《四书稗疏》之《孟子上篇·明堂》,《船山全书》第6册,第52页。
[2] 王夫之:《四书稗疏》之《孟子上篇·明堂》,《船山全书》第6册,第52页。
[3] 王夫之:《四书稗疏》之《孟子上篇·明堂》,《船山全书》第6册,第53页。
[4] 王夫之:《四书稗疏》之《孟子上篇·明堂》,《船山全书》第6册,第53页。

朝,皆受舍于朝",郑注云:"受舍于朝,受次于文王庙门之外"也。《觐礼》又云:"乃右肉袒于庙门之东,入门右,北面立,告听事。"综合以上材料,王夫之提出:"天子布政,布之于诸侯也,而见诸侯必于太庙,则以太庙者即天子之正衙,载祖考之威灵,而以孝治天下,示无专私,非若后世之有前殿以受朝贺而颁大政也。则明堂即太庙之堂,故曰明堂天子布政之宫也。"至于天子巡狩山川之时,应携带神主同行,那么也必于行宫寝室之左立庙以奉所载之主,"则庙视太庙而堂亦谓之明堂,外立五门,一如王官之制,则泰山明堂之所自设也"。巡狩之地也设有明堂,但不如王宫中那么完备。《孝经·圣治》曰:"宗祀文王于明堂以配上帝。"王夫之认为这与《觐礼》中受次于文王之庙的记载相吻合,说明"祀文王于明堂,是明堂即文王之庙"。因此,如果拘泥于《礼记·月令》四出九室十二宫的说法,那么文王将被祭祀于何室呢?"一堂而四庙,人可以无定居,鬼可以无定向与?"显然是很荒唐的。王夫之由此对汉代相关学者进行了逐一批评:

> 后世不察,别建大飨殿祀苍赤黄白黑五帝,以祖配之,则沿郑玄拾《月令》《白虎通》之绪余,而附会之于谶纬,以启淫祀也。蔡邕不能据经以裁异说,而又合太学辟雍以乱之,不能证明堂之即太庙,而屈太庙以就明堂,虽博引旁征,说铃书肆而已。诬说之起,不韦倡之,刘安承之,公玉带之属淫之,蔡邕成之。折衷以事理之安而参考之三礼,群邪其尚息乎![1]

前文已提及关于明堂制度,本是聚讼纷纭,未有定论。王夫之明堂即太庙的看法,在汉代其实颇为盛行,卢植、颖容、蔡邕都有类似说法。[2] 王夫之虽然也持同样看法,但并非受汉代学者影响,而是从经典本身的记载出发,如文中引用的《礼记·明堂位》《礼记·考工记》《周礼·司士》《仪礼·觐礼》《孝经·圣治》等。卢植、颖容、蔡邕诸人不仅认为明堂即是太庙,还主张明堂与辟雍也是名同实异。王夫之则有不同看法。

辟雍问题,早在汉代就已争论不休。《礼记·王制》曰:"天子曰辟雍,诸侯

---

[1] 王夫之:《四书稗疏》之《孟子上篇·明堂》,《船山全书》第6册,第54~55页。
[2] 黄盛璋:《历史地理与考古论丛》,济南:齐鲁书社,1982年,第249页。

曰頖宫。"郑《笺》注云:"辟雍者,筑土雍水之外,圆如璧,四方来观者均也。泮之言半也。半水者,盖东西门以南通水,北无也。天子、诸侯宫异制同形。"郑氏另注曰:"尊卑学异名。辟,明也;雍,和也,所以明和天下。頖之言班也,所以班政教也。"郑氏自己前后的说法不一。至于《王制》篇,卢植说是汉文帝时博士所录,拼凑而成,所以王夫之称其"非周之遗典,盖不足据"。至于其他说法,则颇有分歧。《白虎通》曰:"辟雍所以行礼乐,宣德化也。辟者璧也,象璧圆,以法天也。雍者,雍之以水,象教化流行也。……诸侯曰泮宫者,半于天子宫也,明尊卑有差,所化少也。"[1]《广雅》曰:"辟雍,頖宫,宫也。"王夫之认为这是以辟雍为天子、诸侯之宫也。《大戴礼》曰明堂"凡九室,一室而有四户八牖。……以茅盖屋",上圆下方,"所以明诸侯尊卑也"。外水名曰"辟雍"。[2]蔡邕一方面在《明堂论》引《左传》臧孙"清庙茅屋"之说,证明堂、辟雍、大学为一,辟雍为明堂之流水。[3]同时又在《独断》中说:"三代学校之别名,夏曰校,殷曰序,周曰庠,天子曰辟雍,谓流水四面如璧,以饰观者,诸侯曰頖宫。頖言半也,义亦如上。"[4]地理位置并不相同。董仲舒策论中有提及太学,可见汉武帝时已有设立太学,而汉成帝时刘向还建议兴建辟雍,王夫之据此认为太学与辟雍并不一样。

朱熹对辟雍注解道:"辟,壁通。雍,泽也。辟雍,天子之学、大射行礼之处也。水旋丘如璧、以节观者,故曰辟雍。"[5]王夫之称:"其说为允。然而犹有未当者。"他依据《诗经》本文及许慎注、《周礼·司弓矢》郑众注及《礼记·射义》相关文献,指出辟雍并非大射之宫。许慎注"泮"曰:"诸侯乡飨射之宫。"注"辟雍"则曰:"天子飨饮辟雍。"《周礼·司弓矢》中记载:"泽共射椹质之弓矢。"

---

[1] 班固:《白虎通》卷二《辟雍》。王夫之引用时本为"泮宫者,半于天子之宫也,言垣宫名之,别尊卑也",与《白虎通》原文略有不同。
[2] 戴德:《大戴礼》卷八《盛德》,第142页。王夫之引用时也有节略。
[3] 蔡邕著,邓安生编:《明堂月令论》,《蔡邕集编年校注》,石家庄:河北教育出版社,2002年,第518页。
[4] 蔡邕:《独断》卷上,北京:中华书局,1985年,第15页。
[5] 王夫之:《诗集传》卷十六《灵台》。王夫之引用为"辟雍,天子大射之处",也节略了原文。

郑玄引郑众注曰："泽，宫也，所以习射选士之处也。"[1]《礼记·射义》则有如下说法："天子将祭，必先习射于泽。泽者所以择士也。"王夫之综合以上记载，提出"泽宫者，壅水为泽，盖即辟雍泮水之谓也。射于泽，而后行大射礼于射宫。泽与射宫，宫异地，射异日，椹质大侯异物。则其非大射之宫明矣。"[2]那么辟雍应是乡射之泽，而非大射之宫。除此之外，《礼记·郊特牲》曰："卜之日，王立于泽宫，亲听誓命。"说明泽还是莅誓之所，既然誓师于此，那么出师告捷后也必献功于此，即《诗经》曰"既作泮宫，淮夷攸服""矫矫虎臣，在泮献馘"。[3]从这个角度来讲，许慎说"天子飨饮辟雍"，王夫之认为是正确的。

那么辟雍是否还举行其他活动呢？桓谭《新论》中说辟雍"言其上承天地，以班教令，流转王道，周而复始"。[4]陆玑也提出："辟雍所以班礼教。"王夫之分析了《诗经·大雅·灵台》"虡业维枞，贲鼓维镛。于论鼓钟，于乐辟廱""鼍鼓逢逢，蒙瞍奏公"的记载，认为辟雍"飨于斯，射椹质于斯，设悬奏乐于斯，有戎祀之大事则莅誓于斯，师出有功则献捷于斯"。[5]也就是说，辟雍应该算是施行教令的场所。

王夫之反对辟雍、泮宫为学校的看法，并不乏同道，前有胡寅、戴植、杨慎、方中履，后有戴震、黄以周、余嘉锡。但自汉代以来，辟雍即为太学的观念日益根深蒂固，因而这种看法遭到一些学者的明确反对也就不足为奇，[6]也因此，王夫之等人的见解被称为"旷古之音"。[7]

王夫之的考据学，坚持"训诂必依古说"，比如他说"器服之制，若拘文臆度，浸使为之，必失古人之精意。非形不典雅，则速败而已矣。益以知古注疏

---

[1] 郑玄著，贾公彦疏：《周礼注疏》卷三十二《夏官·司弓矢》，《十三经注疏》，第1849页。
[2] 王夫之：《诗经稗疏》卷三《大雅辟雍》，《船山全书》第3册，第179页。
[3] 毛公传、郑玄笺、孔颖达等正义：《毛诗正义》卷二十《鲁颂·泮水》，《十三经注疏》，第1319页。
[4] 桓谭：《新论》卷中《正经第九》，上海：上海人民出版社，1977年，第36页。王夫之引用时言辞略有不同。
[5] 王夫之：《诗经稗疏》卷三《大雅辟雍》，《船山全书》第3册，第179～180页。
[6] 申屠炉明：《西周学制考辨三题》，《南京大学学报（哲学人文科学社会科学）》2001年第6期。
[7] 郭炳洁："西京无太学"争论的思想文化史阐释》，《理论月刊》2009年第8期。

之不可意为增减"[1];"毛、郑、大戴及见古车之制,考古者自当遵之以求通。若拘文而失其音义,因为臆度,则必成乎失,是所贵乎精思而博证也"。[2]但他也指出古说有可能存在彼此歧异的地方,"义立于此而不通于彼,往往自相矛盾",可见"训诂之不易也"。[3]因此,还需要从事考证的学者"以理审之,以意求之,以事征之,以文合之",[4]其中"理"排在首位,可见王夫之对它的重视。事实上,在具体的考证工作中,他常常以"事理"作为审查判断的依据,如周代里亩之制,他说:"信韩婴、赵岐不经之说,而不通之以事理,几何不以王政贼天下也!"[5]还说:"大抵汉人传书,多承口授,故音相近而字遂无择,以理事求之,斯可为折衷尔。"[6]虽然"事理"与义理并不相同,但仍有某种联系,体现了"理"在王夫之心目中的重要性。

二、义理学

王夫之在名物训诂方面下功夫,是为了保证义理阐发有一个可靠的基础,避免成为无根的臆说。他没有拘泥于考据本身,而是以之作为义理研究的前提和手段,他的目的是通过文字考据,去寻求文字背后的义理,并为自己的义理之学寻求经典依据。前文中已提及其各经《稗疏》的写作年代,都比《传》《义》要早,就充分显示了这一点。因此,王夫之经学研究的精髓在义理学,这离不开其"义理可以日新,而训诂必依古说"[7]的思想。"训诂必依古说",不允许随意发挥,义理则不同,可以通过重释经典,使经典中蕴含的义理得到新的发掘,焕发出新的生命和活力。他为草庐"观生居"自题堂联云"六经责我开生面",正是这一思想观念的写照。

王夫之对五经四书都有义理的阐发,笔者拟对其关于《周易》《诗经》《礼记》《春秋》的研究略做分析,一孔之见,遗漏难免。

---

[1] 王夫之:《诗经稗疏》卷一《秦风五楘》,《船山全书》第3册,第89页。
[2] 王夫之:《诗经稗疏》卷一《秦风鞗䩪》,《船山全书》第3册,第90页。
[3] 王夫之:《诗经稗疏》卷二《小雅祭以清酒》,《船山全书》第3册,第142~143页。
[4] 王夫之:《诗经稗疏》卷三《大雅生民》,《船山全书》第3册,第184页。
[5] 王夫之:《诗经稗疏》卷二《小雅中田有庐》,《船山全书》第3册,第142页。
[6] 王夫之:《诗经稗疏》卷二《小雅苹》,《船山全书》第3册,第109页。
[7] 王夫之:《诗经稗疏》卷三《大雅黄流在中》,《船山全书》第3册,第170页。

1."大哉,《易》之为道"[1]

易学是王夫之学术研究的一个重心。他自南明隆武二年(丙戌,1646)27岁开始读《易》,顺治五年(戊子,1648),避难于莲花峰,更专注于此,"初得《观》卦之义,服膺其理,以出入于险阻而自靖;乃深有感于圣人画象系辞,为精义安身之至道,立于易简以知险阻,非异端窃盈虚消长之机,为禽张雌黑之术,所得与于学《易》之旨者也"。直至康熙二十五年(1686)68岁时他仍表示"亡国孤臣,寄身于秽土,志无可酬,业无可广,唯《易》之为道则未尝旦夕敢忘于心",前后持续约四十余年,可见兴趣之浓厚。在这期间,他先后撰写三部易学著作:顺治十二年(乙未,1655)37岁始作《外传》,康熙十五年(丙辰,1676)58岁始写《大象传》;康熙二十四年(乙丑,1685)67岁时为众弟子解说《周易》,作《内传》与《内传发例》。关于《外传》《大象解》与《内传》三书的关系,王夫之有一个说明:

> 若此篇(《内传》)之说,间有与《外传》不同者:《外传》以推广于象数之变通,极酬酢之大用,而此篇守《彖》《爻》立诚之辞,以体天人之理,固不容有毫厘之逾越。至于《大象传》,则有引伸而无判合,正可以互通之。[2]

《外传》注重阐发象数变化的规则,并灵活运用《周易》的概念、范畴与理论思维来解释世界和应对人类社会现象。《内传》侧重逐字逐句解释经传,揭示天人之理,不容随意逾越本义。《大象传》则基本是引申、应用,王夫之提出"物之生,器之成,气化之消长,世运之治乱,人事之顺逆,学术事功之得失,莫非一阴一阳之错综所就",[3]"苟精其义,穷其理,但为一阴一阳所继而成象者,君子无不可用之以为静存动察、修己治人、拨乱反正之道"。[4]不必尽合于卦爻辞。三书虽各有侧重,却可互通。不过,因《内传》作于晚年,代表了王夫之易学研究的成熟阶段,因此研究其易学,当以该书为主。关于《周易内传》的主

---

[1] 王夫之:《周易内传》卷一《上经乾坤》,《船山全书》第1册,第42页。
[2] 王夫之:《周易内传发例》二五,《船山全书》第1册,第683~684页。
[3] 王夫之:《周易内传》卷五《系辞上传起第八章迄第十二章》,《船山全书》第1册,第537页。
[4] 王夫之:《周易大象解》,《船山全书》第1册,第695页。

旨,王夫之有一个说明:

> 大略以《乾》《坤》并建为宗;错综合一为象;《彖》《爻》一致、四圣一揆为释;占学一理、得失吉凶一道为义;占义不占利,劝戒君子,不渎告小人为用;畏文、周、孔子之正训,辟京房、陈抟日者黄冠之图说为防。[1]

《周易内传》囊括宗、象、释、义、用、防等六个方面的内容,笔者试选取宗、义、用等略做讨论。

"宗"是"《乾》《坤》并建",体现了王夫之对《周易》主旨的认识。他说:"《乾》《坤》并建,为《周易》之纲宗"[2];"《周易》之书,《乾》《坤》并建以为首,《易》之体也"。[3] 这是对传统先乾后坤、乾主坤辅说法的改造:《乾卦·彖辞》说:"大哉乾元,万物资始,乃统天。"《坤卦·彖辞》说:"至哉坤元,万物资生,乃顺承天。"这是以乾为宇宙的本始,坤为万物的化生。王夫之不同意这一先后本末之分,他说:"《乾》《坤》并建于上,时无先后,权无主辅,犹呼吸也,犹雷电也,犹两目视、两耳听,见闻同觉也。故无有天而无地,无有天地而无人。"同时,王夫之"《乾》《坤》并建"的思想也是对《连山》以《艮》为首、《归藏》以《坤》为首的反驳:"无有天而无地,况可有地而无天,而何首乎《艮》《坤》? 无有道而无天地,谁建《坤》《艮》以开之先?"与之相比,《周易》则"道盛而不可复加",[4]因为"《乾》《坤》并建"始自周文王,具体表现为:

> 伏羲之始画卦也,即阴阳升降、多寡隐见,而得失是非形焉。其占简,其理备矣。后圣因之,若《连山》,若《归藏》,皆引伸画象之理而为之辞,使民晓然于吉凶之异,以遵道而迪吉。至于文王,益求诸天人性命之原,而见天下之物、天下之事、天下之变,一本于太极阴阳动静之几,贞邪、诚妄、兴衰、利害,皆刚柔六位交错固然之理。乃易其序,以《乾》《坤》并建为之统宗,而错综以成六十四卦,举万变之必形者可以约言而该其义,则《周

---

[1] 王夫之:《周易内传发例》二五,《船山全书》第1册,第684页。
[2] 王夫之:《周易内传发例》七,《船山全书》第1册,第657页。
[3] 王夫之:《周易内传》卷一《上经乾坤》,《船山全书》第1册,第41页。
[4] 王夫之:《周易外传》卷五《系辞上传第一章》,《船山全书》第1册,第989页。

易》之《彖辞》所由折衷往圣而不可易也。[1]

一言以蔽之,"伏羲以八卦生六十四卦,而文王统之于《乾》《坤》之并建,则尤以发先圣之藏"。[2] 周文王继承了伏羲以来的六十四卦,将其与天人性命之原结合,统一于《乾》《坤》并建中,从而使二卦并为万物派生的源泉,缺一不可:"纯《乾》纯《坤》,未有《易》也,而相峙以并立,则《易》之道在,而立乎至足者为《易》之资。"[3] 其余各卦在其基础上阴阳交合,推移摩荡,涵盖天道之变化、人事之通塞,由此,王夫之对《周易》给予了高度评价:"大哉《周易》乎!《乾》《坤》并建,以为大始,以为永成,以统六子,以函五十六卦之变,道大而功高,德盛而与众,故未有盛于《周易》者也。"[4] "大哉,《易》之为道!天地不能违之以成化,而况于人乎!"[5] 王夫之"《乾》《坤》并建"的思想是本于"太极阴阳动静之几",他以《乾》《坤》并建作为《周易》的纲宗,"盖所谓'《易》有太极'也",具体来说,大致是这样的:

《乾》极乎阳,《坤》极乎阴,《乾》《坤》并建,而阴阳之极皆显;四象八卦、三十六象六十四卦摩荡于中,无所不极,故谓之太极。阴阳之外无理数,《乾》《坤》之外无太极,健顺之外无德业。[6]

《乾》《坤》并建,阴阳合撰,交相变化,从而产生三十六象六十四卦,这就是"太极",因此,太极并非神秘之物,而是阴阳融合的结果。"阴阳者,定体也,确然隤然为二物而不可易者也;而阳变阴合,交相感以成天下之亹亹者,存乎相易之大用。"[7]

"义"是"占学一理",体现了王夫之对象数与义理关系的认识。王夫之对

---

[1] 王夫之:《周易内传》卷五上《系辞上传起第一章讫第七章》,《船山全书》第1册,第505页。
[2] 王夫之:《周易内传》卷六下《说卦传》,《船山全书》第1册,第619页。
[3] 王夫之:《周易内传》卷一《上经乾坤》,《船山全书》第1册,第41页。
[4] 王夫之:《周易外传》卷五《系辞上传第一章》,《船山全书》第1册,第989页。
[5] 王夫之:《周易内传》卷一《上经乾坤》,《船山全书》第1册,第42页。
[6] 王夫之:《周易内传发例》七,《船山全书》第1册,第658~659页。
[7] 王夫之:《周易内传》卷一《上经乾坤》,《船山全书》第1册,第42页。

第四章 王夫之的经史之学

汉宋之际的易学演变曾做过如下并不算简短的总结：

> 秦焚书，而《易》以卜筮之书，不罹其灾。故《六经》唯《易》有全书，后学之幸也。然而《易》之乱也，自此始。孔子之前，文、周有作，而夏、商《连山》《归藏》二家杂占之说，犹相淆杂。如《春秋传》之繇辞，多因事附会，而不足以垂大义，而使人惧以终始。孔子删而定之，以明吉凶之一因于得失，事物之一本于性命，则就揲策占象之中，而冒天下之道。乃秦既夷之于卜筮之家，儒者不敢讲习，技术之士又各以其意拟议，而诡于情伪之利害。
>
> 汉人所传者非纯乎三圣之教。而秦以来，杂占之术纷纭而相乱，故襄楷、郎顗、京房、郑玄、虞翻之流，一以象旁搜曲引，而不要诸理。王弼氏知其陋也，尽弃其说，一以道为断，盖庶几于三圣之意。而弼学本老庄虚无之旨，既诡于道，且其言曰："得意忘言，得言忘象"，则不知象中之言，言中之意，为天人之蕴所昭示于天下者，而何可忘耶？然自是以后，《易》乃免于鬻技者猥陋之诬，而为学者身心事理之要典。唐、宋之言《易》者，虽与弼异，而所尚略同。苏轼氏出入于佛、老，敝与弼均，而间引之以言治理，则有合焉。程子之《传》，纯乎理事，固《易》大用之所以行，然有通志成务之理，而无不疾而速、不行而至之神。张子略言之，象言不忘，而神化不遗，其体洁静精微之妙，以益广周子《通书》之蕴，允矣至矣。惜乎其言约，而未尝贯全《易》于一揆也。
>
> 朱子学宗程氏，独于《易》焉尽废王弼以来引伸之理，而专言象占，谓孔子之言天，言人，言性，言德，言研几，言精义，言崇德广业者，皆非羲、文之本旨，仅以为卜筮之用，而谓非学者之所宜讲习。其激而为论，乃至拟之于《火珠林》卦影之陋术，则又与汉人之说同，而与孔子《系传》穷理尽性之言，显相抵牾而不恤。由王弼以至程子，矫枉而过正者也，朱子则矫正而不嫌于枉矣。若夫《易》之为道，即象以见理，即理之得失以定占之吉凶，即占以示学，切民用，合天性，统四圣人于一贯，会以言、以动、以占、以制器于一原，则不揣愚昧，窃所有事者也。[1]

---

[1] 王夫之：《周易内传发例》三，《船山全书》第 1 册，第 652～653 页。

《周易》因是卜筮之书，在秦始皇时期得以逃脱被焚的厄运，但也被人为地降低了地位，导致儒家学者不敢传习，沦为杂技之流，因而被杂占之术淆乱，孔子"明吉凶之一因于得失，事物之一本于性命，则就揲策占象之中，而冒天下之道"的旨趣，被汉代襄楷、郎顗、京房、郑玄、虞翻等象数学派抛弃。魏晋时期王弼扫除象数，倡导义理，主张"得意忘言，得言忘象"，创立义理易学，王夫之对其受道家影响虽不甚满意，但肯定自此"《易》乃免于鬻技者猥陋之诬，而为学者身心事理之要典"。宋代程颐与张载以义理解《易》，受到王夫之的极力称赞，但惋惜其言辞过于简约，"未尝贯全《易》于一揆"。朱熹学宗程颐，却极重视象数，力图还原《周易》本为卜筮之书的面貌，王夫之说："《易》之为筮而作，此不待言。王弼以后，言《易》者尽废其占，而朱子非之，允矣。"[1]但与此同时，朱熹尽废王弼以来倡导的义理，称孔子言天、言人、言性、言德、言研几、言精义、言崇德广业等，都不是伏羲、文王的本旨，学者不宜讲习，甚至将之拟于《火珠林》卦影一类的陋术，王夫之认为这与孔子《系传》的穷理尽性之言抵牾。"由王弼以至程子，矫枉而过正者也，朱子则矫正而不嫌于枉矣。"[2]此外，《周易本义》还将"学仙者之邪说"[3]——邵雍的先天图收于卷首，王夫之表示"程子忽之而不学，韪矣哉！朱子录之于《周易》之前，窃所不解"。[4]朱熹注《易》违背孔子之教，"故善崇朱子者，舍其注《易》可也"。[5]总之，王夫之认为易学研究应是占与理的结合，"占《易》学《易》，圣人之用《易》，二道并行，不可偏废也"。[6]"京房、虞翻之言《易》，言其占也。自王弼而后至于程子，言其学也。二者皆《易》之所尚，不可偏废，犹其不可偏尚也。朱子又欲矫而废学以尚占，曰'《易》非学者所宜读'，非愚所知也。……篇内占与学并详，而尤以学为重。"[7]虽说占、学并详，但实以学为重，"学"其实就是对天人性命的深切关注："性命之原于《易》之道，以明即性见《易》，而体《易》乃能尽性于占，而学《易》之理备矣。根极精微，发天人之蕴，《六经》《语》《孟》示人知性知天，未有

---

[1] 王夫之：《周易内传发例》四，《船山全书》第1册，第653页。
[2] 王夫之：《周易内传发例》三，《船山全书》第1册，第653页。
[3] 王夫之：《周易内传》卷六下《说卦传》，《船山全书》第1册，第624页。
[4] 王夫之：《周易内传发例》一三，《船山全书》第1册，第669页。
[5] 王夫之：《周易内传发例》二四，《船山全书》第1册，第682页。
[6] 王夫之：《周易内传发例》五，《船山全书》第1册，第654页。
[7] 王夫之：《周易内传发例》五，《船山全书》第1册，第654页。

如此之深切著明者；诚性学之统宗，圣功之要领，于《易》而显。"[1]这鲜明体现了王夫之《易》义理学的倾向。

"用"是"劝戒君子"。宋代学者张载曾借助学者对《易》道的体认，告诫他们应当提升自己的道德品质，说："《易》为君子谋，不为小人谋，故撰德于卦，虽爻有小大，及系辞其爻，必喻之以君子之义。"[2]王夫之认为"《易》为君子谋，不为小人谋"并非张载的创说，因为"《礼》：筮人之问筮者曰，义与？志与？义则筮，志则否。文王、周公之彝训，垂于筮氏之官守且然，而况君子之有为有行，而就天化以尽人道哉！"[3]"《易》为君子谋"是因为"《易》道之至近而寓无穷之变，非君子莫能用也"。[4]"君子之爱身也，甚于爱天下；忘身以忧天下，则祸未发于天下而先伏于吾之所忧也。外戚也，宦寺也，女主也，夷狄也，一失其身，虽有扶危定倾之雅志，不得自救其陷溺；未有身自溺而能拯人之溺者也。"[5]

为君子谋，不为小人谋，是《周易》和其他占卜书的重要区别。世俗占卜，问科名利禄、吉凶祸福，甚至鸡零狗碎之事，都是为了满足私欲。王夫之认为"《易》为君子谋"是指君子可以通过占筮了解世道之污隆，灵活掌握立身进退之大节。"先王卜筮之设，原以国有大事，乃决于神，君子以占世道之污隆，进退之大节……初非若《火珠林》之类，为市井屠贩之人谋锱铢之利、挟策干进之夫求诡遇之名也。"[6]"君子之谋于《易》，非欲知吉凶而已，所以知忧，知惧，而知所择执也。"[7]当君子处于乱世之中，"唯自立矩范，不期感化，而自不敢异志。若其不然，竞与相争，亵与相昵，自失其可观之德威，未有不反为其所凌者也。"[8]比如《周易·小畜》曰："上九，既雨既处，尚德载，妇贞厉，月几望，君子征凶。"王夫之据此提出当母后临朝称制，即使无失德之事，也并非贤士大夫有

---

[1] 王夫之：《周易内传》卷五上《系辞上传》，《船山全书》第1册，第532页。
[2] 丁原明：《横渠易说导读》，济南：齐鲁书社，2004年，第196页。
[3] 王夫之：《周易内传发例》四，《船山全书》第1册，第653页。
[4] 王夫之：《周易内传》卷六上《系辞下传第八章》，《船山全书》第1册，第606页。
[5] 王夫之：《读通鉴论》卷五《汉成帝》一《王氏之篡非始于杜钦党奸》，《船山全书》第10册，第184页。
[6] 王夫之：《周易内传》卷三上《明夷》，《船山全书》第1册，第311页。
[7] 王夫之：《周易内传发例》一六，《船山全书》第1册，第671页。
[8] 王夫之：《周易内传》卷二上《观》，《船山全书》第1册，第200页。

为之日。陈蕃、司马光、苏轼等人都不明晓此义,最终自招祸患。"《易》之为戒深矣。以此推之,许衡欲行道于积阴刚毅之日,得免于凶,固无丈夫之气也。"[1]另如《周易·泰》曰"九二,包荒,用冯河,不遐遗,朋亡,得尚于中行"。王夫之认为"盖内君子外小人者,用舍之大经也。而君子得朋相尚,过于远小人,不能随材器使,则有枯党交争之害,故虽外之,而未尝不授之以位;达之以情。坦然大公,人皆自得,乃为交泰之盛。"但是东汉李膺、杜密等人违背此道,组织朋党,致使邪恶之徒也乘机结党倾轧,此风延及唐、宋,直至明代启、祯之际,"党祸烈而国昵随以亡,大《易》之垂训烈矣哉!"[2]王夫之说君子对待占筮的结果不应是知吉而喜、知凶而忧的被动态度,而应坚守正道,积极应变:"察其随时之中,而干惕以慎守其至正之则,于是而《易》之道乃以行万变而利用。非其人,则恃其吉而委其凶于无可奈何之数,其占也不如弗占,《易》道虚设矣。"[3]

2."诗达情,非达欲"[4]

《尚书·尧典》中提出的"诗言志"被称为中国诗论"开山的纲领"[5],《毛诗序》在"诗言志"的基础上对"情"予以强调,"诗者,志之所之也,在心为志,发言为诗,情动于中而形于言",[6]揭示诗歌的抒情性质,但仍不脱离"发乎情,止乎礼义"的伦理制约。晋代陆机《文赋》,提出"诗缘情而绮靡",将情作为诗歌创作的动力和诗歌表现的内容,不再对诗做政治和伦理的要求。这与魏晋时期的纵欲观念密不可分:享乐主义释放了时人蓬勃旺盛的生命活力,并积聚为浓郁真诚的情感,要去冲破儒家礼教的樊篱,寻求一条痛快淋漓的宣泄渠道时,便产生了"诗缘情而绮靡"的"畅情"主题。[7]两宋时期,虽不乏以情论《诗》,但占主流者是《诗经》研究的理学化。如程颐称:"才有生识,便有性;有

---

[1] 王夫之:《周易内传》卷一下《小畜》,《船山全书》第1册,第134～135页。
[2] 王夫之:《周易内传》卷一下《泰》,《船山全书》第1册,第144页。
[3] 王夫之:《周易内传》卷六上《系辞下传第八章》,《船山全书》第1册,第607页。
[4] 王夫之:《诗广传》卷一《邶风》九《论北门》,《船山全书》第3册,第325页。
[5] 朱自清:《诗言志辨》,《朱自清古典文学论文集》,上海:上海古籍出版社,1981年,第190页。
[6] 毛公传,郑玄笺,孔颖达等正义:《毛诗正义》卷一《周南·关雎》,《十三经注疏》,第563页。
[7] 曹顺庆:《跨越异质文化》,济南:山东友谊出版社,2007年,第267页。

性便有情。无性安得情？"[1] "觉者约其情使合于中,正其心,养其性,故曰性其情。愚者则不知制之,纵其情而至于邪僻,梏其性而亡之,故曰情其性。"[2] 强调性对情的约束,及情对性的皈依。后来朱熹虽承认"凡诗之所谓风者,多出于里巷歌谣之作,所谓男女相与咏歌,各言其情者也"。但他也指出仅《周南》《昭南》二篇"亲被文王之化以成德,而人皆有以得其性情之正,故其发于言者,乐而不过于淫,哀而不及于伤,是以二篇独为风诗之正经"。在此基础上,朱熹提出:

> 本之二《南》以求其端,参之列国以尽其变,正之于雅以大其规,和之于颂以要其止,此学《诗》之大旨也。于是乎章句以纲之、训诂以纪之,讽咏以昌之,涵濡以体之,察之情性隐微之间,审之言行枢机之始,则修身及家,平均天下之道,其亦不待他求而得之于此矣。[3]

明代中期以后,随着商品经济的蓬勃发展,社会结构和社会风气发生变化,兴起一股早期启蒙思潮。对于存理灭欲的反抗和批评成为很多学者的共识,新的理欲观、情理观出现,李贽、袁宏道、汤显祖、冯梦龙等反对以理抑情,倡导唯情至上,从而使唯情主义的观念成为普遍流行的社会思潮。[4]

经历明亡清兴的巨变,王夫之的《诗经》研究,试图对明末这一纵情纵欲的观念做出纠正。他提出:

> 诗言志,非言意也;诗达情,非达欲也。心之所期为者,志也;念之所觊得者,意也;发乎其不自已者,情也;动焉而不自持者,欲也。意有公,欲有大,大欲通乎志,公意准乎情。但言意,则私而已;但言欲,则小而已。人即无以自贞,意封于私,欲限于小,厌然不敢自暴,犹有愧怍存焉,则奈

---

[1] 程颐:《河南程氏遗书》卷十八《伊川先生语四》,《二程集》,北京:中华书局,1981年,第204页。
[2] 程颐:《河南程氏文集》卷八《颜子所好何学论》,《二程集》,第577页。
[3] 朱熹:《诗集传序》,第2页。
[4] 萧萐父、许苏民:《明清启蒙学术流变》,北京:人民出版社,2013年,第93页。

之何长言嗟叹，以缘饰而为文章之乎？[1]

关于"志"与"意"，《尚书·尧典》曰"诗言志"，郑玄对其作注："诗所以言人之志意也。永，长也，歌又所以长言诗之意。"[2]而《史记·五帝本纪》则直接改为"诗言意"。可见，"志""意"可通用。王夫之却认为二者有很大区别："心之所期为者，志也；念之所觊得者，意也"，[3]"意者，乍随物感而起也；志者，事所自立而不可易者也"。[4]"意"随性而起，可善可恶，并不稳定；"志"则坚定明确，不易改变，"意之所发，或善或恶，因一时之感动而成乎私；志则未有事而豫定者也"，所以"志"正则可治"意"，"无志而唯意之所为，虽善不固，恶则无不为矣"。[5]以此认识为基础，王夫之强调"诗言志，非言意也"。另一方面，他又提出"诗达情，非达欲也"。关于"情"与"欲"的区别，王夫之说："发乎其不得已者，情也；动焉而不自持者，欲也。"[6]或许这不够明确，他还说："夫情，则喜、怒、哀、乐、爱、恶、欲是已。"[7]"盖凡声色、货利、权势、事功之可欲而我欲之者，皆谓之欲。"[8]"情"是自然而然的感情，"欲"则是个人不加以克制的欲望。在"志"与"意""情"与"欲"中，王夫之选择的是前者，但是他并非完全排斥"意"与"欲"，他认为："意有公，欲有大，大欲通乎志，公意准乎情。但言意，则私而已；但言欲，则小而已。"诗应表现的是公意大欲，而不要宣泄私意小欲。也就是说，王夫之倡导诗"言志""达情"，其实是表达具有社会普遍价值的情感。

关于"诗达情"，王夫之有如下详细的说明：

> 君子与君子言，情无嫌于相示也；君子与小人言，非情而无以感之也。小人与君子言，不能自匿其情者也。将欲与之言，因其情而尽之，不得其

---

[1] 王夫之：《诗广传》卷一《论北门》，《船山全书》第3册，第325页。
[2] 毛公传，郑玄笺，孔颖达正义：《毛诗正义·诗谱序》，《十三经注疏》，第554页。
[3] 王夫之：《诗广传》卷一《论北门》，《船山全书》第3册，第325页。
[4] 王夫之：《张子正蒙注》卷六，《船山全书》第12册，第258页。
[5] 王夫之：《张子正蒙注》卷四，《船山全书》第12册，第189页。
[6] 王夫之：《诗广传》卷一《论北门》，《船山全书》第3册，第325页。
[7] 王夫之：《读四书大全说》卷十《告子上篇》，《船山全书》第6册，第1067页。
[8] 王夫之：《读四书大全说》卷六《论语·先进篇》，《船山全书》第6册，第763页。

情,不可尽也;将欲与之言,匡其情而正之,苟非其情,非所匡也。言之而欲其听,不以其情,嫌于不相知而置之也。言之而为可听,不自以其情,彼将谓我之有别情而相媚也。故曰"诗达情"。[1]

无论君子与君子之间,还是君子与小人之间,彼此交往的过程中必然有情感的交流,否则君子之间难以相知,君子对小人难以做出匡正,王夫之认为诗正是君子与人交往过程中沟通情感的凭借,所以说"诗达情"。虽然王夫之对君子与君子之间、君子与小人之间的沟通都有谈到,但他更为关注的是后者。其中的原因,他也有明确的说明:

> 上不知下,下怨其上;下不知上,上怒其下。怒以报怨,怨以益怒,气始于不相知,而上下之交绝矣。夫诗以言情也,胥天下之情于怨怒之中,而流不可反矣,奚其情哉!
>
> 且唯其相知也,是以虽怨怒而当其情实。如其不相知也,则怨不知所怨,怒不知所怒,无已而被之以恶名。下恶死耳,下怨劳耳,而上名之曰奸;上恶危耳,上恶亡耳,而下名之曰私。奸私之名,显于相谪,则民日死而不见死,国日危而不见危,偷一日之自遂,沈酣窭寠,浸淫肌髓而不自持也,故曰流而不反也。……
>
> 乃民之偷也,苟欲为之名,何患其无名也?故民之死,非民自死,上死之也;君之亡,非君自亡,民亡之也。诸侯不相靖,大夫不相勤,庶人师师为名以交谤,是以盘庚致怒浮言,而君子听之以平上下之情。有《君子于役》之劳,则有《扬之水》之怨;有《扬之水》之怨,则有《兔爰》之怒。下叛而无心,上刑而无纪,流散不止,夫妇道苦,父母无恒,交谤以成乎衰周,情荡而无所辑有如是。故周以情王,以情亡,情之不可恃久矣。是以君子莫慎乎治情。[2]

君子是君民上下沟通的媒介,"诗言情",其实是"君子听之以平上下之

---

[1] 王夫之:《诗广传》卷二《齐风》一《论鸡鸣》,《船山全书》第3册,第353页。
[2] 王夫之:《诗广传》卷一《王风》三《论扬之水》,《船山全书》第3册,第341~342页。

情",让民众可以表达、发泄他们的怨怒,从而让君主了解下层百姓的痛苦,明白"民之死,非民自死,上死之也;君之亡,非君自亡,民广之也"。下层民众的情感,尤其是"怨怒"之情,绝非个人私事,而是关系国家命运的重大问题,绝不能放任自流,西周"以情亡"的教训就在于上下沟通的渠道堵塞:"周衰道弛,人无白情,而其诗曰'岂不尔思,畏子不奔',上下相匿以不白之情,而人莫自白也。"[1]具体表现如下:"下恶死耳,下怨劳耳,而上名之曰奸;上恶危耳,上恶亡耳,而下名之曰私。奸私之名,显于相谪,则民日死而不见死,国日危而不见危,偷一日之自遂,沈酣痞寐,浸淫肌髓而不自持也。"所以,王夫之郑重提出"君子莫慎乎治情"。[2]

那么君子应当如何"治情"呢?王夫之提出君子之心,有与天地同情者、与禽鱼草木同情者、与女子小人同情者、与道同情者等不同类型,"唯君子悉知之。悉知之则辨用之,辨用之尤必裁成之,是以取天下之情而宅天下之正"。君子对天地万物之情都有所了解并予以裁用,才能"大以体天地之化,微以备禽鱼草木之几",[3]从而"宅天下之正",与道同情。这其实就是要"达情"。那么,如何能让情居天下之正呢?王夫之说:"情,非圣人弗能调以中和者也。唯勉于文而情得所正",即以文"节情"。"君子之以节情者,文焉而已。文不足而后有法。"在情、文、法三者中,王夫之认为情为至,文次之,法为下,原因如下:

> 何言乎法为下?文以自尽而专天下,法以自高而卑天下。卑天下而欲天下之尊己,贤者怼,不肖者靡矣,故下也。何言乎情为至?至者,非夫人之所易至也。圣人能即其情,肇天下之礼而不荡,天下因圣人之情,成天下之章而不紊。情与文,无畛者也,非君子之故啮合之也。故君子嗣圣人以文,而不忧情之漓。使君子嗣圣人以情,则且忧情之诎矣。情以亲天下者也,文以尊天下者也。尊之而人自贵,亲之而不必人之不自贱也。何也?天下之忧其不足者文也,非情也。……文以节情,而终不倚于法也。[4]

---

[1] 王夫之:《诗广传》卷一《周南》一《论关雎一》,《船山全书》第3册,第299页。
[2] 王夫之:《诗广传》卷一《王风》三《论扬之水》,《船山全书》第3册,第342页。
[3] 王夫之:《诗广传》卷一《召南》三《论草虫》,《船山全书》第3册,第310页。
[4] 王夫之:《诗广传》卷一《召南》一《论鹊巢》,《船山全书》第3册,第307、308页。

情亲天下,文尊天下,唯有法自高自大而鄙视天下,因此以文节情显然比以法压情要高明得多。"文"即诗礼之教化。[1]

关于情与礼的关系,王夫之提出"圣人能即其情,肇天下之礼而不荡"。孔子曾说:"于呼哀哉！我观周道,幽厉伤之,吾舍鲁何适矣！"[2]王夫之由此发挥道:"周道因人情而礼行,夺人之情而不得伸,而后道之丧也无余。桧亡于东周之前,而三年之丧先亡,此幽厉之所为伤周道也。"[3]也就是说,情可以脱离礼而存在,即使礼消亡,情依然可以存在,只要情在,礼还可以保存。如果礼、情都消亡得太久,那么人就会和禽兽无异。"礼亡既久而情且亡,何禽之非人,而人之不可禽乎？"[4]可见情对于礼的重要性。那么如何实现"即其情,肇天下之礼而不荡"呢？王夫之说:"先王审情之变,以夙防之,欲啬其情,必丰其生,乐足不淫而礼行焉,恶在乎戢淫者之靳予以安富邪？故善治心者,广居以自息,善治民者,广生以息民。"[5]"丰生""广生"以息民治情,从而来维持礼的运行。将"衣食""礼乐"与情结合,提出"先王以裕民之衣食,必以廉耻之心裕之；调国之财用,必以礼乐之情调之",[6]这也可以说体现了其支持"达情"、反对"达欲"的观念。

王夫之主张"诗言志""诗达情",反对"言意""达欲",他所倡导的"情"是排除了私意小欲的"性之情"。他说:"诗言志,又曰,诗以道性情。"[7]关于"性之情",王夫之有一些具体的说明:"货色之好,性之情也。酒之使人好,情之感也。性之情者,性所有也。故曰:'天地之大德曰生','何以聚人曰财',仁义之府也。""性之情"是人性中本就具有的感情,而"情感"本不存在人性中,"无之而不损其生。生所无,则固好恶之所未有也"。"性之情"中性与情的关系是

---

[1] 章启辉:《旷世大儒——王夫之》,石家庄:河北人民出版社,2001年,第90页。
[2] 郑玄注,孔颖达等正义:《礼记正义》卷二十一《礼运》,《十三经注疏》,第3069页。
[3] 笔者按:此句点校有误。"我观周道,幽厉伤之"出自《礼记·礼运》,"周道因人情而礼行"之后则是王夫之的看法。
[4] 王夫之:《诗广传》卷二《桧风》二《论素冠》,《船山全书》第3册,第377页。
[5] 王夫之:《诗广传》卷一《郑风》七《论扬之水、野有蔓草、溱洧》,《船山全书》第3册,第351页。
[6] 王夫之:《诗广传》卷三《小雅》一〇《论鱼丽》,《船山全书》第3册,第394页。
[7] 王夫之:《姜斋六十自定稿·自叙》,《船山全书》第15册,第331页。

"尽其性,行乎情而贞,以性正情",[1]否则就是"情迁其性","迁性以就情",势必带来极为严重的负面后果。王夫之描述了这样一个渐进的过程:

> 人心之大防,可不可而已,其后莫能防也。千古之所不可者,习而摈之以为不可,因而无见可者焉。一旦知之而仿佛以为可,未敢信诸行也,然而尝试之矣。迨其行之,因见可焉,情未安也。乃行而习之矣,习之而弗安之情日消,安之之情日长,则情以遂。情之既遂遂恶其所美而美其所恶。夫诚恶其所美,而能弗美其所恶者,其余凡几哉!

最后只能造成"人背其本,情迁其性,一溃其可不可之防而莫之能救"[2]的局面,这难道不是他对晚明纵情纵欲观念败坏社会风气的直接抨击吗?

王夫之关于"性之情"的看法在当时并非个案,实际上"性情"是清初明遗民论诗的核心命题。他们重道德规范,而忽视重个体感受,对"性情"的这种要求,有其偏激的一面:把诗歌中可以表现的情感规定为道德情感,实际上局限了诗人感受世界的方式,诗歌对人生的展现也相对单一。但在异族入侵、社会动荡、生灵涂炭的特殊时刻,遗民们强调诗歌应该表现普遍的、崇高的情感,避免萎弱的感伤、浅薄的自我迷醉和乖滑轻脱的不负责任,是有现实意义的。他们期望带给读者的不是普通的审美愉悦,而是对生命可以企及的高度和可以承载的力度的提示。[3]王夫之也不例外,因此,我们可以理解其"诗达情"所要求的仅仅是"性之情"的偏颇。

3."礼者,人道也"[4]

王夫之的礼学研究著作仅有《礼记章句》一书,该书初作于康熙十二年癸丑(1673),定稿于康熙十六年丁巳(1677),时年59岁。[5]虽然他最初有一个

---

[1] 王夫之:《诗广传》卷三《小雅》五一《论宾之初筵》,《船山全书》第3册,第428~430页。
[2] 王夫之:《诗广传》卷二《魏风》二《论汾沮洳》,《船山全书》第3册,第359页。
[3] 李瑄:《明遗民的"性情"新义与明清之际的诗坛衍变》,收入卢盛江、张毅、左东岭编《罗宗强先生八十寿辰纪念文集》,北京:中华书局,2009年,第527页。
[4] 王夫之:《礼记章句》卷一《曲礼上》,《船山全书》第4册,第18页。
[5] 邓辉:《王船山道论研究》,湘潭:湘潭大学出版社,2010年,第42页。

比较宏大的计划,即上溯《三礼》,下迄汉、晋、唐、宋至明代的典礼,"折衷得失,立之定断,以存先王之精意,征诸实用,远俟后哲",但考虑到见闻有限,时间精力不够,于是"姑取戴氏所记,先为章句,疏其滞塞"。[1]此后,王夫之并未再在礼学领域继续研究,因此,该书是探究其礼学思想的主要依据。

王夫之为何选择给《礼记》作注,而非《仪礼》与《周礼》呢?虽然《周礼》《仪礼》都是古礼经,却也并非没有问题,如《仪礼》"虽始于周公,而后世因事增附,非周初之旧文者多矣"。[2]《礼记》是汉代戴圣集中了孔子、七十子后学、周末以来儒者关于礼的传述,"纂叙而会归之,以为此书,显微同异之辞虽若不一,而于以体先圣复性以立人极之意,其不合者鲜矣"。[3]王夫之认为《礼记》最符合先圣孔子之意,因此,他说:"自始制而言之,则《记》所推论者体也,《周官》《仪礼》用也;自修行而言之,则《周官》《仪礼》体也,而《记》用也。"[4]从不同角度看待《礼记》与《礼仪》《周礼》的地位,并得出互为体用的观点,大概算是王夫之的独到之处。

周公制礼作乐开启中国的礼乐文明之道。自此,礼作为人类特有的行为规范和人伦模式,成为古代中国最基本的价值取向和普遍性的人伦规范,维系着中国传统社会长期稳定的发展。每当异族入侵,中原王朝沦陷之际,就是儒家学者眼中的礼崩乐坏时期,自会涌现出一批有责任感的学者为复兴民族文化而努力。王夫之正是在这样一种类似的历史情境和心态下进行礼学的研究。他说宋代靖康之祸导致"礼崩乐坏,日就苟简,大礼终不可复,而人道且沦胥以亡,守先以待后者,能无忧惧乎!"[5]他自己也是"遭时之不造,礼教堕,文物圮,人将胥沦于禽兽"[6],"生际晦冥,遘闵幽怨"的时代,"悼大礼之已斩,惧人道之不立",于是愤而从事《礼记》研究的工作,称书中对"人禽之辨、夷夏之分、君子小人之别,未尝不三致意焉"。三者的区别,主要在于仁:"人之所以异于禽兽,仁而已矣,中国之所以异于夷狄,仁而已矣,君子之所以异于小人,仁

---

[1] 王夫之:《礼记章句序》,《船山全书》第4册,第10页。
[2] 王夫之:《礼记章句》卷七《曾子问》,《船山全书》第4册,第476页。
[3] 王夫之:《礼记章句》卷一,《船山全书》第4册,第11页。
[4] 王夫之:《礼记章句序》,《船山全书》第4册,第9页。
[5] 王夫之:《礼记章句》卷十一《郊特牲》,《船山全书》第4册,第643页。
[6] 王夫之:《礼记章句》卷一《曲礼上》,《船山全书》第4册,第18页。

而已矣。"但又不仅限于此,因为"禽狄之微明,小人之夜气,仁未尝不存焉,唯其无礼也,故虽有存焉者而不能显,虽有显焉者而无所藏"。有仁而无礼,仁不会体现出来。这是因为仁与礼之间存在互为体用的关系,王夫之说:"《易》曰:'显诸仁,藏诸用。'缘仁制礼,则仁体也,礼用也;仁以行礼,则礼体也,仁用也。体用之错行而仁义之互藏,其宅固矣。"礼依靠仁的精神而制定礼仪规范,仁则通过礼的实施而得以体现,二者密不可分,因此孔子才会提出"克己复礼为仁",王夫之由此也认识到"大哉礼乎!天道之所藏而人道之所显也"。[1]

关于"人道",王夫之屡屡申明:"'人道',人所以别于禽狄之道也。"[2]"'人道'者,立人之道,一本之谊,所以异于禽狄者也。"[3]"人道,天之所以立人者也。"[4]说明"人道"就是人之为人、区别于动物所需具备的要素。《易传·系辞》曰:"立人之道曰仁与义",王夫之认为这还不足以成其为人:

> 天之生人,甘食悦色,几与物同。仁义智信之心,人得其全,而物亦得其一曲。其为人所独有而鸟兽之所必无者,礼而已矣。故礼者,人道也。礼隐于心而不能着之于外,则仁义智信之心虽或偶发,亦因天机之乍动,与虎狼之父子、蜂蚁之君臣无别,而人道毁矣。[5]

仁义"物亦得其一曲",譬如禽兽也懂得"脯卫其子,生死以之",[6]为人类所独有者而鸟兽所无者唯有礼,因此他得出"礼者,人道也"的认识。人类要与禽兽根本区别开来,还得"由仁义行"而不是"行仁义",因"'由仁义行',以人道率天道也。'行仁义',则待天机之动而后行,非能尽夫人之所以异于禽兽者矣。天道不遗于禽兽,而人道则为人之独,由仁义行,大舜存人道圣学也,自然云乎哉!"[7]由此,王夫之提出了"以人道率天道"的命题,修正了宋明理学家

---

[1] 王夫之:《礼记章句序》,《船山全书》第4册,第9~10页。
[2] 王夫之:《礼记章句》卷十五《丧服小记》,《船山全书》第4册,第796页。
[3] 王夫之:《礼记章句》卷十六《大传》,《船山全书》第4册,第828页。
[4] 王夫之:《礼记章句》卷二十四《祭义》,《船山全书》第4册,第1113页。
[5] 王夫之:《礼记章句》卷一《曲礼上》,《船山全书》第4册,第18页。
[6] 王夫之:《礼记章句》卷三十《坊记》,《船山全书》第4册,第1228页。
[7] 王夫之:《思问录内篇》,《船山全书》第12册,第405页。

以天道率人道的看法。[1]那么"人道"具体体现在哪些方面呢？王夫之说："人之所以为人而别于禽兽者，上下之等，君臣之分，男女之嫌，君子野人之辨，章服焉而已矣"，[2]"尊亲、长幼、男女之别，人道之大者，[3]帝王治天下，必此为本，故修明之而无所损益。惟禘祀行而大宗立，则合族以笃亲，奉宗子以定尊，昭穆不紊以序长，昏姻不通以厚别，四者咸得，而报功、尊贤、使能、存爱之道皆由此而推尔"。[4]可见，"人道"包括尊尊亲亲、君臣长幼、男女之别、章服等不同内容。

尊尊、亲亲体现的是严格的尊卑与亲疏的等级关系。周代的分封与宗法制度就是以此基础，"禘以上治而统祖，宗以下治而统族，二者相为表里，皆礼之大者也。"[5]禘祀之礼，始于夏而备于周。宗子法，商代仅有小宗，周立大宗。"宗子之家，亲疏贵贱，一以昭穆序之，父子祖孙无或逾紊"，并因尊尊、亲亲推及"礼之所秩，义之所宜，以立大宗之法，然后上治下治之，虽在百世，皆疏通而曲尽，则人之所以为人者，道毕修矣"。[6]王夫之对此甚为向往，称周先王以亲亲作为政教之本，"仁至义尽，其道尚矣"。因此，他认为孔子所说的"吾从周"，及学为文、武之道，就是指的这些内容。可惜，周亡以后，禘祀与宗法制都遭到破坏，他提出"族谱之修，祠堂之设，庶几得其遗意而为兴复之本"。[7]

君臣之分，王夫之认为理想的模式应该是这样的："分义虽明而恩礼相接，大臣既坐而论道，小臣亦日侍于君而与于从容讽谕之列，可先事而进其微词，造膝而伸其密论"，人臣之礼"不显谏"；[8]当大臣生病或去岁，君主也会前往看望、吊唁，"卿、大夫疾，君问之无算，士壹问之。君于卿、大夫比葬不食肉，比卒哭不举乐，为士，比殡不举乐"。古代的君臣之分就是如此。这并非是君主

---

[1] 萧萐父、许苏民著：《王夫之评传》上，南京：南京大学出版社，2011年，第296页。
[2] 王夫之：《礼句章句》卷十三《玉藻》，《船山全书》第4册，第723页。
[3] 笔者按：《船山全书》四中"人道之大者"本为"人道之道者"，误，笔者据清《船山遗书》本改。
[4] 王夫之：《礼记章句》卷十六《大传》，《船山全书》第4册，第829页。
[5] 王夫之：《礼记章句》卷十六《大传》，《船山全书》第4册，第825页。
[6] 王夫之：《礼记章句》卷十六《大传》，《船山全书》第4册，第828页。
[7] 王夫之：《礼记章句》卷十六《大传》，《船山全书》第4册，第825页。
[8] 王夫之：《礼记章句》卷二《曲礼下》，《船山全书》第4册，第117页。

想笼络士心、希望得到回报,而是"君臣之义植于性,而人道所自立也"。[1] 平常君主虽有大事也不入大臣之家,"唯疾与丧则数往而不以为黩。古人于疾患生死之际,其尤重之如此,斯其所以尽人伦之至"。[2] 但是后世尊君抑臣,君臣关系日渐疏远,士大夫难以向君主进言,"宦侍戚畹与盘据密勿之大奸,复从而间之,言路之臣,非亢言补牍,申明于属目之地,亦孰从致之而孰与听之哉!"明代君主专制肆意强化,君尊臣卑达到极致,严重违背了传统"恩礼相接"的君臣之分,这不能不说是人道的倒退。不仅如此,因君臣关系疏远,大臣即使偶有进谏,邪恶之徒便会借"为人臣之礼不显谏"来激起君主的愤怒,并对进言者妄加"讦上沽名"之罪,恶化君臣关系,最终只会导致"有贼不见,有逸不知,而陷国于危亡,可不察与!"[3] 那么如何营造和谐的君臣关系呢,王夫之提出"三代之后,必欲取法焉,舍赵宋待臣之礼,其谁与归?"[4]

男女之别,其实是尊亲、君臣长幼之分的基础。《礼记·昏义》说:"男女有别而后夫妇有义,夫妇有义而后父子有亲,父子有亲而后君臣有正,故曰昏礼者,礼之本也。"王夫之对此阐释道:"男女之有别,谓各有匹偶,异于禽狄之无择也。""夫妇有义"指夫妻之间恩礼正而笃,父子之间人伦明确,"则世次审,国本豫立,而君臣之分定矣"。[5] 无别无义,属于禽兽之道,不利于立法治民,即"夷狄知有母而不知谁为其父,虽得天下,立法治民与禽兽同"。[6] 婚礼作为礼的根本,尤其需要夫妇之间以敬相待,因为"常人所易亵者,莫甚于男女居室之际,于此必尽敬以合爱,则宗庙朝廷之大,其率礼弗违愈可知矣"。[7] 夫妻恩爱,易于狎昵而忘其敬,但其"实则父子君臣之本、王化之基。唯发乎情、止乎礼以敦其敬,而后可以立人道之本,故尤为敬之至大者也"。[8] 男女有别,夫妇有义,敦敬合爱,是确立"人道"的根本。

---

[1] 王夫之:《礼记章句》卷二十一《杂记下》,《船山全书》第 4 册,第 1024 页。

[2] 王夫之:《礼记章句》卷二十二《丧大记》,《船山全书》第 4 册,第 1077 页。

[3] 王夫之:《礼记章句》卷二《曲礼下》,《船山全书》第 4 册,第 117 页。

[4] 王夫之:《读通鉴论》卷十三《东晋成帝》九《帝幸王导府拜导及其妻曹氏》,《船山全书》第 10 册,第 482 页。

[5] 王夫之:《礼记章句》卷四十四《昏义》,《船山全书》第 4 册,第 1511 页。

[6] 王夫之:《礼记章句》卷十一《郊特牲》,《船山全书》第 4 册,第 657 页。

[7] 王夫之:《礼记章句》卷二十七《哀公问》,《船山全书》第 4 册,第 1186 页。

[8] 王夫之:《礼记章句》卷二十七《哀公问》,《船山全书》第 4 册,第 1184 页。

衣裳服色的差异与限定，也是"人道"的重要体现。《易·系辞下传》曰："黄帝、尧、舜垂衣裳而天下治，盖取诸乾坤。"王夫之据此提出衣裳乃天之经，地之义，人之所以异于禽兽，中国之所以异于夷狄，君子之所以异于野人，"而养其气体，使椎鄙淫冶骜戾之气潜移默化而不自知，诚人道之切要也"。[1]虽然，寒而毛，暑而裸，可能对于人而言确实比较方便，但衣裳绝不仅仅是保暖和美观的作用，而具有"乾坤之法象，人道之纪纲"[2]的重大意义，倘若习惯于禽兽夷狄的着装方式，甚至进而怀疑先王制定的法服的必要与价值，那么就是人道的彻底沦丧。王夫之还特别指出，自晋以后，五胡进入中原，少数民族服装逐渐渗透影响华夏衣冠，导致绔带袍靴夹杂于朝祭之服中，唐宋君主未能予以革除。深衣是上古时期自天子至庶人各个阶层都穿的服饰，"天子诸侯服之以养老，大夫士夕深衣以燕居，庶人则以为祭服"。因为《礼记》中有记载，因此成为古衣冠中唯一保存下来的款式。宋代司马光就曾制作深衣自穿，朱子也详考郑玄的古注，恢复古代深衣的式样，王夫之认为"知此篇之得不佚亡者，诚学者之大幸也"。[3]但该篇并不全面，还有部分见于《礼记·玉藻》。于是王夫之依据朱子晚年所定的规制，并参以郑注，为之详细解释，"使来者庶有所考焉"。在清人入关后强行剃发易服的背景下，王夫之对衣裳的关注，意图可谓十分明显，与黄宗羲的《深衣考》用意相似。

4.《春秋》"正大义，立王道"[4]

依据鲁史修订而成的《春秋》，按《春秋》三传的阐释，书中体现了孔子的政治伦理思想，即以周制、周礼为准则，褒善贬恶，志在"拨乱世反之正"。这种鲜明的政治意图和浓厚的政治色彩，通过特定的叙事方式表达出来，便是后儒所称道的"微言大义"，大致包括大一统、尊王攘夷、复仇之义、诛乱臣贼子、重内轻外、夷夏之辨、变法改制等内容。但这些"微言大义"并未明确见于经文，而是依靠历代学者的发掘。如孟子释读为："世衰道微。邪说暴行有作，臣弑其君者有之，子弑其父者有之。孔子惧，作《春秋》。《春秋》，天子之事也；是故孔

---

[1] 王夫之：《礼记章句》三十九《深衣》，《船山全书》第4册，第1437页。
[2] 王夫之：《礼句章句》卷十三《玉藻》，《船山全书》第4册，第723页。
[3] 王夫之：《礼记章句》三十九《深衣》，《船山全书》第4册，第1437、1438页。
[4] 王夫之：《续春秋左氏传博议》卷上《晋杀赵同赵括》，《船山全书》第5册，第550~551页。

子曰:知我者其惟《春秋》乎!罪我者其惟《春秋》乎!……孔子成《春秋》而乱臣贼子惧。"[1]汉代《春秋》学成为显学,司马迁说:"为人君父而不通《春秋》之义者,必蒙首恶之名;为人臣子而不通《春秋》之义者,必陷篡弑之诛,死罪之名。"[2]《春秋》之义也是汉代君臣议政的重要依据。此后,每当国家处于多事之秋,或民族面临危亡之际,一些政治家、思想家就会通过对《春秋》的阐释,来表达对现实的关怀。宋代的外患在中国历史上尤其突出:北宋先有契丹和西夏的侵扰威胁,后有金人的穷追猛打,最后国土沦丧,仓皇南渡。南宋前有金人的虎视眈眈,后期有元兵的步步进逼,最终灭亡。在这样的时代背景下,宋代《春秋》学十分兴盛,学者们立足于异族紧逼华夏的政治现实,特别注意阐发《春秋》攘夷大义。[3]其中胡安国的《春秋传》是一部在当时及后世都非常有影响的著作。该书将《春秋》视为"史外传心之要典",《春秋》大义被概括为尊君父、讨乱贼、辟邪说、正人心、用夏变夷等数项,从而把《春秋》变为名副其实的政治教科书。[4]

南宋时期,胡安国的《春秋传》被定为经筵读本;元、明二代,科举考试《春秋》类以《春秋传》为主。明永乐年间修《春秋大全》,也以《春秋传》经文为主要依据。王夫之的父亲王朝聘"蚤受《春秋》于酉阳杨氏,进业于安成刘氏",对《春秋》颇有研究,临终前对夫之说:"三传之折衷,得文定(胡安国)而明;河南之举要,得文定而详",认为胡《传》"经之纬之穷于幅,日之月之翳于阴",[5]对胡氏《春秋传》评价甚高。王夫之虽然对胡氏之学有所批判,如说"必伸传而抑之(欧阳修),胡氏之保残专已,固矣夫!"[6]"善说《春秋》者,废胡氏之言兵,未为不知治也。"[7]《四库全书总目》也称王夫之"攻驳胡《传》之失,往往中理",[8]但王夫之继承家学,自然也深受胡安国影响,对《春秋》的研究致力于

---

[1] 赵岐注,孙奭疏:《孟子注疏》卷六下《滕文公下》,《十三经注疏》,第5903页。
[2] 司马迁:《史记》卷一百三十《太史公自序》,北京:中华书局,1959年,第3288页。
[3] 李建军:《宋代〈春秋〉学与宋型文化》,北京:中国社会科学出版社,2008年,第463页。
[4] 赵伯雄:《春秋学史》,济南:山东教育出版社,2004年,第503、504页。
[5] 王夫之:《春秋家说·叙》,《船山全书》第5册,第105页。
[6] 王夫之:《春秋家说》卷下《昭公》二二,《船山全书》第5册,第326页。
[7] 王夫之:《春秋家说》卷上《庄公》九,《船山全书》第5册,第147~148页。
[8] 永瑢:《四库全书总目》卷三十一《春秋类存目·春秋家说》,第252页。

阐发大义、宣扬王道。

《汉书·艺文志》说："昔仲尼没而微言绝,七十子丧而大义乖。"由于《春秋》文字简短,措辞又十分隐晦,后人从不同的角度去进行解读。《左传》多用历史事实解释《春秋》,《公羊传》《穀梁传》则用义理解读《春秋》的书法,认为精微的言辞中包含深刻的含义,即所谓"微言大义"。王夫之将"微言"与"大义"做了区分:

> 善治《春秋》者,先大义后微言。求诸大义而不得,于是求之于微言;求之大义而得矣,抑舍而求之于微言,则大义蚀,而党人之邪说进。[1]
> 《春秋》有大义,有微言。义也者,以治事也;言也者,以显义也。非事无义,非义无显,斯以文成数万而无余辞。若夫言可立义,而义非事有,则以意生言而附之以事。强天下以传心,心亦终不可得而传。盖说《春秋》者之所附也。[2]

他认为研究《春秋》应该先求"大义",即经典本身的意义;倘若"大义"求而不得,才去探究"微言",否则舍"大义"而求诸"微言",往往是损害"大义"而导致"邪说"出现。

因为虽然言可立义,但义并非事本有,那么以"微言"求"大义",不过是"以意生言而附之以事",最终只会离"大义"越来越远。

因重视"大义",王夫之称《春秋》为"义海":"百川学海而至于海,苟学焉而皆已至也。以其至而尽海于一川也,陋矣。知海之非一川,而谓川无所至也,亦陋矣。《春秋》,义海也。以义达之,而各有至焉。"[3]关于《春秋》为"义海"的具体含义,他有一个解释:"恶有差等,则法有独伸,罪无同异,则刑有偏置。独伸之而非有纵,众被之而非有酷,义精而宏,词同而意异。故曰《春秋》者,义海也。"[4]以《春秋》作为义理的渊海,即评价一切事物的标准,从而成为具有普遍性的法则。汉晋时期诸儒为解《春秋》的微言大义,设义例之法解读《春

---

[1] 王夫之:《春秋家说》卷中《宣公》三,《船山全书》第 5 册,第 218~220 页。
[2] 王夫之:《春秋家说》卷上《隐公》一,《船山全书》第 5 册,第 109 页。
[3] 王夫之:《春秋家说》卷中《成公》二〇,《船山全书》第 5 册,第 263~264 页。
[4] 王夫之:《春秋家说》卷中《成公》二一,《船山全书》第 5 册,第 265 页。

秋》,从此以例说经成为《春秋》学的重要法门。但自中唐以后,《春秋》是否有例,以及何为义例,纷挐聚讼不已。[1] 王夫之反对以"例"求义:"夫《春秋》之为义海也大,大固不可以一例求也。以一例求,是尽海于一川之说也。"[2] "以梗概求义者,执一以齐之,一则泥。泥而不通,强为通之,则入于乱。故欲执一例者,未有不终于乱义者也。"[3] 这实际上否定了"例"的必要:"求《春秋》之例,而以意例之,传《春秋》者之失也。"[4] "立义于此,无待人之求而自得者,非君子之文也,夫唯为之激昂之词以相显而后求明者,无待求而自得。激昂者必有所偏,而道多所废矣。王通氏曰:'《春秋》,王道之权衡。'权衡者,无所激昂,恒平以待人之求也。知此而例之不足以立,审矣。"[5] 这是从王道的角度再次否定了《春秋》之"例"的价值。

王夫之还讨论了"义"与"权"的关系。他说:

> 正大义者,其惟权乎。权,轻重之准也。移轻于重,则重者轻;委重于轻,则轻者代重而重者虚矣。《春秋》之法,不舍贼而求贼,弗移轻于重也,不许贼之治贼,无委重于轻也。[6]

如何衡量大义正与不正,王夫之提出以"权"作为尺度,"权衡之设,可以审大,可以审小,可以程重,可以程轻。物之贵贱,人之智愚,蔑不用也。以等一切,以度一物,蔑不准也"。"权衡"本是称量物体轻重的器具,在此被引申为估量一切事物均衡性的标准。王夫之便利用其来衡量君臣、刑杀、中国与夷狄的关系,提出君臣不可无道,刑杀不可无法,夷狄应屈从于中国:

> 《春秋》之于楚,贬之无余,而进之不遽,立天下之权衡也。其杀得臣、宜申、公子侧也,与中国同辞而无异,精一事之权衡也。为天下言,则楚君

---

[1] 葛志毅:《略论〈春秋〉义例》,《谭史斋论稿三编》第2辑,哈尔滨:黑龙江人民出版社,2006年,第117页。
[2] 王夫之:《春秋家说》卷中《成公》二〇,《船山全书》第5册,第263页。
[3] 王夫之:《春秋家说》卷中《成公》二一,《船山全书》第5册,第265页。
[4] 王夫之:《春秋家说》卷中《文公》一四,《船山全书》第5册,第209页。
[5] 王夫之:《春秋家说》卷中《宣公》一一,《船山全书》第5册,第232页。
[6] 王夫之:《春秋家说》卷中《宣公》七,《船山全书》第5册,第225~226页。

之淫刑,楚臣之自毙,中国之幸也。为楚言,则君臣之道衰,刑杀之法淫,亦人道之忧也。夷狄之势屈而中国之利兴,此不待权衡而审也。既为君臣,则不可以无道,既有刑杀,则不可无法,虽在夷狄无能掩也。此非权衡而莫审也。[1]

"正大义者,其惟权乎",这是王夫之对"义"与"权"关系的界定,但是,"权"本身又如何做到保持公正性,王夫之没有提出这个问题,他只是说"可与权者,其唯圣人乎!"[2]可见,"权"并非人人可以把握好的。

王夫之不仅重视《春秋》大义,还主张接续王道。他认为《春秋》的编撰是孔子为接续王道而作:

> 王道衰而《春秋》作。《春秋》者,以续王道之绝也。天子不能有王者之德,而王者之道存,则天下犹足以王。穆昭以降,周德衰矣。德衰于一人,道未圮于天下,周病矣,王未病也,故周不再昌而无损于王。夏商之季,固犹是矣。古帝王之经纶以千余岁,文武周公之集成以百年,明明在上,赫赫在下,有以持之也。[3]

王道是春秋战国时期以儒家学者为代表的思想家据历史所构想的理想社会之运行状态。是儒家学派对上古三代帝王政治的概括,它是一个内涵极为丰富的概念,包含礼乐教化、天下一统、君臣纲常等多方面的内容。[4] 王夫之说王道是"古帝王之经纶以千余岁,文武周公之集成以百年",[5]具体内容包括三纪:"夫百王之道,中国之统,有三纪焉:人纪者,井田、封建之所准也;天纪者,凤、麟、河图之所诏也;地纪者,中国夷狄之所限也。"[6]三纪也可称为三维:"中国之大维,有天维,有地维,有人维。是三维者,持五帝三王文治之天下

---

[1] 王夫之:《春秋家说》卷上《僖公》二四,《船山全书》第5册,第181～182页。
[2] 王夫之:《春秋家说》卷中《宣公》七,《船山全书》第5册,第225～226页。
[3] 王夫之:《春秋世论》卷一《隐公》一,《船山全书》第5册,第387～389页。
[4] 周远斌:《儒家伦理与〈春秋〉叙事》,济南:齐鲁书社,2008年,第73页。
[5] 王夫之:《春秋世论》卷一《隐公》一,《船山全书》第5册,第387～389页。
[6] 王夫之:《春秋家说》卷下《哀公》一六,《船山全书》第5册,第376页。

以不久于乱者也。"[1]三维之间相互支撑:"天之所维,地维戒之;地之所维,人维纪之;人不能纪,则仰维于天,天资维于地。天地维之,而以绝淫乱大维者之命。"[2]但这三纪(维)分别在不同时期消亡:鲁哀公十四年(前481)"西狩获麟",为"天纪之衰";四百年后,封建灭,井田裂,是"人纪乱";六朝时期,五胡乱华,胡氏羌狄鲜卑等族入主中原,称王于天下,"地纪裂矣"。[3]孔子作《春秋》,本是为"续王道之绝",但事实上,三年后即位的周桓王任私贪贿,"用匪德以解先王之纽,道之圮也",其祸不可救,那么孔子所续之王道体现在哪里呢?王夫之说:"盗贼夷狄迭主中国,而人犹知其非,以往来绝续,系人纪于不亡也,是则圣人之所续也。"[4]可见人纪虽乱而未亡,这就是《春秋》的王道。

王夫之所生活的时代,满族入主中原、汉人遭到疯狂屠杀和压迫,这正属于"地纪裂"的时期。他说:"圣人道穷之叹,非独谓一圣人之道也。先之前古之法,后之万年之人,而无有不穷也。道不穷,圣人不置,故前乎获麟,而圣人犹忧天下,犹欲有为焉。故《春秋》修,王道立,尽人以俟天。君子之学乎《春秋》,学是焉耳矣。"[5]孔子修《春秋》是为了重立王道,尽人力,听天命,他认为君子学《春秋》,学的正是这一点。事实上,王夫之有重建"道"的想法。他说:"道有并建而各善者,必推之此而后以加诸彼,道有特建而统善者,则全于此而已备于彼矣。""道"可并建,即从不同的角度去予以建设,推此及彼;"道"还可特建,"全于此而备于彼"。他提出的方法似是"特建",即以忠孝作为重建"道"的方法,"道莫大于孝矣,建以性,无与为偶焉;统以心,无有不括焉;故欲求与之并建者而不得。无已,其忠乎!"他认为"未闻其躬为贼而以事亲者也",孝子不可能成为乱贼,因此"孝道之大能统忠,而无与相悖之理;悖焉者必其不孝者矣"。他高度称赞孝道:"夫孝者,敦大仁,立大义,择于天下之至美","孝,道之大者也,非至德者其孰能凝之!"[6]但是,我们认为,以倡导忠孝作为重建"道"的方法既不新颖,在当时也不具有多少实际意义。

---

[1] 王夫之:《春秋世论》卷五《昭公》六,《船山全书》第5册,第504页。
[2] 王夫之:《春秋世论》卷五《昭公》六,《船山全书》第5册,第504页。
[3] 王夫之:《春秋家说》卷下《哀公》一六,《船山全书》第5册,第374~376页。
[4] 王夫之:《春秋世论》卷一《隐公》一,《船山全书》第5册,第387~389页。
[5] 王夫之:《春秋家说》卷下《哀公》一六,《船山全书》第5册,第374~376页。
[6] 王夫之:《续春秋左氏传博议》卷下《观从申亥》,《船山全书》第5册,第591~592页。

在"地纪裂"的时期,呼吁严分夷夏大防,是王夫之继承《春秋》"正大义、立王道"的突出体现。他说:"别夷于夏而王事兴,别人于禽而天道正。"[1]区分华夷的标志是礼,"辨夷夏人禽之维者礼也",[2]"夷狄之仁,视禽广大矣;夷狄之智,视禽通明矣,亦唯不义无礼,无以愈于禽也,斯以为狄道","狄虽假义,终必弃礼,弃礼以为功,是之谓狄"。"夷狄"虽在仁智方面比禽兽高级,但在礼义文明方面与之一般无二,总之"礼者,人之所独安,禽之所必昧,狄之所必不知,而欲去之"。当然,倘若"夷狄"能"知礼",学习华夏先进的文明礼仪,那么也可由"夷狄"变为华夏,这正是《春秋》宽恕荆、吴诸国"僭王之罪"的原因。由此,王夫之提出:"呜呼,礼亦重矣!礼之蔑也,祸成于狄,则欲救狄祸者,莫礼急也。功能驱狄。而道不足以弘礼,其驱之也必复。"[3]可见,清人入关这一"狄祸",唯有依靠礼义文明的弘扬才能挽救,这也是王夫之礼学研究的重要出发点。

第二节　王夫之的史学

王夫之的历史著作大多写于晚年,如《噩梦》写成于康熙二十一年(1682年),《识小录》成于康熙二十八年(1689年),《搔首问》约成于康熙二十七年(1688),《读通鉴论》始于康熙二十六年(1687),康熙三十年(1691)定稿,《宋论》也大约此时完成。[4]康熙三十二年(1693),王夫之就去世了。因此,以上著作是王夫之思想成熟阶段的产物,充分代表了其史学成就。其中尤以《读通鉴论》与《宋论》最为重要,对上自秦汉、下至两宋的重大历史事件和历史人物进行了多角度的探讨,总结了中国几千年治乱兴衰的历史经验和教训。因时间跨度大,论述的内容也十分丰富多样,难以全面展开讨论,笔者试图从王夫之对明亡原因的反思和对重大历史问题的分析两个方面入手,以管窥豹,揭示其史学的概貌。

---

[1] 王夫之:《春秋家说》卷下《昭公》二八,《船山全书》第5册,第333~334页。
[2] 王夫之:《春秋家说》卷下《昭公》二八,《船山全书》第5册,第333~334页。
[3] 王夫之:《春秋家说》卷上《庄公》七,《船山全书》第5册,第145~146页。
[4] 邓辉:《王船山道论研究》,湘潭:湘潭大学出版社,2010年,第38~48页。

一、明亡原因的反思

王夫之的历史研究,在很大程度上是有感于明朝灭亡这一切肤之痛而发,著作中多处涉及对亡国原因的反思和总结,尤以《读通鉴论》最为集中。他希望从对历代兴亡的考察和对比中吸取教训,这反映了他深厚的故国情怀。[1] 他认为明王朝的灭亡,和历史上很多朝代一样,并非一朝一夕之故:

> 河决鱼烂,其溃自内也。故何进无城南之祸,则袁、曹不能夺汉;八王无荡阴之变,则聪、勒不能剥晋;高、许无淮西之讧,则维扬不沦;黄、左无上流之争,则白门不陷;孙、李无武攸之激,则滇黔不亡。寇有幸而非幸,己有以亡而后或亡之。《诗》曰:"悠悠苍天,此何人哉!"悲宜臼、伯服之内裂,而犬戎巧收其际也。[2]

虽然,明朝覆灭有"犬戎巧收其际"——清军借明末农民起义的时机得渔翁之利,但更根本的原因还是明朝廷内部"河决鱼烂"。王夫之在此所说仅是南明朝廷内部的斗争,如孙可望、李定国本联合抗清,后因内讧导致孙可望降清,引清兵入滇、黔,南明永历政权迅速败亡。但用"河决鱼烂,其溃自内"来概括整个明王朝自身的问题,也是颇为贴切的,因为"苟暴淫虐,日削月靡,孤人子,寡人妻,积以岁月而淫逞不收,若此者,其灭其亡皆旦夕之间,河决鱼烂而不劳余力"。[3] 王夫之对明亡原因的反思,涉及政治、经济、军事等不同角度,笔者不准备全方位展开,而选取代表性的内容予以阐述。

1."有君无臣"

君臣作为政权的管理者,对于国家的治乱兴亡有十分重要的影响,王夫之说:"国家积败亡之道以底于乱,狡焉怀不轨之志,思猎得之者众矣,而尚有所忌也。天子不成乎其为君,大臣不成乎其为相,授天下以必不可支之形,而后

---

[1] 白寿彝主编:《中国史学史》第五卷《明清时期1840年前:中国古代史学的嬗变》,上海:上海人民出版社,2006年,第211~212页。
[2] 王夫之:《春秋世论》卷一《桓公》一,《船山全书》第5册,第394~395页。
[3] 王夫之:《读通鉴论》卷八《后汉灵帝》一六,《船山全书》第10册,第335页。

不轨者公然轧夺而无所忌。"[1]当君臣都失去了本有的职分,那么天下的安定就难以维持,不轨分子也会随之兴起,危及统治秩序。"惜天下之不治者,曰有君无臣。……大权移于女谒、宦坚、金人,则主虽明、臣虽直,相摧相激以贻宗社生民之祸,不可谓无君,抑不可谓无臣,而终不可谓有臣也。此今古败亡之所以不救也。"[2]

明代可谓中国历史上"有君无臣"的典范。朱元璋以胡惟庸案为契机,罢中书省,废丞相,由六部分理朝政,各部尚书直接对皇帝负责,六部分任而无总揽之权,政务由皇帝亲自裁决。朱元璋集皇权、相权于一身,国务、政务于一手,中央、地方事务于一体,君权扩张到了极点。由于皇帝一人无法胜任繁重的政务,不得不设立内阁,内阁票拟之权又掌于秉笔太监之手。明代中叶以后,皇帝往往深居内宫,很少临朝问政,宦官作为心腹被委以重任,因而几度出现宦官擅权的局面。王夫之认为君主怀疑大臣而不得不亲近内侍,最终导致宦官专政是一个必然的过程:"创业之主而委任大臣,非仅为己计也。英敏有余,揽大政于一心,再济之以勤,可独任矣。大臣或有一二端之欺己,而遂厚致其疑;然其疑君子也,必不信小人;君子且疑,而小人愈惧;此岂可以望深宫颐养中材以下之子孙乎?公辅无权,中主不胜其劳,而代言之臣重;代言之臣秩卑,不得与坐论而亲宸坐,则秉笔之宦寺持权;祸乱之兴,莫挽其流矣。"[3]一旦宦官专权,那么大乱也就不远了,王夫之抨击这一做法导致"纲纪尽亡":

> 因权臣之蠹国而废宰相,弃尔辅矣。宰相废而分任于六官,以仿周制,是或一道也。乃周六官之长无所不统,而今太仆不统于兵部,太常、鸿胪不统于礼部,光禄、上林不统于吏部,通政、大理不统于刑部,国子监不统于户部,官联不审,事权散乱,统之者唯秉笔内臣而已。至于内臣之必统于吏部,尤为国之大纲,而都督位兵部之上,莫能仰诘。二者乃治乱安危之枢机,《周官》之扼要。于此一失,纲纪尽亡。[4]

---

[1] 王夫之:《读通鉴论》卷九《后汉献帝》一〇,《船山全书》第10册,第349页。
[2] 王夫之:《读通鉴论》卷八《后汉顺帝》一,《船山全书》第10册,第300~301页。
[3] 王夫之:《读通鉴论》卷七《后汉和帝》三,《船山全书》第10册,第273~274页。
[4] 王夫之:《噩梦》,《船山全书》第12册,第567页。

废除丞相对于皇帝来说其实是自断其左膀右臂,但若仿照周制,由六部分任宰相的职掌,也并非不行,但明代皇帝未能处理好上下各级统属的关系,"官联不审,事权散乱",导致秉笔太监大权独揽。尤其是内阁独立于吏部,都督凌驾于兵部之上,作为影响治乱安危的两大枢机,出现如此大的纰漏,后来酿造一系列恶果也就不足为奇了。崇祯即位后,虽然大力剪除魏忠贤阉党势力,但急于求治,无知人之明,短短十七年中,宰相频繁更换,达五十人,刑部尚书达十七人。崇祯皇帝视宰臣如草芥,却感慨"君非亡国之君,臣皆亡国之臣",[1]将家国沦亡之罪归于辅佐之大臣,后人认为这是"有君无臣"[2]的体现。王夫之对此大概不会有异议,他说:"自秦汉置相以来,唯唐高宗相二十余人,昭宗相过之,而唐一亡于武氏,再亡于朱温,皆不旋踵而宗社以燀。"而崇祯年间入内阁者,仅记住名字者达三十七人,此外尚有遗漏,"呜呼,此其所以一仆而不可复起与!"[3]

明代"有君无臣"还突出体现于君臣关系的恶化。前文义理学曾有简略介绍王夫之认为理想的君臣模式是"恩礼相接"[4],但没有展开,这里予以补充说明。王夫之说:"天子之不骄倨以临臣下者,唯当宁立而不坐,天揖同姓,时揖异姓,土揖庶姓,而不听其趋跄,此三代之以礼待臣,而异于暴秦之已亢者也。"[5]自秦始皇吞并六国,自号皇帝开始,君主就拥有了至高无上的地位和权威,这一君尊臣卑的局面在后世不断加强,王夫之说:"郡县之天下,夷五等,而天子孤高于上,举群臣而等夷之,贾生所以有戮辱太迫、大臣无耻之叹焉。呜呼!秦政变法,而天下之士廉耻泯丧者五六矣。汉仅存之;唐、宋仅延之;女真、蒙古主中国而尽丧之。洪武兴,思以复之,而终不可复。"[6]恩礼相接的君臣关系不仅未能恢复,反而进一步恶化,"鞭笞之,桎梏之,奴虏斥诟之;于是而有'耇厮可恶'之恶声施于诏令,廷杖锁拿之酷政行于殿廷;三纲裂,人道毁,相反相激,害亦孔烈哉!"[7]廷杖并不始于明代,多是皇帝偶尔动怒,即兴所为,

---

[1] 孟森:《明史讲义》,中华书局,2006年,第354页。
[2] 孟森:《明史讲义》,第315页。
[3] 王夫之:《搔首问》,《船山全书》第12册,第640页。
[4] 王夫之:《礼记章句》卷二《曲礼下》,《船山全书》第4册,第117页。
[5] 王夫之:《读通鉴论》卷十三《东晋成帝》九,《船山全书》第10册,第482页。
[6] 王夫之:《读通鉴论》卷三《文帝》一三,《船山全书》第10册,第106~107页。
[7] 王夫之:《读通鉴论》卷十三《东晋成帝》九,《船山全书》第10册,第482页。

但到了明代竟形成制度,成为常用的惩罚朝臣的手段。官员上奏,一旦言辞有所触犯,就可能被拖出午门外受杖刑。成化以前还不需脱衣受刑,武宗正德以后,受刑者在众目睽睽之下剥衣打屁股,不仅斯文扫地,当场杖毙之事也时有发生。

王夫之对此十分愤慨,多有讨伐。他说:"臣之于君,可贵、可贱、可生、可杀,而不可辱。"君主虽然握有刑赏之权,但也不可滥用,侮辱大臣,"则君自处于非礼,君不可以为君;臣不知愧而顺承之,臣不可以为臣也"。贾谊曾向汉文帝提出羞辱大臣无异于羞辱君主自己:"廉丑礼节,以治君子,故有赐死而无戮辱,是以系、缚、榜、笞、髡、刖、黥、劓之罪,不及士大夫,以其离主上不远也。"[1]王夫之责问:"当时之大臣,抑有闻而愧焉者乎?微直当时,后世之诏狱廷杖而尚被章服以立人之朝者,抑有愧焉者乎?"大臣面对此种羞辱,倘若有人敢于拒绝,那么或许还不会愈演愈烈:

> 士之可杀不可辱者在己也,非挟持以觊上之宽我于法也。居之以淡泊,行之以宁静,绝贿赂之门,饬子弟之汏,谢游客之邪,息党同之争,卓然于朝右,而奚笞辱之足忧?诚有过也,则引身以待罪;言不庸也,则辞禄以归耕。万一遇昏暴之主,触妇寺权奸之忌,而辱在不免,则如高忠宪之池水明心,全肢体以见先人于地下。又其不幸,固义命之适然,虽辱而荣者。[2]

士大夫完全可以用辞官、自裁等方式抗拒羞辱,如高攀龙说:"辱大臣,是辱国也。"愤而投水自尽。但是像他这样拒绝羞辱的,却几乎绝无仅有。如此一来,就直接导致士大夫廉耻之心的丧失。贾谊早就有先见之明:"今与众庶、徒隶同黥、劓、髡、刖、笞、伤、弃市之法,然则堂下不亡陛乎?被戮辱者不太迫乎?廉耻不行也,大臣无乃握重权,大官而有徒隶无耻之心乎?"[3]唐玄宗曾与宰相商议定广州刺史裴伷先之罪,张嘉贞提出杖罚,张说反对道:"'刑不上大夫,为其近于君也,且所以养廉耻也。'"王夫之赞同其说,称作"存国体、劝臣

---

[1] 贾谊著,王洲明、徐超校注:《新书·阶级》,《贾谊集校注》,北京:人民文学出版社,1996年,第76页。
[2] 王夫之:《读通鉴论》卷二十二《唐玄宗》一二,《船山全书》第10册,第842页。
[3] 贾谊著,王洲明、徐超校注:《新书·阶级》,《贾谊集校注》,第77页。

节之吁謨矣"。[1] 可惜的是，明代不仅君主不明白这一点，大臣自己也糊涂："北寺之狱，廷杖之辱，死诤之臣弗避焉，忠也。免于狱，不死于杖，沾沾然自以为荣，而他日复端笏垂绅于堂陛，是亦不可以已乎？如邹尔瞻之复为九卿也，于亏体辱亲之罪奚避焉？人主曰：是尝与囚隶同挞系而不以为耻者也，是恶足改容而礼乎！上弗奖之，下安受之；下既安之，上愈贱之。……君臣道丧，斯则贾生所宜痛哭者也。"[2] 王夫之指出这种恶劣的君臣关系只会造成如下消极影响："诚如是其笞辱而不怍矣，奚望其上忧君国之休戚，下畏小民之怨讟乎！身为士大夫，俄加诸膝，俄坠诸渊，习于呵斥，历于桎梏，褫衣以受隶校之凌践，既使之隐忍而幸于得生。则清议之议，非在后世而非即唾其面，诅咒之作，在穷檐而不敢至乎其前，又奚不可之有哉？"[3] 本是君主治国安邦助手的大臣们丝毫得不到应有的尊重，又如何能指望他们"上忧君国之休戚，下畏小民之怨讟"呢？不仅如此，王夫之还强调士大夫丧失廉耻心对国家来说非常不利："人之能为大不韪者，非其能无所惧也，唯其能无所耻也。故血气之勇不可任，而犹可器使；唯无所耻者，国家用之而必亡。""人苟自尽丧其耻，则弑父与君而罪不及，亦险矣哉！有国者不辨之于早，徒忌骜悍之强臣，而容厚颜之鄙夫，国未有不丧者也。故管子曰：廉耻，国之维也。"[4] 人一旦丧失廉耻之心，杀父弑君、卖国求荣都有可能做得出来，"与人比肩事主，而歆于佐命之荣赏，手取人之社稷以奉奸贼而北面之"。[5] 王夫之与顾炎武一样，都大声疾呼廉耻对于一个国家的重要性，但二人的侧重点有所不同。士大夫廉耻心丧失的原因，王夫之是从"有君无臣"的角度出发，顾炎武是从王阳明心学和商品经济发展的角度考虑，二者的看法可以相补。

2."财聚则民散"

明朝后期，随着政治腐败、边疆危机的加剧，国家的经济发生了前所未有的危机。宗室消费膨胀，崇祯末年宗禄占二税收入的两倍之多，达到财政难以承受的地步，经常出现宗禄支出无法兑现的现象。庞大的军费开支，是造成明

---

[1] 王夫之：《读通鉴论》卷二十二《唐玄宗》一二，《船山全书》第10册，第843～844页。
[2] 王夫之：《读通鉴论》卷三《汉文帝》一三，《船山全书》第10册，第106～107页。
[3] 王夫之：《读通鉴论》卷三《汉文帝》一三，《船山全书》第10册，第106页。
[4] 王夫之：《读通鉴论》卷五《汉哀帝》一，《船山全书》第10册，第192～193页。
[5] 王夫之：《读通鉴论》卷十四《东晋安帝》一〇，《船山全书》第10册，第530页。

代末期国家财政危机的另一个重要原因。万历末年至崇祯年间对后金的用兵,战争费用不可胜数。国家财政入不敷出,皇帝的内帑又不肯往外拿,为了应付日益增多的军费开支和宫廷宗室糜费,明朝政府只好一再加派赋税,如新饷、助饷、剿饷、练饷,还实行带征和预征,另外还有关税、盐课、杂项等等。特别杂项导致地方财政被中央政府搜刮,地方政府的开支,就不得不依赖于地方的私派了。地主兼并土地的现象也异常严重,却把赋税徭役转嫁到农民身上,农民纷纷破产。频仍的灾害和饥荒更把广大人民逼到绝境,全国各地民不聊生,下层民众已经到了忍无可忍的地步。陕西农民起义爆发,很快便席卷全国各地,明王朝终于坍塌。[1]

王夫之对于导致明朝亡国的经济原因有比较清晰的认识。他认为明代赋役制度本身存在问题,"立国之始,法不得不详。有国之道,用不得不丰。不详则苛横者议其后,而变易增加之无已。不丰则事起而猝无以应,必横取之民,以成乎陋习","立法之始,无取太宽。常留有余之德意于法外以使有可宽,故大貉小貉之弊,必至于大桀小桀。唯通国计之常变,而处于有余之地,乃宽之于课程,则民不狎为易供而其后受束湿之苦,斯以乐生有道矣"。立国之初所定的制度既不周详,也太过宽泛,为后来的随意加派留下了空间。

另一方面,考核地方官吏政绩的方式也不利于减轻百姓负担:"今百姓之困敝,殆无孑遗,皆自守令之考成为始祸之本。"嘉靖、隆庆年间,凡岁课超八成以上者,属于贪酷之吏,会遭罢免。因此,虽然朝廷没有明确制定惩处地方官吏苛征暴敛的法令,但"下自体德意以行之,故民力裕而民心固",虽然有土木之变,邓茂七、黄萧养等农民起义,也未能动摇统治基础。张居正改革规定征收赋税以满九成才为及格,王夫之认为这是相当于鼓励地方官吏肆意摊派,自此之后,"一决其藩而不可复收矣":"遂使牧民者唯鞭笞赤子为务,而究之逋负山积,激成大变","苟其横取,则无可复制而益趋奢滥,于是而民日困,国日贫,诬上行私,莫之纪极矣"。

官绅豪强巧取豪夺,大肆兼并土地,往往导致农民因失去土地而无法谋生,成为乞食而活的流民,国家财政收入与载籍户口也明显减少,因此,这一现象常常被批为弊政所造成。王夫之则提出不同看法,他说:"言三代以下之弊

---

[1] 傅衣凌主编、杨国桢等著:《明史新编》,北京:人民出版社,1993年,第410～422页。

政,类曰强豪兼并,赁民以耕而役之,国取十一而强豪取十五,为农民之苦。乃不知赋敛无恒,墨吏猾胥,奸侵无已,夫家之征,并入田亩,村野愚懦之民,以有田为祸,以得有强豪兼并者为苟免逃亡、起死回生之计。唯强豪者乃能与墨吏猾胥相浮沉,以应无诣之征。"[1]他认为农民之苦,其实是来自朝廷贪官污吏的侵夺与压迫,倘若土地被豪强兼并,反而能苟免逃亡、起死回生。实际上,在官府和地主的层层剥削之下,明代农民破产后,多卖身为奴,或投靠于地主势家成为佃仆,[2]即使无奈,仍有活命的机会。农民被豪强兼并土地反而胜过拥有土地却遭官府残酷压榨,由此反衬出明代赋役的严重弊端。当然,王夫之并不是支持地主兼并土地,他说:"向令赋有成法而不任其轻重,孤儿独老可循式以输官,则不待夺有余授不足,而人以有田为利,强豪其能横夺之乎!"所以,豪强之所以有机会夺取农民的土地,朝廷才是始作俑者,最终自作孽,不可活:"赋役名数不简,公费驿递不复,夫家无征,一切责之田亩,田不尽归之强豪不止,而天下之乱且不知所极矣。"[3]

王夫之还分析了农民遭受地方官吏残酷盘剥的原因——朝廷卖官鬻爵。"成化间之乱政,从古所未有闻……天子自鬻国子生,则下之鬻乡会试,鬻弟子员,孰从禁之!未几而程敏政、唐寅之事起,自有虞氏设庠以来,极乎金、元之贱士,未有灭裂人廉耻以败国之纲维如此者。"[4]明代自成化年间开始施行纳米充吏,生员纳米百石以上,入国子监;军民纳二百五十石,为正九品散官,加五十石,增二级,至正七品止,朝廷试图以此缓解灾粮不足的困境,这直接导致各部门的吏员数量大大增加。后来还有纳银授官者,卖官鬻爵像腐蚀剂一样,加速着整个吏员阶层的贪渎。[5]王夫之对此有相当的体察,他说:"乱政不一,至于卖官而未有不亡者也,国纪尽,民之生理亦尽也。"[6]卖官之令推行后,富有者探囊可得,狡诈者借贷纳米,大大降低了吏员这个阶层的整体素质。此外,捐官者因未走正常的仕途,也往往受人轻视,朝廷还克扣减少俸禄,这势必

---

[1] 王夫之:《噩梦》,《船山全书》第12册,第553、557、558、554页。
[2] 傅衣凌主编、杨国桢等著:《明史新编》,第417页。
[3] 王夫之:《噩梦》,《船山全书》第12册,555页。
[4] 王夫之:《噩梦》,《船山全书》第12册,第581~582页。
[5] 鞠明库:《灾害与明代政治》,北京:中国社会科学出版社,2011年,第249页。
[6] 王夫之:《读通鉴论》卷七《后汉安帝》七,《船山全书》第10册,第289页。

激起他们疯狂敛财的心思:"鬻官爵以贱之,减俸以贫之,吏既贱而终不肯贫,廉耻堕,贫窭相迫,避加赋之名,蹈朘削之实,愚者之虐,虐于暴君,曾不自知其殃民,民亦不知也。怨不知所自起而益亟矣。"[1]"失之于天子,而得之于民,贾道行而希三倍之利,上弗能禁焉。且贪人之取偿于倍利者,禁之杀之而终不厌。纵千百贾于郡邑,以取偿于贫弱,民之生理不尽者,亡有也。国无纪,民无生,黠者逾垣而冀非望,弱者泣隅而幸灾祸,故曰国未有不亡者也。"[2]王夫之认为这比国库空虚、供养军队给百姓造成的危害更大,"国帑屡空,军兴不足,不获已而加赋于民,病民矣,而犹未甚也;以官鬻钱谷而减其俸,民病乃笃。"[3]总之,王夫之认为"财上不在国,下不在民,为有国者之大蠹"。《礼记·大学》曰:"财聚则民散,财散则民聚。"王夫之说"财散""非但百姓之各有之也,抑使郡邑之各有之也。……散则以天下之财供天下之用,聚则废万事之用而任天下之危"。不仅要藏富于民,地方各级部门也要府库充实,否则财富仅仅集中于朝廷之手,是使有用变为无用,造成天怒人怨,一旦京城失守,以前所聚集的天下财物只会落入盗贼之手,因此他提出"积富于军府州县者,诚官天府地四海为家之至术也"。[4] 王夫之由亡国教训所总结出的主张"财散"、反对"财聚"的思想,无疑是深刻而正确的,应该予以继承和发扬。

3. 军卫制"大坏"

明代军事制度施行卫所制,自京城到地方郡县,都设立卫所。这是一种寓兵于农、守屯结合的建军制度。卫所的官兵都要以屯田耕种来解决军粮的供应。边地七分防守,三分屯种;内地三分防守,七分屯种。临边的险要之地守多于屯,地理偏僻、运输不便处则屯多于守。明初的军屯成效显著,因此《明史》卷七十七《食货一》称:"太祖初,立民兵万户府,寓兵于农,其法最善。"但后来屯田多为内监、军官侵占,军屯制度受到了严重的破坏。王夫之分析这是必然的趋势:"军卫之制,行之百余年而大坏。成、弘间军尚可用,卫弁亦尚自力于武事,正、嘉而后,不可复理,势所必然也。"因为军队驻扎,应以边防为主,如唐代开元时期由于士兵大量逃亡,府兵制名存实亡,不得不施行募兵制,但由

---

[1] 王夫之:《读通鉴论》卷七《后汉安帝》七,《船山全书》第10册,第289~290页。
[2] 王夫之:《读通鉴论》卷八《后汉桓帝》七,《船山全书》第10册,第314页。
[3] 王夫之:《读通鉴论》卷七《后汉安帝》七《船山全书》第10册,第289页。
[4] 王夫之:《读通鉴论》卷二十七《唐懿宗》三,《船山全书》第10册,第1029~1031页。

于重视边防,虽然安史之乱爆发,仍得益于朔方节度使郭子仪平定叛乱。但自宋朝开始,定都开封,无险可依,于是重兵防守,"散武备于腹里",明代设立卫所,因迁就功臣将军队屯驻在腹里之地,王夫之认为这是极大的失策:"夫唯军卫聚屯于边,其身家托焉,而又沐浴于刚劲之气,则莫之劝惩而自练习于武勇。若散屯于腹里,使其黠者游文墨歌舞之中,其陋者龌龊于鸡豚园池之利,心厌甲胄,而神气俱为之疲苶,欲其不化而为惊麕缩猬,不可得已。"军队不驻于边防要塞而屯于内地,一旦外敌入侵,只会鞭长莫及。另外,军队贵有刚劲勇武之气,倘若散居内地,沉湎于文墨歌舞,追求豢养之利,也只会瓦解士气。而且"兵聚则勇,散则怯",东汉自平乱以后,屯兵之地都设于勇武之乡,这样可以起到"天下皆有兵,而天下无兵矣"的效果。至于内地所应提防者不过盗贼,各地捕快就可以解决;即使盗贼人多势众,需要调拨边关军队也不困难,根本不需每郡都设立卫所,所以,在内地设立卫所是对军政的极大破坏。

关于以屯田解决军粮供应的措施,王夫之两害相权取其轻,支持在边关屯田,反对在内地与民争夺田地,"使屯于腹里而耕民所可垦之田,何若屯于边而垦民所不耕之土乎!"他对不同区域做如下区分:"南循海澨,接南宁、太平,绕黔、滇、建昌、黎、岷,遵九边尽于登、莱,皆用武之区。中间要害如徐州、虔南、偏沅、郧、夔、潼关,亦可扼险而收土著丁健之用。沿海则水师训习之地也。环绕以固中区,为诗礼耕桑之域。运天下于掌,而处九州岛如一室,莫便于此,勿为袭赵宋褊忌之计,以自翦羽翼而成禽也。"[1]但显然明王朝的统治者未能意识到这个问题,而盲目地仿效三代时期的兵农合一制度。

明代军制的弊病不仅有卫所的兵农合一,还体现于将相合一,即阁臣督师。王夫之说:"三代之制,不可行于后世者有二:农不可兵,兵不可农;相不可将,将不可相也。"古代诸侯国确实存在过将相合一的事情,那是因为列国无议礼、制度、考文之事,无百揆、四门、大麓之典;"其执政者,不必有燮阴阳、兴教化、叙刑赏之任。而其为帅也,亦邻国之不辑,相遇于中原,以一矢相加遗,而犹有礼焉;非如后世之有天下者,与夷狄盗贼争社稷之存亡也。"所以,那时所谓的将相,不过相当于后世"一郡之倅判而已";辖地更小者,则相当于后世"一县之簿尉而已"。至于诸侯,"则吉甫、山甫、方叔、南仲各任其任而不相摄",各

---

[1] 王夫之:《噩梦》,《船山全书》第12册,第558~559页。

有不同的分工,根本不可能兼任。所以,将相合一在三代都难以全面施行,何况"后世统万方之治乱,司边徼之安危者乎"![1]那是完全难以想象的。王夫之说:"以古今之通势而言之,则三代以后,文与武固不可合矣",[2]将相不可合一,但是"相可使之御将,而不可使为将;将可与相并衡,而不可与六卿并设"。从这个角度来讲,他认为宋代枢密院掌管军政但又听命于宰相,是比较可行的:"以枢密总天下之戎务,而兵有专治;以宰相司枢密之得失,而不委以专征。斟酌以仿三代之遗意,而因时为节宣,斯得之与!"但是明代竟然以阁臣督师,王夫之说这是"天下速毙"的原因。[3]

与军事密切相关的还有定都问题。都城对于一个王朝的重要性,不言而喻,王夫之认为永乐帝迁都北京,属于孤注一掷的做法:"以都燕为天子自守边,尤其悖者。独不闻孤注之说乎?西周扼西陲而北狄日逼,东迁以后,委之秦而有余。弥与之近,则觊觎之心弥剧,艳而忮也。艳忮动于寇心,而孤注之势又成,不亦危乎!"[4]因为当时面临蒙古骑兵的威胁,北京离蒙古比较近,定都北京虽说便于防范蒙古,但也将整个国家暴露于危险之境。实际上,历朝历代,凡是国都所在之地,都是敌人关注的焦点:

> 西汉都关中,而匈奴迫甘泉;东汉都雒阳,而上谷、云中被其患;唐复都长安,而突厥、回纥、吐蕃乘西墉以入;宋都汴,契丹攻澶、魏,卒使女直举河北以入汴,元昊虽屡胜而请和。天子之所在,郑重以守之,彼即睨是为中国全力之所注,因殚其全力以一逞,幸而胜,则天下若栋折而榱自崩。且京师者,金帛子女之所辏也,其朵颐而甘心者,非旦夕矣。[5]

以汉、唐、宋定都的经验来看,王夫之提出"天子所恃以威四夷者,太上以道,其次以略,未闻恃一身两臂之力也。徒然率六军而望哺于万里,以导河而

---

[1] 王夫之:《读通鉴论》卷三《文帝》四,《船山全书》第10册,第97~98页。
[2] 王夫之:《读通鉴论》卷五《汉成帝》八,《船山全书》第10册,第190~191页。
[3] 王夫之:《读通鉴论》卷三《文帝》四,《船山全书》第10册,第98页。
[4] 王夫之:《思问录外篇》,《船山全书》第12册,第444页。
[5] 王夫之:《读通鉴论》卷三《汉武帝》六,《船山全书》第10册,第130~131页。

为兖、徐忧,自非金源、蒙古之习处苦寒,何为恋此哉?"[1]所以,他认为明朝定都北京也是极不明智的做法。

明亡的原因当然不限于以上三个方面,王夫之的探讨也没有局限于此,他曾批评汉代徐乐的土崩瓦解之说"非古今成败之通轨",[2]由此可见一斑。徐乐的《论"土崩瓦解"疏》提出"天下之患,在于土崩,不在瓦解"。"土崩"指秦之末世,陈胜凭借"民困而主不恤,下怨而上不知,俗已乱而政不修"而起义,推翻秦王朝。"瓦解"指吴、楚、齐、赵等"七国谋为大逆,号皆称万乘之君,带甲数十万,威足以严其境内,财足以劝其士民,然不能西攘尺寸之地,而身为禽于中原者",是因为"当是之时先帝之德未衰,而安土乐俗之民众,故诸侯无竟外之助。此之谓瓦解"。[3]王夫之提出不同看法:

> 土崩瓦解,其亡也均,而势以异。瓦解者,无所施其补葺,而坐视其尽。土崩者,或欲支之而不能也。秦非土崩也,一夫呼而天下蜂起,不数年而社稷夷、宗枝斩,亡不以渐,盖瓦解也。栋本不固,榱本不安,东西南北分裂以坠,俄顷分溃而更无余瓦,天下视其亡而无有为之救者;盖当其瓦合之时,已无有相浃而相维之势矣。隋、元亦犹是也。
>
> 周之日削,而三川之地始入于秦;汉之屡危,而后受篡于魏;唐之京师三陷,天子四出,而后见夺于梁;宋之一汴、二杭、三闽、四广,而后终沉于海。此则土崩也。或支庶犹起于遐方,或孤臣犹守其邱垄,城陷而野有可避之宁宇,社移而下有逃禄之遗忠;盖所以立固结之基者虽极深厚,而啮蚀亦历日月而深,无可如何也。土崩者,必数百年而继以瓦解,瓦解已尽而天下始宁。[4]

"土崩"是"欲支之而不能","瓦解"则"无所施其补葺,而坐视其尽",这是二者的区别;二者的联系是"土崩者,必数百年而继以瓦解",说明"土崩"是一个渐进的过程,"瓦解"则是"土崩"的最后结果。明代亡国自然也经历了由"土

---

[1] 王夫之:《思问录外篇》,《船山全书》第12册,第444页。
[2] 王夫之:《读通鉴论》卷三《汉武帝》八,《船山全书》第10册,第132~133页。
[3] 班固:《汉书》卷六十四上《徐乐传》,第2804~2805页。
[4] 王夫之:《读通鉴论》卷三《汉武帝》八,《船山全书》第10册,第132~133页。

崩"到"瓦解"的不同阶段,所以导致亡国的因素也是复杂的、多方面的。

二、重大历史问题分析

反思明亡原因固然是王夫之史学研究的重要内容,但他的研究并没有拘泥于这一个朝代,而是以《资治通鉴》和《宋史》为纲,对元以前的中国历史进行了系统梳理。对治乱兴亡之故的总结是中国历代史家最为重视的问题之一,也是王夫之史论中反复阐述的核心。他在《资治通鉴》"鉴前世之兴衰,考当今之得失,嘉善矜恶,取是舍非"的基础上,进一步提出"得可资,失亦可资也;同可资,异亦可资也","故论鉴者,于其得也,而必推其所以得;于其失也,而必推其所以失。其得也,必思易其迹而何以亦得;其失也,必思就其偏而何以救失"。[1] 王夫之以其独到的历史观和史学方法,对历代治乱兴亡的考察,无论是论述范围、观察角度,还是内容深度等方面都超出了《资治通鉴》。[2] 本节选取封建与郡县、华夷关系、治道与治法等作为讨论的重点。

1. 封建与郡县

"封建"原意本指殷周分封制度,又延及后世各种封爵建藩举措,还指与分封制相关的朝政、官制、人身关系、土地制度、外交关系、民族关系等。[3] 郡县制发端于春秋,成型于战国,后由秦始皇推广至全国,这意味着特定的中国"封建时代"体制基本终结。但废除"封建"的秦王朝二世而亡,由此导致后世不断出现追怀"封建"的论调,但分封也曾导致西汉七国之乱、西晋八王之乱、明代靖难之役等反面案例,因此关于"封建"与郡县二者之间的优劣利弊,以及是否推行分封,一直是朝野上下争论不休的问题。每当王朝更替或天下动乱之际,这种争论就会从理论之争转化为政策之争。"封建"问题涉及国家制度、皇位继承、君臣关系和宗法伦理。帝王必须兼顾国与家,处理好中央与地方、集权与放权、君与臣之间的关系,因此"封建"问题也一直是困扰最高统治者的难

---

[1] 王夫之:《读通鉴论》卷末《绪论四·释资治通鉴》,《船山全书》第10册,第1184页。
[2] 白寿彝主编:《中国史学史》第五卷《明清时期:1840年前:中国古代史学的嬗变》,第205页。
[3] 冯天瑜:《"封建"考论》(修订版),北京:中国社会科学出版社,2010年,第8页。

题。[1] 明清之际,"封建"与郡县问题再次成为学者们瞩目的论题,其中尤以顾炎武的九篇《郡县论》与核心观点"寓封建之意于郡县"最广为人知,并对后世产生较大影响。与之相比,王夫之没有专篇讨论,但他的《读通鉴论》第一篇就是《变封建为郡县》,足见对此问题的重视。另外他还多次将"封建"与郡县展开比较,视角、观点与顾炎武不尽相同,足以弥补顾氏之不足。

事实上,当此明亡清兴之际,惨痛的现实让学者们纷纷反思明朝迅速土崩瓦解的原因,有的主张发掘"封建"之积极意蕴以"补天",如顾炎武与黄宗羲;有的倡导"复古"封建以"回天",如颜元与陆求可。[2] 他们对"封建"的认可不能不说是世变的刺激。当此"封建"论再次抬头之时,王夫之认为由"封建"变为郡县是历史发展的必然,不可能倒退恢复。他说:

> 两端争胜,而徒为无益之论者,辨封建者是也。郡县之制,垂二千年而弗能改矣,合古今上下皆安之,势之所趋,岂非理而能然哉?[3]

他认为"郡县"是"势"之所趋,不可逆转,这大概受到了柳宗元的影响。唐代中叶藩镇割据,"封国建侯"之论甚嚣尘上,柳宗元力辟其说,虽然肯定"封建非圣人意,势也",但也指出秦二世而亡是因为"亟役万人,暴其威行,竭其货贿",并非废"封建"设郡县导致的后果;汉代"有叛国而无叛郡",唐代"有叛将而无叛州",所以"州县之设,固不可革也"。[4] 王夫之则指出"封建"的变革是大势所趋,但有一个逐渐深入人心的过程:"习久而变者,必以其渐",[5]"天假之,人习之,浸衰浸微以尽泯",[6] 因此历史上的分封现象才会一再反复出现,比如汉高祖大封同姓,可谓成周之余波,虽然文帝时贾谊上《治安策》建议不断分裂藩国,使其势力削减,但没有被采纳。王夫之认为此时并非削减藩国势力

---

[1] 刘泽华、张分田主编:《政治学说简明读本·中国古代部分》,天津:南开大学出版社,2001年,第202页。
[2] 田勤耘:《明清"封建论"研究》,北京:中国社会科学出版社,2013年,第152~184页。
[3] 王夫之:《读通鉴论》卷一《秦始皇》一,《船山全书》第10册,第67~68页。
[4] 柳宗元:《柳河东集》卷三《封建论》,上海人民出版社,1974年,第44~46页。
[5] 王夫之:《读通鉴论》卷三《文帝》一六,《船山全书》第10册,第109页。
[6] 王夫之:《读通鉴论》卷三《汉武帝》一〇,《船山全书》第10册,第134页。

的时机,"侯王强,天下初定,吴、楚皆深鸷骄悍而不听天子之裁制,未能遽行也。"景帝时晁错力促其削藩,吴王刘濞发动七国之乱,晁错被杀。汉武帝时,主父偃建议颁布推恩令,分封诸王子弟为侯,王夫之说:"武帝承七国败亡之余,诸侯之气已熸,偃单车临齐而齐王自杀,则诸王救过不遑,而以分封子弟为安荣,偃之说乃以乘时而有功。"[1]因此,"封建之在汉初,镫炬之光欲灭,而姑一耀其焰。智者因天,仁者安土,偃之而已"。[2]"封建之必革而不可复也,势已积而俟之一朝也。"此后,西晋"惩曹魏之孤",再兴分封,终酿八国之乱,王夫之批司马氏"岂其智不如偃哉?不明于时故也"。[3] 所以,凡是违背历史发展潮流的分封,最后都会以失败而告终。

王夫之虽借鉴了柳宗元"势"的概念,但他认为"势"并非孤立存在,而与"理"联系在一起,"势之所趋,岂非理而能然哉?""势相激而理随以易"[4],"势之顺者,即理智当然者已"。[5]虽然理势合一论[6]运用于历史评论中并不鲜见,但具体到封建郡县论题,王夫之赋予了其哲学思辨的色彩。

此外,王夫之还从公与私的角度分析了"封建"与郡县的得失利弊,他认为"封建"的出现乃是"人之公"需要下的产物:"天之使人必有君也,莫之为而为之。故其始也,各推其德之长人、功之及人者而奉之,因而尤有所推以为天子。人非不欲自贵,而必有奉以为尊,人之公也。安于其位者习于其道,因而有世及之理。"分封世袭制沿用数千年后,经过强弱势力彼此间的角逐,诸侯国数量急剧减少,到战国时期所剩无几,在这样一种形势下,"封建"已失去存在的土壤,否则"岂能役九州而听命于此数诸侯王哉?"推行郡县在秦统一之前已出现,"分之为郡,分之为县,俾才可长民者皆居民上以尽其才",王夫之说从百姓的角度来看"何为而非天下之公乎?"具体体现在以下三个方面:一、"封建"是世袭,一切取决于身份的高低,对国家而言不利于人才的选拔,对个人而言没

---

[1] 王夫之:《读通鉴论》卷三《汉武帝》一〇,《船山全书》第10册,第134页。
[2] 王夫之:《读通鉴论》卷三《文帝》一六,《船山全书》第10册,第110页。
[3] 王夫之:《读通鉴论》卷三《汉武帝》一〇,《船山全书》第10册,第134页。
[4] 王夫之:《读通鉴论》卷一《秦始皇》一,《船山全书》第10册,第67~68页。
[5] 王夫之:《读四书大全说》卷九《孟子·离娄上篇》,《船山全书》第6册,第993页。
[6] 关于其理势合一论,学术界多有讨论,代表性的有方立天:《中国古代哲学问题发展史》下册,北京:中华书局,1990年,第575~578页。萧萐父、许苏民:《王夫之评传》上,第241~246页。

有公平竞争、崭露头角的机会,"士之子恒为士,农之子恒为农,而天之生才也无择",但这种不平等势必难以持久,"士有顽而农有秀;秀不能终屈于顽,而相乘以兴,又势所必激也"。于是"封建"世袭被郡县制的选举取代,下层获得跻身中上层的机会。二、郡县制下的官吏因不再世袭,一旦贪残害民,有可能会丢官甚至丧命,不得不有所顾忌,"选举之不慎而守令残民,世德之不终而诸侯乱纪,两俱有害,而民于守令之贪残,有所借于黜陟以苏其怨"。[1]因此郡县制的优点"莫善乎长吏之不敢专杀也"。[2]王夫之也不否认历代都有贪官污吏的现象,但他说这并不是郡县制本身的缺陷:"选举不慎,而贼民之吏代作,天地不能任咎,而况圣人!未可为郡县咎也。"[3]三、郡县制便于中央高度集权,与"封建"下的诸侯国割据称雄,为争权夺利而相互攻伐相比,可以大大减少战争的发生,因此,郡县制的长处"莫利乎州郡之不得擅兴军也"。虽然郡县不得专杀与兴兵迟至宋孝武帝才确立,规定"非临军毋得专杀、非手诏毋得兴军",但自此至于唐、宋,"非叛贼不敢称兵;有司之酷者,惟以鞭笞杀人,而不敢用刀锯;然后生人之害息,而立人之道存"。[4]秦在全国废"封建"而置郡县,本是皇帝将权力高度集中于己手的私心,却不料"天假其私以行其大公",客观上达到了实现"天下之公"的目的。王夫之还注意到"秦、汉以降,天子孤立无辅,祚不永于商、周",他认为这是郡县制所造成,但与天下公义相比,这并不重要:"若夫国祚之不长,为一姓言也,非公义也。秦之所以获罪于万世者,私己而已矣。斥秦之私,而欲私其子孙以长存,又岂天下之大公哉!"[5]总之,"一姓之兴亡,私也;而生民之生死,公也。"[6]以天下而论,"必循天下之公,天下非夷狄盗逆之所可尸,而抑非一姓之私也"[7]。

郡县制虽比"封建"优越,却也有其弊病,君主专制就是其中之一。王夫之说:"郡县之天下,夷五等,而天子孤高于上,举群臣而等夷之,贾生所以有戮辱

---

[1] 王夫之:《读通鉴论》卷一《秦始皇·变封建为郡县》,《船山全书》第10册,第67~68页。
[2] 王夫之:《读通鉴论》卷十五《宋孝武帝》七,《船山全书》第10册,第585页。
[3] 王夫之:《读通鉴论》卷一《秦始皇》一,《船山全书》第10册,第67~68页。
[4] 王夫之:《读通鉴论》卷十五《宋孝武帝》七,《船山全书》第10册,第585~586页。
[5] 王夫之:《读通鉴论》卷一《秦始皇》一,《船山全书》第10册,第68页。
[6] 王夫之:《读通鉴论》卷十七《敬帝三》,《船山全书》第10册,第668、669页。
[7] 王夫之:《读通鉴论》卷末《叙论一》,《船山全书》第10册,第1177页。

太迫、大臣无耻之叹焉。"[1]君尊臣卑破坏了传统的恩礼相接、坐而论道的君臣关系,[2]在明代君主专制发展到顶峰的历史背景下,王夫之此论无疑具有鲜明的针对性。此外,他还分析了君主过度集权带来的恶果:

> 夫郡县之天下,其治九州也,天子者一人也,出纳无讽议之广,折中无论道之司,以一人之耳目心思,临六典分司之烦冗,即有为之代理者,一二相臣而止,几何不以拘文塞责、养天下于痿痹,而大奸巨猾之胥史,得以其文亡害者、制宗社生民之命乎?[3]

帝王以一人之力统治全国,自然分身乏术,需要借助群臣来治理,但他自己"孤高于上",即使有大臣代治,也多敷衍塞责,最终无法保全宗庙社稷与生民性命。"天下之治,统于天子者也,以天子下统乎天下,则天下乱。"[4]这种君主专制制度必须进行调整,但是王夫之不像顾炎武那样认为郡县制积弊难返,而说该制"古今上下皆安之",他也不同意将两种制度结合,而强调二者的差别"犹裘与葛之不相沿矣",[5]因此,他试图仍然在郡县制的框架内,进行改革。他主张在继续保持中央集权的前提下,建立"分统"而治的政治体制:

> 州牧刺史,统其州者也,州牧刺史统一州而一州乱,故分其统于郡。隋、唐曰州,今曰府。郡守,统其郡者也,郡守统一郡而一郡乱,故分其统于县。上统之则乱,分统之则治者,非但智之不及察,才之不及理也。民至卑矣,其识知事力情伪至不齐矣。居尊者下与治之,褻而无威,则民益亢而偷;以威临之,则民悃惧而靡所骋。故天子之令行于郡而郡乱,州牧刺史之令行于县,郡守之令行于民,而民乱。强者玩焉,弱者震悼失守而困以死。唯县令之卑也而近于民,可以达民之甘苦而悉其情伪。唯郡守近于令,可以察令之贪廉敏拙而督以成功。唯州牧刺史近于守,可以察守

---

[1] 王夫之:《读通鉴论》卷三《文帝》一三,《船山全书》第10册,第106页。
[2] 前文《王夫之的义理学》"礼,人道也"有阐述。
[3] 王夫之:《读通鉴论》卷二十《唐高祖》八,《船山全书》第10册,第744页。
[4] 王夫之:《读通鉴论》卷十六《齐高帝》,《船山全书》第10册,第599页。
[5] 王夫之:《读通鉴论》卷三《汉武帝》一,《船山全书》第10册,第124页。

之张弛宽猛而节其行政。故天子之令不行于郡,州牧刺史之令不行于县,郡守之令不行于民,此之谓一统。上侵焉而下移,则大乱之道也。而暴君污吏,恒下求以迫应其所欲,于是牧刺不能治守,守不能治令,令抑不能治民。其尤乱者,天子之令,下与编氓相督责,守令益旷,奸民益逞,懦民益困,则国必亡。[1]

王夫之认为所谓天下"一统"其实是"分统"而治,主张从中央到地方一律实行分级治理,逐级负责,上级不得干预下级政务,否则,势必自取灭亡。这与黄宗羲的"缘夫天下之大,非一人之所能治,而分治之以群工"[2]的提法比较接近。

王夫之认为"封建"与郡县制截然不同,所以他强调郡县制度下不可再盲目因袭"封建"时期的相关配套制度。

如选举制度。周代施行宾兴——乡举里选的人才选拔制度,所贡者职位最高为下大夫,并非要职。因为诸侯国辖地有限,乡党之间的得失是非比较熟悉,因此"以易知易见之人才,供庶事庶官之冗职,臧否显而功罪微"。所以,王夫之认为宾兴不过是"聊以示王者之无弃材耳,非举社稷生民之安危生死而责之宾兴之士也",是"封建之时会然也"。汉代董仲舒曾请使列侯郡守岁贡士二人,贤者赏,贡不肖者罚。王夫之认为在郡县制之下,再施行类似的人才选拔方法,必然是弊端丛生:有的郡国距离京师数千里,"地远,则贿赂行而无所惮";郡守三年而迁,频繁调动迁,"则虽贤者亦仅采流俗之论,识晋谒之士,而孤幽卓越者不能邍进于其前"。俗话说"知人则哲",郡守们与被荐举者生不同乡,学不同师,因此对于他们文行的华实,孝友的真伪,难以真正鉴别清楚,一旦有不肖者,还被责罚,这只会导致"其弊也,必乐得脂韦括囊之士,容身畏尾,持禄以幸无尤。又其甚者,举主且为交托营护,而摘发者且有投鼠忌器之嫌。则庸驽竞乘,而大奸营窟,所必至矣"。事实上,汉代只有所谓月旦评,而无天下公论,所以,王夫之说:"一乡之称,且有乡原;四海之誉,先集伪士;故封建选

---

[1] 王夫之:《读通鉴论》卷十六《齐高帝》,《船山全书》第10册,第599~600页。
[2] 黄宗羲:《明夷待访录·原臣》,《黄宗羲全集》第1册,第4页。

举之法,不可行于郡县。"[1]

如兵农合一的制度。王夫之说:"三代寓兵于农,封建之天下相承然也。"这是因为殷、周是以武力夺取天下,辅助天子者都出身将帅,如伊尹、周公,最初都是六军首领。"以将帅任国政,武为尚而特缘饰之以文;是取武臣而文之,非取文臣而武之也。"列国的卿相也都是以军帅执政,"所以必然者,三代寓兵于农,兵不悍,而治民之吏即可以治兵。其折冲而敌忾者,一彼一此,疆场之事,甲未释而币玉通,非有犷夷大盗争存亡于锋刃之下者也"。[2]即使如此,让农民放弃耕种土地,效命于战场,王夫之称这是"断其醇谨之良,相习于竞悍;虔刘之,燼乱之,民之憔悴,亦大可伤矣!"特别战国时期,战乱频仍,一战而斩首者达数十万,谁又乐意去送死呢?汉代分兵民为两途,"而寓兵于农之害乃息"。[3]否则"以三公制封疆原野之生死,孰胜其任而国不为之敝哉?"所以汉初将丞相与将军分为两途是合理的做法,"事随势迁,而法必变"。[4]王夫之批评后世的儒生仍倡言兵农合一,只会祸害天下,因为"农之不可兵也,厉农而只以弱其国也;兵之不可农也,弱兵而只以芜其土也"。[5]

总之,王夫之提出"封建之天下分而简,简可治之以密;郡县之天下合而繁,繁必御之以简。……君子所师于三代者,道也,非法也。窃其一端之文具以殃民,是亦不容于尧、舜之世者也"。[6]王夫之对"封建"与"郡县"的辨别,正是出于这样的利国利民追求。

2.夷夏之辨

夷夏之辨又称华夷之辨,在中国历史上源远流长。西周末年至春秋时期,边疆各族大规模向内迁徙,文化先进的中原华夏民族面对"南夷与北狄交,中国不绝若线"[7]的严峻形势,自发地产生出严格区分华夏与"夷狄"、严夷夏大防的观念。经过春秋战国的发展,到秦汉时期,夷夏观基本成熟,大体包括以

---

[1] 王夫之:《读通鉴论》卷三《汉武帝》一,《船山全书》第10册,第123~125页。
[2] 王夫之:《读通鉴论》卷五《汉成帝》二,《船山全书》第10册,第190~191页。
[3] 王夫之:《读通鉴论》卷十七《梁简文帝》二,《船山全书》第10册,第660页。
[4] 王夫之:《读通鉴论》卷五《汉成帝》八,《船山全书》第10册,第191页。
[5] 王夫之:《读通鉴论》卷十七《梁简文帝》二,《船山全书》第10册,第661页。
[6] 王夫之:《读通鉴论》卷十九《隋文帝》八,《船山全书》第10册,第705~706页。
[7] 何休注,徐彦疏:《春秋公羊传注疏》僖公四年,《十三经注疏》,第4883页。

下两个方面的内容：一、夷夏有别，中国是礼仪之邦，文明的中心，应该坚守"裔不谋夏，夷不乱华"[1]的原则；二、华夏民族建立的政权才是天命所归，王朝的"正统"。但中国历史上朝代更迭频繁，华夏民族并不是天下唯一的主宰，"夷狄"多次入侵中原，甚至取而代之，建立政权。每当民族危机深重之时，夷夏之辨就会出现高涨，从魏晋南北朝到两宋再到明末清初，倡导严夷夏大防的民族意识就曾多次被激活，士大夫纷纷借《春秋》大义来捍卫华夏文明。所以，夷夏之辨事实上已经成为一种文化和种族上的优越意识，对于华夏民族的心理有着潜移默化的作用，后来逐渐成为一种文化积淀。

王夫之与黄宗羲、顾炎武等学者生活的时代，中国封建王朝最后一次经历"夷狄乱华"和"以夷变夏"的巨变。尤其清军入关后所推行的疯狂屠杀和残酷压迫政策，导致成千上万的普通百姓死于非命、流离失所，因此，这场空前的浩劫深深地伤害了大明王朝统治下的广大民众，在这种背景下重燃的夷夏之辨，就绝不仅仅是某些学者的个人意识，而代表了广大汉族民众的共同观念。前文已提及王夫之的父亲王朝聘对《春秋》颇有研究，并极度推崇胡安国的《春秋传》，王夫之继承家学，尤其注重阐发《春秋》的攘夷大义，因而比黄宗羲和顾炎武有更为激进的民族思想。

王夫之提出"天下之大防二：中国、夷狄也，君子、小人也。非本末有别，而先王强为之防也"。夷夏必须严格区分，是由先王早已制定的原则，这是因为"中国之与夷狄，所生异地，其地异，其气异矣；气异而习异，习异而所知所行蔑不异焉。乃于其中亦自有其贵贱焉，特地界分、天气殊，而不可乱；乱则人极毁，中国之生民亦受其吞噬而憔悴。防之于早，所以定人极而保人之生，因乎天也"。[2]二者的区别来自于地界、习气与贵贱，不可混乱，或许王夫之具有朦胧的地理环境决定论思想，他说："天地之情，形见于山川，而情寓焉。水之所绕，山之所蟠，合为一区，民气即能以相感。中国之形，北阻沙漠，西北界河、湟，西隔大山，南穷炎海，自合浦而北至于碣石，皆海之所环也。形势合，则风气相为嘘吸；风气相为嘘吸，则人之生质相为侪类；生质相为侪类，则性情相属

---

[1] 杜预：《春秋左传集解》鲁定公十年，第1675页。
[2] 王夫之：《读通鉴论》卷十四《东晋哀帝》三，《船山全书》第10册，第502页。

而感以必通。"[1]地理环境不同,人的气质秉性都会有异,因此,王夫之强调不应随便打破这种天然形成的隔阂,他坚持汉代何休提出的"王者不治夷狄"的看法:

> 语曰:"王者不治夷狄。"谓沙漠而北,河、洮而西,日南而南,辽海而东,天有殊气,地有殊理,人有殊质,物有殊产,各生其所生,养其所养,君长其君长,部落其部落,彼无我侵,我无彼虞,各安其纪而不相渎耳。若夫九州之内,负山阻壑之族,其中为夏者,其外为夷,其外为夏者,其中又为夷,互相襟带,而隔之绝之,使胸腋肘臂相亢悖而不相知,非无可治,而非不当治也。[2]
>
> 王者不治夷狄,谓夫非所治者也。代之北,粤之南,海之东,碛之西,非所治也。故汉之涉幕北,隋之越海东,敝己以求强于外,与王道舛而速祸。非所治而洽之则自敝,所治而不治则自溃。[3]

王夫之提倡的是夷夏之间"彼无我侵""各安其纪"的和平共处关系,反对中原王朝"求强于外",即对周边少数民族施展武力,这是直至今天仍值得充分肯定的民族关系处理模式。

但是需要认清的是,王夫之认为"夷"也是有所不同的,他说:

> 且夫九州以内之有夷,非夷也。古之建侯也万国,皆冠带之国也。三代之季,暴君代作,天下分崩。于是而山之陬,水之滨,其君长负固岸立而不与于朝会,因异服异制以趋苟简。至春秋时,莒、杞皆神明之裔,为周之藩臣,而自沦于夷。则潞甲之狄,淮浦之夷,陆浑之戎,民皆中国之民,君皆诸侯之君,世降道衰,陷于非类耳。昭苏而艸被之,固有待也。是以其国既灭,归于侯服,永为文教之邦,而彝伦攸叙。故《春秋》特书以大其功。岂云王者不治,而任其为梗于中区乎?永嘉之后,义阳有蛮夷号,仇池有

---

[1] 王夫之:《读通鉴论》卷三《汉武帝》三,《船山全书》第10册,第126页。
[2] 王夫之:《宋论》卷六《神宗》八,《船山全书》第11册,第174页。
[3] 王夫之:《春秋世论》卷一《桓公》三,《船山全书》第5册,第390～391页。

戎名,迨及荡平,皆与汴、雒、丰、镐无异矣。然则辰、沅、澧、靖之山谷,负险阻兵者,岂独非汉、唐政教敷施之善地与？出之泥淖,登之云逵,虽有诛戮,仁人之所不讳。而劳我士马,费我刍粮,皆以保艾我与相接壤之妇子。劳之一朝,逸之永世,即有怨咨,可弗避也。君天下者所宜修之天职也。[1]

本为周朝藩臣,却因不持礼仪,自沦于夷,这种其实是"中国之民",与一般的"夷狄"并不相同。如果国君采用夷礼,国俗未改,那么"狄其君,不狄其国";如果政教风俗化于夷而君不降礼,则"狄其国,不狄其君";吴、楚、越"两用之,尽乎夷之辞,以其礼坏而俗恶也"。[2] "楚以僭王夷,吴以被发文身夷。君子以夏治楚,而退夷之。以禽治吴,而进夷之,而大维清。"[3]这是所谓的"九州以内之夷"。王夫之并不反对中原王朝对其用兵,收归所有,因为在当地可以敷陈政教,用夏变夷,推动当地社会的发展和进步,使之重新成为衣冠礼仪之乡。比如他强烈支持汉武帝时期对南越的讨伐,说："越之不可不收为中国也,天地固然之形势,即有天下者固然之理也。"因为其是大禹的后代,并非荒远之地,自武帝荡平平瓯、闽,开发南越,"于今为文教之郡邑"。[4]另外,虽然王夫之并不认为张骞开通西域足以"断匈奴右臂",因为西域各部与匈奴之间的关系,班固的《汉书·西域传》中有说明："西域诸国,各有君长,兵众分弱,无所统一,虽属匈奴,不相亲附,匈奴能得其马畜旃罽,而不能与之进退。"这是"当时实征理势之言也"。而且张骞、傅介子、班超等人仅率领几十人或数百人就能杀其王、破其国,说明西域各国本身势力很弱小,根本无力为汉朝牵制匈奴,即使投靠匈奴也不足以成为汉朝的威胁,所以"汉之通西域也,曰'断匈奴右臂'。君讳其贪利喜功之心,臣匿其徼功幸赏之实,而为之辞尔"。[5]但他仍然肯定由此所带来的对云、贵、川等西南边疆的开发,"若夫駹也、冉也、邛筰也、越巂也、滇也,则与我边鄙之民犬牙相入,声息相通,物产相资,而非有駤戾冥顽不可向迩者也。武帝之始,闻善马而远求耳,骞以此而逢其欲,亦未念及牂柯之

---

[1] 王夫之:《宋论》卷六《神宗》八,《船山全书》第11册,第175页。
[2] 王夫之:《思问录外篇》,《船山全书》第12册,第440页。
[3] 王夫之:《春秋家说》卷下《昭公》二八,《船山全书》第5册,第333～334页。
[4] 王夫之:《读通鉴论》卷三《汉武帝》三,《船山全书》第10册,第126～127页。
[5] 王夫之:《读通鉴论》卷六《后汉光武帝》三四,《船山全书》第10册,第246页。

可辟在内地也。然因是而贵筑、昆明垂及于今而为冠带之国,此岂武帝、张骞之意计所及哉?"由此,王夫之大力推崇汉代的文教之功:"江、浙、闽、楚文教日兴,迄于南海之滨、滇云之壤,理学节义文章事功之选,肩踵相望,天所佑也,汉肇之也。"与之相反的是宋代。后晋石敬瑭将燕云十六州割让给契丹,北宋不思收复,北宋亡国后还进一步丧失领地于女真,致使"冀州尧、舜之余民,化为禽俗",[1]其地其民"渐染夷风,而彝伦泯丧,于是天地文明之气日移而南",王夫之说天必"歆汉之功而厌宋之偷矣"。[2]所以,王夫之强调凡是可以推广礼仪教化的地方,即使偏远,也不可放弃,"遐荒之地,有可收为冠带之伦,则以广天地之德而立人极也;非道之所可废,且抑以纾边民之寇攘而使之安"。[3]

对于九州以外之夷,王夫之坚持的是前文所述的"彼无我侵""各安其纪"。"九州以外"的地域区分,大致是"三代以上,华、夷之分在燕山,三代以后在大河,非其地而阑入之,地之所不宜,天之所不佑,人之所不服也"。[4]王夫之特别反对少数民族内迁,与汉人杂处,他说东汉光武帝在南单于降投后,将其安置在西河塞内,"人极之毁,自此始矣"。因为这样的做法很可能带来不良后果:

> 非但其挟戎心以乘我也,狎与之居而渐与之安,风俗以盅,婚姻以乱,服食以淫,五帝、三王之天下流泆解散,而元后父母之大宝移于非类,习焉而不见其可耻也,间有所利而不见其可畏也。技击诈谋,有时不逮,呴沫狎媟,或以示恩,而且见其足以临我;愚民玩之,黠民资之,乃至一时之贤豪,委顺而趋新焉。迤及于千岁以后,而忘其为谁氏之族矣。[5]
>
> 夷狄阑居塞内,狎玩中国,而窥间乘弱以恣寇攘,必矣。其寇攘也,抑必资中国之奸宄以为羽翼,而后足以逞,使与民杂居,而祸烈矣。尤不但此也,民之易动于犷悍慆淫、苟简喙息,而畏礼法之检束,亦大化之流所易决而难防也。古之圣王忧之切,故正其氏族,别其婚姻,域其都鄙,制其风

---

[1] 王夫之:《读通鉴论》卷三《汉武帝》一五,《船山全书》第10册,第137~138页。
[2] 王夫之:《读通鉴论》卷三《汉武帝》三,《船山全书》第10册,第126~127页。
[3] 王夫之:《读通鉴论》卷三《汉武帝》一五,《船山全书》第10册,第137页。
[4] 王夫之:《读通鉴论》卷十二《晋怀帝》七,《船山全书》第10册,第454~455页。
[5] 王夫之:《读通鉴论》卷六《后汉光武帝》三六,《船山全书》第10册,第248~249页。

俗,维持之使若其性。而民之愚也,未能安于向化而利行之也。廉耻存,风俗正,虽有不利,而固不忍于禽行以不容于乡党。夷狄入而杂处焉,必且与之相市易矣,必将与之相交游矣,浸乃与之结昏姻矣;其衣、其食、其寝处、其男女,盖有与愚不肖之民甘醉饱、便驰逐而相得者矣。彼恶知五帝、三王之前,民之蹄啮弃捐,与禽兽伍,而莫保其存亡之命者,固若此也。则且诧为新奇,大利于人情,而非毁五帝、三王之为赘疣。然而强力不若也,安忍儇利不若也,则君之、宗之、乐奉而率从之,而不知元后父母之必就吾同类,而戴以德乘时之一人矣。

王夫之认为华夷杂居通婚往来,会使华夏民族受到"夷狄"风俗民情的影响,从而"忘其为谁氏之族","畏礼法之检束",走上文明倒退的道路。他说幸好和帝时,窦宪出塞五千里,大破北匈奴,北单于逃亡,袁安、任隗等乘机驱逐自立为单于的于除鞬,令南单于返回北庭,统一匈奴各部,"阳以施大德于南房,而阴以除中国腹心之蠹,胡心不启,胡气不骄,胡风不淫于诸夏,判然内外之防",实乃"万世之长策也"。[1] 王夫之仅看到了民族融合过程中的负面因素,否认"夷狄"更有可能受到华夏族先进文明的影响,从而加快发展进程,并在与汉人混居通婚的过程中,逐渐融入华夏民族中,最终壮大了这个民族的积极意义。事实上,他也说:"自拓拔氏之兴,假中国之礼乐文章而冒其族姓,隋、唐以降,胥为中国之民,且进而为士大夫以自旌其阀阅矣。高门大姓,十五而非五帝三王之支庶,婚宦相杂,无与辨之矣。"但是他并不认同这种融合,反而说"天地之纪,乱而不可复理,乾坤其将毁乎!"这种保守封闭的观念是应该舍弃的。

王夫之指出"夷狄"有其长处,"所恃以胜中国者,朔漠荒远之乡,耐饥寒、勤畜牧、习射猎,以与禽兽争生死,故粗犷悍厉足以夺中国膏粱豢养之气"。一旦进入中原,受汉族影响,就会逐渐丧失其优势,"沉迷于膏粱豢养以弃其故,则乘其虚以居其地者,又且粗犷悍厉而夺之。……知夺人而不知见夺之即在此矣"。[2] "夷狄之强也,以其法制之疏略,居处衣食之粗犷,养其驵悍之气,

---

[1] 王夫之:《读通鉴论》卷七《后汉和帝》二,《船山全书》第10册,第271～272页。
[2] 王夫之:《读通鉴论》卷十二《晋惠帝》二,《船山全书》第10册,第435页。

弗改其俗,而大利存焉。然而中国亦因之以免于害。一旦革而以中国之道参之,则彼之利害相半矣。其利者,可渐以雄长于中国;而其害也,彼亦自此而弱矣。"他认为这就是南北朝时期刘、石、慕容、姚、苻、赫连迭及契丹、女真、蒙古相乘而迭相袭的原因。也就是说,王夫之认为华夷之间理想的状态是"两相忘也,交相利也,此顺天之纪,因人之情,各安其所之道也"。

但事实是在中国历史上曾发生过多次"夷狄"乱华、甚至夺权中原政权的现象,王夫之追溯其根源,认为就是由华夷杂居所造成:"曹操迁匈奴余众于河西,婚宦寝食居处变其俗,而杂用中国之法,于是乎启怀、愍之祸",虽说中国只要有明君良将在,"夷狄"自然无从窥伺,但一旦朝中无人,"则导之以中国之可欲,而人思掠夺,则中国以亡"。[1] 另一方面,王夫之也指出"夷狄"入侵,多因为中原王朝贪于功利,自食恶果:

> 夷狄之躁中国,非夷狄之有余力,亦非必有固获之心也,中国致之耳。致之者有二,贪其利、贪其功也。贪其货贿而以来享来王为美名,于是开关以延之,使玩中国而美吾饶富,以启窃掠之心。……贪不毛之土,而以辟土服远为功名,于是度越绝险,逾沙碛、梯崇山,芟幽箐以徼奇捷;不幸而败,则尾之以入,幸而胜,而馈饷相寻,舟车相接,拔木夷险,梁水凌冰,使为坦道。芳贾口:"我能往,寇亦能往。"推此言之,我能往,寇固能来,审矣。

中原王朝的君主往往喜欢享受所谓万国来朝的尊荣,殊不知由此导致周边民族垂涎于华夏的锦绮珍华;另外,君主们也往往好大喜功,四处征讨,一旦战败,敌方往往尾随而入,即使侥幸获胜,也因为长途用兵,舟车相接,促使华夷本来自然间隔的天险成为坦途,为"夷狄"日后的入侵开辟了道路。如明代倭寇危害东南沿海,王夫之认为就是起源于元朝的征倭事件,"中国之形势,东有巨海,西有崇山,山之险,不敌海之十一也。然胡元泛舟以征倭,委数万生灵于海岛,而示以巨浪之可凌,然后倭即乘仍以犯中国,垂至于嘉靖,而东南之害为旷古所未有"。万里波涛都不能阻止"夷狄"入侵的野心,何况山险呢?可惜

---

[1] 王夫之:《读通鉴论》卷二十八《五代上》一二,《船山全书》第10册,第1095页。

后世君臣仍不知警醒,满清入关,也算得上渊源有自的了,"天维倾,地极坼,有自来矣"。[1]

王夫之批判了历史上多人曾鼓吹的"以夷攻夷"策略,说这是"亡国之言",[2]贻害无穷。因为楚不灭庸、夔、群舒,不敢问鼎;吴不取州来、破越、胜楚,不敢争盟;冒顿不灭东胡,不敢犯汉;女真不灭辽,蒙古不灭金,不敢亡宋。因为"夷狄之起也,恒先并其丑类,而后及于中国"。少数民族政权在吞并同类的过程中占领的土地越来越广,征服的人口也越来越多,势力越来越强盛,而且"屡胜之气益壮,习于攻击之术益熟,得利而其愿益奢,我且鼾齁自得,以为虎斗于穴而不暇及于牧厩也,祸一发而不可收矣"。王夫之认为制夷之策可分三等:

> 善制夷者,力足以相及,则抚其弱、抑其强,以恩树援,以威制暴,计之上也;力不足以相及,闻其相攻也而忧之,修城堡、缮甲兵,积刍粮,任将训卒,以防其突出,策之次也;听其蹄啮以增其强,幸不我及以缓旦夕之祸,坐毙之术也。[3]

王夫之的制夷之策未必高明,但他对因民族矛盾处理不当而导致亡国经验教训的总结是深刻的,值得我们深思。

王夫之主张严夷夏大防,不仅是出于亡国教训的反思,也是对汉民族先进文化的坚守。他认为华夏文明也是逐步进化而来,"故吾所知者,中国之天下,轩辕以前,其犹夷狄乎!太昊以上,其犹禽兽乎!禽兽不能全其质,夷狄不能备其文。……亦植立之兽而已矣"。[4]人类的文明程度是可变的、未必直线发展,可能进步,也可能倒退。"夷狄"可以接受华夏文明而走向前进,汉族也可能受"夷狄"影响而走向倒退,所以他认为只要坚持夷夏之防,才可能保持先进的华夏文明。

王夫之的夷夏之辨并未突破传统夷夏观的基本格局,对民族融合极力反

---

[1] 王夫之:《读通鉴论》卷二十一《唐中宗》六,《船山全书》第10册,第806页。
[2] 王夫之:《读通鉴论》卷四《汉昭帝》二,《船山全书》第10册,第153页。
[3] 王夫之:《读通鉴论》卷七《后汉和帝》一,《船山全书》第10册,第270页。
[4] 王夫之:《思问录外篇》,《船山全书》第12册,第467页。

对的态度也需要给予批评,但他倡导民族之间"彼无我侵""各安其道"的和平共处方式值得发扬,对汉民族先进文化的坚守也应予以称许。

3.治道

治道是中国传统思想特有的范畴,先秦时期就已形成,秦汉以后被历代的政治家与思想家广泛使用。政治家以之作为治国理念、方针、原则、措施、手段的总称,思想家则以之作为自己思考社会、探索人生、认识世界的逻辑起点和思想中心。[1]可以说,人们对于"治道"的思索与探求似乎从未停止,因为安定有序的政治社会是有志之士不断追求的目标,太平盛世更是人类所向往的美好理想,因而使治道成为永恒性的话题。综观先贤对治道的理解和阐释,大致可以将其界定为治理天下国家的原则和方法,内涵主要包括治国的理念、原则、措施以及政策等方面。[2]治国的理念和原则,历代学者总结出的原则主要包括"天下为公""民本""人治"等。[3]

作为思想家的王夫之对治道自然也十分关注。他说:

> 治道之极致,上稽《尚书》,折以孔子之言,而蔑以尚矣。其枢,则君心之敬肆也;其戒,则怠荒刻核,不及者偷,过者欲速也;其大用,用贤而兴教也;其施及于民,仁爱而锡以极也。以治唐、虞,以治三代,以治秦、汉而下,迨至于今,无不可以此理推而行也;以埋铨选,以均赋役,以诘戎兵,以饬刑罚,以定典式,无不待此以得其宜也。[4]

> 先王之政,纪于《尚书》,歌于《雅》《颂》,论定于孔、孟,王者之所宜取法,儒者之所宜讲习,无得而或欺,亦无得而自欺者也。语虽略,而推之也,建天地、考三王、质鬼神、俟后圣,无不在矣。[5]

---

[1] 黎红雷:《中国传统治道研究引论》,收入黎红雷、李宗桂、杨海文主编《春风讲席:李锦全教授八十寿辰纪念文集》,广州:中山大学出版社,2008年,第428、429页。
[2] 化涛:《权力视域下的政策调整与思想论争——〈盐铁论〉的政治学解读》,济南:山东大学出版社,2010年,第169页。
[3] 黎红雷:《中国传统治道研究引论》,收入黎红雷、李宗桂、杨海文主编《春风讲席:李锦全教授八十寿辰纪念文集》,第433页。
[4] 王夫之:《读通鉴论》卷末《叙论四》,《船山全书》第10册,第1181~1182页。
[5] 王夫之:《读通鉴论》卷十八《陈文帝》五,《船山全书》第10册,第678页。

王夫之认为治道的极致，集中体现于《尚书》和孔孟之言，主要包括君心敬戒、用贤兴教、仁爱治民，其实就是儒家所倡导的仁政和德治。其中的"君心"问题，王夫之较少论述，而用贤兴教、仁爱治民则阐发较多。

君心方面，王夫之在解释《资治通鉴》时有过说明：

> 夫治之所资，法之善者也。善于彼者，未必其善于此也。君以柔嘉为则，而汉元帝失制以酿乱；臣以戆直为忠，而刘栖楚碎首以藏奸。攘夷复中原，大义也，而梁武以败；含怒杀将帅，危道也，而周主以兴。无不可为治之资者，无不可为乱之媒。然则治之所资者，一心而已矣。以心驭政，则凡政皆可以宜民，莫匪治之资；而善取资者，变通以成乎可久。设身于古之时势，为己之所躬逢，研虑于古之谋为，为己之所身任。取古人宗社之安危，代为之忧患，而己之去危以即安者在矣；取古昔民情之利病，代为之斟酌，而今之兴利以除害者在矣。得可资，失亦可资也；同可资，异亦可资也。故治之所资，惟在一心，而史特其鉴也。[1]

"治之所资者，一心而已矣"，"治之所资，惟在一心"，这一说法与阳明心学略有接近，但又高于王阳明，将"心"与"史"有机结合。[2] 他提出君主应以心鉴史，置身于历史之中，设身处地地为历代君主承担忧患，为国家安危、民情利病斟酌谋划，兴利除害，以心驭政，那么"凡政皆可以宜民，莫匪治之资，而善取资者，变通以成乎可久"。

用贤方面，最引人关注者是王夫之反对"省官以清吏治"的做法。在中国历史上，裁减官员、合并职位的举措一般都被视为善政。王夫之也曾对宋代开宝年间的省官增俸有所称许，说"省官以清吏治，增俸以责官廉，开宝之制，可谓善矣"，但是，我们也要注意到后文的转折，"语云：'为官择人，不为人建官。'此核名实、求速效之说也，非所以奖人材、厚风俗、劝进天下于君子之道也"。裁并官员，确实可以整顿吏治，清除冗员和不合格者，还节省行政开支，但是王夫之认为这只是暂时的"速效"，从长远来看，却不利于人才的培养和趋向正

---

[1] 王夫之：《读通鉴论》卷末《绪论四》，《船山全书》第 10 册，第 1183～1184 页。
[2] 萧𦯨父、许苏民：《王夫之评传》，第 282 页。

道。在中国古代,裁官的建议或做法多次出现,如西晋武帝时期,傅咸"见闲曹之吏,或怠傲而废功,或舞文以牟利,愤然曰:'焉用此为,而以费农夫之粟,空国家之帑哉!'"这是批评冗官人浮于事,或谋求私利,白白浪费国家钱财,王夫之评价其论道:"其言非不快于一时之心,而褊衷以宰天下,天下又恶能宰哉!"斥责傅咸心胸狭隘,"翁姁之智,不出箪豆之闲",无治理之才。王夫之提出古代十分重视选拔人才,规模仅相当于当今县中之乡的子、男之国,提封之壤,都有一卿、三大夫、九上士、二十七中士、八十一下士,至于公、侯之国,天子之廷,人才更是数不胜数,因此《诗·大雅·文王》云:"济济多士,文王以宁。"王夫之认为三代盛世的出现,就是因为士、民各安其业,人才能充分施展自己的才能,"育人材以体天成物,而天下以靖。故《易》曰:'上天下泽,履,君子以辨上下、定民志。'民志于民而安于利,士志于士而安于义,勿抑其长,勿污其秀,乃以长养善气,礼乐兴,风俗美,三代之所以敦厚弘雅,迎天地之清淑者;岂在循名责实、苟求速效之间哉?"王夫之强调统治者应依据材性,因势利导:"为人上者,因天之材,循人之性,利导之者顺,屈抑之者逆。学而得禄者,分之宜也;菀而必伸者,人之同情也。"[1]为人才的成长创造良好的环境,重点在于"养士":"古之王者,闻其养士也,未闻其治士也。聪明才智之所集,溢出而成乎非僻,扶进而导之以兴,斯兴矣。岂能舍此而求椎鲁犷悍之丑夷,以与共天下哉!"[2]"养士"的具体方式就是授以官职:

> 古之建官以治事治民,固也;而君子野人,天秩之以其才,叙之以其类,率野人以养君子,帖然奉之而不靳,岂人为哉?王者以公天下为心,以扶进人才于君子之途为道。故一事而分任之,十姓百家而即立之长以牧之,农人力耕而食之无愧,君不孤贵而养之必周;乃使一艺、一经、一能、一力者,皆与于君子之列,而相奖以廉耻。虽有莠稗,不尽田而芟刈,使扶良苗以长,但勿令夺苗之滋可矣。[3]

---

[1] 王夫之:《宋论》卷一《太祖》一一,《船山全书》第11册,第39页。
[2] 王夫之:《宋论》卷一《太祖》四,《船山全书》第11册,第25页。
[3] 王夫之:《读通鉴论》卷十一《晋武帝》一一,《船山全书》第10册,第427~428页。

凡是有一技之长者,都会有得到重用,即使有少数不胜任实际工作者,也不应以叶障目,"夺苗之滋"。反之,倘若裁减官员人数,那么就会直接造成更多的人仕途无望、生活无着。这样势必逼迫那些"力不任耕、志不安贱"的读书人走上邪路,或淫而为奸富,或激而为盗贼,"摇荡天下,而为生民之大蠹。然后从而禁之,乱且自此而兴矣",成为祸乱社会的根源。王夫之认为先王建国,在乡、遂都设有宾兴之典,士由司马考核后都会授以职位,并非那时的人都比后世贤能,而是"所以诱掖而玉之成者,其道得也",这才是深谋远虑、谙于治道的做法。王夫之还批驳了"吏多扰民"的说法,他说能扰民者,不过赋税、狱讼、工役之吏,所占官吏比例十不二三,其余则是兴学校、典礼乐、治宾旅、苾祀事、候灾祥、庀器服者,"事各一司,司各数吏,咸以上赞邦治、下修邦事,劝相之以驯雅之业,而使向于文明"。这类官吏不可能以个人喜怒滥施于卑贱,以贪叨猎取于贫民弱族,所以人员虽多,并不会影响吏治。对于赋税、狱讼、工役之吏,他主张"任之以其道也,兴之以其贤也,驭之以其礼也,黜之陟之以其行也。而赋税、狱讼、工役之属,无冗员,无兼任,择其人而任之以专。则吏治之清,岂犹有虑?"而且,只要天下丰裕,国库充实,根本不必担心无力供养"千百有司",如果只是为了减少官员的俸禄而裁员,只会导致"多藏而厚亡,天所不佑,人所必仇",成为"无道之世"。[1]

当然,王夫之并未完全否定裁减官吏的必要,他说:

> 省官将以息民,而士之待用者,滞于进而无以劝人于善。不省,则一行之士,可自试以交奖于才能;然而役多民劳,苦于不给,且也议论滋多,文法滋繁,责分而权不一,任事者难而事多牵制以疑沮。吏省而法简,则墨吏暴人,拥权自恣,无以相察;而胥史豪强,易避就以售其奸。

裁减官员不利于劝进人才,但官吏人数众多,会给百姓增加负担,同时还会出现难以协调、互相牵制的弊端;吏省可使法简,但也会造成贪官专权,胥吏售奸的现象。对于这样一种两难的局面,王夫之提出"天下有定理而无定法。定理者,知人而已矣,安民而已矣,进贤远奸而已矣;无定法者,一兴一废一繁

---

[1] 王夫之:《宋论》卷一《太祖》一一,《船山全书》第11册,第39~40页。

一简之间,因乎时而不可执也"。到底是"建官"还是"省官",要依据时势而为。

> 乱之初息,不患士之不劝于功名也,而患其竞。一夫有技击之能,一士有口舌刀笔之长,尝以试之纷纠之际而幸售,效者接踵焉;而又多与以进取之途,荡其心志,则捐父母、弃坟墓、舍田畴以冒进者不息。唯官省而难容,乃退安于静处,而爵禄贵、廉耻兴焉。且也民当垫隘之余,偷安以自免之情胜。其有犯不轨者,类皆暴横恣睢,恶显而易见;不则疲敝亡赖而不知避就者;未容有深奸奇巧,诡于法而难于觉察者焉。则网疏吏寡,而治之也有余。抑百务草创,而姑与天下以休息,虽有不举,且可俟之生遂之余,则郡县阔远而事为不详,正以绥不宁而使之大定,此则省官之法善矣。
>
> 若夫天下已定,人席于安矣,政教弛而待张矣;于斯时也,士无诡出歧途以幸功名之路,温饱安居而遂忘于进,则衣冠之胄,俊秀之子,亦且骧志于庠序,而自限于农圃。非多为之员、广为之科,以引掖之于君子之途,则朴率之风,流为鄙倍,而诗书礼乐不足以兴方起之才。且强暴不足以逞,而匿为巧诈;豪民日以盘固,而玩法自便;则百里一亭,千里一邑,长吏疏,掾督缺,而耳目易穷。乃官习于简略,而事日以积,教化之详,衣袽之备,官不给而无以齐民,事不夙而无以恃变。是则并官以慎选,而不能尽天下之才;省吏以息民,而无以理万民之治;吝爵吝权之害,岂浅于滥冗哉?故曰:理有定而法无定,因乎其时而已。

大乱初除,需要休养生息,"网疏吏寡,而治之也有余",是省官的好时机,可以避免士人竞于功名,泯灭廉耻之心;天下安定以后,百姓安居乐业,需要人才以诗书礼乐去教化引导,也需要大量官吏来帮助君主治国安民,这时建官就十分迫切了。王夫之正是以这种辩证发展的眼光来评价东汉光武帝省官之事:建武六年,河北初定,江、淮初平,关中初靖,承王莽割裂郡县、改置百官、苛细之后,抑当四海纷纭、蛇龙竞起之余,"徼幸功名之情,中于人心而未易涤,并省四百余县,吏职减损,十置其一,斯其时乎!斯其时乎!要之非不易之法也。"[1]

文教方面,王夫之提出:"治道自汉之亡而晦极矣。非其政之无一当于利病也,谓夫言政而无一及于教也。"[2]可见文教对于治道的重要性。但他强调文教不可下移,如东汉邓后为邓氏近亲开邸第教学,导致外戚强盛,王夫之认为这是宠私亲而紊朝纲,他说"三代王者岂以仁义礼乐吝予斯人,而内不及于宫闱,外不私于姻党",原因就在于文教是治道之纲:"言治者,知兵权之不可旁落,而不知文教之不可下移,未知治道之纲也。一道德,同风俗,教出于上之谓也。"[3]儒家认为政治的运作过程是上行下效,所谓"君子之德风,小人之德草,草上之风,必偃",[4]因而君主要牢牢掌握教化民众的领导权,以此来强化道德的统一性。宋代王安石就说过:"道德一于上,而习俗成于下。"[5]王夫之的看法与之类似,但也不得不承认后世文教下移的事实:三代之教,"一出于天子所立之学官,而下无私学。然其盛也,天子体道之精,备道之广,自推其意以为教,而师儒皆喻于道,未尝画近小之规,限天下之聪明,以自画于章程之内"。自世子以下国无异学,公卿、大夫、士的子弟,都以族望而出仕,而不必依靠所学,因此"无苟且徇时,求合于章程以徼名利,则学虽统于上,而优游自得者无一切之法以行劝惩,亦犹夫人之自为学焉而已也"。后来"文具存而精意日以泯忘",教典受到有志之士的鄙弃,随着私学的兴起,庠序崩塌。"后世之学,其始也为桎梏,而其后愈为君子所不忍言,故自周衰而教移于下。"教移于下,秦统治者深感忧虑,于是推行焚书坑儒,最终丧道亡国。后来的君主有自知之明,"度德、量力、因时,而知不足以化成天下,则弘奖在下之师儒,使伸其教,虽未足以几敬敷五教、典胄教乐之盛,而道得以不丧于世"。[6]教化的推广,要依靠"君子"即士人、师儒来实现,王夫之由此充分肯定士人的价值:"若夫学问志节之士,上失教,君子起而教之,人之不沦胥于禽兽者赖此也。"[7]梁武帝时

---

[1] 王夫之:《读通鉴论》卷六《后汉光武帝》一九,《船山全书》第10册,第233~234页。
[2] 王夫之:《读通鉴论》卷十七《梁武帝》二六,《船山全书》第10册,第653页。
[3] 王夫之:《读通鉴论》卷七《后汉安帝》一〇,《船山全书》第10册,第291页。
[4] 何晏注,邢昺疏:《论语注疏》卷十二《颜渊》,《十三经注疏》,第5439页。
[5] 王安石著,李之亮笺注:《王荆公文集笺注》卷五《乞改科条制》,成都:巴蜀书社,2005年,第154页。
[6] 王夫之:《读通鉴论》卷十七《梁武帝》六,《船山全书》第10册,第628页。
[7] 王夫之:《读通鉴论》卷三《汉武帝》一一,《船山全书》第10册,第135页。

期曾选拔学士往云门山何胤门下受业,受到王夫之的赞赏:"知教之下移而不锢之于上,亦贤矣哉!"王夫之并不否定文教下移的可取之处:"国家以学校为取舍人才之径,士挟利达之心,桎梏于章程,以应上之求,则立志已荒而居业必陋。天子虽欲游学者之志于昭旷之原而莫由,固不如下之为教为学也,无进退荣辱之相禁制,能使志清而气亦昌也。"[1]

文教包罗甚广,王夫之对礼义风俗最为关注。他说:"夫礼之为教,至矣大矣,天地之所自位也,鬼神之所自绥也,仁义之以为体,孝弟之以为用者也;五伦之所经纬,人禽之所分辨,治乱之所司,贤不肖之所裁者也,舍此而道无所丽矣。故夷狄蔑之,盗贼恶之,佛、老弃之,其绝可惧也。"[2]所以,他不厌其烦地多次批驳管子"衣食足而后礼义兴"的说法。"衣食足而后礼义兴,管仲之言也,而仲尼固曰:'管仲之器小也。'"[3]孔子为何如此评价管子?王夫之分析道:"'衣食足而后廉耻兴,财物阜而后礼乐作',是执末以求其本也。执末以求其本,非即忘本也,而遗本趋末者托焉。"这个解读可视为一种颠覆,因为管子的言论长期被历代学者视为至理名言,很少有人提出异议。王夫之可谓别出心裁,认为管子颠倒了衣食与礼乐的本末关系。

> 夫末者,以资本之用者也,而非待末而后有本也。待其足而后有廉耻,待其阜而后有礼乐,则先乎此者无有矣。无有之,姑且置之,可以得利者无不为也,于是廉耻刓而礼乐之实丧。迨乎财利荡其心,愊淫骄辟,乃欲反之于道,犹解巨舰之维于三峡,资一楫以持之而使上,未由得已。
>
> 且夫廉耻刓而欲知足,礼乐之实丧而欲知阜,天地之大,山海之富,未有能厌鞠人之欲者矣。故有余不足,无一成之准,而其数亦因之。见为余,未有余也,然而用之而果有余矣。见其不足,则不足矣,及其用之而果不足矣。官天地,府山海,而以天下为家者,固异于持赢之贾,积粟之农,愈见不足而后足者也。通四海以为计,一公私以为藏,彻彼此以为会。消息之者,道也;劝天下以丰者,和也;养衣食之源者,义也;司财物之生者,

---

[1] 王夫之:《读通鉴论》卷十七《梁武帝》六,《船山全书》第 10 册,第 629 页。
[2] 王夫之:《读通鉴论》卷十七《梁武帝》一〇,《船山全书》第 10 册,第 634~635 页。
[3] 王夫之:《诗广传》卷五《周颂》一二《论臣工与噫嘻》,《船山全书》第 3 册,第 492~494 页。

仁也。仁不至,义不立,和不浃,道不备,操足之心而不足,操不足之心而愈不足矣。奚以知其然也?竞天下以渔猎之情,而物无以长也。

由此言之,先王以裕民之衣食,必以廉耻之心裕之;以调国之财用,必以礼乐之情调之;其异于管商之末说,亦辨矣。[1]

王夫之承认衣食的富足有助于礼乐的兴起,但与廉耻、礼乐并无必然联系,礼义并不会随着物质的丰富而自然出现。如果等物质丰富之后才讲礼义道德,那么在谋求衣食的过程中很可能无所不为;实际上,没有礼义廉耻的约束,人们的物质贪欲恐怕也永不会满足,所以不是先有物质的充足才会有道德水准的提高,而应以礼义道德的约束去推动财富的增长。管子的片面性是只看到物质对道德的决定作用,而忽视道德对物质的反作用,王夫之克服了这一不足,提出财物未丰之时,更需要道德的约束,提防"渔猎之情"的泛滥。王夫之以此为认识前提,对汉初叔孙通大兴礼乐的做法给予了充分肯定,并驳斥"礼乐百年而后兴"为谬论。

有儒生认为大兴礼乐应在休养生息之后,王夫之指出这源自管子的邪说,没有意识到礼乐对于立国的重要性:

子曰:"自古皆有死,民无信不立。"信者,礼之干也;礼者,信之资也。有一日之生,立一日之国,唯此大礼之序、大乐之和、不容息而已。死者何以必葬?伤者何以必恤?此敬爱之心不容昧焉耳。敬焉而序有必顺,爱焉而和有必浃,动之于无形声之微,而发起其庄肃乐易之情,则民知非苟于得生者之可以生,苟于得利者之可以利,相恤相亲,不相背弃,而后生养以遂。故晏子曰:"唯礼可以已乱。"然则立国之始,所以顺民之气而劝之休养者,非礼乐何以哉?

王夫之认为礼乐可以使国家实现有序中和,这才是根本,休养生息不过是枝叶,武王克殷不久就修禋祀之典,成《象武》之乐,周公后来就是在其基础上进一步完善,就是先例。秦以法治国,周代的礼乐制度几乎被抛弃殆尽,迫切

---

[1] 王夫之:《诗广传》卷三《小雅》一〇《论鱼丽》,《船山全书》第3册,第394页。

需要重建,"秦之苛严,汉初之简略,相激相反,而天下且成乎鄙倍。举其大纲,以风起于崩坏之余,亦何遽不可?而非直无不可也;非是,则生人之心、生人之理、日颓靡而之于泯亡矣"。否则,如鲁国儒生所言,百年之后才兴礼乐,那么简直令人无法想象将是如何混乱的局面,"将百年以内,人心不靖,风化未起,汲汲于生养死葬之图;则德色父而谇语姑,亦谁与震动容与其天良,而使无背死不葬、捐伤不恤也哉?"所以他说:"子曰:'礼乐不兴,则刑罚不中,民无所措手足。'务本教也。"[1]根据时势的变化,王夫之说汉惠帝时期的萧规曹随现象,"唯其时之不得不因也"。"鲁两生曰:'礼乐百年而后兴。'唯惠帝之时言此为宜尔。"因为此时高祖刚刚驾崩,吕后掌权,惠帝孱弱,曹参倘若在此时改易旧典,必然人心不稳,酿成大祸。他提出:

> 夫饬大法、正大经、安上治民、移风易俗,有本焉,有末焉,有质焉,有文焉。立纲修纪,拨乱反正,使人知有上下之辨、吉凶之则者,其本也。缘饰以备其文章,归于允协者,其末也。末者,非一日之积也。文者,非一端之饰也。豫立而不可一日缓者,其本质也。俟时而相因以益者,其末文也。[2]

礼乐用来区分上下之辨、吉凶之则,有利于立纲修纪,拨乱反正,是治国的根本,不可延缓;而其细节则可以逐步完善,不必急于一时,"礼乐不待兴于百年,抑不可遽兴于一日",[3]"草创者不爽其大纲,而后起者可借,又奚必人之娴于习而物之给于用邪!"[4]王夫之能从不同角度,依据不同时势提出以上看法,令人叹服。

治民方面,王夫之从天下公义出发,提出民众的生死更重于一家一姓的兴亡。他评价晋室东渡后,自王敦、桓温后,代有权臣,司马、刘、萧氏之宗社不断覆灭;至于兴兵作乱者则数不胜数,如王恭、殷仲堪、刘毅、沈攸之、萧颖胄等,可谓烽烟四起的乱世,"然而兵屡乱、国屡危,而百姓犹能相保,乱民无掠夺之

---

[1] 王夫之:《读通鉴论》卷二《汉高帝》一二,《船山全书》第10册,第86~87页。
[2] 王夫之:《读通鉴论》卷二《汉惠帝》一,《船山全书》第10册,第91~93页。
[3] 王夫之:《读通鉴论》卷三《文帝》三,《船山全书》第10册,第97页。
[4] 王夫之:《读通鉴论》卷二《汉高帝》一二,《船山全书》第10册,第87页。

恶,羸弱无流离之苦,则祸止于上,而下之生遂不惊也"。因此,他说:"以在上之仁而言之,则一姓之兴亡,私也;而生民之生死,公也。"[1]也就是说,倘若改朝换代不会损害百姓,也未尝不可:"天下者,非一姓之私也,兴亡之修短有恒数,苟易姓而无原野流血之惨,则轻授他人而民不病。魏之授晋,上虽逆而下固安,无乃不可乎!"[2]另外他还比较汉魏的历史,光武中兴汉室,国祚绵延近两百年;曹魏却不过短短五世而亡,但东汉自顺帝之后数十年间,"毒流天下,贤士骈首以就死,穷民空国以胥溺,盗贼接迹而蔓延";曹魏被晋取代,"祸不加于士,毒不流于民,盗不骋于郊",因此,王夫之认为"以民生计之,魏之民为幸矣"。[3]

王夫之作为明末清初启蒙思潮中的重要成员,与其他学者相比,他的民本思想的特点或许是更为注重以"法"利民,他说:"国之利不宜计也,而必计利民。利民者,非一切之法所可据为典要,唯其时而已。"如赋税制度,唐初租出谷,庸出绢,调出缯、纩、布,后来施行两税法,缯、纩、布改为纳钱。陆贽认为所征非所业,所业非所征,主张仍输本色。王夫之不同意其说,认为"执常理以言之,宜无以易也;揣事理以言之,则有未允者焉"。绢、缯、纩、布精粗不齐,质量不一,不求其精容易造成"民俗之偷,且以行滥之物输官,而吏以包容受赇,既损国计、导民奸";如必求精良者,"墨吏、猾胥操权以苛责为索贿之媒,民困不可言矣"。不宜种植桑麻的农民,必须出售所产的作物,换钱后再购买绢、缯、纩等,被层层盘剥,只会加重农民的负担。丝织品不易于保存与运输,尤其江南烟雨之乡,更易腐坏,"有积之数十年而朽于藏者矣;以给吏士,不堪衣被,则怨起于下,是竭小民机杼之劳,委之于粪土矣"。因此,唐初白银尚未大量使用,铸钱也少,可以都征收本色,但到白银、铸钱大量流通之时,"固无如折色之利民而无病于国也","民虽一劳而永逸,上有支给而下有实利"。所以,利民之法,不可盲目因袭前代,要依据时代变化做调整,"故论治者贵于知通也"。[4]另如常平法,本是利民之善术,可惜后世没人推行,宋代王安石变法,青苗法即模仿其而来,可惜也未成功。王夫之认为三代时期诸侯各有封国,地狭、民寡、

---

[1] 王夫之:《读通鉴论》卷十七《梁敬帝》三,《船山全书》第10册,第669页。
[2] 王夫之:《读通鉴论》卷十一《晋武帝》一,《船山全书》第10册,第416页。
[3] 王夫之:《读通鉴论》卷十《三国》一,《船山全书》第10册,第374页。
[4] 王夫之:《读通鉴论》卷二十四《唐德宗》三四,《船山全书》第10册,第941~942页。

事简,比较适合常平法的推行,"然而未尝行者,以生生之计,宽民于有余,民自得节宣焉,不必上之计之也"。后世郡县之天下则不同,"财赋广,而五方之民情各异,其能以一切之治为治乎?"那么常平法不能实施吗？王夫之说既然是利民之善术,为何不可推行,只要"因其地,酌其民之情,良有司制之,乡之贤士大夫身任而固守之,可以百年而无弊,而非天子所可以齐一天下者也"。[1]另如北魏孝文帝太和九年(485),李冲提议五家立邻长,五邻立里长,五里立党长,这是效法《周礼》的遗制而设。但周制与魏制不同,西周时期地狭民寡,"以甚狭之地,任甚寡之民,区别而屑分之也易"。后世则地广人多,"以治众大之法治寡小,则疏而不理;以治寡小之法治众大,则渎而不行"。所以,《周礼》之制,或可行于一邑,若想推广至全国则未必可行。因为"地有肥瘠,民有淳顽,而为之长者亦异矣。民疲而瘠,则五家之累端于一家;民悍而顽,则是五家而置一豺虎以临之也"。而且三长的职责,无论是仅负责赋役,还是兼管讼狱禁制,都可能存在问题:"兼司禁制,则弱肉强食,相迫而无穷;独任赋役,则李代桃僵,交倾而不给。黠者因公私敛,拙者奔走不遑,民之困于斯极矣。非商鞅其孰忍为此哉!"总之,王夫之的核心观点是:"一切之法不可齐天下,虽圣人复起,不能易吾说也。"具体如下:

> 天下之大,田赋之多,人民之众,固不可以一切之法治之也。有王者起,酌腹里边方、山泽肥瘠、民人众寡、风俗淳顽,因其故俗之便,使民自陈之,邑之贤士大夫酌之,良有司裁之,公卿决之,天子制之,可以行之数百年而不敝。而不可合南北、齐山泽、均刚柔、一利钝,一概强天下以同而自谓均平。盖一切之法者,大利于此,则大害于彼者也。如之何其可行也![2]

一切的制度都有其局限,时代不同、地域有别、百姓多寡、风俗有异,都需要根据不同的情况、广泛参考各种意见,对制度做出适当的调整,如此才可能"行之数百年而不敝",否则武断推行一成不变的"一切之法",只会祸国殃民。这样一种因地制宜、民能"自陈"、各级官吏裁决、君主"制之"的社会,在当时无

---

[1] 王夫之:《读通鉴论》卷四《汉宣帝》一七,《船山全书》第10册,第170页。
[2] 王夫之:《读通鉴论》卷十六《齐武帝》七,《船山全书》第10册,第606～608页。

疑是一种美好的憧憬。

第三节 王夫之经学对史学的影响

王夫之对《易》学、《礼》学与《春秋》学的研究,都对他的史学产生了影响,下面分而述之。

一、《易》学、《礼》学与王夫之的历史观念

王夫之认为《易》与礼之间关系密切,笔者试图从这个角度入手,讨论这一认识对其史学观念的影响。

王夫之指出《易》与礼在经世的旨趣上相近,《易》是圣人忧世、防范祸乱的大法:

> 《易》不为小人谋,而为天下忧,惩小人之妄而使之戢,则祸乱不作,故大义所垂以遏小人之恶者,亦昭著而不隐。[1]

> (朱子)以《易》为占筮之书而不使之学,盖亦矫枉之过;几令伏羲、文王、周公、孔子继天立极、扶正人心之大法,下同京房、管辂、郭璞、贾耽壬遁奇禽之小技。[2]

> 《象传》于此二卦,畅言天地万物消长通塞之机,在往来之际,所以示古今治乱道术邪正之大经,而戒人主之亲贤远奸,君子之持己以中、待物以和,至为深切。学《易》者当于此而审得失存亡之几,不可或忽。乃先儒谓《易》但为筮利害而作,非学者之先务,何其与圣人之情相违也![3]

所以针对朱熹把《易》仅仅视作卜筮之书,而非圣人经世之具,他多次表示不满。他认为礼承担着"化民成俗""安上治民"的重任:"《六经》之教,化民成

---

[1] 王夫之:《读通鉴论》卷十五《宋文帝》十五,《船山全书》第10册,第571页。
[2] 王夫之:《张子正蒙注·序论》,《船山全书》第12册,第12页。
[3] 王夫之:《周易内传》,《船山全书》第1册,第142页。

俗之大,而归之于《礼》,以明其安上治民之功而必不可废。""《六经》皆圣人之教而尤莫尚于《礼》,以使人之实践于行,则善日崇而恶自远,盖易知简能,而化民成俗之妙,至于迁善而不知为之者。"[1]不仅如此,二者也有密切的联系:

> 礼之兴也于中古,《易》之兴也亦于中古。《易》与礼相得以章,而因《易》以生礼。故周以礼立国,而道肇于《易》。韩宣子观《易》象与《春秋》,而曰"周礼尽在鲁矣",殆有以见其然也。
>
> 《易》全用而无择,礼慎用而有则。礼合天经地纬,以备人事之吉凶,而于《易》则不敢泰然尽用之,于是而九卦之德著焉。《易》兼常变,礼惟贞常。《易》道大而无惭,礼数约而守正。故《易》极变而礼惟居常。[2]

礼生于《易》,二者产生的时间大致相近,虽然"《易》兼常变,礼惟贞常",《易》"常"与"变"兼备,但二者毕竟各有侧重,《易》"极变",礼"居常",因此二者可以互相弥补,相得益彰。此外,因历史本身是变与不变的统一,变是绝对的,不变是相对的,因此主张通变的《易》适用于一切现象,礼却须慎用,并坚守一定的准则。有意识地结合礼与《易》,分别从"因"与"革"两个不同的角度认识、分析历史问题,这在中国古代史学上是不多见的,大概可以说是王夫之史论的特色。

《周易》对历代史家的影响,主要集中于忧患意识、通变思想及历史变革观念,这些在王夫之的思想中也都有丰富的体现。

忧患意识:王夫之的《礼记章句》一书,正是明清之际社会巨变、民族文化面临沦亡背景下的产物:"夫之生际晦冥,遘闵幽怨,悼大礼之已斩,惧人道之不立,欲乘未死之暇,上溯《三礼》,下迄汉、晋、五季、唐、宋以及昭代之典礼,折衷得失,立之定断,以存先王之精意,征诸实用……人禽之辨、夷夏之分、君子小人之别,未尝不三致意焉。"[3]《读通鉴论》同样体现了其忧时悯世的情怀:"取古人宗社之安危,代为之忧患,而己之去危以即安者在矣;取古昔民情之利

---

[1] 王夫之:《礼记章句》,《船山全书》第4册,第1171页。
[2] 王夫之:《周易外传》,《船山全书》第1册,第1056~1057页。
[3] 王夫之:《礼记章句序》,《船山全书》第4册,第10页。

病,代为之斟酌,而今之兴利以除害者在矣。"[1]

通变思想:在王夫之的著作中更是随处可见。如他说:"事穷而变,变则有通之几焉。"[2]"知此(议道以垂大法、正大经者,固未可一概论也)者,然后可以通天下之变,斟酌典礼而无所遗憾于人心。"[3]"善师古者,凡此类(职任)勿容忽焉不察也。其他因时随土以立一切之法者,固可变通以行其化裁者也,而又何成法之必仿乎?"[4]"凡政皆可以宜民,莫匪治之资;而善取资者,变通以成乎可久。"[5]他屡屡强调在处理现实问题时要懂得变通,不可泥古,否则无异于病国毒民,贻害匪浅:"诵一先生之言,益以《六经》之绪说,附以历代之因革,时已异而守其故株,道已殊而寻其蠹迹;从不知国之所恃赖,民之所便安,而但任其闻见之私,以争得失;而田赋、兵戎、刑名、官守,泥其所不通,以病国毒民而不恤。"[6]如果说王夫之的史论代表了中国古代史学的最高成就,那么应首先归功于其"通变的史识"。[7]

历史变革观念:变革是通变思想的某种具体化,"时已变,则道随而易,守而不变,则于情理未之协也"。[8] 王夫之曾多次就商、周革命提出对变革的思考:

> 商、周之革命也,非但易位而已,文质之损益俱不相沿,天之正朔、人之典礼、物之声色臭味,皆惩其敝而易其用,俾可久而成数百年之大法。……革者,非常之事,一代之必废,而后一代以兴;前王之法已敝,而后更为制作。[9]

> 汤、武体天之道,尽长人、合礼、利物、贞干之道以顺天,文明著而人皆

---

[1] 王夫之:《读通鉴论》卷末《叙论四》,《船山全书》第10册,第956页。
[2] 王夫之:《读通鉴论》卷二十四《德宗七》,《船山全书》第10册,第717页。
[3] 王夫之:《宋论》卷十一《孝宗二》,中华书局,1964年,第206页。
[4] 王夫之:《读通鉴论》卷二十二《玄宗十五》,《船山全书》第10册,第666页。
[5] 王夫之:《读通鉴论》卷末《叙论四》,《船山全书》第10册,第956页。
[6] 王夫之:《宋论》卷三《真宗三》,第58页。
[7] 吴怀祺:《易学与史学》,北京:中国书店,2004年,第183页。
[8] 王夫之:《宋论》卷一《太祖》,第22页。
[9] 王夫之:《周易内传》,《船山全书》第1册,第396页。

说以应乎人,乃革前王之命。当革之时,行革之事,非甚盛德,谁能当此乎![1]

承弊易变,才可使"人皆悦";但"弊"不同,"革"自然也不同,不可拘泥于成规;且应当变革之时,就要顺应时势,勇于变革,废前代之弊政,才能创造新的天地。这应是王夫之对其所处大变革时代的积极回应。

忧患意识、通变思想和变革观念,在王夫之的思想体系中应该是逐步深化、层层递进的,以强烈的忧患意识为前提,他倡导学术为现实服务,于是试图从历史中寻求借鉴,历史的经验让他懂得要随时变通,并在弊政难返的情况下推行变革。

通变思想与变革观念虽是王夫之史学思想中的重要内容,但以往的研究显然偏重于"革",而忽视了"因",后者同样是探讨王氏史学不可或缺的内容。

前文已谈到,《易》"常""变"兼备,就是说也包含"不易",王夫之就曾以象与数来区别"常"和"变":"居因其常,象,至常者也。动因乎变,数,至变者也"。[2] 不过,《易》毕竟更侧重于"变",所以王夫之注意运用礼的"居常"性来予以弥补。他提出:"'革'者,非常者也。三代有必因之礼,百王有不易之道。且夕数变,非治道也,初终数改,非德行也。"[3]变革并非治国的常用手段,不能经常推行,否则旦夕数变,没有稳定的政策,势必带来社会动荡,因此他要求慎重对待变革。"三代有必因之礼,百王有不易之道。""因"是历史的常态,也是治国的常用之道,"尧舜有所不必因,桀纣有所不可革也","因"与"革"的标准并不能简单归结为"承治者因之,承乱者革之",而是"随时而协于中"。[4]"因亦一道也,革亦一道也。其通也,时也;万古不易者,时之贞也。其塞也,时也;古今殊异者,时之顺也。""圣人于常治变,于变有常,夫乃与时偕行,以待忧患。而其大用,则莫若以礼。"可见无论是"因"还是"革",虽取决于"时",礼却起着至关重要的作用。

---

[1] 王夫之:《周易内传》,《船山全书》第1册,第398页。
[2] 王夫之:《周易外传》,《船山全书》第1册,第994页。
[3] 王夫之:《周易大象解·革》,《船山全书》第1册,第726页。
[4] 王夫之:《尚书引义》卷五《酒诰梓材》,《船山全书》第2册,第372、369页。

> 夫礼,极情守经以用其盛,非与忧患谋,而若与忧患反。故世俗之言曰:"救焚拯溺而用乡饮酒之礼。"诮其不相谋而相反也。而非然也,苟乡饮酒之礼行焉,君子以叙,小人以睦,同井相亲,患难相恤,于以救焚拯溺也,固优为之,岂必求焦头从井之功于饮博椎埋之攘臂者乎?变者其时,常者其德。涉其迹者疑其迁,体其实者知其大。而奈何曰"因变而变,而奚礼为"也?[1]

礼从表面来看,从短期效应来分析,都似乎与忧患无关,甚至反而有些背道而驰,但王夫之认为正是凭借礼来敦厚风俗、推行教化,从容达到"救焚拯溺"的目的,因此忧患意识并不必然体现在人们的振臂高呼、以死报国这一类轰动性的行为上。与危机出现后才试图予以挽救相比,防患于未然的礼似乎更为根本。他还进一步提出,因礼以化民成俗达到安上治民的效果,治国过程中倘若对其弃而不顾,势必自食其果。"礼义素著,则亲上死长,以为国御侮,而无敌于天下矣。……后世唯不能以礼为立国之本,而患天下之难制,乃废封建,销兵戎,将以弱天下而天下愈裂。"[2]他还特别指出轻视礼义的道家和权谋之士都不利于治国:"彼驰骋天下而丧其天则者:一为聃、周之徒,游万物而自匿,则以礼为薄;一为权谋之士,随万物而斗智,则以礼为迂。此李斯之所以亡秦,而王衍诸人之所以祸晋也。而末世之忧患不瘳矣。"[3]王夫之从废弃礼教的角度归咎李斯、王衍的祸国罪责是否合理,还需仔细分析。

礼对于治国不可缺少,但并不拒绝变易:"圣人之于礼,未尝不因变矣。数盈则忧患不生,乃盈则必溢,而变在常之中;数虚则忧患斯起,乃虚可以受,而常亦在变之中。"[4]可见以"因"为主的礼,仍然不能避免"革","相生相息而皆其常,相延相代而无有非变"[5],变是绝对的,常是相对的,《易》与礼在王夫之的思想中就是这么交错而互补地存在着。礼生于《易》,因此也就必然更多地受到《易》的影响,尤其在通变这一点上体现得特别突出。王夫之对此有深刻

---

[1] 王夫之:《周易外传》,《船山全书》第1册,第1058页。
[2] 王夫之:《礼记章句》,《船山全书》第4册,第1553~1554页。
[3] 王夫之:《周易外传》,《船山全书》第1册,第1058~1059页。
[4] 王夫之:《周易外传》,《船山全书》第1册,第1058页。
[5] 王夫之:《周易外传》,《船山全书》第1册,第946页。

的认识:

> 礼因时向盛,而原委初终,实相因而立,则古今初无异致,斯三代之所以反斯世于大道之公。若其精义之存,一以天道人情为端,质文递变,与时偕行,而顺承天者,固可于《夏时》《坤乾》而得其斟酌损益之由矣。[1]
>
> 礼曰:"时为大。"百王相承,所损益可知也。圣人许时王以损益,则贞观之改周制,可无疑已。[2]
>
> 会通者在一时一事,而必因时以求当其不易之大法,则典礼无不行矣。[3]
>
> 秦废三代之彝典,制氏、戴氏、后氏仅传其一曲,而不可通之于他,未可执也。且即其存者而犹有不可执者焉。子曰:"殷因于夏礼,所损益可知也。"因者,仁义之蕴、中和之藏、彝伦之叙耳。夏、殷、周治法相仍,而犹随时以损益,况郡县之天下迥异于三代者哉![4]

礼,"时为大",所以适当的变革是无可非议的。"因"中也包含着"损益",说明所谓的"因"与"革"的区别,关键是看继承还是改革居多。虽然有时礼制的变革有其不当的地方,但王夫之指出不必为此担心,可待后人进一步完善:"善其损益,虽或有过焉,可俟后之作者继起而改之,可勿虑也。"[5]

礼虽也需适应时代变化,但王夫之强调并非所有的礼都可变革:

> 礼有不可变者,有可变者。不可变者,先王亦既斟酌情理,知后之无异于今,而创为万世法;变之者非大伦之正也。可变者,在先王之世,尊尊亲亲,各异其道,一王创制,义通于一,必如是而后可行;时已变,则道随而易,守而不变,则于情理未之协也。[6]

---

[1] 王夫之:《礼记章句》,《船山全书》第4册,第548页。
[2] 王夫之:《读通鉴论》卷二十《太宗》一六,《船山全书》第10册,第606页。
[3] 王夫之:《周易内传》,《船山全书》第1册,第538页。
[4] 王夫之:《读通鉴论》卷七《后汉和帝》五,《船山全书》第10册,第276页。
[5] 王夫之:《读通鉴论》卷七《后汉和帝》五,《船山全书》第10册,第277页。
[6] 王夫之:《宋论》卷一《太祖》,第22页。

像君臣、父子、夫妇、兄弟、朋友这样的五伦,古今大致皆同,相关的礼制是不应轻易改变的;可以改变的礼,基本属于"非大伦之正"。此外,王夫之将礼分为"体"与"用"时,观点却有些改变,"夫三纲五常者,礼之体也;忠、质、文者,礼之用也。所损益者固在用,而用即体之用,要不可分"。虽然从大体而言,损益主要集中于"用",但体、用本不可分,"用"损益的过程必然带动"体"的逐步改变,所以三纲五常仍然是有所损益的:"先赏后罚,则损义之有余,益仁之不足,先罚后赏,则损仁之有余,益义之不足;是五常亦有损益也。商道亲亲,舍孙而立子,则损君臣之义,益父子之恩;周道尊尊,舍子而立孙,则损父子之恩,益君臣之义;是三纲亦有损益也。"[1]五伦的不变自然也是相对的,改变则是不可避免的,所以王夫之最终承认三纲五常有所改变是符合历史事实的。由此,也说明王夫之的认识中,几乎任何事情都不是绝对的,都存有两面性,这种辩证的思维应该是受益于其《易》学。

王夫之对礼的重视,不仅在于能从因与革两个方面更全面地分析、认识历史,也是对华夏民族文化出路的探讨。他提出:"其为人所独有而鸟兽之所必无者,礼而已矣。故'礼'者,人道也。礼隐于心而不能著之于外,则仁义智信之心虽或偶发,亦因天机之乍动,与虎狼之父子、蜂蚁之君臣无别,而人道毁矣。君子遭时之不造,礼教堕,文物圮,人将胥沦于禽兽,如之何其惧邪?"[2]礼的有无,是区分人与禽兽的根本标志。生逢异族入侵、以礼教为象征的华夏文化面临沦亡的紧要关头,有志之士岂能坐视不理呢?王夫之还指出礼的沦丧,也是导致华夏民族为其他民族征服的原因,因此要彻底驱除"夷狄",必须要弘扬礼:"呜呼,礼亦重矣!礼之蔑也,祸成于狄,则欲救狄祸者,莫礼急也。功能驱狄,而道不足以弘礼,其驱之也必复。"[3]

礼是区分华夷的根本标志,也是挽救民族危亡的关键,但礼包含多方面的内容,王夫之主要就衣冠与风俗进行了探讨。

其实,"衣冠"本身就有文明礼教之义,在王夫之的论述中也不少见。如"天假(晋)明帝以年,以之收北方离合不定之人心,而乘冉闵之乱,吹枯折槁,

---

[1] 王夫之:《读四书大全说》,《船山全书》第6册,第611页。
[2] 王夫之:《礼记章句》,《船山全书》第4册,第18页。
[3] 王夫之:《春秋家说》,《船山全书》第5册,第146页。

以复衣冠礼乐之中夏;知其无难也"。[1]"晋南渡而衣冠移于江左,贤不肖之不齐,而风范廉隅养其耻心者,非暴君篡主之能销铄也。"[2]所谓的"衣冠南渡"问题,我们在论述顾炎武的风俗教化问题时曾有提及,那就是中原王朝因民族战争失利而不得不南迁时,会涌现大批志士有意识地携带礼俗同行,在他们心中,这是中华文明得以保留的最为重要的方式。王夫之对于这些观念也十分赞同。因此,凡是那些出身汉人而遗忘民族文化,逢迎落后的野蛮风俗者,均受到他严厉的贬责。如胡睦本为西晋遗民,竟然提出东晋苟安于江左,不值得拥戴,奉劝冉闵称帝,王夫之愤激道:

> (胡)睦之丧心失志至此极也,夫亦有其故矣。自刘渊起,中国人士诎于势而事之,始亦有不得已之心焉。已而食其余以有富贵,假其威福以陵孤寡而啮龁之,改易礼法以狎其俗,口甘其味,身便其服者数十年矣,故心尽亡而习之也安。借使归故版而奉正朔,则江东人士羞与为伍,而无以自容。于是闻中国衣冠之名而恧然沮矣。[3]

中原人士即使服从于少数民族的统治,也多为势力所迫,胡睦则是心甘情愿地逢迎冉闵,改易礼法,身着胡服,借此谋求富贵,可谓无耻之极。

王夫之不仅重视象征意义的"衣冠",更对具体的"衣裳"予以较多的关注。

> 《易》曰:"黄帝、尧、舜垂衣裳而天下治,盖取诸乾坤。"衣裳之义,系于三极之道,亦甚重矣。人之所以为人而别于禽兽者,上下之等,君臣之分,男女之嫌,君子野人之辨,章服焉而已矣;否则,君臣混处,男女杂秽,而君子之治野人也,抑无以建威而生其恭,故曰:"天尊地卑,乾坤定矣;方以类聚,物以群分,吉凶生矣;在天成象,在地成形,变化见矣。"衣裳者,乾坤之法象,人道之纪纲。[4]

> 衣裳之垂,其为生人之用,亦与数者均尔。……乃圣人独取《乾坤》之

---

[1] 王夫之:《读通鉴论》卷十三《明帝》一,《船山全书》第10册,第346页。
[2] 王夫之:《读通鉴论》卷十八《后主》二,《船山全书》第10册,第538页。
[3] 王夫之:《读通鉴论》卷十三《穆帝》三,《船山全书》第10册,第364页。
[4] 王夫之:《礼记章句》,《船山全书》第4册,第723~724页。

法象以当之，而以天下之治系之。呜呼！孰有知其为天地之大经，人禽之大别，治乱之大辨，以建人极而不可毁者乎？……呜呼！衣裳之于人，大矣哉！可敬者义之府也，可爱者仁之缊也；是善恶之枢也，生杀之机也，治乱之司也，君子野人之辨也。而尤莫大乎人禽之别焉。[1]

《易》曰："〔黄帝、尧、舜〕垂衣裳而天下治，〔盖〕取诸乾坤"，是天之经，地之义，人之所以异于禽兽，中国之所以异于夷狄，君子之所以异于野人，而养其气体，使椎鄙淫冶驵戾之气潜移默化而不自知，诚人道之切要也。[2]

王夫之所提出的"礼生于《易》"的观点，在上引的三段文献中有了具体的诠释。"衣裳"本为"乾坤之法象"，运用于人类社会中，则成为区分上下、君臣、男女、君子小人、人与禽的具体标志，也由此掌控着善恶之分、生杀之机、治乱之司，变成"人道之纪纲"，尤其重要。不过，王夫之最为重视的，却是"衣裳"用来区分人与禽兽这层意义。当然，他所谓的"人禽之别"并非指真正的人与禽兽，而指文明先进的汉人与野蛮落后的"夷狄"。他说："世降礼坏，夷狄之习日移，而三代之法服几无可传焉。"[3]如妲己的男冠、赵武灵王的胡服骑射、何晏着女服、宋齐侯的羽衣、王旦披缁等等，小则害己，大则亡国，"小变而流于妖，祸发于当年；大变而滥于禽，祸且移于运会矣。古之圣人，法象治之而有余；后之王者，干戈争之而不足。《易》曰：'《易》不可见，乾坤或几乎息矣。'是殆《易》毁而乾坤将息之日也与！悲夫！"[4]"夷狄"习俗逐渐被汉人接受，在他看来埋藏着巨大的祸根，是"乾坤将息之日"。这与顾炎武"乾坤或几乎息之秋"的言辞几乎如出一辙。

正因为"衣裳"具有如此重大的意义，所以他提出："有王者起，修明章服以为典礼之本。"[5]古代衣冠之制都有定式，并有专门的书籍记录，但流传到后世的极少，只有"深衣"有所保留："凡衣裳之制，各成齐而不相连，唯深衣裳连

---

[1] 王夫之：《周易外传》卷六《系辞下传第二章》，《船山全书》第1册，第1036页。
[2] 王夫之：《礼记章句》，《船山全书》第4册，第1437页。
[3] 王夫之：《礼记章句》，《船山全书》第4册，第723～724页。
[4] 王夫之：《周易外传》，《船山全书》第1册，第1036、1037页。
[5] 王夫之：《礼记章句》，《船山全书》第4册，第723页。

于衣,被体深邃,故谓之'深衣'。""深衣"上自天子下至庶人都可以穿,但不同的人穿戴场合有所区别:"天子诸侯服之以养老,大夫士夕深衣以燕居,庶人则以为祭服。"自西晋五胡南下,华夷衣冠混杂,"袴带袍靴于朝祭之服,唐宋之主,因陋涂饰而无能涤正"。"深衣"借助《礼记·深衣》一文保存下来,并被两宋的学者阐发,尤其是朱熹"详考郑氏古注之文,折衷至当,复古而为之式,俾学者得以躬被先王之法服"。王夫之在其基础上参以郑注,并详细注释,"使来者庶有所考焉"。[1]清政权不同于中原的衣冠发型制度,尤其剃发令的强制执行,对中原士大夫带来了强烈的冲击。如果说黄宗羲的《深衣考》关怀的是"儒家文化的保存"[2],那么王夫之的《礼记章句·深衣》表达的应是同一种含义。

王夫之还说:"子曰:'为国以礼。'礼者,固非徒仪文器服之谓,而仪文器服之仅存,犹足以维人心而端风俗,其又可忽乎哉!"[3]"仪文器服"虽不能完全代表礼,但只要稍有保留,就可以维持人心,端正风俗,这在乱世显得尤其重要。前文已提到,汉族士大夫所心仪的"衣冠南渡",实质就是中华礼俗的保留,因此风俗问题自然得到有识之士的重视。良好的风俗对于治国也是很重要的。王夫之在分析国家大政时,虽也承认涉及多方面的内容:铨选为治乱之司,兵戎为存亡之纽,钱谷为国计之本,赋役为生民之命也,刑名为威福之权,礼制不过是人神之纪,但"大者举其要,小者综其详,而莫不系于宗社生民纲纪风俗之大"。[4]所以他倡议"圣王之治,以正俗为先"。[5]不过,王夫之虽然也比较重视风俗,但他对风俗的研究显得零落、分散,没有像顾炎武那样形成系统,他主要在廉耻的问题上花了一些力气。

与顾炎武类似,他也认为廉耻乃"国之维":

> 人之能为大不韪者,非其能无所惧也,唯其能无所耻也。故血气之勇不可任,而犹可器使;唯无所耻者,国家用之而必亡。

---

[1] 王夫之:《礼记章句》,《船山全书》第4册,第1438页。
[2] 赵园:《明清之际士大夫研究》,第314页。
[3] 王夫之:《礼记章句》卷十四《明堂位》,《船山全书》第4册,第788页。
[4] 王夫之:《读通鉴论》卷十九《炀帝》,《船山全书》第10册,第557页。
[5] 王夫之:《读通鉴论》卷五《哀帝》三,《船山全书》第10册,第109页。

……呜呼！人苟自尽丧其耻,则弑父与君而罪不及,亦险矣哉！有国者不辨之于早,徒忌鸷悍之强臣,而容厚颜之鄙夫,国未有不丧者也。故管子曰:廉耻,国之维也。[1]

弑父、灭君的大逆不道行为出自无耻之徒丝毫不足奇怪,因为丧失了耻辱之心,又何从谈及忠与孝呢？王夫之指出历史上首开恶例的无耻者,始于西汉的刘歆、公孙禄,"廉耻之丧也,与人比肩事主,而歆于佐命之荣赏,手取人之社稷以奉奸贼而北面之",此后则有华歆、郗虑诸人的仿效。所以他提出只有培养廉耻之心,才可出忠臣孝子:

呜呼！忠与孝,非可劝而可惩者也。其为忠臣孝子矣,则诱之以不忠不孝,如石之不受水而不待惩也。其为逆臣悖子矣,则奖之以忠孝,如虎之不可驯而不可惩也。然则劝惩之道,唯在廉耻而已。不能忠,而不敢为悖臣;不能孝,而不敢为悖子;刑齐之也,而礼之精存焉。刑非死之足惧也,夺其生之荣,而小人之惧之也甚于死。天子正法以诛之,公卿守法以诘之,天下之士,衣裾不襒其门,比闾之氓,望尘而笑其失据,则惧以生耻。始耻于名利之得丧,而渐以触其羞恶之真,天子大臣所以濯磨一世之人心而保固天下者在此也。[2]

虽然以廉耻作为忠孝的劝惩之道,似乎勉强可以说得通,但企图以此来"濯磨一世之人心而保固天下"显然是不现实的,夸大了廉耻的功能。他追溯了廉耻泯丧的根源,指出为秦国变法所推行的君尊臣卑制度,导致"天下之士廉耻泯丧者五六矣"。此后则是每况愈下,特别"垂及于女直、蒙古之世,鞭笞之,桎梏之,奴虏斥诟之;于是而有'者斯可恶'之恶声施于诏令,廷杖锁拿之酷政行于殿廷";[3]明洪武初年本欲对起有所变革,孰料竟变本加厉,"诚如是其笞辱而不怍矣,奚望其上忧君国之休戚,下畏小民之怨讟乎！身为士大夫,俄

---

[1] 王夫之:《读通鉴论》卷五《哀帝》一,《船山全书》第10册,第107~108页。
[2] 王夫之:《读通鉴论》卷十四《安帝》十,《船山全书》第10册,第396、397页。
[3] 王夫之:《读通鉴论》卷十三《成帝》九,《船山全书》第10册,第355页。

加诸膝,俄坠诸渊,习于诃斥,历于桎梏,褫衣以受隶校之凌践,既使之隐忍而幸于得生。"[1]臣僚动辄遭廷杖等酷刑,失去了基本的尊严,如何能让他们的廉耻之心得以保持呢?更遑论"上忧君国之休戚,下畏小民之怨讟"了。将士人廉耻之心的沦丧归咎于封建社会的尊卑等级制度,这与黄宗羲对"三代"以后君臣关系的分析有异曲同工之妙:君不懂得尊重大臣,视臣如犬马;大臣也不懂得自重,一味逢迎讨好,君臣礼仪完全废弃。

王夫之也极力倡导移风易俗,并告诫不可急功近利,"圣王崛起,移风易俗,抑必甄陶渐渍之有日,而不可旦夕期其速革"。[2]可惜的是,如何移风易俗,他并没有提出可供实行的方案。他还斥责管子"衣食足而后礼义兴"的思想为"邪说",并提出:"立国之始,所以顺民之气而劝之休养者,非礼乐何以哉?譬之树然,生养休息者,枝弃之荣也;有序而和者,根本之润也。今使种树者曰待枝叶之荣而后培其本根。岂有能荣枝叶之一日哉?"[3]这有点本末倒置。与顾炎武以丰衣足食作为美化风俗的前提相比,他的风俗思想显然逊色许多。

二、《春秋》大义与王夫之的史论

王夫之重视《春秋》大义,说:"《春秋》有大义,有微言。义也者,以治事也;言也者,以显义也。"[4]"善治《春秋》者,先大义后微言。求诸大义而不得,于是求之于微言。"[5]将《春秋》视为"义海",即评判一切事物的标准,从而使《春秋》大义成为具有普遍性的法则,具体到史学方面,深刻影响了其对历史事件的认识和评价。

552年,萧梁都城江陵被西魏攻陷,梁元帝萧绎将宫中十四万卷藏书付之一炬,有人问他为何焚书,答曰:"读书万卷,犹有今日,故焚之。"萧绎的焚书之举让人扼腕,后人厌恶其临死尚不知悔改,竟还归咎读书,王夫之认为"此非知读书者之言也。帝之自取灭亡,非读书之故,而抑未尝非读书之故也"。萧绎钟情于写诗论文,但其所好者乃是风花雪月、无病呻吟的宫体诗,虽然其撰著

---

[1] 王夫之:《读通鉴论》卷二《文帝》十三,《船山全书》第10册,第34页。
[2] 王夫之:《读通鉴论》卷十五《孝武帝》,《船山全书》第10册,第441页。
[3] 王夫之:《读通鉴论》卷二《汉高帝》一二,《船山全书》第10册,第17页。
[4] 王夫之:《春秋家说》卷上《隐公》一,《船山全书》第5册,第109页。
[5] 王夫之:《春秋家说》卷中《宣公》三,《船山全书》第5册,第218页。

"搜索骈丽、攒集影迹以夸博记者,非破万卷而不能",但在"君父悬命于逆贼,宗社垂丝于割裂"的危急之时,沉湎于此,完全无视国计民生,显然是"得纤曲而忘大义,迷影迹而失微言",国破身亡实是罪有应得。读书本无错,关键所读者何书,读书目的何在,王夫之说:"夫读书将以何为哉? 辨其大义,以立修己治人之体也;察其微言,以善精义入神之用也。"[1]读书当辨其大义,修己治人,精义入神,施之于用。

王夫之将"大义"做了区分,分为三个层次:

> 有一人之正义,有一时之大义,有古今之通义;轻重之衡,公私之辨,三者不可不察。以一人之义,视一时之大义,而一人之义私矣;以一时之义,视古今之通义,而一时之义私矣;公者重,私者轻矣,权衡之所自定也。三者有时而合,合则亘千古、通天下、而协于一人之正,则以一人之义裁之,而古今天下不能越。有时而不能交全也,则不可以一时废千古,不可以一人废天下。执其一义以求伸,其义虽伸,而非万世不易之公理,是非愈严,而义愈病。

一人之正义、一时之大义与古今之通义三者之间存在轻重、公私的分别,公者重,私者轻,有时可合而为一,更多的时候则是难以两全,那么此时则应坚持"不可以一时废千古,不可以一人废天下","事是君而为是君死,食焉不避其难,义之正也。然有为其主者,非天下所共奉以宜为主者也,则一人之私也"。如孔子弟子子路虽为卫出公辄而死,但其不顾卫辄本身为"一时之乱人",盲目为之效死,根本称不上正义。同样,侍奉偏安割据之主,对抗大公至正之君,即使为之献身,也不是正义之举,因为"君臣者,义之正者也,然而君非天下之君,一时人心不属焉,则义徙矣。此一人之义,不可废天下之公也"。这是一人之私义,自不敌天下之公义。

但天下公义与古今通义相比,仍居于次要:"为天下所共奉之君,君令而臣共,义也;而夷夏者,义之尤严者也。五帝、三王,劳其神明,殚其智勇,为天分气,为地分理,以绝夷于夏,即以绝禽于人,万世守之而不可易,义之确乎不拔

---

[1] 王夫之:《读通鉴论》卷十七《梁元帝》二,《船山全书》第10册,第665页。

而无可徙者也。"王夫之所说的"古今通义"其实就是民族大义。《春秋》对于不奉王命而擅自兴师的诸侯,一般都会予以贬责,但是一旦牵涉夷夏关系,态度就会有所调整:齐桓公次陉之师,晋文公城濮之战,未奉王命,"序其绩而予之";楚子伐陆浑之戎,"书爵以进之";郑伯奉惠王之命抚以从楚,"书逃归以贱之",王夫之认为这些事例充分说明《春秋》"不以一时之君臣,废古今夷夏之通义也"。循此准则,王夫之对桓温与刘裕做出不同评价。东晋大司马桓温讨伐成汉末帝李势,未奉王命,而是私自出击,事后上"抗表",王夫之认为这不合臣道,与李势的僭越行为无异,"论者恶其不臣,是也,天下之义伸也"。刘裕也是"抗表"征讨南燕,南燕是鲜卑族,且世代为祸中原,晋代君臣无力回击;刘裕在"暗主不足与谋,具臣不足与议"的情况下出征,应该得到肯定,否则"援温以责裕,一时之义伸,而古今之义屈矣。如裕者,以《春秋》之义予之,可也"。当然,王夫之也指出后来刘裕废东晋恭帝司马德文,自立为帝,"伸君臣之义以诛之,斯得矣"。[1]可见,民族大义是王夫之评判历史人物功过是非的最高标准。

正是由于将民族大义视为高于一切的标准,王夫之才特别重视夷夏之辨,夷夏之辨在前文已有详细论述,此处仅讨论王夫之坚持民族大义对其评价历史人物的影响。还是以桓温为例。永和五年(349),后赵皇帝石虎驾崩,诸子争夺皇位导致国内混乱。东晋由征北大将军褚衰率军北伐,但失败,桓温在这种形势下屡次上表请求北伐,但因其平成汉后威望太高,东晋朝廷不愿其威名更盛,甚至有人担心一旦桓温北伐成功,就会篡夺东晋的皇位,于是提拔殷浩北伐,对桓温的请求不予回应,后来殷浩北伐失败后,桓温才能出击。完成第一次北伐后,桓温多次上表请求迁都洛阳,但都未获批准,直至升任征讨大都督后,才发动第二次北伐,收复洛阳,任大司马、都督中外诸军事、录尚书事,正式掌握朝政。太和四年(369),桓温请求第三次北伐,计划打败前燕后篡夺东晋政权,孰料战败,声望受损,受制于朝中王、谢势力而未能篡位成功。因为桓温的野心,当时阻挠北伐似乎是合情合理的,后世的学者也无异议。王夫之却不同意,他说:

> 呜呼!天下之大防,人禽之大辨,五帝、三王之大统,即令桓温功成而

---

[1] 王夫之:《读通鉴论》卷十四《东晋安帝》一四,《船山全书》第10册,第535~536页。

篡,犹贤于戴异类以为中国主,况仅王导之与庾亮争权势而分水火哉! 则晋之所谓贤,宋之所谓奸,不必深察其情,而绳以古今之大义,则一也。[1]

"天下之大防,人禽之大辨,五帝、三王之大统"就是夷夏之辨,王夫之对此有明确说明:"天下之大防二:中国、夷狄也,君子、小人也。"[2]"别夷于夏而王事兴,别人于禽而天道正。"[3]"夫百王之道,中国之统,有三纪焉:……地纪者,中国夷狄之所限也。"[4]夷夏之辨如此重要,因此即使桓温篡权成功,也强于"戴异类以为中国主",何况作为东晋中兴名臣之最的王导也曾与庾亮争夺权利,势如水火呢! 因此,王夫之说:"则晋之所谓贤,宋之所谓奸,不必深察其情,而绳以古今之大义,则一也。"朝廷内部的政治争夺在民族矛盾、古今大义面前,显得是那么无足轻重。

另如王夫之对宋代章惇的评价,一方面他说:"章惇之邪,灼然无待辨者。其请经制湖北蛮夷,探神宗用兵之志以希功赏,宜为天下所公非,亦灼然无待辨者。"但另一方面,他从古今大义出发,对宋代章惇经略湖北蛮夷的举措做了充分肯定:"澧、沅、辰、靖之间,蛮不内扰,而安化、靖州等州县,迄今为文治之邑,与湖、湘诸郡县齿,则其功又岂可没乎?"不仅如此,王夫之还说:"乃若以大义论之,则其为功不仅此而已也。"虽说"王者不治夷狄",那也是有针对性的,主要指"沙漠而北,河、洮而西,日南而南,辽海而东"这些九州之外的地方,而九州之内,则应予以治理,否则愧对"君天下":"君天下者,仁天下者也。仁天下者,莫大乎别人于禽兽,而使贵其生。"湘西苗夷部落首领割据其地,时常发生冲突,"皆导其人以駤戾淫虐,沉溺于禽兽,而掊削诛杀,无间于亲疏",章惇恩威并用,征服地方势力,在当地设立州县,完善土司制度,鼓励农耕,轻徭薄赋,发展教育,"涤其腥秽,被以衣冠,渐之摩之,俾《诗》《书》、礼、乐之泽兴焉。于是而忠孝廉节文章政事之良材,乘和气以生,夫岂非仁天下者之大愿哉?"所以,章惇对湘西的开发促进了民族融合,维护了湘西地方社会的稳定,也推动

---

[1] 王夫之:《读通鉴论》卷十三《东晋成帝》一四,《船山全书》第 10 册,第 487 页。
[2] 王夫之:《读通鉴论》卷十四《东晋哀帝》三,《船山全书》第 10 册,第 502 页。
[3] 王夫之:《春秋家说》卷下《昭公》二八,《船山全书》第 5 册,第 334 页。
[4] 王夫之:《春秋家说》卷下《哀公》一六,《船山全书》第 5 册,第 376 页。

了湘西经济的发展,"其功溥,其德正,其仁大矣"。[1]以今天的眼光来看,王夫之的历史见识也是令人赞赏的。

依据《春秋》大义,王夫之还驳斥了"天子死其社稷"的说法。崇祯十七年二月,李自成攻陷山西大同,左都御史李邦华密疏请求崇祯帝固守京师,太子监国于南都,未得答复,于是又请封定、永二王于太平、宁国二府,以拱护两京。崇祯帝心动,召集大臣商讨,中允李明睿赞同南迁,不料内阁首辅陈演反对,并将消息泄露给兵科给事中光时亨,让其上疏谏阻。光时亨坚决主张固守北京,当他慷慨激昂地谴责了那些要放弃京城的人之后,在场的27位大臣竟有19位表示放弃南迁主张。[2]后来李建泰再次提出南迁事,遭到崇祯帝拒绝,说:"国君死社稷,朕将焉往?"于是城破前夕,在煤山自缢。王夫之对此深感痛惜,因此激烈批驳了"天子死其社稷"的说法。"国君死社稷"出自《礼记·曲礼下》:"国君死社稷,大夫死众,士死制。"《公羊传》的类似说法是:"国灭,君死之,正也。"[3]后来"国君死社稷"竟然演变为《春秋》之义:"孙盛曰:《春秋》之义,国君死社稷,卿大夫死位,况称天子而可辱于人乎!"[4]袁绍的谋士审配也说:"盖《春秋》之义,国君死社稷,忠臣死君命。"[5]

王夫之特别批判了宋代的李纲,其书《靖康传信录》在明末很盛行。[6]宣和七年(1125)冬,金兵两路攻宋,完颜宗望(斡离不)所率东路军直逼宋都开封。宋王朝一派慌乱,君臣成日谋划避逃之计。李纲时任太常寺少卿,上御戎五策,极力反对弃城而逃,并阻止徽宗南行,建议徽宗传位给太子赵桓,赵桓(宋钦宗)即位后,升李纲为尚书右丞,负责开封的防御。李纲率领开封军民及时完成防御部署,亲自登城督战,击退金兵,但因反对议和被罢免,贬至建昌、夔州等地。靖康二年(1127)四月,金兵再次两路南下围攻开封,北宋灭亡。王夫之认为北宋到徽宗末年,北宋已是"必亡之势,不可止矣"。内忧外患,不仅女真难以抵御,童贯借金亡辽失策,而且"君不似乎人之君,相不似乎君之相,

---

[1] 王夫之:《宋论》卷六《神宗》八,《船山全书》第11册,第173~176页。
[2] (美)魏斐德:《洪业——清朝开国史》,南京:江苏人民出版社,1998年,第183页。
[3] 何休:《春秋公羊传注疏》襄公六年,上海:上海古籍出版社,2014年,第802页。
[4] 陈寿:《三国志》卷四十二《谯周传》,北京:中华书局,1959年,第1031页。
[5] 范晔:《后汉书》卷七十四下《袁绍传》,北京:中华书局,1965年,第2414页。
[6] (美)魏斐德:《洪业——清朝开国史》,第180页注③。

垂老之童心,冶游之浪子,拥离散之人心以当大变,无一而非必亡之势"。这种形势,犹如诸葛亮不能阻止荆州的崩溃,郭子仪难以阻拦唐玄宗的出逃,而李纲竟然还建议徽宗内禅给哲宗,这是"死守之谋",但死守者必须具有相应的才能,当时朝廷内外仅李纲与种师道二人可以支撑,"尽纲之谋,竭师道之勇,可以任此乎?朱子固已论之曰:'不足恃也。'"所以,无疑是自取灭亡。安史之乱爆发,潼关被破后,唐玄宗入蜀,太子北走朔方,未即帝位,玄宗犹可隐系东南人心,后来太子自行登基,但置身于外,可收西北人心,因此,经历此乱后,尚可卷土重来,收复长安。后来唐代宗、德宗、僖宗都曾仿效玄宗,出奔以避寇,虽乱而不亡,王夫之由此提出"乱起于外者,制之以中;乱集于中者,制之以外。处于有余之地,而后可以自立;可以自立,而后可以御人"。但宋钦宗接受内禅之命,是天子困于汴京,退位的徽宗虽东走,却不再具有号召力,无法获得支持;汴京支持李纲的人不过留恋身家之计,"肩货贿以惜迁徙之愚氓,群起欢呼,以偷一日之安。怀、愍之覆辙,憯莫之惩,以冥行而蹈之,不亦悲乎!"[1]

可惜明朝末年的光时亨竟然再走李纲死守之路,王夫之愤恨地说:"悲夫纲一奋其诐说,以虚名钳人主,灭裂大义,以陷狭中原,而死之残之,贼之亡之。乃有不逞叛人,如光时亨者,剽其余沥,以徼幸而陷主。'谁生万阶,至今为梗!'祸今之天下者,非纲而抑谁耶?彼为纲之说者且曰:'《春秋》之义,国君死社稷'。蒙其文,不知其别,以是而读圣人之书,不如其无读也。"[2]北京城破后,力阻南迁的光时亨竟然无耻地投降李自成,王夫之说当初李纲倘若未被贬往南方,"吾未知其能自异于臣贼之光时亨焉否耶?"[3]"自宋李纲始倡误国之说,为君子者,喜其词之正,而不察《春秋传》大义微言之旨,欲陷天子于一城而弃天下,乃以终灭其宗庙之血食。甚矣!"李纲误导了后人对"国君死社稷,正也"的理解,王夫之屡屡重申"国君"仅是诸侯而非天子,天子以天下为守,不需身殉社稷,即使放弃都城仍拥有天下领土,无可厚非:

《春秋传》曰:"国君死社稷,正也。"国君者,诸侯之谓也,弃其国,寓于

---

[1] 王夫之:《宋论》卷八《徽宗》六,《船山全书》第11册,第201～203页。
[2] 王夫之:《春秋家说》卷上《庄公》五,《船山全书》第5册,第142～144页。
[3] 王夫之:《春秋家说》卷上《庄公》六,《船山全书》第5册,第144页。

他人之国,不得立宗庙、置社稷,委天子之命,绝先祖之祀,殄子孙之世,不若死之愈矣。诸侯之侯度固然,非天子之谓也。[1]

以理言之,死社稷者,诸侯之道也,非天子之道也。诸侯弃其国而无国,天子弃都城而固有天下,未丧其世守也,故未大失也。[2]

国亡与亡也。盖国君之社稷受之天子,承之先君先世,以元德显功受帝王之命而修其先祀,国以外则皆非其所有矣。不能有其土则不能修其祀,神明之胄,浸且降为编氓,而祖功宗德自我绝矣,是以有死而无去,国君之义然也。故《记》言:"国君死社稷",而不言天子,其义明矣。[3]

诸侯以社稷为守,天子以天下为守。以天下为守,故不死其社稷。天子之不下视诸侯,义上也杀。故知杀者而后可以言义。大夫死其家,则是重禄而轻其身也;天子死其社稷,则是怀土而弃天下也。故曰:国君死社稷,正也。目言国君,不概乎天下之君,审矣。死者非死其富贵,死其所守也。[4]

守者以社稷为重,而为国御外侮之见乘,以免于亡。此义唯可行于国君之内难出奔者尔。后世天下一王,而寇贼逼篡,从逆之臣借之以为口实,其谁欺![5]

此类言辞,真可谓不胜枚举,充分体现了王夫之对这个直接导致明朝亡国诱因的深切痛恨。王夫之认为这是崇祯君臣未能分辨《春秋》大义的不同造成:"守《春秋》之义而不知别,挟天子以为孤注,骈首都邑而就敌禽,寒万方之胆而不可卒收。"[6]"邪说窃经义而不详,其为害亦憯矣!后之谋国者不幸而当其变,其尚明辨于此哉!"

王夫之不仅驳斥了"天子死其社稷"的说法,还对天子轻率弃国亡身的行为做了否定:

---

[1] 王夫之:《读通鉴论》卷二十二《唐玄宗》二二,《船山全书》第10册,第858页。
[2] 王夫之:《宋论》卷八《徽宗》六,《船山全书》第11册,第202页。
[3] 王夫之:《礼记章句》卷二《曲礼下》,《船山全书》第4册,第105页。
[4] 王夫之:《春秋家说》卷上《庄公》五,《船山全书》第5册,第142页。
[5] 王夫之:《礼记章句》卷四《檀弓下》,《船山全书》第4册,第260页。
[6] 王夫之:《春秋家说》卷上《庄公》五,《船山全书》第5册,第143页。

> 天子者,天下之望也,前之失道而致出奔,诚不君矣;而天下臣民固倚以为重,而视其存亡为去就;固守一城,而或死或辱于寇贼之手,于是乎寇贼之势益张,而天下臣民若丧其首,而四支亟随以仆。以此为正,而不恤四海之沦胥,则幽王之灭宗周,元帝之斩梁祀,可许以不辱不偷之大节乎?天子抚天下而为之主,京师者,其择便而安居者尔。九州莫非其土,率土莫非其人,一邑未亡,则犹奉宗祧于一邑,臣民之望犹系焉,弗难改图以光复也。而以匹夫硁硁之节,轻一死以瓦解天下乎?[1]

天子以天下为守,"九州莫非其土,率土莫非其人",不必固守一城,因此,就这一点来说崇祯皇帝自己也是有责任的。在重重阻力之下,他最终拒绝了南迁的建议,既不遣太子去南京,他本人也不离京。这使得清军占领北京后比较完整地接管了明朝的中央政府,接收了明朝几乎全部的汉族官吏,依靠他们接管天下并最后征服南方。崇祯帝的决定还导致诸多皇室宗亲继承权利的暧昧不定,以致派系倾轧削弱了南明政权。此外,复明阵营也因之少了一批立志恢复失地、渴望对清朝发动反攻以便光复家园的北方人。崇祯帝这一自我牺牲的决定,就这样最终毁灭了后来复明志士坚守南方的许多希望。[2] 可见,王夫之对于崇祯皇帝以死殉国的批评还是颇有见识的。

---

[1] 王夫之:《读通鉴论》卷二十二《唐玄宗》二二,《船山全书》第 10 册,第 858~859 页。
[2] (美)魏斐德:《洪业——清朝开国史》,第 186 页。

第五章　万斯同的经史之学

"学者尊之如泰山北斗,亲之如光风霁月"[1]的万斯同(1638—1702)是清初的著名学者,也是清代浙东学派的重要代表。他继承黄宗羲之学,在经学与史学领域都卓有建树,[2]但长期以来,学术界关注的重点始终是他的史学,特别是《明史稿》,他的经学研究少有人问津。[3] 我们试图在这方面有所推进,并略分析其史学,继而探讨其经史学的关系。

第一节　万斯同的经学

一、万斯同的经学活动

万斯同自四十二岁时以布衣身份北上京师修史,直至六十五岁去世,他先后协助徐元文、徐乾学与王鸿绪等明史馆总裁或监修修撰《明史》,以博物洽闻而风动海内,"当其在江南会馆时,名王大姓有叩门请见者,有虚左相迎者,或夜半飞骑到门,问以某事某人,则答以片纸,云在某年月、某书、某卷,使者驰去,已而复来,率以为常。其足以备顾问于一时者如此。称之者曰:'天生季

---

[1] 雍正《宁波府志》卷二十五《万斯同传》,《中国方志丛书》第198号,华中地方,台北:成文出版社,1974年,第2038～2039页。
[2] 黄爱平:《天一阁藏万斯同〈明史稿〉考辨》,虞浩旭、饶国庆主编:《万斯同与〈明史〉》(下册),宁波:宁波出版社,2008年,第28页。
[3] 仅方祖猷《万斯同评传》中有专章介绍,但仅涉猎部分内容;另唐一凡对万斯同的《诗经学》思想略有讨论(参见《从〈群书疑辨〉管窥万斯同〈诗经〉学思想》,《华夏文化》2015年第3期);仍有继续探讨的空间。

野,关系有明一代人杰也。'今世所号为名公巨卿咸以不识姓名为耻"。[1]因此,称其为清初史学大师,并非虚誉。但也正因为史学方面声名过盛,掩盖了万斯同其他方面的成就,经学就是如此。

在当时及后世,万斯同的经学也是颇受人赞赏的,如同学郑梁称"吾观季野之学,博通经史",[2]李邺嗣对万斯同赞不绝口:"学通古今,无所不辨,则吾不如季野。"[3]"季野善读书,其于经史之学,开卷了然,能得其纲领。余有所疑,质诸季野始自信。虽季野察余为父党,其执礼甚恭,然余亦心师之。"[4]"吾党之学二:一曰经学,一曰史学……若吾季野,于经史之学,真吾党之畏友也。"[5]因此,他曾"延季野与同居,使儿子暾从受经……如是者遂五年"。[6]友人冯景说:"由先生之道,可以《禹贡》治河,以《春秋》断狱,以《周官》致太平,以三百五篇当谏书,奚而不适用也?"[7]这是充分肯定其经学。稍后的学者,如杭世骏将万斯同与黄宗羲、李光地并列为穷经的代表:"姚江黄太冲、甬东万季野、安溪李文贞公,经学昌矣。"[8]张鉴认为万斯同的经学可与惠栋并列,"吾朝学者踵顶相及,若薛青州、梅勿庵之天算,顾景范、胡朏明之地理,惠松崖、万季野之经学,其他横厉一时,凌铄百代者,所在多有。"[9]因此,我们认为黄百家对万斯同的如下评价是比较恰当的:"(斯同)先生约诸昆侄咸来黄竹浦问学于先遗献。归而为讲经之会,争各磨砺,奋气怒生。从是,公择之心学,涵

---

[1] 杨无咎:《万季野先生墓志铭》,《万斯同全集》第8册,宁波:宁波出版社,2013年,第210页。

[2] 郑梁:《五丁集》卷一《送万季野之京师序》,《寒村诗文选》,《四库全书存目丛书》集部第256册,济南:齐鲁书社,1997年,第271页。

[3] 李邺嗣著,张道勤校点:《杲堂文钞》卷三《送万季野授经会稽序》,《杲堂诗文集》,杭州:浙江古籍出版社,1988年,第450页。

[4] 李邺嗣:《杲堂文钞》卷三《送季野贞一游江右序》,《杲堂诗文集》,第454页。

[5] 李邺嗣:《杲堂文续钞》卷一《万季野诗集序》,《杲堂诗文集》,第561~562页。

[6] 李邺嗣:《杲堂文续钞》卷三《送万季野北上序》,《杲堂诗文集》,第642页。

[7] 冯景:《解春集文钞》卷一《送万季野先生之京师序》,北京:中华书局,1985年,第2页。

[8] 杭世骏:《道古堂文集》卷九《郑筠谷诗钞序》,《续修四库全书》第1426册,上海:上海古籍出版社1995年,第286页。

[9] 张鉴:《冬青馆集》甲集卷五文二《答阮侍郎师书》,《续修四库全书》第1492册,第56页。

养粹如;充宗之经术,疑义尽堕;允诚、贞一、授一之文彩,才灿国华;(斯同)先生略足兼之,而尤长于史。"[1]兼通心学、经术、文采,尤以史为长,这正是万斯同学术的全貌。

万斯同对经学的重视,与家教有一定的关系:"父泰,兄斯大,皆以经学名。斯同自其少时受经于父兄,不为举子业。"[2]父亲万泰为诸生时,"即偕陆文虎、黄梨洲、晦木、刘瑞当、王玄趾诸先生,同学于山阴,得闻证人之教。"[3]作为蕺山弟子,万泰"毅然以名节自任",[4]后中崇祯丙子(1636)乡试,人褒其"巍然为一代儒宗"。[5]六兄万斯大称父亲"文章、节义,卓卓千古。世谓其崛起将门,而不知家学渊源,酝酿已三百年之久也"。[6]不过,万泰并未有学术类著述,晚年兴趣集中在诗歌,黄宗羲曾为其作序。[7]但万泰对经史之学却是比较重视的,顺治十四年(1657),他从广州寄书训诫诸子,"古书《五经》而外,宜归本于八大家,至于《通鉴》尤不可不看。读书人不知古今,与聋聩等耳。会考立社,但须集同志十许人,以《四书》为面会,以经为窗会"。[8]这是针对此前一年万氏兄弟叔侄举行的文业之会,"所论非史书治乱,即古文歌辞,以为异日当各以所长自鸣"。[9]父亲的告诫,如同临终遗嘱,因为次年万泰就去世了,于是"季野乃奋起孤生,通经汲古,奉先志不坠"。[10]后来万斯同向友人刘坊总结自己生平学术的三次变化,第一次便是"弱冠时为古文词诗歌,欲与当世知名士角逐于翰墨之场。既乃薄其所为无益之言以惑世盗名,胜国之季可

---

[1] 黄百家:《万季野先生斯同墓志铭》,方祖猷主编《万斯同全集》第8册,第510页。
[2] 杨宾:《杨大瓢杂文残稿·万季野传》,《万斯同全集》第8册,第489页。
[3] 万斯大:《学礼质疑》卷二《万氏世纪》,温显贵校注:《经学五书》,上海:华东师范大学出版社,2012年,第76页。
[4] (雍正)《宁波府志》卷二十八《隐逸·万泰》,《中国方志丛书》第198号,华中地方,第2157页。
[5] 杨无咎:《万季野先生墓志铭》,《万斯同全集》第8册,第209页。
[6] 万斯大:《学礼质疑》卷二《宗法八·万氏世纪》,上海:华东师范大学出版社,2012年,第76页。
[7] 黄宗羲:《万履安先生诗序》,《黄宗羲全集》第10册,第49~50页。
[8] 万经:《万氏宗谱》卷十三《祖训录》著录万泰《训子书》,转引自朱端强《万斯同与〈明史〉修纂纪年》,第37页。
[9] 万言:《管村文抄内编》卷二《箂竹庐诗草序》,《四明丛书》本。
[10] 杨无咎:《万季野先生墓志铭》,《万斯同全集》第8册,第209页。

鉴矣。已乃攻经国有用之学,谓夫天未厌乱,有膺图者出,舍我其谁?"[1]万斯同的"经国有用之学",解读为经史应该是符合实情的:"万季野之诚方灵皋曰:勿读无益之书,勿作无用之文。呜呼尽之矣。博闻强记多识畜德,努力为名儒,为名臣,勿愿为名士。何谓有用之书?经史是也。"[2]

但万斯同对经学的重视,更多源于黄宗羲及甬上讲经会的影响。顺治十六年(1659)他拜入黄宗羲门下,此后多次前往拜访请教,并于康熙四年(1665),与兄、侄及陈锡嘏、陈夔献等二十余人再次执贽黄门。在黄宗羲的指点下,众人回宁波后,成立讲经会。万斯大之子万经曾记述此次活动道:"丙午、丁未间(1666—1667),(万斯大)偕公择五伯父、允诚、季野两叔父、贞一兄,订里中同志陈夔献、范光阳、董在中、二嘉、巽子、陈同亮、介眉、董俟真、吴仲、郑禹梅、王文三、张梅先、钱汉臣,奉父执梨洲黄先生为师,宗蕺山慎独之学,随举讲经会。"[3]黄百家也有记述此事:"岁丁未,家大人始命余从学甬东。是时甬上陈子夔献、陈子介眉、万子公择兄弟、范子国雯等十余人,方为讲经之会。日有课,月有程,分头诵习以相通会。"[4]这一活动的开展,是受黄宗羲的影响:"自十年以来,吾甬上诸君子,尽执义梨洲黄先生门。先生尝叹末世经学不明,以致人心日晦,从此文章事业俱不能一归于正。于是里中诸贤倡为讲五经之会。"[5]"黄先生教人必先通经,使学者从六艺以闻道,尝曰:'人不通经,则立身不能为君子;不通经,则立言不能为大家。'于是充宗兄弟,与里中诸贤共立为讲五经之集。"[6]黄宗羲不仅认为通经是立身的根本,也是立言的基础,是为了纠正"人心日晦"的社会不良风气,挽救"文章事业不能一归于正"的学术倒退。

虽然,讲经会的举行遭到了不少非议:"方会之初立,闻见之徒,更口靳故,

---

[1] 刘坊:《天朝阁集》卷一《万季野先生行状》,《万斯同全集》第8册,第207页。
[2] 段玉裁:《经韵楼集》卷九《与外孙龚自珍札》,《续修四库全书》第1435册,第100页。
[3] 万经:《世传·先考永六府君》,《濠梁万氏宗谱》,转引自方祖猷:《黄宗羲及其弟子宗谱诗文辑佚》,《宁波大学学报(人文科学版)》1992年第1期。
[4] 黄百家:《学箕初稿》卷二《赠陈子文北上序》,《四库全书存目丛书》集部第257册,第769页。
[5] 李邺嗣:《杲堂文钞》卷三《送范国雯北行序》,《杲堂诗文集》,第445页。
[6] 李邺嗣:《杲堂文钞》卷三《送万充宗授经西陵序》,《杲堂诗文集》,第448页。

鸱鼓害翼,犬牙毒啄",[1]"倡讲五经之会,而无识者且目为迂疏,即质之四方,亦多牴牾不合,经学之亡,不独在吾里矣"。[2]"(讲经会)盖甚不欲以举业之说浅量六经也。或者以为此穷经之法,必无以致举业之士之信从……"[3]但是"会者不懈益虔",[4]"搜故家经学之书,与同志讨论得失。一义未安,迭互锋起,贾、马、卢、郑,非无纯越,必使倍害自和而后已。思至心破,往往有荒途为先儒之所未廓者"。[5]"各执经以次造席,先取所讲覆诵毕,司讲者抗首而论,坐上各取诸家同异相辩折,务择所安。"[6]"一时胜友如云,质疑送难,号称极盛。"[7]可见讲经会气氛活跃,学子们论辩充分,创见迭出,黄宗羲充分肯定他们"发先儒之所未发者,尝十之二三焉"。[8]

关于甬上讲经会研读的经典,黄宗羲记述道:"数年之间,仅毕《诗》《易》《三礼》,诸子亦散而之四方……"[9]"讲经会,穷搜宋元来之传注,得百数十家,分头诵习,每月二会,各取其长,以相会通。数年之间,毕《易》《诗》《三礼》"。[10] 李邺嗣也曾提及"大《易》已毕业,方及《礼经》"。"吾党讲《礼》将毕,次及《春秋》"。[11] 万斯大之子万经也记述如下:讲经会,"每月两集,首《礼》次《易》次《春秋》《诗》《书》"。[12] 可见关于六经的讲授次序,李邺嗣与万经的记载有分歧。郑梁的记载与黄宗羲较接近:"(环村子)视六经直糠粕而糟秕之也,已闻梨洲先生之教而变焉。讲《易》、讲《诗》、讲《二礼》、讲《尚书》《春秋》

---

[1] 黄宗羲:《陈夔献五十寿序》《黄宗羲全集》第 10 册,第 681 页。
[2] 范光阳:《双云堂文稿》卷五《文学林直哉先生墓志铭》,《四库全书存目丛书》集部第 256 册,第 684 页。
[3] 郑梁:《五丁集》卷二《诗经集解序》,《寒村诗文选》,《四库全书存目丛书》集部第 256 册,第 321~322 页。
[4] 黄宗羲:《陈夔献五十寿序》《黄宗羲全集》第 10 册,第 681 页。
[5] 黄宗羲:《陈夔献墓志铭》,《黄宗羲全集》第 10 册,第 453 页。
[6] 李邺嗣:《杲堂文钞》卷三《送范国雯北行序》,《杲堂诗文集》,第 445 页。
[7] 郑梁:《五丁集》卷二《跛翁传》,《寒村诗文选》,《四库全书存目丛书》集部第 256 册,第 303 页。
[8] 黄宗羲:《陈夔献偶刻诗文序》,《黄宗羲全集》第 10 册,第 30 页。
[9] 黄宗羲:《陈夔献墓志铭》,《黄宗羲全集》第 10 册,第 453 页。
[10] 黄宗羲:《陈夔献五十寿序》,《黄宗羲全集》第 10 册,第 680~681 页。
[11] 李邺嗣:《杲堂文钞》卷三《送范充宗授经西陵序》,《杲堂诗文集》,第 448,449 页。
[12] 万经:《濠梁万氏宗谱》之《世传·先考永六府君》,转引自方祖猷《黄宗羲及其弟子宗谱诗文辑佚》,《宁波大学学报(人文科学版)》1992 年第 1 期。

《通鉴》，穷一经综万事，汇众说，质一心……"[1]杨无咎也说："听季野主讲。先《易》，次《礼》，次《诗》，次《书》，次《春秋》。折衷诸儒，援据今古，议论蜂起。闻之者人人以为得所有而归也。"[2]因此，甬上讲经会讲解的次序很可能是《易》《诗》《礼》居前。[3]

黄宗羲在很大程度上左右着讲经会的内容与进展情况。"充宗兄弟与里中诸贤共立为讲五经之集，先从黄先生所授说经诸书，各研其义，然后集讲。黄先生时至甬上，则从执经而问焉。"[4]此外，当时讲经会上的主讲者有六七人。被提及较多者主要有陈赤衷（字夔献）、陈介眉、陈自舜（字同亮）、万斯大与万斯同兄弟。万斯同在讲经会上备受推崇，"五经讲席，每诸君子考证有所未定，必待季野片言，遂俱折服"。[5]"季野于经学，能与汉、宋诸儒辨及微芒；"[6]"甬上有五经之会，群疑，（季野）一言立解"。[7]"折衷诸儒，援据今古，议论蜂起，闻之者人人以为得所有而归也。"[8]可见万斯同经学研究的格局在这个时期已基本确定。

北上京师修史后，万斯同虽然将主要精力集中于审订史稿，但并没有完全放弃经学研究。如康熙十九年，他致书黄宗羲，请教丧礼问题，黄作《答万季野丧礼杂问》。[9]这应该与其为徐乾学编《读礼通考》直接有关。徐树谷为《读礼通考》所撰写的序中说："先大夫《读礼通考》草创于康熙丁巳，时居王母顾太夫人之忧……三易稿乃成，犹未敢以为无憾而即安也。时复与朱太史竹垞及万季野、顾伊人、阎百诗诸君子商榷短长，博综器数，度量人情，斟酌繁简，务期

---

[1] 郑梁：《五丁集》卷一《环村诗文偶刻序》，《寒村诗文选》，《四库全书存目丛书》集部第256册，第272页。
[2] 杨无咎：《万季野先生墓志铭》，《万斯同全集》第8册，第209页。
[3] 按：方祖猷称甬上讲经会经学的先后次序是《易》《书》《诗》《礼》《春秋》，按古文经学的路子学习。但没有援引原始文献。具体参见《万斯同评传》，南京：南京大学出版社1996年，第32页。
[4] 李邺嗣：《杲堂文钞》卷三《送万充宗授经西陵序》，《杲堂诗文集》，第448页。
[5] 李邺嗣：《杲堂文续钞》卷一《万季野诗集序》，《杲堂诗文集》，第562页。
[6] 李邺嗣：《杲堂文钞》卷三《送万季野授经会稽序》，《杲堂诗文集》，第451页。
[7] 雍正《宁波府志》卷二十五《儒林·万斯同》，《中国方志丛书》第198号，第2038页。
[8] 杨无咎：《万季野先生墓志铭》，《万斯同全集》第8册，第209页。
[9] 朱端强：《万斯同与〈明史〉修纂纪年》，第119页。

第五章　万斯同的经史之学

不悖于古而可行于今,凡一百二十卷。"[1]该书刻于康熙三十五年四月,卷首《引用书目》中有万斯同的《群经杂说》,正文中也保留了不少万斯同的有关论说,并以"万斯同曰"标明。康熙二十二年(1683)八月十九日,陆陇其在日记中记载:"季野又以所著《读礼通考附论》来阅。"[2]康熙二十三年前后,[3]万斯同与阎若璩还经常讨论经学问题,阎氏记"鄞万斯同季野将辑古今丧礼名《通考》,以《丧服记》'夫之所为兄弟服,妻降一等'质予","季野称其师余姚黄氏经学为致精,示余《答万季野丧礼杂问》",但黄宗羲的观点并未被阎若璩认同;另外,"季野称《书集传》谓今《书》传注所以独少者,缘压于蔡氏",[4]也被阎若璩否定,可见二人观点多有分歧。康熙二十九年(1690),万斯同应同学仇兆鳌的邀请,在京城举办经史讲座。[5]康熙三十年,万斯同将八篇《禘说》赠送王士禛,得其赞赏。[6]并于此年与方苞订交,告诫其毋溺于古文,而应返本于经史之学。[7]

康熙三十七年(1698),万斯同南还故里,应原甬上学友子弟的要求,在其弟子李暾的在涧楼讲学,每月三次,自三月初九至七月二十九日再度入京止。张锡璁作《赠别万季野先生北上四十二韵》诗咏其讲学云:"讲堂得重开,生徒喜欲舞。首论赋役法,则壤溯神禹。井田不可复,限田亦虚语。惟有租庸调,唐制颇近古。两税一条鞭,救患患仍巨。次论古兵制,田赋寓卒伍。汉、唐调发多,府兵法可祖。宋乃专召募,遂受养兵苦。明世军兵分,北都劳御侮。季年成土崩,加饷祸由部。继及选举条,宾兴德行取。用吏昉秦政,设科起汉武。中正法久弛,诸科弊难杜。下逮王氏学,至今流毒蛊。前代惟制科,庶几得人

---

[1] 徐树谷:《读礼通考序》,转引自朱端强《万斯同与〈明史〉修纂纪年》,第179页。笔者按:四库全书本《读礼通考》卷首无徐树谷序。
[2] 陆陇其:《三鱼堂日记》卷下,《丛书集成初编》,北京:中华书局,1985年,第90页。
[3] 朱端强:《万斯同与〈明史〉修纂纪年》,第178页。
[4] 阎若璩著,黄怀信、吕翊欣校点:《尚书古文疏证》卷八《言与石华峙论东汉时今文与逸篇或离或合》,上海:上海古籍出版社,2010年,第644、646页。
[5] 《周正汇考编校说明》,《万斯同全集》第1册,第1页。朱端强《万斯同与〈明史〉修纂纪年》(第230页)据《方苞集》卷十二《梅征君墓表》,将讲会系于次年。
[6] 王士禛:《居易录》卷十一,《王士禛全集》第5册,济南:齐鲁书社,2001年,第3880页。
[7] 苏惇:《方苞年谱》,《方苞集》附录,上海:上海古籍出版社,1983年,第869页。

普。终乃礼与乐,津津听挥麈。社郊与禘祫,群疑融水乳。律吕通历法,妙理入渊府。灯火有余闲,绘图纪寰宇。蛟川十日游,官制详缕缕。明史及东林,约略倾端绪。腹笥便便盈,三箧何足数。执卷随人扣,载笔独予许。中有两要言,可作《三通》补。白金供正赋,贪风成蛇虎。治道不古若,大半由阿睹。科目取人才,登进杂枯窳。假令孔、孟生,岂由场屋举?二者利名根,斩断须利斧。奇快论不刊,朔荦气暂吐。"[1]除了田赋、兵制、选举等史学相关的制度外,万斯同讲学的内容还涉及礼学,"终乃礼与乐""社郊与禘祫",后其子万世标整理成《万季野先生四明讲义》,现存目录中囊括了经史二类,只是正文中缺乏部分内容。

再度入京后,万斯同还经常与李塨交流经史看法。康熙四十年(1701)四月,李塨"之季野讲会,众拈'郊社'。季野向众揖先生曰:'此李恕谷先生也,负圣学正传,非予所敢望。今且后言郊社,请先讲李先生学,以为求道者路。'"[2]十月,二人讨论经史问题,"季野曰:'夹室并庙室皆南向,故《顾命》:西夹南向敷席。'(李塨)先生曰:'夹室东西向,非南向,《尔雅》'东西厢'是也。《公食大夫礼》:宰东夹北西面。使并庙而向南。宰何为立庙后乎?立庙后,何以至东序,授醯酱荐豆乎?'季野又言:'晋立《古文尚书》不可废。'先生曰:'《古文尚书》自汉孔安国送官府,至晋,中秘尚存,惟无《传》。东晋梅赜始得安国《传》,奏之,非献《古文尚书》也。谓《古文尚书》已亡,而晋伪为者,误也;即谓晋复出者,亦误也。'季野曰:'何见?'曰:'见《隋书》。'……次日,复晤,(万斯同)笑而携手曰:'俱如先生言。天下惟先生与下走耳,阎百诗、洪去芜未为多也。'"[3]康熙四十一年四月,万斯同就病逝了。可见,他对经学的兴趣与研究从未中断,直至生命的尽头。

二、万斯同的经学研究

按照黄宗羲的记载,甬上讲经会因半途中止,仅完成了《易》《诗》《礼》的学

---

[1] 全祖望辑选,沈善洪审定,方祖猷、魏得良等点校:《续甬上耆旧诗》下,杭州:杭州出版社,2003年,第840页。
[2] 冯辰、刘调赞著,陈祖武点校:《李塨年谱》卷三,北京:中华书局,1988年,第85页。
[3] 冯辰、刘调赞著,陈祖武点校:《李塨年谱》卷三,第86页,系其事于康熙四十年(1701年)。李塨:《恕谷后集》卷六《万季野小传》,北京:中华书局,1985年,第71~72页,字词略异,未记具体时间。

习,万斯同对五经都有涉猎,下面将分而述之。

1.《易》学

万斯同之师黄宗羲十分重视《易》学研究,有专著《易学象数论》,甬上讲经会以《易》为首,或许与其有关。万斯同说自己最初读《周易》,仅知道朱熹的《易本义》,直至年近三十,"始集汉、魏以后诸家传注,与里中同志者讲习,乃颇涉其津涯"。[1]可见康熙七年举行的甬上讲经会,是其关注易学问题的起点。但从流传下来的著述与文集来看,我们发现万斯同似乎对《易》学的兴趣并不太大,仅有三篇文章涉及易学,我们就此略做分析。

万斯同的《易》学研究,集中在对朱熹《易》学的批判,具体又可分为以下三点:

(1)"《易》非道阴阳之书"

万斯同提出:"《易》以道阴阳,此庄周之言,儒者所不道也。乃朱子解《易》,专以阴阳为言,失其义矣。"[2]道家讲阴阳,如《老子》第四十二章曰:"万物负阴而抱阳,冲气以为和。"《庄子·天下》说:"《易》以道阴阳。"朱熹也确实十分重视阴阳,他提出:"易者,阴阳之道也。卦者,阴阳之物也。爻者,阴阳之动也",[3]"《易》只消道'阴阳'二字括尽"。[4]其实,从《尚书》《山海经》《诗经》《周礼》《左传》《国语》这些古籍中,可以看到阴阳观念早在商周时已非常流行,而且很早就成了哲学概念。《易传》的阴阳思想,其来源是非常古老的。[5]万斯同认为《易》本为人事而作,《彖》《象传》只言刚柔,不谈阴阳,是因为"刚柔乃属乎人身,而阴阳则属乎气化也。六十四卦,无卦不言人事,即无卦不言刚柔"。涉及阴阳的仅有《乾》《坤》《否》《泰》四卦,这是《易》之枢纽,"然亦非舍人事而专言气化也"。譬如《系辞》中说"一阴一阳之谓道",但下文即是"继之者善也,成之者性也",仍纳入人事范畴。所以,万斯同提出《周易》六十四卦、三百八十四爻中都没有纯粹谈阴阳者,即使谈阴阳天道,落脚点也仍然在人事上,"盖人本阴阳之气而生,既生则听乎人,而不听乎天矣"。他批评朱熹违背

---

[1] 万斯同:《石园文集》卷六《易图明辨序》,《万斯同全集》第8册,第284页。
[2] 万斯同:《群书疑辨》卷一《易说》,《万斯同全集》第8册,第317页。
[3] 廖名春点校:《周易本义》序,北京:中华书局,2009年,第1页。
[4] 黎清德编:《朱子语类》卷六十五,第1605页。
[5] 赵士孝:《〈易传〉阴阳思想的来源》,《哲学研究》1996年第8期。

孔子的思想,专言阴阳,将庄周之说与孔子混同,没有意识到二者的区别。他说:"学者读书穷理,孰不考信于孔子,孔子之言如此,而朱子之言乃如彼,学者将信孔子乎?抑信朱子乎?"[1]朱熹认为阴阳变异是《周易》的基本原理,强调一切事物的存在和变化,归根结底,无非是一阴一阳。他还研究了阴阳变易的法则,并将其归纳为"阴阳流行"和"阴阳对待",对事物变易的过程和形式做了许多有价值的概括,丰富和发展了前人的阴阳观,闪烁着辩证思维的光芒,后被明代的蔡清和来知德详细阐发,在《易》学史上产生了深刻的影响。[2]万斯同没有认识到朱熹阴阳说的理论价值,但他驳斥专谈阴阳、摈弃人事的做法,说明他重视的是通经致用,而非空谈性理。

(2)《易》非卜筮之书

万斯同还指出:"然朱子之异乎孔子,非止此一端。"具体体现在多个方面,如"元亨利贞,孔子以为四德,而朱子曰:'非也,乃大亨而利于正也。'孔子之易,即伏羲、文王、周公三圣之《易》,而朱子曰'非也,有伏羲之《易》,文王、周公之《易》,有孔子之《易》,四圣各一意也。'……孔子言:'《易》开物成务,冒天下之道。'又曰:'《易》之为书也,广大悉备。'其赞《易》者,不一而足。而朱子曰:'非也,《易》本卜筮之书也。'""凡其立义,无不与夫子背,且曰:'《易》只是卜筮之书,今人说得太精,更入粗不得。'"万斯同特别不能认同朱熹将《周易》视作卜筮之书,他说:"夫以《易》为卜筮之书,此吕政、李斯之言,前此未之闻,后此亦未之闻也。朱子酷信此语,言之至于再三,必欲下侪京房、焦赣之《易林》而后已。"他提出反驳道:"何自古迄今,必以《易》为五经之首哉?夫《易》理至精,故孔子学《易》,至韦编三绝。朱子乃粗说视之,所撰《本义》,止以占筮者为言,大非《易》之本指。乃谓他人总说得好,只与义无干。然则《本义》之专解占筮者,反于《易》有干乎?夫朱子于《参同契》《阴符经》,解之极精,何于《易》率意乃尔!以四圣人开天明道之书,而止谓其道阴阳、专卜筮,何小视圣人而轻视《易》道也!"[3]按古文经学的说法,《易》产生的时间最早,在六经中有特殊地位,如《汉书·艺文志》说《诗》《书》《礼》《乐》《春秋》"五者,盖五常之道,相须而

---

[1] 万斯同:《群书疑辨》卷一《易说》,《万斯同全集》第8册,第317页。
[2] 朱伯崑主编:《易学基础教程》,北京:九州出版社,2011年,第158页。
[3] 万斯同:《群书疑辨》卷一《易说》,《万斯同全集》第8册,第317页。

备，而《易》为之原。故曰'《易》不可见，则乾坤或几乎息矣'，言与天地为终始也"。万斯同称《易》理至精，为"圣人开天明道之书"，朱熹的《周易本义》昌言《周易》本卜筮之书，是"小视圣人而轻视《易》道"。这表明了他偏重以义理解《易》的立场。

但是，万斯同对朱熹的批评并不新颖，也不具有足够的说服力。实际上，朱熹"《易》本卜筮之书""《易》本为卜筮而作"的命题，在当时及后世都不断遭到质疑，朱熹就曾对此回应道："如《易》，某便说道圣人只是为卜筮而作，不解有许多说话。但是此说难向人道，人不肯信。向来诸公力来与某辨，某煞费气力与他分析。而今思之，只好不说。只做放那里，信也得，不信也得。"[1]《汉书·儒林传叙》云："及秦禁学，《易》为卜筮之书，独不禁，故传受者不绝。"这大概就是万斯同将《易》视为卜筮之书归于秦始皇与李斯名下的源头。但他说"前此未之闻，后此亦未之闻"却不准确。《易》学发展史上，本有象数与义理两个不同的流派。汉代易学偏重于象数，西汉的周王孙、丁宽等承习先秦卦变、互体以讲象数；至宋代，陈抟、邵雍发展为先天象数之学。义理派则起源于曹魏时期的王弼，其注《易》独宗义理，横扫象数；宋代程颐著有《易传》，推阐义理，轻视象数，是宋代义理派的代表。朱熹针对程颐过分讲义理而轻视象数，以及象数派穿凿附会，忽视义理的两种偏向，提出《易》本卜筮之书，主张以象数求《易》理，将二者结合起来，从而发展了宋代《易》学。朱熹关于《易》本卜筮之书的考辨，在经学史上也具有重要价值。自汉代以来，无论是义理学派，还是象数学派，都是经传不分，以传解经，并将经文逐渐哲理化。到了宋代，学者们更将《周易》视为讲宇宙和人生道理的教科书，使《周易》失去其本来面貌；而朱熹通过历史的考察，证明《易》本卜筮之书，这是一大突破，值得大书特书。由于立足于占筮，追求《周易》的本来面貌，他对经文的解释，也做出了超越前人的贡献。[2] 其实万斯同也不反对象数，他说："夫《易》者象也，象也者像也。圣人之作卦爻词，专取乎象"，所以，针对宋儒"务排前人之说，专尚义理，互体无一人语及矣"的现象，他提出了反驳："互卦之设，但取其象，以补上下二卦之

---

[1] 黎清德编：《朱子语类》卷六十六《易二·卜筮》，第1623页。
[2] 郑万耕：《朱熹易学简论》，《江西社会科学》2002年第2期，收入刘大钧主编：《百年易学菁华集成》初编《易学史》第5册，上海：上海科学技术文献出版社，2010年，第1977页。

未及。此《易》中之不可少者，安得尽废之!"不仅如此，朱熹还认为象数、义理不可剥离，"盖昔之圣人，函义理于物象之中；后之儒者，摈物象于义理之外。是圣人合之为一者，后人岐而二之矣。岂知立象以尽意，象立而义理无所不该矣，安得背圣人之指，而从王弼之教哉？"[1]这说明他实际上还是潜移默化中受到朱熹的影响，他不满的是朱熹对《周易》一书的定性。

(3)《易》学九图当去

朱熹的《周易本义》卷首载有九图，包括河图、洛书、伏羲八卦次序图、伏羲八卦方位图、伏羲六十四卦次序图、伏羲六十四卦方位图、文王八卦次序图、文王八卦方位图和卦变图。河图洛书代表天地自然之易，称为画前之学；伏羲四图代表伏羲之易，称为先天之学；这六图皆无文字，只有图书。文王二图有文字，为文王之易，称后天之学；卦变图代表孔子之易。其中，朱熹重视的属于先天之学的天地自然之易与伏羲之易。[2]

《周易本义》是宋元明三朝《易学》之主流，虽有一些学者的驳难，如元代末年陈应润的《周易爻变义蕴》、明代季本的《图文余辨》、归有光的《易图论》，及杨慎讥讽朱熹因易龙图"其出于希夷而讳之，殆掩耳盗钟也"，又说："易图先天始于希夷，而后天续于康节，朱子所以不明言者，非为康节，直以希夷，恐后人议其流于神仙也。藏头露尾，亦何益哉？"[3]但这些工作，未能动摇《易》图的地位。直至清初，经黄宗羲、黄宗炎兄弟、毛奇龄特别是胡渭的考证，朱熹《易图》的不可信终于成为定谳。[4]

康熙三十九年(1700)，胡渭北游京师，将其完稿的《易图明辨》十卷请万斯同作序，万斯同记载此事道："友人德清胡胐明先生，精于《易》学，庚辰(康熙三十九年，1700)仲夏，示予以《易图明辨》十卷，则《本义》之《九图》咸为驳正，而谓朱子不当冠于篇首。予读之大喜，跃然曰：'至哉，言乎，何其得我心乎！'""得我心"是指甬上讲经会时期，万斯同就已"叹朱子笃信邵子之过，而《本义》

---

[1] 万斯同：《群书疑辨》卷一《互卦说》，《万斯同全集》第 8 册，第 318 页。
[2] 余敦康：《朱熹〈周易本义〉卷首九图与〈易学启蒙〉解读》，《中国哲学史》2001 年第 4 期。
[3] 杨慎：《丹铅续录》卷二，北京：中华书局，1985 年，第 50、51 页。
[4] 李申：《易图考》，北京：北京大学出版社，2001 年，第 189 页。

卷首之《九图》为可已也"。[1] 他认为《河图》《洛书》,先天、后天,羲、文、八卦、六十四卦、方圆诸图,只是邵雍一家之学,作为邵雍之《易》则可,以为羲、文之《易》则大不可。而朱熹竟然恪遵之,直视为伏羲、文王之《易》,实在太奇怪了。《河图》虽然在《尚书·顾命》《周易·系辞》及《论语》中有记载,但大概在周王室东迁之际亡佚。[2] 至于河图实出自道士陈抟之手,并非真的《河图》。所谓《洛书》者,虽见于《汉书·张衡传》及纬书《乾凿度》,但纬书《乾凿度》中的《太乙下行九宫图》,并非古《洛书》,后世术数之家配以一白二黑之数,至今遵用不变,但是真的《洛书》吗?至于卦位,也仅有出震齐巽之位,先天、后天之位不过是穿凿附会。八卦的次序,"自当以父母六子为次",[3] 即乾、坤二卦为阴阳之根本,万物之始祖,而震、坎、艮和巽、离、兑六卦,乃至六十四卦,均出自乾、坤二卦,如同有父母然后有子女,有子女然后有子子孙孙。这在《系辞》中多次重申,但《周易本义》中完全不顾经典本身,竟然以乾、兑、离、震、巽、坎、艮、坤为次,万斯同质问其"此何理乎?""乾坤生六子,其理显然,而坤可置于最末乎?三男三女,可错乱而无序乎?"至于卦变,万斯同说《周易本义》中"益为支离,况与《启蒙》[4] 之言不合,一人而持两说,令学者何所适从?此予必不敢附会者也"。以上看法,万斯同曾与其他友人交流过,但听者意见不一,有赞同也有反对。胡渭的《易图明辨》则与其看法接近,且资料丰富,论证有力,因此万斯同赞赏道:"洵大畅予怀。而其采集之博,论难之正,即令予再读书十年,必不能到,何先生之学大而能精如若此!以此播于人间,《易》首之九图,即从此永废可也。"[5]

2.《尚书》学

万斯同对《尚书》的研究,主要体现在为《古文尚书》辩护。因方祖猷《万斯

---

[1] 万斯同:《石园文集》卷六《易图明辨序》,《万斯同全集》第8册,第284页。
[2] 胡渭:《易图明辨》卷一《河图洛书》(北京:中华书局,2008年,第27页):"今年(庚辰)客京师。与四明万君季野斯同论及此事,万君曰:'幽王被犬戎之难,周室东迁,诸大宝器必亡于此时,河图无论后人,恐天子亦不及见。'余闻而题之。顷检《周本纪》云:'犬戎杀幽王骊山下,虏褒姒,尽取周赂而去。'赂即珍宝货财也,可见河图实亡于此时。"
[3] 万斯同:《石园文集》卷六《易图明辨序》,《万斯同全集》第8册,第284页。
[4] 笔者注:原引文中"启蒙"指《易学启蒙》,当加书名号。
[5] 万斯同:《石园文集》卷六《易图明辨序》,《万斯同全集》第8册,第284页。

同评传》中有详细阐释,为避免重复,本节只对其未曾涉及的内容略做补充。

万斯同作《古文尚书辨》三篇,应该与阎若璩著《尚书古文疏证》有直接关系。万斯同有如下记载:"近时有为《尚书疏证》者,痛诋古文之伪,谓即出于梅赜之手。一日问予曰:'子意若何?'余对曰:'自唐宋迄元、明,诋古文者数十家矣,予非不知之,然而其文不可议也。使《尚书》而无古文,不当列于五经矣,安得颁之学宫,与《易》《诗》《春秋》并重哉?'其人亦不以为忤。"[1]万斯同与阎若璩私交不错,因为前文有说到康熙二十三年(1684),万、阎二人比邻而居,经常讨论经史问题,但观点多不相合,阎氏在其《尚书古文疏证》中有记载。康熙二十八年(1689),万斯同与其论辩《一统志》不必涉及人物,[2]且二人曾和胡渭一起协助徐乾学修《资治通鉴后编》。[3]康熙三十三年(1694)万斯同五兄斯选去世,阎若璩曾作诗悼念:"一老鲁灵光谓黄太冲先生,门多弟子行。充宗经作笥,季野史成箱。就内推殊绝,于心辨眇芒。小楼授书外,直欲废篇章。"[4]可见学术观点的分歧并未影响二人的交情。《尚书古文疏证》成书仅半帙,就得到了黄宗羲的肯定,万斯同对此事是否知晓,我们不得而知,但他对《古文尚书》的看法显然有所不同,不仅不接受阎氏观点,甚至批评说:"今天下之伪书多矣,何必疑及古文,拾前人之唾余,而自矜为博学哉?"[5]

万斯同从文体、版本源流与篇数、篇名等方面考证,力证《古文尚书》并非伪书,方祖猷认为全部错了。[6]其实从文体、传授源流与篇数这也是梅鹫等人的研究路数。但万斯同得出不一样的结论,主要是因为他未能将伪孔壁与真孔壁区分开来,甚至怀疑前人关于《古文尚书》失传的记载。如郑玄注释诸经,杜预注《左传》,凡遇《古文尚书》,都注曰"逸书",万斯同并不认为这些可以说明《古文尚书》散佚。因为"古文不立学宫,人间诵习者原少,玄生于汉末,兵戈云扰,宜有所未见。预在晋初,时方尚清谈,经籍道息,而古文止郑冲、苏愉

---

[1] 万斯同:《群书疑辨》卷一《古文尚书辨二》,《万斯同全集》第8册,第322页。
[2] 阎若璩著,黄怀信、吕翊欣校点:《尚书古文疏证》卷八,第644、646页。
[3] 永瑢:《四库全书总目》卷四十七《资治通鉴后编》(第431页)提要中提及三人修史:"乃与鄞县万斯同、太原阎若璩、德清胡渭等排比正史,参考诸书,作为是编。"
[4] 阎若璩:《潜邱札记》卷六《哭万公择五兄二首》之一,《清代诗文集汇编》第141册,上海:上海古籍出版社,2010年,第218页。
[5] 万斯同:《群书疑辨》卷一《古文尚书辨二》,《万斯同全集》第8册,第322页。
[6] 方祖猷:《万斯同评传》,南京:南京大学出版社,1996年,第255~260页。

传之,亦宜其未见,无足怪也"。[1] 从社会动荡、学术风气方面分析郑玄与杜预等人未见到《古文尚书》,从而称其为"逸书",似乎也能言之成理。但是,孔壁《古文尚书》的散亡时间,学术界通常采用的是陆德明的记载,即"永嘉丧乱,众家之书并灭亡",[2] 认为《古文尚书》与诸书一起失传。不知万斯同所说郑玄与杜预称《古文尚书》为逸书源自何处,此处当存疑。此外,梅鹫等人怀疑梅赜所献的《古文尚书》是伪造的,万斯同也提出反驳:"若谓出于赜手,则赜之文学必高出于时辈,为晋代之大儒,何当时无一人称述之?《儒林传》中亦无一语言及?今《古文尚书》具在,其文章典雅,义理深醇,无论赜不能撰,即两汉诸名儒,岂能彷佛其一句?"[3] 其实,虽然朱熹、梅鹫等人怀疑《古文尚书》,但由谁伪造,看法并不一致,有皇甫谧、王肃、梅赜、束晳诸说,万斯同的回击也就显得比较单薄了。

  万斯同因与阎若璩对《古文尚书》的看法分歧严重,因此很可能没有看到《尚书古文疏证》一书,否则,对于阎若璩多达128条的证伪观点,或许改变看法也不无可能。经过阎若璩对《古文尚书》定案为伪造之后,坚持该书为真的看法已不再是主流,但仍有不少学者步万斯同、毛奇龄的后尘,直到今天,仍有人相信《古文尚书》不伪。如2005年,张岩在国学网首页发布六万余字长篇论文《阎若璩〈疏证〉伪证考——清代考据学存在多大问题的一次检验》,得出结论是阎氏关于"伪书"的"指控"不成立。由此引起学术界的辩论,张岩一一做出回应,次年由中华书局出版《审核古文〈尚书〉案》一书,对阎若璩《疏证》举证和论证进行一次全面甄别,涉及历代古文《尚书》研究中全部主要问题。张岩充分借鉴现代法学中的证据学(证据审查)方法,采用比以往更加严密的逻辑学审核标准,通过细致入微的分析和大量相反证据的提出,其研究结果表明:《疏证》中没有一条确凿有效的"作伪"证据。[4] 何新则指出近年间学术界对保存于各种典籍中的《尚书》片段与梅氏传本做严密对勘比较,发现其中大部分篇章是可靠的。近世商周彝鼎金文大量出土,其文体用语与梅传《尚书》非

---

[1]　万斯同:《群书疑辨》卷一《古文尚书辨一》,《万斯同全集》第8册,第321页。
[2]　陆德明:《经典释文·叙录》,北京:中华书局,1983年,第8页。
[3]　万斯同:《群书疑辨》卷一《古文尚书辨一》,《万斯同全集》第8册,第321页。
[4]　刘瑞:《当代学者对古文〈尚书〉疑案的审核》,《中国文化报》(理论版)2007年2月17日。

常相似。所以,梅赜本虽然不是真正的孔壁古文,但实际可以看作古文《尚书》在西晋时代的一个汇纂辑佚本。其中有些章节至少传自晚周,另一些则为两汉即晋代经师的转述,自有传承之源,绝不能称之为"伪书"。[1] 吕文郁《〈尚书〉学研究概况》一文中有专节"当代学者对古文《尚书》的新探索",列举了大量证明古文《尚书》不是伪书的著作和论文。但是,另一方面,随着新资料如清华简的发现与整理,也有学者依据其中提供的一些证据,认为梅赜所献的古文《尚书》确实是一部伪书,阎若璩等学者对它的怀疑和否定是完全正确的。[2] 可见,争论远未结束。

3.《诗》学

虽然甬上讲经会诸成员完成了《易》《诗》《礼》诸经典的学习,万斯同的《诗》学研究成果却甚少,主要讨论了如下两个问题。

(1)《诗》并非圣人删定之本。

孔子是否"删诗",是诗经学史上最有争议的问题之一。自司马迁在《史记·孔子世家》中提出孔子"删诗"说后,历代沿袭其说,直至孔颖达的《毛诗正义》才提出怀疑。朱熹的说法自相矛盾,《诗集传》倡言孔子"删诗",《语类》竟斥责"删诗",明代多否定孔子"删诗"。[3] 万斯同支持孔子"删诗"说,但他的关注点是孔子删定的版本已在秦火中失传:"自秦焚书,五经皆毁,诗之存于今者,非圣人删定之本也。圣人删定之本,汉时已不可得矣。"他的证据之一是"《诗》为圣人所删,必有贞而无邪,有醇而无疵,而今之《诗》不然"。司马迁在《史记·孔子世家》上中提到孔子删诗只"取可施于礼义"者,而现存的《诗经》中还保存着大量的不符礼义者,有偷俗薄行类,如《野有死麕》《何彼秾矣》《标有梅》《江有汜》;有绝伦灭义类,如《二南》《鄘·桑中》《郑·溱洧》《新台》《鹑奔》;有伤风败俗类,如《叔于田》《扬之水》《无衣》《氓》《株林》等等。这样的诗,孔子为什么不删削?"倘圣人删《诗》,而此等犹存,然则所删者何《诗》耶?"

证据之二是"毛氏所分之《二雅》不足信"。[4] 大、小雅如何区分,也是一

---

[1] 何新:《大政宪典:〈尚书〉新考》,北京:中国民主法制出版社,2008年,第384、390页。
[2] 刘国忠:《走近清华简》,北京:高等教育出版社,2011年,第75页。
[3] 周延良:《〈文木山房诗说〉与〈诗经〉学案丛书》,天津:百花文艺出版社,2002年,第1~25页。
[4] 万斯同:《群书疑辨》卷一《诗说》,《万斯同全集》第8册,第319页。

个聚讼纷纭的问题:"或主政事,或主道德,或主声音……(或)主辞体……"[1]《毛诗序》即以政事的大小来区分大雅与小雅,曰:"雅者正也,言王政之所由废兴也。政有小大,故有《小雅》焉,有《大雅》焉。"[2]这被万斯同否定了,"夫《大雅·卷阿》以上,固可谓政之大矣,《小雅·菁莪》以上,安见为政之小乎?"[3]此外,万斯同虽承认二雅各有正变,但他对"以美者为正、刺者为变"提出了质疑。《毛诗序》说:"王道衰,礼义废、政教失,国异政,家殊俗,而变风变雅作矣。"[4]郑玄在其基础上提出"论功颂德所以将顺其美,刺过讥失所以匡救其恶",并列举了正风、正雅的具体篇章,《鹿鸣》至《菁莪》16篇是正小雅,《文王》至《卷阿》18篇是正大雅;《六月》至《何草不黄》58篇为变小雅,《民劳》至《召旻》13篇为变大雅。[5]孔颖达也说:"夫《诗》者,论功颂德之歌,止僻防邪之训。"[6]马瑞辰具体阐释道:"盖《雅》以述其政之美为正,以刺其政之恶者为变也。"[7]以美刺区分正变,万斯同说:"此毛苌以来之旧说,人无敢议之者。吾窃以为不然。"其实宋代郑樵曾从否定"《风》有正变"的角度提出过怀疑,但没有直接涉及大、小雅:"《风》有正变,仲尼未尝言,而他经不载焉;独出于《诗序》。若以美者为正,刺者为变,则邶、鄘、卫之诗,谓之变风可也,《缁衣》之美武公,《驷铁》《小戎》之美襄公,亦可谓之变乎?"[8]万斯同提出:"《二雅》中,凡正雅皆《大雅》也。凡变雅皆《小雅》也。此当以正变分《二雅》,不当于《二雅》中自分止变。"他认为《大雅》自文王而下,《小雅》自鹿鸣以下诸篇,都是美诗,应为大雅。《大雅》自民劳以下,《小雅》自节南山以下诸篇,都是刺诗,应为小雅。他曾对比与周厉王和幽王有关的诗,发现刺厉王者仅五篇,刺幽王者多达

---

[1] 姚际恒:《诗经通论》卷九释《小雅》,北京:中华书局,1958年,第172页。
[2] 毛公传、郑玄笺、孔颖达等正义:《毛诗正义》卷一,《十三经注疏》,第568页。
[3] 万斯同:《群书疑辨》卷一《诗说》,《万斯同全集》第8册,第319页。
[4] 毛公传、郑玄笺、孔颖达等正义:《毛诗正义》卷一,《十三经注疏》,第566页。
[5] 毛公传、郑玄笺、孔颖达等正义:《毛诗正义·诗谱序》,《十三经注疏》,第554页。
[6] 孔颖达:《毛诗正义序》,《十三经注疏》,553页。
[7] 马瑞辰:《毛诗传笺通释》卷一《风雅正变说》,北京:中华书局,1989年,第10页。
[8] 郑樵:《六经奥论·诗经·风有正变辨》,《景印文渊阁四库全书》第184册,台北:台湾商务印书馆,1986年,第61页。笔者按:杨新勋《〈六经奥论〉作者与成书考辨》(《淮北煤炭师院学报》2006年第4期)提出《六经奥论》为改编署名"二郑"的《六经雅言图辨》而成,编定时间大致在宋末。内容确与郑樵有关,但也有许多并非郑樵的言论。

四十六篇。厉王在位五十一年，幽王只十一年，而且厉王之流毒远超幽王，为何刺厉者反少，刺幽者反多？"固知简编淆乱，毛氏所分之《二雅》不足信也"。

在上述两条证据的基础上，万斯同还依据刘歆与班固的相关记载，如"秦焚《诗》《书》，汉兴，惠帝之世，始除挟书之律。当此之时，一人不能自尽其经，或为《雅》，或为《颂》，相合而成"；[1]"凡三百五篇，遭秦而全者，以其讽诵，不独在竹帛故也"，[2]提出《诗》为众人所集，依据各自的记忆，凑成三百零五篇，"又自以己意分为《风》《雅》《颂》，以为孔圣之遗书如是。夫孰知非其定本哉！"虽然宋代王柏在其《诗疑》中怀疑《小雅》窜入了部分"淫诗"，并非孔子原本，万斯同认为其没有意识到根本问题，"不知《诗》本可疑，所可疑者不在是"。他的结论是："其言非圣人删定之本，则不刊之论也。世有以是罪我者，亦不敢辞。"[3]可见万斯同坚持己见的勇气。因孔子是否"删诗"，至今学术界仍未定论，因此，万斯同的看法值得关注。

(2)《诗》序出自卫宏之手。

《毛诗》各篇正文之前都有一个短序，论述诗的主旨、时代及作者。首篇《周南·关雎》的序，除了说明本篇"关雎之义"外，还有一段文字概括全书，总结"三百篇"诗的纲领，因而后人将《诗序》分为大序与小序。万斯同否定了这个说法，提出："《诗》无所谓大小《序》也。世所传《大序》，即《关雎》一篇之序，作者特以全经大旨，总序于首篇，《葛覃》以下，则以次序之。"[4]他认为有总序，而无大小序。

《诗序》的作者问题，也是众说纷纭，犹如聚讼，被称为《诗经》研究史上的"第一争讼之端"。[5]有学者统计各类说法不下四十余家。[6]其中影响较大的说法有子夏、毛公、卫宏、孔子、太史等。万斯同支持卫宏说，但该说影响不大，后来范晔也说："卫宏…好古学。初，九江谢曼卿善《毛诗》，乃为其训。宏从曼卿受学，因作《毛诗序》，善得《风》《雅》之旨，于今传于世。"[7]此后宋代郑

---

[1] 万斯同：《群书疑辨》卷一《诗说》，《万斯同全集》第8册，第319页。
[2] 班固：《汉书》卷三十《艺文志》，第1708页。
[3] 万斯同：《群书疑辨》卷一《诗说》，《万斯同全集》第8册，第320页。
[4] 万斯同：《群书疑辨》卷一《诗序说》，《万斯同全集》第8册，第320页。
[5] 永瑢：《四库全书总目》卷十五《诗类一·诗序》，第119页。
[6] 洪湛侯编著：《诗经学史》（上册），北京：中华书局，2002年，第159页。
[7] 范晔：《后汉书》卷七十九下《儒林传》，第2575页。

樵、朱熹、叶梦得都持此说。还有一些说法认为与卫宏有关,如《隋书·经籍志》称《诗序》由子夏所创,毛公及卫宏加以润色;或以为《诗序》首句由毛公作,以下都是卫宏作。苏辙《诗集传》云:"今《毛诗》之叙……其言时有反复烦重,类非一人之词者,凡此皆毛氏之学,而卫宏之所集录也。"[1]

万斯同表示:"众说纷纭,将何所据?吾直归之卫宏而已矣。"他的理由如下:《诗序》无论是出自孔子、子夏或太史,时代都早于汉,因此《毛诗》应与韩、齐、鲁三家的解说一致,为何《关雎》一篇,"毛氏以为美而三家皆以为刺乎?"[2]或者有说《诗序》是毛公(毛苌)作,万斯同通过考察《诗》在子夏后学中的传承,否定了该说法。"旧说言子夏传曾申,曾申传李克,克传孟仲子,孟仲子传根牟子,根牟子传荀卿,荀卿传毛亨,毛亨传子苌,其源流如此。"若毛苌作《诗序》,应当符合《诗》的本旨,但事实上多有牵强附会之处。如《小雅·节南山》至《何草不黄》共四十四篇,《序》认为是刺幽王而作,有些本非刺者,则曰陈古以刺今。另如《昊天有成命》,本是颂扬成王之德,《序》竟以为郊祀天地,万斯同说自古以来并无合祀天地之礼,只因王莽曾合祀,卫宏才有此附会之言。[3]"子夏无是说,则毛苌亦必无是说,何《诗序》之纷纷淆乱哉?盖毛苌止因《诗》以作《传》,卫宏则因《传》以作《序》,是以弥失其真也。"[4]《后汉书·儒林传》中明明记载《诗序》由卫宏作,学者们却不采信,"后人读书稽古,莫不取征于前史,前史已载而犹不信,岂他书之杂出者顾可信哉?"这答案自然是不言而喻的。那么原因何在呢?万斯同提出:"总由宋之儒者专辟汉儒,元明之儒者又专辟宋儒,欲辟宋儒,不得不推古之贤者以为重。而宏之德业不足以服宋儒,故明知《诗序》出宏手,而有意讳之也。"从汉、宋之学递嬗的角度来讨论《诗序》的作者问题,显示出万斯同的独到眼光,尤其在清初复古反宋之风逐渐兴起、阎若璩、毛奇龄、陈启源、朱彝尊等皆主子夏作《序》[5]的时代背景下,更衬托

---

[1] 苏辙:《诗集传》卷一《国风·周南·关雎》,《续修四库全书》第56册,上海:上海古籍出版社,1995年,第11页。
[2] 万斯同:《群书疑辨》卷一《诗序说》,《万斯同全集》第8册,第320页。
[3] 笔者按:张廷玉《明史》卷四十八《礼一》记载"元始间,王莽奏罢甘泉泰畤,复长安南北郊。以正月上辛若丁,天子亲合祀天地于南郊。由汉历唐,千余年间,皆因之合祭"。元始为汉平帝年号,此时王莽尚未篡位。
[4] 万斯同:《群书疑辨》卷一《诗序说》,《万斯同全集》第8册,第320页。
[5] 洪湛侯编著:《诗经学史》上册,第162页。

出万斯同的独树一帜。可惜的是，其结论由推测而来，有失严密。

此外，万斯同还对宋代学者的《诗》学研究做出了不同的评价：

> 宋之首排《诗序》者，实惟郑樵，而朱子继之。郑说人不之信，独朱子之说盈天下。惟其误解《国风》，故人益推尊《诗序》，而不知两者皆失其平也。先儒惟欧阳氏《诗本义》、吕氏《读诗记》，最为醇正。苏氏《诗解》直斥《序》为卫宏作，是也，而犹用其首句，则择之未尽善也。严氏《诗缉》，为千古卓绝之书，而坚执《序》为史官所作，则偏信《大序》之故也。若石林叶氏，既信为宏作，又疑非宏作，且云郑玄与宏略相先后，岂有不知，而以序为孔子作？夫宏仕于光武时，玄年于献帝世，相去百五十年，何云略相先后？彼于时世且未审，又何足与辨是非哉！[1]

郑樵否定《诗序》为子夏作，认为《诗序》皆出汉人之手，而且直斥为"村野妄人所作"，[2]后来朱熹在郑樵的影响下，对《诗序》由信奉变为否定，并尽去《诗序》以言《诗》，可惜其态度不彻底，"除了朱熹认《国风》的'风'字应作'风谣'解，认《郑风》是淫诗，与《诗序》大相违背外，其余的许多见解，仍然都是被《诗序》所范围而不能脱身跳出。"[3]万斯同以为是朱熹误解《国风》，才导致其《诗序》不可信的观点未获支持，这个看法其实不够准确。苏辙的《诗集传》质疑《诗序》为孔子、子夏所作的说法，对《小序》只取首句，首句之后的文字则常予辩驳，万斯同评价"苏氏《诗解》直斥《序》为卫宏作，是也，而犹用其首句，则择之未尽善也"。严粲的《诗缉》为"千古卓绝之书"，可惜其力持《诗序》为史官所作，万斯同认为这是偏信《大序》的缘故。至于叶梦得，对《诗序》作者的看法自相矛盾，"既信为宏作，又疑非宏作"，不值一提。唯有欧阳修的《诗本义》与吕祖谦的《吕氏家塾读诗记》受到万斯同的赞成，誉为"最为醇正"。[4]欧阳修的《诗本义》对小序及毛《传》、郑《笺》都有所指摘，而吕氏的《读诗记》与欧阳修、苏辙、朱熹等解《诗》的思路不同，对风、雅、颂的解释，遵从《诗序》之说，主

---

[1] 万斯同：《群书疑辨》卷一《诗序说》，《万斯同全集》第 8 册，第 320 页。
[2] 黎靖德编：《朱子语类》卷八十《诗一·纲领》，第 2076 页。
[3] 郑振铎：《读毛诗序》，《古史辨》第 3 册，上海：上海古籍出版社，1982 年，第 386 页。
[4] 万斯同：《群书疑辨》卷一《诗序说》，《万斯同全集》第 8 册，第 320 页。

张美刺教化的政治诗教说。虽然也引用《后汉书·儒林传》中关于卫宏的记载,但删去了"因作《毛诗序》,善得《风》《雅》之旨,于今传于世",这是为了阻断卫宏与《诗序》的关系。[1] 万斯同并未因为观点分歧而影响对吕书的评价,这表明了其实事求是的态度。

4.《春秋》学

万斯同对《春秋》学的研究,集中在《周正汇考》一书中。"周正",是三正之一。夏、商、周三代的正朔不同,夏正建寅,以寅月(接近于目前尚通行的阴历的正月)为正月;商正建丑,以丑月(阴历十二月)为正月;周正建子,以子月(阴历十一月)为正月,是谓"三正"。春秋时代,周王室地位衰微,政令已不统一,告朔之制久废,各国所行正朔也不一样,如晋国用夏历,宋国用殷历。《春秋》记时仍遵用周王颁定的正朔,经文的第一句话就是"隐公元年,春王正月"。《公羊传》给其作注,阐发它的"微言大义":

> 元年者何?君之始年也。春者何?岁之始也。王者孰谓?谓文王也。曷为先言王而后言正月?王正月也。何言乎王正月?大一统也。[2]

这一段话说明了《春秋》用"元年""春""王正月"这几个字的特殊含义:元年,是国君鲁隐公即位的第一年;春,是一年农业活动的开始;王,是周文王;王正月,是根据文王受命建立周朝的历法。根据儒家的礼制,由天子制定历法后统一颁行天下,这是大一统的标志。鲁国国君即位改元,所以记隐公元年,但记月仍按礼制采用统一的周历,表示尊周王为共主,实行天下大一统的意思。[3]

除《公羊传》外,《穀梁传》与《左传》都以周正解释该文,汉唐诸儒沿袭,直至宋代,才有异议。程颐提出"春正月"并非春也,"圣人假天时以立义",此后,刘绚、胡安国、陈傅良、项安世、魏了翁等竞相附和,尤其朱熹提出"仍夏时,不改时,不改月之说",从之者甚众,导致自宋至明,正朔成为不定之论。万斯同

---

[1] 杨新勋:《经学蠡测》,南京:凤凰出版社,2012年,第271、272页。
[2] 何休注,徐彦疏:《春秋公羊传注疏》隐公元年,《十三经注疏》,第4765~4766页。
[3] 夏传才:《十三经概论》,天津:天津人民出版社,1998年,第270页。

的《周正汇考》正是在这种学术背景下诞生。该书搜集《春秋》三传、《周易》《尚书》《诗经》《周礼》《礼记》《孟子》诸注疏外,摘录了汉唐时期的相关撰述,重点罗列了两宋至清初,包括黄宗羲、万斯大及顾炎武等在内的学者的相关研究,资料十分翔实,间有对他人观点的评论,并在文尾收录己作七篇。

《周正汇考》文末所收的七篇文章,基本都是万斯同对宋人程颐、朱熹"周正建子"解读的否定与驳斥。他数次强调,"夏正建寅,商正建丑,周正建子,此万古定论。建子即正月,正月即孟春,此唐以前诸儒之定论",[1]"夫夏正建寅,商正建丑,周正建子,此千古不易之定论;建子即正月,正月即孟春,此汉唐诸儒不易之定论"。[2] 程颐的《春秋传》首次提出异说,认为:"春正月,非春也。圣人假天时以立义尔。"[3] 程颐弟子刘绚及胡安国进而表示:"周虽以建子为正月,其时则仍称冬至,孔子作《春秋》,始改为春。"[4] 万斯同驳斥其说道:书时以记事,倘若孔子将周王室冬月的事,一律改为春月,那么春月的事必然也要改为夏月,秋冬随之都要改变,如此一来,鲁国十二公242年之事,就完全错乱了,如何"垂法后世"呢?所以,刘绚的说法绝对不可相信。

胡安国解"春王正月"说,在程颐的基础上提出孔子欲"行夏之时",因而"以夏时冠周月":

> 按《左氏》曰"王周正月",周人以建子为岁首,则冬十有一月是也。前乎周者以丑为正,其书始即位曰"惟元祀十有二月",则知月不易也;后乎周者以亥为正,其书始建国曰"元年冬十月",则知时不易也。建子非春亦明矣,乃以夏时冠周月,何哉?圣人语颜回以为邦,则曰"行夏之时";作《春秋》以经世,则曰"春王正月",此见诸行事之验也。[5]

---

[1] 万斯同:《周正汇考》卷二《程颐春秋传》,《万斯同全集》第1册,第21页。
[2] 万斯同:《周正汇考》卷八《万斯同周正辨三》,《万斯同全集》第1册,第116页。
[3] 万斯同:《周正汇考》卷二《程颐春秋传》,《万斯同全集》第1册,第21页。
[4] 语见《周正汇考》卷八《万斯同周正辨二》,《万斯同全集》第1册,第114页及《周正汇考》卷二《程颐春秋传》小字注。据黄觉弘《刘绚〈春秋传〉佚文考说》(《南京社会科学》2008年第12期)称刘绚受程颐之托,曾作《春秋传》,该书在宋元之际有流传,但后佚。李明复《春秋集义》所引《程氏学》与《程氏杂说》皆为其佚文。
[5] 胡安国:《春秋胡氏传》卷一《隐公上》,杭州:浙江古籍出版社,2010年,第2页。

"以夏时冠周月"的观点颇为著名,但遭到很多非议。万斯同给予了激烈抨击,称"以夏时冠周月"意味着圣人自改周朔,不仅侮辱经典,而且陷孔子于乱臣贼子之境地:"夫圣人之作《春秋》,首在尊王,而擅易王朝之正朔,是无王也。意在诛乱臣贼子,而擅易王朝之正朔,是躬为乱贼也,不意大儒立言乖谬若此,是敢于侮圣经而陷圣人于大恶也。"[1]万斯同还指出夏正建寅,商正建丑,周正建子,是因为"正必与朔合",周以夜半为朔,夜半乃子时,故以建子为正月;商以鸡鸣为说,鸡鸣乃丑时,故以建丑为正月;夏以平旦为朔,平旦乃寅时,故以建寅为正月。"正与朔合,而天地人三统乃正。"三个时辰中,寅时尤善,所以孔子才有欲行夏时的想法,万氏批评宋代学者拘泥此言,称孔子欲见诸行事,于是更改周代正朔,不知"所谓见诸行事,必有帝王之位乃可,若但笔之书,仍属空言,何见诸行事之有?"孔子有德而无位,是不可能擅自改正朔的。另外,《春秋》虽经孔子笔削,但因袭旧文较多,且孔子因憎恶天下诸侯、大夫的僭乱越礼,才作《春秋》使乱臣贼子惧,所以他不应该言行相悖,否则何以使天下人信服?

胡安国"以夏时冠周月"的说法,遭到友人杨中立的反对,杨氏为程颐弟子,"不守其师训,其于假天时以立义之训,必有不安于心者矣",但其规劝未被胡安国接受,万斯同由此感叹道:"人情厌旧喜新,又当诸人掊击汉儒之际,一闻异论,遂群起而附会之,绝不顾义理之当否。呜呼!释经如此,奚若不释之为愈哉!"[2]并说:"儒者释经之误,莫甚于此。可以其出于程子,遂轻相附和哉?"[3]虽然"以夏时冠周月"并非出自程颐,但胡安国自称《春秋传》"微词多以程氏之说为证",[4]张九成曾云:"近世《春秋》之学,伊川开其端,刘质夫广其意,至胡文定而其说大明。"[5]可见,胡安国的《春秋》学是对程氏的发扬,因此,万斯同将责任归咎于程颐,还是有理可据的。此外,项安世解读"春王正月"道:"春,非春。正月,非正月。非而书之者何?时与月必如是,而后为正

---

[1] 万斯同:《周正汇考》卷二《程颐春秋传》,《万斯同全集》第1册,第21页。
[2] 万斯同:《周正汇考》卷八《万斯同周正辨三》,《万斯同全集》第1册,第116页。
[3] 万斯同:《周正汇考》卷二《程颐春秋传》,《万斯同全集》第1册,第21页。
[4] 胡安国:《春秋胡氏传·叙传授》,第7页。
[5] 朱彝尊:《经义考》卷一八五"胡氏安国《春秋传》"条,北京:中华书局,1998年,第951页。

也。不以王冠春者,王改正不改时也。书王冠正月者,所以见时王之月与时相违也。见时、正之相违,所以教后世之毋相违也。"万斯同对其评价说:后人附会程颐之说,"未有如项氏之诬妄者",因为"圣人一言为万世法,非春而可书为春,非正月而可书为正月乎?"[1]普通人发言犹且不敢弄虚作假,何况是圣人呢?因此,其说属于"最谬妄而可笑者"。[2]

朱熹对"周正建子"的解读,充满自相矛盾:

> 周正建子,辨者纷然,一人而二三其说。惟考亭朱子。[3] 其释《诗经》,主不改月之说;其释《孟子》,则主改月之说;其《答张敬夫》,谓加春于建子之月,其行夏时之意,亦在其中。是从胡氏之说也。其《答吴晦叔》,谓孟子所称十一月、十二月,确是今之九月、十月,而四时之序,则孔子之微意,亦从胡氏之说也。其答一门人,谓孔子,周之臣子,决不改周正朔;其《再答吴晦叔》,谓《春秋》既是国史,必奉时王之正朔;其《答潘平一》,谓如胡氏之说,则《春秋》之月,遂与月下之事,常差两月,恐圣人作经,不若是之纷纭多事;其答一友人,谓文定《春秋传》,孔子以夏时冠周月,以周正纪事,如公即位,本是十一月,只圣人改做"春正月",某便不敢信。夫子所谓行夏之时,只因为他不顺,故欲改从夏时。是皆不从胡氏之说也。

朱熹学说中的矛盾之处,可能与早晚期观点改变有关,也可能与兼综各家有关,但万斯同所说却是不可否认的事实。"夫大儒设教,贵有定论,若一人而二三其说,学者何所取信?惟为师者先后不一其词,故其弟子之著书者,亦彼此不通其指。""各持一说而不相通,而道术益为天下裂。"朱熹对周正没有定论,导致其弟子分歧严重,如张洽的《春秋集传》力主改月改时;蔡沈的《书经集传》、项安世的《春秋家语》力主不改月改时。虽然学派的分化是历史发展过程中的正常现象,但朱熹作为一代大儒,对"周正建子"的解读矛盾重重,这是很不应该的:"今人但谓言出朱子,便可据信,岂知其先后无定论如此!且答门弟

---

[1] 万斯同:《周正汇考》卷二《项安世春秋家语》,《万斯同全集》第1册,第31页。
[2] 万斯同:《周正汇考》卷八《万斯同周正辨三》,《万斯同全集》第1册,第116页。
[3] 按:关于此句的标点,笔者认为"一人而二三其说。惟考亭朱子"有误,故改。

子或可稍异,为经书传注,则当归一,乃释《诗经》如此,释《孟子》又如彼,究以何者为是哉?"[1]

朱熹弟子蔡沈称周代时月都不改,仍以建寅为正月、为春,建子则称十一月,作为岁首。后陈则通著《春秋提纲》一书,解"春王正月",全主蔡沈之说,说周以冬十一月为岁首,春正月仍是建寅。对于《春秋》所书"桓八年冬,十月,雨雪","僖十年冬,大雨雪"等不可解之处,则曰"雨雪不在灾异之例,圣人为嗣岁之喜而书也"。这是以灾异为祥瑞。万斯同提出异议,周之十月为夏之八月,周之冬为夏之秋,不当有雪而下雪,因此作为异常之事记录下来。若在冬月,下雪是常事,孔子何必记录?陈则通释为"志喜",除非是242年之间仅此二年有雪而后可,否则,有记录的必要吗?万斯同说:"天下有如此谬论而可笃信不惑与?"[2]陈则通还批评《左传》误解"春王正月"为周正月,因为"天策""鹑奔"等童谣,都是采用夏正。春秋之时,诸国都用周正,唯独晋国用夏正。"周先王既改正朔,自必颁诸天下,俾之共遵,何以晋独抗命?况晋为武王之子,尤所当遵,何敢独违王制,而王室亦置不问?"顾炎武曾有这一疑问,但未能解决。万斯同认为原因在于晋地属于夏朝旧都:"唐叔之封国,实夏后之故都。商既放桀,自必封桀子于其他,使奉先王之正朔。逮武王灭殷,封夏之后于杞,其支庶必有仍封于其故都,居曲沃、蒲、绛之地,以奉夏之正朔者。"[3]晋国后来日益强大,但并未更改旧俗,仍然奉行夏时,否则,晋作为周王室的宗亲,近在镐京千里之内,岂敢公开不奉王朝之正朔呢?顾炎武《日知录》卷四《三正》依据《尚书·微子之命》"统承先王,修其礼物",提出"杞用夏正,宋用殷正,若朝觐会同,则用周之正朔",[4]万斯同认可这一看法。他说陈则通称《左传》杂用夏正,自背周正之说,是因为没有弄清晋国是夏朝旧都,"知之则不必攻矣"。万斯同还指出陈则通受蔡沈影响,是因为"胡氏为'夏时冠周月'之言,其说易破,

---

[1] 万斯同:《周正汇考》卷八《万斯同周正辨四》,《万斯同全集》第1册,第117页。
[2] 万斯同:《周正汇考》卷八《万斯同书春秋提纲后》,《万斯同全集》第1册,第119页。
[3] 万斯同:《周正汇考》卷八《万斯同晋行夏时说》,《万斯同全集》第1册,第118页。
[4] 按:万斯同《周正汇考》卷八《万斯同晋行夏时说》(第118页)引用时删减为"若朝觐会同,则用周正"。

故后人不复遵；蔡氏之言，[1]则似是而非，其说难破"。[2]

万斯同对程、朱等学者的"周正建子"之说多有驳斥，但并不是想要否定整个宋代学术，他说"宋自庆历、皇祐以后，真儒继出，经术大明，后学实赖之"，但另一方面，也存在不少问题，"私智自是、违经悖传者，亦不为少，于他经皆然，而《春秋》为尤甚"。单就"春王正月"一语，程朱等人不但不信传，也不信经，整个推翻了汉唐诸儒的观点，"此其失，总由于程子，而蔡氏复变之，刘绚、胡安国、陈傅良、项安世、魏了翁，"皆继程子而附和者也"。叶时、戴溪、陈则通、黄震、家铉翁、陈深、陈恪、程端学、周洪谟，"则继蔡氏而附和者也。辨虽详，而理不足，吾安敢信之哉！"[3]在程、胡、蔡氏之说风行之际，仍有部分学者不为其说惑，如宋末闽人吕大圭尝著《春秋或问》十二卷，对"春王正月"的解读，就没有因袭程、胡、蔡三人之说，万斯同赞其"折衷于至当，为后世所称""经学最醇深"。[4]正是因为有吕大圭及赵鹏飞、黄仲晦、熊朋来、陈栎、张敷言、李廉、齐履谦、史伯璿、吴仲迂、黄泽、赵汸、张以宁、汪克宽、王鏊、王守仁、王樵等学者摒弃盲从、潜心研究，"春王正月"之说才免于被异论淆乱，经过万斯同的进一步考辨，"上起《三传》，下尽元、明，备取而胪列于前，使学者一展卷如黑白判然，得其是非之所在。要其归，明周正为一代定制"，[5]终于大白于天下。

万斯同说："夫穷经固难，穷经而得其肯綮则益难。"[6]由程、朱对"春王正月"的随意解读，他反思了宋儒的经学研究方法与态度：

> 学者生二千载之后，遥断二千载以上之事，自当以传记为据；传记多异词，更当以出于本朝者为据。周正之改月改时，一断以周人之言而自定。乃宋人顾力排之，以己之臆见，而欲尽废前人之议论，不亦深可怪异

---

[1] 按：原文断句为"故后人不复遵蔡氏之言"，笔者以为当断为"故后人不复遵；蔡氏之言"，"不复遵"者当是前文的胡安国说，因"其说易破"；而蔡沈"似是而非，其说难破"。

[2] 万斯同：《周正汇考》卷八《万斯同书春秋提纲后》，《万斯同全集》第1册，第119页。

[3] 万斯同：《周正汇考》卷八《万斯同周正辨二》，《万斯同全集》第1册，第114~115页。

[4] 万斯同：《周正汇考》卷八《万斯同书春秋或问后》，《万斯同全集》第1册，第119页。

[5] 金德纯：《周正汇考序》，《万斯同全集》第1册，第2~3页。

[6] 万斯同：《周正汇考》卷八《万斯同书春秋或问后》，《万斯同全集》第1册，第119~120页。

哉! ……夫儒者泛言义理,与实考制度不同,义理可断之于己,制度则当质之于古。彼以周人之言周制者,交诋为非,则宋人之凭臆而论者,果可谓之是乎?学者但信周人之言,而无惑乎宋人,斯得之矣。[1]

万斯同指出"学者读书论古,要当以守经传为主",如果传记本身内容不一,则以当时人的记载为依据。倘若经传中已有明训,后人意欲尽反前人定论,那么不过是"邪辞曲说"[2]而已。他还强调应区分泛言义理与实考制度的不同,前者可以发挥个人己见,后者则必须"质之于古",倘若认为古人的记载不可信,那么宋人的臆断岂非更不可信?总之,"学者但信周人之言,而无惑乎宋人",才是正确的治经态度。由此可见,万斯同的身上,已"透露清代考据学风的消息"。[3]

5.礼学

万斯同的经学研究,以礼为重点,可能与甬上讲经会的讨论主题及助徐乾学编写《读礼通考》有一定的关系。

万斯同与《读礼通考》的关系,学界曾有过争议。杨无咎给万斯同撰写的墓志铭中,将该书纳入其名下;[4]另如友人冯景说:"曩见四明万季野著《读礼通考》,成一百二十卷,要惟丧礼多耳。"[5]因此,梁启超后来提出:"徐乾学的《读礼通考》,全部由季野捉刀。"[6]按徐树谷《序》,可知万斯同确实曾参与修撰《读礼通考》:"先人夫《读礼通考》卓创于康熙丁巳,时居王母顾太夫人之忧。……三易稿乃成,犹未敢以为无憾而即安也。时复与朱太史竹垞及万季野、顾伊人、阎百诗诸君子商榷短长,博综器数,度量人情,斟酌繁简,务期不悖于古而可行于今。"[7]丁巳是康熙十六年(1677),《读礼通考·凡例》说:"是编之作,始于康熙十六年之春,时居先太夫人之丧,因有事于此书苦次,先为搜

---

[1] 万斯同:《周正汇考》卷八《万斯同周正辨一》,《万斯同全集》第1册,第114页。
[2] 万斯同:《周正汇考》卷八《万斯同周正辨三》,《万斯同全集》第1册,第116页。
[3] 王茂、蒋国保、余秉颐、陶清:《清代哲学》,合肥:安徽人民出版社,1992年,第88页。
[4] 杨无咎:《万季野先生墓志铭》,《万斯同全集》第8册,第210页。
[5] 冯景:《解春集文钞补遗》卷二《与沈昭嗣书》,第33页。
[6] 梁启超:《中国近三百年学术史》,第109页。
[7] 徐树谷:《序》,转引自朱端强:《万斯同与〈明史〉修纂纪年》,第179页。

辑，又数年而辍筒。"[1]康熙十八年，万斯同曾去昆山居数月，参观徐乾学的传是楼，此时是否有参与修纂《读礼通考》尚不得而知。此后在京师期间，朱彝尊、万斯同、阎若璩等人都有参与撰写工作。《读礼通考》卷首《引用书目》有著录万斯同的《群经概说》，[2]此外，正文中大量引用汉唐宋元明时期学者的论述，也有同时代学者，如顾炎武、朱彝尊、顾湄、万斯同、万斯大、汪琬、徐秉义、吴任臣等人的相关看法，徐乾学本人几乎每条都有按语。笔者检索发现《读礼通考》中收录约六十条万斯同的观点，绝大部分见于《群书疑辨》卷二至卷六，但也有约十条左右未见者。由此大致可以推断，将《读礼通考》视为万斯同的著作是难以成立的。

万斯同的礼学研究，因缺乏大部头著作，并不为一般人所知，但在当时仅受到少量友朋的关注。如徐乾学在一首诗中说其"折衷三礼宗王郑，泚笔千秋续马班"。[3]可见，其礼学研究与《明史》编纂其实是并行不悖。李塨也说："今世率遵《朱子家礼》，然多杜撰无凭，行之偾踬，其考议之当急为何如者！海内惟毛河右知礼乐，万季野明于礼文，向问之不厌反覆，今季野长逝，河右远离，吾道之孤，复将谁质！"[4]晚清林昌彝(1803—1876)将万斯同与张尔岐、江永、沈彤、程瑶田、凌廷堪、褚寅亮、任大椿等学者并列为"精于三礼"[5]者，可谓有识之论。

乾隆时期汪廷珍(1757—1827)给万斯同的《群书疑辨》作序，提出"其于经也，尤详于丧、祭二礼"，[6]沈大成(1700—1771)也说"其所辨《易》《书》《诗》《春秋》《礼》诸经，最详于丧礼、丧服，其次则禘祫庙制"。[7]虽然二人所针对的都是《群书疑辨》，但仍然囊括了万斯同礼学研究的两个主要方面，因为除了《疑辨》中的礼学外，《庙制图考》及《四明讲义》中的内容基本没有超出汪、沈二人所说的范围。

---

[1] 徐乾学：《读礼通考·凡例》，《景印文渊阁四库全书》第112册，第4~5页。
[2] 朱端强：《万斯同与〈明史〉修纂纪年》，第179页。
[3] 徐乾学：《憺园文集》卷九《送万季野南还》，《续修四库全书》第1412册，第429页。
[4] 戴望：《颜氏学记》卷六《恕谷三·答三弟益溪书》，北京：中华书局，1958年，第164页。
[5] 林昌彝：《射鹰楼诗话》卷十四，清咸丰元年刻本。
[6] 汪廷珍：《群书疑辨序》，《万斯同全集》第8册，第315页。
[7] 沈大成：《学福斋集》文集卷二《万季野先生〈群书辨疑〉序》，乾隆三十九年刻本。

(1)丧礼丧服

《周礼·春官·大宗伯》曰:"以凶礼哀邦国之忧;以丧礼哀死亡;以荒礼哀凶札;以吊礼哀祸灾;以桧礼哀围败;以恤礼哀寇乱。"秦汉以后,凶礼的内容和结构发生了很大的变化。由于赈灾济荒逐渐成为中央政府的特权,古老的吊礼、桧礼、恤礼便失去了存在的意义,或产生变异。随后丧礼就成为凶礼最主要的内容。[1]凶礼本居五礼第二,自汉至唐,研究者代不乏人,但《大唐开元礼》将凶礼置于五礼之末,"于时许敬宗、李义甫,上《显庆新礼》,以为凶礼非臣子所宜言,去《国恤》一篇,自有天子凶礼遂阙,宜柳宗元以不学讥之也。迨宋讲学日繁,而言礼者寡,于凶事少专书,《朱子家礼》盛行于民间,而世之儒者,于国恤不复措意。其仅存可稽者,杜氏《通典》、马氏《通考》已焉"。[2]由此导致唐宋以后凶礼研究日益没落。清初,伴随三礼学的兴起,凶礼再次引起重视,"丧礼之废被学人作为《礼》学之荒的突出例证","遗民《礼》学中尤具实践品性的,是'凶礼'之学"。[3]在清初凶礼之学的恢复与建构中,黄宗羲做过一些工作,万斯大、万斯同在老师的基础上有进一步的开拓。万斯大终身致力于礼学与《春秋》学的研究,著有《学礼质疑》《礼记偶笺》《仪礼商》《周官辨非》等专书。与其兄相比,万斯同虽然略为逊色,但汪廷珍称"视充宗先生所为《仪礼商》诸书,特为矜慎矣",尤其是杂论丧礼诸则,"明先圣之制,砭流俗之失,酌古今之宜,洽情理之中,尤尽善可施用",[4]可见还是有其长处的。

中国传统丧礼程序复杂,时间持续几个月甚至数年,名目有五六十种之多,主要包括弥留、报丧、成服、入殓、置灵、吊丧、出殡、祭奠、服丧等。万斯同的关注点在祭奠与服丧方面。祭奠具体又包括虞祭、卒哭、祔、小祥、大祥、禫等。除大、小祥外,万斯同都有所讨论,还曾向其师黄宗羲讨教,黄氏作《答万季野丧礼杂问》《再答万季野丧礼杂问》。

"三虞即卒哭"说,本出自元代敖继公,万斯同"参考礼文,颇以其说为是"。黄宗羲指出此说并不始于敖氏,而且是错误的,以《礼记·杂记》证明郑玄将三

---

[1] 杨志刚:《中国礼仪制度研究》,第464页。
[2] 朱彝尊:《曝书亭集》卷三十四《读礼通考序》,《四部丛刊初编》第279册,上海:上海书店,1989年,第7~8页。
[3] 赵园:《明清之际士大夫研究》,第346、431页。
[4] 汪廷珍:《群书疑辨序》,《万斯同全集》第8册,第315页。

虞与卒哭区分开来,更为可信。[1]万斯同似乎没有听从老师的意见,仍然保留了该文,后来遭到黄以周的驳斥:"虞为丧祭,卒哭为吉祭,迥然不同"。[2]

另如祔庙之礼,也争议较大。郑玄注曰:"既祔,主复返于寝",后代学者多因袭,朱熹尤其力主其说,但也有陈祥道、吴澄、吕大临、陈用之、王廷相等学者提出异议。万斯同也不赞同郑玄、朱熹之说。他认为周制卒哭而祔,以死者之神主祔于王父之庙。《仪礼》及《戴记》中均无"祔已主反于寝"的言辞,这不过是郑玄一家之说,但因朱熹支持郑玄,凡是辩驳郑氏错误者,反而遭人诋毁。《礼记·坊记》曰"丧礼每加以远",《礼记·檀弓》曰"丧事有进而无退",万斯同认为都是"主不反寝之证"。他这是"执经以论经":"盖所谓祔者,以新死者当入祖庙,而祖庙又未可遽迁,故以神主祔于祖,而谓之祔。若祭已复反于寝,则非丧事有进无退之义,而主固未尝居于祖之庙矣,何得名之为祔乎?"[3]此外,他还从常理与人情的角度对祔后将神主返于寝提出质疑:

> 盖人死不可无所归,死而未葬,则以反入土为归,死而既葬,则以入庙为归。庙者亡人之室,归于庙而神得所安。寝者生人之居,归于寝而神何所泊?今日主必当反于寝,则是以死者而处生者之所矣,毋乃神人杂揉乎?庙以栖神,故庙必严静。寝以居人,故寝必杂遝。祀主于寝,是欲孝其亲而反亵其亲矣,何如祀主于庙之为得哉!夫使人之居丧,而三年不离丧次,则祀于寝固可也。苟不能常居丧次,致考妣之主,亵越于生人杂遝之所,反之于心,能自安否也?夫古之人,不忍使其亲一日未有所归,而后之人,乃欲使其亲三年未有所归乎?则知卒哭而祔,周人自有精意,而未可厚非也。[4]

祀主于寝,会导致神人杂糅,生者与死者混居,这是"欲孝其亲而反亵其亲",生者能够安心吗?朱子信郑玄之传而不信《礼记》,"谓卒哭之后,便除灵

---

[1] 黄宗羲:《再答万季野丧礼杂问》,《黄宗羲全集》第10册,第207页。
[2] 黄以周:《礼书通故》第十一,北京:中华书局,2007年,第587页。
[3] 万斯同:《群书疑辨》卷三《明日祔于祖父〈檀弓下〉》,《万斯同全集》第8册,第340页。
[4] 万斯同:《群书疑辨》卷六《祔庙》,《万斯同全集》第8册,第376页。

席,孝子之心,岂能自安？夫反之心而不安,以此议周制之未尽善则可,乃因不安于心而必欲强古人以从我,己之心则安矣,其于解经,得毋亦有未安乎？况殷练而祔,周卒哭而祔,孔子善殷,则孔子固以周为未善矣。朱子谓心岂能安,正合孔子之意。若谓主反于寝,则既祔犹之未祔也,孔子何以善殷而不善周？是欲伸己之说,反不合孔子之意矣"。这种"不据经而据传"[1]的解经态度是有问题的,万斯同重申了与《周正汇考》中类似的观点,"大凡解经者,泛解义理,与实解制度不同。解义理则可就一己之见,解制度则当考古人之言。朱子所言,未免信心之过。而愚则据经以复旧耳,岂敢与先贤抗辨,漫逞其臆说哉？"[2]万斯同指出这虽非朱熹首创,如《大唐开元礼》《政和五礼新仪》祔庙不在卒哭后,而在三年禫后,已与古礼不同;司马光的《书仪》与朱熹的《朱子家礼》兼采古礼与开元礼,于卒哭次日行祔礼,祔毕返主于寝,至大祥撤灵座后神主才入庙,世人称善。万斯同却从人神不可杂居的角度提出否定,"今也不忍遽离其亲,而俾神灵不得归于庙,是欲爱其亲而反邻于不敬矣。何如蚤归于庙者,为幽明之两得哉？"[3]笔者以为,无论是"执经以论经"的解经态度,还是从人情角度提出人神不可杂糅、神主当尽早归庙的看法,都有可取之处。

另如禫祭的月数,郑玄以二十五月为大祥,二十七月而禫,王肃以二十五月为大祥,其月为禫。万斯同表示:"郑、王之说详矣,其说固各有所本。然吾折其衷而论之,则必予王而绌郑。"他支持王肃的二十五月说,因为"今所论之礼,皆周礼也,论周之礼,则当以周人之言为据"。[4]这也与前文其所言"周正之改月改时,一断以周人之言而自定"[5]的态度相呼应。《礼记·三年问》曰:"三年之丧,二十五月而毕",《荀子·礼论》抄录了这段文字。《春秋》闵公二年记载:"夏五月乙酉,吉禘于庄公。"《公羊传》曰:"三年之丧,实以二十五月。其言于庄公何,未可以称宫庙也。曷为未可以称宫庙？在三年之中矣。"万斯同

---

[1] 万斯同:《群书疑辨》卷三《明日祔于祖父〈檀弓下〉》,《万斯同全集》第 8 册,第 340 页。
[2] 万斯同:《群书疑辨》卷六《祔庙》,《万斯同全集》第 8 册,第 376 页。
[3] 万斯同:《读礼通考》卷五十一《丧仪第十四·禫》,《景印文渊阁四库全书》第 113 册,第 278 页。
[4] 万斯同:《群书疑辨》卷三《三年之丧二十五月而毕〈三年问〉》,《万斯同全集》第 8 册,第 348 页。
[5] 万斯同:《周正汇考》卷八《万斯同周正辨一》,《万斯同全集》第 1 册,第 114 页。

称以上记载者都是周代人,"以周之人言周之礼制,岂有谬乎?"这个说法固然是站不住脚的,《礼记》《公羊传》的成书年代,学术界多认为在战国至汉初,而非周代。但郑玄的二十七月说,在《仪礼》《礼记》《春秋》三传、《大戴礼》都没有记载,唯独戴德的《丧服变除篇》中有提及。孔颖达《礼记·檀弓上》疏云:"戴德《丧服变除》:'礼,二十五月大祥,二十七月而禫。'"[1]郑玄将"中月而禫"的"中月"解释为"间月",即与大祥间隔一个月,从而将丧期延至二十七月。其主张遭到王肃的反对,王肃认为"中月"即是"月中",即禫与大祥在同一月,丧期为二十五月。曹魏以降用王说,刘宋以降则用郑说,自唐迄清,历代的禫祭基本上都用郑说,但争论并没有真正解决。[2]万斯同说:"郑说至今遵之,非谓郑之所言果合乎礼也,大都谓朝制不可违,亲丧又宜从重,故相率守之不变耳。若必欲求合乎经旨,则自当以王氏为长,岂可背圣人之经,而曲附乎郑氏耶?"[3]其师黄宗羲明确支持郑玄。[4]

与丧礼密切相关的是丧服制度。丧服制度包括服饰的材料、款式及服丧时间的长短。据《仪礼·丧服》《礼记·檀弓》《礼记·丧服小记》等记载,丧服和居丧时间有不同的规定,自汉至清代,丧服发生过多次变化。[5]万斯同对不同类型的丧服多有涉猎,笔者选取其中较具特色者,如反对因尊而降服、主张嫂叔有服略作阐发。

万斯同反对因尊而降服。降服是由郑玄在五服的结构上提出的分类之一,与正服、义服对应。降服,即因某种原因从高等级服叙降至低等级服叙者。[6]明代废除降服、正服之别。[7]

《仪礼·丧服》载大夫之子为世父母、叔父母、子昆弟、昆弟之子、姑姊妹女子子无主者、为大夫命妇者,唯子不报。齐衰期年。如果服丧者为大夫以上

---

[1] 郑玄注,孔颖达等正义:《礼记正义·檀弓上》,《十三经注疏》,第2768页。
[2] 丁鼎:《"三年之丧"源流考论》,《史学集刊》2001年第1期。
[3] 万斯同:《群书疑辨》卷三《三年之丧二十五月而毕〈三年问〉》,《万斯同全集》第8册,第348页。
[4] 黄宗羲:《再答万季野丧礼杂问》,《黄宗羲全集》第10册,第209页。
[5] 丁凌华:《中国丧服制度史》,上海:上海人民出版社,2000年,第183~186页。
[6] 丁凌华:《中国丧服制度史》,第102、103页。
[7] 章太炎:《关于经学的演变》,《国学的精要》,北京:中国画报出版社,2010年,第152~153页。

的级别,服丧对象为士,那么服丧者便因位尊而降服。为世父母、叔父母、子昆弟、昆弟之子等本服齐衰不杖期,倘若服丧者身份为大夫以上,服丧对象为士,则降服大功九月。万斯同称此条为"古丧服之最可疑者",他认为大夫降其期亲,于情于理都说不通。"夫人伦本于天属,爵位由于君命。君命有时而予夺,则爵位之得失因之。今日为大夫,则概从降服,他日不为大夫,则当从正服,后日再为大夫,则又当从降服。以天属之至亲,而尽以爵为隆杀,更以死者之爵为隆杀,岂果先王之礼乎?"[1]大夫的爵位由君主任命,并不稳定,倘若因爵位的有无影响对亲属的服丧,那么无异于专主贵贵,不务亲亲之义,这违背《礼记·大传》所云:"服术有六:一曰亲亲,二曰尊尊,三曰名,四曰出入,五曰长幼,六曰从服"的原则。虽然丧服原则有六,但尤以亲亲与尊尊最为重要,后四者都是由它们派生而来。[2]因此,万斯同提出这并非先王之礼,否则,"岂有周公制礼,不务亲亲,而专主贵贵之理乎?"[3]万斯同反对降服的原因,就在于自周代有诸侯绝期、大夫降服之礼,后世身为王公者,"莫不援此而欲绝其亲属之服"。郑玄注:"服之降有四品:君、大夫以尊降,公子、大夫之子以厌降,公之昆弟以旁尊降,为人后者、女子子嫁者以出降。"[4]万斯同怀疑郑注所说"皆后世之强宗增损先王之旧典为之,而非周公之本书如是也"。因为五服亲疏之制,应该上下通行,岂有大夫以上或绝或降,而唯独要求士与庶人遵行此礼?况且教化之本,本始于上层贵族,"今身都爵位及都爵位者之子弟,尽绝其亲亲之恩,而独责之于闾阎之士庶,夫岂先王之礼意乎?""原夫古人制服之意,未有不本乎情也。情由中出,礼自外至,宁以贵贱而有间哉!"[5]

从服,是在尊尊原则下扩及到其他间接关系的对象,是指随从某一亲属对象而来为亡者服丧。[6]万斯同曾就明代嘉靖时期昭圣皇太后驾崩,嘉靖帝服

---

[1] 万斯同:《群书疑辨》卷二《大夫之子为世父母叔父母子昆弟之子姑姊妹女子子无主者为大夫命妇者唯子不报齐衰期年》,《万斯同全集》第8册,第328页。
[2] 丁鼎:《〈仪礼·丧服〉考论》,北京:社会科学文献出版社,2003年,第187页。
[3] 万斯同:《群书疑辨》卷二《大夫之子为世父母叔父母子昆弟之子姑姊妹女子子无主者为大夫命妇者唯子不报齐衰期年》,《万斯同全集》第8册,第328页。
[4] 郑玄注,孔颖达等正义:《仪礼注疏》卷三十《丧服》,《十三经注疏》,第2391页。
[5] 万斯同:《群书疑辨》卷三《古者不降上下各以其亲〈檀弓下〉》,《万斯同全集》第8册,第341页。
[6] 郑志明:《中国殡葬礼仪学新论》,北京:东方出版社,2010年,第158页。

齐衰,百官俱斩衰的现象讨论了从服问题。他说:"孝后之丧,百官皆制斩衰,是已。不知百官之服,从服也,非正服也。从服者,从君而服也。今世宗已不服斩,而使臣下服斩,所谓从之义安在乎?"[1]因为依据《仪礼·丧服》,凡臣从君服,例降一等。嘉靖本人为昭圣皇太后服齐衰,百官服斩衰,这不是降一等,而是加一等,完全违背礼法。

另如嫂叔有服说。关于叔嫂之间有服还是无服的问题,也是聚讼纷纭,莫衷一是。《礼记·檀弓上》说:"丧服,兄长之子犹子也,盖引而进之也。叔嫂之无服也,盖推而远之也。"即妻子与丈夫的兄弟之间没有丧服之制。唐太宗贞观年间将原来的叔嫂无服,改为小功五月,其后唐《开元礼》、宋《政和礼》、司马光《书仪》、朱熹《家礼》《明会典》均沿袭,将小功作为嫂叔之服的定制,甚至五代宋初嫂叔间还曾施行大功之服。不过,嫂叔之服在礼制上虽然确立,但后世学者对于这一问题并未达成共识。如二程都认为古代"嫂叔无服"属权宜之制,后世制服未尝不可,但程颐不赞同《礼记·檀弓上》以"推而远之"来说明"嫂叔无服"。朱熹也认为嫂叔制服亦可,但他同意古礼嫂叔无服,有"推而远之"之意。顾炎武也赞同《檀弓》的"推而远之"之说。[2]

万斯同在《夫之所为兄弟服妻降一等》[3]一文中对这个问题重新进行了检讨。他说嫂叔无服之说,屡屡见于经典,似乎无可怀疑,但为何《仪礼·丧服》之记,有"夫之所为兄弟服,妻降一等"的话?郑玄此条无注,贾公彦疏曰:"夫之诸祖父母见于'缌麻章',夫之世叔父母见于'大功章',夫之昆弟之子不降,嫂叔又无服。今言从夫降一等,记其不见者,当是夫之从母之类。"万斯同认为贾氏的解释是牵强附会,因为"从母之类而可称之为兄弟乎?既言兄弟,而可索之于兄弟之外乎?"难以自圆其说。万氏依据这条记载,提出"此正嫂叔

---

[1] 万斯同:《群书疑辨》卷四《昭圣皇太后崩上服齐衰百官俱斩衰二十七日》,《万斯同全集》第 8 册,第 362 页。
[2] 丁鼎:《〈仪礼·丧服〉考论》,第 235~240 页。
[3] 笔者按:该文收于《群书疑辨》卷二,此外,方祖猷主编的《万斯同全集》第 8 册中的《群书疑辨》卷四《嫂叔无服说》,与本文基本雷同。据校记(《万斯同全集》第 8 册,第 359 页)可知原本《群书疑辨》卷四并无此文,而是据《国朝文汇》甲前集卷十补。或许编者见二文标题不同,没有注意到内容基本重复。

有服之明证也"。[1]《仪礼·丧服》中对于嫂叔有服与否并未明言,祖父母、世叔父母都有,唯独不言兄弟。《丧服传》解释说:"夫之昆弟何以无服也?其夫属乎父道者,妻皆母道也。其夫属乎子道者,妻皆妇道也。谓弟之妻妇者,是嫂亦可谓之母乎?故名者,人治之大者也,可无慎乎?"万斯同说此传出自子夏之手,以母道、妇道解读,只能说是子夏的看法,而不能视为"经之本旨"。《丧服》中对嫂叔有服与否无明文,记中却说"夫之所为兄弟服,妻降一等",该如何取舍呢?万斯同提出:

> 盖记礼者于经之所未及,往往见之于记。今记文具在,人无不以记之所言,与经之所言并信,何独此条之记不可信,以为叔嫂之服乎?所为没其文于经,而补其说于记者,盖从上世以来,嫂叔原未尝制服,至作《仪礼》之人,见其不可无服也,故不直笔之于经,而但附著之于记。以见后人之所补,非先王之所制也。

也就是说,记是经的补充,其与经的区别是"后人之所补,非先王之所制"。即使是《丧服传》,也仅"言名之宜慎,而未尝言服之宜无,则亦不足以为无服之据"。另外,《礼记·檀弓》中说"子思之哭嫂也,为位",虽然也没说有服无服,但既然"为位",又岂可无服?

万斯同不仅认为嫂叔有服,而且提出具体服制应为大功。唐以来基本都是嫂叔服小功,尚且遭人非议,大功不是更为惊世骇俗吗?万斯同辩解道:

> 此所谓服,从服也,非正服也。凡从服者,多于己无亲。如夫之君,夫之旧国君,族之宗子,彼于我何亲,而皆服之齐衰也。无亲于我者,可以服齐衰,与我同室者,独不可以服大功乎?然则,何以必大功?曰:凡从服例降一等。夫于姑姊妹大功,则妻为之小功;夫于兄弟期,则妻为之大功。此一定之礼也。且不观娣姒之服小功乎?夫于兄弟之妻大功,故妻降一

---

[1] 万斯同:《群书疑辨》卷二《夫之所为兄弟服妻降一等》,《万斯同全集》第 8 册,第 334 页。

等而小功。吾于服夫之姑姊妹娣姒小功,而知大功之服为一定而不可易也。"[1]

至于《礼记·檀弓上》的"推而远之"说,万斯同批其为附会之言,因为先王制礼,并非专为大不肖者而设,"欲为不肖者立防,而反废亲亲之纪,先王之所不为也"。服制的有无,也不能从根本上禁止嫂叔乱伦。此外,所谓"推而远之",当远之于生前,不必远之于身后。否则,当嫂子去世之时,"举家缟素,而我独吉服于其间,曰将以远嫌也,天下有此不情之人哉!"万斯同的嫂叔有服说,或许属于汪廷珍所评的"勇于自信而于古未有确证"者,[2]但他既指出了经典本身的矛盾,又从人情的角度补证分析,值得我们进一步思考。

毛奇龄也主张嫂叔有服,且服大功,二人观点相似,不知是否有过交流。但毛奇龄的理由与万斯同并不一样,他是从《丧服传》伪造、《檀弓》也不可靠的角度论证。[3] 笔者以为,万斯同对嫂叔有服的坚持,也是对嘉靖君臣的批判。明武宗死后,世宗朱厚熜登极,尊武宗皇后夏氏为庄肃皇后。嘉靖十四年正月,夏皇后崩,朱厚熜以"叔嫂无服"为理由,不愿为她服孝,令"臣民如母后服"。在礼部尚书夏言的坚持下,他才下旨罢朝数日。万斯同对此背弃礼法的行为给予了激烈抨击:"帝以从嫂不制服,而臣下亦制斩衰。虽曰服母之义,究竟于从服之义安在也?自古岂有母后之丧,君不制服,而但使臣下服之者哉!世宗既私其所亲,背经反古,犹自以为知礼,遂以制礼作乐自任。而于孝武两宫之丧,轻亵至此。是从来之篾礼乱常者,莫如世宗之甚;从来之阿意顺旨者,毋如世宗之臣之甚矣。读史至斯,宁不令人裂眦哉!"[4]

宋代司马光《书仪》、朱熹《家礼》都曾对丧服制度做过改革,尤以《家礼》对后世影响巨大。[5] 万斯同称二书"无事不折衷至善,实万世不刊之典也",但

---

[1] 万斯同:《群书疑辨》卷二《夫之所为兄弟服妻降一等》,《万斯同全集》第 8 册,第 334 页。
[2] 汪廷珍:《群书疑辨序》,《万斯同全集》第 8 册,第 315 页。方祖猷据汪说,认为"叔嫂有服"即属于此类。(《万斯同评传》,第 83 页)
[3] 毛奇龄:《丧礼吾说篇》卷九,《续修四库全书》第 95 册,第 90 页。
[4] 万斯同:《群书疑辨》卷四《昭圣皇太后崩上服齐衰百官俱斩衰二十七日》,《万斯同全集》第 8 册,第 362 页。
[5] 丁凌华:《中国丧服制度史》,上海:上海人民出版社,2000 年,第 101~112 页。

唯独对于丧服,稍有遗憾,所以他做了不少辨正工作,他说:"夫所贵乎君子者,谓其能秉礼以正俗也"[1],这表明他的礼学研究具有较强的经世取向。

(2)禘祫庙制

万斯同对禘祫庙制的研究,主要在《群书疑辨》卷六与《庙制图考》。《群书疑辨》卷六收录《禘说》八篇、《书〈禘说〉后》及房室、夹室考,都与祭祀庙制有关。《庙制图考》为专著,考定庙制,上溯秦汉,下迄元明,凡庙制沿革,都配以图表,并附加文字说明,用功甚勤,义例也颇为明晰。内容虽有不少承袭前人者,但按语部分阐发个人见解,《四库提要》称:"援证精确,为前人所未发矣","虽大旨宗王黜郑,固守一隅,然通贯古今,有条有理,不可谓非通经之学也。"[2] 关于其撰述旨趣,万斯同的题词有说明:宗庙之制,众说梦如,帝王制礼,各有同异,不如折衷群言,归于一是,即以王肃、郑玄作为"众说之鹄":"自同堂异室之制兴,近亲四庙之典定,先王遗意,殆无复存。欲昭盛代之规模,必复元公之制作,采《王制》七庙之文,参刘氏三宗之说,会而通之,典礼斯在,作《庙制图考》。"[3] 万斯同称:"夫宗庙之祭,无有大于禘者","夫禘之为义,本以审谛昭穆,故既追太祖所自出,又并已迁未迁之主而合享一庙中,以见联属昭穆之意。此《尔雅》所以谓之大祭,而孔子亦有禘尝之义,所以仁昭穆之说也。若上不及太祖之先人,下不及未迁之群主,安得为祭之大?"[4] 因此,《禘说》八篇与《庙制图考》可谓发明,互为补充。《庙制图考》卷四《宋神宗以后禘祫图》后万斯同的说明文字,[5] 与《禘说五》[6] 基本雷同,正可说明二者的关系。

禘祫在中国古代是祭祖大礼,但先秦文献,仅《春秋三传》与《礼记》有禘祭的记载,《论语》只《八佾》篇出现一次,且语焉不详:"或问禘之说。子曰:'不知也。知其说者之于天下也,其如示诸斯乎!'"资料的不足,导致历代学者对禘祫两祭关系的认识分歧甚大,尤以汉唐时期为代表。如韩婴认为毁庙之主合食于太祖,禘小于祫;刘歆、贾逵主张禘祫是一祭二名,礼无差降;马融、袁准称

---

[1] 万斯同:《群书疑辨》卷四《五服皆用衰》,《万斯同全集》第8册,第350页。
[2] 永瑢:《四库全书总目》卷八十二《史部·政书类二·庙制图考》,第709页。
[3] 万斯同:《庙制图考题词》,《万斯同全集》第1册,第167页。
[4] 万斯同:《群书疑辨》卷六《禘说三》,《万斯同全集》第8册,第368页。
[5] 万斯同:《万斯同全集》第1册,240页。
[6] 万斯同:《万斯同全集》第8册,第369~370页。

祫及坛墠,禘及石室;何休认为祫祭不及功臣,禘则功臣皆祭;许慎与杜预提出"三年终丧,禘于太庙,致新死之主";贾公彦说祫有十二献,禘止八献,等等。还有别立异义,或以为祫大禘小,或以为禘大祫小,或以为并祭毁庙,或以为并祭亲庙者。[1]

万斯同尤其不能忍受者为郑玄,因"先儒之论禘者多矣,一人而持数说者,惟郑康成为然"。郑玄释《礼记·祭法》禘黄帝、禘喾为"祀昊天于圜丘";释《礼记·大传》"始祖所自出"为祭祀感生帝灵威仰;释《诗序》"长发,大禘"及《仪礼·丧服》"始祖所自出",皆为祭天;释《王制》春礿、夏禘,则谓"夏殷之祭名";释《祭义》"春禘、秋尝",则谓"夏商礼,周以禘为殷祭";释《郊特牲》"享禘有乐,食尝无乐",则谓"禘当为礿";释《大司乐》天神、地祇、人鬼,谓三者皆禘大祭;释《诗序》"雍禘太祖",谓禘大祭大于四时,小于祫。万斯同斥责道:"一事而屡变其说,将安所适从哉?"当然,郑玄虽然对于禘祭的说法不一,但也有极力坚持者,那就是"鲁礼三年丧毕,而祫于太祖,明年春禘于群庙。自尔之后,五年而再殷祭"。万斯同称这种看法有四点值得怀疑:一、禘本祭太祖所自出,而郑玄却以为是丧毕之祭。二、鲁国僭行天子之制,即使禘祭也应当在太庙,而郑玄以为是群庙通行之礼。三、五年后再行殷祭,虽然本于《公羊传》,但《公羊传》是针对大祫而言,郑玄却演绎出一祫一禘。四、经传中绝无新君二年祫、三年禘的记载,郑玄凭空立论。如此无稽之谈,"后人反本之以制礼,不亦可异之甚哉!"万斯同还说:

> 凡郑氏解经,固多凿空妄说,要未有如禘之甚者。其妄解他经,不过释经之误,于朝端大政无与也。若其所论禘制,则后王据以为典要,自汉迄宋,竟未有觉其谬者,可胜叹哉!故欲明禘之说,必先知郑氏之谬,而后禘义可得而言也。[2]

虽然郑玄解经时常凿空立论,随意妄说,但多属于学术范围,影响有限;禘制却是国家的重要礼典,历代帝王多有举行禘祭,据郑说为典要,竟然无人觉

---

[1] 万斯同:《群书疑辨》卷六《禘说四》,《万斯同全集》第8册,第369页。
[2] 万斯同:《群书疑辨》卷六《禘说一》,《万斯同全集》第8册,第366页。

察其谬,万斯同深感遗憾。因此,他的《禘说》八篇的核心内容之一便是批驳郑玄之误。

郑玄的禘论有其思想渊源,万斯同便追溯其源头,指摘其谬误。关于禘,《礼记·丧服小记》说:"礼,不王不禘。王者禘其祖之所自出,以其祖配之。"《礼记·王制》说:"王者禘其祖之所自出,以其祖配之,而立四庙。""祖之所自出",西汉韦玄成等人解读为所自处的天帝,禘礼为祭天之礼。西汉禘礼长期废置,东汉光武帝命熟悉礼仪的张纯恢复禘礼,张纯上奏:"礼,三年一祫,五年一禘。《春秋传》曰:'大祫者何?合祭也。'毁庙及未毁庙之主皆登,合食于太祖。五年而再殷。汉旧制三年一祫,毁庙主合食高庙,存庙主未尝合祭。元始五年,诸王公列侯庙会,始为禘祭。又前十八年亲幸长安,亦行此礼。"[1]《汉书·平帝纪》记载元始五年(公元5年),曾举行祫祭,却被张纯换成了禘礼。建武十八年(42),刘秀在长安高祖庙中合祭祖宗,也被张纯视为禘礼,祭祀天帝的礼仪由此变成了祭祀祖宗的礼仪。万斯同说:"盖自东周之亡二百余年,而禘礼复举,诚盛事也。"[2]但是东汉末年,郑玄崛起,却坚持祭天之说,凡《礼记》中的《大传》《小记》《祭法》《中庸》诸篇及《仪礼》《诗序》《国语》《论语》言禘者,尽指为祭天。但也有例外,即《春秋》所书二禘,不可解为祀天,于是郑玄另创三年丧毕之说。万斯同指出虽然将禘解为祭天并不始于郑玄,但"未有歧昊天于上帝,又混上帝于南郊,支离穿凿如郑氏之甚者"。[3]且郑玄作为汉代经学的集大成者,其学说获得官方的认可,立于学官,"学者童而习之,皓首而莫悟其非,乃至庙堂制礼,亦遵之而不敢变",[4]误导了很多人,"先王报本追远之大典,为传注所汨没,而不得申明于后世,如郑氏者,岂非先王之罪人哉!"[5]

关于禘祭之义,万斯同认为《礼记》中的《大传》《丧服小记》《小记》与《仪礼·丧服传》都有记载,而且言辞类似,如《礼记·大传》曰:"礼,不王不禘。王者禘其祖之所自出,以其祖配之。"《礼记·丧服小记》说:"礼,不王不禘。王者禘其

---

[1] 范晔:《后汉书》卷三十五《张纯传》,第1195页。
[2] 万斯同:《群书疑辨》卷六《禘说五》,《万斯同全集》第8册,第369页。
[3] 万斯同:《群书疑辨》卷六《禘说四》,《万斯同全集》第8册,第369页。
[4] 万斯同:《群书疑辨》卷六《禘说五》,《万斯同全集》第8册,第369~370页。
[5] 万斯同:《群书疑辨》卷六《禘说五》,《万斯同全集》第8册,第369~370页。

祖之所自出，以其祖配之。"《礼记·王制》说："王者禘其祖之所自出，以其祖配之，而立四庙。"至于禘的"始祖"，《礼记·祭法》中记录："有虞氏禘黄帝而郊喾，祖颛顼而宗尧；夏后氏亦禘黄帝而郊鲧，祖颛顼而宗禹；殷人禘喾而郊冥，祖契而宗汤；周人禘喾而郊稷，祖文王而宗武王。"《国语·展禽论祀爰居》有类似的说法，说明禘的对象是黄帝与帝喾。"夫禘以报本追远，故不特上帝始祖，而并及始祖所自出。如虞夏之禘黄帝，殷周之禘帝喾，即其人也。"[1]万斯同由此批评郑玄等学者"舍明白可据之经传，反援鲁邦乱常之事为周世不刊之典"，"鲁邦乱常之事"是指《春秋》闵公二年，"吉禘于庄公"；文公二年，"大事于大庙，跻僖公"。"大事"即禘。万斯同认为这不同于《大传》《小记》所言的禘礼，孔子记录下来，"一为闵公丧未终而急行吉事，一为哀姜没九年而始为致主，故书以示讥，意不在禘之是非也。"《礼记·礼运》记载孔子之言道："鲁之郊禘，非礼也，周公其衰矣"，郑玄无视孔子之说，误解《春秋》，"而反据此为典要，不亦无识之甚哉！"[2]"不知先圣所书，乃衰世变礼，特书以示讥，可反据为正礼哉？"[3]

总之，万斯同提出禘礼之义如下："盖帝王立大祖以下七庙，其常制也。犹以为未足尽追远之意，故上追始祖所自出，而特盛其礼以祭之。"可见与庙制关系尤为密切。该礼在虞夏商周之际为百王所取法，但汉魏以后，被郑玄之流误导，"虽行其礼，而殊失其意"。唐代赵匡突破了禘礼为祭天的旧说，称禘礼是祭祀始祖，万斯同表彰其卓识，"不泥于传注，而有以得先王礼制之深心"，可惜其说仍有不足，即不知禘礼的祭祀对象除了始祖外，还有其他祖先。直至宋代程颐指出："天子曰禘，诸侯曰祫，其礼皆合祭也。禘者禘其自出之帝，为东向之尊，其余皆合食于前。"[4]万斯同认为此说最符合礼之本意。

至于禘祫二者的关系，万斯同说："禘祫一也，以其审谛昭穆谓之禘，以其合祀群庙谓之祫，无二祭也。"他的证据是历考《礼记》的《祭法》《祭统》《祭义》《王制》《大传》《小记》《杂记》《明堂位》《学记》《郊特牲》《礼运》《仲尼燕居》《中庸》；《诗经》的《诗序》《雍》《长发》；《春秋》闵二年、僖八年，《左传》僖三十三年、

---

[1] 万斯同：《群书疑辨》卷六《禘说五》，《万斯同全集》第8册，第369~370页。
[2] 万斯同：《群书疑辨》卷六《禘说二》，《万斯同全集》第8册，第367页。
[3] 万斯同：《群书疑辨》卷六《禘说四》，《万斯同全集》第8册，第369页。
[4] 万斯同：《群书疑辨》卷六《禘说六》，《万斯同全集》第8册，第370~371页。

襄十年、十六年、昭十五年、二十五年、定八年；《尔雅》及《国语》五条等29条记载，都是言禘而不言祫，关于祫的记录仅有《礼记》的《曾子问》《王制》《大传》及《公羊传》。而且《曾子问》中"祝迎四庙之主"，是时祭之祫，并非大祫；《王制》明言祫禘、祫尝、祫烝，也不是大祫；《大传》所言"干祫"是诸侯以下合祭之名，说明"诸侯时祭之外，别有祫祭，以祀已毁未毁之主。天子则时祭之外，止有禘祭，上以追始祖之先人，下以及已祧之群主。止此一大祭而已，非大禘之外，更有大祫之祭也"。禘祫本为一事，但略有区别，"分有崇卑，故名有异同。天子则审禘所自出，故谓之禘，诸侯则不得禘所自出，故不谓之禘。其礼总皆合祭。特在天子名为禘，亦可名为祫，在诸侯止名为祫，不得名为禘。上可兼下，下不可兼上也"。[1] 这是受马端临的启发："天子则谓之禘，所谓'不王不禘'，而祭则及其祖之所自出。诸侯则不可以言禘，而所祭止太祖。大夫、士又不可以言祫，必有功劳见知于君，许之祫，则干祫可及高祖。盖共是合祭祖宗，而以君臣之故，所及有远近，故异其名。"[2] 万斯同的禘祫合一论，应该还受到其兄万斯大的影响。万斯大《学礼质疑》卷一《禘祫一事》，两相对比，可看出斯同对兄说的继承与发挥。万斯同禘即祫的看法，在当时有毛奇龄唱为同调，[3] 在现代也不乏支持者。[4]

具体到明代，嘉靖以前未行大禘礼。洪武七年，监察御史答禄与权上言，主张仿照成周推本后稷，定禘祭之礼。但朱元璋出身寒微，世系不清，难以追祭到先祖，于是没有采纳其说。万斯同对这一做法，并未苛责，因为"后世宗庙，皆无始祖，又安有自出之祖？虽不禘亦可"。他称许宋神宗的如下看法与做法："善乎宋神宗之言曰：'禘者本以审禘祖之所自出，秦汉以来，谱牒不明，

---

[1] 万斯同：《群书疑辨》卷六《禘说七》，《万斯同全集》第8册，第372页。
[2] 马端临著，上海师范大学古籍研究所、华东师范大学古籍研究所点校：《文献通考》卷一百一《宗庙考十一》，北京：中华书局，2011年，第3104页。笔者按，万斯同引用时，字词略有差异。
[3] 方祖猷：《万斯同评传》，第81页。
[4] 詹鄞鑫：《神灵与祭祀》（南京：江苏古籍出版社，1992年，第349～350页）说："王肃等把禘祫当作同一种祭礼的看法是比较可信的。"方光华：《俎豆馨香：中国祭祀礼俗探索》（西安：陕西人民教育出版社，2000年，第96页）提出："从禘祫礼的实践来看，贾逵、刘歆的观点反而具有较大的可信性。总之，无论禘、祫，它们都是祭祖大礼，是在祖庙中大祭祖先。当宗法制度形成，庙数确定之后，禘、祫才被人为地区别，并贯注以等级差别。"

莫知其所本,则禘礼固可废也。'遂诏罢禘祀。神宗此举,岂不超出汉唐诸帝之上乎?此又后世帝王不可不知者。"[1]嘉靖十年(1531),恢复大禘礼。鉴于所出之祖不明,夏言主张大禘"宜为虚位以祀",以太祖配祀,反对以德祖为祭主。世宗最后采用夏言之议,在太庙虚位而禘祀始祖所自出之帝,奉太祖配。世宗以复古礼自任,大禘之礼也仅在嘉靖十年与十五年举行过两次而已。嘉靖二十年(1541)太庙遇灾,大禘礼暂罢。嘉靖二十四年(1545)六月,大禘礼废止。[2]万斯同对于嘉靖君臣恢复禘礼的做法并不认可,"明之宗庙,本无始祖,始祖且不知,何论始祖所自出?洪武时,侍臣答禄与权请举禘礼,为礼官所格,正以不知其人也。使此礼当行,太祖已行之矣,何待嘉靖之世哉?既无其人,而虚设皇初祖帝之位,此何礼也!"他认为夏言不学无术,竟然还受人赞赏,实在可笑。其实不知始祖,并非仅明一个朝代,"自封建之法废,天下无有国之君。其初登大宝者,非权臣篡位,则布衣崛起,当其微时,原不知有始祖",那么禘礼该祭祀谁呢?万斯同提出如下办法:"创业之君,其家必有常祀之祖,即推其最尊者以为始祖。其下祖考,各立庙祀之,而复古七庙制。他日创业者升祔,尊居一庙,与始祖之庙,俱百世不迁。其他以次递迁,一如周制。郊天则创业者配,大祫则始祖居东,而禘即奉始祖之父,庶乎其可也。"[3]

万斯同在《庙制图考》题词中说"自同堂异室之制兴"导致先王制礼之意无复遗存,这也是针对明世宗嘉靖时期的大礼议而发。朱厚熜在明武宗死后,以堂弟身份入继大统,是为世宗,要求追封其生父兴献王为皇帝,遭到大批大臣的反对,但也得到张璁、桂萼及丰坊诸人的支持,通过旷日持久的斗争,世宗获胜,嘉靖十八年,兴献皇帝称睿宗,因立九庙,睿宗庙居武宗之上。嘉靖二十年夏四月,北京太庙大火,太庙与群庙皆毁,唯有献帝庙独存。嘉靖二十四年新太庙建成,世宗为推行同堂异室,打破庙制昭穆、世次的限制,提出一个新的祔庙原则:"既无昭穆,亦无世次,只序伦理。太祖居中,左四序成、宣、宪、睿,右

---

[1] 万斯同:《群书疑辨》卷六《禘说六》,《万斯同全集》第8册,第370～371页。

[2] 赵克生:《明朝嘉靖时期国家祭礼改制》,北京:社会科学文献出版社,2006年,第65～66页。

[3] 万斯同:《庙制图考》卷四《世宗时禘祫图》,《万斯同全集》第1册,第254页。

四序仁、英、孝、武。"[1]《礼记·中庸》曰:"宗庙之礼,所以序昭穆",世宗确定的祔庙原则根本没有任何礼义可言。万斯同对此深为不满,多次抨击:

> 晋建元时,贺循以元帝祢世祖,议为惠、怀、愍、别立庙,且援殷之盘庚不序阳甲为比。后凡兄弟相继者,莫不祖循之妄说。夫生尝君临万邦,没不享祀宗庙,有是礼哉?且安知阳甲之别庙也?明嘉靖时,议庙制,邪人郭希颜请迁孝、武二宗于别庙,以媚世宗,遂获罪名教。而季本为《庙制考义》,其说正同。乃知贺循之妄说,流祸未艾也。[2]
>
> 明世宗,用丰坊等邪说,竟以睿宗跻武宗上,尤逆礼乱常之至。[3]
>
> 明世宗承武宗之后,以日易月已,行廿七日之丧,则是为武宗之子,而欲不尊武宗为父,总由古礼不明之故。[4]

可见,其《庙制图考》正是为纠明世宗的谬举而作,体现出鲜明的通经致用风格。

第二节 万斯同的史学

万斯同后半生的主要精力集中于修明史,如今基本可以确定为经万斯同修改的史稿有 313 卷《明史纪传》(实存 309 卷)、416 卷《明史》[5]与天一阁本《明史稿》,但正如有的学者所言:"虽为万斯同手稿或亲笔校稿,但反映的却并不一定完全是万斯同的史识。由于他参与编纂的是官修史书,故而他修改《明史稿》的标准在很大程度上还受到了清政府修史标准的制约",[6]所以我们难

---

[1] 万斯同:《明世宗实录》卷三百,嘉靖二十四年六月己未,"中央"研究院历史语言研究所编,1965 年,第 5712 页。
[2] 万斯同:《庙制图考》卷四《太宗时太庙六室图》,《万斯同全集》第 1 册,第 225 页。
[3] 万斯同:《庙制图考》卷四《懿宗时太庙十二室图》,《万斯同全集》第 1 册,第 229 页。
[4] 万斯同:《四明讲义》卷四《第十二会讲庙祀》,《万斯同全集》第 5 册,第 336 页。
[5] 黄爱平:《〈明史〉稿本考略》,《文献》第 18 辑,北京:书目文献出版社,1983 年。
[6] 谷敏:《天一阁藏万斯同〈明史稿〉考论》,《史学史研究》2008 年第 4 期。

以依据这些史稿来研究万斯同的史学,即使要利用,也需详加考辨。[1]除此之外,万斯同关于明史的研究散见于《石园文集》《石园藏稿》《群书疑辨》《新乐府词》《两浙名贤录》《明季两浙忠义考》中。另外,宋元之际忠义史的研究也是万斯同关注的重点,包括《宋季忠义录》《南宋六陵遗事》《庚申君遗事》。

与经学相比,学术界关于万斯同史学的研究要丰富得多,方祖猷、朱端强、黄爱平等学者已对万氏史学思想、万氏与《明史》纂修的关系等做出了深入的阐释,[2]可继续挖掘的空间也相对较小。笔者不揣浅陋,拟从万斯同的典章制度研究与学术史研究两个方面展开分析,不足之处,有待读者诸君批评指正。

一、典章制度研究

1.典章得失与明亡教训

万斯同曾向刘坊回顾自己一生学术道路的变化:

> 仆生平学凡三变。弱冠时为古文词诗歌,欲与当世知名士角逐于翰墨之场。既乃薄其所为无益之言以惑世盗名,胜国之季可鉴矣。已乃攻经国有用之学,谓夫天未厌乱,有膺图者出,舍我其谁?时与诸同人兄弟自有书契以至今日之制度,无弗考索遗意,论其可行不可行。又思此道迂远,而《典》《考》《志》诸书所载,有心人按图布之有余矣。而涂山二百九十三年之得失竟无成书,……故自己未以来,迄今二十年间,隐忍史局,弃妻子兄弟不顾,诚欲有所冀也。[3]

"自有书契以至今日之制度"是万斯同中年时期研究的重点,李文胤于康

---

[1] 朱端强曾作《万斯同〈明史〉修纂思想条辨》(《南开学报》1996年第2期),属于这类工作。

[2] 方祖猷著有《万斯同评传》及相关论文数篇,朱端强著有《万斯同与〈明史〉修纂纪年》(北京:中华书局,2004年)、《布衣史官——万斯同传》及数篇论文,黄爱平著有《万斯同与〈明史〉纂修》,《史学集刊》1984年第3期;《〈明史〉纂修与清初史学——兼论万斯同、王鸿绪在〈明史〉纂修中的作用》,《清史研究》1994年第2期;《天一阁藏万斯同〈明史稿〉的性质和地位》,《河南师范大学学报》2009年第1期。

[3] 刘坊:《天朝阁集》卷一《万季野先生行状》,《万斯同全集》第8册,第207页。

第五章　万斯同的经史之学

熙八年[1]称其"于史学,能取历朝设官议礼,兵刑田赋诸大政,尽考得其详"。[2]虽然后来万氏自己认为此道迂阔不切实际,转向明史的编纂。但据多位好友的记载,万斯同后期也并未放弃对典章制度的研究。如杨宾记载:

> 斯同之在史馆也,有讲会,月一举,及期,主会者延季野坐皋比,讲兵农礼乐之制。听者率常数十百人,拱手而坐两旁,无敢出声者。[3]

杨无咎说:

> 其北游也,则月凡三举。益以田赋、兵制、选举、乐律、郊禘、庙制、舆地、官制诸论说,凡宜因宜革,皆勒成典则,实史事之权衡也。朝而设席,向晚而退。如岁寒书屋,梅花堂,浙江、江南会馆,皆其讲经史处也。比归,而听讲者众,益集所成就,益彬彬可观,有苏、湖之遗风焉。[4]

李塨说:

> 季野以博淹强记为之首开讲会,皆显官主供张。翰林、部郎、处士率四五十人,环坐听季野讲宫阙、地理、仓库、河渠、水利、选举、政刑诸项。不翻书,每会讲一事,口如瓶注。温睿临礼记。何代何地何人,年月日,事起讫,豪厘不失也。[5]

黄百家也记述万斯同:

> 自两汉以来数千年之制度沿革、人物出处,洞然腹笥。……后主讲会于京师,每月两会。至期,舆马骈集。先生布衣敝履,从容就席,辨析历代

---

[1] 朱端强:《万斯同与〈明史〉纂修纪年》,第64页。
[2] 李文胤:《杲堂文钞》卷三《送万季野授经会稽序》,《杲堂诗文集》,第451页。
[3] 杨宾:《杨大瓢杂文残稿·万季野传》,《万斯同全集》第8册,第489页。
[4] 杨无咎:《万季野先生墓志铭》,《万斯同全集》第8册,第209页。
[5] 李塨:《恕谷后集》卷六《万季野小传》,北京:中华书局,1985年,第71页。

制度,若《通考》《通志》诸书,脱口成文,执笔者手不停录。[1]

虽然诸位所记录万斯同每月召开讲会的次数(有一举、三举、两会等不同记载)与具体讲述内容不完全一致,但大致内容为历代制度是没有争议的。听讲者至少达四五十人,可惜的是,我们目前仅知曾有温睿临做过札记。温睿临的《南疆逸史·凡例》虽有记述万斯同鼓励温氏撰写南明史,但并没有关于讲会的任何信息。

所幸的是,康熙三十七年(1698)万斯同南归故里,曾就类似的主题为甬上学友子弟做过数次经史讲会。讲会的内容,被子弟整理为《万季野先生四明讲义》,据此我们可以大致了解万斯同对历代典章制度得失的探讨。讲义涉及田赋、兵制、选举、宫庙祭祀、郊社、舆地、官制等,其中郊社、舆地、官制三项原书残缺,宫庙祭祀在前文经学部分已有阐述,因此,唯有田赋、兵制、选举可做阐发。万氏另有单独成书的《历代宰辅汇考》。

(1)田赋

万斯同提出:"欲明古今田赋,先详律、度量衡。度量衡皆生于律。"度指分、寸、尺、丈、引等计量长短者。黄钟为度准,古以一粒为分,十粒为一寸,十寸为尺,十尺为丈,十丈为引,这是"律生度也"。量指龠、合、升、斗、斛等计量容积者。黍一千二百粒为龠,十龠为合,十合为升,十升为斗,十斗为斛,"是律生量也"。衡指铢、两、斤、钧、石等计量轻重者。黍一千二百粒重十二铢,二十四铢为两,十六两为斤,三十斤为钧,四钧为石,"是律生衡也"。古代不使用白银,没有钱、分、厘、毫,尺制也古今不同,他说:"由古今度量衡之不同,可以考见田赋之数矣。"[2]

他按照时代先后考察历代田赋,重点关注了汉、唐、宋、明等几个朝代。

三代至秦汉之际田赋的变化是:三代授田是因地而税,秦不授田,"听其自耕种以输税于公,故曰'舍地税人'",人丁之赋开始于汉高祖四年,最初为十五税一,景帝时施行三十税一,后成为两汉定制。孟子曾说二十税一,官府费用不足,汉代如何能三十税一? 万斯同认为原因在于:"天下之费莫大于养兵,汉

---

[1] 黄百家:《万季野先生斯同墓志铭》,《万斯同全集》第8册,第511页。
[2] 万斯同:《四明讲义》卷一《第一会讲田赋》,《万斯同全集》第5册,第280页。

无养兵之费故也。"汉代实行三更制,兵役方面是"过更";汉调军之制:天下人无论贵贱都需戍边三日,不愿者出钱三百,交予官府,官府提供给愿戍边者,即"过更"之制。总之,养兵的费用,出自过更赋就已足够,朝廷不必另外再花钱养兵。周代也不需养兵,为何孟子认为十而税一合理呢?万斯同在小注中解释说:"盖春秋封建,列国往来朝觐聘问之礼多于汉,而盐铁之赋无有耳。"[1]盐铁赋始自汉武帝,"天下出盐之所,皆官为煮盐,鬻于民间;天下出钱之所,皆官为铸器,售于民间。更有舟车之税,凡造舟车者,皆有税也;而商贾倍之,所以足用"。[2]汉武帝时期因多次用兵,人增税三钱,称曰马口钱,万斯同认为这即是后世丁、口两赋的由来。

唐代授民永业田,田赋实行租庸调,"有田则有租,有身则有庸,有户则有调。"租是每百亩纳米二石;庸是每丁每年服役二十天,闰月加两天,不愿服役可纳绢六丈,即可免役;调是每户岁输绢绫絁各二丈,绵二两,不产丝的地方,可缴纳布麻。租庸调"以人丁为本",到开元以后,版籍长期缺乏登记,法度废弛,"丁口转死,田亩换易,贫富升降,悉非向时",户部仍以空文上报朝廷。尤其肃宗至德末年,战争日多,人口凋零,版图空虚,而赋役部门仍未能及时作出相应的调整,于是导致"正赋所入无几,科敛凡数百名,废者不削,重者不去,吏因其苛,蚕食于民。富人丁多者假官学、释老得免,贫人无所入,则丁存,故课免于上而赋增于下"。鉴于其弊,德宗时期杨炎制定两税法,不再以人丁征税,而以土地财产为征税依据。万斯同评价其有一定的积极性:"自是史奸无所容,轻重之权始归朝廷",但也带来新的弊端:"兼并者不复追正,贫弱者不复田业,姑定额取税而已。"[3]

宋代田赋与前代相比,有一个重要变化:"自汉至隋唐,天子俱无养兵之费。养兵自宋始,故国贫而民赋甚重。"[4]"唐以前无养兵之费,故国用多足。宋尽天下之力以养兵,故国用多乏。"因为国用不足,宋代有酒税、茶税、醋税,南宋后名目更多,有经制钱、总制钱,后来二者合为经总制钱,具体又可分为月桩、版帐等。甚至打官司的双方无论输赢都要纳钱,输者要罚款,赢者要交欢

---

[1] 万斯同:《四明讲义》卷一《第一会讲田赋》,《万斯同全集》第5册,第284页。
[2] 万斯同:《四明讲义》卷一《第二会讲田赋》,《万斯同全集》第5册,第285页。
[3] 万斯同:《四明讲义》卷一《第二会讲田赋》,《万斯同全集》第5册,第285页。
[4] 万斯同:《四明讲义》卷一《第四会讲兵赋》,《万斯同全集》第5册,第296页。

喜钱，可笑之极。关津渡口也都设官收钱，官府难以管理者，则卖给当地土豪，称为扑卖。宋代的力役分为九等，以贫富分役的轻重，上上、上中、上下役重，中上以下役轻，下上以下无役，因此，一旦遇上重差，即使富户也可能家财耗尽。王安石变法，改力役为雇役，无论贫富，均需出钱。万斯同评价"其法与汉践更之制同意"，可惜推行过程中出问题，导致人多怨言。

明代是万斯同研究田赋的落脚点。明初袭用元代钞法，田赋以钞为主，以钱为辅。永乐至正统，朝廷严禁民间用银，正统元年（1436）在浙东、福建、广东数省施行田赋征银，弘治以后，北方诸省也推行征银，"于是折色征田租遍天下矣"。[1] 因养兵而导致国贫民病，明代可谓典型。明初推广屯田，"无事之时，七分屯种，三分防守。一遇有事，不能屯种，官须给粮"。土木堡之变后，边防始重，边饷日益增加，此后还出现剿饷、练饷、正项、旧欠、预征等项，不胜其烦。万斯同认为："从古田赋无征银者，至明而征银；从古民间无用银者，至明而用银；从古加赋无如此之重者，至明而极重，生民之困极矣，国欲不亡得乎！"这是从经济方面对明朝亡国原因的反思与总结。

万斯同对历代赋役制度的总结，有着明确的经世目的，他希望参与讲会的"诸君子辅圣天子兴利除害，举而行之，不负所学，吾之所深望也。此则今日讲会之志也夫"。[2]

（2）兵制

兵制方面，万斯同认为战国、秦、魏晋至陈隋、元等时期或无所考，或无可言，他依据文献记载，重点考察了周、汉、唐、宋、明时期的兵制，重头戏仍然是明代。

自周至唐代，虽然具体军制不同，但万斯同认为都是兵民合一，寓兵于农，且天子无养兵之费，他说："古者兵民合一，寓兵于农，其人即力田之人。汉兵亦出于民，但非必农夫耳。调发之制，按籍可求，兵无缺额，有司官调之于民，将帅率之以御敌，其粮饷亦出于民，将帅无从而扣克之也。"这是汉代的情况。唐代府兵制，随地之险易、大小而设置，兵士本为百姓，每人受田百亩，六家选一，"即周寓兵于农之意。周制七家出一兵，唐制六家出一兵，虽若重于周，不

---

[1] 万斯同：《四明讲义》卷一《第二会讲田赋》，《万斯同全集》第 5 册，第 289 页。
[2] 万斯同：《四明讲义》卷一《第三会讲田赋》，《万斯同全集》第 5 册，第 292～293 页。

知唐所受田百亩,比周百亩为多,是唐民之出兵者,更优于周也。至于天子总无养兵之费,与前代无殊"。[1]

宋代开始出现大的转折,前文田赋部分已提及"养兵自宋始",这与宋代的兵制改革有直接关系。宋太祖赵匡胤通过陈桥兵变而得天下,深知藩镇之害,于是杯酒释兵权,召节度使、刺史入京任京官,以文人出身的京官出外任知州,三四年之内,节度使的兵权被完全解除。万斯同评价此举道:"宋太祖解释内外兵权,聚为禁军,虽其法极美,然亦一时补偏救弊之计。"唐末五代专制一方的藩镇,在宋太祖的举措之下迅速瓦解了,但是也带来新的弊端:军队分为两半,一半屯驻在京城,一半戍守各地,都必须定期调动,轮流到外地或边境戍守,"道路往还,骚扰民间,兵亦劳苦不堪,国家多费,终宋之世,皆受其累"。尤其是地方的厢兵,只承担各种杂役,不负责防守,"朝廷多养兵之费,而不得其用","靖康之难,群盗并起,禁军既无暇他出,而郡县厢兵不可用,故不能支"。宋代养兵费用巨大的原因还在于募兵制:

> 宋时,天下之兵皆出于召募,而聚于京师。故尽天下之财力以养兵,其费独重。宋太祖以汴梁无险可守,欲迁都长安,时将相大臣安土重迁,交口阻之,太祖不能强,曰:"不出百年,天下民力竭矣。"盖无险可守,不得不以兵为险;以兵为险,故禁兵不得不重,而养兵之费日增。[2]

万斯同指出因北宋未循汉、唐前例,选取有天险可依之地作为都城,而是定都开封。开封四通八达,无险可依,唯有靠重兵守卫。加之燕云十六州未收复,契丹强敌虎视眈眈,促使宋不得不以重兵立国。另外,每遇灾害之年,北宋政府大量招收流民、饥民甚至监狱罪犯为军,供其食禄,制以营伍,以免他们聚啸山林,结为盗贼,反抗朝廷。但招募不已,员额日增,仁宗庆历年间(1041—1048)竟达到一百二十五万。如此庞大的军队,全要依赖国家财政,导致政府的财政危机,而政府只能通过各种手段重敛于民,结果就是国困民穷。[3] 大

---

[1] 万斯同:《四明讲义》卷二《第四会讲兵制》,《万斯同全集》第5册,第297、299页。
[2] 万斯同:《四明讲义》卷二《第五会讲兵制》,《万斯同全集》第5册,第301、302页。
[3] 张祥浩、魏福明:《王安石评传》,南京:南京大学出版社,2011年,第7~8页。

概因为召募可以大量安置下层穷苦人,所以即使召募有其弊端,"朝廷虽多养兵之费,而民间晏然",唐代府兵制与之相比,"虽其法尽善,而一人为兵,则六家尽受其累,倘有缺少,尚须补足,父母妻子皆愁苦太息。是以唐时,塞上从军之曲最为伤情。"[1]万斯同认为府兵制虽然本身优于召募,但对百姓带来的负面影响反而更大。

明初兵制实行卫所制,全国分为四百九十多个卫,军队人数约二百五十万。卫所制的特点是以屯养军,每名士兵受田约五十亩,谓之屯田,除自食其力外,每年纳米十二石,作为卫官的俸禄和防守军的粮饷。"以无养兵之费,太祖曰:'吾养兵三百万,不费民间一钱。'此之谓也。"[2]内地与边关的卫军屯守比重不同,内地七分屯种,三分防守;边关三分屯种,七分防守。万斯同认为此制"可行于承平之时,而不可行于倥偬之日"。[3]遇有战事,军士不能屯种,官府需提供粮食。万斯同认为卫所制是模仿唐代府兵制而来:"京城都督五府之制,即唐十六环卫之制,但互易其名耳。其异者,唐府兵派于民间,每六家出一人,明卫军,则世为之,而复屯种;唐十六卫调于各府,明嘉靖时战守之兵,出于召募,此为不同。"明代卫军世袭,需要屯种,略有不同。不仅卫军世袭,指挥、千百户也都是世袭,父死子继,兄终弟及,"皆世禄之家,纨绔子弟,岂能习兵?"[4]万斯同追溯明代卫军世袭的原因:"初太祖依郭子兴,后奉韩林儿年号,国号大宋,建元龙凤一十二年。次年为吴元年,又次年为洪武元年。其时从龙之将,皆率部曲来归,因授以官爵,父死子继,势所必然。迄后竟为三百年定制。"[5]万斯同本人出身于将门,祖上世袭武将,其始祖万斌"仗剑从明太祖,赐名斌,充万户,克滁、和、真三城,授显武将军、副千户",洪武建元后,"授武略将军,调永平卫,从取中原,赐诰世袭"。洪武五年,战死于阿鲁浑河。直至其祖父万邦孚,曾拜游击将军,抗击倭寇,"军民乐其德政",晋都督佥事,总兵福建。因此,万斯大称"由始祖及瑞岩公(即万邦孚),九世十人,继官戎卫",

---

[1] 万斯同:《四明讲义》卷二《第五会讲兵制》,《万斯同全集》第5册,第302页。
[2] 万斯同:《四明讲义》卷二《第五会讲兵制》,《万斯同全集》第5册,第304页。
[3] 万斯同:《四明讲义》卷二《第三会讲田赋》,《万斯同全集》第5册,第289页。
[4] 万斯同:《四明讲义》卷二《第五会讲兵制》,《万斯同全集》第5册,第304、305页。
[5] 万斯同:《四明讲义》卷二《第六会讲兵制》,《万斯同全集》第5册,第307页。

"号为勋阀"。[1]万斯同自己也说"念先世九代胜国世勋","吾父弃累代戈矛之传,以文史代驱驰"。[2]出身于这一背景,万斯同对武将世袭制比较了解,与东汉、西晋、南朝、唐、宋相比,他说明高祖所封的功臣仅64人,属于最少的,但是"公、侯、伯在一品之上,文臣止得封伯,不许封公、侯,其袭封公、侯、伯者,出征即为大将",万斯同认为这是明代"将才之所以日下"的原因。自古大将多出身于行伍之中,唯有明代武职都是世袭,虽然每卫世袭者有十至二十余家不等,选用者不过数员,"是于世袭中亦寓遴选之意",[3]但总的来说还是选择余地较小,将才难觅不难想象。"自南北多难以来,庙堂急知兵之士,一时所用以御盗者,往往即昔日之盗",如刘焘、高捷、尹耕等,尤其刘焘"南北疆场巨任靡所不历,庙堂虽知其贪黩,而卒不能舍也"。万斯同还说退一步讲,"顾其人诚足以御盗,用之亦何伤?"但"彼自为盗则有余,为国家御盗实不足",[4]由此可见明代将才缺乏到何种程度。

卫军与武将都是世袭,还带来新的问题:"明兵制之弊:一为武将之世袭,一为卫军之世袭。承平日久,将既无韬略之材,而军亦不习兵革之事,不得已而召募,朝廷仍有养兵之费矣。"本来卫所制的初衷是就军队自给自足,不用朝廷与百姓养兵,结果因为世袭导致军队战斗力下降,而不得不施行召募。嘉靖时期南方倭寇作乱,南方卫军难以抵挡,召募士兵,粮饷由当地郡县承担,"自是出于召募者曰'兵',出于卫所者曰'军'。军世袭,兵不世袭,军与兵分而为二,于是战守之事,卫军不任,专责诸召募之兵矣。"[5]此外,布政司、按察司的属员都住在省城,需每年巡视各府,于是设置标兵,也出自召募,粮饷仍是摊派于当地郡县。明后期内忧外患日益严重,召募的士兵也越来越多,于是加派的粮饷也随之水涨船高,终于将明王朝推至灭亡。

(3)选举

万斯同在四明的讲会中,对历代人才选拔制度做了繁简不一的总结,并评价其得失源流。

---

[1] 万斯大:《学礼质疑》卷二《宗法八·万氏世纪》,第71、75~76页。
[2] 刘坊:《天朝阁集》卷一《万季野先生行状》,《万斯同全集》第8册,第206~207页。
[3] 万斯同:《四明讲义》卷二《第六会讲兵制》,《万斯同全集》第5册,第307页。
[4] 万斯同:《石园文集》卷四《读国史刘焘传》,《万斯同全集》第8册,第254页。
[5] 万斯同:《四明讲义》卷二《第六会讲兵制》,《万斯同全集》第5册,第306~307页。

记载周代官吏选举制度的文献有《礼记·王制》与《周礼》。万斯同认为《王制》是汉文帝时命博士采择三代制度而成,"语多错杂,不尽周制"。《周礼》"出于武帝时",二者记载多不相合。万斯同指出《周礼》不可信者,一是设官太多,二是分封之地太广,三是仲春之月男女相会,"奔者不禁",这是"导民淫奔也,岂圣制乎?"四是虫鸟也设官管理,无益于治,五是赋役太重,"即后世尚无此厉征"。因此,汉武帝视之为战国阴谋之书。《周礼》不可信,《王制》本身所记又不全是周代制度,因此,周代官吏选拔制度不甚明晰。

秦朝焚书坑儒,万斯同认为:"儒既坑矣,无所为士。而以吏为师,即其选举之法。"汉因秦制,选举多出于吏。尤其汉初,官员多为掾史,掾为正,史为副,还有掾属,士人都由此走上仕途。大致的情况如下:汉代三公府以及九卿、郡县,都有掾属,分曹治事。丞相、御史大夫二府,有西曹、东曹。郡县的掾史,功曹职权最大,举荐孝廉,就由功曹负责。此外有法曹、士曹、贼曹之类。掾史有由郡县而递升至九卿、三公府者,也有三公九卿自为辟召者。万斯同提出:"两汉吏治之善,由于士人为掾史,人人自爱,而重犯法。"武帝以后,由于选举茂才、孝廉,取士之途扩大,于是掾史渐渐减少。万斯同对汉代选举制度总结道:"汉用人之制,最先者为掾史,不在科目之内。其后有制科、孝廉、茂才、博士弟子四科。然文景以前,汉治最为近古,武帝以后,网罗天下人才,虽仪文日盛,而治逊于前,则致治之道,固无关于科目也。"如孝廉,"或内行甚修,而试之吏治,则茫然者有之。"至于茂才、博士弟子,则更是"趋于文学,而不务实行",[1]吏治大不如前,算是顺理成章。可惜魏晋直至唐宋,士人都不屑于当掾史。魏晋时期,僚佐虽也称掾属,但与汉代掾史并不相同,"其官甚微,不得上升矣。"[2]此后,直至元代,因为长期中断科举考试,士人由科举出身者,不过百分之一二,其余都出身于胥史,"故元时吏治之善,几同两汉,方正学先生常为文称之"。[3]汉代吏治较为清明,素为后人称道,这与地方官吏有很多机会被察举选拔,因而比较重视自我约束有一定的关系,因此,万斯同的看法还是有道理的。至于元代吏治,学术界更多的评价是腐败,[4]甚至有"元亡于

---

[1] 万斯同:《四明讲义》卷三《第七会讲选举》,《万斯同全集》第5册,第311、316页。
[2] 万斯同:《四明讲义》卷三《第八会讲选举》,《万斯同全集》第5册,第318页。
[3] 万斯同:《四明讲义》卷三《第七会讲选举》,《万斯同全集》第5册,第311页。
[4] 马芳:《元代吏治研究》,西北师范大学硕士学位论文,2006年,第27~28页。

吏"的说法,而万斯同却仅从官由吏出的角度称许元代吏治之善,自然是偏颇的。

魏晋六朝时期,盛行九品中正制,南朝至于梁陈,北朝至于周隋,"选举之法虽互有损益,而九品中正至隋文帝开皇中方罢"。万斯同批评该法:"弊往往徇情、依势,故有'上品无寒门,下品无世族'之语。"他还认为由于选拔官吏仅此一途,"学校不成学校,选举不成选举,不过九品中正一途,人材日衰。"或许与九品中正制有关,魏晋六朝时期官吏数额,比两汉多出几倍,如将军名号,有参军、长史、司马、从事,"一经辟召荐引即为官,以名达之于上,即食朝廷之俸,故当时世家子弟,无不出仕者。"[1]

唐仿隋制,设立进士科,"取士之法,诗为律诗,赋亦为律赋。凡命一题,即限八字为韵。"与前代相比,唐代人才培养制度方面有很大进步,因为自汉武帝设立太学,仅限于京师,魏晋六朝都是乡学与家学,官学不振,唐代则是各郡县都设立学校,学校诸生名额有具体的规定。京城的太学,则有国子学生、太学生、四门学生、律学生、书学生、算学生等,按官员级别,子弟进入不同的类别就读。考试分为乡试与省试,每州所属县的诸生都会参加乡试,考试内容也是诗赋,合格者送往京城,参加省试,称为"发解";省试由尚书省考功员外郎主试,考诗赋与经学,省试应考者虽多,最后合格者不过三四十人,因此唐代得中进士科者凤毛麟角。于是唐代进士科最为受人重视,"缙绅虽位极人臣,而不由进士者,终不为美,时人故谓之'白衣公卿。'"进士科之下便是明经科,其余都不及这两科重要。万斯同并不认同这种人才选拔制度,他说:"人材各有长短,或长于记诵,或长于文章,故设诸科以待之,始网罗无遗。若专设一科,则人各有能有不能,虽极淹博通儒,而短于文章,亦弃而不录,岂无遗才乎?"过分重视诗赋,必然会遗落那些"短于文章"、却有一技之长者。明经科的考试方式是帖经,即将经文贴去几个字,令考生填补。随着考生人数增加,为加大难度,"至有贴孤章绝言,疑似参互者以惑之。甚者或上抵其注,下余一二字,使寻之难知,谓之'例枝'。既甚难矣,而举人则有驱悬孤绝、索幽隐为诗赋而诵习之,不过十数篇,则难者悉详矣。其于平文大义,则多面墙焉。"说明唐代科举也并未尽善尽美。万斯同还纠正了关于唐代科举的两种说法。一为糊名,"唐制,科

---

[1] 万斯同:《四明讲义》卷三《第八会讲选举》,《万斯同全集》第 5 册,第 318、319 页。

试之日,或在殿廷,天子亲临观之。试已,糊其名,此制科也,非省试也。后人谓糊名始于唐,非也。"唐代制科,都是随时立名,如高宗时期,有志烈秋霜科、幽素科、辞殚文律科,武后时期有辞标文苑科、蓄文藻之思科、临害不顾殉郎宁邦科等,"皆天子亲策,故谓之制科",有才学者,倘能得中数科,便可致身通显,而且制科不论是否出仕,都可参与,与科举并不相同,我们需要注意区别。二为殿试,他认为唐进士只有省试,无殿试。天授元年(690),没有让考功员外郎主试,武则天亲自主持省试,"后人遂谓殿试始自武后,其实非也"。[1] 这些见解,都值得我们重视。

万斯同认为科举到宋代最为兴盛,"仿唐法,而其制加详"。宋初仅有太学,州县没有学校,因此没有诸生,凡是儒士,都可以参加乡试,中试者为有录事参军、有司户参军、有司事参军、有司法参军,都称作幕僚。万氏指出"乡试之名始于宋,其所谓乡试,于一州行之也",元世祖忽必烈至元年间,行中书省的考试,也称乡试,"失其义矣"。宋代省试,分为进士与恩例两种。恩例是指那种参加科考十五次而未中第者,由朝廷赐本科出身。进士是正榜,恩例示特奏名榜。英宗治平三年改三年一举,于是特奏名榜改为五次参考者赐出身。至于殿试,始自宋太祖开宝八年,分为五甲。最初省元与殿试榜首往往合一,后殿试与省试名次多有改变,于是分为省元与状元。宋仁宗嘉祐二年以后,凡是参与殿试的进士,无论名次,不再被罢黜。糊名制度在宋代有一个逐步发展的历程,太宗淳化三年,开始殿试糊名;真宗景德四年,开始礼部省试糊名,大中祥符八年,设置誊录院,注明外貌与籍贯,则开始于贾似道。宋代制科比唐代更为详细,唐代是随时立名,宋代仅有贤良方正、能直言直谏两科。宋代名臣多出自制科。南宋绍兴三年,设立博学宏词科,录取名额不超过五人,因此合格者的待遇十分优异。此外,还有知制诰法。知制诰官职在宋代最受青睐,制诰官缺员时,都是从京兆官中选拔那些文学突出、受人荐举者予以考试,通过者才可担任。万斯同认为如此多样的人才选拔方式,对读书人是一种良性的激励:"士人既举进士及诸科,又有制科及考知制诰之法,故宋时士大夫无不读书者。若不举制科及与知制诰之选,则终身不得与清华之职,此所谓激励之法者也。"万斯同还称许了蔡京当国期间设立的太学三舍制。上舍一百人,内

---

[1] 万斯同:《四明讲义》卷三《第八会讲选举》,《万斯同全集》第 5 册,第 321~324 页。

舍三百人,外舍三千人。外舍由各州县的俊秀学子充实,每月课试,选拔优异者补充内舍的缺员。内舍也定期考试,再从中选拔优秀者补充上舍。上舍考试通过者,名单上报皇帝,赐上舍出身,第一名称"上舍魁",授官恩遇超过状元。万斯同认为"此法虽起于蔡京,而其制最善,可以造就人材,至于南宋不废"。[1]

明代选举制度,因为原文残缺不全,我们无法认识万斯同的整体看法,但也可有一个粗略的了解。综合来看,万斯同对明代选举是持批判态度,如他说:"明太祖草菅待士,意谓爱民,又承胡元之后,谓非杀戮不足以惩奸。"空印案被杀者数千人,郭桓虚出通关案,被杀者达数万人,六部空虚。"杀戮既多,士人皆不愿居官,虽有荐举,亦不应召",于是朱元璋制定"不为君用"之法,对待那些不应征召者。因六部空虚,朱元璋四处搜罗人才,不次擢用,但即使如此,"终洪武之世,无一名臣",[2]宋濂终身为翰林学士,刘基终身为御史中丞,未曾执掌国政,可见,并非明太祖真的重视人才。万斯同对明太祖予以一分为二的评价,但总体倾向是抨击:"高皇帝以神圣开基,其功烈固卓绝千古矣。乃天下既定之后,其杀戮之惨,一何甚也!当时功臣百职,鲜得保其首领者,迨不为君用之法行,而士子畏仕途甚于穽坎。盖自暴秦以后所绝无而仅有者。此非人之所敢谤,亦非人之所能掩也。"[3]此外,万斯同还将明与汉唐宋对比,指出唯有明无制科之法,因此士人一旦进士及第,就束书于高阁,终身不学,所以他说:"尝谓有圣帝明王,必不以科目取士,若以科目取士,庶几法唐宋之制尚可得士,始而广设诸科,以网罗之于先,继而再设制科,以激励之于后。若于明朝之制,则士人必不能通经学古矣。"[4]

(4)职官

除了《四明讲义》外,万斯同还著有《历代宰辅汇考》8卷,是关于职官制度的研究。该编选取秦汉至元明时期的宰辅,分职系名,颇便检索。此前,《汉书》有《百官公卿表》,"先叙官名、职秩、印绶等,然后书年以表其姓名"。[5]欧

---

[1] 万斯同:《四明讲义》卷三《第九会讲选举》,《万斯同全集》第5册,第327~328页。
[2] 万斯同:《四明讲义》卷三《第十会讲选举》,《万斯同全集》第5册,第330~331页。
[3] 万斯同:《石园文集》卷四《读洪武实录》,《万斯同全集》第8册,第248页。
[4] 万斯同:《四明讲义》卷三《第八会讲选举》,《万斯同全集》第5册,第323页。
[5] 脱脱:《宋史》卷二一〇《表第一》,第5415页。

阳修纂《新唐书》，设立《宰相世系表》，但没有小序。洪迈《容斋随笔》谓唐宰相世系表，"皆承用逐家谱牒"。[1]《新唐书·宰相世系表》共著录宰相三百六十九人，凡九十八族。另据《宋史·表第一》序记载，可知宋代元丰间，司马光尝叙宋兴以来百官公卿沿革除拜表上于史馆。此后，曾巩、谭世勋、蔡幼学、李焘诸人都尝续作，但沦落无传。元修《宋史》，立《宰辅表》，恢复序录。从《新唐书·宰相世系表》到《宋史·宰辅表》，反映了时代政治的质变，即从门阀士族政治在唐代中央政治中尚有遗存到宋代政治主要以宰相为首的执政集团进行运作。[2]《元史》设立《三公表》与《宰相年表》，也无小序。可见，万斯同在名称上袭用了《宋史》的"宰辅"，但没有采用史表体，没有小序，也未著各宰辅拜罢的具体年月，与诸史表相比，更为简略。[3]体例上先叙官名，后列人名。虽无小序，但多有小字注与按语，据此我们可以了解万斯同的相关看法。

万斯同十分重视记述职官制度的沿革。有的官职被后世沿袭。如秦代曾设立左、右丞相，万斯同指出："秦制尚右，政权尽归右相，汉因之。"[4]另如曹魏时期，魏承汉制，以尚书令、仆射综理庶政，因而尚书令、仆射"无宰相之名，而有其实。迄乎陈、隋，因而不易"。[5]检阅该书可知，东晋、宋、齐、梁、陈都有设立尚书令与尚书仆射，北朝则略有不同，尚书仆射分为左右，隋也是设尚书左右仆射，直至唐代仍沿用左右仆射之名；唐初有尚书令一职，由李世民担任，"其后人臣不敢居，遂罢不设"。[6]至于唐代的中书、门下、尚书三省并立，也是渊源于西晋，"晋承魏制，委政尚书，故令、仆为端揆之任。其时以侍中司出纳，中书监令典诏诰，渐与令、仆抗衡，然品秩犹居其下。至隋唐，而中书门下遂与尚书鼎立为三，其实权舆于魏晋。"[7]另如西晋设立太宰，因避司马师

---

[1] 洪迈著，孔凡礼点校：《容斋随笔》卷六《唐书世系表》，北京：中华书局，2005年，第83页。
[2] （日）王瑞来：《〈宋史·宰辅表〉考证》（补证篇），姜锡东、李华瑞主编：《宋史研究论丛》第8辑，河北大学出版社，2007年，316～317页。
[3] 永瑢：《四库全书总目》卷八十《史部·职官类存目·历代宰辅汇考》，第692页。
[4] 万斯同：《历代宰辅汇考》卷一，《万斯同全集》第5册，第184页。
[5] 万斯同：《历代宰辅汇考》卷一，《万斯同全集》第5册，第194页。
[6] 万斯同：《历代宰辅汇考》卷四，《万斯同全集》第5册，第223页。
[7] 万斯同：《历代宰辅汇考》卷二，《万斯同全集》第5册，第198页。

名,将太师改为太宰,与太傅、太保并称三师,但"不常置,宋齐以后因之"。[1]查阅后文,我们可以发现东晋、宋等朝设立太宰,周、隋、唐仅有太师。

但更多的官职名称虽同,职掌却屡有变异。作为宰辅之首的丞(宰)相,其在历代的权力职掌各不相同。秦及汉初设立左右丞相,执掌大权。汉武帝时期,霍光以大司马大将军辅政,权力竟远出丞相之上。本来,武帝最初特设大将军,冠将军之号,授予卫青与霍去病。卫青为大司马大将军,霍去病为大司马骠骑将军,但只掌管征伐,不参朝政。二人死后,不再设立该职。但霍光因为辅政,权力超越丞相,此后张安世、韩增继之,于是成为常制,"且多授外戚,不由德进,祖宗之制遂变"。[2]东汉时期以太尉、司徒、司空为三公,但"政归尚书,惟录尚书事者,始为真宰相,否则徒拥虚位而已"。[3]西晋时期三师、三公,表面尊荣,但不参与政权,"其加侍中者,方参机要,录尚书事者,方为宰辅。否则,有丞弼之名,而无其实,但为大臣迁转之阶而已"。[4]唐代宰相之职也是屡经变革,初唐承隋制,以三省长官为宰相,尚书省长官为仆射,门下省长官为侍中,中书省长官为中书令。太宗贞观元年设参预朝政官,十三年设参知政事官,高宗时皆废。贞观十七年,又设同中书门下三品官,"以其秩卑,不得遽授侍中、中书令,故使之同三官也,开元末废"。高宗永淳元年,复设同中书门下平章事官,秩位更低,不同于三品,仅中书、门下二省中同平章政事。仆射本为正宰相,玄宗先天以后,竟"不预闻政事,遂为闲官"。侍中、中书令,自代宗改为正二品,"以其秩高,不欲轻授,遂罢不设,间为藩镇加官而已"。[5]宋代也设三省,但实际权力归属中书门下,同中书门下平章事为长官,另有枢密院掌管军事,长官为枢密使,这是在唐代基础上的变革,"唐设枢密院于禁中,以宦官典之,宋改用朝臣,兼以武将专司兵权,与宰相对称两府,是当同兵,则以宰相兼之"。此外,宋代也设立太师、太傅、太保为三师,太尉、司徒、司空为三公,"但俱为宰相加官,故不分志"。[6]神宗元丰五年改制,以左、右仆射为宰

---

[1] 万斯同:《历代宰辅汇考》卷二,《万斯同全集》第5册,第196页。
[2] 万斯同:《历代宰辅汇考》卷一,《万斯同全集》第5册,第185页。
[3] 万斯同:《历代宰辅汇考》卷一,《万斯同全集》第5册,第191页。
[4] 万斯同:《历代宰辅汇考》卷二,《万斯同全集》第5册,第197页。
[5] 万斯同:《历代宰辅汇考》卷四,《万斯同全集》第5册,第228页。
[6] 万斯同:《历代宰辅汇考》卷五,《万斯同全集》第5册,第237、231页。

相,左仆射兼任门下侍郎同中书省门下平章事,右仆射兼任中书侍郎同中书省门下平章事。元代基本遵用汉法,中书省、尚书省都有丞相、平章政事、左右丞、参知政事等。

明初,太祖承元制设中书省,有左右丞相、平章政事、左右丞、参知政事等。洪武十三年,因胡惟庸案,中书省被废,"戒子孙毋得复设丞相,自是政权尽归六部"。此六部尚书为正二品,分掌天下庶政,"尚书遂为执政之官"。此外,太祖还仿周制,以太师、太傅、太保为三公,正一品;少师、少保为三孤,从一品。又设太子太师、太傅、太保,也是从一品;太子少师、少傅、少保,正二品,为东宫师傅官。"然不恒设,亦不专授,但为文武大臣加官。惟姚广孝特为太子少师,内阁加至少师而止。其累加太傅、太师者,张居正一人而已。惟公侯、伯得加至太师。"明成祖时,设立内阁,官员为内阁大学士,最初职位较低,远在尚书、侍郎之下。如解缙出为参政,胡俨改为祭酒,胡广积资十五年,杨荣、金幼孜集资十九年,始得列衔文华,仍仅是五品。到仁宗即位后,内阁大学士杨士奇、黄淮等加至侍郎、尚书,后渐任东宫保傅,"自是内阁位尊权重,出尚书右矣"。不过,以侍郎、詹事、少詹事入者,只兼翰林学士,并不授职大学士。直至至隆庆初,张居正以侍郎入内阁不久,即列衔东阁,"自是初拜者无不即授大学士矣。迨崇祯末,魏藻德以修撰改少詹事,即授东阁,则是阁体已尊,势不得不然也"。[1]

万斯同对历代宰辅做了一个比较简明扼要的考察,并注意揭示其承袭和变革,但有些官职,他并没有很好地分析出彼此的关系,比如西晋避司马师名讳,将太师改为太宰,但北齐、西魏既有太宰,又有太师,二者的关系,万斯同没有作考察和说明。另如金、元、明都曾有过左、右丞相和左、右丞,按注解可知官阶不同,金代左、右丞相是从一品,左、右丞是正二品;元代则没有标示,明代左、右丞相是正一品,左、右丞是正二品,但除此之外,执掌的区别到底如何,也未言明。而且,与《四明讲义》不同的是,万斯同对历代宰辅的研究,并未有经验和教训方面的总结。

2.典章制度与生民休戚

万斯同对典章制度的研究,不仅与总结明亡教训有关,更有鲜明的经世致用目的——关注生民休戚,减轻百姓苦难。他曾豪情万丈地说:"天未厌乱,有

---

[1] 万斯同:《历代宰辅汇考》卷八,《万斯同全集》第 5 册,第 263、266 页。

膺图者出,舍我其谁?"于是致力于"经国有用之学",[1]即古往今来的制度研究。他在写给侄子万言的信中说:

> 至若经世之学,实儒者之要务,而不可不宿为讲求者也。今天下生民何如哉?历观载籍以来,未有若是其憔悴者也。使有为圣贤之学,而抱万物一体之怀者,岂能一日而安居于此?……
>
> 夫吾之所为经世者,非因时补救,如今所谓经济云尔也。将尽取古今经国之大猷,而一一详究其始末,斟酌其确当,定为一代之规模,使今日坐而言者,他日可以作而行耳。若谓儒者自有切身之学,而经济非所务,彼将以治国平天下之业,非圣贤学问中事哉?是何自待之薄,而视圣学之小也。吾尝谓三代相传之良法,至秦而尽亡,汉、唐、宋相传之良法,至元而尽失。明祖之兴,好自用而不师古,其他不过因仍元旧耳。中世以后,并其祖宗之法而尽亡之。至于今之所循用者,则又明季之弊政也。夫物极则必变,吾子试观今日之治法,其可久而不变耶?天而无意于生民则已耳,天而有意于生民,必当大变其流极之弊,而一洗其陋习。当此时而无一人焉起而任之,上何以承天之意,下何以救民之患哉?则讲求其学以需异日之用,当必在于今日矣。[2]

他认为清初的百姓生活是有史以来最为困苦不堪的,这是因为汉唐宋的好制度,在元代被完全抛弃;明朝因袭元代旧制,中期以后,更是变本加厉,清初所施行的正是这种弊政。他说物极必反,"天而有意于生民,必当大变其流极之弊,而一洗其陋习",因此,需要提前讲求其学,做好相关的知识储备,以便上承天意,下纾民患。该信的撰写时间不详,方祖猷与朱端强都认为是在康熙五年(1666),[3]此时万斯同二十九岁。后来,万斯同大概觉得这种抱负太过宏伟,难以实现,于是兴趣转向更为切实可行的明史研究和纂修工作,但他对生民休戚的重视,并没有改变。康熙三十二年(1693),他还说:"子以为儒者之

---

[1] 刘坊:《天朝阁集》卷一《万季野先生行状》,《万斯同全集》第 8 册,第 207 页。
[2] 万斯同:《石园文集》卷五《与从子贞一书》,《万斯同全集》第 8 册,第 265 页。
[3] 方祖猷:《万斯同评传》,第 116 页。朱端强:《万斯同与〈明史〉修纂纪年》,第 55~56 页。

学,但虚谈正心诚意而已乎?彼体国经野、济世康民之术,何莫非儒者分内事其置之也。"[1]

万斯同批评宋代王安石变法,便主要是从危害贫民的角度出发。神宗熙宁以前,朝廷应对灾荒主要有三种办法:常平仓、义仓和广惠仓。常平仓始于西汉,是官府平抑粮价和备荒振恤的重要手段。宋代常平仓初设于太宗淳化三年(992),义仓制度较常平仓为早,太祖建隆四年(963)已有诸州于各县建义仓以备荒歉的诏令。广惠仓是宋代特有的救济性仓储,由枢密使韩琦倡导,创设于仁宗嘉祐二年(1057)。仓储粮食来源于本州县没官绝户田地上的租入。原来的没官绝户田地皆由官府出卖,韩琦建议改出卖田地为由官府募人耕种,所收租粮储作广惠仓粮。王安石变法时,广惠仓田地被卖掉,常平、广惠仓粮都成了青苗钱。以后虽几度复设,终不能长期持续,只能在个别地区推行。万斯同认为:"宋有三仓之制,虽遇凶荒,而贫民可以无患。"王安石变法,废除三仓,推行青苗法,尽收三仓之谷,作为本钱贷给农民,以助农家克服青黄不接的困难。但是推行过程中有些问题,比如不愿领谷者,会强迫其接受;散贷于民间的也不尽是谷米,还有钱财,借贷时会考虑对方是否有偿还能力,万斯同认为:"贫民反不沾其利,而其害尤甚","行青苗之罪小,而废三仓之罪大"。[2]

万斯同对明代田赋给百姓带来的沉重负担也多有批判,如他的《乐府新词·辽东饷》曰:

> 辽左军兴告饷匮,九重下诏增田税。诏书一下疾如雷,重征加派扰海内。我闻琼林多积储,金钱日夕相灌输。发帑自足充军实,何至诛求遍里闾?当日民情已渐涣,岂知敛财即敛怨?从此万方遂土崩,驯至一朝庙社换。大臣谋国果何人?欲保封疆不保民。至今追论多余恨,谁其尸之有李君?_{大司农李汝华也}。[3]

万历四十六年,辽东军兴,明朝廷增加田赋二百万,次年再增加,第三年再

---

[1] 万斯同:《石园藏稿》卷一《别会稽杨可师序》,《万斯同全集》第8册,第293页。
[2] 万斯同:《四明讲义》卷一《第二会讲田赋》,《万斯同全集》第5册,第287页。
[3] 万斯同:《新乐府词·辽东饷》,《万斯同全集》第8册,第445页。

次增一百二十万,成为岁额。万斯同批评明朝廷不懂得当时已是民情涣散,敛财其实就是敛怨,只知保疆不知保民的措施,最终造成土崩瓦解、山河破碎。可见万斯同认为明王朝灭亡的根本在于民心的丧失。

不仅如此,他还从"民之苦赋,甚于苦贼"的角度分析万历时期抗倭名将胡宗宪的得失:

> 宗宪之为害于吾浙也,可胜言哉!自借军兴之名,行提编加派之法,而民之苦赋,甚于苦贼。宗宪以朘之民间者,半奉权要之欢,半供声色之欲,故盗贼虽衰,加派不止,而民之苦宗宪,更甚于苦贼。当世之人,第见其有平寇之功,而真以为豪杰之士也,亦以惑矣。……吾尝闻诸禾人,自提编法行,加派于禾郡者,亩几一金。至今言之,犹有余恨。即一郡而他郡可知。使宗宪不去,吾浙人其尚有皮骨哉!……若夫岛寇之灭,虽见以为有功,然连地五省,历时八年,征数十万之兵,糜数千万之饷,又合诸文武将帅之力,而仅克胜之,亦云微矣,其尚以为不世之功哉?[1]

困扰明王朝多年的倭患,虽然在胡宗宪的手中得到了控制,但万斯同认为朝廷也付出了巨大的代价:连地五省,历时八年,征兵数十万,花费军饷上千万,而且是众多文武将帅共同努力的结果,并非胡宗宪一人之功。尤其是胡宗宪通过在浙江加派提编等额外税赋和请求留存浙江盐银等手段,从民间聚敛、搜刮了数额巨大的钱财,"半奉权要之欢,半供声色之欲",还重金贿赂严嵩,生活极度奢靡,因此,"盗贼虽衰,加派不止,而民之苦宗宪,更甚于苦贼"。朝廷虽然取得了抗倭的胜利,但浙江等地却深受加派之害,几至皮骨无存。万斯同也正是从"民之苦赋,甚于苦贼"的角度出发,对明末李自成农民起义给予了一定的理解:

> 闯王来,城门开。闯王不来,谁将衣食与吾侪?寒不得衣饥不得食,还把钱粮日夜催。更有贪官来剜肉,生填沟壑诚可哀。欲得须臾缓我死,

---

[1] 万斯同:《石园文集》卷四《书陆给事凤仪王御史汝止劾胡宗宪二疏后国史无〈宗宪传〉,故题疏后》,《万斯同全集》第8册,第255~256页。

不待闯王更待谁？闯王来兮我心悦，闯王不来我心悲。君不见，朱泚当年据关内，大呼街市免加税。又不见，刘豫当年据汴城，声传都邑捐重征。民畏重征不畏盗，自古如斯君莫惊。寄语有司各守职，慎勿迫民使为贼。

万斯同提出"民畏重征不畏盗"，自古以来都是如此。崇祯末年李自成能够横行中原，是因为得到了很多"苦赋役者"的支持，当时有民谣"吃他娘，穿他娘，大家开门纳闯王，闯王来时不纳粮"，[1]就是普通百姓心声的反映。农民在寒不得衣、饥不得食的状况下，还要上缴钱粮，根本没有活路，只能铤而走险。万斯同意识到这一根本的经济问题，才提出希望官员恪守职责，体恤民艰，为民谋福，不要官逼民反。如正统时期尚书王质无论历官何地，所至之处都只吃青菜，人称其为"青菜王"。万斯同不胜感叹道："天下何人咬菜根？菜根之味胜八珍。仕宦纷纷厌粱肉，岂知菜根更适人？官至尚书惟食菜，清贫谁与公为辈？世人虽嫌肉食鄙，究竟谁知菜根味？何况为宦求肉食，不顾民间有菜色。民有菜色官不知，官有肉食民岂识？安得今日有王公，大起天下沟中瘠。"[2]他希望当政者向王质学习，以身作则，甘于清贫，关心民间疾苦。

二、学术研究

1.学术倾向

众所周知，万斯同是黄宗羲的弟子，黄宗羲师从刘宗周，以重塑蕺山学、[3]传播蕺山学为己任，甬上证人书院弟子的文集中多次提到学习"子刘子之学"：如讲经会的组织者陈夔献，被黄宗羲授以"蕺山《人谱》，绍其绝学"；[4]郑梁记述"获见（黄）先生于鄞郊，先生手授以《子刘子学言》《圣学宗要》诸书"，[5]"及受学南雷，相与发明蕺山慎独之旨"。[6] 范光阳说与郑风等"同洒

---

[1] 万斯同：《新乐府词·纳闯王》，《万斯同全集》第8册，第449页。
[2] 万斯同：《新乐府词·青菜王》，《万斯同全集》第8册，第421页。
[3] 吴海兰：《黄宗羲与蕺山学的塑造》，《汉籍与汉学》2018年第1期。
[4] 李邺嗣：《杲堂文钞》卷三《奉陈太母谢太夫人六十序》，《杲堂诗文集》第459页。
[5] 郑梁：《寒村杂录》卷二《上黄先生书》，《寒村诗文选》，《四库全书存目丛书》集部第256册，第448页。
[6] 郑梁：《寒村按庸集》卷一《怡庭（即介眉）陈先生行状》，《寒村诗文选》，《四库全书存目丛书》集部第256册，第328页。

扫黄门,获闻蕺山绪论,圣贤自期"。[1] 李邺嗣记载:"时万、董子弟及里中后起诸贤,始从黄先生所得读子刘子遗书,即共喟然发愤,谓蕺山坠学,当借姚江以季兴。于是先生二三故人,遂偕诸贤设讲位,代鼓考钟,召郡中百余人执经而前,使共闻先生所亲授于刘门者。"[2] 万氏兄弟叔侄"与所同研席诸人,相与论黄氏之学,上溯蕺山",[3] 万斯同本人也被称作"学无不窥,而以山阴蕺山先生为宗主……尽闻蕺山秘旨。而躬行实践,非仅仅标榜为名高也"。[4] 连同学郑梁都说:"季野之学近宗梨洲,远溯蕺山,其于阳明固未尝墨守之也。然岂遽入室操戈者耶?"[5]

但是万斯同真的是以蕺山学为宗主吗?事实上,依据康熙四十年(1701)万斯同对李塨的陈述,我们知道他从康熙八年(1669)开始,受潘平格的影响,对蕺山、阳明之学产生怀疑:

> 吾自误六十余年矣!吾少从游黄梨洲,闻四明有潘先生者曰:"朱子道,陆子禅。"怪之,往诘其说,有据。同学因轰言予畔黄先生,先生亦怒。予谢曰:"请以往不谈学,专穷经史。"遂忽忽至今,不谓先生示我正途也。[6]

因为遭到黄宗羲和其他同学的指责,万斯同表面上屈服了,那就是不再谈学,而以经史研究为主。康熙十年(1671)左右,万斯同在给范光阳的信中说:"尝与同志言,吾辈既及姚江之门,当分任吾师之学,今同志之中,固有不专于古文而讲求经学者,将来诸经之学,不患乎无传人,惟史学则愿与吾兄共任之。"[7] 稍

---

[1] 郑凤:《寒村息尚编》卷四《范笔山(光阳)先生墓志铭》,《四库全书存目丛书》集部第256册,第595页。
[2] 李邺嗣:《杲堂文续钞》卷二《黄母叶淑人六十寿序》,《杲堂诗文集》,第625页。
[3] 李邺嗣:《杲堂文钞》卷三《送万季野授经会稽序》,《杲堂诗文集》第450页。
[4] 杨无咎:《万季野先生墓志铭》,转引自朱端强:《万斯同与〈明史〉修纂纪年》,第374页。
[5] 郑梁:《五丁集》卷一《送万季野之京序》,《寒村诗文选》,《四库全书存目丛书》集部第256册,第271页。
[6] 李塨:《恕谷后集》卷六《万季野小传》,第72页。
[7] 万斯同:《石园文集》卷五《寄范笔山书》,《万斯同全集》第8册,第262页。按:朱端强《万斯同与〈明史〉修纂纪年》第70页,系此文于康熙十年。

后，[1]他在给另一友人的信中也提到："故尝谓同志，吾师之学既非一人所能兼，曷各取而分任之？弟窃不自揆，敢任经史之学。"[2]万斯同对蕺山、南雷之学避而不谈，这与李邺嗣、郑梁、范光阳等形成了鲜明对比。李邺嗣极力表彰蕺山之学，称其"有以补阳明子之偏，其于千古宗传一脉相系，若是之重也"。[3]"后之学者，读子刘子之书，学子刘子慎独之学，先严其内省，以为观人之鉴，然后可伏而论十七史之成败，出而行进君子退小人之事矣，岂不重哉！"[4]郑梁说："天幸丁未夏，遇师甬江浒，得闻蕺山传，不觉志气鼓。慎独谈何易，读书勇可贾，良朋月再会，穷经订兰谱。"[5]范光阳参加科考高中后，前往京师前夕，写诗一首："雪压寒江两岸明，孤舟如画坐来轻。千年幸续山阴兴，万里愁为京国行。蕺岭担书斯道重，余北行，携有子刘子遗书。龙堆人望梦魂惊。烦君报语黄夫子，绛帐春风倍怅情。归号故松柏，流恨满山隅。"[6]他还携带蕺山遗书北上，试图传播其学。这一计划大概与李邺嗣的推动有关，李邺嗣是如此寄望于范光阳的：

> 今国雯为黄门高弟，尽得所学，更负蕺山之遗书，逾江蹈淮，历齐鲁之乡，北极燕中，尽以所载书转相传授，使人知今日圣学宗传，定在子刘子。而其及门老成尚在，讲席重开，一一见诸笔疏，于是北方之学者，亦为丕然一变。余知国雯必能力任其事也，岂非吾道之光耶？[7]

万斯同的同门中有多人先后入京，确实扩大了黄宗羲的学术声望和影响，蕺山遗书也曾在某些名流中传播，但批评也随之而来。万斯同于康熙十八年应徐元文之请北上修史，在随后与京师学者交往的过程中，曾向阎若璩称许老

---

[1] 朱端强：《万斯同与〈明史〉修纂纪年》（第70页）认为此文写于《寄范笔山书》之后。
[2] 万斯同：《石园藏稿》卷一《与友人书》，《万斯同全集》第8册，第291页。
[3] 李邺嗣：《杲堂文续钞》卷三《修绍兴府学序》，《杲堂诗文集》，第648页。
[4] 李邺嗣：《杲堂文钞》卷五《证学杂解书后》，《杲堂诗文集》第500页。
[5] 郑梁：《五丁诗稿》卷一《生朝自述》，《寒村诗文选》，《四库全书存目丛书》集部第256册，第60页。
[6] 范光阳：《双云堂诗稿》卷五《雪中万公择、充宗、季野同犹子贞一枉顾，时余将北行，烦道意梨洲先生》。
[7] 李邺嗣：《杲堂文钞》卷三《送范国雯北行序》，《杲堂诗文集》第446页。

师黄宗羲的经学"致精",[1]向陆陇其赠送其兄万斯大的《学历质疑》等书,[2]显然,对蕺山与黄宗羲的学术采取的是回避态度。因此,倘若说万斯同以蕺山学为宗主,是难以令人信服的。不仅如此,晚年的万斯同还受到李塨的影响。他向李塨表示"吾自误六十余年矣",承认自当年因潘平格之事遭受老师同门攻击,不再谈学,直至李塨"示我正途"。[3]并为李塨的《大学辨业》作序,认同其对"格物"的阐述:"言格物,谓即学习礼乐射御书数六艺之物。予读之击节称是,叹其得古人不传之旨,而其卓识深诣为不可及也。"[4]因此,有学者提出万斯同晚年是颜、李之学的信从者。[5]我们以为与其说万斯同信从颜元、李塨之学,不如认为颜、李学说与万斯同见解一致、一拍即合。

万斯同的学术史著作有《儒林宗派》,此外文集和《四明讲义·选举》中也有部分内容涉及学术研究。《儒林宗派》的撰写,多数学者认为万斯同受黄宗羲《明儒学案》影响,方祖猷则依据万斯同因潘平格事件表示不再谈学,提出《儒林宗派》写于康熙十二年之前。[6]杨艳秋则认为万斯同晚年与李塨交往,仍有谈学,《儒林宗派》有八卷本、十二卷本、十六卷本之别,说明该书有一个不断完善的过程。[7]笔者以为,杨氏之论比较合理。万斯同自受黄宗羲批评后,表示不再谈学,应该是指不再谈程朱陆王那一类的理学,对于传统的儒学,他并没有放弃,《释氏论》一文,即表明了其排斥佛教、弘扬儒学的坚定立场。

佛教自汉代传入中国,经过南北朝、唐和五代的兴盛,发展到明代,理论上确已走向衰微,不过综览明代诸帝,虽英宗时期有过沙汰僧尼,世宗时期还曾崇道排佛,但就总体而言,明代诸帝还是以"好佛""佞佛"为主。由于明朝统治者的扶持,明代的佛教也曾有过短暂的兴盛和繁荣。明初以来虽严加控制僧尼数量,但实际作用不大,景泰年间实行鬻牒制度,导致僧尼数量大增,成化年间已达五十万人;万历以后,由于孝定李太后奉佛,僧尼人数更是有增无减。

---

[1] 阎若璩著,黄怀信、吕翊欣校点:《尚书古文疏证》卷八,第646页。
[2] 陆陇其:《三鱼堂日记》卷下,第90页。
[3] 李塨:《恕谷后集》卷六《万季野小传》,第72页。
[4] 万斯同:《石园文集》卷五《大学辨业序》,《万斯同全集》第8册,第267页。
[5] 方祖猷:《万斯同评传》,第57页。
[6] 方祖猷:《万斯同评传》,第60页。
[7] 杨艳秋:《关于万斯同〈儒林宗派〉的几个问题》,虞浩旭、饶国庆主编:《万斯同与〈明史〉(下册)》,第365页。

而且明代佛教还出现了世俗化和民间化的趋向,与汉地原有的文化、民俗进一步交流、融洽,在民间产生了广泛的信仰基础,成为一种上至达官贵人、下到平民百姓都信奉的俗文化,进入了千家万户。[1] 万斯同因此说:"佛之为患,数千百年矣。自东汉迄明,其徒益众,其流益广,至于今而其盛极矣。"[2] 上自君相,下至平民,无不事佛;甚至还有人提出佛绝不可怠慢,否则必有刑祸,于是一片赤诚、不敢冒犯。包括文人士大夫在内,"过先圣之门则不知敬,则缁衣髡发之徒往往屈膝",万斯同认为这实在太盲目了。如果真有佛的存在,为何自佛教传入中国,始终无人成佛?如果说佛教有其益处,那么六经之外,可供师法者甚多,为何要从事"蛮夷之教"?这是对华夷之辨的坚持,不过,万斯同并未就此方面进一步展开。

其次,信佛并不能避免灾祸。"古之最先奉佛者莫如刘瑛,其得祸之最速者亦刘瑛也;古之至诚事佛者莫如萧衍,其得祸之至烈者亦莫如萧衍也。"倘若事佛有益,为何刘瑛会被杀,梁武帝萧衍会饿死且国破家亡?可见,信佛既不能保全性命,也无益于治国安邦。还有人以为人死后事佛祷告,可以掩盖身前的罪恶,转祸为福,万斯同认为此这种说法实在荒谬:"使佛诚能祸福,则天下豪富之徒生前肆情灭理,无所不为,没乃捐其余资以事佛,可得福利,是天下富者常得福,贫者常得祸,善人可不为,凶人可幸免矣。佛如有知,亦不应颠倒如此;既已无知,又安能祸福天下人哉!"[3] 他还指出因果报应并非佛教发明,儒家经典《周易·坤卦》中早就有"积善之家,必有余庆,积不善之家,必有余殃"的说法,事佛便可辞祸而得福的说法,是不论善恶,显然是骗人的。

再次,孔孟之道不可超越。万斯同说:"夫二帝、三王、孔子、孟子之道,著于简册,载于《诗》《书》,其理益明,其言易从,历孔子、孟子之道,历千百世无有过之者也。"佛教徒将释迦牟尼与孔子并称,万斯同反驳道:"夫人之大伦,莫先君父,佛以匹夫而傲君王则不忠,以人子而屈父母则不孝,不忠不孝,罪莫大焉,犹曰'佛与圣人同功',呜呼!何其不思之甚也。"这是以儒家的学说来要求佛教徒遵守世俗伦理。他还说倘若佛教遍布天下,会导致人类消失。因为"人

---

[1] 南炳文主编:《佛道秘密宗教与明代社会》,天津:天津古籍出版社,2002年,第97~98页。
[2] 万斯同:《石园藏稿》卷一《释氏论》,《万斯同全集》第8册,第290页。
[3] 万斯同:《石园藏稿》卷一《释氏论》,《万斯同全集》第8册,第290页。

之所以生生不息者,以有婚姻之道也",《周易·序卦》说:"有天地然后有万物,有万物然后有男女,有男女然后有夫妇,有夫妇然后有父子,有父子然后有君臣,有君臣然后有上下,有上下然后礼义有所错。"佛教严禁嫁娶,那么就不会有生长养育,长此以往,必然无人传宗接代,"又何在以立人道之极而成礼义之俗哉?呜呼!是又不可之甚也"。万斯同没有意识到并非所有人都会接受佛教,信奉佛教也不一定非得出家,因此他的担心有些杞人忧天。

自佛教传入中国,历朝历代都有反佛辟佛者,有的基于国计民生考虑,有的坚持夷夏之辨,还有的维护儒学,或者兼而有之,万斯同没有超出以上范围。不过,他的如下看法,或许值得重视:

> 然则果如何而后可也?韩子曰:"明先王之道以道之,鳏寡孤独废疾者有养也,其亦庶乎其可也";欧阳子曰:"礼义者,胜佛之本也,使天下皆知礼义,则胜之矣。"
>
> 呜呼!处今之世,而言拒佛,人不以为狂,则以为痴矣。然天下之人髡首跣足而相率以为是者,岂尽愚而乐从也哉?其亦饥寒之患,迫不得已而从焉者多也。诚使上之人择天下之智者,使守先王之法,教天下之愚者,使安力役之业而崇仁义、兴礼乐以教见道之,吾见二帝、三王、周公之治可复见于今,孔子、孟子之道可复行于世,虽有佛遍天下,而教无所从,言无所信,亦将从此而熄矣,又奚必人其人,火其书、而庐其居哉!不此之为,而欲民之不从佛,其亦不得之数也。故夫二帝、三王、周公、孔子、孟子之道行,而佛可无忧也。[1]

万斯同认为下层百姓信奉佛教或出家为僧,多是为生计所迫,因此,只要统治者能够遵循孔孟之道,施行仁政,推广礼义教化,让百姓安居乐业,佛教自然没有市场。将佛教来世的憧憬转为今生看得见的希望,对下层百姓更有吸引力。不过,明代士大夫信仰佛教,居士佛教兴盛等问题,[2]万斯同此说并不能予以解决。总体而言,万斯同的反佛论调与韩愈、欧阳修等前人相比并无过

---

[1] 万斯同:《石园藏稿》卷一《释氏论》,《万斯同全集》第8册,第290页。
[2] 黄海涛主编:《明清佛教发展新趋势》,昆明:云南大学出版社,2008年,第33页。

彩之处,也缺乏哲理深度,这可能与其刻意回避性理之学有关。

综合来看,在学术思想上,万斯同没有恪守蕺山、南雷之学,潘平格"朱子道,陆子禅"的看法影响了其对宋明理学的判断,但是,这并不妨碍其成为一个纯粹的儒家学者。大概正是因为保持这样一种疏离于程朱陆王的态度,《儒林宗派》才能摒除门户之见,网罗宏富,兼容百家。

2.学术史研究

《儒林宗派》以时代变化为经,以师承关系为纬,上自春秋,下至明末,较为全面地收录了孔子到明代的儒家学者,并详细说明他们的师承关系和各流派的分立情况。其规模比黄宗羲的《明儒学案》《宋元学案》更为宏大,区分也更为细致,[1]但毕竟只是图表,太过简略,因此,笔者拟将《儒林宗派》与《四明讲义·选举》结合起来,并辅以文集中的少量学术史篇章,来讨论万斯同的学术史研究。

万斯同虽倡言"二帝、三王、周公、孔子、孟子之道",实以孔子为主,《儒林宗派》卷一周代部分,收录的便是"至圣孔子"与"孔门学派"。万斯同依据《史记》《孔子家语》与文翁《图记》记载,罗列孔门弟子共84人,其中《史记》记载77人,有后学传承的是三人:曾参(子舆)、卜商(子夏)与商瞿(子木)。曾参弟子较多,《孟子·离娄下》载有70人,但《儒林宗派》中仅罗列子思、曾元、曾申、公明高、公明宣、乐正子春、单居离、沈犹行、阳肤、吴起10人,其余著名弟子如公明仪、子襄、公孟子高、子襄等被遗漏。[2]曾参弟子中子思因有门人孟轲而将学派进一步发扬光大,孟子也弟子众多,有乐正克、公孙丑、万章、咸丘蒙等10余人。至于卜商(子夏),其弟子有曾申、公羊高、穀梁赤,由此衍生出不同的流派,在汉代得到大发展。依据该表,我们可以知道先秦时期学者不拘泥于一家一学,如曾参的儿子曾申既传承家学,同时又拜入卜商门下;荀子则既为穀梁赤弟子,又受学于卜商四传弟子根牟子。

两汉时期,儒学主要体现为五经研究,因此《儒林宗派》和《四明讲义·选举》中都是分经介绍各自的源流、传承和发展。如《儒林宗派》中西汉分《易》《书》《诗》《礼》《公羊春秋》与《左氏春秋》,各有代表性的学者与传承源流介绍。

---

[1] 王凤贤、丁国顺:《浙东学派研究》,杭州:浙江人民出版社,1993年,第374页。
[2] 陈桐生:《七十子后学散文研究》,广州:暨南大学出版社,2011年,第129页。

东汉进一步细化,分《孟氏易》《京氏易》《费氏易》;《欧阳尚书》《大夏侯尚书》《古文尚书》;《齐诗》《韩诗》《毛诗》;《庆氏礼》;《公羊严氏春秋》《公羊颜氏春秋》;《左氏春秋》;《穀梁春秋》;《周官》《礼记》《论语》《孝经》《孟子》及兼通五经者。东汉部分间或有按语介绍学派情况,如《庆氏礼》有按语曰:"《仪礼》有大、小戴及庆氏三家,惟《庆氏》不立学官。二戴虽立学官,时无显者。"另如《公羊颜氏春秋》有按语说:"《公羊春秋》有严、颜二家,并立学官。"[1]这类按语虽然可以补充表格的不足,但与文字性的说明相比,还是很不够的,因此,《四明讲义·选举》的相关总结就显得比较重要了。虽然《四明讲义·选举》中对各经传承源流的概括基本参照史书,并无新意,但他也提出了一些个人见解,如:"汉以前无纸笔,自秦蒙恬制笔之后,尚无纸,其时学官子弟皆出其师口授,故师道最尊,师死,弟子俱为行三年之服。但其弟子止守一先生之言,即一经亦只守一家,不能通各家,唯刘向父子能通五经诸家。"从无纸、不便于传播学说的角度探讨汉代谨守师法的原因,这个观点值得思考。此外,万斯同对东汉末年的经学大师郑玄也提出了不同的评价:

> 大抵汉时专家之学最固,东汉时,大儒辈出,如贾逵、马融、郑玄三人,皆胜于前人,故十四家之学相继渐废,而三家之学,郑又盛行。后人但尊郑氏,而不知马氏。马氏之说散见于他书者,胜于郑氏。魏时,王肃之说亦多与郑抵牾,而其说亦胜于郑。王肃为司马炎外祖,故晋独行王氏,而不行郑氏。贾逵之父徽亦大儒,而逵更博。郑玄为马融门弟,而其说往往不合。魏晋以后,止知尊郑氏,迨于唐宋,皆用其说。不特科目取士,即庙堂大礼,亦必遵之。[2]

万斯同指出郑玄作为马融弟子,却未遵循师说,虽然魏晋直至唐宋,郑玄一家独盛,但实际上马融与王肃的学说与之相比,毫不逊色,甚至更为优胜,这是个人际遇不同造成的结果。前文万斯同的经学之礼学部分,多有涉及万斯同对郑玄学说的反驳,如关于"中月而禫",郑玄释"中月"为"间月",认为禫与

---

[1] 万斯同:《儒林宗派》卷三,《万斯同全集》第5册,第95、96页。
[2] 万斯同:《四明讲义》卷三《第七会》,《万斯同全集》第5册,第318页。

大祥间隔一个月,整个丧期持续二十七个月;王肃释"中月"为"月中",提出禫与大祥在同一个月。对于二人的争论,万斯同提出:"郑说至今遵之,非谓郑之所言果合乎礼也,大都谓朝制不可违,亲丧又宜从重,故相率守之不变耳。若必欲求合乎经旨,则自当以王氏为长,岂可背圣人之经,而曲附乎郑氏耶?"[1]另如:"凡郑氏解经,固多凿空妄说,要未有如禘之甚者。……欲明禘之说,必先知郑氏之谬,而后禘义可得而言也。"[2]此类辩难,不一而足。

魏晋玄学兴盛,儒学衰落,但万斯同认为在礼学研究方面仍有值得称道者:"世多言晋时崇尚清谈,不务实学,其实不然。其时仍郑玄、王肃诸大儒之后,门弟子遍于天下,无不留心礼学,故士大夫多效之。唐宋以后,远不如也。杜佑《通典》采用晋时丧礼之说,真有三《礼》之所未备者。"[3]东晋南渡以后,南北形成不同的学风:"南人约简,得其英华;北学深芜,穷其枝叶。"[4]万斯同认为这是由于南方日盛、北方日衰而造成,并提出"自此以后,文学与经学亦分,大概北方尚经学,南方尚文学"。[5]南方虽总体偏向文学,但梁代经学也一度达到极盛,对吉凶军宾嘉五礼都有注解。从《儒林宗派》来看,魏晋时期少有学派形成,南朝家学兴盛,北朝经学较为发达。南朝家学,如裴氏,裴松之、裴骃、裴昭明、裴子野四代相传;另如贺氏,贺道力、贺损、贺玚及贺革、贺琛,也是四代相传,另有祖氏、刘氏、明氏、伏氏、许氏、虞氏等,都是家学。北朝也有一些家学,如卢玄家族,四代相传,但更让人注目的是学派,有徐氏学派、刘氏学派。其中以徐氏学派最为兴盛,弟子众多,对三礼、郑氏《易》、郑氏《古文尚书》、服虔《左氏春秋》《毛诗》都有传播,而刘氏学派主要传播的是《毛诗》。[6]

万斯同认为唐代人才兴盛,表现在多个方面:一、经学,如《十三经注疏》多成于贞观时;二、史学,《晋书》《梁书》《陈书》《北齐书》《周书》《隋书》《南史》《北史》八史也修成于贞观时期;三、书法,如虞世南、褚遂良等;四、文学,如韩愈、柳宗元等;五、诗学,如李白、杜甫等;六、名臣;七、良将;八禅学,"后世所传五

---

[1] 万斯同:《群书疑辨》卷三《三年之丧二十五月而毕〈三年问〉》,《万斯同全集》第8册,第348页。
[2] 万斯同:《群书疑辨》卷六《禘说一》,《万斯同全集》第8册,第366页。
[3] 万斯同:《四明讲义》卷三《第八会讲选举》,《万斯同全集》第5册,第319页。
[4] 李延寿:《北史》卷六十九《儒林传序》,北京:中华书局,1974年,第2709页。
[5] 万斯同:《四明讲义》卷三《第八会讲选举》,《万斯同全集》第5册,第319页。
[6] 万斯同:《儒林宗派》卷四至卷六。

宗,皆出于唐"。[1]但具体到儒学方面,除了《十三经注疏》外,似乎乏善可陈。从《儒林宗派》卷八来看,儒家学者并不多,不符大唐盛世应有的气象。其中的原因,万斯同从科举制度方面做了些探索。唐代科举考试,有九经科、五经科、三礼科、三传科,还有明经科,但诸科都不及进士科受重视,进士科考试内容主要是诗赋,虽有经学内容,但帖经的考试方法,不利于经学的发展。帖经有点类似填空题,考官任取经典中某一段,用纸条贴盖其中数字或数句,令考生填写。考生把经书及注解背得滚瓜烂熟,就可应付,但对于其中的义理则可能十分茫然,"举人则有驱悬孤绝、索幽隐为诗赋而诵习之,不过十数篇,则难者悉详矣。其于平文大义,则多面墙矣"。[2]而且,"明经科,一试不第,不许再应"。[3]这些政策都不利于唐代儒学的发展。

万斯同对宋代儒学给予了高度评价:

> 唐胜于汉,宋又胜于唐,……大约后人详之,愈详则其说愈胜。然宋儒之功,终不可泯。今观注疏之说,往往有显背名教,颠倒错乱可笑者甚多。始知宋儒表章经术之功为优,不可于长中求短而少之也。
>
> 世皆知经学明于宋儒,由程朱之功,其实经学之昌明,亦由气运,不必至程朱也。即程朱以前,如胡安定为国学时,程夫子尚在其门,他如孙莘老、孙明复、石守道等儒,皆与二程同时,诸公之经学,原已远胜于汉唐,至程朱而集其成耳。[4]

他提出宋代经学,远胜汉唐,程朱则是集大成者。这个论断在《儒林宗派》中可以得到充分印证。《儒林宗派》卷八至卷十二,总共五卷,都是收录宋代学者,从规模上来讲,不仅远远超过汉唐,也超过了后来的明代。宋代儒学的发展,不仅体现在学者人数众多,还突出表现于学派分立,有程子学派、胡氏(瑗)学派、张氏(载)学派、邵氏(雍)学派、朱子学派、林氏(光朝)学派、吕氏(祖谦)学派、张氏(栻)学派、陆氏(九渊)学派、叶氏(适)学派、陈氏(傅良)学派、陈氏

---

[1] 万斯同:《四明讲义》卷三《第十会讲选举》,《万斯同全集》第5册,第330页。
[2] 万斯同:《四明讲义》卷三《第八会讲选举》,《万斯同全集》第5册,第323页。
[3] 万斯同:《四明讲义》卷三《第九会讲选举》,《万斯同全集》第5册,第327页。
[4] 万斯同:《四明讲义》卷三《第十会讲选举》,《万斯同全集》第5册,第329～330页。

(亮)学派等十二个学派,此外还有上无师承、下无弟子,或师承难考者,收入《诸儒博考》中。这些学派中,尤以程朱弟子最多,特别是朱熹弟子与再传占了两卷的分量,人数有五六百之多,充分表明朱熹在宋代乃至整个中国古代学术史上的地位与影响。陆九渊在当时虽也有不少弟子,但总数不超过百人,说明影响力比朱熹要小得多。关于宋代学术的发展,《四明讲义》中还有说明,可作为《儒林宗派》的补充:

> 宋世人材,一盛于庆历,再盛于元祐,而读书好学之盛,极于乾道、淳熙孝宗年号,时朱夫子为最,次则吕东莱祖谦、张南轩栻、陆象山九渊,又同时谈经济之学者,有陈同甫亮、陈止斋傅良、叶水心适,又有郑渔仲樵作《通志》,袁枢作《通鉴记事本末》,皆有著述。陈同甫为永康之学,陈止斋、叶水心为永嘉之学。当时有极精于《三礼》之学者,为唐仲友,后因谈《礼》不合,为朱子所劾,人因以此短之。其实仲友亦一儒者也。[1]

郑樵、袁枢、唐仲友在《儒林宗派》卷十二《宋诸儒博考》中有收录,《四明讲义》特别提及,表明了万斯同对他们的重视。

元代与明早期的学术,万斯同有简短的总结:"元则确守宋儒之说。明嘉、隆以前,亦遵宋儒,至嘉、隆以后,始有发挥宋儒之短者。"[2]具体表现为朱子四传为金履祥,五传为许谦,二人都是金华人,此后许谦传宋濂,宋濂传方孝孺,"明初,金华人才之盛,几半天下"。[3]《儒林宗派》卷十三将元代学者主要分为四个学派:金氏(履祥)学派、吴氏(澄)学派、许氏(衡)学派、刘氏(因)学派,金履祥与吴澄都是朱熹传人,许衡与刘因虽然不属于朱子门下,但也学宗程朱理学,因此元代儒学并无大的发展。明代后期学术的发展情况,由于《四明讲义》第十会内容残缺,[4]我们无法具体了解万斯同对王阳明心学的评价,仅能依据《儒林宗派》做粗略的了解。明代分为宋氏(濂)学派、薛氏(瑄)学派、吴氏(与弼)学派、陈氏(献章)学派、章氏(懋)学派、蔡氏(清)学派、王氏(守仁)

---

[1] 万斯同:《四明讲义》卷三《第十会讲选举》,《万斯同全集》第5册,第330页。
[2] 万斯同:《四明讲义》卷三《第十会讲选举》,《万斯同全集》第5册,第329页。
[3] 万斯同:《四明讲义》卷三《第十会讲选举》,《万斯同全集》第5册,第330页。
[4] 万斯同:《四明讲义》卷三《第十会讲选举》,《万斯同全集》第5册,第332页。

派、刘氏(宗周)学派。

与黄宗羲的《明儒学案》比较,我们可以发现二者差别明显。虽然王阳明弟子众多,构建了明代最大的学派,但万斯同并没有像老师黄宗羲那样特意突出这一学派的地位。而且其所立的宗派与《明儒学案》也多有不同,如《明儒学案》的浙中王门未立王畿学派,而《儒林宗派》则立王畿学派师承表;黄宗羲列周汝登、陶望龄、刘塙于泰州学派,而万斯同则列于王畿学派。[1] 另如顾宪成、顾允成,黄宗羲为他们设立《东林学案》,而《儒林宗派》既收于《诸儒林博考》中,又列二人于王氏学派欧阳德传人薛应旂门下。还如湛若水,黄宗羲为其立六卷的《甘泉学案》,但万斯同却将湛氏作为陈献章的弟子,湛若水确实曾从学于陈献章,说明万斯同的处理并没有什么问题。另外,章氏(懋)学派、蔡氏(清)学派被万斯同凸显,而《明儒学案》中仅列二人于《诸儒学案》。黄宗羲说章懋:"其学墨守宋儒,本之自得,非有传授,故表里洞彻","金华自何、王、金、许以后,先生承风而接之,其门人如黄傅、张大轮、陆震、唐龙、应璋、董遵、凌瀚、程文德、章拯,皆不失其传云"。[2] 万斯同所列章氏弟子,还多出六人。至于蔡清,黄宗羲称其"平生精力,尽用之《易》《四书蒙引》,茧丝牛毛,不足喻其细也。盖从训诂而窥见大体","传其学者,有同邑陈琛、同安林希元。其释经书,至今人奉之如金科玉律"。[3] 蔡氏弟子,万斯同补充者较多,总共达十五人。此外,关于刘宗周,黄宗羲虽立《蕺山学案》,但没有列任何弟子,万斯同《儒林宗派》中收罗十二人,显然很不全面,而且没有黄宗羲,王梓材认为应当有阙文。[4] 笔者也认为无论如何,万斯同都不应当在刘宗周弟子中遗漏自己的老师,而且康熙三十六年(1697)他为陈确之侄陈惕非作八十寿序,文中说:

> 往山阴刘忠正公绍明绝学,四方士多从之游,其卓然可传于后者,大都以忠义表见。如吴磊斋、叶润山、祁世培、金伯玉、王玄趾、祝开美诸君子其尤也。其后死而坚岁寒之操以学问表见者,不过盐官陈乾初、毗陵恽仲升及吾师姚江黄太冲三先生而已。恽先生又逃之方外,其学不专于儒。

---

[1] 方祖猷主编:《儒林宗派编辑点校说明》,《万斯同全集》第5册,第75页。
[2] 黄宗羲:《明儒学案》卷四十五,《黄宗羲全集》第8册,第371页。
[3] 黄宗羲:《明儒学案》卷四十六,《黄宗羲全集》第8册,第393、394页。
[4] 万斯同:《儒林宗派》卷十五,《万斯同全集》第5册,第174页。

黄先生余所亲炙,信哉! 为山阴之嫡传。[1]

即使万斯同对蕺山、南雷之学不尽认同,但黄宗羲作为"山阴之嫡传"的身份是不会改变的,因此,《儒林宗派》中应该是有阙文的。当然,目前尚无其他版本可校,暂存疑。总之,关于明代学术,万斯同与黄宗羲之间存在比较大的分歧,《儒林宗派》可以弥补《明儒学案》的不足,但由于万斯同避谈天命性理之学,其对于不同学派之间的离合异同,缺乏深入的了解和体认,不仅是明代,宋元时期也是如此,这在《四明讲义》中都有所反映,算是万斯同学术研究的不足吧。

第三节　万斯同对经史关系的认识

万斯同对经学与史学都有研究,对二者的关系提出如下看法:

> 大凡儒者读书必有先后,当先经而后史,先经史而后文集。就文集而论,当先秦、汉而后唐、宋,先唐、宋而后元、明,此不易之序也。诚使通乎经史之学,虽不读诸家之集,而笔之所至,无非古文也。何也? 经者文之源也,史即古文也。诚使得乎宋以前之法,虽不读元以后之集,而笔之所至,亦无非古文也。何也? 元以后之文,要本于宋以前之文也。若乃先文集而后经、史,先元、明而后唐、宋、秦、汉,则是得流而忘源也,无乃失其先后乎哉?

并向钱友臣建议:"愿兄毋急急于文集,且绝笔不为,而大肆力于经史。俟经史之学既充然其有余,则放笔之时,自沛然其莫御。"[2]但该说法并没有超出其老师黄宗羲的范畴。黄宗羲提出:"读书当从六经而后《史》《汉》,而后韩、欧诸大家。浸灌之久,由是而发为诗文,始为正路,舍是则旁蹊曲径矣。"[3]实

---

[1] 万斯同:《石园藏稿》卷一《题松菊图为陈惕非八旬初度寿》,《万斯同全集》第 8 册,第 298 页。
[2] 万斯同:《石园文集》卷五《与钱汉臣书》,《万斯同全集》第 8 册,第 263 页。
[3] 黄宗羲:《高旦中墓志铭》,《黄宗羲全集》第 10 册,第 323 页。

际上,黄宗羲的上述看法被其弟子广泛接受,如李邺嗣说:"学者先之经以得其源,后之史以尽其派,则其于文字之事可以极天地古今之变,波澜四溢,沛然而有余。"[1]陈锡嘏告诫弟子读书"经固为主,而史其佐之,不可偏废者也"。[2]万贞一治学"一本于通经,一本于读史,服习圣贤,贯穿纪传"。[3]所以,万斯同对经史的认识,并没有什么独到之处。

此外,因为潘平格事件,万斯同受到黄宗羲及同门的批评,自此不再谈程朱陆王之学,他曾提出:

> 夫儒者泛言义理,与实考制度不同,义理可断之于己,制度则当质之于古。彼以周人之言周制者,交诋为非,则宋人之凭臆而论者,果可谓之是乎?学者但信周人之言,而无惑乎宋人,斯得之矣。[4]

他将经学研究分为"泛言义理"与"实考制度"两种,实际就是后来清代学者区分汉学与宋学的雏形。在二者中,他显然排斥宋人的义理研究,斥之为"凭臆而论",而倾向于"实考制度",这也是他中年时期倾心于"自有书契以至今日之制度"[5]研究的重要原因。因为对义理采取避而不谈的态度,万斯同的经学与史学比较偏重于客观的考证研究,而甚少个人哲学观念的阐发,因此,其学识虽然渊博,思想却缺乏深度,历史研究多就事论事,未能在理论高度上有所突破。这固然是一种遗憾,但另一方面,或许也不无积极意义。魏晋以后史学虽脱离经学而成为一门学科,经学却一直作为指导思想渗透于史学中,而万斯同的史学研究中却相对缺乏这种指导,这不仅预示了清初学风转变的信息,对于此后史学走向真正的独立,也是一条极为重要的线索。

---

[1] 李邺嗣:《杲堂文续钞》卷一《万季野诗集序》,《杲堂诗文集》,第561页。
[2] 陈锡嘏:《兼山堂集》卷三《与门人顾在瞻书》,《四库全书存目丛书》集部第247册,第514页。
[3] 李邺嗣:《杲堂文续钞》卷一《万贞一集序》,《杲堂诗文集》,第564页。
[4] 万斯同:《周正汇考》卷八《万斯同周正辨一》,《万斯同全集》第1册,第114页。
[5] 刘坊:《天朝阁集》卷一《万季野先生行状》,《万斯同全集》第8册,第207页。

结　语

经史之学是中国传统学术的主干。本书所讨论的是明清之际这样一个大转折的时代，不仅政治上改朝换代，民族矛盾异常激烈，经济关系出现特殊变化，学术思想也有较大的变革。学者们在天崩地解的变动中痛定思痛，以激烈的现实批判、深刻的理论思考与求实的学术精神为立足点，大胆阐发个人见解，提出很多创造性的主张，使整个学术思想界呈现出繁荣的景象，掀起一股波澜壮阔的实学思潮，经史之学是这股思潮中的重要组成部分。

本书选择钱谦益、黄宗羲、顾炎武、王夫之与万斯同的经史之学作为研究对象，虽然不能完全代表明清之际经史学的全貌，却具有一定的代表性：钱谦益是"四海宗盟五十年"的文坛领袖，黄宗羲、顾炎武与王夫之是众所周知的三大家，万斯同则是清初学界尊为"泰山北斗"式的人物；五人的经史之学既有共性，也有差异，且不同程度地展示了明末至清初学风转变的轨迹；因此，本书的讨论，或可由小见大，透视那个时代的学术概貌，展现学术风气的演进与变化。

钱谦益的经学研究以明亡为界，呈现出阶段性的变化：前期以通经致用为主，关注社会现实问题，大力批判俗学，强调以"反经正学"为"救世之先务"，因此，他倾心于胡安国的《春秋传》，倡导"谋王体而断国论"，以此分析明末三大案。明亡后，他强调回归学术研究本身，提出治经"必以汉人为宗主"，对待《春秋》三传与胡传的看法也随之改变；最初批评《春秋》三传"业擅专门，训诂成癖，大义盖阙如也"，胡传"褒贬予夺，不离笔削宗旨"，是《春秋》的继承者；入清之后，他已不再认可胡传的解经方式，主张回到三传，特别是回到《左传》中理解经义。钱谦益作为影响明末文坛数十年的领袖，其影响不可低估："凡四方

结 语

从游之士,不远千里,行縢修贽,乞其文,刻系牲之石,为先世光荣者,络绎门外。"[1]因此,无论早期还是晚期,他对明清之际的学风都带来了比较大的影响,他早期针对俗学的抨击,对于扭转明中叶以来的不良学术风气起了比较积极的作用,并成为清初以顾炎武、黄宗羲、王夫之为代表的、波澜壮阔的经世致用思潮之先导;[2]晚期他从通经致用转向探讨经义本身,发清初学术转换之先声,且成为其后继起的汉学主张的先导。[3]因此,对钱谦益经学的讨论,意义不可低估。

清初的遗民经学中,《礼》学与《易》学最受关注。三大家毫无例外。黄宗羲肯定义理派《易》学,提倡扫除象数学的末流,对历代象数学的代表性学说做了较为系统的清算。他对汉代象数《易》学的重要内容如卦气、卦变、占筮等都有辩难,对历代《易》象数学的代表作逐一予以批驳和订正。黄宗羲对象数学末流的批评,立足于尊重《周易》经传文字的本意,注重考证史实,对明后期的空疏学风也有所矫正。黄宗羲的礼学,涉及深衣的考证、凶礼的理论建构和葬礼实践,对丧葬迷信和不良社会习俗的批判,体现出较强的经世致用风格和理论与实践结合的特点。此外,黄宗羲以史的性质来认识《春秋》,指出所谓"笔削"是孔子对鲁国与其他各国史料的取舍,该书在流传过程中出现了一些脱漏错误,并不存在所谓的微言大义。他还指出胡安国的《春秋传》牵强附会,违背经典,对《春秋》本身的研究没有太多价值。如果说钱谦益后期对《春秋传》仍有所保留,那么黄宗羲显然已经完全抛弃了这种与政治关联太过密切的治经方式。

顾炎武的经学以"明先王之道"为旗帜,其从八股取士、《五经大全》垄断与王阳明心学风行天下三个方面总结了明代经学衰落的原因,这是对钱谦益批判俗学的继承和发展。顾炎武将程朱理学与阳明心学进行了明确区分,他认为宋代理学仍属于经学范畴,而心学已脱离了五经本身,实为禅学,应予以大力批判和改造。顾炎武对程朱理学并非完全认同,如他对格物致知的概念做了简化,突出人与人之间的伦理关系;指责作为理学核心概念的天道性命违背

---

[1] 钱谦益:《绛云楼书目》,北京:中华书局,1985年,第1页。
[2] 王俊义:《论钱谦益对明末清初学术演变的推动、影响及其评价》,《中国社会科学院研究生院学报》1996年第2期。
[3] 黄爱平:《论明末清初学术向传统经学的回归》,《中国文化》第21期(2004年6月)。

圣人之道，倡导以"博学于文""行己有耻"作为圣人之道的体现。此外，顾炎武以文字音韵学为基础，对五经都有涉猎。顾炎武的《易》学与黄宗羲类似，批判象数，肯定义理；并考察了《周易》的文本问题。关于《尚书》，黄宗羲曾对明代出现的古《尚书》有所考辨，认为是日本人伪造，顾炎武则认为是丰坊之父丰熙伪造。顾炎武的《诗经》研究涉及《诗经》学史上比较具有争议性的问题，如诗乐关系，他缩小了入乐之诗的范围，并反对"孔子删诗"说。顾炎武对礼最为重视，指出大者可治国安邦，小者可修身立命，因此重视《礼仪》文本的校勘，开清人校勘《仪礼》之风，对《仪礼》的考释宗法郑玄，指明了清代朴学发展的方向。

经学是王夫之学术研究的重镇。王夫之对五经四书都有考证与阐释，"以汉儒为门户，以宋五子为堂奥"，考据学是其义理学的基础。他的经学考证主要集中在草木虫鱼、山川地理、器服名物、典制沿革等方面，他以考据作为义理研究的前提和手段，通过文字考据寻求文字背后的义理，并为义理之学寻求经典的依据。他认为"义理可以日新，而训诂必依古说"，所以他经学研究的精髓在义理学。王夫之的《周易》著作有《周易内传》《周易外传》《周易大象解》。《内传》侧重逐字逐句解释经传，揭示天人之理，反对随意逾越本义；《外传》注重阐发象数变化的规则，并灵活运用《周易》的概念、范畴与理论思维来解释世界和应对人类社会现象；《大象传》基本是引申和应用，不尽合于卦爻辞。王夫之关于《诗经》的研究，主张"诗言志"与"诗达情"，反对"言意"和"达欲"。王夫之还将礼作为人类与动物区分的根本标志，主张"以人道率天道"，从而修正了宋明理学家以天道率人道的看法。王夫之的《春秋》学有家学渊源，并深受胡安国的影响，致力于阐发大义，宣扬王道。

万斯同的经学研究受老师黄宗羲及甬上讲经会影响，对五经都有不同程度的研究。《易》学方面，他主要批判了朱熹的《易》学，主张《周易》谈阴阳天道，落脚点仍在人事；反对朱熹将《周易》定义为卜筮之书，还主张删除朱熹《周易本义》的九图。万斯同对《尚书》的态度与老师黄宗羲不同，他积极为《古文尚书》辩护，从文体、版本源流与篇数、篇名等方面进行考证，证明《古文尚书》并非伪书。关于《诗经》，万斯同认为并非圣人删定之本，《诗》序出自卫宏之手。万斯同的《春秋》学，集中对程颐、朱熹"周正建子"相关解读做了驳斥。礼学是万斯同经学研究的重点，他对丧礼丧服与禘祫庙制进行了详细具体的考证，并阐发了自己的见解。万斯同的经学以考据为主，对宋明时期的经学多有

结 语

批评,但他对汉代郑玄的观点也并非全盘接受;他的经学实证之风甚为明显,但《庙制图考》为纠明世宗大礼议之谬举而作,可见仍保留了部分通经致用的特点。

综合来看,五位学者的经学研究程度不同地体现出通经致用的风格,尤以钱谦益前期最为突出,以万斯同相对较弱。关于考据与义理,以王夫之对二者关系的认识最为明确,并有很好的运用;黄宗羲与顾炎武在具体的经学研究中,兼用两种方式,黄宗羲大致偏重义理,顾炎武则喜好考证;钱谦益前期关于《春秋》的研究,是明显的义理之学,后期倡导治经以汉人为宗主,但并没有相关的研究成果;万斯同在甬上讲经会期间曾接受潘平格的学说,受到黄宗羲和其他同学的指责,自此不再谈学,因此他的经学研究中较少义理方面的讨论,而呈现出比较浓郁的考证风格,客观上推动了清初学风由义理向考证的转变。

史学方面,钱谦益对明代国史兴趣浓厚,虽然最终并未能修成一部国史,但他在准备国史的前期工作中留下了相关撰述。《国初群雄事略》利用诸公文集、日钞、墓表、行状、家传等原始资料成篇,按年按事选辑有关记载,分段注明出处。每传前有提要,概述传主的氏族、籍贯、简历、年岁等。《列朝诗集》仿元好问的《中州集》,以诗存史,"为正史发端"。钱谦益的史学研究十分重视考证,如考辨《明实录》,不轻信家传、行状、碑铭等家史,兼用野史,大体可谓国史、野史与家史三者互证。钱谦益的史学基本是纯学术的研究,不太关注现实问题。

黄宗羲的史学研究范围较广,有政治史、南明史、学术史,其史学呈现出鲜明的批判特色,在全面性、深刻性与时代性方面超越了同时代大部分学者。全面性体现在黄宗羲对明代政治、经济、军事、文化等都有批判;深刻性体现在黄宗羲以深入反思明代政治、经济、文化的弊端为前提,在明代个案研究的基础上,升华出对君权、制度及儒学的本质认识;时代性体现在黄宗羲的批判不仅激烈,更具有一定的理性;批判不仅有破坏性,更具建设性。

顾炎武的史学重视"通当世之务",试图解决现实问题。"通当世之务",需对国典朝章、民生利病等问题有很深入的了解,因此,他的史学研究主要集中于社会政治与经济方面。典制方面,顾炎武的关注点主要集中在宗室制度、郡县制、官吏的选拔与任用;民生方面,他对明代的赋役、水利、屯田、盐法等具体问题都进行了考察,指出各自的弊端,并提出了针对性的解决方法。

王夫之的史学集中在两个方面：对明亡原因的反思和对重大历史问题的分析。他从"有君无臣"的君臣关系、"财聚则民散"的社会经济、军卫制"大坏"的军事制度等方面反思了明亡的原因与教训。他还对秦汉至两宋的重大历史事件和历史人物进行了多角度的探讨，总结了中国几千年治乱兴衰的历史经验和教训。他突出关注了封建与郡县、华夷关系、治道与治法的相关内容。

学界对万斯同的史学的研究已有比较丰富的成果，本书主要对万斯同的典章制度研究与学术史研究展开论述。万斯同对历代典章制度的得失都有探讨，涉及田赋、兵制、选举、宫庙祭祀、郊社、舆地、官制等不同方面，目的不仅是总结明亡的教训，更有关注生民休戚、解救百姓苦难的用意。万斯同的学术史研究，疏离于程朱陆王，其《儒林宗派》以时代变化为经，以师承关系为纬，较为全面地收录了自孔子到明代的儒家学者，并详细说明他们的师承关系和各流派的分立情况。

综合来看，五位学者的史学研究都表现出对明代历史的关注，除钱谦益之外，其余四位学者的经世思想都非常突出，重视从制度方面反思明亡的原因与教训；顾炎武与万斯同还十分关心民生利病，黄宗羲与王夫之突破了朝代的局限，对中国数千年的治乱兴衰进行了一定的总结，达到了较高的理论水平。

此外，因为经史之间渊源颇深，无论是汉代的经史不分，魏晋南北朝的经史分途，宋元时期的"经精而史粗""经正而史杂"，还是明清盛行的"六经皆史"说，都充分说明中国封建时代的经学与史学之间一直关联密切。明代中后期，以薛应旂、唐顺之、何良俊为代表的学者，较早从经世致用的角度将经史并提，这缘于他们对经史关系的"辨证"认识："惟其论人之要，治世之方，皆著于六经，而古今治乱兴亡是非得失之际，所以引证圣人之言者，莫备于诸史。"[1]"经史二学相为表里，不读六经无以正是非之本，不读二十一史，无以极是非之变。"[2]以上两种说法虽不尽相同，但基本都以六经为主，六经为"是非之本"，二十一史则记载了技术层面的治法，不同时代随时损益，需要因地制宜。倘忽视经学，则难以把握大原则大方向；轻视史学，则难以通古今之变，因此二者不可分离。这种思想是对前人兵农刑政不必专门学习观念的纠偏。自宋以后，

---

[1] 陈子龙：《安雅堂稿》卷七《重修建阳县学记》，第442~443页。
[2] 周钟：《史书序》，姚允明《史书》卷首，《四库全书存目丛书》史部第150册，第7页。

结 语

学与用的脱离日渐严重,明中叶以后的一些学者为解决这个难题进行了一定程度的探索,强调经史并重,特别提倡士大夫熟读史书,掌握兵农钱谷等方面的具体知识,提高吏治法政的素养,来解决实际的政治和社会问题。

钱谦益"经经而纬史"的认识与这种经史观可谓一脉相承,只是他对经史之间的关系阐释得更为具体,他说:"六经、《语》《孟》之书,犹医经之《灵枢》《本草》也;史传之所纪载是非失得淑慝善败,犹秦越人之《难经》、和叔之《脉经》、忠州之《集验方》也。有一病,必有一方。人之新病日增,而古方固已犁然具备,在善取之而已矣。"[1]六经是根本,但毕竟是理论,不具备操作性,史传中的很多事例可以被借鉴参考,解决具体问题,关键是要懂得"善取"。经史二者关系密切,缺一不可,"经犹权也,史则衡之有轻重也。经犹度也,史则尺之有长短也。"不论是经不通史还是史不通经,都是偏颇之术,最终只会误人误国,唯有"经经纬史,州次部居。如农有畔,如布有幅,此治世之菽粟,亦救世之药石也"。[2]"经经纬史"的治学方向,理论上是值得提倡的,但是否如此就可以实现经世应务?中国古代的儒家学者确实常以不能经世为耻,觉得真正的大儒应该能将圣人之道付诸实践,以便经世济民,但他们大多四体不勤,五谷不分,对社会的理解十分有限,对世务人情也不甚通达,因此,仅以书本上的内容企图来构造经国大业、济世弘规,很难不被人视为书呆子见解。[3]也就是说,经世致用,不能只停留在理论层面,必须解决实际问题,否则就只能流于空谈。从这个角度来看,钱谦益的"正经""反经"主张对于救世自然是回天乏力、无补于事的:"诚欲正人心,必自反经始;诚欲反经,必自正经学始",[4]"今诚欲回挽风气,甄别流品,孤撑独树,定千秋不朽之业,则惟有反经而已矣"。[5]这或许可以表明"经经纬史"说其实在实践中并没有多大的生命力。

黄宗羲与王夫之仍然继承了魏晋以来学者对于经史关系的认识,坚持以

---

[1] 钱谦益:《牧斋初学集》卷四〇《昨非庵日纂三集序》,《钱牧斋全集》第2册,第1073页。
[2] 钱谦益:《牧斋有学集》卷一四《汲古阁毛氏新刻十七史序》,《钱牧斋全集》第5册,第679~682页。
[3] 龚鹏程:《晚明思潮》,北京:商务印书馆,2005年,第271、276页。
[4] 钱谦益:《牧斋初学集》卷二十八《新刻十三经注疏序》,《钱牧斋全集》第2册,第851页。
[5] 钱谦益:《牧斋有学集》卷三十八《答徐巨源书》,《钱牧斋全集》第6册,第1314页。

经学义理作为史学的指导思想,从而深刻影响了他们的史学。儒家经典中与史学关系最为密切者,莫过于《周易》礼与《春秋》。黄宗羲与王夫之都有《易》学专著,但黄宗羲的《易》学以批判象数学末流为重点,而不太关注义理的阐释,因此,这影响到其史学,就必然在哲理方面比王夫之要逊色。虽然黄宗羲和王夫之一样受《周易》通变观念的影响,并广泛运用于历史盛衰论的探讨、历史事件的评价与立身处世中,但其通变思想并不彻底,他在运用十二运理解历史时,就犯了机械主义的错误。王夫之的《易》学研究,大多偏重于义理的探讨,他不仅把中国《易》学推向新的高度,而且把史学也推向新的高度。[1]在他的思想体系中,忧患意识、通变思想和变革观念逐步深化、层层递进,以强烈的忧患意识为前提,他鼓吹学术为现实服务,试图从历史中寻求有益的借鉴,历史的经验与教训让他懂得应随时变通,并在积弊难返的情况下大力变革。

历史的发展中有因有革,因此,历史研究不仅要讲易学的通变与变革,也不能不谈因袭。"三代有必因之礼,百王有不易之道"。"因"是历史的常态,也是治国的常用之道,"尧舜有所不必因,桀纣有所不可革也",[2]"圣人于常治变,于变有常,夫乃与时偕行,以待忧患。而其大用,则莫若以礼"。[3]将礼与《周易》结合,从因与革两个方面更为全面地分析、认识历史,这是王夫之的功劳,但他将礼视为区分华夷的标志和挽救民族危亡的关键,这一点倒是与顾炎武大致相近。二人都大力倡导重视礼仪教化,试图以之移风易俗,"保存华夏文明于夷狄之世"[4]。

《春秋》对史学的影响,历史编纂学方面是《春秋》笔法和正统论,史论方面则重视夷夏之辨,二者分别在黄宗羲与王夫之身上有突出体现。黄宗羲有比较强烈的正统观,他批评《晋书》中采用载记体例记载少数民族政权,认为这种处理方式突出僭伪,而淡化了华夷之辨。为少数民族君臣立纪立传,等于承认他们的正统地位,相当于变相地鼓励了"夷狄"侵吞中原的行为,影响恶劣。他提出改撰《宋史》,将辽、金、元列入《四夷列传》,以正中国之统,反对宗元帝元。他继承了欧阳修正统有绝有续的观点,认为正统至元代断绝,明太祖以"还衣

---

[1] 吴怀祺:《易学与史学》,第177页。
[2] 王夫之:《尚书引义》卷五《酒诰梓材》,《船山全书》第2册,第372、369页。
[3] 王夫之:《礼记章句》,《船山全书》第4册,第1553~1554页。
[4] 赵园:《明清之际士大夫研究》,第125页。

结 语

裳之旧"的方式继承了正统,从而成为百王之嫡嗣。王夫之倒是大力批判正统论,但《春秋》大义被其看作普遍性的法则,从而深刻影响了其对历史事件和历史人物的评判。春秋大义分为一人之正义、一时之大义与古今之通义三个不同的层次,王夫之倡导以公为重,以私为轻,但由于他将民族大义视为高于一切的标准,因此才特别重视夷夏之辨,这既是对明朝亡国原因的反思,也是对汉民族先进文化的坚守。

经学对史学的影响并非全是正面的,如胡翰十二运对黄宗羲的影响。黄宗羲虽然批判象数学末流,但仍受某些象数学理论的影响,如胡翰的十二运,黄宗羲依据十二运与孟子的一治一乱说,推测二十年后有望恢复三代之盛,于是撰写"为治大法"的《明夷待访录》。但此后二十多年的等待,希望破灭,于是黄宗羲称十二运为"欺人"之说。黄宗羲出于实用目的,对神秘的十二运从接受到抛弃,不仅不是严谨的学术态度,削弱了其历史认识的理性色彩。另如《春秋》大义对王夫之民族思想的影响,也有过激之嫌。他屡屡公开声称:"夷狄者,歼之不为不仁,夺之不为不义,诱之不为不信",[1]"夷狄非我族类者也,蟊贼我而捕诛之,则多杀而不伤吾仁"。[2]这固然是对清人入主中原后疯狂屠杀汉人、残酷镇压下的强烈抗议,设身处地,可以理解,但并不值得倡导。

与钱谦益、黄宗羲、王夫之相比,顾炎武和万斯同都不太重视义理的探讨,因此,二人的史学大多偏重于客观的史实或具体的考证研究,而较少哲学观念的阐发,这在万斯同的身上体现得尤其明显。他的历史研究多就事论事,缺乏深度,缺乏理论的总结和突破。显然,他有意识地放弃以经学作为史学的指导思想,这是清初学风由义理向实证转变的重要标志。

---

[1] 王夫之:《读通鉴论》卷四《汉昭帝》三,《船山全书》第10册,第154~155页。
[2] 王夫之:《读通鉴论》卷十二《晋怀帝》三,《船山全书》第10册,第450页。

参考文献

古　籍

戴望:《颜氏学记》,北京:中华书局,1958年。

何良俊:《四友斋丛说》,北京:中华书局,1959年。

永瑢:《四库全书总目》,北京:中华书局,1965年。

过庭训:《本朝分省人物考》,台北:台湾成文出版社,1971年。

张廷玉等:《明史》,北京:中华书局,1974年。

雍正《宁波府志》,《中国方志丛书》第198号,华中地方,台北:成文出版社有限公司,1974年。

陈子龙:《安雅堂稿》,台北:伟文图书出版社,1977年。

张溥:《七录斋诗文合集》,台北:伟文图书出版社,1977年。

阮元校刻:《十三经注疏》,北京:中华书局,1980年。

朱熹:《诗集传》,上海:上海古籍出版社,1980年。

程颐、程颢:《二程集》,北京:中华书局,1981年。

归有光:《震川先生集》,上海:上海古籍出版社,1981年。

汤显祖:《汤显祖诗文集》,上海:上海古籍出版社,1982年。

钱谦益:《国初群雄事略》,北京:中华书局,1982年。

"中央研究院"历史语言研究所校勘:《明实录》,上海:上海古籍书店,1983年。

顾炎武:《顾亭林诗文集》,北京:中华书局,1983年。

于慎行:《谷山笔麈》,北京:中华书局,1984年。

宋濂:《宋学士全集》,北京:中华书局,1985年。

焦竑：《焦氏笔乘》，北京：中华书局，1985年。

李塨：《恕谷后集》，北京：中华书局，1985年。

章学诚著，叶瑛校注：《文史通义》卷五《浙东学术》，北京：中华书局，1985年。

江永：《深衣考误》，《景印文渊阁四库全书》第128册，台北：台湾商务印书馆，1986年。

杨慎：《升庵集》，《景印文渊阁四库全书》第1270册，台北：台湾商务印书馆，1986年。

黎靖德编：《朱子语类》，北京：中华书局，1986年。

查继佐：《罪惟录》，杭州：浙江古籍出版社，1986年。

黄宗羲编：《明文海》，北京：中华书局，1987年。

阎若璩：《尚书古文疏证》，上海：上海古籍出版社，1987年。

李邺嗣著，张道勤校点：《杲堂诗文集》，杭州：浙江古籍出版社，1988年。

冯辰、刘调赞撰，陈祖武点校：《李塨年谱》，北京：中华书局，1988年。

朱彝尊：《曝书亭集》，《四部丛刊初编》第279册，上海：上海书店，1989年。

王守仁著，吴光、钱明等编校：《王阳明全集》，上海：上海古籍出版社，1992年。

何乔远：《名山藏》，扬州：江苏广陵古籍刻印社，1993年。

程嘉燧：《松圆浪淘集》，《续修四库全书》集部第1385册，上海：上海古籍出版社，1995年。

陈子龙：《湘真阁稿》，《续修四库全书》集部第1388册，上海：上海古籍出版社，1995年。

徐乾学：《憺园文集》，《续修四库全书》第1412册，上海：上海古籍出版社，1995年。

唐顺之：《历代史纂左编》，《四库全书存目丛书》史部第133册，济南：齐鲁书社，1996年。

郑梁：《寒村诗文选》，《四库全书存目丛书》集部第256册，济南：齐鲁书社，1997年。

陈锡嘏：《兼山堂集》，《四库全书存目丛书》集部第247册，济南：齐鲁书社,1997年。

朱彝尊:《经义考》,北京:中华书局,1998年。

陈第:《一斋集》,《四库禁毁书丛刊》第57册,北京:北京出版社,1998年。

焦竑:《澹园集》,北京:中华书局,1999年。

全祖望著,朱铸禹汇校集注:《全祖望集汇校集注》,上海:上海古籍出版社,2000年。

钱谦益:《钱牧斋全集》,上海:上海古籍出版社,2003年。

皮锡瑞著,周予同注释:《经学历史》,北京:中华书局,2004年。

黄宗羲著,沈善洪主编:《黄宗羲全集》,杭州:浙江古籍出版社,2005年。

刘宗周著,吴光主编:《刘宗周全集》,杭州:浙江古籍出版社,2007年。

钱谦益:《列朝诗集小传》,上海:上海古籍出版社,2008年。

黄宗羲著,沈芝盈点校:《明儒学案》(修订本),北京:中华书局,2008年。

胡渭:《易图明辨》,北京:中华书局,2008年。

汪琬:《汪琬全集笺校》,北京:人民文学出版社,2010年。

胡安国著,钱伟强点校:《春秋传序》,《春秋胡氏传》,杭州:浙江古籍出版社,2010年。

王夫之:《船山全书》,长沙:岳麓书社,2011年。

顾炎武撰、严文儒、戴扬本校点:《顾炎武全集》,上海:上海古籍出版社,2012年。

顾炎武著,黄珅等校点:《天下郡国利病书》,上海:上海古籍出版社,2012年。

方祖猷主编:《万斯同全集》,宁波:宁波出版社,2013年。

万言:《管村文抄内编》,《四明丛书》本。

近现代著作

张西堂:《明王船山先生夫之年表》,台北:台湾商务印书馆,1978年。

古国顺:《清代尚书学》,台北:文史哲出版社,1981年。

詹鄞鑫:《神灵与祭祀》,南京:江苏古籍出版社,1992年。

方祖猷:《万斯同评传》,南京:南京大学出版社,1996年。

王茂、蒋国保、余秉颐、陶清:《清代哲学》,合肥:安徽人民出版社,1992年。

王凤贤、丁国顺:《浙东学派研究》,杭州:浙江人民出版社,1993年。

傅衣凌主编、杨国桢等著:《明史新编》,北京:人民出版社,1993年。

张善文:《象数与义理》,沈阳:辽宁教育出版社,1993年。

冯契:《中国古代哲学的逻辑发展》下册,上海:上海人民出版社,1993年。

李明友:《一本万殊——黄宗羲的哲学与哲学史观》,北京:人民出版社,1994年。

白纲主编,杜婉言、方志远著:《中国政治制度通史》第9卷,北京:人民出版社,1996年。

饶宗颐:《中国史学上之正统论》,上海:上海远东出版社,1996年。

吴光主编:《黄梨洲三百年祭》,北京:当代中国出版社,1997年。

钱穆:《中国近三百年学术史》,北京:商务印书馆,1997年。

侯外庐、邱汉生、张岂之主编:《宋明理学史》,北京:人民出版社,1997年。

郑万耕:《易学源流》,沈阳:沈阳出版社,1997年。

蒙培元:《理学的演变——从朱熹到王夫之戴震》,福州:福建人民出版社,1998年。

余英时:《中国思想传统的现代诠释》,南京:江苏人民出版社,1998年。

萧公权:《中国政治思想史》,沈阳:辽宁教育出版社,1998年。

(美)魏斐德:《洪业——清朝开国史》,南京:江苏人民出版社,1998年。

陈其泰、郭伟川、周少川编:《二十世纪中国礼学研究论集》,北京:学苑出版社,1998年。

赵园:《明清之际士大夫研究》,北京:北京大学出版社,1999年。

左东岭:《王学与中晚明士人心态》,北京:人民文学出版社,2000年。

丁凌华:《中国丧服制度史》,上海:上海人民出版社,2000年。

裴世俊:《四海宗盟五十年——钱谦益传》,北京:东方出版社,2001年。

崔大华:《儒学引论》,北京:人民出版社,2001年。

章启辉:《旷世大儒——王夫之》,石家庄:河北人民出版社,2001年。

张德信:《明朝典章制度》,长春:吉林文史出版社,2001年。

杨志刚:《中国礼仪制度研究》,上海:华东师范大学出版社,2001年。

葛兆光:《中国思想史》第二卷《七世纪至十九世纪中国的知识、思想与信仰》,上海:复旦大学出版社,2001年。

孙机:《中国古舆服论丛》(增订本),北京:文物出版社,2001年。

张立文:《宋明理学研究》,北京:人民出版社,2002年。

洪湛侯编著:《诗经学史》,北京:中华书局,2002年。

樊树志:《晚明史(1573—1644年)》,上海:复旦大学出版社,2003年。

钱茂伟:《明代史学的历程》,北京:社会科学文献出版社,2003年。

丁鼎:《〈仪礼·丧服〉考论》,北京:社会科学文献出版社,2003年。

吴怀祺:《易学与史学》,北京:中国书店,2004年。

朱端强:《万斯同与〈明史〉修纂纪年》,北京:中华书局,2004年。

赵伯雄:《春秋学史》,济南:山东教育出版社,2004年。

杨联陞:《国史探微》,北京:新星出版社,2005年。

龚鹏程:《晚明思潮》,北京:商务印书馆,2005年。

张舜徽:《顾亭林学记》,武汉:华中师范大学出版社,2005年。

朱伯崑:《易学哲学史》第四卷,北京:昆仑出版社,2005年。

刘述先:《黄宗羲心学的定位》,杭州:浙江古籍出版社,2006年。

丁功谊:《钱谦益文学思想研究》,上海:上海古籍出版社,2006年。

向世陵:《理气心性之间——宋明理学的分系与四系》,长沙:湖南大学出版社,2006年。

许苏民:《顾炎武评传》,南京:南京大学出版社,2006年。

白寿彝主编:《中国史学史》第五卷《明清时期1840年前:中国古代史学的嬗变》,上海:上海人民出版社,2006年。

孟森:《明史讲义》,北京:中华书局,2006年。

虞浩旭、饶国庆主编:《万斯同与〈明史〉》,宁波:宁波出版社,2008年。

周远斌:《儒家伦理与〈春秋〉叙事》,济南:齐鲁书社,2008年。

孙之梅《钱谦益与明末清初文学》(增订版),济南:山东大学出版社,2010年。

鱼宏亮:《知识与救世:明清之际经世之学研究》,北京:北京大学出版社,2008年。

招祥麒:《王夫之〈春秋稗疏〉研究》,上海:上海古籍出版社,2010年。

邓辉:《王船山道论研究》,湘潭:湘潭大学出版社,2010年。

冯天瑜:《"封建"考论》(修订版),北京:中国社会科学出版社,2010年。

郑志明:《中国殡葬礼仪学新论》,北京:东方出版社,2010年。

侯外庐:《中国思想通史》第五卷,北京:人民出版社,2011年。

萧萐父,许苏民著:《王夫之评传》,南京:南京大学出版社,2011年。

许苏民:《顾炎武评传》,南京:南京大学出版社,2011年。

鞠明库:《灾害与明代政治》,北京:中国社会科学出版社,2011年。

林庆彰:《清初的群经辨伪学》,上海:华东师范大学出版社,2011年。

文廷海:《清代前期春秋学研究》,北京:中国社会科学出版社,2012年。

杨新勋:《经学蠡测》,南京:凤凰出版社,2012年。

梁启超:《中国近三百年学术史》,北京:东方出版社,2012年。

萧萐父、许苏民:《明清启蒙学术流变》,北京:人民出版社,2013年。

田勤耘:《明清"封建论"研究》,北京:中国社会科学出版社,2013年。

论 文

黄爱平:《〈明史〉稿本考略》,《文献》第18辑,北京:书目文献出版社,1983年。

黄爱平:《万斯同与〈明史〉纂修》,《史学集刊》1984年第3期。

赵俪生:《论顾炎武两大代表著作中的内部结构》,《史学史研究》1984年第4期。

朱承挥:《梨洲记传文初探》,《宁波师院学报(社科版)》1985年第2期。

钱茂伟:《梨洲史学新探》,《宁波师院学报》1989年第4期。

余家冀:《〈诗经〉名物训诂史述略》,《内蒙古师大学报(哲社版)》1992年第4期。

何隽:《论〈明夷待访录〉的政治思想》,《清史研究》1994年第2期。

黄爱平:《〈明史〉纂修与清初史学——兼论万斯同、王鸿绪在〈明史〉纂修中的作用》,《清史研究》1994年第2期。

汪学群:《试论顾炎武的经学思想》,《清史论丛》1996年号。

王俊义:《论钱谦益对明末清初学术演变的推动、影响及其评价》,《中国社会科学院研究生院学报》1996年第2期。

杨艳秋:《〈明光宗实录〉、〈三朝要典〉的编修》,《史学史研究》1998年第4期。

丁鼎：《"三年之丧"源流考论》，《史学集刊》2001年第1期。

向燕南：《从"荣经陋史"到"六经皆史"——宋明经史关系说的演化及意义之探讨》，《史学理论研究》2001年第4期。

申屠炉明：《西周学制考辨三题》，《南京大学学报（哲学人文科学社会科学）》2001年第6期。

余敦康：《朱熹〈周易本义〉卷首九图与〈易学启蒙〉解读》，《中国哲学史》2001年第4期。

郑万耕：《易学中的元亨利贞说》，《首都师范大学学报（社会科学版）》2004年第3期。

黄爱平：《论明末清初学术向传统经学的回归》，《中国文化》第21期（2004年6月）。

孙卫国：《王世贞〈史乘考误〉对〈明实录〉之辨证及其影响》，《成大历史学报》29期（2005年6月）。

严迪昌：《蒙叟心志与〈列朝诗集〉之编纂旨意》，《语文知识》2007年第4期。

万明：《白银货币化视角下的明代赋役改革》，《学术月刊》2007年第5期。

刘志琴：《晚明社会与中国文化近代化》，《河北学刊》2008年第1期。

刘巍：《经典的没落与章学诚"六经皆史"说的提升》，《近代史研究》2008年第2期。

谷敏：《天一阁藏万斯同〈明史稿〉考论》，《史学史研究》2008年第4期。

黄爱平：《天一阁藏万斯同〈明史稿〉的性质和地位》，《河南师范大学学报》2009年第1期。

金永健：《论顾炎武的〈春秋〉经传研究》，《学习与探索》2009年第2期。

熊慧勇：《明代水利破坏及其治理》，《城市与减灾》2009年第4期。

郭炳洁：《"西京无太学"争论的思想文化史阐释》，《理论月刊》2009年第8期。

罗军凤：《顾炎武与清初〈春秋〉经学》，《清史研究》2011年第1期。

吴海兰：《试析清初〈明史·理学传〉的论争》，《南开学报》2011年第4期。

吴海兰：《黄宗羲与蕺山学的塑造》，《汉籍与汉学》2018年第1期。